ESV
75 JAHRE 1924 – 1999
ERICH SCHMIDT VERLAG

D1746996

# Going Public einer Fußball-Kapitalgesellschaft

Rechtliche, betriebswirtschaftliche und
strategische Konzepte bei der Vorbereitung
der Börseneinführung eines Fußball-Bundesligavereins

von

Dipl.-Kfm. Prof. Erwin Zacharias
Wirtschaftsprüfer und Steuerberater

ERICH SCHMIDT VERLAG

Die Deutsche Bibliothek – CIP-Einheitsaufnahme

**Zacharias, Erwin:**
Going Public einer Fußball-Kapitalgesellschaft : rechtliche betriebswirtschaftliche und strategische Konzepte bei der Vorbereitung der Börseneinführung eines Fußball-Bundesligavereins / von Erwin Zacharias. - Bielefeld : Erich Schmidt, 1999
ISBN 3-503-5722-6

ISBN 3 503 05722 6

Alle Rechte vorbehalten
© Erich Schmidt Verlag GmbH & Co., Bielefeld 1999
www.erich-schmidt-verlag.de

Dieses Papier erfüllt die Frankfurter Forderungen der Deutschen Bibliothek und der Gesellschaft für das Buch bezüglich der Alterungsbeständigkeit und entspricht sowohl den strengen Bestimmungen der US Norm Ansi/Niso Z 39.48-1992 als auch der ISO-Norm 9706

Druck und Bindung: Danuvia Druckhaus, Neuburg

# Vorwort

Die immer weiter fortschreitende Kommerzialisierung des Sports fordert von den deutschen Fußball-Vereinen der Fußball-Bundesligen eine Reform ihrer Strukturen. Lange genug sind die Vereine – trotz anhaltender wirtschaftlicher Fehlentwicklungen und sogar beachtlicher juristischer Kritik der Rechtsformverfehlung – in der traditionellen Rechtsform des eingetragenen gemeinnützigen Vereins verblieben.

Während in den erfolgreichsten Fußball-Ländern Europas – in sechs europäischen Ländern werden aktuell Aktien von insgesamt 32 Fußball-Kapitalgesellschaften gehandelt – sehr dynamisch das sportlich wie wirtschaftlich erfolgreiche Fußball-Business Einzug hielt und parallel die für dynamisch wachsende Wirtschaftsunternehmen notwendigen Rechts-, Wirtschafts- und Organisationsstrukturen geschaffen wurden, verharrten in Deutschland selbst die führenden Fußball-Vereine in Rechtskleidern und Organisationsformen, die vielfach allenfalls noch einem Turn- oder Kegelverein angemessen wären.

Nachdem insbesondere in Großbritannien die errichteten Fußball-Kapitalgesellschaften durch erfolgreiche Börsengänge in eine finanzwirtschaftliche Unabhängigkeit mit optimalen ökonomischen Kennziffern aufgestiegen sind, leben – von einigen wenigen Ausnahmen abgesehen – die Bundesliga-Vereine in Deutschland vielfach „von der Hand in den Mund". Ungesunde Finanzstrukturen und Abhängigkeiten von bereitwilligen Fremdkapitalgebern, die erkennbar gerne die unzureichende finanzwirtschaftliche Situation der vielfach notleidenden Vereine (aus-)nutzen, sind die Folge. Der Nutzen für den Profi-Fußball in Deutschland läge somit bei einem Going Public in erster Linie in der Stärkung der Eigenkapitalbasis, da – vergleichbar den Börseneinführungen in den anderen europäischen Ländern – einer Fußball-Kapitalgesellschaft dreistellige Millionenbeträge zufließen würden.

Um den deutschen Fußball-Vereinen die Anpassung an internationale Standards zu ermöglichen, bietet der Deutsche Fußball-Bund (DFB) seinen Mitgliedern seit Oktober 1998 die Ausgliederung von Profi-Abteilungen zu eigenständigen Fußball-Kapitalgesellschaften als Tochtergesellschaften der weiterhin bestehenden (Mutter-)Vereine an. Von diesem Umwandlungsrecht haben zwischenzeitlich – allerdings nur vereinzelt – Vereine Gebrauch gemacht.

Daß die Ausgliederung einer Fußballprofi-Abteilung nicht einfach ist und genau durchdacht werden muß, zeigte sich allerdings sehr schnell. Vor der Freigabe der Kapitalgesellschaften als Rechtsform und als Lizenznehmer für die Profi-Abteilungen der Vereine durch den DFB zeigte fast jeder größere deutsche Club Interesse an einem Börsengang. Doch kaum war die geforderte Rechtsformalternative durch den DFB beschlossen und zugelassen worden, wollten einige Vereine zwar die Umwandlung ihrer Lizenzspielerabteilung in eine Kapitalgesellschaft vollziehen, aber der Gang an die Börse wurde als noch nicht so dringend dargestellt.

Die plötzlich auftretende Skepsis der Fußball-Vereine am Börsengang hängt aber auch mit der komplexen Materie eines Going Public zusammen. Selbst mittelständische Unternehmen, die jahre- oder jahrzehntelang als Kapitalgesellschaft existieren, haben Schwierigkeiten mit der formal-juristischen sowie betrieblichen Umsetzung der Anforderungen einer börsenfähigen Rechtsform und den Folgepflichten, die ein Börsengang mit sich bringt. Ein Fußball-Verein, der seine Erfahrungen als wirtschaftlich ausgerichtetes Unternehmen – teilweise – erst noch sammeln muß, und der über ganz andere gewachsene Strukturen verfügt, wird daher noch größere Probleme haben, sich in kürzester Zeit umzustellen. Zudem muß er daneben noch die Vorgaben des DFB in seinen Überlegungen berücksichtigen, um seine Lizenz nicht zu gefährden.

Aus diesen Gründen bedürfen sowohl die Umwandlung des Fußball-Vereins in eine Fußball-Kapitalgesellschaft als auch die anschließende Börseneinführung einer fundierten Vorbereitung bei der Fußball-Kapitalgesellschaft, aber auch beim Mutterverein. Die Reform des Vereinsgefüges – ohne, aber besonders mit einem Going Public – hat vielfältige Implikationen auf die internen und externen Strukturen. So verändert sich auch die Werteorientierung – vom gemeinnützigen Verein zur gewinnorientierten Kapitalgesellschaft, vom ehrenamtlichen Präsidenten zum bezahlten Management sowie von der wenig oder gar nicht beaufsichtigten bzw. kontrollierten Allmacht eines Vereinspräsidiums oder -präsidenten zum rechenschaftspflichtigen Vorstand einer börsennotierten Kapitalgesellschaft.

Gerade der in diesem Werk betrachtete, sich an eine notwendige gesellschaftsrechtliche Umwandlung anschließende Börsengang setzt für die erfolgreiche Durchführung genaue Kenntnis der rechtlichen Grundlagen und der strategischen Konzepte voraus. Ein Börsengang ist zwar ein komplexer, einmaliger Vorgang, doch mit der Erstnotiz beginnt eine fortwährende öffentliche Darstellung nicht nur der wirtschaftlichen Situation der Fußball-Kapitalgesellschaft, sondern auch ihrer Führung, des Images und der Entwicklung der „Marke" der Fußball-Kapitalgesellschaft.

# Vorwort

Eine individuelle Betrachtung des Vereinsumfeldes bei der Analyse der Entwicklungschancen und Finanzierungsmöglichkeiten einerseits und der damit verbundenen Risiken und Kosten andererseits ist für die Entscheidung über die Rechtsformwahl bei der Umwandlung und über einen Börsengang unumgänglich.

Wenn das Umfeld des Vereins und seiner ausgegliederten Fußball-Kapitalgesellschaft den Zustand der Börsenfähigkeit erreicht hat, dann stehen in Deutschland – dem Vorbild der USA folgend – aktuell neue Börsensegmente und eine in der Bevölkerung deutlich gestiegene Aufgeschlossenheit für „die Aktie" als Kapitalanlage bereit. Insbesondere innovative und wachstumsstarke Unternehmen – und hierzu könnten ausgewählte Fußball-Kapitalgesellschaften in Deutschland gehören – können über bekannte oder neue Börsensegmente erfolgreich Anlegerkapital aufnehmen und sich damit zielgerechter und mit realistischer Erfolgsaussicht dem europäischen Wettbewerb stellen. Die erfolgreichen Börseneinführungen sind in der jüngsten Zeit sprunghaft gestiegen, haben doch für das Börsenjahr 1999 über 200 Unternehmen in Deutschland ihr Going Public angekündigt.

Dieses Werk soll dabei helfen, alle Aspekte, die mit der Vereinsumwandlung in eine Fußball-Kapitalgesellschaft und mit einem Going Public verbunden sind, zu beleuchten, damit der richtige Weg in die Zukunft eingeschlagen werden kann. Dabei kann es sich nur um einen Überblick über alle relevanten Aufgabenbereiche handeln, die bei der konkreten Umsetzung der Hilfe erfahrener Berater bedürfen; denn ohne ein abgestimmtes ganzheitliches Konzept können Emissionsbegleiter und Anleger von den Erfolgsaussichten der zu emittierenden Fußballaktien nicht überzeugt werden.

Die Börseneinführung eines noch nicht börsennotierten Unternehmens – noch dazu eines „Fußball-Vereins" – ist ein besonders komplexer Fall eines kompetenten Projektmanagements, bei dem eine Reihe von notwendigerweise Beteiligten – Organmitglieder des Börsengängers, Rechtsanwälte, Wirtschaftsprüfer, Steuerberater, Emissionsberater, Banken, Broker, PR-Agenturen, Marketing- und Werbeexperten sowie Analysten – koordiniert zusammenarbeiten müssen. Wenn dann auch noch der sportliche Erfolg durch die beteiligten Fußballspieler und Trainer hinzukommt, könnte zusätzlich zu einem erfolgreichen Going Public einer Fußball-Kapitalgesellschaft auch noch eine entsprechende Kursphantasie aufkommen.

Göttingen, im August 1999                          Der Verfasser

# Inhaltsverzeichnis

Vorwort .................................................................................................... 5
Abbildungsverzeichnis ........................................................................... 25
Abkürzungsverzeichnis ......................................................................... 31
Begriffsverzeichnis ................................................................................ 37

**1**         *Problem- und Aufgabenstellung* ............................................. 53

**2**         *Europäische Entwicklungstendenzen beim Going Public von Fußball-Kapitalgesellschaften* ......................................... 57
**2.1**      **Der Etablierungsprozeß von Fußball-Kapitalgesellschaften in Europa** .................................................... 57
**2.2**      **Das Going Public von Fußball-Kapitalgesellschaften in Europa** ................................................................................ 58
**2.3**      **Die börsennotierten englischen/britischen Fußball-Gesellschaften** ........................................................................ 59
2.3.1     Aktuelle Kennziffern der englischen Profi-Fußballigen ......... 59
2.3.2     Londoner Stock Exchange - Main Market ............................. 66
2.3.2.1    Manchester United plc ........................................................... 66
2.3.2.2    Tottenham Hotspur plc ........................................................... 69
2.3.2.3    Aston Villa plc ........................................................................ 70
2.3.2.4    Millwall plc ............................................................................. 71
2.3.2.5    Burnden Leisure plc (Bolton Wanderers) .............................. 71
2.3.2.6    Leeds Sporting ........................................................................ 72
2.3.2.7    Leicester City plc .................................................................... 73
2.3.2.8    Newcastle United .................................................................... 73
2.3.2.9    Sheffield United ...................................................................... 75
2.3.2.10   Southhampton Leisure Holding ............................................. 75
2.3.2.11   Sunderland ............................................................................. 76
2.3.2.12   Celtic Glasgow plc ................................................................. 77
2.3.2.13   Heart of Midlothian plc ......................................................... 78
2.3.3     Notierung im Alternative Investment Market (AIM) ............ 78
2.3.3.1    Chelsea Village ....................................................................... 78
2.3.3.2    Charlton Athletic .................................................................... 80
2.3.3.3    Nottingham Forrest plc .......................................................... 80

| | | |
|---|---|---|
| 2.3.3.4 | Birmingham City | 81 |
| 2.3.3.5 | West Bromwich Albion | 81 |
| 2.3.3.6 | Preston North End plc | 82 |
| 2.3.3.7 | Loftus Road plc (Queens Park Rangers) | 82 |
| 2.3.4 | Notierung im unregulierten OFEX-Markt | 83 |
| 2.3.4.1 | Arsenal London plc | 83 |
| 2.3.4.2 | Glasgow Rangers | 83 |
| 2.3.4.3 | Manchester City plc | 84 |
| 2.3.5 | Börsenkandidaten in Großbritannien | 84 |
| 2.3.5.1 | FC Liverpool | 84 |
| 2.3.6 | Der Nomura UK Football Index und der Aktienindex 84 KICK der Nachrichten-Agentur Bloomberg | 84 |
| **2.4** | **Die börsennotierten Fußball-Clubs in Dänemark** | **88** |
| 2.4.1 | Brondby IF | 88 |
| 2.4.2 | Aarhus GF Kontrekfodbold | 89 |
| 2.4.3 | FC Kopenhagen | 89 |
| 2.4.4 | SIF Fodbold | 89 |
| 2.4.5 | Aalborg Boldspilklub | 90 |
| 2.4.6 | Akademisk Boldklub's Fodbold A/S | 90 |
| **2.5** | **Neue Pläne für die Fußballiga in Österreich** | **90** |
| 2.5.1 | Rapid Wien | 92 |
| **2.6** | **Eine erste Börseneinführung in den Niederlanden** | **92** |
| 2.6.1 | Ajax Amsterdam | 92 |
| 2.6.2 | Feyenoord Rotterdam | 95 |
| 2.6.3 | PSV Eindhoven | 95 |
| **2.7** | **Die Situation in der Fußball-Hochburg Italien** | **95** |
| 2.7.1 | Lazio Rom | 95 |
| 2.7.2 | Inter Mailand | 97 |
| 2.7.3 | Milan Associazione Calcio (AC Mailand) | 97 |
| 2.7.4 | Juventus Turin | 98 |
| 2.7.5 | FC Bologna | 98 |
| **2.8** | **Die Lage in Spanien** | **98** |
| 2.8.1 | Real Madrid | 99 |
| 2.8.2 | Atletico Madrid | 100 |
| 2.8.3 | FC Barcelona | 100 |

| | | |
|---|---|---|
| 2.9 | Börsenerfahrung in der Schweiz | 101 |
| 2.9.1 | Grasshopper Zürich | 101 |
| 2.9.2 | FC Basel | 102 |
| 2.10 | Die Lage im Land des Fußball-Weltmeisters Frankreich | 102 |
| 2.10.1 | Olympique Marseille | 103 |
| 2.10.2 | Paris St. Germain | 103 |
| 2.10.3 | Girondins Bordeaux | 103 |
| 2.11 | Konkrete Pläne in Portugal | 103 |
| 2.11.1 | Benfica Lissabon | 104 |
| 2.11.2 | FC Porto | 104 |
| 2.12 | Neugestaltung der europäischen Fußball-Wettbewerbe | 104 |
| | | |
| *3* | *Motive eines Going Public bei Vereinen der Bundesligen in Deutschland* | 109 |
| 3.1 | Erhöhter Kapitalbedarf bei mangelhafter Eigenkapitalausstattung | 111 |
| 3.2 | Abbau unzureichender Managementqualifikation mit dem Ziel der Professionalisierung der Geschäftsführung | 114 |
| 3.3 | Zur Vorteilhaftigkeit der Trennung des ideellen vom kommerziellen Bereich des Sports | 116 |
| 3.4 | Drohender Entzug der Rechtsfähigkeit des Profi-Fußballvereins | 118 |
| 3.5 | Image und Marketing – Optimierung durch ein Going Public | 118 |
| | | |
| *4* | *Die aktuellen sowie zukünftigen ökonomischen Grundlagen des Wachstumsmarktes Fußball und die ersten Börsenkandidaten in Deutschland* | 121 |
| 4.1 | Die Vermarktung von Fußball-Fernsehrechten | 121 |
| 4.1.1 | Die aktuelle Vermarktungssituation in Deutschland | 121 |
| 4.1.1.1 | Die Einnahmen aus der Übertragung der Spiele der deutschen Bundesligen | 122 |

## Inhaltsverzeichnis

| | | |
|---|---|---|
| 4.1.1.2 | Die Einnahmen aus der Übertragung von Spielen der Champions League | 124 |
| 4.1.1.3 | Die Einnahmen aus dem europäischen Pokalsieger-Wettbewerb | 127 |
| 4.1.1.4 | Die Einnahmen aus dem UEFA-Cup | 127 |
| 4.1.1.5 | Die Einnahmen aus DFB-Pokalspielen | 129 |
| 4.1.1.6 | Resümee der momentanen Situation in Deutschland | 130 |
| 4.1.2 | Die Vermarktungssituation bei den Fußball-Fernsehrechten in anderen Ländern | 132 |
| 4.1.2.1 | Spanien | 132 |
| 4.1.2.2 | Frankreich | 134 |
| 4.1.2.3 | Großbritannien | 135 |
| 4.1.2.4 | Italien | 137 |
| 4.1.2.5 | USA | 139 |
| 4.1.3 | Ein Vermarktungskonzept für Deutschland | 140 |
| **4.2** | **Nutzungskonzepte einer gewerblichen Stadion- und Freizeitanlage** | **156** |
| 4.2.1 | Aktuelle Entwicklungen bei deutschen Stadien | 156 |
| 4.2.2 | Hamburger „Volkspark" | 158 |
| 4.2.3 | Frankfurter „Maindome" | 159 |
| 4.2.4 | Berliner Olympiastadion | 159 |
| 4.2.5 | Ein neues Stadion für München ? | 160 |
| 4.2.6 | Weitere aktuelle Stadionprojekte | 162 |
| **4.3** | **Merchandising** | **164** |
| **4.4** | **Einnahmen aus Sponsoring** | **166** |
| 4.4.1 | Trikotwerbung | 166 |
| 4.4.2 | Ausrüsterverträge | 168 |
| 4.4.3 | Bandenwerbung | 169 |
| **4.5** | **Die aktuelle wirtschaftliche Situation der 1. Bundesliga** | **172** |
| 4.5.1 | Die aktuellen Umsatz- und Gewinnzahlen | 172 |
| **4.6** | **Das wirtschaftliche Potential** | **179** |
| 4.6.1 | Zuschauerschnitt und Stadionauslastung | 183 |
| 4.6.2 | Möglichkeiten der Fernsehvermarktung | 186 |
| **4.7** | **Einnahmen aus Beteiligungen an anderen Fußball-Gesellschaften** | **189** |
| **4.8** | **Mögliche Fußball-Börsenkandidaten in Deutschland** | **190** |
| 4.8.1 | FC Bayern München | 191 |

| | | |
|---|---|---|
| 4.8.2 | Borussia Dortmund | 191 |
| 4.8.3 | FC Schalke 04 | 191 |
| 4.8.4 | SV Werder Bremen | 192 |
| 4.8.5 | Eintracht Frankfurt | 192 |
| 4.8.6 | VfB Stuttgart | 192 |
| 4.8.7 | 1. FC Kaiserslautern | 192 |
| 4.8.8 | Hertha BSC Berlin | 192 |
| 4.8.9 | Bayer 04 Leverkusen Fußball GmbH | 193 |
| 4.8.10 | VfL Wolfsburg | 193 |
| 4.8.11 | Tennis Borussia Berlin Fußball GmbH & Co. KGaA | 194 |
| 4.8.12 | VfL Borussia Mönchengladbach AG | 194 |
| | | |
| 5 | *Die Statuten des Deutschen Fußball-Bundes (DFB) als Determinante zur Gestaltung von Fußball-Kapitalgesellschaften* | 195 |
| 5.1 | **Die Änderungen in Satzung und Ordnung des DFB** | 195 |
| 5.1.1 | Ziele | 195 |
| 5.1.2 | Reichweite der Ausgliederung | 196 |
| 5.1.2.1 | Denkbare Rechtsformen | 196 |
| 5.1.2.2 | Lizenzvergabe und Entzug der Lizenz | 197 |
| 5.1.3 | Eckwerte - Ordnungspolitische Mindestanforderungen | 198 |
| 5.1.3.1 | Beherrschung der Tochtergesellschaft durch den Mutterverein | 198 |
| 5.1.3.1.1 | Anteilseigentum | 198 |
| 5.1.3.1.2 | Begriffsdefinition: Mutterverein und Tochtergesellschaft | 199 |
| 5.1.3.2 | Beherrschung durch Sponsoren und Mediengesellschaften | 199 |
| 5.1.3.3 | „Lex Leverkusen" | 201 |
| 5.1.3.4 | Anteile von Spielbeteiligten | 202 |
| 5.1.3.5 | Identität des Trägers der Mannschaft | 202 |
| 5.1.3.6 | Beibehaltung des Mitteltransfers für den Amateurfußball | 203 |
| 5.1.3.6.1 | Verbandsmitgliedschaften | 203 |
| 5.1.3.6.2 | Vereinsintern | 203 |
| 5.1.3.6.3 | Ausbildungs- und Forderungsentschädigungen | 203 |
| 5.1.3.7 | Spielberechtigung | 203 |
| 5.1.3.8 | Mindestkapital und Kaution | 204 |
| 5.1.3.9 | Aufsichtsrat | 204 |
| 5.1.4 | Sonstige Fragestellungen | 204 |
| 5.1.4.1 | Form der Ausgliederung | 204 |

| | | |
|---|---|---|
| 5.1.4.2 | Steuerpflicht der Vereine | 205 |
| 5.1.4.3 | Gemeinnützigkeit und Organisation des DFB | 205 |
| 5.1.4.4 | Gemeinnützigkeit und Organisation der Landesverbände und der Regionalverbände | 205 |
| 5.1.4.5 | Lizenzierungsverfahren und Kontrolle | 205 |
| 5.1.4.6 | Alternative zur Rechtsform der Kapitalgesellschaften | 206 |
| 5.1.4.7 | Problem der Kapitalerhöhung | 206 |
| 5.1.4.8 | Besetzung von Gremien des DFB | 206 |
| 5.1.4.9 | Auffangklausel | 206 |
| | | |
| **6** | ***Die Fußball-Kapitalgesellschaft als Gegenstand eines Going Public*** | **209** |
| **6.1** | **Die Merkmale einer Fußball-Aktiengesellschaft** | **210** |
| 6.1.1 | Historische Entwicklung der börsenfähigen Rechtsformen | 210 |
| 6.1.2 | Aktienrechtliche Grundlagen | 214 |
| 6.1.3 | Organ- und Entscheidungsstrukturen der Aktiengesellschaft | 217 |
| 6.1.3.1 | Der Vorstand | 218 |
| 6.1.3.2 | Der Aufsichtsrat | 221 |
| 6.1.3.3 | Die Hauptversammlung | 223 |
| 6.1.3.4 | Der Beirat als satzungsmäßiges Organ einer Fußball-Aktiengesellschaft | 224 |
| 6.1.4 | Aktiengattungen und die damit verbundenen Rechte und Pflichten | 225 |
| 6.1.4.1 | Begriff der Aktie | 225 |
| 6.1.4.2 | Einteilung der Aktien nach dem Merkmal aktienrechtlicher Übertragungsmöglichkeiten | 226 |
| 6.1.4.2.1 | Inhaberaktien | 226 |
| 6.1.4.2.2 | Namensaktien | 226 |
| 6.1.4.2.3 | Vinkulierte Namensaktien | 227 |
| 6.1.4.3 | Einteilung der Aktien nach den Mitgliedschaftsrechten | 228 |
| 6.1.4.3.1 | Stammaktien | 228 |
| 6.1.4.3.2 | Vorzugsaktien | 229 |
| 6.1.4.4 | Anteilsquotenorientierte Einteilung der Aktien | 231 |
| 6.1.4.4.1 | Nennwertaktien | 231 |
| 6.1.4.4.2 | Nennwertlose Aktien | 231 |
| 6.1.4.5 | Bilanzausweis der Ausstehenden Einlagen | 233 |

| | | |
|---|---|---|
| 6.1.5 | Die Satzung der Aktiengesellschaft und deren Mindestinhalt | 234 |
| 6.1.6 | Rechnungslegung der Aktiengesellschaft | 235 |
| 6.1.7 | Die Kleine Aktiengesellschaft | 237 |
| 6.1.7.1 | Begriff der Kleinen Aktiengesellschaft | 237 |
| 6.1.7.2 | Erleichterungen für Kleine Aktiengesellschaften | 239 |
| 6.1.7.2.1 | Gründungsvorschriften | 239 |
| 6.1.7.2.2 | Einberufungsvorschriften für die Hauptversammlung | 239 |
| 6.1.7.2.3 | Protokollierung der Hauptversammlung | 240 |
| 6.1.7.2.4 | Entscheidung über die Gewinnverwendung | 240 |
| 6.1.7.2.5 | Freistellung von der Mitbestimmung | 241 |
| 6.1.7.2.6 | Wahl der Arbeitnehmervertreter in den Aufsichtsrat | 241 |
| 6.1.7.2.7 | Erleichterter Bezugsrechtsausschluß | 241 |
| 6.1.7.2.8 | Einzelverbriefung der Aktien | 242 |
| 6.1.8 | Allgemeine Vorbehalte gegenüber der Aktiengesellschaft als Rechtsform | 242 |
| 6.1.8.1 | Publizitätspflichten | 242 |
| 6.1.8.2 | Organstruktur | 245 |
| 6.1.8.3 | Fremdeinfluß | 247 |
| 6.1.8.4 | Steuerbelastung | 248 |
| 6.1.8.4.1 | Steuerbelastung eines eingetragenen Vereins | 249 |
| 6.1.8.4.2 | Steuerbelastung einer Aktiengesellschaft | 251 |
| 6.1.8.4.3 | Besteuerung eines Vereins mit ausgegliederter Fußball-Aktiengesellschaft | 253 |
| 6.1.8.5 | Kosten der Rechtsform | 255 |
| 6.1.8.5.1 | Umwandlungskosten | 255 |
| 6.1.8.5.2 | Verwaltungskosten | 255 |
| 6.1.8.5.3 | Kosten einer Aktienplazierung und der laufenden Notierung | 256 |
| 6.1.8.5.4 | Publizitäts- und Informationskosten | 256 |
| 6.1.9 | Zielorientierte Gestaltungsmöglichkeiten der Aktiengesellschaft | 257 |
| 6.1.9.1 | Aktienpool und Holdingstruktur | 257 |
| 6.1.9.2 | Wahl der Aktien | 259 |
| 6.1.9.3 | Satzungsgestaltung | 260 |
| 6.1.9.4 | Streuung der Aktien | 260 |
| 6.1.10 | Beurteilung der Aktiengesellschaft als mögliche Rechtsform für eine Fußball-Kapitalgesellschaft | 261 |
| 6.1.10.1 | Vorteile der Rechtsform der Fußball-Aktiengesellschaft | 261 |

| | | |
|---|---|---|
| 6.1.10.1.1 | Fungibilität der Gesellschaftsanteile | 261 |
| 6.1.10.1.2 | Wirksamer Haftungsausschluß des Muttervereins | 262 |
| 6.1.10.2 | Spezielle Nachteile der Rechtsform der Fußball-Aktiengesellschaft | 262 |
| 6.1.10.2.1 | Eingeschränkte Flexibilität als Folge gesetzlich vorgegebener Satzungsstrenge | 262 |
| 6.1.10.2.1.1 | Die enge gesetzliche Ausgestaltung der Verwaltungsrechte und ihre Wirkungen auf die Einbindung von Sponsoren sowie bei drohenden feindlichen Übernahmen | 263 |
| 6.1.10.2.1.2 | Geringe Flexibilität bei der Ausübung der Vermögensrechte | 266 |
| **6.2** | **Die Merkmale anderer börsenfähiger Rechtsformen** | **266** |
| 6.2.1 | Die Kommanditgesellschaft auf Aktien als Alternative zur Fußball-Aktiengesellschaft | 267 |
| 6.2.1.1 | Gesellschaftsrechtliche Grundlagen einer KGaA | 267 |
| 6.2.1.1.1 | Persönlich haftende(r) Gesellschafter | 270 |
| 6.2.1.1.2 | Aufsichtsrat | 272 |
| 6.2.1.1.3 | Hauptversammlung der Kommanditaktionäre | 273 |
| 6.2.1.1.4 | Der Beirat als satzungsmäßiges Organ | 274 |
| 6.2.1.2 | Die Rechnungslegung und Ergebnisverteilung in der KGaA | 274 |
| 6.2.1.3 | Steuerrechtliche Grundlagen der KGaA | 275 |
| 6.2.1.3.1 | Besteuerung der KGaA | 275 |
| 6.2.1.3.2 | Besteuerung der persönlich haftenden Gesellschafter | 277 |
| 6.2.1.3.3 | Besteuerung der Kommanditaktionäre | 278 |
| 6.2.1.4 | Die tatsächliche Verbreitung der KGaA im realen Wirtschaftsleben in Deutschland | 278 |
| 6.2.1.5 | Beurteilung der KGaA als mögliche Rechtsform für eine Fußball-Kapitalgesellschaft | 279 |
| 6.2.2 | Die Kommanditgesellschaft auf Aktien mit beschränkter Haftung als weitere Alternative | 284 |
| 6.2.2.1 | Gesellschaftsrechtliche Grundlagen der Fußball GmbH & Co. KGaA | 284 |
| 6.2.2.2 | Die Fußball AG & Co. KGaA als weitere Modifikation | 287 |
| 6.2.3 | Die Vor- und Nachteile einer Fußball KGaA gegenüber einer Fußball-Aktiengesellschaft | 287 |
| 6.2.3.1 | Die Vorteile einer Fußball KGaA gegenüber einer Fußball-Aktiengesellschaft | 288 |
| 6.2.3.1.1 | Vorteile aus satzungsmäßigen Gestaltungsmöglichkeiten | 288 |

| | | |
|---|---|---|
| 6.2.3.1.2 | Gewährleistung der Einflußsicherung des Muttervereins | 289 |
| 6.2.3.1.3 | Optionale und flexible Eigenkapitalgestaltung | 289 |
| 6.2.3.2 | Die Nachteile einer Fußball KGaA gegenüber einer Fußball-Aktiengesellschaft | 290 |
| 6.2.3.2.1 | Haftung des Muttervereins | 290 |
| 6.2.3.2.2 | Komplexität und Kompliziertheit der Rechtsform | 291 |
| 6.2.3.2.3 | Vergleichsweise geringer Bekanntheitsgrad der Rechtsform KGaA | 291 |
| 6.2.3.2.4 | Fazit | 292 |
| **6.3** | **Die Umwandlung eines eingetragenen (Fußball-) Vereins in eine Fußball-Kapitalgesellschaft** | **293** |
| 6.3.1 | Überblick über das Umwandlungsrecht von 1995 | 293 |
| 6.3.1.1 | Einzel- und Gesamtrechtsnachfolge | 297 |
| 6.3.1.2 | Die Verschmelzung | 298 |
| 6.3.1.3 | Die Spaltung | 299 |
| 6.3.1.4 | Die Vermögensübertragung | 300 |
| 6.3.1.5 | Der Formwechsel | 301 |
| 6.3.1.6 | Die Umwandlungsphasen | 301 |
| 6.3.2 | Die generell bestehenden Umwandlungsmöglichkeiten für eingetragene Fußball-Vereine | 303 |
| 6.3.3 | Going Public-relevante Umwandlungsformen für Fußball-Vereine | 305 |
| 6.3.3.1 | Die direkte, aber nicht DFB-satzungskonforme Umwandlung eines Fußball-Vereins als Ganzes in eine Fußball-Aktiengesellschaft | 306 |
| 6.3.3.1.1 | Umwandlung des Vereins als Ganzes im Wege der Einzelrechtsnachfolge | 306 |
| 6.3.3.1.2 | Umwandlung des Vereins als Ganzes im Wege der Verschmelzung | 307 |
| 6.3.3.1.2.1 | Verschmelzung durch Aufnahme oder Neugründung | 307 |
| 6.3.3.1.2.2 | Der Verschmelzungsvertrag | 310 |
| 6.3.3.1.2.3 | Der Verschmelzungsbericht und die Verschmelzungsprüfung | 316 |
| 6.3.3.1.2.4 | Beschlußfassung durch die Mitglieder- und Hauptversammlungen | 317 |
| 6.3.3.1.2.5 | Bilanzerstellung und Prüfung | 319 |
| 6.3.3.1.2.6 | Eintragung der Verschmelzung in die Vereins- und Handelsregister | 320 |
| 6.3.3.1.2.7 | Rechtsfolgen der Verschmelzung | 321 |

| | | |
|---|---|---|
| 6.3.3.1.2.7.1 | Die Übertragung von Vermögen und Verbindlichkeiten | 322 |
| 6.3.3.1.2.7.2 | Der Übergang von Arbeitsverhältnissen | 323 |
| 6.3.3.1.2.7.3 | Der Übergang von öffentlich-rechtlichen Rechtspositionen, Erlaubnissen, Lizenzen und Konzessionen | 323 |
| 6.3.3.1.2.7.4 | Haftung der Organe | 324 |
| 6.3.3.1.2.8 | Kosten der Verschmelzung | 324 |
| 6.3.3.1.3 | Umwandlung des Vereins als Ganzes im Wege des Formwechsels | 325 |
| 6.3.3.1.4 | Zwischen-Fazit | 328 |
| 6.3.3.2 | Die DFB-satzungskonformen Umwandlungsmöglichkeiten zur Errichtung von börsenfähigen Fußball-Kapitalgesellschaften | 329 |
| 6.3.3.2.1 | Die partielle Vereinsausgliederung im Wege der Einzelrechtsnachfolge zur (Sach-)Gründung einer börsenfähigen Fußball-Kapitalgesellschaft | 329 |
| 6.3.3.2.2 | Die umwandlungsrechtliche Spaltung eines eingetragenen Fußball-Vereins zur Aufnahme oder Neugründung einer Fußball-Aktiengesellschaft | 330 |
| 6.3.3.2.3 | Die umwandlungsrechtliche Ausgliederung eines eingetragenen Fußball-Vereins durch Aufnahme oder Neugründung einer Fußball-Kommanditgesellschaft auf Aktien | 334 |
| 6.3.3.2.3.1 | Ein praktisches Beispiel der Spaltung durch Ausgliederung einer Lizenzspielerabteilung eines Vereins zur Aufnahme in eine Fußball KGaA (mit Musterverträgen und Muster-Ausgliederungsbericht) | 334 |
| 6.3.3.2.3.1.1 | Der Austausch von Vermögens- in Beteiligungsrechte als Wesensmerkmal der umwandlungsrechtlichen Ausgliederung | 336 |
| 6.3.3.2.3.1.2 | Die Bewertung des auszugliedernden Vermögens | 337 |
| 6.3.3.2.3.1.3 | Der beherrschende Einfluß des Muttervereins auf die Fußball KGaA als Vorgabe des DFB | 338 |
| 6.3.3.2.3.1.4 | Problem der Mitausgliederung der Amateur- und A-Jugendmannschaft auf eine Fußball-Kapitallgesellschaft | 338 |
| 6.3.3.2.3.2 | Die Ausgliederung zur Neugründung einer Fußball KGaA | 339 |
| **6.4** | **Rechtsgrundlagen der Kapitalerhöhung** | **340** |
| 6.4.1 | Begriff und Motive der Kapitalerhöhung | 340 |
| 6.4.2 | Ordentliche Kapitalerhöhung | 343 |
| 6.4.2.1 | Begriff und Durchführung der ordentlichen Kapitalerhöhung | 343 |

| | | |
|---|---|---|
| 6.4.2.1.1 | Die Beschlußphase | 344 |
| 6.4.2.1.2 | Die Durchführungsphase | 344 |
| 6.4.2.2 | Das Bezugsrecht | 344 |
| 6.4.2.3 | Der Bezugsrechtsausschluß | 345 |
| 6.4.2.4 | Erleichterter Bezugsrechtsausschluß | 346 |
| 6.4.3 | Genehmigtes Kapital | 349 |
| 6.4.4 | Bedingte Kapitalerhöhung | 351 |
| | | |
| 7 | ***Emissionsgrundlagen für ein Going Public in Deutschland*** | 355 |
| 7.1 | **Die historische Entwicklung des Kapitalmarktes und der Börsen** | 355 |
| 7.2 | **Institutioneller Rahmen der Börse** | 359 |
| 7.2.1 | Organisatorische Struktur der Wertpapierbörsen | 359 |
| 7.2.2 | Handelsformen und Preisbildung | 364 |
| 7.2.2.1 | Computerbörse am Kassamarkt – Xetra | 366 |
| 7.2.2.2 | Computerbörse am Terminmarkt - Eurex | 368 |
| 7.2.2.3 | Preisbildung | 369 |
| 7.2.2.3.1 | Variable oder fortlaufende Kurse | 369 |
| 7.2.2.3.2 | Einheitskurse | 369 |
| 7.2.3 | Börsensegmente | 370 |
| 7.2.3.1 | Amtlicher Markt | 371 |
| 7.2.3.2 | Geregelter Markt | 373 |
| 7.2.3.3 | Freiverkehr | 375 |
| 7.2.3.4 | Neuer Markt | 377 |
| 7.2.3.4.1 | Das Handelssegment für Wachstumswerte an der deutschen Börse | 377 |
| 7.2.3.4.2 | Das Konzept des Neuen Marktes | 381 |
| 7.2.3.4.3 | Attraktivität des Neuen Marktes | 383 |
| 7.2.3.5 | SMAX | 385 |
| 7.2.3.5.1 | Das neue Marktsegment für etablierte Börsengesellschaften | 385 |
| 7.2.3.5.2 | Die Zulassungsvoraussetzungen | 388 |
| 7.2.3.6 | Zusammenfassung der rechtlichen Voraussetzungen und Folgepflichten einer Börseneinführung | 390 |
| 7.2.3.7 | Geeignete Börsensegmente für Fußball-Kapitalgesellschaften in Deutschland | 392 |

| | | |
|---|---|---|
| **7.3** | **Emissionsprospekt** | 392 |
| 7.3.1 | Emission an der Börse | 393 |
| 7.3.1.1 | Amtlicher Handel | 393 |
| 7.3.1.2 | Geregelter Markt | 395 |
| 7.3.1.3 | Freiverkehr | 397 |
| 7.3.1.4 | Neuer Markt | 397 |
| 7.3.1.5 | SMAX | 399 |
| 7.3.2 | Emission auf dem unreglementierten Kapitalmarkt | 400 |
| 7.3.2.1 | Öffentliches Angebot | 400 |
| 7.3.2.1.1 | Das Wertpapier-Verkaufsprospektgesetz | 400 |
| 7.3.2.1.2 | Der Begriff des öffentlichen Angebots | 401 |
| 7.3.2.1.3 | Inhaltliche Anforderungen an den Verkaufsprospekt | 403 |
| 7.3.2.2 | Privatplazierung | 403 |
| 7.3.3 | Prospekthaftung | 404 |
| 7.3.3.1 | Prospektmängel | 404 |
| 7.3.3.1.1 | Unrichtigkeit | 405 |
| 7.3.3.1.2 | Unvollständigkeit | 406 |
| 7.3.3.2 | Allgemein bürgerlich-rechtliche Haftung | 407 |
| 7.3.3.3 | Haftung gemäß §§ 45, 46 BörsG | 410 |
| 7.3.3.4 | Haftung gemäß § 264a StGB | 413 |
| 7.3.3.5 | Haftung nach dem Aktiengesetz | 415 |
| **7.4** | **Emissionspreisfindung** | 416 |
| 7.4.1 | Die Festlegung der Börsenfähigkeit als erster Schritt zur Emissionspreisfindung | 417 |
| 7.4.1.1 | Die Ertragsaussichten, der Umsatz und die Umsatzentwicklung sowie die Markt- und Wettbewerbssituation | 418 |
| 7.4.1.2 | Alter des Unternehmens | 419 |
| 7.4.1.3 | Positive betriebswirtschaftliche Kennziffern | 419 |
| 7.4.1.4 | Unternehmensaufbau, Organisation, Rechtsformwahl und Managementqualität | 420 |
| 7.4.1.5 | Publizitätsanforderungen an einen Börsenaspiranten | 420 |
| 7.4.1.6 | Das Plazierungsvolumen | 421 |
| 7.4.1.7 | Zusammenfassende Kriterien der Börsenfähigkeit | 422 |
| 7.4.1.8 | Die Due Diligence als Instrument zur Feststellung der Börsenfähigkeit | 423 |
| 7.4.1.8.1 | Begriff, Herkunft und Aspekte einer Due Diligence | 423 |
| 7.4.1.8.2 | Anlässe einer Due Diligence | 424 |
| 7.4.1.8.2.1 | Due Diligence bei Umwandlungen nach dem UmwG | 425 |
| 7.4.1.8.2.2 | Due Diligence bei Umstrukturierungen/Spaltungen | 426 |

| | | |
|---|---|---|
| 7.4.1.8.2.3 | Due Diligence bei einer Börseneinführung | 426 |
| 7.4.2 | Problem der Emissionspreisfindung | 427 |
| 7.4.3 | Methoden der Unternehmensbewertung als Grundlage der Emissionspreisfindung | 429 |
| 7.4.3.1 | Grundlagen der Unternehmensbewertung | 429 |
| 7.4.3.1.1 | Beratungsfunktion | 430 |
| 7.4.3.1.2 | Vermittlungsfunktion | 430 |
| 7.4.3.1.3 | Argumentationsfunktion | 430 |
| 7.4.3.2 | Die vorherrschenden Bewertungsmethoden | 432 |
| 7.4.3.2.1 | Kurs-Gewinn-Verhältnis (KGV) | 433 |
| 7.4.3.2.1.1 | Die Herleitung des KGV | 433 |
| 7.4.3.2.1.2 | Aktuelle KGV bei englischen Fußball-Kapitalgesellschaften | 435 |
| 7.4.3.2.2 | Sonstige Branchenvergleichsverfahren für Fußball-Kapitalgesellschaften | 436 |
| 7.4.3.2.3 | Ergebnis nach DVFA/SG | 436 |
| 7.4.3.2.3.1 | Historische Entwicklung | 436 |
| 7.4.3.2.3.2 | Überlegungen zur Ermittlung des Ergebnisses nach DVFA/SG | 438 |
| 7.4.3.2.3.3 | Bereinigungswürdige Sondereinflüsse | 439 |
| 7.4.3.2.3.4 | Arbeitsschema nach DVFA/SG | 442 |
| 7.4.3.2.4 | IdW-Verfahren: Ertragswertmethode nach HFA | 447 |
| 7.4.3.2.5 | Discounted-Cash-Flow-Analyse (DCFA) | 449 |
| 7.4.3.2.5.1 | Grundlagen der DCFA | 449 |
| 7.4.3.2.5.2 | Berechnung des Unternehmenswertes nach DCFA | 449 |
| 7.4.4 | Mögliche Bewertungsansätze für Fußball-Kapitalgesellschaften beim Going Public | 451 |
| 7.4.4.1 | Die Besonderheit der Bewertungsaufgabe bei der Emissionspreisfindung | 451 |
| 7.4.4.2 | Das einfache Umsatzmultiplikatorverfahren | 452 |
| 7.4.4.3 | Das Postulat einer seriösen Emissionspreisfindung auch bei Fußball-Kapitalgesellschaften | 453 |
| 7.4.4.3.1 | Die Prüfung der wirtschaftlichen Leistungsfähigkeit durch den DFB im Rahmen des alljährlichen Lizenzierungsverfahren | 454 |
| 7.4.4.3.2 | Die anlaßbezogene Bewertung einer aus dem Mutterverein auszugliedernden Fußball-Kapitalgesellschaft im Umwandlungszeitpunkt | 455 |
| 7.4.5 | Emissionsvarianten zur Festlegung des Emissionspreises | 456 |

| | | |
|---|---|---|
| 7.4.5.1 | Festpreisverfahren | 456 |
| 7.4.5.2 | Bookbuilding-Verfahren | 457 |
| 7.4.5.2.1 | Grundlagen des Bookbuilding-Verfahrens | 457 |
| 7.4.5.2.2 | Pre-Marketing-Phase | 459 |
| 7.4.5.2.3 | Marketingphase | 460 |
| 7.4.5.2.4 | Order-Taking-Phase | 461 |
| 7.4.5.2.5 | Pricing- und Zuteilungsphase | 462 |
| 7.4.5.2.6 | Greenshoe-Phase | 462 |
| 7.4.5.3 | Festpreisverfahren contra Bookbuilding-Verfahren – eine abschließende Stellungnahme | 463 |
| 7.4.6 | Das Underpricing und seine Ursachen | 466 |
| **7.5** | **Einflußfaktoren auf den Kursverlauf von Fußball-Aktien** | **468** |
| ***8*** | ***Finanzmarketing für börsennotierte Fußball-Kapitalgesellschaften*** | ***473*** |
| **8.1** | **Kommunikationskonzepte** | **473** |
| 8.1.1 | Komponenten des Aktienmarketing | 476 |
| 8.1.1.1 | Produktpolitik | 476 |
| 8.1.1.2 | Preispolitik | 477 |
| 8.1.1.3 | Distributionspolitik | 478 |
| 8.1.1.4 | Kommunikationspolitik (Investor Relations) | 480 |
| 8.1.1.4.1 | Ziele der Investor Relations | 480 |
| 8.1.1.4.2 | Zielgruppen der Investor Relations | 486 |
| 8.1.1.4.3 | Instrumente der Kommunikation | 489 |
| 8.1.1.4.3.1 | Unpersönliche Kommunikation | 489 |
| 8.1.1.4.3.2 | Persönliche Kommunikation | 497 |
| 8.1.1.4.4 | Zielgruppenorientierter Einsatz der Kommunikationsinstrumente | 501 |
| 8.1.1.4.5 | Einsatz der Instrumente im Zeitablauf | 504 |
| 8.1.1.4.6 | Eingliederung der Investor Relations in das Unternehmen | 508 |
| **8.2** | **Insiderrecht und Ad hoc-Publizität: Das Wertpapierhandelsgesetz** | **511** |
| 8.2.1 | Begriff des Insider-Papiers | 511 |
| 8.2.2 | Begriff des Insiders | 512 |
| 8.2.3 | Begriff der Insidertatsache | 514 |
| 8.2.4 | Der Verbotstatbestand | 518 |

| | | |
|---|---|---|
| 8.2.5 | Ad hoc-Publizität als präventives Instrument | 523 |
| 8.2.5.1 | Nach § 15 WpHG zu veröffentlichende Tatsachen | 523 |
| 8.2.5.2 | Verfahren der Veröffentlichung | 529 |
| 8.2.6 | Pflicht zur Veröffentlichung von Änderungen der Stimmrechtsanteile | 535 |
| **8.3** | **Fußball-Kapitalgesellschaften und das Wertpapierhandelsgesetz** | **537** |
| *9* | *Fazit* | 539 |
| *10* | *Anhang* | 543 |
| 10.1 | Muster-Verträge und Ausgliederungsbericht für eine aus einem eingetragenen Verein auszugliedernde Lizenzspielerabteilung auf eine Kommanditgesellschaft auf Aktien | 543 |
| 10.1.1 | Muster-Satzung einer Fußball KGaA | 544 |
| 10.1.2 | Muster-Vertrag einer Ausgliederung der Lizenzspielerabteilung aus einem eingetragenen (Fußball-)Verein | 556 |
| 10.1.3 | Beispiel für einen gemeinsamen Ausgliederungsbericht | 564 |
| **10.2** | **Börsennotierte Fußball-Kapitalgesellschaften in Europa** | **581** |

| | |
|---|---|
| Literaturverzeichnis | 585 |
| Sachregister | 615 |

# Abbildungsverzeichnis

Abb. 1: Entwicklung der 20 Clubs der Premier League in den vergangenen fünf Spielzeiten..........62
Abb. 2: Durchschnittliche Ausgaben der Erstliga-Clubs in Europa..........65
Abb. 3: Kursverlauf von Manchester United und Tottenham Hotspur......69
Abb. 4: Kursverlauf von Newcastle United..........74
Abb. 5: Die Mitglieder und ihre Gewichtung im KICK-Index..........86
Abb. 6: Performance-Vergleich von Manchester United und dem Fußball-Index KICK sowie dem Aktienindex FTSE 100.....87
Abb. 7: Kursverlauf vom Ajax Amsterdam..........94
Abb. 8: Kursverlauf von Lazio Rom..........96

Abb. 9: Motive eines Going Public von Börsenneulingen (1993-1997)..110
Abb. 10: Vergleich der Organisationscharakteristika von Vereinen und Handelsgesellschaften, insbesondere Kapitalgesellschaften.......117

Abb. 11: Die deutschen Fernseh-Bundesligen..........122
Abb. 12: Startgelder und Prämien der Champions League..........126
Abb. 13: Verteilung der Fernseheinnahmen auf die deutschen Teilnehmer aus dem UEFA-Cup-Wettbewerb für die Saison 1997/98...128
Abb. 14: Einnahmen aus Fernsehverwertungen 1. und 2. Bundesliga – Saison 1998/99..........131
Abb. 15: Duales Fernsehsystem im deutschen Free-TV-Bereich..........141
Abb. 16: Free-TV und Pay-TV/Digital-TV-Sender in Europa 1997..........143
Abb. 17: Marktanteile der vier größten Free-TV-Sender in Europa 1997.143
Abb. 18: Das wirtschaftliche Ausgleichsmodell 1. und 2. Bundesliga – Saison 1998/99..........147
Abb. 19: Alternative eines wirtschaftlichen Ausgleichsmodells Dezentrale Vermarktung der 1. und 2. Bundesliga..........151
Abb. 20: Empfehlung eines wirtschaftlichen Ausgleichsmodells Mix aus zentraler und dezentraler Vermarktung der 1. und 2. Bundesliga..........152
Abb. 21: Anzahl der Live-Übertragungen – Saison 1998/99 Vergleich der 1. und 2. Bundesliga mit England, Italien und Spanien..........153
Abb. 22: Einnahmen aus Fernsehverwertungsrechten – Saison 1999/2000 Vergleich der 1. und 2. Bundesliga mit England, Italien und Spanien..........154

## Abbildungsverzeichnis

| | | |
|---|---|---|
| Abb. 23: | Einnahmen der Vereine aus der Fernsehverwertung Vergleich der 1. Bundesliga mit England (Premier League), Italien (Serie A) und Spanien (1. Division) | 155 |
| Abb. 24: | Stadionsituation und Projektierungen in der 1. Bundesliga | 156 |
| Abb. 25: | Trikot-Werbepartner der Fußball-Bundesligisten | 167 |
| Abb. 26: | TV-Bandenwerbung – Übersicht Bundesliga-Saison 1999/2000 | 170 |
| Abb. 27: | Umsätze, Marktanteile, Ergebnis und Umsatzrendite der Vereine der 1. Bundesliga (Saison 1996/97) | 173 |
| Abb. 28: | Aufteilung des Gesamtumsatzes auf Geschäftsbereiche | 175 |
| Abb. 29: | Umsätze der Vereine der 1. Bundesliga in der Saison 1998/99 | 175 |
| Abb. 30: | Umsätze und Umsatzanteile aus Merchandising und Werbung der Vereine der 1. Bundesliga (Saison 1996/97) | 177 |
| Abb. 31: | Spielerwerte der Vereine der 1. Bundesliga (Saison 1996/97) | 178 |
| Abb. 32: | Wirtschaftliches Potential der Bundesligavereine | 179 |
| Abb. 33: | Wirtschaftliche Entwicklung der Bundesliga im Fünf-Jahres-Vergleich | 182 |
| Abb. 34: | Zuschauerschnitt bei Spielen der 1. Bundesliga | 183 |
| Abb. 35: | Stadien der Bundesligisten, Zuschauerschnitt in 1996/97 und 1997/98 | 184 |
| Abb. 36: | Die 20 meistgesehenen Fernsehsendungen 1997 | 186 |
| Abb. 37: | Neun Gründungsphasen einer Aktiengesellschaft | 214 |
| Abb. 38: | Regelungsbereich und Aufgaben der Organe einer Aktiengesellschaft | 218 |
| Abb. 39: | Spezifische Aufgaben des Aufsichtsrates | 221 |
| Abb. 40: | Rechte der Hauptversammlung gem. § 119 Abs. 1 AktG | 224 |
| Abb. 41: | Einteilung der Aktien | 226 |
| Abb. 42: | Bilanzausweis der „Ausstehenden Einlagen" gemäß § 272 Abs. 1 Satz 2 HGB | 233 |
| Abb. 43: | Bilanzausweis der „Ausstehenden Einlagen" gemäß § 272 Abs. 1 Satz 3 HGB | 234 |
| Abb. 44: | Mindestinhalt der Satzung einer Aktiengesellschaft gemäß § 23 AktG | 234 |
| Abb. 45: | Größenklassen von Kapitalgesellschaften gem. § 267 HGB | 237 |
| Abb. 46: | Systematisierung Kleiner Aktiengesellschaften | 238 |
| Abb. 47: | Organisationsstruktur der KGaA | 269 |
| Abb. 48: | Die Organe der KGaA | 271 |
| Abb. 49: | Ertragsteuerliche Behandlung der KGaA | 276 |

| | | |
|---|---|---|
| Abb. 50: | Gestaltung einer Fußball KGaA mit dem Mutterverein als persönlich haftendem Gesellschafter | 280 |
| Abb. 51: | Gestaltung einer Fußball KGaA mit dem Mutterverein als persönlich haftendem Gesellschafter und als Kommanditaktionär | 282 |
| Abb. 52: | Gestaltung einer Fußball GmbH & Co. KGaA | 285 |
| Abb. 53: | Reformziele des Umwandlungsbereinigungsgesetzes | 294 |
| Abb. 54: | Phasen der Umwandlung | 302 |
| Abb. 55: | Generelle Umwandlungsmöglichkeiten eines eingetragenen Vereins in andere Rechtsformen nach dem Umwandlungsgesetz | 304 |
| Abb. 56: | Verschmelzung durch Aufnahme eines Muttervereins als Ganzes in eine Marketing-Tochtergesellschaft nach erfolgtem Formwechsel zur Fußball-Aktiengesellschaft | 308 |
| Abb. 57: | Verschmelzung eines Muttervereins als Ganzes durch Neugründung einer Fußball-Aktiengesellschaft | 309 |
| Abb. 58: | Voraussetzung einer direkten Verschmelzung eines (Fußball-)Vereins als Ganzes durch Aufnahme in eine bestehende Fußball-Aktiengesellschaft bzw. durch Neugründung einer Fußball-Aktiengesellschaft | 310 |
| Abb. 59: | Mindestinhalt eines Verschmelzungsvertrags gemäß § 5 Abs. 1 UmwG | 311 |
| Abb. 60: | Mehrheitserfordernisse bei Verschmelzungsbeschlüssen | 318 |
| Abb. 61: | Anmeldung einer Verschmelzung zum Handelsregister | 320 |
| Abb. 62: | Voraussetzungen einer formwechselnden Umwandlung eines rechtsfähigen Vereins in eine Aktiengesellschaft | 326 |
| Abb. 63: | Mindestinhalt des Umwandlungsbeschlusses gemäß § 194 Abs. 1 UmwG | 327 |
| Abb. 64: | Mindestinhalt des Spaltungs- und Übernahmevertrages gemäß § 126 Abs. 1 UmwG | 332 |
| Abb. 65: | Die beispielhafte Ausgliederung einer Lizenzspielerabteilung aus einem (Fußball-)Verein zur Aufnahme in eine Fußball GmbH & Co. KGaA | 335 |
| Abb. 66: | Formen der Kapitalerhöhung | 342 |
| Abb. 67: | Ablauf einer ordentlichen Kapitalerhöhung | 343 |
| Abb. 68: | Tatbestandsmerkmale des § 186 Abs. 3 Satz 4 AktG | 347 |
| Abb. 69: | Ablauf einer Kapitalerhöhung mit Genehmigtem Kapital | 350 |
| Abb. 70: | Die drei Zwecke, die eine bedingte Kapitalerhöhung erlauben | 351 |
| Abb. 71: | Ablauf einer bedingten Kapitalerhöhung zur Ausgabe von Wandelschuldverschreibungen | 352 |

| | | |
|---|---|---|
| Abb. 72: | Die 6 wichtigsten deutschen Wertpapierbörsen im Überblick | 360 |
| Abb. 73: | Konzernstruktur der Deutsche Börse AG | 362 |
| Abb. 74: | Einteilung des Kapitalmarktes | 365 |
| Abb. 75: | Umsatzverteilung Xetra-Handel im Verhältnis zum Parketthandel (I. Quartal 1999) | 366 |
| Abb. 76: | Börsennotierte Gesellschaften 1998 | 370 |
| Abb. 77: | Zulassungsvoraussetzungen für den Geregelten Markt | 374 |
| Abb. 78: | Die 30 größten Unternehmen am Neuen Markt | 378 |
| Abb. 79: | Index-Vergleich Neuer Markt mit NASDAQ (März 1997 bis März 1999) | 380 |
| Abb. 80: | Neuer Markt-Index (März 1998 bis März 1999) | 380 |
| Abb. 81: | Voraussetzungen für den Neuen Markt | 382 |
| Abb. 82: | SMAX-Teilnehmer | 386 |
| Abb. 83: | Eckdaten potentieller SMAX-Unternehmen | 388 |
| Abb. 84: | Die wichtigsten Zusatzvoraussetzungen für SMAX | 389 |
| Abb. 85: | Rechtliche Voraussetzungen und Folgepflichten der einzelnen Börsensegmente | 390 |
| Abb. 86: | Formvorschriften eines Verkaufsprospekts | 393 |
| Abb. 87: | Reihenfolge der notwendigen Prospektangaben | 394 |
| Abb. 88: | Mindestangaben im Unternehmensbericht | 395 |
| Abb. 89: | Anforderungen an den Unternehmensbericht gemäß § 59 Abs. 2 BörsO i.V.m. §§ 2-13 VerkProspVO | 396 |
| Abb. 90: | Weitergehende Zulassungsanforderungen für den Neuen Markt | 398 |
| Abb. 91: | Ausnahmen von der Prospektpflicht gemäß §§ 1-4 VerkProspG | 400 |
| Abb. 92: | Kriterien zur Beurteilung der Börsenfähigkeit | 422 |
| Abb. 93: | Aspekte einer Due Diligence-Analyse | 424 |
| Abb. 94: | Anlässe einer Due Diligence | 425 |
| Abb. 95: | Untersuchungsfelder einer Due Diligence bei einer Börseneinführung | 427 |
| Abb. 96: | Bewertungsmethoden im Überblick | 432 |
| Abb. 97: | Katalog der zu bereinigenden und nicht zu bereinigenden Tatbestände | 440 |
| Abb. 98: | Arbeitsschema nach DVFA/SG | 443 |
| Abb. 99: | Discounted-Cash-Flow-Analyse | 450 |
| Abb. 100: | Daten ausgewählter englischer Fußball-Aktiengesellschaften | 452 |
| Abb. 101: | Phasen des Bookbuilding-Verfahren | 458 |

## Abbildungsverzeichnis

Abb. 102: Preisspanne beim Bookbuilding-Verfahren 1998 .................... 460
Abb. 103: Pflichtangaben im Orderformular ............................................... 461
Abb. 104: Vergleich Festpreisverfahren und Bookbuilding ..................... 466

Abb. 105: Aktienmarketing ............................................................................ 475
Abb. 106: Alternative Rücklagenbildung .................................................... 482
Abb. 107: Ziele und Wirkungsweisen von Investor Relations ................. 483
Abb. 108: Unternehmensprofil: .................................................................... 490
Abb. 109: Maßgebliche Einflußfaktoren für den Unternehmenswert ......... 491
Abb. 110: Öffentlichkeitswirksame Veranstaltungen: ............................... 495
Abb. 111: Unpersönliche Kommunikationsmaßnahmen ........................... 502
Abb. 112: Persönliche Kommunikationsmaßnahmen ................................ 503
Abb. 113: Finanzkommunikative Projektarbeiten während des
Going Public .................................................................................. 505
Abb. 114: Fehler und ihre Vermeidbarkeit nach erfolgtem Going Public ... 506
Abb. 115: Die schwersten Medienfehler der Manager .............................. 509
Abb. 116: Zehn Gebote für den Umgang mit Journalisten ....................... 510
Abb. 117: Tatbestandsmerkmale der Insidertatsache
gemäß § 13 Abs. 1 WpHG .......................................................... 515
Abb. 118: Der Verbotstatbestand .................................................................. 518
Abb. 119: Insideruntersuchungen des Bundesaufsichtsamtes
für Wertpapierhandel (BAWe) .................................................... 522
Abb. 120: Beispiele für in die Emittentensphäre eingetretene Sachverhalte
besonderer Bedeutung .................................................................. 527
Abb. 121: Veränderungen der Vermögens-, Finanz- und Ertragslage ......... 528
Abb. 122: Veränderungen im allgemeinen Geschäftsverlauf .................... 528
Abb. 123: Veröffentlichung von Ad hoc-Meldungen über elektronische
Informationsverbreitungssysteme ............................................... 531
Abb. 124: Veröffentlichung von Ad hoc-Meldungen in einem
überregionalen Börsenpflichtblatt ............................................... 532
Abb. 125: Inhalte der Ad hoc-Veröffentlichungen deutscher Emittenten ... 533

Abb. 126: Erstnotiz und Stammbörse der Fußballunternehmen in Europa . 581
Abb. 127: Kurs-Gewinn-Verhältnisse der europäischen Fußball-
Kapitalgesellschaften .................................................................... 583

# Abkürzungsverzeichnis

| | |
|---|---|
| a.F. | alte Fassung |
| Abs. | Absatz |
| Abschn. | Abschnitt |
| AG | Aktiengesellschaft |
| AIF | „Aktien Informations-Forum" der Deutschen Telekom AG zur Börseneinführung |
| AIM | Alternative Investment Market (Handelssegment an der Londoner Börse) |
| AktG | Aktiengesetz |
| Anm. | Anmerkung |
| BAnz | Bundesanzeiger |
| BAV | Bundesaufsichtsamt für das Versicherungswesen |
| BAWe | Bundesaufsichtsamt für Wertpapierhandel |
| BB | Betriebsberater (Zeitschrift) |
| Bd. | Band |
| BewG | Bewertungsgesetz |
| BFH | Bundesfinanzhof |
| BGB | Bürgerliches Gesetzbuch |
| BGBl. | Bundesgesetzblatt |
| BGH | Bundesgerichtshof |
| BGHZ | Entscheidungen des Bundesgerichtshofes in Zivilsachen |
| BMF | Bundesministerium für Finanzen |
| BörsG | Börsengesetz |
| BörsO | Börsenordnung |
| BörsZulG | Börsenzulassungsgesetz |
| BörsZulVO | Börsenzulassungsverordnung |
| BStBl. | Bundessteuerblatt |
| BT-Drucksache | Bundestagsdrucksache |
| CAPM | Capital Asset Pricing Model |
| DAI | Deutsches Aktieninstitut |
| d.h. | das heißt |
| DAX | Deutscher Aktienindex |
| DB | Der Betrieb (Zeitschrift) |
| DBW | Die Betriebswirtschaft (Zeitschrift) |
| DCFA | Discounted-Cash-Flow-Analyse |

# Abkürzungsverzeichnis

| | |
|---|---|
| DFB | Deutscher Fußball-Bund |
| DGAP | Deutsche Gesellschaft für Ad hoc-Publizität mbH |
| DM | Deutsche Mark |
| dpa | Deutsche Presse Agentur |
| DSR | Deutsche Städte Reklame (Vermarktungsagentur) |
| DStR | Deutsches Steuerrecht (Zeitschrift) |
| DSW | Deutsche Schutzvereinigung für Wertpapierbesitz |
| DTB | Deutsche Terminbörse |
| DVFA | Deutsche Vereinigung für Finanzanalyse und Anlageberatung e.V. |
| | |
| EASDAQ | European Association of Securities Dealers Automated Quotation (Pan-europäische Wachstumsbörse) |
| EFL | European Football League (zeitweise geplante Europaliga außerhalb der Europäischen Fußball-Union) |
| EGAktG | Einführungsgesetz zum Aktiengesetz |
| ENIC | English National Investment Company (englische Investmentgesellschaft, die auch an Fußball-Clubs beteiligt ist) |
| EStG | Einkommensteuergesetz |
| etc. | et cetera |
| EU | Europäische Union |
| EuGH | Europäischer Gerichtshof |
| EWR | Europäischer Wirtschaftsraum |
| | |
| f. | folgende |
| ff. | fortfolgende |
| FA | Football Association (Englischer Fußballverband) |
| FAZ | Frankfurter Allgemeine Zeitung |
| Fn. | Fußnote |
| FTA | „Forum T-Aktie" (Aktionärsforum der Deutschen Telekom AG nach der Börseneinführung) |
| FWB | Frankfurter Wertpapierbörse |
| | |
| GbR | Gesellschaft bürgerlichen Rechts |
| gem. | gemäß |
| ggf. | gegebenenfalls |
| GmbH | Gesellschaft mit beschränkter Haftung |
| GmbHG | Gesetz betreffend die Gesellschaft mit beschränkter Haftung |
| GoB | Grundsätze ordnungsmäßiger Buchführung |
| GuV | Gewinn- und Verlustrechnung |

Abkürzungsverzeichnis

| | |
|---|---|
| GWB | Gesetz gegen Wettbewerbsbeschränkungen |
| h.M. | herrschende Meinung |
| HAZ | Hannoversche Allgemeine Zeitung |
| HB | Handelsblatt |
| HBO | Home Box Office |
| HFA | Hauptfachausschuß |
| HGB | Handelsgesetzbuch |
| HV | Hauptversammlung |
| i.V.m. | in Verbindung mit |
| IAS | International Accounting Standards |
| IBIS | Integriertes Börsenhandels- und Informationssystem |
| IdW | Institut der Wirtschaftsprüfer |
| IPO | Initial Public Offering |
| IR | Investor Relations |
| ISPR | Vermarktungsagentur; Tochtergesellschaft der Kirch-Gruppe |
| KAGG | Kapitalanlagegesellschaftsgesetz |
| KapErhG | Gesetz über die Kapitalerhöhung aus Gesellschaftsmitteln |
| KG | Kommanditgesellschaft |
| KGaA | Kommanditgesellschaft auf Aktien |
| KGV | Kurs-Gewinn-Verhältnis |
| KO | Konkursordnung |
| KonTraG | Gesetz zur Kontrolle und Transparenz im Unternehmensbereich |
| KostO | Kostenordnung |
| KStG | Körperschaftsteuergesetz |
| Kz. | Kennziffer |
| LSt | Lizenzspielerstatut des DFB |
| mind. | mindestens |
| Mio. | Millionen |
| MMC | Monopolies and Mergers Commission (englische Kartellbehörde) |
| Mrd. | Milliarden |
| NASDAQ | National Association of Securities Dealers Automated Quotation (US-amerikanische Wachstumsbörse) |

# Abkürzungsverzeichnis

| | |
|---|---|
| NBA | National Basketball Association (US-amerikanische Basketball-Profiliga) |
| NJW | Neue Juristische Wochenschrift (Zeitschrift) |
| n.m. | nicht mitgeteilt |
| | |
| OFT | Office of Fair Trade (Englische Handelsbehörde) |
| ORF | Österreichischer Rundfunk |
| | |
| p.a. | pro anno, jährlich |
| Pay-TV | „Bezahlfernsehen" (Empfang des Senders gegen Gebühren) |
| Pay-per-view | Empfang bestimmter Sendungen gegen separate Gebühr |
| PEG | Price Earning to Growth |
| PER | Price-Earning-Ratio (Kurs-Gewinn-Verhältnis) |
| plc | public limited company (englische Rechtsform der deutschen Aktiengesellschaft entsprechend) |
| PR | Public Relations |
| ProspektG | Prospektgesetz |
| | |
| RFH | Reichsfinanzhof |
| RGZ | Entscheidungen des Reichsgerichts in Zivilsachen |
| Rn. | Randnote |
| | |
| S. | Seite |
| SEC | Securities and Exchange Commission (US-Amerikanische Börsenaufsichtsbehörde) |
| SG | Schmalenbach-Gesellschaft Deutsche Gesellschaft für Betriebswirtschaft |
| SMAX | Small Caps Exchange (Handelssegment an der FWB) |
| sog. | sogenannt |
| SpuRt | Sport und Recht (Zeitschrift) |
| StB | Der Steuerberater (Zeitschrift) |
| SteuerStud | Steuer und Studium (Zeitschrift) |
| StGB | Strafgesetzbuch |
| | |
| Tz. | Textziffer |
| | |
| u.a. | unter anderem |
| u.a.m. | und andere mehr |
| u.U. | unter Umständen |
| UEFA | United European Football Association (Europäische Fußball-Union) |
| UFA Sports | Vermarktungsagentur; Tochtergesellschaft im Bertelsmann-Konzern |

| | |
|---|---|
| UK | United Kingdom (Großbritannien) |
| UmwBerG | Umwandlungsbereinigungsgesetz |
| UmwG | Umwandlungsgesetz |
| UmwStG | Umwandlungsteuergesetz |
| US-GAAP | United States-Generally Accepted Accounting Principles |
| | |
| VAG | Versicherungsaufsichtsgesetz |
| VerkProspG | Verkaufsprospektgesetz |
| VerkProspVO | Verkaufsprospektverordnung |
| VO | Verordnung |
| vorauss. | voraussichtlich |
| vwd | Vereinigte Wirtschaftsdienste (Nachrichtenagentur) |
| VZ | Veranlagungszeitraum |
| | |
| WGZ | Westdeutsche Genossenschafts-Zentralbank eG |
| WiKG | Gesetz zur Bekämpfung der Wirtschaftskriminalität |
| WiSt | Wirtschaft und Studium (Zeitschrift) |
| WiWo | Wirtschaftswoche (Zeitschrift) |
| WM | Wertpapier-Mitteilungen, Zeitschrift für Wirtschafts- und Bankrecht |
| WPg | Die Wirtschaftsprüfung (Zeitschrift) |
| WpHG | Wertpapierhandelsgesetz |
| | |
| Xetra | Exchange Electronic Trading (neues elektronisches Handelssystem an den deutschen Börsen) |
| | |
| z.B. | zum Beispiel |
| ZGR | Zeitschrift für Unternehmens- und Gesellschaftsrecht |
| ZHR | Zeitschrift für das gesamte Handels- und Wirtschaftsrecht |
| ZIP | Zeitschrift für Wirtschaftsrecht und Insolvenzpraxis |

# Begriffsverzeichnis

**Vorbemerkung**

Da aufgrund der Aktualität, der Relevanz und des erheblichen Interesses, das derzeit die Themenbereiche „*Fußball*" und „*Börse*" für sich in Anspruch nehmen, und deshalb viele Menschen mit sehr unterschiedlichen Interessenschwerpunkten Leser dieses Buches sein könnten, haben wir dem Inhalt ein Verzeichnis bestimmter Fachbegriffe vorangestellt.

*Abseits*

Ein Spieler befindet sich in einer Abseitsstellung, wenn er der gegnerischen Torlinie näher ist als der vorletzte Abwehrspieler. Nicht in einer Abseitsstellung befindet er sich in seiner eigenen Spielhälfte, auf gleicher Höhe mit dem vorletzten Abwehrspieler oder auf gleicher Höhe mit den beiden letzten Abwehrspielern.

Die Abseitsstellung eines Spielers stellt an sich noch keine Regelübertretung dar. Ein Spieler wird nur dann für seine Abseitsstellung bestraft, wenn er nach Ansicht des Schiedsrichters zum Zeitpunkt, wenn der Ball einen seiner Mannschaftskollegen berührt oder von einem gespielt wird, aktiv am Spielgeschehen teilnimmt, indem er in das Spiel eingreift oder einen Gegner beeinflußt oder aus seiner Stellung einen Vorteil erzielt. Keine Regelübertretung liegt vor, wenn der Spieler den Ball direkt erhält von einem Abstoß oder einem Einwurf oder einem Eckstoß.

*Ad hoc-Publizität*

Börsennotierte Aktiengesellschaften sind nach dem Wertpapierhandelsgesetz verpflichtet, alle Tatsachen, die den Börsenkurs erheblich beeinflussen können, unverzüglich der Öffentlichkeit mitzuteilen. Zu den relevanten Unternehmensnachrichten zählen Quartalsergebnisse, Übernahmen und Ergebnisabweichungen. Verstöße gegen die Ad hoc-Publizität, insbesondere den Mißbrauch von Insider-Informationen, ahndet das Bundesaufsichtsamt für Wertpapierhandel. Die Ad hoc-Mitteilungen werden über elektronische Informationssysteme, das Internet und/oder die überregionalen Börsenpflichtblätter veröffentlicht.

*Aktiensplitting*

Ist der Aktienkurs eines Unternehmens besonders hoch oder stark gestiegen, schreckt dies Kleinanleger häufig von Käufen ab. Die Aktiengesellschaft kann dann ihre Aktien splitten, d.h. sie teilt eine Aktie in mehrere

Anteile auf. Ein Aktiensplit im Verhältnis 1 : 10 bedeutet, daß ein Anleger jetzt 10 Anteile anstelle einer Aktie besitzt. Rein rechnerisch müßte sich der Kurs zehnteln. Er legt aber kurz vor oder nach dem Split oft weiter zu, weil die Aktie optisch billiger erscheint und dadurch häufiger gekauft wird.

*Ausgliederung*
Die Ausgliederung ist eine der möglichen Umwandlungsformen der => *Spaltung*, die das Umwandlungsgesetz von 1995 für den Rechtsformwechsel eines bestehenden Unternehmens zuläßt.
Bei der Ausgliederung erfolgt die Übertragung eines Teils oder mehrerer Teile des Vermögens im Wege der Sonderrechtsnachfolge eines Rechtsträgers auf einen oder mehrere andere, bereits bestehende oder neugegründete Rechtsträger gegen Gewährung von Anteilen oder Mitgliedschaften dieser Rechtsträger an den übertragenden Rechtsträger, der bestehen bleibt.

*Beauty contest*
Wettbewerb der Börsenkandidaten bei den Emissionsbanken zur Vorbereitung und Begleitung bei einem => *Going Public*.

*Blue Chips*
Der Händlerjargon an der Wall Street färbt vielfach auch auf die Börsianer in Deutschland ab. Nach dem US-Vorbild unterscheiden sie *Blue Chips*, dazu zählen Aktien der großen etablierten 30 DAX-Unternehmen. Als *Mid Caps* bezeichnen die Analysten die 70 Unternehmen aus der zweiten Reihe, die im Index MDAX vertreten sind und den 30 DAX-Werten folgen. Die kleinen Aktiengesellschaften heißen *Small Caps*. Ein Teil dieser Unternehmen ist im SMAX zusammengefaßt.

*Börsengang*
Die Einführung von Aktien oder anderen Wertpapieren eines Unternehmens zum Handel an der Börse bezeichnet man als Börsengang. Siehe => *Going Public*.

*Börsensegmente*
Die deutsche Börse ist in drei Handelssegmente unterteilt: den *Amtlichen Handel*, den *Geregelten Markt* und den *Freiverkehr*.
Im *Amtlichen Handel* werden nur etablierte Unternehmen mit hoher Marktkapitalisierung aufgenommen. Im *Geregelten Markt* notieren die mittleren und kleineren Werte; auch die jungen Wachstumsunternehmen des *Neuen Marktes* sind in diesem Segment zugelassen, müssen aber

abgrenzt von den übrigen Werten zusätzliche Bedingungen erfüllen. Die Unternehmen, die im *SMAX* zugelassen sind, notieren entweder im Amtlichen Handel oder im Geregelten Markt und müssen ebenfalls zusätzlichen Qualitätsanforderungen genügen. Ein Unternehmen, das z.B. wegen eines zu geringen Kapitals die Zulassungskriterien für den Amtlichen Handel oder Geregelten Markt nicht erfüllt oder bereits an einer ausländischen Börse notiert ist, kann die Einbeziehung in den *Freiverkehr* beantragen.

*Bookbuilding*

Ein aus den USA kommendes Verfahren zur Feststellung des Emissionspreises von Aktien. Bei diesem Verfahren bieten die Kaufinteressenten sowohl Menge als auch Preis der von ihnen gewünschten neuen Aktien. Der gebotene Preis muß innerhalb einer vom Emittenten in Absprache mit der Emissionsbank vorgegebenen Preisspanne liegen, die sog. Bookbuildingspanne. Nach Ablauf der => *Zeichnungsfrist* stellen Emittent und Emissionsbank anhand der abgegebenen Angebote den Emissionskurs fest. Der Verkauf der Aktien zum Emissionskurs erfolgt nur an diejenigen Kaufinteressenten, deren Preisangebot gleich oder höher als dieser Kurs war.
Siehe => *Festpreisverfahren,* => *Zuteilung.*

*Broker*

Ein Broker ist ein Börsenhändler bzw., in den USA, ein als Börsenhändler tätiges Unternehmen. Mit Hilfe der Börsenmakler führen die Broker die eingegangenen Aufträge der Großanleger und des Publikums aus. Für seine Dienste erhält der Broker eine Maklergebühr (Brokerage). Im Unterschied zum Bösenmakler darf der Broker auch private Kundschaft haben; er darf jedoch keine anderen Geschäfte als Effektengeschäfte betreiben.

*Cash Flow*

Der Cash Flow bezeichnet eine Kennziffer über den Mittelzufluß aus dem Umsatzprozeß, aus der Einblicke in die Liquiditätslage und die finanzielle Entwicklung eines Unternehmens gewonnen werden können. Dabei handelt es sich um eine stromgrößenorientierte Kennziffer, die nicht auf die finanzielle Situation eines Unternehmens in einem bestimmten Zeitpunkt abstellt, sondern sich mit den strukturellen und betragsmäßigen Veränderungen der zur Verfügung stehenden finanziellen Mittel bzw. der Vermögensbestände im Zeitablauf befaßt. Üblicherweise wird der Cash Flow über die einzahlungs- bzw. auszahlungslosen Vorgänge auf indirektem Weg ermittelt. In vereinfachter Form wird als Cash Flow die Summe aus Periodengewinn, Abschreibungen und Rückstellungszuführungen der Periode bezeichnet. Der Cash Flow kann sowohl als Kontroll- als auch als Planungsgröße herangezogen werden.

*Champions League*
Die Champions League ist aus dem europäischen Wettbewerb *Pokal der Landesmeister* hervorgegangen und wird als „Königsklasse" des europäischen Fußballs bezeichnet. Veranstalter und Ausrichter ist der Europäische Fußballverband (=> *UEFA*). Seit der letzten Reform 1998 ist die Teilnehmerzahl in der Champions League auf 32 Mannschaften angewachsen. Der Titelverteidiger, die Meister der neun in der UEFA-Fünfjahres-Wertung bestplazierten Verbände sowie die Vizemeister der sechs bestplazierten Verbände sind automatisch gesetzt. Die anderen 16 Teilnehmer werden durch insgesamt drei Qualifikationsrunden ermittelt. Unter Umständen können bis zu fünf Bundesliga-Vereine an der Champions League teilnehmen. Aus finanzieller Sicht ist die Champions League sehr lukrativ, da die UEFA insgesamt ca. DM 960 Mio. verteilen wird, von denen der Großteil den teilnehmenden Vereinen zugedacht ist.

*Chartisten*
Chartisten leiten ihre Kursprognosen für eine Aktie nicht aus den fundamentalen Daten eines Unternehmens ab, wie z.B. Gewinnprognosen, sondern verlassen sich allein auf den Kurvenverlauf, der sich aus den vergangenen Kursen und Umsätzen der Aktie ergibt und als Chart bezeichnet wird. Die Chartisten unterstellen, daß sich das Gros der Börsianer in ähnlichen Situationen immer gleich verhält, also in Hausse-Phasen kauft bzw. in Baisse-Phasen verkauft. Diese Verhaltensmuster kommen im Chart der Aktie als typische Formation zum Ausdruck. Gelingt es, den Beginn einer solchen typischen Formationen der Charts richtig zu deuten, können in vielen Fällen Trendprognosen daraus abgeleitet werden, die als Grundlage der Kauf- oder Verkaufsentscheidung dienen.

*DAX*
Der Deutsche Aktienindex DAX wird aus den Aktien der 30 führenden deutschen Unternehmen errechnet. Er gilt als Stimmungsbarometer für die deutsche Börse. Die Bedeutung der einzelnen Aktien im DAX hängt von ihrem Marktwert an der Börse (Marktkapitalisierung) ab. Je höher der Börsenwert, desto größer das Gewicht im Index. Die Umsätze der Aktien sind ein weiteres Auswahlkriterium für die Einbeziehung einer

Aktie in den DAX. Die Indexgewichtung der einbezogenen Aktien wird vierteljährlich im Rahmen der Verkettung der Laspeyres' Formel angepaßt. Die Zusammensetzung der Unternehmen im DAX wird einmal jährlich überprüft. Viele Fondsmanager orientieren bei der Zusammenstellung ihrer Aktiendepots an der Gewichtung im DAX und bilden ihn in ihren Depots nach.

*Due Diligence*
„Mit gebührender Sorgfalt": Eingehende Prüfung des emissionswilligen Unternehmens in wirtschaftlicher, rechtlicher und organisatorischer Hinsicht.

*DVFA-Formel*
Analysten interessieren sich bei Kursprognosen weniger für die vergangenen und gegenwärtigen als für die zukünftigen Erträge eines Unternehmens. Sie bilden sich ein Urteil über die potentiellen Umsätze, schätzen die damit verbundenen Kosten und ermitteln nach der DVFA-Formel den Gewinn je Aktie. Diese Formel wurde von der *Deutschen Vereinigung für Finanzanalyse und Anlageberatung* (DVFA) entwickelt und bereinigt den Jahresüberschuß eines Unternehmens um untypische Aufwendungen und Erträge.

*Einbringung*
Die Übertragung von Vermögen gegen Gewährung von Gesellschaftsrechten wird als Einbringung bezeichnet.

*Emerging Markets*
Unter dem Oberbegriff „*Emerging Markets*" werden etwa 40 Länder in Europa, Südostasien und Lateinamerika zusammengefaßt, die sich an der Schwelle vom Entwicklungsland zum Industrieland befinden. Wegen der meist wenig stabilen politischen und wirtschaftlichen Verhältnisse schwanken die Aktienkurse an den Börsen der Emerging Markets vergleichsweise stark. Risikobereite Anleger können mit Aktien-Engagements in den Emerging-Markets von diesen Schwankungen profitieren. Ebenfalls sind interessant Euro-Auslandsanleihen aus Emerging Markets. Bei begrenztem Risiko werden für diese Wertpapiere relativ hohe Zinsen gezahlt. Seit dem Zweiten Weltkrieg wurden bisher alle Staatsanleihen pünktlich bedient.

*Emission*
Der Verkauf von Aktien oder Wertpapieren an eine breite Öffentlichkeit über die Börse wird als Emission bezeichnet.

Unter *Neuemissionen* versteht man die erstmalige Ausgabe von Aktien oder Wertpapieren; diese zählen zu den begehrtesten Spekulations- und Anlageobjekten nicht nur an der Deutschen Börse. Eine Gruppe von Banken, das sog. *Konsortium*, verkauft Aktien eines Unternehmens, das neu an die Börse kommt. Die Anleger können die Aktien bei ihrer Bank bestellen bzw. zeichnen (=> *Zeichnung*). Nach der Börseneinführung steigt häufig der Kurs, verkaufen die Erstanleger ihre Aktien gleich wieder, verbuchen sie sog. Zeichnungsgewinne. Wegen der großen Nachfrage werden Neuemissionen meistens per Los zugeteilt. Aber auch wenn der Anleger auf eine langfristige Wertentwicklung der Aktie setzt, sind Neuemissionen interessant, weil der Emissionspreis in der Regel unter dem Kurs des ersten Handelstages liegt und so die Anschaffungskosten der Aktie niedriger sind.

*Equity-Story*
Die Equity-Story eines Börsenunternehmens oder -kandidaten zieht sich als verbindendes Element durch alle eingesetzten Kommunikationsinstrumente und positioniert das Unternehmen unverwechselbar als interessantes Investment bei den Zielgruppen.

*Exit*
Unter Exit versteht man den Ausstieg einer Kapitalbeteiligungsgesellschaft, die dem Unternehmen => *Venture Capital* zur Verfügung gestellt hat. Die Kapitalbeteiligungsgesellschaft hat mehrere Möglichkeiten bzw. Strategien, sich von ihrem Engagement zu trennen: den Verkauf der Anteile an andere Investoren oder Beteiligungsgesellschaften oder den Verkauf seiner Aktien am Unternehmen an ein breites Anlegerpublikum im Rahmen des Going Public des betreffenden Unternehmens. Der Ausstieg von Altgesellschaftern aus dem Unternehmen im Zuge eines Börsenganges wird ebenfalls als Exit bezeichnet.

*Festpreisverfahren*
Ein in Deutschland lange Zeit übliches Verfahren der Emissionspreisfindung. Die Kaufinteressenten nennen nur die Anzahl der Aktien, die sie zu dem vom Emittenten und der Emissionsbank festgelegten Emissionspreis kaufen möchten. Nach Abschluß der Zeichnungsfrist übernimmt die Emissionsbank nach einem zuvor festgelegten Verteilungsschlüssel die => *Zuteilung* der Aktien an die Kaufinteressenten.

*Formwechsel*
Die Änderung der Rechtsform unter Wahrung der rechtlichen Identität wird als Formwechsel bezeichnet.

## Fonds

Ein Anleger, der an den Kursgewinnen der Börse partizipieren will, selbst aber nicht über die Zeit und das Wissen verfügt, sich täglich mit der Entwicklung an der Börse auseinanderzusetzen, hat die Möglichkeit, auf Fonds zu setzen. Besonders für Kleinanleger, die nur einen relativ geringen Kapitaleinsatz aufbringen können, ist diese Anlageform interessant. Die Fondsmanager sammeln das Kapital vieler tausend Anleger und investieren dieses in Aktien, Anleihen oder Immobilien. Durch geschickte Streuung können sie das Risiko minimieren und erwirtschaften im Optimalfall einen stetigen Wertzuwachs: Aktuell werden mehr als 2.000 verschiedene Fonds an der Börse notiert. Ihr Preis richtet sich nach dem Inventarwert der im Fonds enthaltenen Aktien, Anleihen oder Immobilien. Hinzu kommt ein Aufschlag von in der Regel drei bis fünf Prozent.

## Fungibilität

Bezeichnung für Waren, Devisen und Wertpapiere, bei denen die einzelnen Stücke oder bestimmte Mengen ohne weiteres ausgetauscht werden können; d.h. die Vertretbarkeit des Wertpapiers durch ein anderes Wertpapier derselben Art und desselben Aussteller über denselben Nennbetrag. Fungibel sind vor allem Wertpapiere und Devisen. Die Börse wird daher auch als Markt für fungible (vertretbare) Güter bezeichnet. Die Fungibilität eines Wertpapiers kann z.B. durch Namensaktien eingeschränkt werden.

## Going Public

Bezeichnung für die Umwandlung einer Personengesellschaft oder einer GmbH in eine börsenfähige Rechtsform und die Zulassung der Aktien an der Börse. Oftmals wird der Begriff Going Public aber auch nur für die Zulassung von Aktien eines Unternehmens zum Handel an der Börse verwendet, das bisher dort nicht vertreten war. Siehe auch das deutsche Synonym => *Börsengang* sowie => *IPO*.

## Greenshoe-Phase

Das Recht der Banken, eine bestimmte Anzahl von Aktien über die ursprünglich geplante Zahl im Rahmen der Emission zu verkaufen. Der Umfang des möglichen Greenshoe muß im Verkaufsprospekt genannt werden. Das Verfahren wurde erstmals beim Börsengang der *Greenshoe Manufacturing Co.*, Boston (USA) eingesetzt, daher die Bezeichnung.

## Begriffsverzeichnis

### *Grauer Kapitalmarkt oder Graumarkt*

Im grauen Kapitalmarkt werden Aktien von Unternehmen telefonisch gehandelt, die nicht an der Börse zugelassen sind. Im Gegensatz zum Börsenhandel unterliegt der graue Kapitalmarkt nicht der Aufsicht durch die Börsenaufsichtsbehörden und das Bundesaufsichtsamt für Wertpapierhandel (BAWe); daher werden hier außerhalb der Börse auch Aktien von Unternehmen gehandelt, die die Zulassungskriterien für die Segmente der deutschen Börse nicht erfüllen.

Einige Börsenmakler stellen im grauen Kapitalmarkt bereits vor dem offiziellen Börsenstart Kurse der neuen Aktien, die sich ausschließlich nach Angebot und Nachfrage richten. Ist das Interesse an einer Aktie hoch, notiert sie im Graumarkt häufig weit über ihrem festgestellten Emissionspreis.

### *Hebel (leverage effect)*

Ein Anleger, dem das Gewinnpotential einer Aktie nicht reicht, kann mit Aktien-Optionsscheinen auf steigende Kurse spekulieren. Diese Optionsscheine weisen nämlich einen Hebel auf, d. h. einen Faktor, um den der Optionsschein stärker steigt oder fällt als die zugrundeliegende Aktie.

*Ein Beispiel*: Ein Optionsschein, der einen Euro kostet, berechtigt zum Bezug einer Aktie zu 30 Euro. Der aktuelle Börsenkurs der Aktie liegt ebenfalls bei 30 Euro. Steigt die Aktie auf 40 Euro, beträgt der Wert des Optionsscheins 10 Euro, schließlich berechtigt er ja zum Bezug der Aktien zum ermäßigten Preis von 30 Euro (30 Euro + 10 Euro = 40 Euro). Während die Aktie um 33 % gestiegen ist, hat sich der Preis des Optionsscheins verzehnfacht. Er hat damit 30 mal mehr gewonnen als die Aktie. Der Hebel oder leverage effect beträgt in diesem Fall 30.

### *Insider*

Unter diesem Begriff versteht der Gesetzgeber Personen, die im Besitz von Informationen über kursrelevante Unternehmensnachrichten sind, bevor diese durch eine Ad hoc-Mitteilung der Öffentlichkeit bekannt gemacht werden. Zu den Insidern zählen die Vorstände des Unternehmens, die Aufsichtsratsmitglieder, aber auch Mitarbeiter aus den verschiedenen Führungsebenen oder Journalisten, die durch eine Recherche eine kursrelevante Neuigkeit herausgefunden haben. Das Wertpapierhandelsgesetz (WpHG) verbietet es, solche Informationen durch den Kauf oder Verkauf von Aktien zum eigenen Vorteil zu nutzen. Die Weitergabe solcher Informationen an andere Personen, die dann den Kauf oder Verkauf der Aktien tätigen, ist ebenfalls untersagt.

## *IAS – International Accounting Standards*
International anerkannte Regeln zur Führung der Handelsbücher und zur Erstellung des Jahresabschlusses. Siehe => *US-GAAP*.

## *IPO – Initial Public Offering*
Eine aus dem US-amerikanischen kommende Bezeichnung für die Neuemissionen von Aktien bislang nicht börsennotierter Unternehmen. Siehe dazu synonym => *Going Public* und =>*Börsengang*.

## *Investor Relations (IR)*
Speziell auf die Bedürfnisse der aktuellen und potentiellen Anleger ausgerichtete Öffentlichkeitsarbeit des Aktien emittierenden Unternehmens.

## *KonTraG*
Mit dem Gesetz zur Kontrolle und Transparenz im Unternehmensbereich wurde die Leitungs- und Haftungsverantwortung der Organe einer Kapitalgesellschaft deutlich hervorgehoben. Dabei wird sowohl auf die zeitnahe und umfassende Berichterstattungspflicht zwischen den Organen als auch auf die Einsetzung eines internen Früherkennungssystems mit Hilfe des Controlling oder der Innenrevision für Risiken, die den Bestand der Gesellschaft gefährden können, abgestellt.

## *Kurs-Gewinn-Verhältnis (KGV)*
Mit Hilfe des Kurs-Gewinn-Verhältnisses können Aktien auch bei einem geringen Informationsstand vom Anleger bewertet werden. Bei dieser einfachen Bewertungskennzahl werden die Aktien anhand des Gewinns beurteilt. Dividiert man den Kurs der Aktie durch den erwarteten Gewinn je Aktie, so erhält man das KGV – im Englischen als Price-Earing-Ratio (PER) bezeichnet. Unternehmen mit einem hohen Gewinnwachstum weisen in der Regel ein höheres KGV auf als Unternehmen mit nahezu konstanten Erträgen.

## *MDAX*
Der MDAX repräsentiert hinter dem DAX die „Zweite Bundesliga" an der Börse und beinhaltet die Aktien der 70 mittelgroßen deutschen Unternehmen. Ähnlich wie im DAX bemißt sich auch im MDAX das Gewicht eines Unternehmens nach seinem Börsenwert und seiner Umsatzstärke. Die Index-Zusammensetzung wird zweimal jährlich von der Deutsche Börse AG aktualisiert. Die Indexgewichtung wird – wie beim DAX - im Rahmen der vierteljährlichen Formelverkettung angepaßt.

## NASDAQ

„*National Association of Securities Dealers Automated Quotation*" ist die innovative Wachstumsbörse in den USA. Der Handel erfolgt seit vielen Jahren bereits voll elektronisch und steht Händlern und Unternehmen aus aller Welt offen. Die NASDAQ ist das Vorbild für die in Europa entstandenen neuen Börsensegmente für innovative Wachstumsunternehmen. Siehe => *Neuer Markt*.

## *Neuer Markt oder Nemax*

Im *Neuen Markt* notieren ausgewählte Unternehmen mit hohen Wachstumsperspektiven, etwa aus den Bereichen Informationstechnologie, Internet, Medien, Telekommunikation oder Biotechnologie. Das relativ junge Börsensegment startete am 10. März 1997 und verwöhnte die Anleger seitdem mit spektakulären Kursgewinnen. Die 50 größten Unternehmen des Neuen Marktes werden im Neuer-Markt-50-Index (Nemax 50) zusammengefaßt, während der Neuer-Markt-Index (Nemax) alle Unternehmen dieses Segments berücksichtigt. Siehe => *Börsensegmente*.

## *Option*

Eine Option verbrieft das Recht, unter bestimmten Bedingungen Aktien eines Unternehmens zu erwerben. Eine Kaufoption, auch als Call bezeichnet, stellt eine Wette auf steigende Kurse dar. Dabei erwirbt der Käufer der Option über seine Bank einen Optionsschein (warrant), der ihn berechtigt, eine bestimmte Anzahl von Aktien innerhalb eines bestimmten Zeitraums zu einem vorher festgelegten Preis zu kaufen. Notiert die Aktie am Ende der Laufzeit des Optionsscheins unter dem vereinbarten Preis, wird der Spekulant den Optionsschein verfallen lassen, da er für ihn wertlos geworden ist. Sein Verlust beläuft sich auf die Höhe der Optionsprämie, die er für den Erwerb des Optionsscheins bezahlt hat. Steigt aber der Aktienkurs über den vereinbarten Preis, kann der Anleger seinen Wetteinsatz leicht verdoppeln oder verdreifachen. Das Recht, Aktien zu einem dann vergleichsweise günstigen Preis zu beziehen, wird daher immer wertvoller. Siehe => *Hebel*

## *Optionsanleihe*

Der Käufer einer Optionsanleihe erwirbt neben dem Recht als Fremdkapitalgeber (Zinsen und Tilgung) zugleich eine => *Option* auf den Erwerb von Aktien des emittierenden Unternehmens. Der Optionsschein, der das Recht auf den Aktienerwerb zu bestimmten, im voraus festgelegten Konditionen verbrieft, wird neben der Anleihe eigenständig gehandelt. Siehe => *Hebel*. Der Besitzer einer Optionsanleihe wird immer dann von seinem Recht Gebrauch machen und die Aktien zum festgelegten Kurs erwerben, wenn der aktuelle Aktienkurs über dem vereinbarten Optionskurs liegt. Er hat aber auch die Möglichkeit, den Optionsschein an andere Interessenten zu verkaufen. Bei der Inanspruchnahme der Option bleibt er weiterhin Fremdkapitalgeber, erhält Zinsen und die 100 %ige Tilgung am Laufzeitende. Für ein Unternehmen sind Optionsanleihen interessant, da sie die Möglichkeit bieten, sich günstig frisches Kapital zu beschaffen. Aufgrund des Optionsrechtes liegt der Zinssatz der Anleihe meist unter dem aktuellen Marktniveau.

*OTC-Market (Over-The-Counter-Market)*
Wertpapiere, die in den USA etwa wegen ihrer geringen Börsenkapitalisierung nicht zum offiziellen Handel zugelassen sind, notieren am OTC-Market. Anleger können die Papiere am grauen Kapitalmarkt „*over the counter*" (OTC) ordern.

*Performance*
Dieser Begriff symbolisiert den prozentualen Gewinn/Verlust einer Aktie oder eines Aktienfonds. Dabei werden sowohl die Kurssteigerungen als auch die Dividenden und Ausschüttungen berücksichtigt.

*Präsenzbörse*
Die Frankfurter Wertpapierbörse (FWB) wird auch als deutsche Präsenzbörse bezeichnet, weil die Käufe und Verkäufe zu einem Teil durch Zuruf zwischen den persönlich anwesenden Händlern und Kursmaklern auf dem Börsenparkett zustande kommen. Börsianer in London und Tokio hingegen handeln über den Computer; die Aktien wechseln via Mausklick den Besitzer. Auch in Deutschland löst das elektronische Handelssystem => *Xetra* die Präsenzbörse allmählich ab.

*Pre-IPO-Finanzierung*
Finanzierung der durch das angestrebte Going Public verursachten Kosten für z.B. Umstrukturierungsmaßnahmen, Beratungskosten usw. Teilweise wird auch eine Kapitalerhöhung, die im Vorfeld eines Going Public vorgenommen wird, um einen angemessenen Mittelzufluß zu gewährleisten, zur Pre-IPO-Finanzierung gerechnet.

*Private Placement*
Im Gegensatz zum => *IPO* oder *Going Public* werden die Aktien des Unternehmens nicht an der Börse einem breiten Anlegerpublikum (der Öffentlichkeit) zum Kauf angeboten, sondern nur einem kleinen, genau

bestimmbaren Personenkreis. Es handelt sich also um eine Privatplazierung der Aktien.

**Qualifizierte Mehrheit**
Will eine Aktiengesellschaft die Satzung ändern oder das Kapital erhöhen, so benötigt sie dazu eine qualifizierte Mehrheit. Mindestens 75% der bei der Hauptversammlung anwesenden Aktionäre müssen dem Vorschlag des Vorstands zustimmen.

**Realteilung**
Die Verteilung des Vermögens einer Personengesellschaft auf die Gesellschafter unter Ausschluß der Liquidation wird als Realteilung bezeichnet.

**Shareholder Value**
Zu deutsch *„mehr Wert für Aktionäre"* heißt das Schlagwort der Amerikaner für Unternehmen mit besonders aktionärsfreundlicher Politik. Orientiert sich ein Unternehmen am Shareholder Value-Ansatz, richtet es seine Geschäftspolitik vor allem an den Interessen seiner Aktionäre (Shareholder) aus und konzentrieren sich darauf, den Wert (Value) des Unternehmens nachhaltig zu steigern. Kennzeichen solcher Aktiengesellschaften sind beispielsweise eine leistungsabhängige Vergütung der Manager, die Konzentration der Unternehmensaktivitäten auf den ertragreichen Kern, Verkauf wenig rentabler Töchter und nicht zuletzt eine offene Informationspolitik.

**SMAX**
„Small Caps Exchange" ist das jüngste Börsensegment an der Deutschen Börse für kleinere, aber durchaus schon an der Börse etablierte Unternehmen. Durch ein eigenes Börsensegment für diese Werte möchte man mehr Aufmerksamkeit auf die Small Caps lenken. Die Notierung im SMAX setzt die Zulassung zum Amtlichen Handel oder Geregelten Markt voraus; außerdem müssen bestimmte Qualitätsanforderungen von den Unternehmen erfüllt werden. Siehe => **Börsensegmente**.

**Spaltung**
Als Formen der Spaltung im Sinne des Umwandlungsrechts werden die Aufspaltung, die Abspaltung und die Ausgliederung bezeichnet und zusammengefaßt:
*1. Aufspaltung*
Ein Rechtsträger teilt sein Vermögen unter Auflösung ohne Abwicklung auf und überträgt die Teile jeweils als Gesamtheit im Wege der Sonder-

rechtsnachfolge (teilweise Gesamtrechtsnachfolge) auf mindestens zwei andere schon bestehende (*Aufspaltung zur Aufnahme*) oder neugegründete (*Aufspaltung zur Neugründung*) Rechtsträger gegen Gewährung von Anteilen oder Mitgliedschaften an den übernehmenden oder neuen Rechtsträgern an die Anteilsinhaber des sich aufspaltenden Rechtsträgers.

*2. Abspaltung*
Der übertragende Rechtsträger überträgt im Wege der Sonderrechtsnachfolge einen Teil oder mehrere Teile seines Vermögens jeweils als Gesamtheit auf einen oder mehrere, bereits bestehende oder neugegründete Rechtsträger. Die Anteilsinhaber des sich spaltenden Rechtsträgers erhalten eine Beteiligung an dem übernehmenden oder neuen Rechtsträger.

*3. Ausgliederung*
Die Übertragung eines Teils oder mehrerer Teile des Vermögens im Wege der Sonderrechtsnachfolge eines Rechtsträgers auf einen oder mehrere andere, bereits bestehende oder neugegründete Rechtsträger gegen Gewährung von Anteilen oder Mitgliedschaften dieser Rechtsträger an den übertragenden Rechtsträger, der bestehen bleibt, bezeichnet man als Ausgliederung.

## *Spekulationssteuer*

Aktiengewinne bleiben seit dem 01. Januar 1999 nur dann vom Zugriff des Fiskus verschont, wenn zwischen Kauf und Verkauf mindestens zwölf Monate vergangen sind. Für Kleinanleger gilt eine Freigrenze von DM 1.000: Wer weniger als DM 1.000 an der Börse verdient hat, muß seinen Gewinn nicht mit dem Finanzamt teilen. Bereits ab einem Gewinn von DM 1.000 wird der Gesamtbetrag mit dem persönlichen Einkommensteuersatz belegt. Spekulanten haben jedoch die Möglichkeit, Gewinne mit Verlusten zu verrechnen.

## *Spin-off*

Ausgliederung eines Unternehmensteils, der in Zukunft eigenständig und unabhängig vom ausgliedernden Unternehmen (Muttergesellschaft) geführt werden soll. Dabei erfolgt die Übertragung des Unternehmensteils der Muttergesellschaft an eine Tochtergesellschaft meist im Austausch für die Übergabe der Aktien der Tochtergesellschaft an die Aktionäre der Muttergesellschaft. Die Aktien können aber auch an andere Aktionäre, wie Mitarbeiter oder Management, oder an ein breites Anlegerpublikum verkauft werden.

## Begriffsverzeichnis

***Überzeichnung***
Die Nachfrage nach den Aktien bei einem Börsengang übersteigt die im Rahmen der Emission angebotenen Aktien. => ***Zuteilung***

***UEFA – United European Football Association***
Der europäische Fußballverband UEFA ist die Dachorganisation der 26 europäischen nationalen Fußballverbände. Die UEFA ist Ausrichter und Orgaisator aller europäischen Wettbewerbe und vermarktet die Rechte der => ***Champions League*** zentral.

***UEFA-Cup***
Der UEFA-Cup war ursprünglich ein europäischer Wettbewerb, an dem die bestplazierten Vereine – ohne den Meister – aus den europäischen Ländern gegeneinander im K.O.-System mit Hin- und Rückspiel antraten. Im Zuge der Reform der => ***Champions League*** wurde der UEFA-Cup ebenfalls umgestaltet und mit dem Wettbewerb *Europapokal der Pokalsieger* verschmolzen. Alle Pokalsieger der jeweiligen nationalen Verbände treten im neuen UEFA-Cup an. Allerdings werden auch hier nach der Fünfjahres-Wertung der UEFA die Pokalsieger sowie die Bestplazierten der Ligen bestimmter Verbände, die sich nicht für die Champions League qualifizieren konnten, gesetzt. Hinzukommen noch drei Vertreter des UI-Cups und die 16 Verlierer der dritten Runde der Champions League-Qualifikation

***Umtauschangebot***
Plant ein Unternehmen die Übernahme einer anderen Gesellschaft, unterbreitet sie den Aktionären dieser anderen Gesellschaft häufig ein Umtauschangebot. Diese Aktionäre können dann die Aktien der alten Gesellschaft in Anteile des übernehmenden Unternehmens wandeln. In vielen Fällen sind derartige Umtauschangebote für den Anleger lukrativ. Der Grund: Das übernehmende Unternehmen muß den Aktionären der anderen Gesellschaft einen Anreiz bieten, seine Offerte anzunehmen. Der Gegenwert des Angebots liegt oft 10 % bis 20 % über dem aktuellen Börsenkurs. Es kommt jedoch auch vor, daß Betrügerfirmen weniger als den aktuellen Kurs bieten und die Anleger über den Tisch ziehen.

***Umwandlung***
Als Umwandlung wird der Rechtsformwechsel eines bestehenden Unternehmens bezeichnet. Man unterscheidet daher folgende vier Umwandlungsformen: => ***Verschmelzung***, => ***Spaltung***, => ***Vermögensübertragung*** und => ***Formwechsel***

***US-GAAP** – US-General Accepted Accounting Principles*
US-amerikanische Regeln zur Führung der Handelsbücher und zur Erstellung des Jahresabschlusses. => *IAS*

***Venture Capital***
„*Risiko- oder Wagniskapital*": Beteiligungskapital, das einem Unternehmen von einer Kapitalbeteiligungsgesellschaft als Eigenkapital zur Verfügung gestellt wird.

***Vermögensübertragung***
Eine Vermögensübertragung kann als Voll- oder Teilübertragung erfolgen:
*1. Vollübertragung*
Dabei handelt es sich um die Übertragung des gesamten Vermögens eines Rechtsträgers auf einen anderen bestehenden Rechtsträger im Wege der Gesamtrechtsnachfolge unter Auflösung ohne Abwicklung gegen Gewährung einer Gegenleistung an die Anteilsinhaber des übertragenden Rechtsträgers, die nicht in Anteilen und Mitgliedschaften besteht.
*2. Teilübertragung*
Als Teilübertragung erfolgt die Vermögensübertragung als Aufspaltung eines Rechtsträgers durch gleichzeitige Übertragung von Vermögensteilen im Wege der Sonderrechtsnachfolge auf andere bestehende Rechtsträger
oder
als Abspaltung eines Teils oder mehrerer Teile des Vermögens eines Rechtsträgers im Wege der Sonderrechtsnachfolge auf einen oder mehrere bestehende Rechtsträger
oder
als Ausgliederung eines Teils oder mehrerer Teile des Vermögens eines Rechtsträgers im Wege der Sonderrechtsnachfolge auf einen oder mehrere bestehende Rechtsträger
jeweils gegen Gewährung einer Gegenleistung, die nicht in Anteilen oder Mitgliedschaften besteht.

***Verschmelzung***
Übertragung des gesamten Vermögens eines Rechtsträgers auf einen schon bestehenden (*Verschmelzung zur Aufnahme*) oder neugegründeten (*Verschmelzung zur Neugründung*) Rechtsträger im Wege der Gesamtrechtsnachfolge unter Auflösung ohne Abwicklung gegen Gewährung von Anteilen oder Mitgliedschaften des übernehmenden oder neuen Rechtsträgers an die Anteilsinhaber des übertragenden Rechtsträgers.

## Volatilität

Schwankungsmaß von Aktien-, Devisenkursen und Zinssätzen. Die Berechnung der Volatilität erfolgt vielfach durch die auf ein Jahr bezogene Standardabweichung der relativen Kursdifferenzen. Die Angabe von *52-Wochen-Hoch-Tief-Kursen* zeigt das absolute Schwankungsmaß im vergangenen Jahr an. Vielfach bezeichnet der Begriff Volatilität auch die Kurs- und Zinsschwankungen ganzer Märkte.

## Wandelanleihe oder Wandelschuldverschreibung

Eine Wandelanleihe räumt dem Anleger das Recht ein, sie zu einem vorher bestimmten Zeitpunkt in eine bestimmte Anzahl Aktien des Unternehmens umzutauschen, das die Wandelanleihe begeben hat. Fällt der Aktienkurs, kann der Investor auf sein Recht verzichten. Er erhält dann weiterhin Zinsen und kann sich die Anleihe am Laufzeitende zu 100 % zurückzahlen lassen. Nimmt dieser den Umtausch an, verfällt die Anleihe. Er ist jetzt Besitzer von Anteilen des Unternehmens und nicht mehr Fremdkapitalgeber.

## Xetra

Der Aktienhandel per Zuruf auf dem Börsenparkett wird auch in Deutschland durch den Computerhandel abgelöst. Die Wertpapieraufträge für DAX-, MDAX- und Neuer-Markt-Werte laufen inzwischen über das elektronische Handelssystem *Xetra* (*Exchange Electronic Trading*), das über einen ortsunabhängigen Zugang verfügt.

## Zeichnung

Ehe eine Aktie zum Handel zugelassen wird, verkaufen die Banken, die das Unternehmen an die Börse begleiten, die Papiere an ihre Kunden. Der Anleger kann die Aktien zeichnen, d.h. er bestellt sie bei seiner Bank zum vorgegebenen Emissionspreis. Dieser Preis bewegt sich in der Regel innerhalb einer bestimmten Bandbreite – der Zeichnungsspanne.

## Zeichnungsfrist

Diese Art des Aktienkaufs bei Neuemissionen ist nur innerhalb einer bestimmten Frist vor der Emission – der Zeichnungsfrist – möglich.

## Zuteilung

Übersteigt die Nachfrage bei der Zeichnung der Aktien das Angebot an Aktien, so können nicht alle Kaufangebote in voller Höhe zugeteilt, d.h. erfüllt werden. Die zur Verfügung stehenden Aktien werden dann an die Käufer nach einem bestimmten Schlüssel, per Los oder nach einem ähnlichen Verfahren zugeteilt. Siehe =>*Überzeichnung*

# 1 Problem- und Aufgabenstellung

Die Hauptversammlung einer Aktiengesellschaft in Deutschland mit Fan-Gesängen und in Clubfarben getaucht sowie mit Merchandising-Artikeln rundum ausgestattet - eine heute noch unvorstellbare Vision? Fußballfreaks neben Investmentbankern - vereint in Rot-weiß oder Gelbschwarz? *„Sieg oder Niederlage, Tor oder Abseits, Rote Karte oder Verletzungen werden nicht nur in den Stadien, sondern auch auf dem Börsenparkett mit Spannung verfolgt"*[1].

Am 24. Oktober 1998 hat der Bundestag des Deutschen Fußball-Bundes (DFB) seine Statuten geändert. Demnach können nicht nur – wie bisher – gemeinnützige Vereine in den beiden Fußball-Bundesligen teilnehmen, sondern nunmehr auch Kapitalgesellschaften in den Rechtsformen der Gesellschaft mit beschränkter Haftung (GmbH), der Kommanditgesellschaft auf Aktien (KGaA) und der Aktiengesellschaft (AG). Damit wird in Deutschland das möglich, was beispielsweise für englische Fußball-Clubs bereits seit 1983 (!) Realität ist: das Going Public einer Fußball-Aktiengesellschaft. „Die Bundesliga erwacht wirtschaftlich aus ihrem Dornröschenschlaf", so das Wirtschaftsmagazin „Impulse" im August 1998.

Um welche ökonomisch-finanzielle Dimension es dabei geht, zeigen erste Analysen auf. So haben Berechnungen der Deutschen Genossenschaftsbank (DG-Bank) einen Gesamt-Börsenwert für die in der Saison 1997/98 in der 1. Bundesliga vertretenen 18 Vereine von rund DM 4 Mrd. ergeben. Allein ein Börsengang von Bayern München soll nach den Vorstellungen des Vizepräsidenten dieses Vereins einen *„Betrag von DM 300 bis DM 500 Mio. einbringen"*.[2]

Fußball ist national und international ein Megatrend. Nicht nur in Deutschland haben sich der Fußball und sein gesamtes Umfeld sehr dynamisch entwickelt. Die zunehmende Professionalisierung auf Seiten der Fußballigen und der Vereine sowie das stark zunehmende Interesse der Zuschauer, Fans und der Öffentlichkeit an europäischen und internationalen Wettbewerben, die teilweise in neuen TV-Systemen, wie Pay-TV, Pay-per-view oder Digitalfernsehen, ausgestrahlt werden, haben die gesellschaftliche, wirtschaftliche und kommunikative Bedeutung des Fußballs erhöht. Die zunehmende Me-

---

1 Vgl. Jacobs/Klimasch/Napp/Scheffler 1998, S. 15
2 Siehe Interview mit Karl-Heinz Rummenigge und André Kostolany in: Impulse 8/98, S. 19

Problem- und Aufgabenstellung

dienpräsenz der weltweit populärsten Sportart birgt für den deutschen Fußballmarkt ein großes Wachstumspotential und ist damit von herausragender Bedeutung. Während dieser entscheidenden Entwicklungsphase verändern sich aber auch die Anforderungen an die rechtlichen Rahmenbedingungen auf nationaler und insbesondere auf europäischer Ebene.

Parallel zu den TV-Einschaltquoten erhöhten sich in den letzten Jahren auch die Besucherzahlen in den Stadien. Durch Modernisierung und Bau neuer Arenen wird Fußball künftig eine noch wichtigere Rolle in der Freizeit- und Unterhaltungsindustrie spielen. Sportsponsoring, TV-Programmsponsoring oder Drehbandenwerbung in den Fußballstadien gehören heute ebenso selbstverständlich zu den Kommunikationsmaßnahmen vieler namhafter Werbetreibender, wie auch die direkte Werbung mit Spitzenfußballern. Ziel all dieser Werbemaßnahmen ist die Verbesserung der Markenführung durch vernetzte Marketingstrategien.

Während im europäischen Ausland, insbesondere im Mutterland des Fußballs – in England – zahlreiche Fußball-Clubs den Schritt in neue rechtliche Organisationsformen längst vollzogen haben und seit langem die Wertentwicklung von Fußball-Gesellschaften auf Kurszetteln ablesbar ist, hielt man in Deutschland bis vor kurzem noch am Idealbild aktiver, sportlich interessierter Menschen – dem eingetragenen gemeinnützigen Verein – als einzig zulässiger Organisationsform für das „Unternehmen Fußball" fest.

Die sich daraus ergebende Konkurrenzsituation zwischen den deutschen und den anderen europäischen Fußball-Clubs weist zwischenzeitlich eine derart extreme Wettbewerbsverzerrung auf, die nunmehr auch die letzten Anhänger tradierter Organisationsformen in Deutschland hat nachdenklich werden lassen. Hinzu kommt eine von juristischer Seite schon lange bemängelte Rechtsformverfehlung der Bundesliga-Vereine als eingetragene Vereine. Auf seinem Bundestag im Oktober 1998 trug der Deutsche Fußball-Bund diesen veränderten Rahmenbedingungen nunmehr Rechnung und setzte weitreichende Änderungen seiner Statuten für den lizenzierten Profi-Fußball durch.

Neben den bisher lizenzierten eingetragenen Vereinen dürfen künftig auch Kapitalgesellschaften – also die GmbH, die Aktiengesellschaften und die KGaA – Träger einer Bundesliga-Lizenz sein. Damit eröffnet sich für die Vereine der 1. und 2. deutschen Fußball-Bundesliga die Möglichkeit eines Going Public, d.h. der Börseneinführung von Fußball-Aktien. Mit einem Börsengang erschließen sich die Fußball-Clubs beachtliche Finanzierungsquellen: Erst jüngst konnte beispielsweise der niederländische Meister der Saison 1997/98 – Ajax Amsterdam – bei seinem Going Public einen Mittelzufluß von rund DM 110 Mio. generieren. In England sind bereits mehr als zwanzig

Fußball-Aktiengesellschaften an der Börse notiert, und mit Lazio Rom hat Anfang Mai 1998 der erste italienische Fußball-Club ein Going Public erfolgreich realisiert. Die Erschließung des Kapitalmarktes für die deutschen Fußball-Clubs zur wirtschaftlich konsequenten Nutzung des Wachstumsmarktes Fußball und zur Vermeidung internationaler Wettbewerbsverzerrungen ist daher längst zur ultima ratio geworden.

Die nachfolgende Untersuchung hat daher zum Inhalt, aufzuzeigen, wie der rechtliche Weg von einem Bundesliga-Verein als bisherigen lizenzierten Rechtsträger zu einer börsenfähigen Fußball-Kapitalgesellschaft erfolgreich gegangen werden kann, um damit die Vorteile eines Going Public und die Nutzung der Chancen im Wachstumsmarkt Fußball realisieren zu können. Aber auch die Probleme, die sich durch die geänderten Strukturen für den Mutterverein sowie seine Mitglieder, für die Fußball-Kapitalgesellschaft und für ihre Aktionäre ergeben können, sollen berücksichtigt werden.

# 2 Europäische Entwicklungstendenzen beim Going Public von Fußball-Kapitalgesellschaften

## 2.1 Der Etablierungsprozeß von Fußball-Kapitalgesellschaften in Europa

Während in Deutschland die Diskussion um die Umwandlung der als Idealvereine inkorporierten Fußball-Clubs – oder mindestens ihrer Lizenzspieler- bzw. Profiabteilung – in Fußball-Kapitalgesellschaften erst seit Ende der 70er Jahre mit wechselnder Intensität geführt wird, stellt sich die Situation in anderen Teilen Europas[1] – insbesondere im sog. Mutterland des Fußballs, also in England/Großbritannien – völlig anders dar. Die Organisation von Fußball-Clubs bzw. von deren Lizenzspielerabteilung als Fußball-Kapitalgesellschaften ist bei unseren europäischen Nachbarn bereits seit längerer Zeit entweder abgeschlossen oder zumindest weitgehend realisiert.[2] So stellte in England der dortige Verband – die Football Association (FA) – den Fußball-Clubs die Entscheidung über die Wahl der Organisations- bzw. Rechtsform schon seit jeher frei. Bereits im Jahre 1896 gab der erste Verein seine Rechtsform des „*private social clubs*" zugunsten der „*limited company*" auf, mit der Konsequenz, daß seit 1982 sämtliche Fußball-Clubs der obersten Spielklasse – der Premier League – als Kapitalgesellschaften organisiert sind.[3] Zur Wahl stehen die beiden Rechtsformen der „*private limited company*" und der „*public limited company*". Erstere entspricht in etwa der deutschen GmbH und die „*public limited company (plc)*" der deutschen Aktiengesellschaft.

In Italien ordnete der Fußballverband 1966 die Umwandlung der Profi-Clubs in die Rechtsform der „*società par azioni*", wiederum vergleichbar mit der deutschen Aktiengesellschaft, an. Nach erfolgter gerichtlicher Überprüfung der Verfassungsmäßigkeit dieser Anordnung gibt es seit dem Jahre 1982 eine gesetzliche Regelung, wonach alle Sportclubs, die Berufssportler beschäftigen bzw. unter Vertrag stellen, als GmbH oder Aktiengesellschaft organisiert sein müssen.

---

1 Vgl. Harverson 1998, S. 1 ff. und Sports Investor vom 31.01.1999, S. 1 und 6
2 Vgl. zum Folgenden eingehend: Malatos 1988, S. 96 ff. und Wagner 1999, S. 470 f.
3 „*British football may have lost something of his pioneer role, but in the sphere of business and investment it is showing the rest of the world the way. More than a dozen British clubs are now traded on the stock market, more than twice as many as all other countries together.*", Harverson 1997, S. 1, bereits im Jahr 1997.

Auch in Frankreich ist es seit 1984 für die Fußball-Clubs gesetzliche Pflicht, zumindest ihre Profiabteilungen als Handelsgesellschaft zu führen, wobei die französische Gesetzgebung eigene, auf den Sport zugeschnittene Rechtsformen bereitstellt. Zur Wahl stehen die „societé économie mixte sportive locale" und die „societé à objet sportif". Sie unterscheiden sich vornehmlich dadurch, daß bei der ersten neben Privatpersonen auch öffentliche Kommunen beteiligt sind. Bei beiden Rechtsformen erfährt das in Frankreich für Aktiengesellschaften sonst geltende Recht tiefgreifende Änderungen. So wird beispielsweise die Ausschüttung des Jahresüberschusses bei den französischen Sportgesellschaften zugunsten einer Pflicht zur Thesaurierung und Reinvestition der Gewinne ausgeschlossen. Ferner sind die Mitgliedschaftsrechte durch Namensaktien an ihre jeweiligen – identifizierbaren – Inhaber gebunden und die jeweiligen Gesellschaftsorgane dürfen nur ehrenamtlich tätig sein. Wesensmerkmal ist auch, daß der Mutterverein stets seinen wesentlichen Einfluß auf die Sportkapitalgesellschaft behält. In Frankreich selbst werden diese sehr starren Regelungen der umfassenden Sozialbindung für die französischen Clubs zwischenzeitlich sehr kritisch gesehen; schwächen sie doch – ähnlich wie in Deutschland – deren Wettbewerbsfähigkeit auf dem europäischen Fußballmarkt.

## 2.2 Das Going Public von Fußball-Kapitalgesellschaften in Europa

Bevor eine Bestandsaufnahme über die rechtliche und wirtschaftliche Situation der Fußball-Clubs in Deutschland erfolgt, werden die Verhältnisse und die Entwicklungstendenzen im europäischen Ausland beschrieben und analysiert. Die in den folgenden Abschnitten aufgeführten Fußball-Aktiengesellschaften und Fußball-Clubs mit bereits vollzogenem Going Public bzw. mit Börsenambitionen sind nach Ländern gegliedert. Der Daten- und Informationsstand bezieht sich auf Juni 1999.[4] Um eine Tendenz aufzuzeigen, sind die aktuelleren Entwicklungen – soweit bekannt – ergänzt worden.

---

4   Zu den Kursen vom Juni 1999: siehe Deloitte & Touche 1999 und WGZ-Studie 1999

## 2.3 Die börsennotierten englischen/britischen Fußball-Gesellschaften

Investitionen in Fußball-Aktien gehören in Großbritannien bereits seit Jahren zum Tagesgeschäft.[5] Während Tottenham Hotspur als Vorreiter eines Going Public gilt, ist heute Manchester United das Maß aller Dinge bei börsennotierten Fußball-Gesellschaften.

Manchester United, Tottenham Hotspur und Leeds Sporting sind heute diejenigen Fußball-Gesellschaften, deren Eigentümer (Aktionäre) bereits zu wesentlichen Teilen unter den institutionellen Investoren der Londoner City zu finden sind.

Als erstes sollen die aktuellen Kennziffern der vier englischen Profi-Fußballigen vorgestellt werden, wobei der Schwerpunkt auf der Betrachtung der Premier League liegt. Im Anschluß daran werden die mehr als 20 britischen Fußball-Clubs nach den drei verschiedenen Börsensegmenten, in denen sie notiert sind, aufgeführt.

### 2.3.1 Aktuelle Kennziffern der englischen Profi-Fußballigen

Mit der Rechtsform der Kapitalgesellschaft, einem Going Public und der ständigen Börsennotierung haben die englischen Fußball-Clubs die meiste Erfahrung. Daher wird die Situation der Fußballigen in Großbritannien detaillierter betrachtet. Die englischen Fußball-Clubs erzielten in der letzten abgelaufenen Abrechnungsperiode, über die vollständige Jahresabschlußzahlen vorliegen (Saison 1997/98), folgende Kennziffern[6]:

- In den englischen Profi-Fußballigen spielen 92 Fußball-Clubs. In der höchsten Spielklasse – der *Premier League* – nehmen 20 Clubs am Spielbetrieb teil. Die restlichen 72 Clubs sind in der *Football League* organisiert. Die Football League ist in drei Ligen unterteilt: die Division One als zweithöchste Spielklasse, die Division Two und die Division Three, die unterste Profi-Spielklasse.

---

5 Vgl. Hillenbrand, 1997, S. 1 ff.
6 Vgl. Deloitte & Touche 1999; zu den Vergleichszahlen der vorangegangenen Spielzeiten vgl. Deloitte & Touche 1998 und 1997.

- Die englischen professionellen Fußball-Clubs erreichten in 1997/98 einen Umsatz von DM 2,4 Mrd.[7] *(829 Mio. £)*. Gegenüber der Vorsaison 1996/97 bedeutet dies einen Anstieg um DM 435 Mio. *(150 Mio. £)* oder 23 %. Vor zwei Spielzeiten in der Saison 1995/96 betrug der Gesamtumsatz lediglich DM 1,5 Mrd. *(515 Mio. £)*. Der Hauptanteil am Gesamtumsatz der insgesamt fünf Profiligen in England entfiel auf die erste englische Liga, die Premier League, mit Umsätzen von DM 1,65 Mrd. *(569 Mio. £)*, das sind rund 69 %. In dieser Liga wurde damit ein Umsatzanstieg von 23 % gegenüber der Vorsaison 1996/97 erzielt. Die Umsatzsteigerung in der Division One lag mit 34 % in der Saison 1997/98 sogar über der der Premier League, die Division Two verzeichnete lediglich Umsatzzuwächse von 15 %. Die Steigerungen der Division Three, der untersten Profiklasse, werden auf 4 % geschätzt.

- Signifikant bei dieser bemerkenswerten Umsatzentwicklung war, daß allein die fünf besten Clubs der Premier League – Manchester United, Newcastle United, Arsenal London, Liverpool und Aston Villa – einen höheren Gesamtumsatz aufwiesen als alle anderen 72 Clubs der Football League zusammen. Manchester United erzielte bereits in der Saison 1996/97 einen Rekordumsatz von DM 255 Mio. *(88 Mio. £)* und konnte diese Umsatzhöhe in der Saison 1997/98 wieder realisieren. Manchester United generierte an einem einzigen Spieltag mehr Einnahmen (ohne TV-Einnahmen) als die Division Three in der gesamten Saison aus allen Quellen vereinnahmen konnte.

- Sämtliche 92 Fußball-Clubs der vier englischen Fußballigen mußten in 1997/98 einen Gesamtverlust (vor Steuern) in Höhe von DM 95 Mio. *(33 Mio. £)* hinnehmen. In 1996/97 betrug der Gesamtverlust (vor Steuern) noch DM 125 Mio. *(43 Mio. £)*. Gegenüber 1995/96 hatte sich dieser Vorsteuerverlust jedoch von DM 285 Mio. *(98 Mio. £)* schon einmal mehr als halbiert. Der kontinuierliche Abbau des Verlustes vor Steuern ist allerdings ausschließlich auf die Premier League zurückzuführen. Die Clubs der ersten englischen Profiliga konnten ihren durchschnittlichen Vorsteuerverlust aus der Saison 1996/97 in Höhe von DM 12,8 Mio. *(4,4 Mio. £)* in einen Vorsteuergewinn von DM 59,2 Mio. *(20,4 Mio. £)* in der Saison 1997/98 umwandeln.

---

7   Bei der Umrechnung in DM wurde von einem Kurs des englischen Pfund von DM 2,90 ausgegangen.

England/Großbritannien

- Die hierzulande unbekannten Clubs Crewe Alexandra, Stockport County und Stoke City aus der Division One sowie Gillingham uns Carlise United aus der Division Two konnten zu der illustren Schar der Premier League Clubs – Manchester United, Aston Villa, Arsenal, Newcastle United und Chelsea Village – hinzustoßen und ebenfalls einen Gewinn vor Steuern von über DM 2,9 Mio. *(1 Mio. £)* erzielen. Zehn Clubs machten Verluste vor Steuern, die größer waren als DM 8,7 Mio. *(3 Mio. £)*. Den größten Verlust wies Premier League Club Sheffield Wednesday mit DM 28,7 Mio. *(9,9 Mio. £)* aus, gefolgt von seinem Stadtrivalen Sheffield United aus der Division One mit DM 19,4 Mio. *(6,7 Mio. £)*.

- Acht englische Fußball-Clubs erwirtschafteten in 1997/98 operative Gewinne von mehr als DM 14,5 Mio. *(5 Mio. £)*: Manchester United, Newcastle United, Aston Villa, Chelsea Village, Arsenal London, Barnsley, Tottenham Hotspur und West Ham United. Zwanzig Clubs (Vorsaison: 15) wiesen dagegen operative Verluste von mehr als DM 2,9 Mio. *(1 Mio. £)* aus. Den größten Verlust verzeichnete wie in der Vorsaison mit DM 15,1 Mio. *(5,2 Mio. £)* Queen Park Rangers (Vorsaison: DM 10,4 Mio. *(3,6 Mio. £)*).

- Der operative Gewinn aller 20 Premier League Clubs hat erstmals die 100 Mio. £-Grenze überschritten, nämlich DM 291,54 Mio. *(100,53 Mio. £)*. Im Gegensatz dazu steht der operative Verlust aller 72 Football League Clubs in Höhe von DM 150,8 Mio. *(52 Mio. £)*. Während 85 % der Prmier League Clubs operative Gewinne erzielen konnten, generierten über 80 % der Football League Clubs operative Verluste. Nur ein einziger Club der Division Three konnte einen operativen Gewinn verbuchen.

- Alle englischen Profi-Clubs zusammengenommen gaben knapp DM 725 Mio. *(250 Mio. £)* für Transferzahlungen für neue Spieler aus; davon entfielen allein ca. 70 % auf Spielereinkäufe durch Clubs der Premier League. Die Transferzahlungen in den beiden vorangegangenen Spielzeiten lagen ebenfalls auf diesem Niveau, so daß sich die Gesamttransferzahlungen stabilisiert haben.

- Ungewöhnlicherweise gab Manchester United in der Saison 1997/98 am meisten für Spielertransfers aus; die Netto-Ausgaben betrugen DM 45 Mio. *(15,5 Mio. £)*, gefolgt von Sheffield Wednesday mit DM 25,8 Mio. *(8,9 Mio. £)* und Newcastle United mit DM 25,2 Mio. *(8,7 Mio. £)*.

- Die Löhne und Gehälter aller englischen Fußball-Clubs stiegen in 1997/98 um 33 %, im Vergleich zum Umsatzanstieg um 23 %. Das zweite

Jahr in Folge überstieg der Anstieg der Personalkosten das Umsatzwachstum. Die Spielergehälter in der Premier League und der Division One stiegen um über 37 %, die der Division Two um 27 %. Nur in der Division Three stiegen die Spielergehälter moderat um 13 %. Im Vergleich zur Saison 1996/97 sind alle Zuwachsraten weiter anstiegen (Spielergehälter der Premier League und Division One: 35 %).

**Abb. 1: Entwicklung der 20 Clubs der Premier League in den vergangenen fünf Spielzeiten**

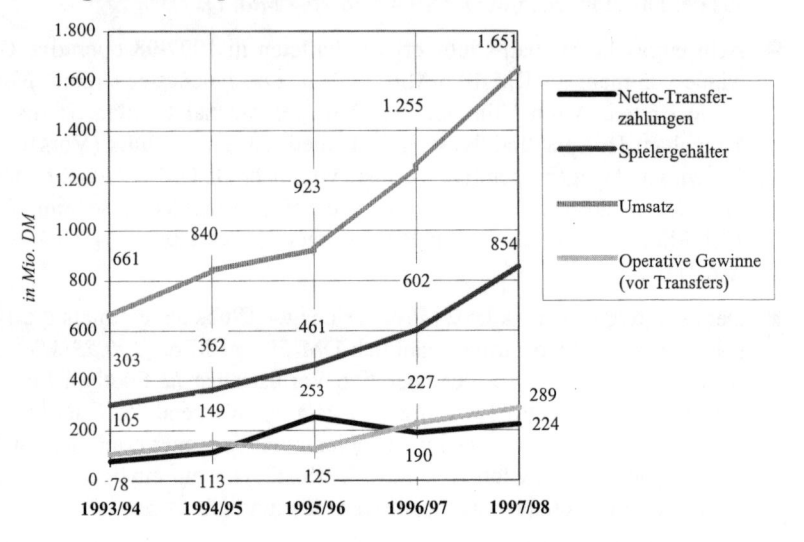

Kumulierte Daten nach Berechnungen von Deloitte & Touche 1999, S. 72 -73

■ In der Saison 1997/98 war keine besonders strenge Korrelation zwischen der Personalkostenhöhe und dem erzielten sportlichen Erfolg zu beobachten wie in der Vorsaison. 1996/97 wiesen nämlich die ersten vier Clubs in der Tabelle der Premier League – in derselben Reihenfolge – auch die höchsten Personalkosten in ihrem Budget aus. Zum Saisonende 1997/98 gehörten die ersten vier Clubs in der Tabelle der Premier League zu den fünf Clubs mit den höchsten Personalkosten in ihrem Budget. Arsenal London wurde mit dem fünfthöchsten Personalbudget Meister, während Newcastle United mit dem vierthöchsten Budget für Personal lediglich Platz 13 der Abschlußtabelle belegen konnte. So bleibt festzuhalten, daß einige Clubs einen größeren Wert bzw. Nutzen aus ihren Spielerkosten ziehen können als andere.

- Fünfzehn Clubs wiesen in 1997/98 Personalkosten in einem Volumen aus, das die jeweiligen Jahresgesamtumsätze überstieg (Vorsaison: 12 Clubs). Weitere 35 Clubs hatten Personalkosten, die zwei Drittel ihrer Umsatzerlöse überstiegen, darunter die drei Premier League-Clubs Blackburn, Sheffield Wednesday und Crystal Palace. In der (negativen) Spitze wies ein Club 185 % seines Umsatzes als Personalkosten aus. Anders der erfolgreichste Club: Manchester United erzielte das positive Personalkosten/ Umsatzverhältnis von 31 %, das im Vergleich zum Vorjahr (26 %) nur leicht angestiegen ist.

- Der Cash-flow aller englischen Profiligen zusammen ergab in 1997/98 einen Überschuß von DM 20,3 Mio. *(7 Mio. £)*. Durch eine Verbesserung des Cash-flow um DM 81,2 Mio. *(28 Mio. £)* konnte das Vorjahresdefizit von DM 61 Mio. *(21 Mio. £)* sogar überkompensiert werden.

- Seit Oktober 1997 gab es keine Gründung von Fußball-Kapitalgesellschaften und keine Börseneinführungen. Der Börsenwert der 18 englischen Clubs, die in den Börsensegmenten der Londoner Börse notiert sind, betrug zusammen am 30.06.1999 DM 3,1 Mrd. *(1,07 Mrd. £)*; hiervon entfielen allein auf Manchester United 45 %. Am Vorjahresstichtag betrug der kumulierte Börsenwert aller 18 britischen Clubs DM 2,9 Mrd. *(985,1 Mio. £)*, wovon 42 % auf Manchester United entfielen. Allerdings zeigt der Börsenwert des Segments „Fußball" am 30.06.1998 gegenüber seiner Höchstbewertung (bei den jeweiligen Aktien einzelner Clubs) einen Rückgang um 39 %.

- Die größten Wertsteigerungen zum Vorjahresstichtag verzeichneten am 30.06.1998 Manchester United (26 %), Sunderland (13 %) und Millwall (124 %, allerdings von einer sehr niedrigen Basis ausgehend).

- Mittlerweile haben die Clubs bei ihren Banken Guthaben von insgesamt DM 4,9 Mio. *(1,7 Mio. £)* aufgebaut. Allerdings verschleiern einige große Bankguthaben die Abhängigkeit anderer Clubs von Bankkrediten. 66 % der Clubs haben im Nettoausweis Kredite bei Banken aufgenommen.

- Über die größte „Kriegskasse" verfügt Chelsea Village mit DM 87 Mio. *(30 Mio. £)* liquiden Mitteln, gefolgt von Arsenal mit DM 72,5 Mio. *(25 Mio. £)* und Newcastle United mit DM 71 Mio. *(24,5 Mio. £)*. Coventry

City mit DM 72,8 Mio. *(25,1 Mio. £)* und Middlesbrough mit DM 68,2 Mio. *(23,5 Mio. £)* sind am höchsten bei Banken, Pächtern und anderen Geldgebern verschuldet.

- Alle englischen Fußball-Clubs zusammen wiesen in der Saison 1997/98 eine kumulierte Bilanzsumme von DM 1,27 Mrd. *(437 Mio. £)* aus; davon entfielen auf die Clubs der Premier League allein DM 962,8 Mio. *(332 Mio. £)*. Daß dieser Anstieg vor allem der Premier League zuzuschreiben ist, zeigt der 2-Jahres-Vergleich. Damals (Saison 1995/96) entfielen auf die Premier League-Clubs DM 189 Mio. *(65 Mio. £)*.
[Vorjahresvergleich Saison 1996/97: kumulierte Bilanzsumme betrug nur DM 1,0 Mrd. *(351 Mio. £); * davon entfielen DM 719 Mio. *(248 Mio. £)* auf die Premier League].

- Eine beachtliche Stärkung erfuhr das Netto-Vermögen der Clubs: 19 Clubs hatten zum Stichtag 30. Juni 1998 ein Netto-Vermögen von mehr als DM 29 Mio. *(10 Mio. £),* im Vergleich zu 14 Clubs in der Vorsaison. Spitzenreiter waren: Manchester United (DM 252 Mio. *(87 Mio. £)*), Chelsea Village (DM 189 Mio. *(65 Mio. £))* und Tottenham Hotspur (DM 116 Mio. *(40 Mio. £)*).
Nur drei Clubs wiesen eine Netto-Verschuldung von über DM 29 Mio. *(10 Mio. £)* aus.

- Im internationalen Vergleich ist die Premier League als die Liga mit der finanziell größten Dimension zu qualifizieren. Die Clubs dieser Liga generierten in der Saison 1997/98 ein Finanzvolumen von DM 1,65 Mrd. *(569 Mio. £)*, verglichen mit DM 1,16 Mrd. *(400 Mio. £)* der italienischen „Seria A", DM 1,0 Mrd. *(345 Mio. £)* der spanischen „Primera Liga" und DM 536 Mio. *(185 Mio. £)* der französischen „Premiére Division".

- In der Saison 1996/97 war im internationalen Vergleich eher negativ aufgefallen, daß die englischen Clubs ihre operativen Überschüsse, die entscheidend durch hohe, ständig steigende TV-Einnahmen begründet waren und noch sind, durch Transferzahlungen ins Ausland für Spielereinkäufe mehr als verbrauchen, während z.B. in Italien Transferüberschüsse erzielt wurden. Diese Tendenz ist in der Saison 1997/98 rückläufig gewesen. Anstatt der DM 290 Mio. *(100 Mio. £)* Netto-Transferzahlungen ins Ausland in der Vorsaison wurden jetzt DM 197 Mio. *(68 Mio. £)* netto für Transfers in andere Länder überwiesen, das entspricht einem Rückgang um 32 %.

England/Großbritannien

- Die englische Premier League ist aktuell die umsatzstärkste höchste Spielklasse in der Welt. Ursächlich für diese Steigerungsraten sind erster Linie die exorbitant steigenden Einnahmen aus den Fernsehverträgen mit dem Pay-TV-Sender „BSkyB" des australischen Medienunternehmers Rupert Murdoch. Da also die Einnahmen der englischen Premier League-Clubs im europäischen Vergleich auch in der Saison 1997/98 am größten waren, verwundert es nicht, daß auch die Ausgaben der englischen Clubs im Durchschnitt höher waren als die durchschnittlichen Ausgaben der Erstliga-Clubs in den anderen europäischen Ländern. Ein Premier League-Club hatte durchschnittliche Ausgaben von DM 82,7 Mio. *(28,5 Mio. £)*, der Durchschnitt bei den Clubs der italienischen „Serie A" lag bei DM 63,4 Mio. *(22,2 Mio. £)*, deutsche Bundesligisten gaben DM 55,7 Mio. *(19,2 Mio. £)* aus, in Spanien betrugen die durchschnittlichen Ausgaben eines Club des „Primera Division" DM 50 Mio. *(17,1 Mio. £)*, während in Frankreichs erster Liga DM 30 Mio. *(10,3 Mio. £)* pro Club ausgegeben wurden.

**Abb. 2: Durchschnittliche Ausgaben der Erstliga-Clubs in Europa**

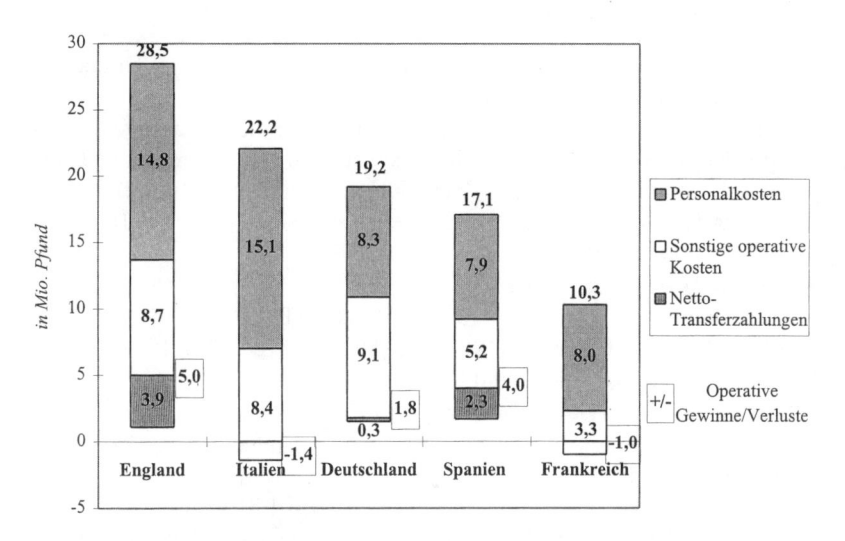

Quelle: Deloitte & Touche 1999, S.61

- Der englische Fiskus konnte in 1997/98 schätzungsweise Steuerzahlungen von englischen Fußball-Clubs in einem Volumen von DM 691,4 Mio. *(238,4 Mio. £)* vereinnahmen. [Vorjahr DM 541 Mio. *(186,6 Mio. £)*] Über Beihilfen für den Fußball erhielten die Clubs ca. DM 29 Mio. *(10 Mio. £)* zurück.
- In neue und alte Stadien haben die englischen Profiligen in 1997/98 DM 461 Mio. *(159 Mio. £)* investiert. Das Gesamtvolumen dieser Investitionen in den letzten Jahren beträgt nunmehr kumuliert DM 2 Mrd. *(692 Mio. £)*, wovon rund 67 %, also DM 1,3 Mrd. *(459 Mio. £)* auf die Clubs der Premier League entfallen.

In ihrer „Annual Review of Football Finance" über die Saison 1997/98 stellte die Wirtschaftsprüfungsgesellschaft Deloitte & Touche fest, daß börsennotierte Fußball-Clubs in England ihre Personalkosten und Transferausgaben im allgemeinen besser kontrollieren als die Clubs, die nicht an der Börse vertreten sind.

### 2.3.2 Londoner Stock Exchange - Main Market

#### 2.3.2.1 Manchester United plc

- Manchester United gilt heute als reichster Fußball-Club der Welt und setzt weltweit neue Maßstäbe im Fußballbusiness.
- Aktiennotierung im Main Market der Londoner Stock Exchange seit Juni 1991. Mittlerweile ist die Aktie im Index der 250 führenden, in London gelisteten Unternehmen, dem FTSE 250 Index, enthalten. Handel im Freiverkehr der Berliner Börse seit 1997, ebenso sind die Aktien in Düsseldorf und Hamburg erhältlich.
- *Emissionskurs: 19,25 Pence*
- Kursentwicklung (6/1997): 151,75 Pence; (12/1997): 158,00 Pence; (6/1998): 158,50 Pence; (12/1998): 223,50 Pence; (6/1999): 199,00 Pence
- Aktueller Kurs (8/1999): 229,0 Pence
  52-Wochen-Hoch-Tief: 245,0 Pence/156,5 Pence
- Marktkapitalisierung (8/1999) von Manchester United betrug 594,9 Mio. £ (ca. DM 1,73 Mrd.)
  Höchste Marktkapitalisierung: 623,4 Mio. £ (DM 1,81 Mrd.)
- Das Kurs-Gewinn-Verhältnis (KGV) für 1999 beträgt 30,79; für das Jahr 2000 wird ein KGV von 28,01 erwartet.

- Dividende: 1,730 Pence
- Zwischen 1991 und 1995 konnte Manchester United seine Umsätze versechsfachen und seine Gewinne verzehnfachen. In der 2. Jahreshälfte 1996 erzielte der Club einen Umsatz von 50 Mio. £ und einen Gewinn vor Steuern von 19,45 Mio. £. Der Umsatz aus dem Verkauf von Fan-Artikeln stieg auf 17,6 Mio. £ (+ 45 %). Die Umsatzrendite nach Steuern erreichte mehr als 20 %. In 1996/97 erzielte Manchester United bei einem Umsatz von 87,9 Mio. £ einen Gewinn vor Steuern und Spielertransfer in Höhe von 27,3 Mio. £ (Umsatzrendite 31 %). Der Gewinn nach Steuern und Spielertransfer betrug 19 Mio. £.
- Nach den Zahlen für die Saison 1997/98 hat Manchester United nur ein gemischtes Finanzjahr hinter sich. Das Ergebnis vor Steuern und Spielertransfer stieg in der Rechnungsperiode 1997/98 (31. Juli) zwar um 8,4 % auf 29,6 Mio. £ (Umsatzrendite 33 %). Doch aufgrund teurer Spielereinkäufe sank der Gewinn nach Steuern und Transferkosten fast um die Hälfte, von 19 Mio. £ auf 10 Mio. £.[8] Der Umsatz bliebt mit knapp 88 Mio. £ unverändert. Die Umsatzrendite nach Steuern sank daher von mehr als 20% auf gut 11 %. Der Umsatz im Merchandising – der zweitgrößten Erlösquelle nach dem Kartenverkauf – ging um 16 % zurück. Dieser Verkaufsrückgang wurde aber über höhere Fernseheinnahmen ausgeglichen.
- Seit August 1998 wurden bereits weitere 12,6 Mio. £ in die Mannschaft investiert. Im Juli 1999 will der Club außerdem ein neues Trainingsgelände eröffnen, dessen Bau dann 14,3 Mio. £ verschlungen haben wird.
- Des weiteren steht bis zum Jahr 2000 der Ausbau des Stadions Old Trafford auf dem Investitionsprogramm. Für geschätzte 30 Mio. £ soll das Fassungsvermögen um 12.400 Plätze auf 67.400 Plätze erweitert werden.
- Seit der Erstnotierung 1991 stieg der Kurs der Manchester-United-Aktie um 900 %. Die Kurskorrektur seit 1997 werten Analysten lediglich als Konsolidierung und damit als vorübergehend. Steigende TV-Erlöse bescheren der Aktie weiterhin neue Kursavancen, denn Englands Analysten halten es für möglich, daß Manchester United nach 2001 im digitalen Fernsehen über Pay per view 86 Mio. £ (etwa DM 250 Mio.) pro Saison einnehmen wird.
- Über 60 % der Aktien von Manchester United werden von institutionellen Anlegern der Londoner City gehalten, davon allein 5,6% durch Marathon Asset Management, London. Weitere 14,1 % der Anteile hält der Chief

---

8  Vgl. FAZ vom 30.09.1998

Executive Manager von Manchester United, Martin Edwards. Das Management des Clubs zusammen hält rund 20 %, und der gleiche Anteil wird den Fans der Mannschaft zugerechnet.
♦ Doch auch die Eigentümerstruktur des Clubs soll sich ändern. Im September 1998 machte der Kabel- und Satellitensender BSkyB, der zu 40 % dem Medienunternehmer Rupert Murdoch gehört, das Angebot, Manchester United für 623,4 Mio. £ (ca. DM 1,8 Mrd.) zu übernehmen. BSkyB bot den Aktionären je Aktie 240 Pence, je zur Hälfte in bar und in neuen BSkyB-Aktien. Die Übernahme mußte aber noch durch das Office of Fair Trading (OFT) geprüft und genehmigt werden. Die Führungskräfte des Clubs sollten ihre Aktienpakete aber weiterhin behalten. Das OFT hatte aber eine gründlichere Prüfung durch die unabhängige Wettbewerbsbehörde Monopolies and Mergers Commission (MMC) empfohlen. Bei einer Ablehnung sollte das Angebot nur für die 14,1 % von Martin Edwards aufrechterhalten werden.[9]
♦ Der britische Handels- und Industrieminister Stephen Byers hat im April 1999 die Übernahme von Manchester durch BSkyB abgelehnt. Bei seiner Entscheidung stützte er sich auf einen Bericht der obersten Wettbewerbsbehörde MMC, die den Fall viereinhalb Monate lang geprüft hatte. Die Kommission sah durch die Übernahme den Wettbewerb um Fußball-Übertragungsrechte eingeschränkt und befürchtete allgemein schädlich Auswirkungen für den britischen Fußball. Das Medienunternehmen würde im Fall der Übernahmegenehmigung einen Wettbewerbsvorteil erhalten, da es auf beiden Seiten des Verhandlungstisches sitzen würde: als potentieller Käufer und als potentieller Verkäufer von TV-Übertragungsrechten. Als Manchester-Besitzer würde BSkyB immer über die Konkurrenzangebote informiert sein. Des weiteren kam die Kommission zu dem Schluß, daß eine Übernahme des Vereins der Qualität des englischen Fußballs schaden würde, denn damit würde der Trend der wachsenden Ungleichheit zwischen großen, reichen Clubs und kleinen, ärmeren Vereinen verstärkt. Mit dieser Entscheidung dürften auch andere Übernahmeangebote von Medienunternehmen für Fußball-Vereine in Großbritannien scheitern, obwohl es sich um eine Einzelfallentscheidung handelt. Die gescheiterte Übernahme hat in der Londoner City zu drastischen Kursverlusten für börsennotierte Fußball-Clubs geführt, allen voran Manchester United. Die Aktie verlor mit 33 Pence (ca. 95 Pfennige) 15 % und fiel auf 186 Pence.[10]

---

9   Vgl. FAZ vom 08.09.1998 und FAZ vom 10.09.1998 *sowie* Mühlfeit vom 26.09.1998
10  Vgl. FAZ vom 12.04.1999 und FAZ vom 12.04.1999(a) sowie Handelsblatt vom 12.04.1999

England/Großbritannien

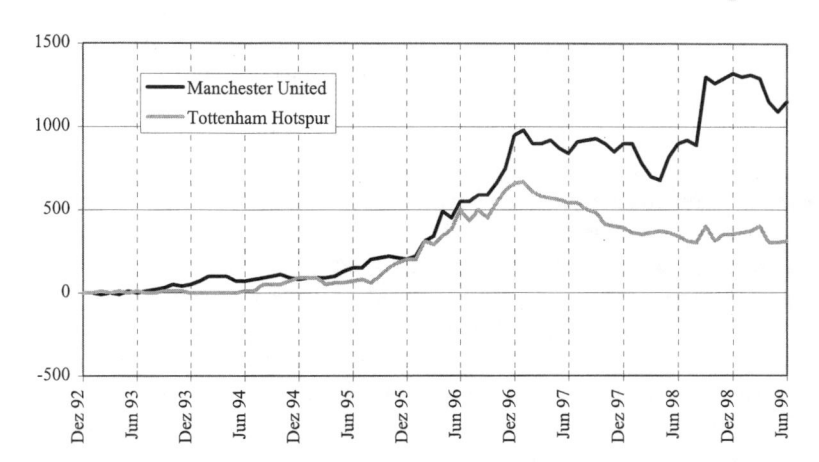

## Abb. 3: Kursverlauf von Manchester United und Tottenham Hotspur

Quelle: WGZ-Studie 1999, S. 4

### 2.3.2.2 Tottenham Hotspur plc

- Vorreiter auf dem Weg zum organisierten Kapitalmarkt.
- Als erster Fußball-Club der Welt ließ Tottenham Hotspur seine Aktien im Oktober 1983 am Main Market der Londoner Börse notieren. Seit 1997 werden die Aktien im Freiverkehr der Berliner Börse gehandelt sowie auf dem Düsseldorfer Parkett.
- *Emissionskurs: 24,32 Pence*
- Kursentwicklung: (6/1997): 100 Pence; (12/1997): 75,5 Pence; (6/1998): 66,5 Pence; (12/1998): 73,0 Pence; (6/1999): 73,0 Pence
- Aktueller Kurs (8/1999): 73,5 Pence
  52-Wochen-Hoch-Tief: 87,0 Pence/59,5 Pence
- Marktkapitalisierung (8/1999): 74,2 Mio. £  (ca. DM 215,2 Mio.)
  Höchste Marktkapitalisierung: 138,2 Mio. £ (DM 401 Mio.)
- Umsatz 1996/97: 27,9 Mio. £, Gewinn vor Spielertransfer und Steuern: 8,6 Mio. £ (Umsatzrendite 25 %), Gewinn nach Spielertransfer und Steuern: 7,3 Mio. £.
- KGV für 1999 beträgt 14,45; das erwartete KGV für 2000: 16,67
- Dividende: 0,25 Pence

- 1997/98 konnte der Umsatz auf 31,2 Mio. £ gesteigert werden. Der Gewinn vor Steuern belief sich aber nur auf 6,2 Mio. £ (Umsatzrendite 20 %). Aufgrund hoher Transfer- und Steuerzahlungen wurde ein Verlust nach Spielertransfer und Steuern von 3,2 Mio. £ verzeichnet.
- Besonders der Bereich Merchandising soll verstärkt ausgebaut werden. Hier ging der Umsatz 1997/98 um knapp 7 % im Vergleich zur Vorperiode auf 3,6 Mio. £ zurück.
- Tottenham Hotspur plant, eine Reihe von Serviceleistungen für seine Fans anzubieten. Dazu gehören ein Vermittlungsservice für Haftpflicht-, Auto- und Reiseversicherungen sowie eine „Spurs credit card". Später soll noch eine Bausparkasse auf Einlagenbasis folgen. Alle Produkte sollen wettbewerbsfähig sein und den Club-Fans zu einem Vorzugspreis angeboten werden. Auf diese Weise will sich der Club zusätzliche Einnahmen verschaffen, die unabhängig vom sportlichen Bereich sind.
- Institutionelle Investments der Londoner City machen bei Tottenham Hotspur plc einen Anteil von 45 % aus. Davon halten Equity Life 4,3 % und andere institutionelle Anleger jeweils unter 3 %. Von den verbleibenden Aktien (55 %) gehören 41 % Alan Sugar.[11]

### 2.3.2.3 Aston Villa plc

- Seit Mai 1997 werden die Anteile im Main Market der Londoner Börse gehandelt.
- *Emissionskurs: 1.100 Pence*; Kurs (9/98): 660 Pence
  Kursentwicklung: (6/1997): 837,5 Pence; (12/1997): 717,5 Pence; (6/1998): 485,0 Pence; (12/1998): 687,5 Pence; (6/1999): 440,0 Pence
- Aktueller Kurs (8/1999): 625 Pence
  52-Wochen-Hoch-Tief: 760,0 Pence/407,0 Pence
- Marktkapitalisierung (8/1999): 71,2 Mio. £    (DM 206,5 Mio.)
- Das KGV für 1999 beträgt 14,01; für 2000 wird ein KGV von 14,70 erwartet.
- Dividende: 8,800 Pence
- Umsatz 1997/98 stieg um 44 % auf 31,8 Mio. £ im Vergleich zum Vorjahr (22,1 Mio. £); 1997/98 betrug der Gewinn vor Spielertransfers und Steuern 9,8 Mio. £ (Vorjahresverlust: 5,6 Mio. £). Umsatzrendite 1997/98: 31 %.

---

11  Vgl. Mühlfeit vom 26.09.1998

- Ursachen für diesen Anstieg waren wesentlich höhere Fernseheinnahmen (+ 72 % auf 9,3 Mio. £), höhere Eintrittseinnahmen (+ 35 % auf 9,9 Mio. £) und die Steigerung im Merchandising-Bereich (+ 35 % auf 5,75 Mio. £).
- Dong Ellis nebst Familie halten 40 % der Aston Villa-Aktien. Von den verbleibenden 60 % entfallen 48 % auf Privataktionäre und 12 % auf institutionelle Anleger.

### 2.3.2.4 Millwall plc

- Die Anteile werden seit Oktober 1989 im Main Market der Londoner Börse gehandelt.
- *Emissionskurs: 20 Pence*; Kurs (9/98): 1,0 Pence
  Kursentwicklung: (6/1997): 1,38 Pence; (12/1997): 1,13 Pence; (6/1998): 0,88 Pence; (12/1998): 0,88 Pence; (6/1999): 0,88 Pence
- Aktueller Kurs (8/1999): 0,75 Pence
  52-Wochen-Hoch-Tief: 1,125 Pence/ 0,75 Pence
- Marktkapitalisierung (8/1999): 9,1 Mio. £ (DM 26,4 Mio.)
  Höchste Marktkapitalisierung: 16,8 Mio. £ (DM 48,7 Mio.)
- Für die Saison 1997/98 wurde ein Umsatz von 1,65 Mio. £ angegeben. Weiteres, insbesondere aktuelleres Datenmaterial ist nicht verfügbar.
- Der Club, der zum Zeitpunkt der Emission in der Premier League spielte, stieg bis in die Division Two ab. Die Gesellschaft befindet sich inzwischen in der Insolvenzverwaltung, so daß die Aktien längere Zeit vom Handel ausgesetzt waren.

### 2.3.2.5 Burnden Leisure plc (Bolton Wanderers)

- Die Investmentgesellschaft „Mosaic Investments" kaufte den Club *Bolton Wanderers Football & Athletic Company,* der zu dem Zeitpunkt gute Chancen hatte, in die Premier League aufzusteigen, für rund 22 Mio. £ und brachte ihn dann unter der Firma „Burnden Leisure plc" im April 1997 an die Börse.
- *Emissionskurs: 52 Pence*;
  Kursentwicklung: (6/1997): 42,5 Pence; (12/1997): 26,5 Pence; (6/1998): 16,0 Pence; (12/1998): 17,5 Pence; (6/1999): 16,0 Pence
- Aktueller Kurs (8/1999): 15,5 Pence
  52-Wochen-Hoch-Tief: 25,5 Pence/14,0 Pence

- Marktkapitalisierung (8/1999): 19,1 Mio. £ (DM 55,4 Mio.)
  Höchste Marktkapitalisierung: 68,3 Mio. £ (DM 198 Mio.)
- Der Umsatz hat sich von 1996/97 von 7,65 Mio. £ auf 15,4 Mio. £ verdoppelt. Seit 1993/94 konnte erstmals wieder ein operativer Gewinn vor Transferzahlungen von 715.000 £ ausgewiesen werden.
- Der Kursrückgang ist vor allem darauf zurückzuführen, daß der Club den Aufstieg in die Premier League nicht sofort schaffte und noch eine Saison in der Division One spielte. Seit der Spielzeit 1999/2000 tritt der Club in der obersten englischen Liga an.
- Geplant ist die Ausweitung der Aktivitäten in zahlreiche Sport- und Freizeitbereiche.

### 2.3.2.6 Leeds Sporting

- Die Anteile des Clubs Leeds United werden unter dem Namen Leeds Sporting seit August 1996 an der Londoner Börse gehandelt. Im Berliner Freiverkehr sind die Aktien ebenfalls zu erwerben bzw. zu verkaufen.
- *Emissionskurs 19 Pence*; Kurs (9/98): 17 Pence
  Kursentwicklung (6/1997): 25,5 Pence; (12/1997): 23,75 Pence; (6/1998): 15,5 Pence; (12/1998): 17,25 Pence; (6/1999): 16 Pence
- Aktueller Kurs (8/1999): 25,0 Pence
  52-Wochen-Hoch-Tief: 29,25 Pence/ 12 Pence
- Marktkapitalisierung (8/1999): 76,7 Mio. £ (DM 222,4 Mio.)
  Höchste Marktkapitalisierung: 130,3 Mio. £ (DM 377,9 Mio.)
- KGV für 1999 beträgt 16,13; für 2000 wird ein KGV von 9,78 erwartet.
- Der Umsatz in der Saison 1997/98 betrug 28,3 Mio. £ (in der Vorsaison 1996/97: 21,8 Mio. £). Der Gewinn vor Transfers und Steuern konnte von 2,1 Mio. £ in 1996/97 auf 43,4 Mio. £ in 1997/98 gesteigert werden.
- Der Anteil institutioneller Anleger bei Leeds Sporting beträgt 56 %. Als wesentliche Institutionelle der Londoner City sind Warburgs (13,1 %), Schroder Investments Management (10,8 %), Jupiter Asset Management (10,6 %), Phillips and Drew Fund Management (5,4 %), Gartmore (3,7 %) und Midland Bank (3,5 %) beteiligt. Die restlichen 44 % der Aktien werden von privaten Publikumsaktionären gehalten, und zwar hauptsächlich von Geschäftspartnern, Fans und dem Management von Leeds Sporting. Aufgrund von sog. Übernahmephantasien – insbesondere durch die Aufstockung des Anteils des Investmenthauses Jupiter Asset Management von 8,4 % auf 10,6 % in 1999 kletterte der Kurs der Clubs Holding Leeds

Sporting in 1999 um 35 %. Gemessen am KGV ist der Club inzwischen doppelt so hoch bewertet wie Manchester United.

#### 2.3.2.7 Leicester City plc

- Anteile werden seit Oktober 1997 an der Londoner Börse gehandelt.
- *Emissionskurs: 93 Pence*
  Kursentwicklung: (6/1997): 99,96 Pence; (12/1997): 60,50 Pence; (6/1998): 42,50 Pence; (12/1998): 40,50 Pence; (6/1999): 42,50 Pence
- Aktueller Kurs (8/1999): 41,5 Pence
  52-Wochen-Hoch-Tief: 55,0 Pence/ 32,5 Pence
- Marktkapitalisierung (8/1999): 13,7 Mio. £ (DM 39,7 Mio.)
  Höchste Marktkapitalisierung: 33,5 Mio. £ (DM 97,2 Mio.)
- KGV für 1999: 10,71; erwartetes KGV für 2000: 12,50
- Dividende: 0,900 Pence
- Umsatz 1997/98 betrug 19,2 Mio. £, der Gewinn vor Transfers wurde mit 2,1 Mio. £ ausgewiesen. Der Umsatz der Vorsaison 1996/97: 17,3 Mio. £; der Gewinn vor Transfers und Steuern für diesen Zeitraum: 1,5 Mio. £ (Umsatzrendite 8,7 %).

#### 2.3.2.8 Newcastle United

- Newcastle United läßt seine Anteile seit April 1997 an der Londoner Börse notieren. Im Berliner Freiverkehr werden die Aktien ebenfalls gehandelt.
- Die Emission war siebenfach überzeichnet, daher stieg der Börsenkurs am ersten Handelstag über den Emissionskurs hinaus auf 144,5 Pence an.[12]
- *Emissionskurs: 135 Pence*; Kurs (9/98): 99,0 Pence
  Kursentwicklung: (6/1997): 136,5 Pence; (12/1997): 94,50 Pence; (6/1998): 74,50 Pence; (12/1998): 97,00 Pence; (6/1999): 81,50 Pence
- Aktueller Kurs (8/1999): 74,5 Pence
  52-Wochen-Hoch-Tief: 122,5 Pence/ 58,5 Pence
- Marktkapitalisierung (8/1999): 106,7 Mio. £ (DM 309 Mio.)
  Höchste Marktkapitalisierung: 200,5 Mio. £ (DM 581,5 Mio.)
- KGV für 1999: 30,79; erwartetes KGV für 2000: 40
- Dividende: 1,760 Pence

---

12 Vgl. Handelsblatt vom 03.04.1997

- Umsatz und Gewinn vor Transfers konnten in der Saison 1997/98 im Vergleich zur Vorsaison 1996/97 gesteigert werden; und zwar der Umsatz auf 49,2 Mio. £ und der Gewinn auf 10,8 Mio. £ (Vorjahresvergleich: Umsatz 41,1 Mio. £ und Gewinn 8,1 Mio. £).
- 58 % der Aktien von Newcastle United werden von der Familie Hall gehalten; der Rest befindet sich im Streubesitz.
- Nachdem der Trainer Ruud Gullit von Newcastle United sein Team für umgerechnet DM 100 Mio. verstärkt hatte, wurden große Erwartungen in die Mannschaft gesetzt. Doch ist die Mannschaft von Newcastle United, deren letzter Erfolg die Finalteilnahme des FA Cups war, seit zwölf Spielen sieglos. In der neuen Saison 1999/2000 konnte aus den ersten vier Spielen nur ein Punkt geholt werden, und Newcastle steht damit auf dem drittletzten Platz. Den sportlichen Mißerfolg kann man auch an der Entwicklung der Aktienkurse ablesen; so ist der Kurs von Ende Juni bis Ende August 1999 wieder gefallen. Nach massiver Kritik der englischen Presse hat der niederländische Trainer Ende August seinen Rücktritt erklärt.

**Abb. 4: Kursverlauf von Newcastle United**

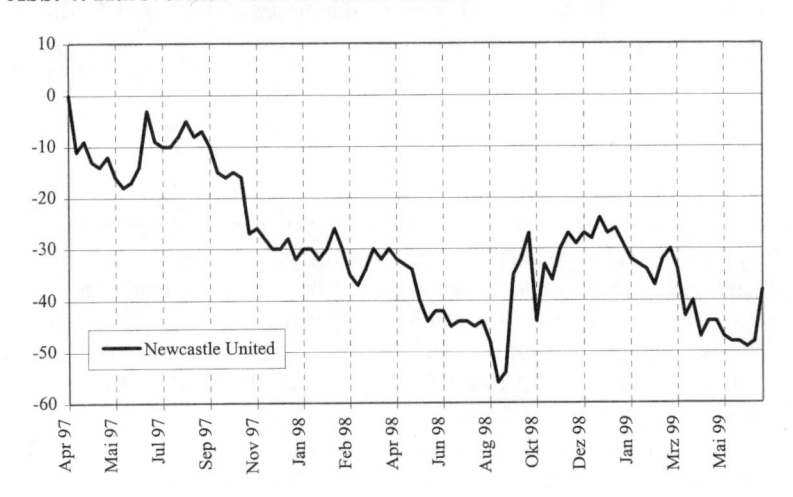

Quelle: WGZ-Studie 1999, S. 17

## 2.3.2.9 Sheffield United

♦ Anteile werden seit Januar 1997 an der Londoner Börse gehandelt.
♦ *Emissionskurs: 60 Pence*
  Kursentwicklung: (6/1997): 44,0 Pence; (12/1997): 50,5 Pence; (6/1998): 27,50 Pence; (12/1998): 23,0 Pence; (6/1999): 18,0 Pence
♦ Ende April 1997 notierten die Aktien noch bei 66 Pence; allerdings brachen diese Ende Mai 1997 um mehr als 20% auf 45 Pence ein, da die Mannschaft aus der Premier League abstieg. Im September 1998 war die Aktie nur noch 31 Pence wert. Doch der Abwärtstrend geht weiter; ein Jahr später sind die Papiere nur noch knapp die Hälfte wert.
♦ Aktueller Kurs (8/1999): 16,5 Pence
  52-Wochen-Hoch-Tief: 35,0 Pence/ 16,5 Pence
♦ Marktkapitalisierung (8/1999): 8,2 Mio. £    (DM 23,8 Mio.)
  Höchste Marktkapitalisierung: 35,9 Mio. £    (DM 104,1 Mio.)
♦ Der Umsatz der Saison 1997/98 verringerte sich von 9,6 Mio. £ (Saison 1996/97) auf 8,5 Mio. £. Der Verlust vor Transfers belief sich auf 4 Mio. £ (Saison 1996/97: Verlust: 54.000 £).

## 2.3.2.10 Southhampton Leisure Holding

♦ Anteile werden seit Januar 1997, sofort nach der Übernahme des Clubs durch die Holding, an der Londoner Börse gehandelt.
♦ *Emissionskurs: 150 Pence*
  Kursentwicklung: (6/1997): 86,0 Pence; (12/1997): 76,0 Pence; (6/1998): 68,5 Pence; (12/1998): 41,0 Pence; (6/1999): 40,50 Pence
  Die im Januar 1997 ausgegebenen Aktien verdoppelten sich wertmäßig bis zum April 1997. Allerdings betrug der Kurs im September 1998 nur noch 64,5 Pence. Im Januar 1999 lag der Kurs nur noch bei 41,5 Pence, unter anderem, weil der Premier League-Club auf einem Abstiegsplatz stand, später sogar noch erheblich darunter. Doch da der Club den Klassenerhalt geschafft hat, blieb der Kurs ungefähr auf dem Niveau vom Januar 1999.
♦ Aktueller Kurs (8/1999): 40,0 Pence
  52-Wochen-Hoch-Tief: 67,0 Pence/ 33,5 Pence
♦ Marktkapitalisierung (8/1999): 9,9 Mio. £    (DM 28,7 Mio.)
  Höchste Marktkapitalisierung: 41,2 Mio. £    (DM 119,5 Mio.)
♦ Dividende: 1,000 Pence
♦ Umsatz 1997/98: 12,5 Mio. £, der Gewinn vor Transfers betrug 2,9 Mio. £ (Saison 1996/97: Umsatz 9,2 Mio. £; Gewinn vor Transfers: 1,2 Mio. £).

### 2.3.2.11 Sunderland

- Anteile werden seit Mai 1997 an der Londoner Börse gehandelt und seitdem ebenfalls im Freiverkehr der Berliner Börse notiert.
- Die Emission erfolgte bei 2,7-facher Überzeichnung.
- Die zum Preis von *585 Pence emittierte Aktie* schloß am ersten Handelstag zum Kurs von 732,5 Pence.
- Kursentwicklung: (6/1997): 370,0 Pence; (12/1997): 345,0 Pence; (6/1998): 390,0 Pence; (12/1998): 630,0 Pence; (6/1999): 440 Pence
- Aktueller Kurs (8/1999): 497,5 Pence
  52-Wochen-Hoch-Tief: 632,5 Pence/ 420,0 Pence
- Marktkapitalisierung (8/1999): 40,8 Mio. £   (DM 118,3 Mio.)
  Höchste Marktkapitalisierung: 61,9 Mio. £   (DM 179,5 Mio.)
- KGV für 1999: 23,22; erwartetes KGV für 2000: 27,51
- Dividende: 3,200 Pence
- Der Umsatz (1997/98) konnte um 40 % von 13,4 Mio. £ im Vorjahr auf 18,8 Mio. £ gesteigert werden.
- Daß Sunderland trotz des Abstiegs in die Division One für die vorangegangenen 12 Monate (Stand 31.05.98) einen operativen Gewinn von 885.000 £ ausweisen konnte, lag an dem Umzug in das neue, größere Stadion und an den üblichen „Auffangzahlungen" für Absteiger aus der Premier League. Die Einnahmen aus dem Kartenverkauf stiegen um 55 % von 6,05 Mio. £ auf 9,4 Mio. £, ebenso stiegen die Erlöse aus dem Merchandising um 73 % auf 2,2 Mio. £. Die TV-Einnahmen gingen von 3,4 Mio. £ im Vorjahr auf 3,1 Mio. £ zurück, darin sind aber bereits die Auffangzahlungen von 1,7 Mio. £ enthalten. Die reinen TV-Einnahmen in der Division One beliefen sich auf 1,4 Mio. £. Die Kosten des Clubs sind aber um 64 % auf 15,9 Mio. £ gestiegen und entsprechen denen eines Premier League-Clubs. Sunderland hat seine Strukturen, das Stadion und sein Personal bereits auf die Premier League vorbereitet. Der im Januar 1999 über dem Emissionskurs liegende Börsenkurs von 590 Pence machte deutlich, daß der Wiederaufstieg des Tabellenführers der Division One erwartet wurde. Zwar ist Sunderland erwartungsgemäß in die Premier League aufgestiegen, doch findet man den Club zum Anfang der Saison 1999/2000 im unteren Tabellendrittel.

## 2.3.2.12 Celtic Glasgow plc

♦ Anteile wurden im September 1995 erstmals im Alternative Investment Market (AIM) der Londoner Stock Exchange notiert. Seit 1997 werden sie auch im Freiverkehr der Berliner Börse gehandelt.
♦ Die im September 1995 zu *66 £ (!) emittierte Aktie* notierte im April 1997 bei 300 £.
♦ Die lang erwarteten Pläne von Celtic Glasgow, mit der Notierung in den Main Market der Londoner Stock Exchange zu wechseln, wurden mit der Veröffentlichung des Jahresberichtes (30.06.1998) durchgeführt. Dabei wurden die Aktien in Verhältnis 1:100 geteilt.
♦ Kursentwicklung: (6/1997): 325 £; (12/1997): 245 £; (6/1998): 235,00 Pence; (12/1998): 312,50 Pence; (6/1999): 285,00 Pence
♦ Aktueller Kurs (8/1999): 320 Pence
52-Wochen-Hoch-Tief: 357 Pence/ 185 Pence
♦ Marktkapitalisierung (8/1999): 92,8 Mio. £ (DM 269,1 Mio.)
Höchste Marktkapitalisierung: 152,3 Mio. £ (DM 441,7 Mio.)
♦ KGV für 1999: 13,80
♦ Der Umsatz 1997/98 betrug 27,8 Mio. £ und ist damit um 25 % im Vergleich zum Vorjahr gestiegen. Der Gewinn vor Transfers und Steuern ist in diesem Zeitraum um 38 % auf 7,1 Mio. £ gestiegen (Umsatzrendite 25,5 %). Für die Steigerung der operativen Erlöse ist vor allem der Verkauf von Merchandising-Artikel im neuen „Celtic Superstore" anzuführen, da die Einnahmen aus dem Kartenverkauf nur um 9,4 % gestiegen sind. Da die Erweiterung des Stadions um 11.700 Plätze bereits zu Beginn der Vorsaison abgeschlossen wurde, blieb die Kapazität unverändert und die Preise wurden nur wenig angehoben. Bis zur Fertigstellung des Stadionumbaus von Manchester United ist der Celtic Park mit 60.294 Plätzen das größte Fußballstadion Großbritanniens.
♦ Der Manager und Mehrheitsaktionär Fergus McCann, der 1994 den Club vor dem Konkurs rettete und auf die Erfolgsspur führte, will sich im Frühjahr 1999 bei seinem Rücktritt auch von seinem Aktienpaket (50 %) trennen. Im Oktober 1998 lehnte er ein Angebot von Nomura Securities über 30 Mio. £ mit dem Hinweis ab, daß er eine Verteilung seiner Aktien unter den übrigen Celtic-Aktionären favorisiert. Mit der gleichen Begründung lehnte er im November 1998 auch die Offerte des ehemaligen Celtic-Spielers Kenny Dalglish und des Simple Minds-Sängers Jim Keer ab. Allein angesichts der Übernahme-Spekulationen stieg der Kurs der Celtic-Aktie um 40 %.

## 2.3.2.13 Heart of Midlothian plc

- Die Aktien des schottischen Erstligisten werden seit Mai 1996 an der Londoner Börse gehandelt.
- *Emissionskurs: 140 Pence*
  Kursentwicklung: (6/1997): 110,5 Pence; (12/1997): 102,5 Pence; (6/1998): 98,5 Pence; (12/1998): 85,5 Pence; (6/1999): 65,50 Pence
- Aktueller Kurs (8/1999): 65,0 Pence
  52-Wochen-Hoch-Tief: 107,5 Pence/ 65 Pence
- Marktkapitalisierung (8/1999): 6,6 Mio. £    (DM 19,1 Mio.)
  Höchste Marktkapitalisierung: 14,3 Mio. £    (DM 41,5 Mio.)
- KGV für 1999: 16,48
- Der Umsatz der Saison 1997/98 betrug 6,4 Mio. £; dabei wurde ein Verlust vor Transfers und Steuern in Höhe von 1,9 Mio. £ ausgewiesen. (Vorsaison 1996/97: Umsatz 4,9 Mio. £ und Verlust 1,5 Mio. £)

### 2.3.3 Notierung im Alternative Investment Market (AIM)

#### 2.3.3.1 Chelsea Village

- Die Anteile werden seit März 1996 im Alternative Investment Market (AIM) der Londoner Stock Exchange notiert und sind seit 1997 im Freiverkehr der Berliner Börse handelbar.
- *Emissionskurs: 55 Pence*
  Kursentwicklung: (6/1997): 110,5 Pence; (12/1997): 115,0 Pence; (6/1998): 71,5 Pence; (12/1998): 81,5 Pence; (6/1999): 66,50 Pence
- Aktueller Kurs (8/1999): 81,5 Pence
  52-Wochen-Hoch-Tief: 107,0 Pence/ 65,0 Pence
- Marktkapitalisierung (8/1999):129,4 Mio. £    (DM 375,3 Mio.)
  Höchste Marktkapitalisierung: 244,1 Mio. £    (DM 707,9 Mio.)
- KGV für 1999: 55,77
- Der Umsatz (1997/98) hat sich im Vergleich zur Vorsaison von 23,7 Mio. £ auf 47,5 Mio. £ verdoppelt[13]; allerdings differieren die Angaben. Der Verein und die WGZ-Studie geben einen Umsatz in Höhe von 88,3 Mio. £ an.
- Mit einer auch für Fußball-Gesellschaften in England spektakulären und innovativen Finanzaktion konnte Chelsea Village im Dezember 1997 die

---

13  Die Zahlenangaben zum Umsatz von Chelsea Village differieren, vgl. dazu Deloitte & Touche 1999, S. 72 f. und WGZ-Studie 1999, S. 64

Londoner City überraschen. Unter konsortialer Führung der SBC Warburg Dillon Reed und der Mees Pierson Securities (UK) Ltd., einer Tochtergesellschaft der gleichnamigen holländischen Merchant-Bank, legte Chelsea Village als Eigentümer des Chelsea Football-Club eine Eurobond-Anleihe in Höhe von 75 Mio. £ (DM 217,5 Mio.) auf. Die Anleihe ist mit einem Zins von 8,875 % ausgestattet und läuft über 10 Jahre. Sie dient der Finanzierung eines Freizeit-Centers in London rund um das Stadion Stamford Bridge. Dieser Sport- und Freizeitkomplex umfaßt ein 4-Sterne-Hotel, 4 Restaurants, einen Night-Club, Luxusappartements, gewerbliche Einzelhandelsflächen, ein Sportmuseum sowie weitere Sport- und Freizeiteinrichtungen. Die Investition beinhaltet darüber hinaus die Errichtung des luxuriösesten Stadions in Großbritannien mit 42.000 Sitzplätzen, das mit einer Entfernung zum Kaufhaus Harrods von nicht einmal einer Meile zentral in London liegt. Der Chelsea-Bond wurde voll plaziert, hauptsächlich durch Zeichnung institutioneller Investoren aus Großbritannien sowie durch Banken aus Deutschland und der Schweiz.

♦ Wie stark Chelsea Village auf Diversifizierung seiner unternehmerischen Bereiche setzt, läßt sich an der Aufschlüsselung des Gesamtumsatzes deutlich ablesen.

In der Saison 1997/98 konnte der Gesamtumsatz fast vervierfacht werden (88,3 Mio. £). Die Steigerung im Fußballbereich betrug 69 %, von 21,9 Mio. £ 1996/97 auf 37,1 Mio. £. Den größten Beitrag zu der enormen Steigerung des Gesamtumsatzes leistete das im Juli 1997 durch Aktien erworbene Reiseunternehmen *Elizabeth Duff Travel (EDT)*, dessen Umsatz mit 33,1 Mio. £ für die betrachtete Abrechnungsperiode (bis zum 30.06.1998) angegeben wird. Auch der Merchandising-Bereich wurde stark ausgebaut. Ebenfalls im Juli 1997, früher als geplant, eröffnete der *Chelsea Megastore* seine Türen. Mit einer Größe von knapp 1.000 qm und seinen über 3.000 Artikeln ist er das größte Geschäft dieser Art in England. Die Eröffnung eines weiteren Fan-Shops in Guildford ist bereits geplant. Der Merchandising-Umsatz wird mit 6,1 Mio. £ angegeben, während 1996/97 kein Umsatz verzeichnet wurde. Der Umsatz im Gastronomie-Bereich stieg um knapp 140 % von 1,6 Mio. £ auf 3,8 Mio. £, obwohl das Hotel mit 160 Zimmern erst im April 1998 eröffnet wurde. Die Eröffnung eines zweiten Hotels (130 Zimmer) ist für August 1999 geplant. Von den 226 Luxusappartements ist schon ein Teil verkauft worden, was sich ebenfalls positiv im Gesamtumsatz bemerkbar macht.

♦ Neben der Fertigstellung des Komplexes rund um das Stadion ist der Ausbau der Stamford Bridge Stadion selbst ein weiteres wichtiges Investitionsprojekt des Clubs. Die West-Tribüne soll vergrößert werden, so daß dem Stadion die alte Kapazität von 42.000 Plätzen erhalten bleibt. Dort sollen 33 Komfort-Logen mit Bewirtung, 17 Suiten, 6 Clubräume und eine Ausstellungshalle untergebracht werden. Auch die Infrastruktur rund um das Stadion soll verbessert werden. So wird beispielsweise eine direkte Fußgängerunterführung zur nächsten U-Bahnstation gebaut.

♦ Um im Medien-Bereich präsent zu sein, wurde die Chelsea Village Television Company gegründet. Diese interne Produktionsfirma produziert ein halbstündiges Programm mit Namen *Blue Tomorrow*, das jeden Freitag abend über einen lokalen Kabelkanal ausgestrahlt wird.

### 2.3.3.2 Charlton Athletic

♦ Anteile werden seit März 1997 im AIM der Londoner Börse notiert.
♦ *Emissionskurs: 80 Pence*
Kursentwicklung: (6/1997): 55,0 Pence; (12/1997): 51,5 Pence; (6/1998): 61,0 Pence; (12/1998): 48,5 Pence; (6/1999): 37,0 Pence
♦ Aktueller Kurs (8/1999): 43,5 Pence
52-Wochen-Hoch-Tief: 67,5 Pence/ 36,5 Pence
♦ Marktkapitalisierung (8/1999): 15,4 Mio. £   (DM 44,7 Mio.)
Höchste Marktkapitalisierung: 21,6 Mio. £   (DM 62,6 Mio.)
♦ Der Umsatz stieg von 4,3 Mio. £ in der Saison 1996/97 auf 5,8 Mio. £ (1997/98). Der Gewinn vor Transfers konnte von 495.000 £ auf 1,2 Mio. £ gesteigert werden.

### 2.3.3.3 Nottingham Forrest plc

♦ Die Club-Anteile werden seit Oktober 1997 am AIM der Londoner Börse gehandelt.
♦ *Emissionskurs: 70 Pence*; Kurs (9/98): 40 Pence
Kursentwicklung: (12/1997): 51,5 Pence; (6/1998): 52,5 Pence; (12/1998): 27,5 Pence; (6/1999): 33,5 Pence
Aktueller Kurs (8/1999): 31,5 Pence
52-Wochen-Hoch-Tief: 48,5 Pence/ 24,5 Pence
♦ Marktkapitalisierung (8/1999): 13,9 Mio. £   (DM 40,3 Mio.)
Höchste Marktkapitalisierung: 36,0 Mio. £   (DM 104,4 Mio.)
♦ KGV für 1999: 14,47; erwartetes KGV für 2000: 3,31

♦ Der Umsatz des letzten Geschäftsjahres, das am 31.05.1998 endete, lag bei 11,2 Mio. £ (Vorsaison: 14,4 Mio. £), der Verlust vor Steuern wurde mit 4,6 Mio. £ angegeben. Die Ergebnisse spiegeln das Bestreben des Clubs wider, sich nach dem angestrebten sofortigen Wiederaufstieg in der Gruppe der Premier League-Clubs halten zu können. Die Kosten für Spielertransfer beliefen sich mit 7,9 Mio. £ auf 73 % des Umsatzes. Eintrittsgelder in Höhe von 4,9 Mio. £ wurden in der Division One eingenommen, während die TV-Einnahmen von 2,9 Mio. £ schon die 1,7 Mio. £ Auffangzahlungen enthalten. Die Merchandising-Verkäufe wurden mit 967.000 £ beziffert. Die ständig steigenden Spielergehälter und Transferzahlungen bereiten einem Club dieser Größenordnung die meisten Probleme. Pro Aktie wurde ein Verlust von 10,8 Pence angegeben und auf die Zahlung einer Dividende verzichtet. Zwar war der Wiederaufstieg gelungen, doch stand Nottingham Forrest in der folgenden Saison immer wieder auf dem letzten Tabellenplatz. Der erneuter Abstieg läßt die Erlöse, aber auch die Aktienkurse aufs Neue erheblich sinken.

### 2.3.3.4 Birmingham City

♦ Anteile werden seit März 1997 am AIM der Londoner Börse gehandelt.
♦ *Emissionskurs: 50 Pence*
Kursentwicklung: (6/1997): 55,0 Pence; (12/1997): 51,5 Pence; (6/1998): 61,0 Pence; (12/1998): 48,5 Pence; (6/1999): 37,0 Pence
Aktueller Kurs (8/1999): 30 Pence
52-Wochen-Hoch-Tief: 42,0 Pence/ 30,0 Pence
♦ Marktkapitalisierung (8/1999): 15,3 Mio. £   (DM 44,4 Mio.)
♦ Höchste Marktkapitalisierung: 29,0 Mio. £   (DM 84,1 Mio.)
♦ In der Saison 1997/98 betrug der Umsatz 8,3 Mio. £ (Vorjahr: 7,6 Mio. £). Der Gewinn vor Transfers konnte von 736.000 £ im Vorjahr auf 1,2 Mio. £ gesteigert werden.

### 2.3.3.5 West Bromwich Albion

♦ Anteile werden seit Januar 1997 am AIM der Londoner Börse gehandelt. Innerhalb von vier Monaten nach der Erstnotiz verdoppelten sich die Aktien wertmäßig.
♦ Kursentwicklung: (6/1997): 165 £; (12/1997): 145 £; (6/1998): 125 £; (12/1998): 115 £; (6/1999): 105 £ (!)

- Aktueller Kurs (8/1999): 105 £
  52-Wochen-Hoch-Tief: 135 £/ 95 £
- Marktkapitalisierung (8/1999): 10,5 Mio. £ (DM 30,5 Mio.)
  Höchste Marktkapitalisierung: 20,4 Mio. £ (DM 59,2 Mio.)
- Umsatz in der Saison 1997/98 wurde mit 24,0 Mio. £ angegeben (Vorsaison: 15,3 Mio. £). Auch der Gewinn vor Transfers wurde von 1,8 Mio. £ (1996/97) auf 5,1 Mio. £ gesteigert.

### 2.3.3.6 Preston North End plc

- Anteile werden seit Oktober 1995 am AIM der Londoner Börse gehandelt.
- *Emissionskurs: 400 Pence*; Kurs (9/98): 325 Pence
  Kursentwicklung: (6/1997): 545 Pence; (12/1997): 445 Pence; (6/1998): 430 Pence; (12/1998): 340 Pence; (6/1999): 285 Pence
- Aktueller Kurs (8/1999): 272,5 Pence
  52-Wochen-Hoch-Tief: 400 Pence/ 270 Pence
- Marktkapitalisierung (8/1999): 5,7 Mio. £ (DM 16,5 Mio.)
  Höchste Marktkapitalisierung: 11,1 Mio. £ (DM 32,2 Mio.)
- KGV für 1999: 92,62; erwartete KGV für 2000: 56,67
- Der Umsatz in der Saison 1997/98 betrug 4,1 Mio. £. Der Verlust vor Transfers wird für diesen Zeitraum mit 1,4 Mio. £ beziffert. (Vorjahresvergleich: Umsatz 3,8 Mio. £; Gewinn vor Transfers 113.000 £)

### 2.3.3.7 Loftus Road plc (Queens Park Rangers)

- Der Club Queens Park Rangers wurde unter dem Namen Loftus Road im Oktober 1996 erstmals im AIM der Londoner Börse notiert.
- *Emissionskurs: 72 Pence*
  Kursentwicklung: (6/1997): 56,13 Pence; (12/1997): 30,75 Pence; (6/1998): 15,57 Pence; (12/1998): 19,52 Pence; (6/1999): 10,00 Pence
- Aktueller Kurs (8/1999): 16,50 Pence
  52-Wochen-Hoch-Tief: 22 Pence/ 8,5 Pence
- Marktkapitalisierung (8/1999): 9,9 Mio. £ (DM 28,7 Mio.)
  Höchste Marktkapitalisierung: 42,6 Mio. £ (DM 123,5 Mio.)
- Der Umsatz stieg von 7,5 Mio. £ in 1996/97 auf 9,8 Mio. £ in 1997/98. Der operative Verlust vor Transfers ist aber auch stark angestiegen Von

3,6 Mio. £ in 1996/97 auf 5,2 Mio. £ in der Spielzeit 1997/98; das entspricht umgerechnet einem Verlust von DM 15,1 Mio.
♦ Die Entwicklung des Aktienkurses von Loftus Road plc bildet den Verlauf des sportlichen Abstiegs der Queens Park Rangers von der Premier League in die Division One ab. Im Juni 1999 war die Aktie mit 10 Pence nur noch ein Zehntel ihres Höchststandes von 103,96 Pence wert.

### 2.3.4 Notierung im unregulierten OFEX-Markt

Der OFEX-Markt ist ein vom Finanzhaus J.P. Jenkins Ltd. organisiertes und weitgehend unreguliertes Segment des Börsenplatzes London. Der OFEX-Markt ist nicht nur wenig liquide, sondern auch wenig transparent, so daß der dort eher sporadisch stattfindende Handel als riskant einzustufen ist. Da sich nur drei Clubs in diesem Segment notieren lassen, ist davon auszugehen, daß auch die englischen Fußball-AGs, die noch ihr Going Public planen, eine Aufnahme in das erste Börsensegment oder den AIM anstreben.[14]

#### 2.3.4.1 Arsenal London plc

♦ Notiert im unregulierten „OFEX"-Markt des Finanzhauses J.P. Jenkins Ltd.
♦ Kursentwicklung: Kurs (9/98): 340 Pence
52-Wochen-Hoch-Tief: 410 Pence/ 230 Pence
♦ Marktkapitalisierung (9/98): 190,4 Mio. £
♦ Der Umsatz der Saison 1997/98 ist im Vergleich zum Vorjahr um gut 48 % von 27,2 Mio. £ auf 40,4 Mio. £ angestiegen. Der Gewinn vor Transfer hat sich von 1,9 Mio. £ (1996/97) auf 7,2 Mio. £ in der Saison 1997/98 fast vervierfacht.
♦ Arsenal London hat auf jeden Fall das Potential, in den AIM oder den Main Market der Londoner Börse zu wechseln.

#### 2.3.4.2 Glasgow Rangers

♦ Notiert im unregulierten „OFEX"-Markt des Finanzhauses J.P. Jenkins Ltd.
♦ Kursentwicklung: Kurs (12/98): 365 Pence
52-Wochen-Hoch-Tief: 435 Pence/ 275 Pence

---

14 Vgl. Rettberg vom 28.04.1997

- Marktkapitalisierung (12/98): 168,4 Mio. £
- Der Club gehört zu 25,1 % dem Londoner Unterhaltungsunternehmen ENIC (English National Investment Company), das in seiner Sparte Fußball Mehrheitsbeteiligungen an weiteren vier europäischen Fußball-Clubs besitzt (Vicenza 75,1 %, AEK Athen 78,4 %, Slavia Prag 53,7 % und FC Basel 50 %[15]).
- Der Verein hat einen Wechsel in ein offizielles Börsensegment für die nähere Zukunft ausgeschlossen.

#### 2.3.4.3 Manchester City plc

- Notiert im unregulierten „OFEX"-Markt des Finanzhauses J.P. Jenkins Ltd.
- Die Kursnotierung (12/98) von 165 Pence hat schon seit längerem nur anzeigenden Charakter.
- Der Umsatz 1997/98: 15,3 Mio. £ (1996/97: 12,7 Mio. £)
  Der Verlust vor Transfers 1997/98: 3,3 Mio. £ (1996/97: 938.000 £)

### 2.3.5 Börsenkandidaten in Großbritannien

#### 2.3.5.1 FC Liverpool

- Neben dem möglichen Wechsel von Arsenal London in ein offizielles Börsensegment kann der Traditionsverein aus Liverpool als Kandidat für ein weiteres erfolgreiches Going Public in Großbritannien angesehen werden, da der FC Liverpool ein echter *„Brandname"* ist. Zuletzt plante der Verein seinen Börsengang noch für 1999. Da jedoch zunächst 9,9 % des Vereins zu 22 Mio. £ an den Medienkonzern Granada Group verkauft wurden, ist ein Börsengang wieder in weitere Ferne gerückt.

### 2.3.6 Der Nomura UK Football Index und der Aktienindex KICK der Nachrichten-Agentur Bloomberg

In Europa werden mittlerweile fünf Fußball-Indizes errechnet. Die Nachrichten-Agentur Bloomberg errechnet drei Indizes, während der japanische Broker Nomura Securities zwei Fußball-Indizes bildet.

---

15 Siehe Abschn. 2.9.2

Der größte japanische Broker, Nomura Securities, hat weltweit den ersten Fußball-Index initiiert. Der *Nomura Football Index* (NRIFNRFC) wurde am 31.12.1992 zum ersten Mal errechnet. Als weiterer Index wurde der *Nomura Leading Football Index* am 11.12.1996 eingeführt. Dieser Index besteht aus 12 englischen Premier League-Fußball-Kapitalgesellschaften, während der Nomura Football Index alle börsennotierten britischen Fußball-Aktien umfaßt.

Seit seiner Einführung im Dezember 1996 mit der Basis 100 ist der Nomura Leading Football Index um 24,67 % auf 75,33 Punkte (Stand 30.06.1999) gefallen. Die Entwicklung des Nomura Football Index ist hingegen vorteilhafter; in den Jahren 1996 bis 1997 konnten die in diesem Index zusammengefaßten Fußball-Aktien ihren Wert verdoppeln. Trotz des herben Einbruchs Anfang 1997 überstieg der Kursanstieg des Nomura Football Index den britischen Gesamtmarkt, repräsentiert durch den FT-SE 100 Index der Londoner Börse. Zum 30.06.1999 wurden für diesen Football-Index 513,63 Punkte errechnet, d.h. seit seiner Einführung zum Jahresultimo 1992 – ebenfalls auf der Basis von 100 Punkten – hat sich der Index mehr als verfünffacht. In der Boomzeit der Fußball-Aktien 1997 erreichte der Nomura Football Index allerdings einen Spitzenwert von fast 900 Punkten.[16] Mittlerweile emittiert Nomura Securities sogar Optionsscheine auf den Football-Index sowie auf einzelne Fußball-Clubs.[17] Probleme bei Optionsscheinen auf einzelne Fußball-Clubs sieht allerdings die Deutsche Schutzvereinigung für Wertpapierbesitz e.V. (DSW). Diese befürchtet, daß Spieler, wie ein Torwart oder ein Verteidiger, bei Termingeschäften auf fallende Kurse spekulieren und sich dann mit absichtlichen Niederlagen reich verlieren könnten.[18] Allerdings sind bislang noch keine Unregelmäßigkeiten mit Optionen bekannt geworden. Außerdem bleibt zu bezweifeln, ob die Verdienstmöglichkeiten aus Optionsgeschäften durch Spieler das Gehalt und die Prämienzahlungen überwiegen; hinzu kommen des weiteren noch Imagefragen und der sportliche Wert des Spielers.

Die Nachrichten-Agentur Bloomberg rief am 29.12.1995 ihre drei Indizes ins Leben. Alle Bloomberg-Fußball-Indizes haben ebenfalls auf der Basis von 100 Punkten begonnen. Der PREM-Index (The Bloomberg Football–Premier Clubs–Index) umfaßt 12 Werte aus der englischen und schottischen Premier League. Am 30.06.1999 wurde er mit 240,53 Punkte notiert, das entspricht einer Steigerung von 140 % seit seiner Einführung. Der zweite Index ist der

---

16 Vgl. Soccer Investor 5/1997, S.10
17 Vgl. Jahn 1998, S. 370 f.
18 Vgl. Beier/Khoshbakht 1999, S. 13

Europäische Entwicklungstendenzen

NPRM-Index (The Bloomberg Football–Non-Premier Clubs–Index), dem die börsennotierten Clubs angehören, die nicht in der obersten Spielklasse vertreten sind. Dieser Index ist seit Dezember 1995 um 25,57 % auf 74,43 Punkte (Stand 30.06.1999) gefallen.

Der bedeutendste Fußball-Index ist der KICK-Index (The Bloomberg Football Club Index), der die Summe aus den beiden vorgenannten Subindizes PREM-Index und NPRM-Index abbildet. Alle zwanzig börsennotierten Fußball-Kapitalgesellschaften Großbritanniens werden in diesem Index berücksichtigt. Der KICK-Index wird nach der Marktkapitalisierung gewichtet und hat folgende Mitglieder:

**Abb. 5: Die Mitglieder und ihre Gewichtung im KICK-Index**

| Fußball-Kapitalgesellschaft | Gewichtung |
|---|---|
| Manchester United plc | 47,10% |
| Newcastle United plc | 9,78% |
| Chelsea Village plc | 8,45% |
| Celtic plc | 6,68% |
| Tottenham Hotspur plc | 5,85% |
| Aston Villa plc | 4,92% |
| Leeds Sporting plc | 4,51% |
| Sunderland plc | 3,59% |
| Burnden Leisure plc (Bolton Wanderers) | 1,62% |
| Nottingham Forest | 1,33% |
| Leicester City plc | 1,12% |
| Southhampton Leisure Holdings plc | 0,91% |
| Heart of Midlothian plc | 0,74% |
| Charlton Athletic plc | 0,70% |
| West Bromwich Albion plc | 0,63% |
| Sheffield United plc | 0,58% |
| Loftus Road plc (Queens Park Rangers) | 0,53% |
| Birmingham City plc | 0,36% |
| Preston North End plc | 0,34% |
| Millwall Holdings plc | 0,26% |

Quelle: Bloomberg; Stand Juli 1999

Seit seiner Einführung ist der KICK-Index auf 217,64 Punkte (Stand 30.06.1999) gestiegen, was eine Steigerung von 117,64 % bedeutet. Nachdem der Index Mitte Juni 1999 seinen Jahres-Tiefpunkt von knapp über 200 Punkten erreicht hatte, steigt der KICK-Index nun kontinuierlich wieder an. Am 31.08.1999 notierte er bereits auf 249,89 Punkten.

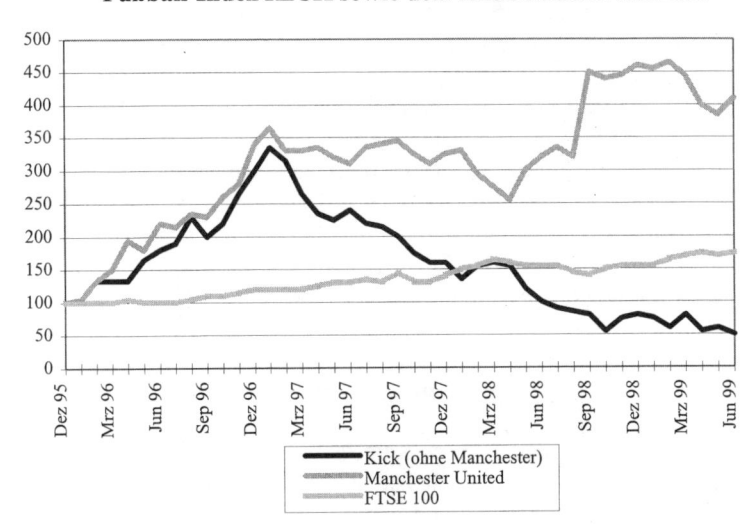

**Abb. 6: Performance-Vergleich von Manchester United und dem Fußball-Index KICK sowie dem Aktienindex FTSE 100**

Schon an der Gewichtung der einzelnen Clubs im KICK-Index (siehe Abbildung 5) zeigt sich die dominante Stellung, die Manchester United bei den börsennotierten Gesellschaften einnimmt. Der Kursverlauf der Manchester-Aktie notierte seit Dezember 1995 sowohl deutlich über den Fußball-Indizes als auch über dem FTSE 100 Index, der den britischen Gesamtmarkt repräsentiert. Beachtlich ist zudem die Entwicklung seit 1997. Bis dahin entwickelten sich sowohl der KICK-Index (ohne Manchester United) als auch der Kurs der Manchester-Aktie nahezu im Einklang nach oben. Jedoch läuft diese Entwicklung seit Anfang 1997 auseinander. Während sich die Manchester-Aktie – von einigen Kurskorrekturen besonders in 1997 abgesehen – weit oberhalb des FTSE 100 Index behaupten konnte, würde sich der KICK-Index ohne Manchester seit April 1998 deutlich unter dem britischen Index befinden. (Siehe dazu Abbildung 6)

Aufgrund der hohen Marktkapitalisierung und der damit verbundenen starken Gewichtung in den Fußball-Indizes von Manchester United wird eine sehr große Abhängigkeit der Fußball-Indizes vom Kursverlauf der Manchester-Aktie deutlich.

## 2.4 Die börsennotierten Fußball-Clubs in Dänemark

Auch in Dänemark gab es vergleichsweise frühe Tendenzen zur Finanzierung von Fußball-Clubs durch einen Börsengang. Die Aktien von sechs der zwölf Fußball-Clubs, die in der ersten dänischen Liga, Faxe Kondi Ligaen, spielen, sind an der Kopenhagener Börse notiert. Die beiden letzten Börseneinführungen fanden im September und Dezember 1998 statt. Im Dezember 1998 betrug die Marktkapitalisierung dieser Hälfte der dänischen Profiliga 702 Mio. dkr (umgerechnet DM 196,6 Mio.[19]). In Dänemark sind alle sechs IPOs insgesamt erfolgreich verlaufen. Lediglich zwei Aktien notieren leicht unter ihrem Emissionskurs. In der dänischen Profiliga werden noch zwei bis drei Börsengänge für möglich gehalten.

### 2.4.1 Brondby IF

- Brondby IF ließ seine Anteile bereits im Januar 1987 an der Kopenhagener Börse notieren und ist damit nach Tottenham Hotspur weltweit der zweite Fußball-Club, der an die Börse ging.
- *Emissionskurs: 27 dkr*
  Kursentwicklung: (6/1997): 84 dkr; (12/1997): 85 dkr; (6/1998): 135 dkr; (12/1998): 115 dkr; (6/1999): 109 dkr
- Aktueller Kurs (6/1999): 109 dkr
  52-Wochen-Hoch-Tief: 207,48 dkr/ 95 dkr
- Marktkapitalisierung (12/1998): 319,0 Mio. dkr (89,3 Mio. DM)
- KGV für 1999: 20,96
- Der Umsatz 1996/97 betrug 87,3 Mio. dkr (DM 24,4 Mio.) und der Gewinn vor Steuern wird mit 28,3 Mio. dkr (DM 7,9 Mio.) angegeben.

---

19 Bei der Umrechnung in DM wurde von einem Kurs von 28 DM für 100 dkr ausgegangen.

### 2.4.2 Aarhus GF Kontrekfodbold

- Anteile sind seit September 1987 an der Kopenhagener Börse notiert.
- Kursentwicklung: (6/1997):930 dkr; (12/1997): 950 dkr; (6/1998): 1.090 dkr; (12/1998): 900 dkr; (6/1999): 700 dkr
  Aktueller Kurs (6/1999): 700 dkr
  52-Wochen-Hoch-Tief: 1016 dkr/ 700 dkr
- Marktkapitalisierung (12/98): 31,5 Mio. dkr   (8,8 Mio. DM)
- KGV für 1999: 6,99
- Der Umsatz 1996/97 betrug 23,6 Mio. dkr (DM 6,6 Mio.) und der Gewinn vor Steuern wird mit 3,3 Mio. dkr (DM 0,9 Mio.) angegeben.

### 2.4.3 FC Kopenhagen

- Anteile sind seit November 1997 an der Kopenhagener Börse notiert.
- *Emissionskurs 150 dkr*
  Kursentwicklung: (12/1997): 145 dkr; (6/1998): 240 dkr; (12/1998): 265 dkr; (6/1999): 215 dkr
- Aktueller Kurs (6/1999): 215 dkr
  52-Wochen-Hoch-Tief: 290 dkr/ 210 dkr
- Marktkapitalisierung (12/98): 315,5 Mio. dkr   (88,3 Mio. DM)
- KGV für 1999: 24,52; erwartete KGV für 2000: 20,40
- Der Umsatz 1997/98 betrug 50,9 Mio. dkr (DM 14,3 Mio.) und der Gewinn vor Steuern wird mit 5,6 Mio. dkr (DM 1,6 Mio.) angegeben. (Vorjahresvergleich: Umsatz 34,2 Mio. dkr und Gewinn vor Steuern 0,9 Mio. dkr)

### 2.4.4 SIF Fodbold

- Anteile sind seit April 1987 an der Kopenhagener Börse notiert.
- *Emissionskurs: 65 dkr*
  Kursentwicklung: (6/1997):146,25 dkr; (12/1997): 180 dkr; (6/1998): 180 dkr; (12/1998): 135,32 dkr; (6/1999): 98,50 dkr
- Aktueller Kurs (6/1999): 98,50 dkr
  52-Wochen-Hoch-Tief: 220 dkr/ 117 dkr
- Marktkapitalisierung (12/1998): 35,6 Mio. dkr   (10 Mio. DM)
- Der Umsatz 1996/97 betrug 16,7 Mio. dkr (DM 4,7 Mio.) und der Gewinn vor Steuern wird mit 5,9 Mio. dkr (DM 1,7 Mio.) angegeben.

### 2.4.5 Aalborg Boldspilklub

♦ Anteile werden seit September 1998 an der Kopenhagener Börse gehandelt.
♦ *Emissionskurs: 190 dkr*
  Kursentwicklung: (12/1998): 160 dkr; (6/1999): 188,85 dkr
♦ Aktueller Kurs (6/1999): 188,85 dkr
  52-Wochen-Hoch-Tief: 215,83 dkr/ 140,00 dkr
♦ KGV für 1999: 6,87
♦ Der Umsatz 1996/97 betrug 56,8 Mio. dkr (DM 15,9 Mio.) und der Gewinn vor Steuern wird mit 10,8 Mio. dkr (DM 3,0 Mio.) angegeben.

### 2.4.6 Akademisk Boldklub's Fodbold A/S

♦ Die vorerst letzte Börseneinführung einer dänischen Fußball-Aktiengesellschaft fand im Dezember 1998 an der Kopenhagener Börse statt.
♦ *Emissionskurs: 115 dkr*
  Kursentwicklung: (12/1998): 95 dkr; (6/1999): 80 dkr
♦ Aktueller Kurs (6/1999): 80 dkr
  52-Wochen-Hoch-Tief: 100,25 dkr/ 80,00 dkr
♦ Der Umsatz 1997/98 betrug 8,9 Mio. dkr (DM 2,5 Mio.) und der Verlust vor Steuern wird mit 11,0 Mio. dkr (DM 3,1 Mio.) angegeben. (Vorjahresvergleich 1996/97: Umsatz 9,8 Mio. dkr (DM 2,7 Mio.); Verlust 0,7 Mio. dkr (DM 0,2 Mio.))

## 2.5 Neue Pläne für die Fußballiga in Österreich

In der österreichischen Bundesliga ist mangelnde Liquidität das Hauptproblem aller zehn dort spielenden Vereine. So bekam Vorwärts Steyr eine Lizenz für diese Saison, obwohl der Club bei einem Etat von 21,8 Mio. öS (3,1 Mio. DM[20]) Schulden in Höhe von 17,6 Mio. öS (DM 2,5 Mio.) auswies. Beim Linzer ASK brannte der Präsident mit der Barschaft durch und hinterließ eine akute Unterdeckung von 40,1 Mio. öS (5,7 Mio. DM).

Der krisengeschüttelten österreichischen Bundesliga liegt ein Angebot eines privaten Investors vor, die marode Liga zu einem profitablen Geschäft zu machen. Der nach Kanada ausgewanderte Frank Stronach, dem der Autozu-

---

20 Bei der Umrechnung in DM wurde für alle Euro-Länder der seit dem 01.01.1999 geltende fixe Wechselkurs verwendet (hier: 100 öS = 14,21 DM).

lieferkonzern Magna International gehört, will in die Bundesliga seines Heimatlandes investieren, sie umstrukturieren und sanieren. Anfangs sah es so aus, als ob Stronach nach und nach die wichtigsten Vereine der österreichischen Zehner-Liga durch offensichtlich ohne weitere Auflagen gegebene Unterstützungszahlungen unter seine Kontrolle bringen wollte. So erhielten Austria Wien 10 Mio. öS, Casino Salzburg 40 Mio. öS, der FC Tirol 30 Mio. öS und der Grazer AK eine nicht näher genannte Summe.

Doch inzwischen strebt Stronach einen Zusammenschluß der gesamten Bundesliga unter einer von ihm geführten Holding an. Ein TV-Sport- und Wettkanal als zentrales Vehikel soll aus Österreichs wenig attraktiver Fußballiga einen respektablen Markenartikel machen. Für die Fernsehrechte bietet er den zehn Bundesliga-Clubs 10 Mio. öS jährlich an. Als eine Art Option gilt die Zusage, daß die Vereine an einem etwaigen Gewinn des Wettkanals beteiligt zu werden. Schlüssel zum Erfolg soll das Marketing-Management sein. Dafür soll als 100 % Tochter der Magna Europa die Sport Management International AG (SMI) gegründet werden, die wiederum 60 % an der Sportwetten GmbH des Sport- und Wettkanals hält. Die restlichen 40 % stehen Partnern offen. Die Sportwetten GmbH ist für die Vermarktung der Vereine über eine Sportmarketing GmbH zuständig. Nach dem bewährten Muster sind 60 % für die Sportwetten GmbH reserviert, die restlichen 40 % für den jeweiligen lokalen Partner.

Die sportlichen Entscheidungen sollen weiterhin die Vereine treffen, die auch über die klassischen Einnahmequellen wie Kartenerlöse, Merchandising, Bandenwerbung oder Sponsoring verfügen sollen.

Allerdings gibt es noch zahlreiche rechtliche Hindernisse. So liegen die TV-Rechte bis 2004 bei der Vermarktungsagentur ISPR, die die Erstverwertung für diesen Zeitraum an den ORF weitergereicht hat. Die Rechte für Sportwetten liegen bei der Lotto-/Toto-Gesellschaft aus der Casino-Austria-Gruppe, dem momentanen Großsponsor des österreichischen Spitzenfußballs.

Als weiteres Großprojekt will Stronach bis zum Jahr 2001 vor den Toren Wiens einen Sport- und Freizeitpark bauen, mit einer monströsen Weltkugel als Blickfang. Hier droht dem Investor allerdings der Landschaftsschutz in die Quere zu kommen.

Doch all das scheint Stronach nicht zu beeindrucken, denn schon acht der zehn Vereine sind bereit, für den unerwarteten Geldsegen Rechte und

Kompetenzen abzutreten. Nur Sturm Graz und Rapid Wien überlegen noch bzw. taktieren in Richtung eines besseren Angebots.[21]

Man darf gespannt sein, wie sich die österreichischen Vereine entscheiden werden und wie sich die Liga entwickeln wird; Börsengänge der Profi-Vereine scheinen aber derzeit unwahrscheinlich.

### 2.5.1 Rapid Wien

- Als einziger österreichischer Verein hat Rapid Wien Börsenerfahrungen sammeln können, wenn auch negative.
- Die Aktien der 1991 von Rapid Wien gegründeten Gesellschaft wurden zum Kurs von 1.100 öS emittiert. Binnen weniger Wochen mußten Kursabschläge bis zu 40 % hingenommen werden. Das von Beginn an wenig erfolgreiche Going Public endete unrühmlich mit dem Konkurs der Gesellschaft im Jahr 1994.
- Der Fußball-Club Rapid Wien spielt aber weiterhin in der österreichischen Bundesliga.
- Zwischenzeitlich hat sich die Bank Austria bei Rapid Wien stark engagiert. Positiv soll sich ausgewirkt haben, daß der Fußball-Club nunmehr von ehemaligen Bankmanagern geleitet wird.

## 2.6 Eine erste Börseneinführung in den Niederlanden

### 2.6.1 Ajax Amsterdam

- In den Niederlanden ist mit Ajax Amsterdam der erste Fußball-Club der Ehrendivision erfolgreich an die Börse gegangen. Seit Mai 1998 erfolgt die Notierung an der Börse in Amsterdam. Auch im Berliner Freiverkehr und an den Börsen in Frankfurt, Düsseldorf und Hamburg werden die Ajax-Aktien gehandelt.

---

21 Vgl. zu diesem Abschnitt Handelsblatt vom 08./09.01.1999 und Winterfeldt 1998, S. 150

- Die Emission von 27% des Grundkapitals brachte Ajax etwa 124 Mio. hfl (110 Mio. DM[22]) und war 15-fach überzeichnet.
- *Emissionskurs 25 hfl bzw. 11,34 Euro*; Kursentwicklung: (6/1998): 10,66 Euro; (12/1998): 8,71 Euro, (6/1999): 9,70 Euro
- Aktueller Kurs (8/1999) 11 Euro ( 24,24 hfl)
  52-Wochen-Hoch-Tief: 12,27 Euro / 7 Euro (27,04 hfl/ 15,43 hfl)
- Marktkapitalisierung (12/1998): 374 Mio. hfl bzw. 169,7 Mio. Euro (332,9 Mio. DM)
- KGV für 1999: 61,74; erwartete KGV für 2000: 20,79
- Ajax will weltweit zum „Global Player" im Fußball-Geschäft werden. In den nächsten fünf Jahren will der Club weltweit fünf Fußball-Clubs kaufen. Der Name „Ajax" soll zum Markenartikel und als „Franchise-Produkt" verkauft werden. Die Ausbildung der Trainer und Manager soll in Amsterdam erfolgen und auf die Philosophie des „Muttervereins" zugeschnitten sein. Auch die Nachwuchsförderung, die im internationalen Vergleich als besonders vorbildlich gilt, soll kopiert werden. Allerdings soll Ajax Amsterdam die erste Option auf die Talente seiner „Tochtervereine" erhalten.[23]
- Trotz der hohen Überzeichnung konnte die Ajax-Aktie die Erwartungen in den ersten Börsenwochen nicht erfüllen. Im ersten Halbjahr der Saison 1997/98 mußte Ajax zudem einen operativen Verlust von 4,6 Mio. hfl (2 Mio. Euro) hinnehmen, was den Kurs weiter sinken ließ.
- Trotz der ehrgeizigen Motivationen ist Ajax in die Krise geraten, besonders da der Trainer Morten Olson das erfolgreiche System für junge Talente vernachlässigte und schließlich aufgab. Das führte zu frustrierten Jugendspielern. Außerdem sorgten Abwanderungsgerüchte von Leistungsträgern schon vor Saisonbeginn für große Unruhe. Die Brüder de Boer wollten ihren Weggang nach Barcelona gerichtlich erzwingen und mußten nach ihrer Niederlage vor Gericht wieder motiviert und in die Mannschaft integriert werden. Hinzu kam der sportliche Mißerfolg. In der Meisterschaft ist der Rückstand auf Feyenoord Rotterdam kaum noch aufzuholen. Das Scheitern in der Champions League stellte den negativen Höhepunkt dar und hatte einen Einbruch des Börsenkurses von gut 11 % auf den Rekord-Tiefstand von 17 hfl zur Folge. Der Ausweis des operativen Verlustes von über 5 Mio. hfl schwächte den Kurs zusätzlich. Auch das Stadion, das einst Vorbild für Stadion-Projekte in ganz Europa war, hat seine Schwächen offenbart. Der Rasen mußte bereits achtmal ausgewechselt werden, und

---

22 Umrechnung in DM anhand des Euro-Wechselkurses: 1 hfl = 0,89 DM
23 Vgl. Fröndhoff/Warrings vom 08.06.1998

- auch die Atmosphäre unter den Zuschauern will nicht mehr so aufkommen wie im alten Stadion.[24]
- Mit dem Trainerwechsel im Dezember 1998 soll der „Prozeß der Wiederauferstehung" von Ajax Amsterdam eingeleitet werden. Die Brüder de Boer wurden nun doch für 41 Mio. hfl (37 Mio. DM) nach Barcelona verkauft, und auch das Projekt des Global Players nimmt Formen an. Ajax Amsterdam hat 51 % der Anteile an zwei Kapstädter Vereinen erworben. Sie sollen sich im Juni 1999 zusammenschließen und unter dem Namen „Ajax Kapstadt" in der ersten Liga von Südafrika spielen. Die Investitionen werden auf ca. 2 Mio. hfl geschätzt. Weitere „Filialen", etwa in Ghana und in Belgien, die im Franchise-System betrieben werden sollen, sind vorgesehen.[25]
- Die Aktionäre von Ajax haben ihren Unmut über die nicht mehr so erfolgreiche Lage ihres Vereins Luft gemacht. Auf der Aktionärsversammlung mußte sich Clubchef van Praag vielen kritischen Fragen zur momentanen Situation stellen.
- Die Höchststände kurz nach der Emission konnte Ajax Amsterdam trotz seines guten Konzepts nicht wieder erreichen. Sollte sich aber wieder der sportliche Erfolg einstellen, ist anzunehmen, daß auch der Wert der Aktie wieder steigen wird.

**Abb. 7: Kursverlauf vom Ajax Amsterdam**

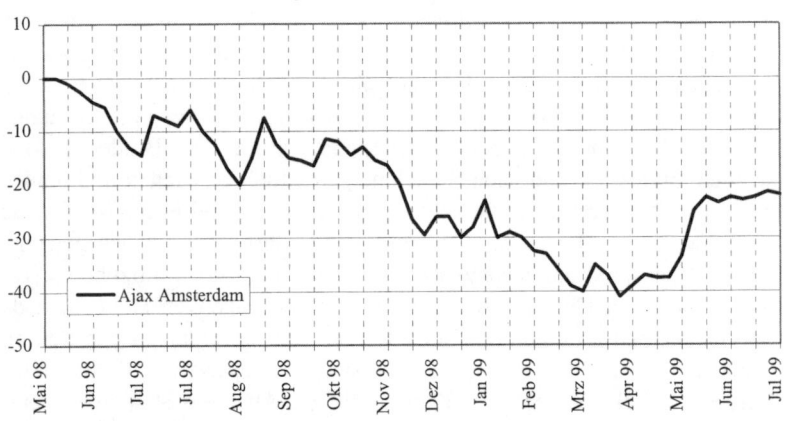

Quelle: WGZ-Studie, S. 18

---

24 Vgl. Madeja, Falk vom 24.08.1998 sowie Madeja, Falk vom 21.12.1998
25 Vgl. FAZ vom 15.01.1999

### 2.6.2 Feyenoord Rotterdam

♦ Der amtierende Meister (Saison 1998/99) bemüht sich, zunächst eine Schuldverschreibung über umgerechnet DM 90 Mio. DM bei seinen Fans zu plazieren. Wird die Anleihe von Fans und institutionellen Investoren gut angenommen, will auch Feyenoord Rotterdam den Gang an die Börse wagen.

### 2.6.3 PSV Eindhoven

♦ Interesse an einem Börsengang

## 2.7 Die Situation in der Fußball-Hochburg Italien

Bis auf den AC Venezia, eine GmbH, sind alle italienischen Erstliga-Clubs Aktiengesellschaften. Die Börse lockt die Vereine, doch nur wenige Bilanzen der vergangenen Saison werden die Anleger überzeugen können. Den großen Umsatzsprüngen stehen zum Teil hohe Verluste gegenüber. Doch sind Pleiten in Italien nicht zu befürchten, da die vier potentiellen Börsenkandidaten Großindustriellen gehören, die ihre Clubs wie Patriarchen regieren. Der Erfolg und das damit verbundene Prestige stehen im Vordergrund, nicht die Zahlen der Bilanz. Insofern profitieren weniger die Clubs von einem Börsengang, sondern die Besitzer, die auf diese Weise einen Teil ihrer Investitionen wieder hereinholen können. Trotz zum Teil tiefroter Zahlen räumen Finanzexperten den großen Clubs gute Chancen auf einen erfolgreichen Börsenstart ein. Bislang sind die Einnahmen noch stark von der Leistung auf dem Platz abhängig. Langfristige Verträge mit Fernsehsendern sollen bei den Fußball-Clubs für die notwendige Planungssicherheit sorgen. Gerade die großen Clubs konnten eine beachtliche Steigerung der TV-Einnahmen verzeichnen, als im Sommer die alten Verträge ausliefen, die noch von der Liga abgeschlossen wurden.[26]

### 2.7.1 Lazio Rom

♦ Im Mai 1998 ließ Lazio Rom als erster und bis jetzt als einziger Club der Serie A 48 % seiner Anteile an der Mailänder Börse notieren. Da die

---

26 Vgl. zu den italienischen Vereine: Kort/ Freitag 13./14.11.1998

Aktien mehrfach überzeichnet waren, legte der Kurs am ersten Handelstag über 10 % zu, fiel danach aber deutlich zurück und konnte aber durch den sportlichen Erfolg der Mannschaft Anfang 1999 wieder an den Emissionskurs heranreichen und ihn danach übertreffen.
♦ Die Aktien werden außerdem im Berliner Freiverkehr und an den Börsen in Düsseldorf und Hamburg gehandelt.
♦ *Emissionskurs 5.900 Lire bzw. 3,05 Euro*
♦ Kursentwicklung: (6/1998): 2,82 Euro; (12/1998): 2,97 Euro; (6/1999): 5,83 Euro
♦ Aktueller Kurs (9/1999) 7,10 Euro *bzw. 13.700 Lire*
52-Wochen-Hoch-Tief: 10,05 Euro/ 1,87 Euro    (19.500 Lire/ 3.600 Lire)
♦ Marktkapitalisierung (8/1999): 341,3 Mio. Euro bzw. 661 Mrd. Lire (667,6 Mio. DM[27])
♦ KGV für 1999: 60,82

**Abb. 8: Kursverlauf von Lazio Rom**

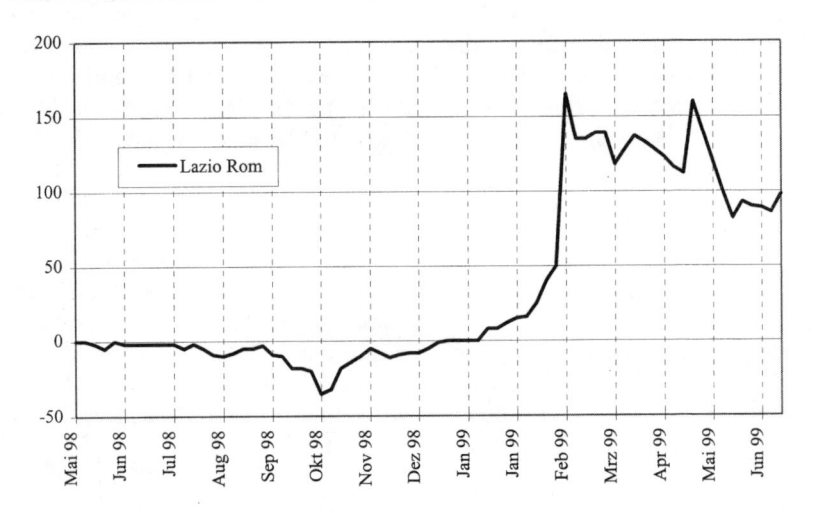

Quelle: WGZ-Studie 1999, S. 16

♦ Zum Gesellschaftsvermögen von Lazio Rom gehört das Trainingsgelände Fomello inclusive Swimmingpools und Golfgelände.

---

27  Umrechnung in DM anhand des Euro-Wechselkurses 1.000 Lire = 1,01 DM

- Wie Chelsea Village konnte Lazio Rom eine Anleihe über 50 Mrd. Lire (50,5 Mio. DM) erfolgreich am Markt plazieren.
- Lazio steigerte 1997/98 seinen Gewinn von 300 Mio. Lire auf 6,5 Mrd. Lire, doch wird eine solche Steigerung für die laufende Saison nicht erwartet. Denn seit Beginn der Saison 1998/99 hat Lazio bereits 100 Mrd. Lire in neue Spieler investiert.

### 2.7.2 Inter Mailand

- Für das Jahr 2000 hat Inter Mailand seinen Börsengang geplant.
- Für die Saison 1997/98 konnte Inter Mailand zwar einen hohen Umsatzsprung von über 32 % von 108 Mrd. Lire auf 143 Mrd. Lire (144 Mio. DM) vermelden. Doch schrieb der Verein einen Verlust von fast 45 Mrd. Lire. Schon in der Vorsaison mußte Inter Mailand einen Verlust von 21 Mrd. Lire ausweisen.
- Die Spielergagen von Inter Mailand haben sich 1997/98 auf 92 Mrd. Lire fast verdoppelt. Die Tendenz verläuft weiter steigend.
- Außerdem ist Inter bestrebt, seinen Superstar Ronaldo am Kapital des Clubs zu beteiligen.
- Inter Mailand schrieb im Vorfeld der Saison 1999/2000 Sportgeschichte. Mit einer Rekordablösesumme von umgerechnet DM 91 Mio. wurde der italienische Nationalspieler Christian Vieri der teuerste Fußballspieler aller Zeiten.

### 2.7.3 Milan Associazione Calcio (AC Mailand)

- Der AC Mailand hat Ende 2000 als Termin für den geplanten Börsengang genannt.
- Auch bei diesem Mailänder Club stieg der Umsatz stark an, und zwar auf 144 Mrd. Lire. Doch ebenso wie bei dem Lokalrivalen mußten Verluste ausgewiesen werden. Das Defizit in der Saison 1997/98 betrug 25 Mrd. Lire.
- Besonders die steigenden Spielergehälter werden für die schlechten Bilanzzahlen verantwortlich gemacht. Der AC Mailand zahlte seiner Belegschaft 106 Mrd. Lire. Für den UEFA-Cup konnte sich das Starensemble in der Saison 1997/98 nicht qualifizieren.
- In der folgenden Saison 1998/99 konzentrierte sich der AC Mailand ausschließlich auf die italienische Meisterschaft und konnte den Titel am

letzten Spieltag vor Lazio Rom erringen. Mittlerweile sind in Italien Gerüchte aufgetreten, daß ein meisterschaftsentscheidendes Spiel „verkauft" worden sein soll – so ein anonymer Leserbrief in einem katholischen Wochenmagazin. Sowohl die Staatsanwaltschaft als auch die Sportjustiz ermitteln, ob es zu Unregelmäßigkeiten in den letzten entscheidenden Spielen gekommen ist.[28]

### 2.7.4 Juventus Turin

- Der italienische Rekordmeister hat zwar Interesse an einem Börsengang, will den Schritt an die Börse aber erst wagen, wenn der Club über ein eigenes Stadion verfügt. Noch ist unklar, ob das alte „Stadio della Alpi" ausgebaut wird oder ob in der Nähe eine neue Arena entsteht.
- Juventus ist die Ausnahme unter den Vereinen, die an einem Going Public interessiert sind. Denn der Turiner Clubs schrieb 1997/98 einen Gewinn von 16 Mrd. Lire (16 Mio. DM), im Gegensatz zur Vorsaison, wo das Plus nur 2 Mrd. Lire betragen hatte. Der Umsatz stieg um 11% von 147 Mrd. Lire auf 164 Mrd. Lire.

### 2.7.5 FC Bologna

- Der Fußball-Club aus Bologna wollte seine Aktien bereits im Sommer 1998 an die Börse bringen, doch macht der Club sein Going Public mittlerweile vom Datum der Vergabe der Fernsehrechte abhängig. Als kleinerer Club fürchtet Bologna, bei den Verhandlung schlecht wegzukommen. Noch in diesem Jahr soll der Börsengang durchgeführt werden.
- Der FC Bologna kam bei 51 Mrd. Lire Umsatz auf einen Verlust von 10,8 Mrd. Lire.
- Aufgrund einer konsequenten Sparpolitik sind die Spielerkosten hier aber stabil geblieben.

## 2.8 Die Lage in Spanien

In Spanien können die Fußball-Clubs erst ab 2002 an die Börse gehen. Eine gesetzliche Regelung sieht vor, daß Börsenkandidaten – vom 30.12.1998 an –

---

28 Vgl. Donne vom 30.08.1999.

mindestens drei Jahresabschlüsse offenlegen müssen, ehe sie den Gang an die Börse antreten können. Da bis jetzt noch kein großer Fußball-Club seinen Jahresabschluß offengelegt hat, sind vor 2002 kein IPOs von Fußball-Kapitalgesellschaften möglich. Des weiteren darf ein einzelner Aktienbesitzer nicht mehr als 25 % der Anteile halten. Außerdem soll die Beteiligung an mehreren Vereinen in derselben Liga begrenzt werden. Zudem müssen die Clubs alle sechs Monate Änderungen in der Besitzerstruktur veröffentlichen sowie die Identität von Käufern und Verkäufern preisgeben. Das schied der Oberste Sportrat des Landes (CSD). Mit dieser Entscheidung hofft man in Spanien, Monopolbildung und Einflußnahme durch Großkonzerne zu verhindern. Daß die Börseneinführung von Fußball-Aktien noch kein bestimmendes Thema ist, hängt sicherlich auch mit dem sehr hohen Verschuldungsgrad einiger Spitzen-Clubs zusammen, die dadurch auf dem Börsenparkett kaum institutionelle Anleger für sich gewinnen könnten. Bis auf drei Clubs (Real Madrid, Barcelona und Bilbao) besitzen alle übrigen Clubs den – börsenfähigen – Status der *„Sportlichen Aktiengesellschaft"* (*Sociedades Anonimas Desportivas – SAD*).

Ihre hohen Umsätze verdanken die spanischen Spitzen-Clubs vor allem den besonders hohen TV-Einnahmen für die Übertragung der Ligaspiele sowie ihren treuen Anhängern. So besuchten durchschnittlich 87.000 Zuschauer die Heimspiele des FC Barcelona, und Real Madrid verzeichnete einen Zuschauerschnitt von 83.000 pro Heimspiel.

### 2.8.1 Real Madrid

♦ Laut dem spanischen Wirtschaftsmagazin „Cinco Dias" belaufen sich die Verbindlichkeiten von Real Madrid auf umgerechnet ca. DM 387 Mio. (Stand 30.06.1998). Trotz dieser erdrückenden Schuldenlast investiert der Club weiterhin hohe Summen für neue Spieler. Zwar kommt der englische Nationalspieler Steve McManaman ablösefrei nach Madrid, doch wird er während der fünfjährigen Vertragslaufzeit bei Real über DM 40 Mio. brutto verdienen. Mit einem, von der englischen Privatbank Merill Lynch gewährten Darlehen (DM 116 Mio.) will der Club einige mit schlechteren Konditionen versehene Kredite ablösen – als Sicherheit dient unter anderem der Vertrag mit der Verwertungsgesellschaft Audiovisual Sport über die TV-Rechte – und so langsam aus den roten Zahlen herauskommen.[29] Dies ist in

---

29  Vgl. Gonzalez vom 01.02.1999

der Saison 1997/98 seit langem erstmalig wieder gelungen, denn es wurde ein Überschuß (umgerechnet DM 5,4 Mio.) erzielt. Gemessen an den Einnahmen steht der Club gut da: nach Manchester United und FC Barcelona erzielt Real Madrid weltweit die dritthöchsten Einnahmen, wozu die in Spanien besonders üppigen TV-Gelder für Ligaspiele beitragen.[30]

♦ Der spanische Club plant – ähnlich wie Lazio Rom[31] – eine großangelegte Umschuldungsaktion, bei der die kurzfristigen Verbindlichkeiten langfristig refinanziert werden sollen. Das Finanzierungskonzept wird von der Investmentbank Merill Lynch erarbeitet. Über einen Börsengang Reals wird spekuliert. Nach offizieller Version der Clubführung sei die Umwandlung in eine börsenfähige *„Sportliche Aktiengesellschaft"* (SAD) nicht geplant, da man auch *„ohne Börsengang den großen europäischen Clubs Paroli bieten"*[32] könne.

### 2.8.2 Atletico Madrid

♦ Interesse an einem Börsengang
♦ Der Club ist in die Schlagzeilen geraten, da sein Präsident Jesus Gil y Gil, der gleichzeitig Bürgermeister von Marbella ist, unter dem Verdacht verhaftet worden ist, umgerechnet 18 Mio. DM aus der Stadtkasse in den Verein geschleust zu haben.

### 2.8.3 FC Barcelona

♦ Der FC Barcelona hat im Gegensatz zu den Madrider Clubs keine Geldprobleme. Nach Angaben von „Cinco Dias" hat Barcelona durch Verträge mit Nike und dem katalanischen Regionalsender TV3 bis zum Jahre 2008 mit Einnahmen in Höhe von umgerechnet DM 576 Mio. zu rechnen.
♦ Bei der Betrachtung der Umsatzstärke ist der FC Barcelona nach Manchester United weltweit die Nummer zwei mit einem Umsatzvolumen von umgerechnet DM 166 Mio. (Saison 1996/97). Der spanische Erzrivale Real Madrid liegt bei dieser Untersuchung mit einem Umsatz von DM 157 Mio. auf Platz 3.[33]

---

30  Vgl. Handelsblatt vom 07.05.1999
31  Siehe dazu Abschn. 2.7.1
32  Vgl. Handelsblatt vom 07.05.1999
33  Vgl. Knop vom 04.02.1999

♦ Zur Zeit macht der Club eher durch die große Anzahl niederländischer Spieler in seinem Team Schlagzeilen. Neben dem niederländischen Trainer van Gaal beschäftigt der Club mittlerweile acht Spieler und drei Trainerassistenten aus den Niederlanden.
♦ Zwar ist dem FC Barcelona nach einem schlechten Saisonstart gelungen, den Anschluß an die Tabellenspitze wieder herzustellen. Doch bei den Fans des Traditionsclubs ist der holländische Trainer äußerst unbeliebt. Ein Grund dafür ist, daß die eigenen Nachwuchstalente meist auf der Bank sitzen müssen. Zudem hat die Äußerung des katalanischen Regierungschefs, er würde sich wünschen, daß einige der guten einheimischen Spieler auch einmal aufgestellt würden, einen Streit mit van Gaal hervorgerufen, der die Mannschaftsaufstellung immer mehr zu einem politischen Thema werden läßt. Der Vorstand des Clubs steht voll hinter dem holländischen Trainer, während es den meisten Fans immer schwerer fällt, sich mit dieser Mannschaft zu identifizieren.[34] Dieser Aspekt ist für den FC Barcelona besonders wichtig, da die Eintrittsgelder einen hohen Anteil am Gesamtumsatz ausmachen.

## 2.9 Börsenerfahrung in der Schweiz

Erst junge Erfahrungen mit Fußball und Börse bestehen bei den Eidgenossen. Die Schweizer Nationalliga wollte, daß sich alle dort spielenden Fußball-Vereine in Kapitalgesellschaften umwandeln. Im Anschluß daran sollte es den Clubs freigestellt werden, ob sie den Weg an die Börse beschreiten wollen. Bis jetzt hat erst ein Verein von dieser Option Gebrauch gemacht.

### 2.9.1 Grasshopper Zürich

♦ Die Anteile von Grasshopper Zürich werden seit Dezember 1997 in einem Nebensegment der Schweizer Börse gehandelt. Im Rahmen des Going Public wurden 175.000 Inhaberaktien zu einem *Emissionskurs von 47,0* sfr ausgegeben.
♦ Der Verein Grasshopper Zürich hält 68,5 % des Aktienkapitals und kontrolliert 81 % der Stimmen der Grasshopper Fußball AG.

---

34 Vgl. Haubrich vom 25.01.1999

Europäische Entwicklungstendenzen

- Kursentwicklung: (12/1997): 56,50 sfr; (6/1998): 48,00 sfr; (12/1998): 41,00 sfr; (6/1999): 39,75 sfr
- Aktueller Kurs (6/1999) 39,75 sfr
  52-Wochen-Hoch-Tief: 54,50 sfr / 32,00 sfr
- Marktkapitalisierung (12/1998): 9 Mio. sfr. (10,8 Mio. DM[35])
- Der Umsatz der Saison 1997/98 betrug 15,1 Mio. sfr (Vorjahr 16,7 Mio.). Aus dem Gewinn vor Steuern der Saison 1996/97 in Höhe von 1,9 Mio. sfr wurde in der Saison 1997/98 ein Verlust vor Steuern von 2,4 Mio. sfr.
- Der bisher einzige börsennotierte Schweizer Fußball-Club plant mit massiven Investitionen und einem Jahresetat von 50 Mio. sfr (60 Mio. DM). Als Eigenkapital werden 11,7 Mio. sfr (Stand 1997/98: 14 Mio. DM) ausgewiesen. Das Geschäftsjahr 1997/98 wurde mit einem Verlust von 2,1 Mio. sfr (2,5 Mio. DM) gegenüber einem Gewinn von 1,4 Mio. sfr (1,7 Mio. DM) im Vorjahr abgeschlossen.[36]

#### 2.9.2 FC Basel

- Der FC Basel gehört zu 50 % dem Londoner Unterhaltungsunternehmen ENIC, das Beteiligungen an weiteren vier europäischen Fußball-Clubs hält[37] (Vicenza 75,1 %, AEK Athen 78,4 %, Slavia Prag 53,7 % und Glasgow Rangers 25,1 %).

### 2.10 Die Lage im Land des Fußball-Weltmeisters Frankreich

So erfolgreich der Fußball in Frankreich – rein sportlich gesehen – momentan auch ist, eine entsprechende Dynamik bei geplanten Börsengängen von Fußball-Gesellschaften kann nicht festgestellt werden. Denn grundsätzlich müßten in Frankreich erst die juristischen Rahmenbedingungen für IPOs von Fußball-Kapitalgesellschaften geschaffen werden. Außerdem müßten die Verflechtungen des TV-Senders Canal Plus mit einigen Erstligisten aufgelöst werden.

---

35 Umrechnung in DM wurde ein Wechselkurs von 1 sfr = 1,20 DM zugrunde gelegt.
36 Vgl. Handelsblatt vom 04.11.1998
37 Siehe Abschn. 2.3.4.2

### 2.10.1 Olympique Marseille

♦ Der große Favorit auf die französische Meisterschaft der Saison 1998/99 hat sich schon mit den Möglichkeiten eines Börsenganges befaßt.

### 2.10.2 Paris St. Germain

♦ Als der Clubs 1992 kurz vor dem Abstieg in die zweite französische Liga stand, trat der Pay-TV-Sender Canal Plus als Eigner und Geldgeber an den Verein heran. Ein professionelles Management wurde installiert und mit der finanziellen Unterstützung gelang es, Top-Spieler nach Paris zu holen, die viel zum nationalen und internationalen Erfolg beitrugen.
♦ Zu Beginn der Saison 1998/99 ist Paris St-Germain vor allem durch teure Spielereinkäufe aufgefallen. Die Leistung des teuren Teams ist aber eher schlecht. PSG nimmt nur den enttäuschenden 11. Tabellenplatz ein. Da die Teilnahme an einem europäischen Wettbewerb voraussichtlich nicht mehr erreicht wurde, wird der Verein in der nächsten Saison gerade die Einnahme aus dieser Quelle schmerzlich vermissen.

### 2.10.3 Girondins Bordeaux

♦ Im April 1999 erwarb der in Europa führende Rechteverwerter UFA gemeinsam mit dem französischen TV-Kanal MG, eine 40 %-Tochter des UFA-Gesellschafters Bertelsmann, die Mehrheit (66 %) der Anteile dieses Clubs. Darüber hinaus strebt die UFA nach einer für Mai 1999 vorgesehenen Änderung des französischen Kontrollgesetzes die hundertprozentige Übernahme an.
♦ Der Kaufpreis für das 66 %-Paket soll rund DM 35 Mio. betragen.
♦ Konkrete Börsenpläne sind nicht bekannt.

### 2.11 Konkrete Pläne in Portugal

In Portugal existieren kein Beschränkungen bezüglich der Veröffentlichung der Jahresabschlüsse wie im Nachbarland Spanien, so daß hier schon früher mit Börsengängen zu rechnen sein wird.

Europäische Entwicklungstendenzen

### 2.11.1 Benfica Lissabon

♦ Der Rekordmeister Benfica Lissabon soll bereits konkrete Pläne für einen Börsengang haben.

### 2.11.2 FC Porto

♦ Der größte Konkurrent von Benfica ist der zweite Börsenkandidat unter Portugals Fußball-Clubs.
♦ Der Verkauf des brasilianischen Stürmerstars Doriva für umgerechnet DM 14 Mio. nach Italien hat dem Club hohe Einnahmen beschert. Mit diesem Deal – Doriva kam im vergangenen Jahr für DM 7 Mio. – kann die Club-Führung von Porto das Finanzloch schließen, das durch das Ausscheiden in der Champions League und durch das Ausleihen des portugiesischen Nationaltorhüters Baia vom FC Barcelona (ca. DM 3 Mio. für 18 Monate) entstanden war.
♦ Die Fans von Porto erboste der Verkauf sehr, denn damit ist das sportliche Ziel, die Meisterschaft zum fünften Mal hintereinander zu gewinnen und einen neuen Rekord aufzustellen, in Gefahr geraten.
♦ Allerdings darf der brasilianische Torjäger Jardel, der bis zum 30.06.2003 bei Porto unter Vertrag steht und auch in diesem Jahr die Torschützenliste anführt, den Verein nur für eine Ablösesumme von DM 30 Mio. vorzeitig verlassen.

### 2.12 Neugestaltung der europäischen Fußball-Wettbewerbe

Während bis heute die europäischen Fußball-Clubs sowohl ihre sportliche als auch ihre wirtschaftliche bzw. finanzielle Basis in den nationalen Fußballigen – international und länderübergreifend nur durch europäische und Weltpokal-Wettbewerbe der landesbesten Clubs ergänzt – haben, entbrannte eine hitzige Diskussion um eine eigenständige Europaliga für die erfolgreichsten und wirtschaftlich stärksten Fußball-Clubs in Europa.[38] Durch Vertreter von 15 Spitzenclubs aus neun europäischen Ländern, darunter Real Madrid, Manchester United, Juventus Turin und Bayern München, wurde im Sommer 1998 die Schaffung einer eigenständigen Europaliga, der European Football League (EFL), stark forciert. Ziel war es, einen elitären Kreis von 16 euro-

---

38 Vgl. Banks 1998, S. 3-5

päischen Spitzenclubs mit Teilnahmegarantie in einer eigenen Liga – ohne sportlichen Auf- und Abstieg – zusammenzufassen und den Vereinen ohne den Umweg über die Verbände höhere Einnahmen zu verschaffen. Denn die Clubs der EFL wären nicht nur Teilnehmer wie in der Champions League, sondern gleichzeitig Gründer und Ausrichter dieser „Superliga".

Aus dieser Idee wurde ein Modell entwickelt, das die Teilnahme von 32 europäischen Mannschaften vorsah, wovon 16 Club-Mannschaften „gesetzt" sein sollten, während sich weitere 16 Mannschaften in einer Qualifikation um die Plätze 17 bis 32 „bewerben" müßten. Angesprochen wurden zunächst Teams aus neun Ländern, und zwar mit den stärksten Ligen in Europa, so England (Arsenal London, Manchester United), Frankreich (Paris St.-Germain, Olympique Marseille), Spanien (Real Madrid, FC Barcelona), Italien (Juventus Turin, AC Mailand, Inter Mailand) und Deutschland (Borussia Dortmund, Bayern München). Insgesamt sollten Mannschaften aus 17 europäischen Ländern einbezogen werden. Gespielt werden sollte in zwei Gruppen mit jeweils 16 Mannschaften.

Hinter diesem Projekt, das nicht mehr unter der Regie der Europäischen Fußball-Union (UEFA) geführt werden sollte, wurde ein Konsortium aus finanzkräftigen Medienunternehmern (Rupert Murdoch, Silvio Berlusconi, Leo Kirch) vermutet, das den teilnehmenden Clubs jährlich Gesamteinnahmen in Höhe von DM 3,471 Mrd. garantieren wollte. Doch wurde dies von einigen Club-Managern dementiert. Auch die federführende Londoner Agentur Media Partners wurde nur als Handlingpartner dargestellt, so daß die eigentlichen Initiatoren und Geldgeber nicht ausgemacht werden konnten. Finanziert werden sollte die European Football League mittels eines Kredites der Investmentbank JP Morgan, London, in Höhe von 2 Mrd. £ (DM 5,8 Mrd.). Jedem der 32 Teilnehmer sollten daraus mindestens 20 Mio. £ (DM 58 Mio.) jährlich garantiert werden. Für den Start dieser UEFA-unabhängigen Europaliga wurde das Jahr 2000 anvisiert. Für die rechtliche Abwicklung sollte die Londoner Kanzlei Slaughter & May verantwortlich sein.

Nach Bekanntwerden dieser Pläne zur Gründung einer „wilden Europaliga", reagierte die Europäische Fußball-Union (UEFA) mit eigenen Vorschlägen und ersten Konzeptionen, um diesen Plänen vorbeugend zu begegnen. Dazu wurden die Spitzenvereine in die Pflicht genommen und eine *Task Force* der UEFA installiert, in der sechs Vereinsvertreter sitzen. Vorrangiges Ziel der UEFA war es, eine „Europaliga" unter eigener Regie zu kreieren, die zur Jahrtausendwende Gestalt annehmen könnte. Aber auch bei der Weiterentwicklung des Club-Fußballs und bei Problemen zwischen den Vereinen und der UEFA sollen zukünftig in dieser Task Force Lösungen erarbeitet werden.

Grundlage des Konzeptes der UEFA stellte die Weiterentwicklung der Champions League in Verbindung mit einer Reform der anderen beiden europäischen Wettbewerbe dar. Danach sollte die „neue Champions League" ebenfalls auf 32 Mannschaften ausgeweitet werden. Die sich daraus ergebende Anzahl von insgesamt 152 Gruppenspielen und die Finalrunde mit fünf Spielen ermöglichen es, die ökonomischen Rahmenbedingungen sowie die Einnahmen gegenüber der aktuellen Situation erheblich zu steigern. Im Rahmen dieser durch die UEFA autorisierten „Europaliga" sind jedoch – im Gegensatz zu den Überlegungen der Befürworter einer „wilden EFL" – als wesentliche Elemente die sportliche Qualifikation in den nationalen europäischen Ligen sowie die Verbreitung im Free-TV vorgesehen. Während die Anhänger einer unabhängigen EFL die Fußballspiele primär im digitalen Pay-TV zeigen wollten, beabsichtigte die UEFA mit ihren Plänen zur Reform der Champions League, die Erstverwertungsrechte für die Spiele zuerst an einen frei zu empfangenden Fernsehsender zu verkaufen. Vorstellbar sei ein Modell wie bisher bei der Champions League, über die in Deutschland RTL berichtet, während zeitgleich eine zweite Begegnung im Pay-TV bei Premiere ausgestrahlt wird.

Im Verlauf der heftigen Diskussionen über die europäische „Superliga" zeichnete sich immer mehr ab, daß die Pläne der UEFA mehr Unterstützung finden würden, besonders, weil auch die Spitzenclubs an einer weiteren Kooperation mit der UEFA interessiert waren. Im Herbst 1998 beschloß das Exekutiv-Komitee der UEFA dann die Reform der europäischen Wettbewerbe, die stärker als bisher durch die Spitzenvereine geprägt sein werden. 16 Teilnehmer der neuen Champions League werden gesetzt – der Titelverteidiger, die Meister und Vizemeister aus Italien, Deutschland, Spanien, Frankreich, Niederlanden und England sowie die Meister aus Portugal, Griechenland und Tschechien. Die anderen 16 Teilnehmer werden durch 3 Qualifikationsrunden ermittelt.[39] Damit steigt die Anzahl der Spieltage für die beiden Finalisten von 11 auf 17. Die erste Runde der Gruppenspiele bestreiten die Clubs in acht Gruppen á vier Mannschaften. Jeder Gruppenerste und -zweite kommt in die nächste Runde, wo in vier Vierergruppen um den Einzug ins Viertelfinale gekämpft wird. Erst ab dem Viertelfinale wird im K.O.-System gespielt.

---

39  Zum genauen Spielmodus siehe Pfeifer vom 08.10.1998

Neben Mittwoch soll der Donnerstag zusätzlicher Spieltag für die neue Champions League werden. Der UEFA-Cup und der Pokalsiegerwettbewerb sollen zu einem neuen „UEFA-Cup" verschmolzen werden, dessen Spieltag dann der Dienstag sein soll.

Auch wenn sich die UEFA mit ihrem Konzept der reformierten Champions League durchgesetzt hat, so haben doch die Befürworter einer unabhängigen Europaliga ihr Ziel, eine wesentliche Steigerung der Einnahmen der teilnehmenden europäischen Spitzenclubs, erfolgreich umsetzen können. Allerdings scheint die Agentur Team, die im Auftrag der UEFA die Rechte an der neuen Champions League vermarkten soll, Schwierigkeiten zu haben, die erwarteten Erlöse durch den Verkauf der Rechteverwertung zu erzielen. Der Generalsekretär der UEFA, Gerhard Aigner, hatte bei der Vorstellung des neuen Konzepts die Vergabe von Preisgeldern in Höhe von DM 960 Mio. DM an die Vereine in Aussicht gestellt. Hinzu kommt noch, daß die Agentur Media Partners mittlerweile Klage bei der EU-Wettbewerbsbehörde gegen die UEFA erhoben hat; diese hätte ihre Machtstellung ausgenutzt und den Vereinen weitere Gespräche mit der Agentur untersagt.

Inwieweit sich aus der starken Akzentuierung auf die Champions League, und damit aus der Hervorhebung der Spiele der europäischen Spitzenclubs, positive oder negative Auswirkungen auf ein Going Public einer Fußball-Aktiengesellschaft in Deutschland ergeben, ist umstritten. Neumann äußert sich dazu wie folgt: *„Wenn der Markt Bundesliga durch die Einführung einer Europaliga auseinanderfliegt, sind auch die Aktien der Vereine nichts mehr wert".*[40] Auszunehmen davon seien, nach seiner Ansicht, lediglich die Wertpapiere der Clubs, die in der neuen Eliteklasse spielten – wahrscheinlich also Bayern München und eventuell Borussia Dortmund.

Bei dieser Diskussion dürfen aber nicht nur die Forderungen der Clubs berücksichtigt werden, sondern auch die Interessen der Zuschauer und Fans. So blieb der FC Bayern München beim Champions League-Heimspiel gegen den FC Barcelona auf 12.000 Tickets sitzen, während die Bundesliga-Duelle gegen Kaiserslautern und 1860 München bereits Wochen vorher ausverkauft waren. Auch Werder Bremen verkaufte beim Gastspiel von Olympique Marseille nur 22.000 Karten, während fast 30.000 Zuschauer den Bundesliga-Alltag gegen Freiburg sehen wollten.[41]

---

40  Vgl. Neumann vom 04.08.1998
41  Vgl. Klein vom 21.10.1998 und FAZ vom 23.10.1998

# 3 Motive eines Going Public bei Vereinen der Bundesligen in Deutschland

Nachdem sowohl die Börsenerfahrungen einzelner Fußball-Clubs, als auch die Entwicklungstendenzen in den anderen europäischen Fußball-Märkten analysiert worden sind, sollen nun die Gründe, die für die Umwandlung von einem eingetragenen Verein in eine Fußball-Kapitalgesellschaft und für einen anschließenden Börsengang sprechen, näher beleuchtet werden. Dabei stehen vor allem die ökonomischen Aspekte, die mit dem Fußball-Markt verbunden sind, im Blickpunkt der Betrachtung. Der Fußball-Club wird nicht mehr ausschließlich als eine „ideelle Vereinigung von Personen" gesehen, die gemeinsam möglichst erfolgreich ihr Hobby Fußball ausüben wollen, sondern als ein wirtschaftliches Unternehmen[1], das als Geschäftszweck professionell Fußball spielt und bei dem die Gewinnerzielung neben dem sportlichen Erfolg die wichtigste Zielkomponente ist.

Es gibt eine Vielzahl von Gründen, die für eine Börseneinführung sprechen. Die gewichtigsten Motive liegen jedoch in der strategischen Ausrichtung eines Unternehmens in seiner Wettbewerbsposition.[2] Der Ausbau der Wettbewerbsposition eines Fußball-Vereins – im nationalen und insbesondere im internationalem Umfeld – erfordert immer höhere Investitionen, die ihrerseits einen ständig steigenden Kapitalbedarf nach sich ziehen.

---

1 Hierzu führte der Präsident Niebaum von Borussia Dortmund (BVB) am 19.01.1998 anläßlich des ran-SAT.1-Sportforums „Fußball 2000: Die Bundesliga im Börsenfieber" aus: „*Der BVB hat in den vergangenen 10 Jahren eine rasante Entwicklung vollzogen (Jahresumsatz 1996/ 1997: DM 130 Mio.). Nicht nur sportlich, sondern auch inhaltlich und organisatorisch hat dieser 'Quantensprung' ganz neue Herausforderungen auf den Plan gerufen: So sind die Sekundärbedingungen des Vereins enorm gestiegen. Der BVB betätigt sich heute unter anderem auch als Einzel-, Versand- und Großhändler sowie als Verleger. Auch im Medienbereich stellen sich unter den Stichworten 'Digitales Fernsehen', 'vereinseigener TV-Kanal' und im Bereich der Projektentwicklung (Stadionumbau, Immobilien, Hotelbetrieb) neue Anforderungen. Vor diesem Hintergrund versprüht ein ehrenamtlich geführter, gemeinnütziger Verein den Charme eines Dinosauriers! Ging der Lizenzspielerbereich bislang noch als funktional abhängig vom Vereins durch (Nebenzweckprivileg), so hat sich dieses Verhältnis heute eindeutig umgekehrt. Da auch die Änderung des Vereinsrechts nur Hilfskonstruktionen bieten kann, ist die Umwandlung in eine Kapitalgesellschaft angemessen, ja unerläßlich. Führungs-, Steuerungs- und Kontrollinstanzen im Verein könnten entwickelt und so Gläubigerschutz und Führungsverantwortung optimiert werden. Der Weg heraus aus der Grauzone von Vereinsmeierei und ehrenamtlichem Freizeitvorstand wäre geebnet.*"; siehe auch Kupfer 1997, S. 3

2 Vgl. dazu Stangner/Moser 1999, S. 759

Generell relevante Motive für ein Going Public ermittelte Anfang 1998 das Deutsche Aktieninstitut (DAI) im Rahmen einer Umfrage bei rund 100 Börsenneulingen mit folgendem Ergebnis:

**Abb. 9: Motive eines Going Public von Börsenneulingen (1993-1997)**

| Motive | Anzahl der Nennungen* |
|---|---|
| Finanzierung des weiteren Wachstums | 43 |
| Stärkung der Eigenkapitalbasis | 35 |
| Sicherung der Unternehmensnachfolge | 8 |
| Spin-Off von einer Muttergesellschaft | 6 |
| Exit-Strategie von Venture Capital | 5 |
| Andere Finanzierungsinstrumente möglich | 3 |
| Andere Gründe | 4 |

* Mehrfachnennungen möglich
Quelle: DAI Umfrage Börsengänge 1993-1997

Die Aktienemission im Rahmen eines Going Public für Börsenneulinge bietet somit in erster Linie die Schaffung bzw. Verstärkung von Eigenkapital und Wachstum, insbesondere für Unternehmensakquisitionen, die Expansion des Absatzes, die Markterschließung, die verstärkte Förderung der Forschung und Entwicklung sowie letztendlich die Verbesserung der Wettbewerbsposition des Unternehmens. Zu einem vergleichbaren Ergebnis kommt auch die WGZ-Finanzmarktanalyse, die laut einer eigenen aktuellen Umfrage die Eigenkapitalstärkung als Primärmotiv ausgemacht hat.[3]

Weniger geeignet ist ein Going Public für den Fall, daß die Altgesellschafter „Kasse machen" wollen, indem sie ihre Aktien über die Börse an Neuanleger veräußern.

---

3 Vgl. WGZ-Studie 1999, S. 13

## 3.1 Erhöhter Kapitalbedarf bei mangelhafter Eigenkapitalausstattung

Die meisten Vereine der Fußball-Bundesligen sind aktuell hoch verschuldet – die Gesamtverbindlichkeiten allein der 18 Vereine der 1. Bundesliga werden mit DM 600 Mio. geschätzt[4], und das trotz der in den letzten Jahren extrem gestiegenen Umsätze, insbesondere aus TV-Einnahmen.[5]

Die mit einer Lizenz des Deutschen Fußball-Bundes (DFB) zur Teilnahme an den beiden deutschen Fußball-Bundesligen berechtigten 36 Fußball-Clubs sind augenblicklich noch weitestgehend[6] in der Rechtsform des eingetragenen Vereins strukturiert und organisiert. Ein Verein nach deutschem Recht (§§ 21 ff. BGB) ist eine auf Dauer begründete Personenvereinigung, die der Erreichung eines selbstgesetzten gemeinsamen Zweckes dient. Er tritt unter einem Gesamtnamen auf und ist vom Wechsel der Mitglieder unabhängig sowie körperschaftlich verfaßt. Neben den wirtschaftlichen Vereinen gibt es – so auch im Fall von Sport- und Fußballvereinen – den Idealverein, dessen Zweck nicht auf einen wirtschaftlichen Geschäftsbetrieb ausgerichtet ist. Ebenso ist nach dem gesetzlichen Bild beim Idealverein – im Gegensatz zum wirtschaftlichen Verein – die Gewinnerzielungsabsicht nicht Ziel des Vereins. Sport- und Fußball-Clubs in Deutschland weisen daher entsprechend ihrer Zwecksetzung vollumfänglich oder zumindest in Teilbereichen den Status der Gemeinnützigkeit aus. Mitglieder eines solchen Vereins haben lediglich zwei Aufgaben zu erfüllen: die Förderung des Vereinszwecks und/oder die Beitragspflicht. Da es sich bei den Beiträgen der Mitglieder des Vereins jedoch ausnahmslos um – zum Teil noch sozial gestaffelte – geringfügige Beträge handelt, ist der Verein gezwungen, sein finanzielles Gleichgewicht durch kostendeckende Einnahmenerzielung dauerhaft zu erhalten. Die Konstruktion eines deutschen Sport- und Fußballvereins sieht in derzeitiger, auch rechtlicher Realität nicht die Ausstattung eines Vereins mit Eigenkapital durch die Gesellschafter (Mitglieder) vor.

Ein deutscher Wettbewerber – noch dazu auf europäischem Feld mit ausgesprochen finanzinnovativer Dynamik wie in England konkurrierend – mit

---

4 Vgl. dazu Börsenzeitung vom 21.01.1998
5 *„Die Bundesliga boomt, dennoch sind die Vereine hochverschuldet. Als non-profit-Organisation gibt es für die Vereine keinen inneren Anreiz, gewinnorientiert zu arbeiten. Hier wäre eine Umwandlung z.B. in eine AG der Schritt in die richtige Richtung"*, so Horch, Deutsche Sporthochschule Köln, anläßlich des ran-SAT.1-Sportforums (siehe Fn. 1).
6 Als bisher einzige Ausnahme hat Bayer 04 Leverkusen seine Profiabteilung rechtlich verselbständigt und als *Bayer 04 Fußball GmbH* durch den DFB lizenzieren lassen.

derart systembedingt unzureichender (Eigen-)Kapitalausstattung wird im extrem leistungsbezogenen Wettkampf der europäischen Fußballelite nicht nur ökonomisch, sondern mit hoher Wahrscheinlichkeit auch sportlich unterliegen.

Erhöhter Kapitalbedarf[7] wird sich für die Vereine der deutschen Fußball-Bundesligen daher zukünftig vor allem in zweierlei Hinsicht ergeben:

Zum einen planen nicht wenige Bundesligisten, ein neues Fußballstadion zu errichten bzw. ihr Stadion zu erweitern oder zu modernisieren. Damit soll den wachsenden Zuschauerzahlen und den gestiegenen Ansprüchen des Publikums Rechnung getragen werden. Nach den Vorstellungen vieler Vereinsfunktionäre werden die Stadien der Zukunft nicht bloß Spielstätten, sondern Freizeitzentren mit einem umfassenden Unterhaltungsangebot sein. Finanzintensive Projekte dieser Art werden ohne die Aufnahme zusätzlichen Kapitals in aller Regel nicht realisierbar sein. Auch verschiedene britische Clubs investierten das durch die Börsenemissionen erzielte Kapital in die Erweiterung, in die Modernisierung oder in den Neubau ihrer Stadien.

Zum anderen verschafft eine breitere Kapitaldecke den Clubs eine bessere Ausgangsbasis bei der Werbung neuer Spieler. Gerade die deutschen Bundesliga-Vereine sehen ihre Konkurrenzfähigkeit im Wettbewerb der europäischen Clubs um Spitzenspieler akut in Gefahr. Die mittlerweile erreichten Ablösesummen im Fußball sind für viele Vereine nicht mehr bezahlbar. Auch nach dem Erlaß des sog. „Bosman-Urteils" durch den Europäischen Gerichtshof (EuGH), nach dem Ablösezahlungen bei einem Wechsel eines einem Mitgliedsstaat der Europäischen Union (EU) angehörigen Spielers innerhalb der EU nicht mehr anfallen, kann die Verpflichtung eines neuen Spitzenspielers einen Verein an die Grenzen seiner finanziellen Leistungsfähigkeit führen. Das kann z.B. dann der Fall sein, wenn der Spieler aus einem Vertrag „herausgekauft" werden muß oder er durch ein höheres Gehalt an den Verein gebunden werden soll. Nur ein Verein, der die jeweils besseren Konditionen als die Konkurrenz bietet, ist für Spitzenspieler attraktiv. Mit einem Going Public könnte sich ein Bundesligist die nötigen Mittel verschaffen, um im Wettbewerb um Spitzenspieler mitbieten zu können.[8]

---

7  „*Einziger Grund für den Gang an die Börse*" – so Hadding, Universität Mainz, im ran-SAT.1-Sportforum (siehe Fn. 1)

8  „*Das mit der Neuverpflichtung von Spielern verbundene sportliche Risiko läßt eine ausschließliche Mittelverwendung zu diesem Zweck jedoch als zu risikobehaftet erscheinen. Deshalb sollten Investitionen in 'Beine' möglichst durch Investitionen in die Infrastruktur ('Steine') begleitet werden*", so WGZ-Studie 1999, S. 14

## Erhöhter Kapitalbedarf bei mangelhafter Eigenkapitalausstattung

Weitere Aspekte erhöhten Kapitalbedarfs sind der Aufbau von Ausbildungszentren und Fußball-Internaten[9] für den Fußball-Nachwuchs sowie der Aufbau internationaler Beziehungen zur systematischen Rekrutierung von Spielern.[10]

Keinesfalls ist einem Verein jedoch zu empfehlen, den Rechtsformwechsel in eine Kapitalgesellschaft und den anschließenden Börsengang als Instrument zur Sanierung seiner maroden Vereinsfinanzen in Erwägung zu ziehen. Einer allein zu Sanierungszwecken errichteten Kapitalgesellschaft ohne ein Mindestmaß an Gewinnaussichten und Zukunftsperspektiven ist der Mißerfolg sicher. Ein prägnantes Beispiel dafür bildet der Fehlschlag der Aktie des Hamburger SV (HSV). Die Papiere der HSV-Sport-AG, die 1991 gegründet worden war, um die wirtschaftliche Misere des seinerzeit mit DM 12 Mio. verschuldeten HSV zu beenden, verkauften sich schlecht, weil sie den Anlegern keine Gewinnaussichten boten und weil der hohe Ausgabepreis von DM 1.060,-- die Fans, die vor allem als potentielle Käufer ins Visier genommen worden waren, vom Kauf abschreckte. Als Nachteil erwies sich zudem, daß kein Kreditinstitut die Emission des hochspekulativen Papiers wagen wollte, so daß der Verein auf den Selbstverkauf angewiesen war. Ein breites Anlegerpublikum konnte auf diese Weise nicht erreicht werden.

Dieses Beispiel zeigt, daß zur ausreichenden Eigenkapitalbeschaffung mit dem Ziel der Schaffung und/oder Sicherung der sportlichen und wirtschaftlich-finanziellen Wettbewerbsfähigkeit – auf der Grundlage eines überzeugenden Konzeptes – mittelfristig nur eine Plazierung der Aktien über die Börse nachhaltig erfolgversprechend ist.[11]

---

9 Vgl. Knopf 1999, S. 28
10 Vgl. WGZ-Studie 1999, S. 14
11 So führte Niebaum, Borussia Dortmund, auf dem ran-SAT.1-Sportforum (siehe Fn. 1) hierzu aus: „*Die Umwandlung in eine Kapitalgesellschaft und der Gang an die Börse drängen sich dabei unter anderem vor dem Hintergrund zunehmender Internationalisierung des Fußballgeschäfts auf. Um Wettbewerbsfähigkeit in Europa zu erhalten, ist eine Stärkung der Kapitalkraft notwendig. Dies würde den Vereinen ebenso helfen, großen Konzernen bei der Vermarktung durch Medien und Freizeitindustrie als gleichberechtigte Partner gegenüberzutreten, 'auch mal Nein ! sagen zu können'*".

## 3.2 Abbau unzureichender Managementqualifikation mit dem Ziel der Professionalisierung der Geschäftsführung

Als ein weiterer Grund für die Gründung einer Fußball-Kapitalgesellschaft wird nicht selten das Bedürfnis nach einer Professionalisierung der Führungsstrukturen der Fußball-Clubs in Deutschland genannt. Dabei wird argumentiert, daß in Vereinen, die Umsätze wie mittelständische Unternehmen aufweisen, tragende Entscheidungen nicht allein der damit häufig überforderten Mitgliederversammlung überlassen werden dürfen. Qualifizierte Führungskräfte würden nicht für einen Verein gewonnen werden können, dessen Präsidium „in trunkener Wirtshausstimmung" gewählt werde. Es sei nicht hinnehmbar, daß ehrenamtliche Präsidiumsmitglieder die volle Haftung für alle Geschäfte tragen. Die Verantwortungsbereiche müßten strikter als bisher getrennt werden.

Dem Bedürfnis nach einer an den Erfordernissen moderner Unternehmensführung ausgerichteten Binnenstruktur tragen die Rechtsformen der Kapitalgesellschaften in der Tat besser Rechnung als die des Vereins. Gekennzeichnet durch eine strenge Gewaltentrennung ermöglicht eine Kapitalgesellschaft dem Vorstand, der die Gesellschaft unter eigener Verantwortung – d.h. weisungsfrei – leitet, eine von den Stimmungen der Mitglieder (Aktionäre) weitgehend unabhängige Geschäftsführung (vgl. § 76 Abs. 1 AktG). Weil der Vorstand nach § 84 AktG vom Aufsichtsrat bestellt wird, sind von starken Emotionen begleitete Vorstandswahlen – wie sie bei Fußballvereinen in der Vergangenheit nicht selten anzutreffen waren – nicht zu erwarten. Kontinuität in der Geschäftsführung ist dadurch gewährleistet, daß der Vorstand auf bis zu fünf Jahre bestellt werden kann. Nicht zuletzt wegen der größeren unternehmerischen Eigenverantwortung genießt z.B. die Aktiengesellschaft am Markt für Führungskräfte das größere Vertrauen. Einer Fußball-Kapitalgesellschaft dürfte es deshalb regelmäßig leichter fallen, qualifizierte Fachkräfte am Markt zu gewinnen, die hauptamtlich die Clubgeschäfte führen.

Dem Vernehmen nach spielt auch der Aspekt einer leistungsabhängigen Vergütung der Vorstandsmitglieder für manche Vereine eine wichtige Rolle. In einer Fußball-Kapitalgesellschaft lassen sich leistungsabhängige Vergütungsmodelle eher als im Verein verwirklichen. So könnte darüber nachgedacht werden, den Managern einer börsennotierten Fußball-Kapitalgesellschaft eine am Aktienkurs des Unternehmens orientierte Vergütung zukommen zu lassen. Inwieweit sich aber Maßnahmen, die den unternehmerischen Erfolg des Clubs gewährleisten sollen, mit den sportlichen Notwendigkeiten vereinbaren lassen, wird immer eine Gratwanderung bleiben. Als Beispiel sei der Verkauf eines wichtigen Spielers zur Verbesserung der Einnahmensituation zu nennen, der aber den sportlichen Erfolg des Clubs unter Umständen gefährden kann.

Allerdings werden auch Bundesligisten, welche die Gründung einer Kapitalgesellschaft nicht in Erwägung ziehen, nicht grundsätzlich daran gehindert, ihre Binnenorganisation beispielsweise an die einer Aktiengesellschaft anzunähern und auf diese Weise professionellere Führungsstrukturen zu schaffen. Das flexible Vereinsrecht (vgl. § 40 BGB) erlaubt nämlich die Anpassung der Vereinsverfassung an spezielle Organisationsbedürfnisse. Seit geraumer Zeit ist insbesondere bei den Vereinen der Fußball-Bundesliga ein stetiger Wandel vom ehrenamtlich geführten Verein auf der Grundlage des herkömmlichen Vereinsrechts hin zum Unternehmen mit einer aktienrechtsähnlichen Organisationsstruktur zu beobachten. Diese Entwicklung beruht nicht zuletzt auf Vorgaben des DFB, der im Jahre 1995 „Rahmenbedingungen für die Satzung eines Lizenzvereins" aufgestellt hat, um *„eine einheitliche und den gewachsenen Erfordernissen des Lizenzfußballs gerecht werdende Führungsstruktur im Lizenzfußball zu erreichen"*. Etliche Vereine haben in Umsetzung dieser Vorgaben inzwischen im Wege der Satzungsänderung einen Aufsichtsrat eingeführt, der den Vorstand wählt, und dem Vorstand in Anlehnung an § 76 Abs. 1 AktG eine selbständige Stellung eingeräumt. Auch gibt es bereits bezahlte Vorstandsmitglieder. Die Erfahrungen mit den neuen Satzungsmodellen sind überwiegend positiv. Daher kann festgehalten werden, daß das Verlangen nach einer professionellen Führungsstruktur nur bedingt als zwingendes Argument für den Wechsel in die Rechtsformen der Kapitalgesellschaften ins Feld geführt werden kann. Doch ist zu beachten, daß eine professionelle Führungsstruktur gegebenenfalls Konflikte mit den Amateurbereichen eines Vereins heraufbeschwören kann. Die Umsetzung der vom DFB gemachten Vorgaben für die Satzung stieß in einigen Vereinen auf den Widerstand mitgliederstarker Amateurabteilungen, denen schließlich kompromißhalber Mitspracherechte eingeräumt werden mußten. Eine strikte organisatorische Trennung von Amateur- und Profiabteilung läßt sich demnach nicht in jedem Verein durch eine Anpassung der Satzung erreichen. In Anbetracht dessen dürfte der „Umzug" in eine Kapitalgesellschaft insgesamt der konsequentere Weg sein, um eine den Erfordernissen des Wettbewerbs in Europa angepaßte Führungsstruktur zu schaffen.

## 3.3 Zur Vorteilhaftigkeit der Trennung des ideellen vom kommerziellen Bereich des Sports

Nach *Raupach* stellt der *„Idealverein für ideelle Sportvereine eine durchaus ideale Rechtsform" dar*.[12] Was in dieser Gestaltung Vorteile mit sich bringt, erweist sich danach unter Umständen im kommerziellen Bereich des Sports als Nachteil. Eindeutig fehlt im Verein die bei Kapitalgesellschaften typische Trennung von Gesellschafter- oder Kapitalgeber-Ebene von derjenigen des (aktiven) Managements, was insbesondere bei der Rechtsform der Aktiengesellschaft, weniger bei der GmbH oder der KGaA ausgeprägt ist.

Dies unterstreicht die nachfolgende Abbildung 10, die – nach *Raupach* – die Organisationscharakteristika eines Vereins in Gegenüberstellung zu den Handel- bzw. Kapitalgesellschaften unterscheidet.

Zwar könne man durch satzungsrechtliche Gestaltung auch einem Verein bestimmte Nachteile nehmen[13], jedoch würde man damit zum einen nicht die rechtlichen Bedenken gegen die Zulässigkeit von Idealvereinen mit Profi-Abteilungen beseitigen[14]. Zum anderen käme es bei einer solchen Anpassung durch satzungsmäßige Abänderungen der Vereinsstruktur zu einer zunehmenden Verflechtung bei den ideellen und kommerziellen Entscheidungskompetenzen.[15]

Ein (weiterer) Vorteil der Ausgliederung des kommerziellen Bereichs in eine eigenständige (Sport- oder Fußball-)Kapitalgesellschaft besteht darin, die Führung dieser Abteilung(en) als Profitcenter mit eigener Ergebnisverantwortung des(r) Vorstandes/Geschäftsführung und mit dem Anreiz ergebnisabhängiger Bezüge zu ermöglichen.

---

12  Vgl. auch zur nachfolgenden Abbildung 10: Raupach 1995/96 (1996), S. 2 f.
13  *„So ist es auch bei einem Verein bei entsprechenden Satzungsbestimmungen möglich, z.B. den Verwaltungsrat mit Funktionen, ähnlich denen eines aktienrechtlichen Aufsichtsrates zu betrauen, in den Vorstand bezahlte Mitglieder aufzunehmen, wenn nur die Mehrheit ehrenamtliche Mitglieder sind oder für die Präsidentenwahl die Zustimmung des Verwaltungsrates vorzusehen, etwa in der Art, daß der Verwaltungsrat zwei Vorschläge machen kann, über die zuerst abzustimmen ist, und daß erst dann die Vorschläge aus der Mitgliederversammlung zur Abstimmung kommen. Ferner können die Vorlage und Prüfung eines Jahresabschlusses nach den für Kapitalgesellschaften geltenden Grundsätzen, die Bildung von Rücklagen (funktionell ähnlich wirkt die vom DFB verlangte jährliche Stellung einer Kaution), die Einsetzung von Beiräten und in Grenzen die Straffung des Ablaufs der Mitgliederversammlung vorgesehen werden."* Hopt 1991, S. 780; siehe auch Abschn. 3.2
14  Vgl. dazu Raupach 1995/96 (1996), S. 2 und Abschn. 3.4
15  Vgl. dazu Raupach 1995/96 (1996), S. 2

**Abb. 10: Vergleich der Organisationscharakteristika von Vereinen und Handelsgesellschaften, insbesondere Kapitalgesellschaften**

| Organisationscharakteristika | Verein | Handelsgesellschaft/ Kapitalgesellschaft |
|---|---|---|
| 1. Zieldefinition | positiv: <br>• offene, autonome Festlegung der Ziele <br>• Normen, Werteorientierung <br>• Idealistische Ziele <br>negativ: <br>• Gefahr von Unschärfen <br>• Widersprüche als Konfliktpotential | positiv: <br>• Keine Einschränkung bei der Festlegung der Unternehmensziele <br>• Auch gemeinnützige Zwecke sind zulässig <br>negativ: <br>• Beeinflussung der Zieldefinition durch Markteinflüsse |
| 2. Kapitalbeschaffung | Durch Sponsoren und Mitglieder <br>positiv: <br>• Unabhängigkeit von Staat und Markt <br>negativ: <br>• Abhängigkeit von Sponsoren <br>• Begrenzte Ressourcen <br>• Unsicherheiten in der Finanzierung | Eigenkapitalgeber <br>positiv: <br>• Eigenkapital als neue Finanzierungsquelle <br>negativ: <br>• Hohe Anforderungen an die Börsenfähigkeit <br>• Konkurrenz von anderen Kapitalnachfragern (Wirtschaftsunternehmen) <br>• Marktabhängigkeiten |
| 3. Leistungspotentiale | Ehrenamtliche Arbeit <br>positiv: <br>• Geringe Kosten <br>• Aktivitätsmöglichkeiten im Non-profit-Bereich <br>negativ: <br>• Schwieriges Management <br>• Kapazitäten, Kontinuität unsicher <br>• Aufgabensteuerung, Verantwortlichkeit problematisch <br>• Mangelnde Professionalität | Entgeltliches Management <br>positiv: <br>• Aktives Personalmanagement <br>• Bedarfsgerechte Personalplanung, Einstellungen/ Entlassungen <br>• Aufgabensteuerung über Weisungsrechte <br>• Hohe Professionalität <br>negativ: <br>• Kostenintensiv <br>• Ausschluß von Aktivitäten im Non-profit-Bereich |

## 3.4 Drohender Entzug der Rechtsfähigkeit des Profi-Fußballvereins

Mit Bezug auf rechtswissenschaftliche Literaturquellen[16] wird den Fußball-Vereinen die Ausgliederung ihrer Lizenzspielerabteilungen allein deshalb empfohlen, um einem möglichen Entzug der Rechtsfähigkeit des Vereins vorzubeugen. Begründet wird diese Empfehlung damit, daß einem Verein, dessen Zweck nach seiner Satzung – wie bei allen Fußball-Vereinen der Bundesligen gegeben – nicht auf einen wirtschaftlichen Geschäftsbetrieb gerichtet ist, nach § 43 Abs. 2 BGB die Rechtsfähigkeit entzogen werden kann, wenn und soweit der Verein einen solchen (wirtschaftlichen) Zweck verfolgt. Der in der Literatur intensivst geführte Streit kann vorliegend als rein akademisch bezeichnet werden, da wegen der Zurechnung einer ausgegliederten wirtschaftlichen Betätigung einer Fußball-Kapitalgesellschaft als Tochtergesellschaft des Muttervereins kein anderslautendes Ergebnis entsteht.[17] Durch die Vorgaben der DFB-Satzungsregeln, wonach nicht die Vereinsmitglieder, sondern immer der Verein (Haupt-)Gesellschafter der auszugliedernden Fußball-Kapitalgesellschaft sein muß[18], bleibt den deutschen Fußball-Bundesligavereinen das Risiko des drohenden Entzugs der Rechtsfähigkeit erhalten. Allerdings wäre hiervon nicht die ausgegliederte Fußball-Kapitalgesellschaft als solche – in ihrer eigenen Rechtsfähigkeit –, sondern nur der Verein betroffen. Da die Verwaltungsbehörden in Deutschland bislang nicht einmal gegen die Bildung ganzer „Vereinskonzerne"[19] vorgegangen sind, werden die Bundesliga-Vereine wohl auch in Zukunft mit dem Risiko des Entzugs der Rechtsfähigkeit leben können (müssen).

## 3.5 Image und Marketing – Optimierung durch ein Going Public

Befürworter eines Going Public von Fußball-Kapitalgesellschaften (auch) in Deutschland erwarten einen sog. Spill-over-Effekt – ausgehend vom Image

---

16 Vgl. Fuhrmann 1995, S. 12 und 14; Segna 1997, S, 1903 f.; Steinbeck/Menke 1998 mit weiteren Nachweisen sowie bereits Knauthe 1976 und Heckelmann 1979.
17 Vgl. dazu unter anderem Segna 1997, S. 1904 ff., mit umfassenden Literaturhinweisen; Steinbeck/Menke 1998, S. 226 ff., für den Fall, daß zwischen Mutterverein und Fußball-Tochtergesellschaft keine Konzernbeziehung besteht, was allerdings bei den satzungsmäßigen DFB-Vorgaben und ihrer Aufrechterhaltung nur schwer vorstellbar ist. Vgl. dazu allerdings Habersack 1998, S. 53, wonach „*die Ausgliederung den Vorwurf der Rechtsformverfehlung nicht zu beseitigen vermag, wenn die Bundesliga-Vereine noch eine anderweitige unternehmerische Interessenbindung aufweisen*".
18 Siehe dazu Abschn. 5 (insbesondere 5.1.3.1) und Abschn. 6.3.3.1.4
19 Vgl. Segna 1997, S. 1907

der Aktie – auf das Image des Fußballteams und umgekehrt. Daraus könne sich eine Verbesserung des Gesamtimages ergeben. Begründet wird diese These damit, daß die „*mit einem Börsengang verbundene Publizität zu einer Stärkung des Markennamens und zur Erhöhung des internationalen Bekanntheitsgrades und damit zur Steigerung der Attraktivität des Fußballunternehmens führen (dürfte)*".[20]

Diese Wirkungen eines Going Public könnten für Sponsoren, Fans/Stadionbesucher – die wohl gleichermaßen Aktionäre werden dürften – und für Käufer von Merchandising-Artikeln eintreten, so daß als unmittelbar zu erwartende Folge erhöhte Umsätze das Ergebnis dieser gesteigerten Attraktivität sein könnten.

Eine Imageverbesserung durch ein erfolgreiches Going Public dürfte – allein durch den Gewinn nationaler und internationaler Publizität in Verbindung mit der einhergehenden verbesserten Bonität der börsennotierten Fußball-Kapitalgesellschaft – eine zusätzliche Stärkung des Markennamens mit der Folge verbesserter Aussichten auf dem Fußball-Transfermarkt nach sich ziehen.

---

20  So die WGZ-Studie 1999, S. 15

# 4 Die aktuellen sowie zukünftigen ökonomischen Grundlagen des Wachstumsmarktes Fußball und die ersten Börsenkandidaten in Deutschland

Der Profifußball in Deutschland ist seit Jahren ein Geschäft, in dem Millionensummen fließen. Aus Verträgen mit Fernsehsendern[1] und Sponsoren, dem Verkauf von Eintrittskarten und der Vermarktung des Vereinsnamens (Merchandising) erzielen die Vereine ihre Einnahmen, die von Jahr zu Jahr stark wachsen. Demgegenüber steigen aber auch die Kosten der Vereine, hauptsächlich durch immer höhere Gehaltsforderungen der Spieler, die diese aufgrund des zunehmenden nationalen und internationalen Wettbewerbs um gute Spieler durchsetzen können.

## 4.1 Die Vermarktung von Fußball-Fernsehrechten

### 4.1.1 Die aktuelle Vermarktungssituation in Deutschland

Kein Tag mehr ohne Live-Fußballbundesliga- oder europäische Cupspiele im TV – aus Sicht der Fußball-Anbieter und -Interessenten keine Vision mehr.

Seit dem Start der internationalen Wettbewerbe 1998 kommt der deutsche Fernsehzuschauer in den Genuß eines permanenten Angebotes: Am Montag ein Spiel aus der 2. Fußball-Bundesliga, am Dienstag der UEFA-Cup, am Mittwoch die Champions-League, am Donnerstag der Pokal der europäischen Pokalsieger sowie am Freitag, Samstag und Sonntag Spiele aus den 1. und 2. Fußball-Bundesligen – wie die folgende Abbildung 11 zeigt.

Durch die Neugestaltung der europäischen Wettbewerbe, insbesondere der Champions League, wird ab der Saison 1999/2000 das Angebot von Live-Spielen im deutschen Fernsehen noch weiter steigen.

---

[1] Wie es zu der extrem dynamischen Entwicklung in der wirtschaftlichen Bedeutung von Sport (Fußball) und TV kam, vgl. Digel/Burk 1999, S. 22-41. Nach einer Studie von „Sponsorship Research International" (SRI), die von 1994-1998 in 16 Ländern durchgeführt wurde, ist Fußball mit 71 % die beliebteste TV-Sportart; vgl. Sponsor's 6/1999; siehe auch Fritzweiler/Pfister/Summerer 1998, S. 277-324 (Sport und Medien)

**Abb. 11: Die deutschen Fernseh-Bundesligen**

| *Die Live-Übertragungen der Woche* | | |
|---|---|---|
| FREITAG | Premiere | 1. Bundesliga |
| SAMSTAG | Premiere | 1. Bundesliga |
| SONNTAG | 5mal Bundesliga SAT.1; je ein Spiel Premiere digital | 1. Bundesliga 2. Bundesliga |
| MONTAG | DSF | 2. Bundesliga |
| DIENSTAG | DSF Premiere ARD und ZDF | UEFA-Pokal 1. Bundesliga DFB-Pokal |
| MITTWOCH | RTL und Premiere ARD und ZDF Premiere ARD und ZDF | Champions League 1. Bundesliga  DFB-Pokal |
| DONNERSTAG | frei verhandelbar | Pokalsieger-Cup |

### 4.1.1.1 Die Einnahmen aus der Übertragung der Spiele der deutschen Bundesligen

Die Vermarktung der Fernsehrechte ist für die Fußball-Clubs eine immer bedeutendere Einnahmequelle geworden.[2] Durchschnittlich machen die TV-Einnahmen 35 % des Gesamtumsatzes eines Bundesligisten aus.

Für die gesamten Verwertungsrechte an der 1. und 2. Bundesliga zahlt die Agentur ISPR aktuell (Saison 1998/99) DM 175 Mio. an den DFB. Die Erstverwertungsrechte für die 1. Bundesliga liegen derzeit bei SAT.1. Der Sender DSF überträgt aus der 2. Liga das „Spiel der Woche". Die Agentur UFA Sports zahlt darüber hinaus für die Saison 1998/99 DM 145 Mio. (Vorsaison DM 75 Mio.) für Live-Übertragungen im Pay-TV (Premiere) von drei Spielen aus der 1. Bundesliga und einem Spiel aus der 2. Bundesliga. Zwei dieser Übertragungen sind lediglich im Digital-Kanal von Premiere zu sehen.

Der Vertrag über die Rechte an den Bundesligen, der bei ISPR bzw. SAT.1 liegt, läuft zum 30. Juni 2000 aus. Über die Art und Weise, wie der neue Vertrag ausgestaltet werden soll, ist ein Streit zwischem den DFB und den Bun-

---

[2] Umgekehrt spielt der Fußball eine immer wichtigere Rolle für die Entwicklung des Fernsehens und seiner neuesten Formen (Pay-TV, Pay-per-view); vgl. Walters 1997, S. 5 f.

desligisten ausgebrochen. Der Ligaausschuß des DFB hat bei der Europäischen Kommission einen Freistellungsantrag zur Fortsetzung der zentralen Vermarktung gestellt. Denn der DFB ist der Meinung, daß „*nur über die Zentralvermarktung gewährleistet ist, daß ein Ausgleich innerhalb der Bundesliga gefunden werden kann*" und den Vereinen auf diese Weise die Planungssicherheit bei einem Teil der TV-Rechte erhalten bleiben würde.[3] Außerdem legt der DFB großen Wert darauf, daß die Übertragungen der Spiele der 1. und 2. Bundesliga in erster Linie im Free-TV zu empfangen sind und nicht in Pay-TV „verschwinden" sollen. Besonders die Spitzenvereine sind aber an einer dezentralen Vermarktung interessiert, da sie ihre Rechte teurer verkaufen können, während die kleineren Vereine weiterhin eine zentrale Vermarktung befürworten, da sie von einer schlechteren Verhandlungsbasis für ihre Rechte ausgehen und daher niedrigere Einnahmen befürchten. Der Streit wurde aber vor allem durch die unzureichende Informationspolitik und Vorgehensweise des Ligaausschusses hervorgerufen. Der Freistellungsantrag wurde bereits im August 1998 gestellt, während die Vereine erst im Januar 1999 aufgefordert worden sind, innerhalb kürzester Zeit Stellung dazu zu nehmen.[4] Daraufhin wurde von den Profi-Clubs eine Sonderkommission unter Vorsitz des Vorstandsvorsitzenden des 1. FC Kaiserslautern, Jürgen Friedrich, eingesetzt, die die Situation in den anderen europäischen Ländern analysieren und ein Konzept für die zukünftige Fernsehvermarktung in Deutschland erarbeiten sollte. Der Kommissionsvorschlag, der auf einen Mix aus zentraler und dezentraler Vermarktung setzt, wird in Abschnitt 4.1.3 kurz vorgestellt. Allerdings scheint ein Vorkaufsrecht im auslaufenden Vertrag mit dem Rechtevermarkter UFA Sports die dezentrale Vermarktung der Pay-TV-Rechte auszuschließen. Dieses Vorkaufsrecht räumt der UFA Sports ein Vorrecht auf die Vertragsverlängerung bis 2003 für mindestens DM 200 Mio. ein. Zwar können Konkurrenten dem DFB ein Alternativangebot vorlegen, doch wird der UFA Sports wiederum das Recht zugestanden, innerhalb von drei Monaten das Konkurrenzangebot zu überbieten. Diese Vertragsklausel hat weitreichende Auswirkungen auf die nahe Zukunft der Fernsehvermarktung. Einerseits schließt das Vorkaufsrecht eine Einzelvermarktung der TV-Rechte praktisch aus. Andererseits ist der Mindestbetrag von DM 200 Mio. relativ niedrig angesetzt, wenn man den Vergleich mit der Premier League anstellt. Die englische Liga verkaufte ihre Fernsehrechte zentral über einen Zeitraum von vier Jahren für umgerechnet rund 1,8 Mrd. DM. Hinzu kommt

---

3  So Liga-Präsident Mayer-Vorfelder, zitiert von: Franzke vom 18.01.1999
4  Vgl. Franzke vom 25.01.1999

noch, daß die Kirch-Gruppe den Pay-TV Sender Premiere von Bertelsmann übernommen hat und damit entweder Hauptabnehmer der Rechte von der UFA Sports, einer Bertelsmann-Tochter, ist oder das Vorkaufsrecht bei der Übernahme mit erworben hat. Wie auch immer der neue Vertrag über die deutschen Fernsehrechte aussehen wird, geht es gleichzeitig darum, die Spaltung der Solidargemeinschaft zwischen den kleinen Clubs, die von einer Zentralvermarktung profitieren, und den Spitzenvereinen, die mit einer Einzelvermarktung bessergestellt sind, zu verhindern.[5] Denn Fußball ist nur dann für Fernsehsender interessant, wenn die Bundesliga attraktiv bleibt.

Aber sowohl das Bundeskartellamt als auch die Europäische Kommission stehen dem gestellten Freistellungsantrag des DFB kritisch gegenüber, sind aber mit einem Solidarausgleichsfonds einverstanden. Wie die Kartellwächter in Brüssel das Vorkaufsrecht der UFA Sport bewerten, muß ebenfalls abgewartet werden, da auch diese Entscheidung das zukünftige Vermarktungsmodell maßgeblich beeinflussen wird. Der Deutsche Bundestag hatte dem Sport bei der im Mai 1998 verabschiedeten Gesetzesnovelle zum Kartellrecht einen Sonderstatus zugebilligt und der angekündigten Klage des Bundeskartellamtes gegen die zentrale Vermarktung der Bundesligaspiele einen politischen Riegel vorgeschoben. Welche Vermarktungsform sich letztendlich durchsetzen wird, ist von strategischer Bedeutung für die Weiterentwicklung des Fußballs und seiner ökonomischen Grundlagen in Deutschland.

In der Saison 1997/98 leitete der DFB die Erlöse aus den bestehenden Fernsehverträgen an die Vereine weiter. In der 1. Bundesliga erhielt jeder Verein ungefähr DM 10 Mio., jeder Zweitligist etwa DM 4 Mio. Dem Amateurbereich flossen insgesamt DM 10,5 Mio. zu.

### 4.1.1.2 Die Einnahmen aus der Übertragung von Spielen der Champions League

Die Champions League wird zentral von der UEFA vermarktet. Der Sender RTL zahlte an die UEFA jährlich DM 120 Mio. für die deutschen Rechte, DM 20 Mio. zahlte der Sublizenznehmer Premiere. Aus dem Fernsehtopf der UEFA erhielten in der Saison 1997/98 Borussia Dortmund, Bayern München und Bayer Leverkusen zusammen rund DM 16,2 Mio. (ohne Antrittsgeld, Siegprämien und Zuschauereinnahmen).

---

5 Vgl. zum Streit um die Fernsehrechte: Franzke vom 20.05.1999; Hess vom 22.05.1999; Handelsblatt vom 25.05.1999 sowie Zorn vom 01.06.1999

Mit der Einführung der neuen Champions League will die UEFA die an die teilnehmenden Clubs auszuschüttenden Gelder noch weiter steigern. Geplant ist, insgesamt DM 960 Mio. zu verteilen. Allerdings ist nicht sicher, ob dieser Gesamtbetrag auch wirklich eingenommen werden kann. Denn der Sender RTL kann und will ohne einen Partner die Rechte nicht erwerben, da der Sender mit der Champions League in der alten Form bereits Verluste macht. Da der Spartensender DSF sich aber nicht an den Kosten beteiligen will, muß ein anderer Partner gefunden werden. Gespräche finden zum einen mit der ARD/ZDF und zum anderen mit den Pay-TV-Sendern statt.[6]

Einen Überrachungscoup hat der als „Frauensender" eingestufte Privatsender tm3 mit dem Erwerb der Champions League-Rechte im Mai 1999 gelandet. Für rund DM 240 Mio. pro Vertragsjahr hat der Münchener Sender, der zu 2/3 dem australischen Medienunternehmer Rupert Murdoch gehört, die deutschen Fernsehrechte an der Champions League von der UEFA für vier Jahre erworben. Der Privatsender RTL, der bis dahin im Besitz der Champions League-Rechte war, hatte für die Fortsetzung der Senderechte jährlich lediglich DM 160 Mio. geboten. Damit ist der australische Medienzar auch in den deutschen Fernsehmarkt eingestiegen. Weiterhin geht man davon aus, daß tm3 über kurz oder lang einen weiteren digitalen Pay-TV-Sender für Deutschland plant und dann die Spiele der Champions League verschlüsselt übertragen wird, um den Kauf der Senderechte refinanzieren zu können. Bis dahin will tm3, bei dem sich die Sportredaktion gerade erst im Aufbau befindet, alle Spiele mit deutscher Beteiligung zeigen, wobei der Verkauf einzelner Spiele an Pay-TV-Sender nicht ausgeschlossen wird.[7]

Die zentrale Vermarktung der Champions League durch die UEFA über die Schweizer Agentur Team ist als einzige von der dezentralen Vermarktungspflicht des BGH-Urteils ausgenommen worden. Allerdings hat der britische Pay-TV-Sender BSkyB bereits vor einigen Jahren bei der EU-Kommission eine förmliche kartellrechtliche Beschwerde gegen die UEFA-Zentralvermarktung erhoben. Die zuständige Generalkommission IV in Brüssel hat ihre Überprüfung aber immer noch nicht abgeschlossen und duldet solange die zentrale Form der Vermarktung.

Seit der Einführung der Champions League in der Saison 1992/93 wurden bereits mehr als DM 1,5 Mrd. erlöst. Für die Übertragung der Spiele in Deutschland zahlte der Fernsehsender RTL bisher pro Saison DM 60 Mio. an

---

6  Vgl. Linnhoff vom 22.01.1999
7  Vgl. Zorn vom 05.05.1999 und Wertenbruch vom 12.05.1999

die UEFA. Von der Vermarktung der Rechte an der Champions League profitieren nur die teilnehmenden Clubs. Nach dem alten Reglement zahlte die UEFA neben einem Startgeld von DM 2,4 Mio. für jeden Sieg in den sechs Gruppenspielen DM 1,2 Mio., für jedes Unentschieden DM 600.000. Die Qualifikation für die weiteren Runden (Viertelfinale, Halbfinale, Endspiel) wurde jeweils nochmals mit ungefähr DM 3,5 Mio. belohnt. Theoretisch konnte ein Verein maximal DM 20 Mio. einnehmen, wenn alle Spiele gewonnen wurden. Borussia Dortmund als Gewinner der Champions-League 1996/97 kam auf Einnahmen von DM 15,4 Mio. In der Saison 1997/98 konnten die drei deutschen Vertreter in der Champions League folgende Einnahmen verbuchen:

- Borussia Dortmund    DM 15,4 Mio.
- Bayer Leverkusen     DM 11,3 Mio.
- Bayern München       DM 10,7 Mio.

Zukünftig werden durch die UEFA an die einzelnen teilnehmenden Mannschaften folgende Startgelder und Prämien ausgeschüttet:

**Abb. 12: Startgelder und Prämien der Champions League**

|  |  | Maximalprämie pro Verein |
|---|---|---|
| Startgeld für sämtliche Teilnehmer | DM 1,8 Mio. | DM 1,8 Mio. |
| *Gruppenspiele Runde 1 bzw. 2* | | |
| Startgeld pro Spiel | DM 0,6 Mio. | DM 7,3 Mio. |
| Prämie für einen Sieg | DM 0,6 Mio. | DM 7,3 Mio. |
| Prämie für ein Unentschieden | DM 0,3 Mio. | |
| Erreichen des Viertelfinales | DM 4,9 Mio. | DM 4,9 Mio. |
| Erreichen des Halbfinales | DM 6,1 Mio. | DM 6,1 Mio. |
| Prämie für den unterlegenen Finalisten | DM 7,3 Mio. | |
| Prämie für den Champions League-Sieger | DM 12,2 Mio. | DM 12,2 Mio. |
| Sieger maximal | | DM 39,6 Mio. |

Hinzu kommen noch die Gelder, die aus dem TV-Pool der Champions League an die teilnehmenden Fußball-Clubs verteilt werden. Die rund

DM 317 Mio. des TV-Pools sollen nach einem quotalen Bonus in der Höhe, in der die TV-Sender der jeweiligen Länder einzahlen, verteilt werden. Der exakte Verteilungsschlüssel für diese Gelder ist aber zur Zeit noch nicht geklärt. Seit die deutschen Champions League-Rechte vom Spartensender tm3 für mehr als DM 200 Mio. p.a. erworben wurden, ist Deutschland der teuerste TV-Markt der Champions League.[8]

### 4.1.1.3 Die Einnahmen aus dem europäischen Pokalsieger-Wettbewerb

Seit dem Urteil des Bundesgerichtshofs (BGH) vom 11. Dezember 1997, das die zentrale Vermarktung der Heimspiele der deutschen Vereine im UEFA-Cup und im Europacup der Pokalsieger untersagt, vermarkten die Vereine ihre Rechte selbst.

Die Agentur SportA (ARD/ZDF) erwarb für die Saison 1998/99 die Rechte an den Heimspielen des deutschen Pokalsiegers MSV Duisburg für DM 3,5 Mio. pro Spiel.

Der europäische Pokalsieger-Wettbewerb ist im Zuge der Reform der europäischen Wettbewerbe durch die UEFA mit dem (neuen) UEFA-Cup verschmolzen worden.

### 4.1.1.4 Die Einnahmen aus dem UEFA-Cup

Die Agentur ISPR (Kirch-Gruppe) erwarb die Rechte an den Heimspielen für die Saison 1998/99 der Vereine Bayer Leverkusen, Schalke 04 und VfB Stuttgart und garantierte den beteiligten Vereinen für die ersten beiden Runden – unabhängig davon, ob die Mannschaften sich für die nächste(n) Runden qualifizieren und weiterkommen oder nicht – pro Club jeweils DM 5 Mio. Die ISPR ihrerseits überträgt die Rechte an die TV-Sender SAT.1 und DSF (beide gehören zur Kirch-Gruppe), die sich je nach Attraktivität der jeweilig ausgelosten Gegner die Spiele untereinander aufteilen.

In der Saison 1997/98, als der DFB die TV-Rechte im UEFA-Cup-Wettbewerb zentral vermarktet hat, brachte die Zentralvermarktung für die Vereine und die Bundesliga insgesamt DM 55 Mio. ein. Von diesem Betrag, der von den Rechteagenturen UFA und ISPR gezahlt wurde, gingen 10 %

---

8  Vgl. auch WGZ-Studie 1999, S. 27 f.

(DM 5,5 Mio.) an die UEFA. Von dem restlichen Geld erhielten die deutschen Teilnehmer an den beiden Europapokalwettbewerben jeweils DM 1,3 Mio. Startgeld und für jedes weitere Heimspiel nochmals DM 1 Mio. Der dann noch verbleibende Betrag wurde an alle Clubs der ersten und zweiten Bundesliga verteilt, wobei die Zweitligisten jeweils pauschal DM 183.000 bekamen. Für die Saison 1997/98 sah die Verteilung wie folgt aus:

**Abb. 13: Verteilung der Fernseheinnahmen auf die deutschen Teilnehmer aus dem UEFA-Cup-Wettbewerb für die Saison 1997/98**

| | | |
|---|---|---|
| 1. Abführung an die UEFA | | DM 5,5 Mio. |
| 2. Deutsche Teilnehmer am Europapokal der Pokalsieger und am UEFA-Cup: | | |
| VfB Stuttgart (Pokalsieger) | DM 5,0 Mio. | |
| Schalke 04 (UEFA-Cup) | DM 5,0 Mio. | |
| VfL Bochum (UEFA-Cup) | DM 4,0 Mio. | |
| Karlsruher SC (UEFA-Cup) | DM 4,0 Mio. | |
| 1860 München (UEFA-Cup) | DM 3,0 Mio. | |
| | insgesamt: | DM 21,0 Mio. |
| 3. Summe für die 1. Bundesliga (entsprechend DM 1,4 Mio. pro Verein) | | DM 25,2 Mio. |
| 4. Summe für die 2. Bundesliga (entsprechend DM 183.000 pro Verein) | | DM 3,3 Mio. |
| **GESAMTSUMME** | | **DM 55,0 Mio.** |

Quelle: DG Bank-Studie, 5/98, S. 8.

Seit der Neuregelung ab der Saison 1998/99 mit der dezentralen Vermarktung führen die Vereine 30 % ihrer TV-Einnahmen in einen Solidaritätspool für die nicht am Europapokal beteiligten Clubs der 1. Bundesliga ab. Diese Regelung gilt nicht für die Teilnehmer der Champions League.

Vor dem Hintergrund, daß sich bei Einzelverwertung leicht DM 10 Mio. für eine Europapokalbegegnung erlösen lassen, wurde von einer beträchtlichen Steigerung der Erlöse im Vergleich zur bisherigen zentralen Vermarktung durch den DFB ausgegangen. Denn insgesamt brachten es deutsche Mannschaften in der Saison 1996/97 in den beiden Wettbewerben auf 21 Heimspiele. Der Pauschalbetrag in Höhe von DM 55 Mio., den der DFB dafür erhielt, wäre bei Einzelvermarktung mit Sicherheit zu übertreffen. Doch durch das frühe Ausscheiden der deutschen Teilnehmer im UEFA-Cup und Pokalsiegerwettbewerb mußte die Fußball-Bundesliga – laut Berechnungen des Ligaausschusses des DFB – allerdings einen Verlust von DM 30 Mio. im Vergleich zum Vorjahr hinnehmen.[9] Wegen des schwachen sportlichen Abschneidens der deutschen Clubs erwies sich die erstmals wieder praktizierte Einzelvermarktung der Heimspiele als Nachteil für die Liga.

### 4.1.1.5 Die Einnahmen aus DFB-Pokalspielen

ARD und ZDF zahlen rund DM 20 Mio. für die Wettbewerbe „DFB-Pokal", „Ligapokal" und „Hallenpokal". Für den zum 30. Juni 1999 auslaufenden Fünf-Jahresvertrag über die Rechte an den Heimspielen der Nationalmannschaft hatten die beiden öffentlich-rechtlichen Sender in der Vergangenheit etwa DM 240 Mio. bezahlt. Beide Sender wollen von 1999 bis 2004 für ein DFB-Paket (mit Heimspielen der Nationalelf, DFB-Pokal, Frauenfußball sowie Regionalligen) DM 700 Mio. ausgeben. Der DFB forderte allerdings DM 750 Mio.

Am 28. Januar 1999 haben der DFB sowie ARD und ZDF einen neuen Fünf-Jahresvertrag bis zum 30. Juni 2004 für das oben genannte DFB-Paket abgeschlossen. Der Vertrag, der ARD und ZDF etwa DM 730 Mio. gekostet hat, umfaßt 70 Live-Spiele, aufgeteilt in jeweils ein Live-Spiel pro DFB-Pokalhauptrunde und kalkuliert mit der Übertragung von 7 Heimspielen der Nationalelf pro Jahr. Außerdem haben die öffentlich-rechtlichen Sender die Vermarktungsrechte der Heimspiele der Nationalmannschaft in anderen Ländern erworben. Daneben hat der DFB seine Unterstützung beim Zugriff auf die Vergabe der TV-Rechte bei Auswärtsspielen zugesagt. Dafür sollen die beiden Sender zukünftig ausführlicher über den Amateur- und Frauen-Fußball berichten. Wie die Einnahmen des DFB auf die Vereine verteilt werden sollen, muß noch zwischen Verband und den Clubs ausgehandelt werden.

---

9   Vgl. FAZ vom 24.11.1998

#### 4.1.1.6 Resümee der momentanen Situation in Deutschland

Derzeit betragen die garantierten TV-Einnahmen für die Clubs der beiden ersten Ligen (Saison 1998/99) mindestens DM 320 Mio. Bislang wurden Einnahmen aus TV-Rechten im Verhältnis 68 : 32 zwischen den Vereinen der 1. und der 2. Bundesliga aufgeteilt.

Ab der Saison 1998/99 werden die Einnahmen in einer Gesamthöhe von DM 320 Mio. aus den Verträgen mit dem Rechtehändler ISPR und UFA Sports erstmals im Verhältnis von 72 : 28 zwischen den beiden Ligen aufgeteilt. Aus der Erstverwertung der Meisterschaftsspiele in SAT.1 (ISPR) und dem (neuen) Vertrag mit dem Pay-TV-Sender Premiere (bisher: UFA, jetzt: Kirch-Gruppe) erhält nunmehr jeder Bundesligaclub einen garantierten Betrag von DM 11,3 Mio. (bisher DM 8,0 Mio.) und jeder Zweitligaclub DM 5,0 Mio. (bisher DM 4,2 Mio.) pro Saison.

Da die deutschen Bundesliga-Vereine im UEFA-Pokal und im europäischen Pokalsieger-Wettbewerb ab der Saison 1998/1999 ihre Heimspiele selbst vermarkten dürfen, können sich die Einnahmen in diesem Bereich – abhängig vom sportlichen Erfolg – in der nächsten Saison weiter erhöhen. Insgesamt darf also der deutsche Profifußball ab der Saison 1998/99 mit TV-Einnahmen im Gesamtvolumen von einer halben Milliarde Mark rechnen.

Im Gegensatz zu Großbritannien, Frankreich, Spanien und Italien ist das Gros der deutschen Fernsehzuschauer durch die weite Verbreitung von Kabel- und Satellitenempfang an ein vielfältiges Angebot im sog. „Free-TV" gewöhnt. Ca. 18 Mio. Haushalte sind verkabelt und weitere 10 Mio. Haushalte verfügen über Satellitenempfang. Aus diesem Grund sind zur Zeit nur rund 2 Mio. Zuschauer gewillt – neben den allgemeinen Rundfunkgebühren – noch zusätzlich für das Angebot an aktuellen Spielfilmen und hochkarätigen Sportveranstaltungen des Pay-TV-Senders Premiere Geld zu bezahlen. Umfragen zufolge wären noch weniger Zuschauer bereit, für die Live-Übertragung eines Fußballspieles im Pay-per-view-Verfahren DM 10 oder mehr zu zahlen.

Die konkrete Einnahmensituation für die Vereine aus der zentralen Vermarktung der Fernsehrechte der Bundesliga durch den DFB veranschaulicht die Abbildung 14 auf der folgenden Seite.

## Abb. 14: Einnahmen aus Fernsehverwertungen
1. und 2. Bundesliga – Saison 1998/99

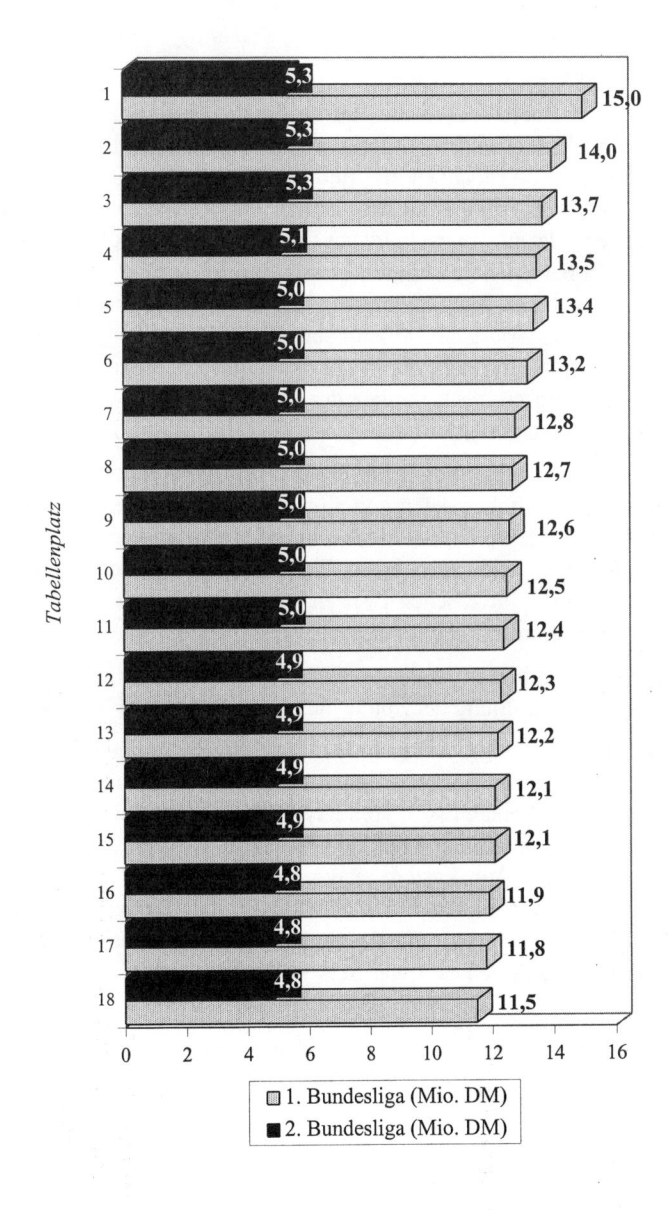

| Tabellenplatz | 1. Bundesliga (Mio. DM) | 2. Bundesliga (Mio. DM) |
|---|---|---|
| 1 | 15,0 | 5,3 |
| 2 | 14,0 | 5,3 |
| 3 | 13,7 | 5,3 |
| 4 | 13,5 | 5,1 |
| 5 | 13,4 | 5,0 |
| 6 | 13,2 | 5,0 |
| 7 | 12,8 | 5,0 |
| 8 | 12,7 | 5,0 |
| 9 | 12,6 | 5,0 |
| 10 | 12,5 | 5,0 |
| 11 | 12,4 | 5,0 |
| 12 | 12,3 | 4,9 |
| 13 | 12,2 | 4,9 |
| 14 | 12,1 | 4,9 |
| 15 | 12,1 | 4,9 |
| 16 | 11,9 | 4,8 |
| 17 | 11,8 | 4,8 |
| 18 | 11,5 | 4,8 |

## 4.1.2 Die Vermarktungssituation bei den Fußball-Fernsehrechten in anderen Ländern

### 4.1.2.1 Spanien[10]

In Spanien kann jeder Fußball-Club die Rechte für die Fernsehübertragung seiner Liga- und Pokalspiele selbst vermarkten. Die Konkurrenz der privaten Fernsehsender Antena 3 und Canal Plus trieb die Übertragungspreise während des Jahres 1996 in bis dahin ungeahnte Höhen. Die Verträge werden von den finanzschwachen oder hochverschuldeten Clubs vor allem als Sicherheiten für Bankdarlehen bei Spielereinkäufen benutzt. Im Dezember 1996 setzten die beiden Konkurrenten dem Preistreiben ein Ende, indem sie über die Gesellschaft Audiovisual Sport ein Abkommen über die gemeinsame Nutzung der Fernsehrechte schlossen. Auch der katalanische Regionalsender TV3, der die Übertragungsrechte für Spiele des FC Barcelona besitzt, schloß sich der neu gegründeten Gesellschaft an.

Im sogenannten „Fernsehkrieg" versuchte die spanische Regierung mit der Erklärung, Fußballübertragungen seien von allgemeinem Interesse, dem Pay-per-view Sender Canal Satélite Digital das Recht auf exklusive verschlüsselte Übertragung von Fußballspielen zu nehmen. Doch konnte sich die spanische Regierung nicht gegen die juristischen Einwendungen im eigenen Land und bei der Europäischen Kommission durchsetzen.

Bis zur Saison 2002/2003 besitzt Audiovisual Sport die Rechte an spanischer Liga und Pokal. Die Ausstrahlung der Spiele läuft nach folgendem Modus ab:

Samstag abends findet ein Ligaspiel statt, das von den Regionalsendern im Free-TV übertragen wird. Am Sonntag abend um 19 Uhr wird eine Ligabegegnung ausgetragen, die verschlüsselt vom Pay-TV-Sender Canal Plus übertragen wird. Die übrigen Spiele der Liga können samstags oder sonntags bei Canal Satélite Digital nach dem System „Pay-per-view" am Bildschirm verfolgt werden. Den Abonnenten von Canal Satélite Digital, die jeden Monat umgerechnet DM 70 für die Programme des Senders bezahlen, werden für die „Pay-per-view"-Übertragung eines Ligaspiels zusätzlich knapp DM 15 in Rechnung gestellt.

---

10 Vgl. zu diesem Abschnitt und den hier angegebenen Zahlen: Haubrich vom 02.02.1999 und den „*Abschlußbericht TV-Kommission Lizenzfußball*" vom 22.04.1999, S. 10-16

Bei dem offen übertragenen Samstagsspiel muß zumindest einmal in der Saison jeder der 20 Erstligisten berücksichtigt werden. Die Begegnungen zwischen zwei Mannschaften darf dabei nur einmal offen ausgestrahlt werden – d.h. entweder das Hinspiel oder das Rückspiel. Allerdings verlangen weiterhin zahlreiche Fußballfans von der Regierung, sie solle per Dekret die freie Übertragung aller Spiele anordnen.

Insgesamt werden alle 380 Spiele pro Saison der Primera Division live übertragen. Des weiteren wird pro Spieltag ein Spiel der 2. Division im Pay-TV übertragen und vier Spiele des insgesamt 11 Begegnungen umfassenden Spieltages sind im regionalen Free-TV zu sehen.

Die einzelnen Clubs erhalten von der Verwertungsgesellschaft Audiovisual Sport unterschiedliche Summen, je nach den Verträgen, die sie mit den verschiedenen Sendern ausgehandelt haben. So bekommen der FC Barcelona und Real Madrid das Vielfache von dem, was die weniger bekannten Erstliga-Vereine erhalten. Über die Einnahmen der gesamten Primera Division liegen aufgrund der dezentralen Vermarktung keine gesicherten Informationen vor. Die Einnahmen werden aber auf umgerechnet 456 bis 600 Mio. DM pro Saison geschätzt. Man geht davon aus, daß die Differenz von 144 Mio. DM aus den Einnahmen über die Pay-per-view-Gebühren resultiert. Die 2. Division steuert ca. 36 Mio. DM zu den Gesamteinnahmen der spanischen Profi-Clubs bei. Aufgrund dieser Zahlen wird ein Spitzenclub pro Saison ca. DM 90 Mio. aus der Fernsehverwertung erzielen, während der einnahmeschwächste Verein bei ca. DM 11,5 Mio. pro Saison liegen dürfte. Da im spanischen Fußball kein wirtschaftliches Ausgleichsmodell existiert, das dem Solidaritätsgedanken zwischen der 1. und 2. Division und auch innerhalb der jeweiligen Division Rechnung trägt, behält jeder Verein die von ihm erzielten Einnahmen. Die Proportionen zwischen Maximum- und Minimumeinnahmen liegen in Spanien mit 100 % zu 13 % besonders hoch.

Der öffentlich-rechtliche Sender Televisión Española hat die Rechte an allen Spielen der spanischen Nationalmannschaft vom spanischen Fußballbund erworben sowie die der Europapokalspiele von der UEFA. Auch bei den Spielen des spanischen Fußball-Pokals wird eine Begegnung offen übertragen.

In Spanien besteht ein kompliziertes System aus zentraler Vermarktung (Nationalmannschaft und UEFA-Pokal) und Einzelvermarktung (Liga und spanischer Pokal), die teils im Free-TV, teils verschlüsselt ausgestrahlt werden. Allerdings konnte durch die komplette dezentrale Vermarktung in Spanien hinsichtlich der TV-Verwertungen keine klare Struktur geschaffen werden. Erst durch die Gründung der Verwertungsgesellschaft Audiovisual Sport ist die Erhaltung bzw. Wiederbelebung des Produkts Primera Division im Hinblick auf eine einheitliche Darstellung einigermaßen gelungen. Berücksichtigt werden muß ferner die Struktur des Fernsehmarktes in Spanien. Der Wettbewerb wird durch drei Pay-TV-Sender aufrechterhalten. Obwohl die absolute Abonnentenanzahl der Pay-TV-Nutzer in Spanien ungefähr der in Deutschland entspricht, ist der Anteil am Gesamtmarkt wesentlich höher. Während in Deutschland die Abonnenten des einzigen Pay-TV-Sender Premiere nur ca. 5 % der gesamten Fernsehhaushalte ausmachen, liegt der Prozentsatz in Spanien bei 13 %. Die spanischen TV-Zuschauer sind daher auch eher bereit, sich die Begegnung, die sie wirklich interessiert, über das „Pay-per-view"-System anzusehen und dafür auch zu bezahlen.

Die Rechtslage in Spanien spricht dafür, daß der Freistellungsantrag von der dezentralen Vermarktung des DFB bei der Europäischen Kommission kaum eine Chance haben wird. Daher wird man sich in naher Zukunft mit großer Wahrscheinlichkeit auch in Deutschland an ein Mischsystem aus zentraler und dezentraler Vermarktung und an die daraus folgenden Ausstrahlungsmodalitäten gewöhnen müssen.

### 4.1.2.2 Frankreich[11]

Da in Frankreich das Angebot der frei zu empfangenden Fernsehsender nicht besonders vielfältig ist, ist das Pay-TV wesentlich stärker verbreitet als in Deutschland. 19,5 % der gesamten TV-Haushalte in Frankreich nutzen das Pay-TV bzw. Pay-per-view. Der Pay-TV-Sender Canal Plus sicherte sich die Übertragungsrechte für die französische Liga. Die Fans, die ein Spiel ihrer Mannschaft im Fernsehen ansehen wollen, müssen im Rahmen des Pay-per-view-Angebots pro Spiel 50 ffr zahlen, das sind umgerechnet DM 14,91.[12] Allerdings kann nur derjenige dieses Angebot nutzen, der den 100 ffr (DM 29,82) teuren monatlichen Basisdienst abonniert hat.

Der französische Fußballverband hat mit dem Privatsender Canal Plus einen bis zum Jahr 2001 laufenden Vertrag geschlossen, der für sämtliche Fußballrechte - einschließlich der Nationalmannschaft – DM 230 Mio. pro Saison zahlt. Die großen französischen Clubs wie Marseille, Straßburg oder Paris

---

[11] Vgl. zu den folgenden Abschnitten 4.1.2.2 - 4.1.2.5 Ockert vom 03.02.1999; FAZ vom 11.08.1998; Wiskow vom 04.02.1999 sowie der „*Abschlußbericht TV-Kommission Lizenzfußball*" vom 22.04.1999, S. 10-16

[12] Umrechnung in DM anhand des Euro-Wechselkurses: 100 ffr = 29,82 DM

Saint Germain fordern die Einzelvermarktung ihrer Rechte und drohen mit einer Klage in Brüssel.

### 4.1.2.3 Großbritannien

Der mit rund umgerechnet DM 1,8 Mrd. dotierte Vier-Jahresvertrag zwischen der englischen Premier League und dem Privatsender SKY-Sports beinhaltet die Übertragungsrechte für sämtliche Liga-Spiele und ist die Grundlage des neuen Reichtums der englischen Clubs. Die staatliche Kartellbehörde (OFT– Office of Fair Trade) sieht in diesem Vertrag jedoch ein Monopol und verlangt daher die Einzelvermarktung, weil sie sich davon für den Fernsehzuschauer als Endverbraucher finanzielle Vorteile verspricht.[13] Sowohl die Premier League als auch die Mehrheit der Clubs wollen aber an der zentralen Vermarktung festhalten und werden dabei vom Sportministerium unterstützt. Allerdings hoffen auch hier die großen populären Vereine wie Manchester United auf die Einzelvermarktung, von der sie sich noch höhere TV-Einnahmen versprechen. Im Juli 1999 hat ein oberstes britisches Gericht entschieden, daß die momentane Zentralvermarktung der Premier League rechtmäßig sei. In der Begründung heißt es wörtlich: *„Wir erklären damit, daß die den Vereinen vorenthaltene Einzelvermarktung nicht dem öffentlichen Interesse zuwiderläuft."* Das britische gegenwärtige Vermarktungssystem abzuschaffen, füge – nach Ansicht der Richter – der Sache mehr Schaden zu, als daß es jemandem nütze. Ähnlich wie der DFB vertritt die Premier League den Standpunkt, daß eine dezentrale Vermarktung der Ligaspiele durch die einzelnen Clubs zu einer Aufspaltung in einen reichen Teil und einen weniger finanzstarken Teil der Liga führen würde. Dieses Urteil wirkte sich sofort auf die Börsenkurse aus. Während der Kurs der Aktie vom Manchester United um gut 5 % fiel – Manchester hätte am meisten von einer Einzelvermarktung profitiert –, stieg der Kurs des Pay-TV-Senders BSkyB, der die Premier League-Rechte noch bis 2001 besitzt, um 2,5 %.[14]

Das Pay-TV[15] spielt in Großbritannien ebenfalls eine weit wichtigere Rolle als in Deutschland, da die Auswahl im Rahmen der Free-TV-Programme nicht so groß ist. Hier liegt die Verbreitung des Pay-TV bei 17 % aller Fernsehhaushalte. Doch sind in Großbritannien noch andere Tendenzen zu beo-

---

13 Vgl. Albertat/Johnstone 1997, S. 2-6
14 Vgl. Handelsblatt vom 27.07.1999
15 Vgl. Bradford 1997, S. 4-8

bachten. Zwar ist der Versuch von BSkyB gescheitert, Manchester United aufzukaufen, und auch die Planungen anderer Medienunternehmen, Fußball-Clubs aufzukaufen, wurden damit hinfällig. Doch planen einige Clubs der Premier League, in Zukunft selbst einen eigenen Sender zu gründen oder aber zumindest eigene Programme zu produzieren, die über private Kabelsender ausgestrahlt werden. Die club-eigenen Sender dürfen aber keine aktuellen Spiele der Premier League übertragen.

Chelsea Village produziert selbst ein halbstündiges Magazin mit Namen *Blue Tomorrow*, das über das aktuelle Vereinsleben informiert. Die Sendung wird einmal pro Woche über einen privaten Kabelkanal ausgestrahlt.

Manchester United hat im September 1998 einen eigenen Fernsehsender installiert. Das Abonnement-Programm „*Manchester United TV*" (MUTV) strahlt an 7 Tagen pro Monat 7 Stunden, an den restlichen Tagen 6 Stunden, Spiele der Reserve- und Jugendmannschaften, herausragende Spiele aus früheren Jahren, Quiz- und Gameshows, Interviews mit den Spielern sowie Nachrichten aus dem Lager der Mannschaft aus. Der neue Kanal, der aus einem Studio im Stadion Old Trafford sendet, ist anfänglich nur über Kabel oder Satellit zu empfangen. Hinter MUTV steht neben der Granada Media Group auch das Medienunternehmen BSkyB, das den Club übernehmen wollte, und der Sender SKY-Sports; der wiederum die Exklusivrechte an der Premier League besitzt und ebenfalls zum Medienimperium Murdochs gehört.

Die Football Association (FA), die die Rechte der Premier League zentral ausübt, hat sich in ihrem Vermarktungskonzept eindeutig zugunsten des Pay-TV entschieden. Deutlich wird diese Entscheidung, wenn man den Ausstrahlungsmodus betrachtet. Während die Live-Übertragungen der Spiele ausschließlich im Pay-TV stattfinden, ist die Highlight-Berichterstattung im Free-TV umfänglich sehr eingeschränkt. Allerdings sind Länderspiele, Champions League und FA Cup im Free-TV präsent.

Für die Saison 1998/99 erhielt die Premier League einen Betrag von umgerechnet DM 585 Mio. In der Spielzeit 1999/2000 werden Einnahmen von ca. DM 633 Mio. erwartet. Für die exklusive Berichterstattung im Pay-TV ist ein Lizenzbetrag von DM 435 Mio. (DM 480 Mio.) fällig. Das Free-TV steuert für die Rechte der Highlight-Berichterstattung DM 52,5 Mio. (DM 53,5 Mio.) hinzu. Über die Auslandsvermarktungsrechte erzielt die Premier League noch einmal DM 97,5 Mio. (DM 99,5 Mio.). Diese hohen Einnahmen aus der Auslandsvermarktung resultieren aus der großen Anzahl der weltweiten Ausstrahlung, die sich wiederum einerseits auf die Attraktivität der Premier

League, andererseits auf die sprachliche und kulturelle Verbundenheit vieler Nationen mit Großbritannien zurückführen lassen.

Die Premier League hat ein wirtschaftliches Ausgleichsmodell auf der Basis der Zentralvermarktung aufgebaut. Zuerst wird ein Anteil von 4,87 % aller Free- und Pay-TV-Einnahmen an die Spielergewerkschaft abgeführt, die in England eine starke Position innehat. Im Zuge der Solidarität erhält die 1. Division einen Anteil von 6,5 % aus dem gleichen Einnahmepool. Von den verbliebenen 88,68 % dieser Einnahmen erhalten die Absteiger in die 1. Division Auffangzahlungen von ca. 4 % des Restpool. 46 % dieser Einnahmen werden gleichmäßig unter den Clubs der Premier League verteilt. Die restlichen 50 % des Einnahmepools werden je zur Hälfte nach den Leistungskriterien „Tabellenplatz nach Abschluß der Saison" und „TV-Präsenz im Pay- und Free-TV" verteilt. Das englische Ausgleichsmodell stützt sich damit auf einen Mix aus Garantie- und Erfolgszahlungen und fügt innerhalb des Modells dem Solidaritätsgedanken das Leistungsprinzip hinzu. Das Ligabüro wird mit einem Betrag von umgerechnet DM 15 Mio. aus den Einnahmen der Auslandsverwertungen finanziert. Der Restbetrag dieser Einnahmequellen wird gleichmäßig unter den Clubs der Premier League aufgeteilt. Aus der zentralen Vermarktung der TV-Rechte ergaben in der Saison 1997/98 für den „Topverdiener" Einnahmen von DM 30,8 Mio. und für das „Schlußlicht" DM 14,5 Mio. Damit erhielt der einnahmenschwächste Verein der Premier League rund 47 % des einnahmenstärksten Vereins.

Auffällig ist zudem, daß der englische Fußballverband unter den Aspekten der Werterhaltung und -steigerung seines Produkts Premier League und infolge der großen Abonnentenzahl von Sky Sports 1 lediglich 60 Live-Übertragungen pro Spielzeit zuläßt. Die zusammenfassende Free-TV-Berichterstattung des jeweiligen Spieltages beschränkt sich auf eine 60 Minuten umfassende Sendung im Programm von BBC, die am Samstag um 22.00 Uhr ausgestrahlt und Sonntagmorgen wiederholt wird.

### 4.1.2.4 Italien

Die Vermarktung aller Fernsehrechte in Italien erfolgte in der Saison 1998/99 zentral. Für die Übertragungen im Pay-TV und über Pay-per-view erhielten die italienischen Ligen umgerechnet ca. DM 214,5 Mio. Die Auslandsverwertung brachte DM 51 Mio. ein, während das Free-TV DM 102 Mio. zu den Fernseheinnahmen beisteuerte. Insgesamt wurden Einnahmen von umgerechnet DM 367,5 Mio. aus der Zentralvermarktung erzielt. Jeder Club der

Serie A erhielt davon DM 3,5 Mio., während jeder Zweitligist sich mit DM 3,3 Mio. zufriedengeben mußte.

Das von den Vereinen vorgeschlagene Verteilungsmodell für die Saison 1999/2000 basiert – wie in England – auf einem Mix aus zentraler und dezentraler Vermarktung. Danach vergibt die italienische Liga die Rechte für das Free-TV auch weiterhin zentral. Allerdings wurde von der Liga für die Saison 1999/2000 eine Verdoppelung der Gelder gefordert. Die Free-TV-Sender RAI und TMC zahlen nun DM 200 Mio. für zeitversetzte Highlight-Berichterstattungen, die je nach Sendung zwischen 25 und 90 Minuten lang sind. Die Rechte für das Pay-TV und Pay-per-view-TV kann jeder Verein künftig selbst vermarkten. Die Fans des Rekordmeisters Juventus Turin können schon seit der Saison 1998/99 alle Spiele ihres Vereins über einen Pay-TV-Sender verfolgen. Für den Sechs-Jahresvertrag kassierte der Turiner Club insgesamt DM 570 Mio. Die beiden Mailänder Vereine AC Milan und Inter folgen mit jeweils DM 490 Mio. Einnahmen aus den Pay-TV-Verträgen für die kommenden sechs Jahre. Insgesamt erwarten die Vereine für die Saison 1999/2000 Einnahmen aus der dezentralen Vermarktung von umgerechnet DM 618 Mio. Dazu kommen noch die DM 200 Mio. aus der Free-TV-Verwertung und DM 185 Mio. Einnahmen, die sich aus TV-Sponsoring und Toto-Erträgen zusammensetzen. Die Vereine der Serie A und B verfügen damit über Fernseheinnahmen von insgesamt rund DM 1,003 Mrd. für die Saison 1999/2000.

Hinsichtlich der Live-Übertragungen hat man sich in den italienischen Ligen ebenfalls eindeutig zugunsten des Pay-TV entschieden; und dieses, obwohl in Italien das Free-TV relativ weit verbreitet ist, besonders die Programme von RAI. Allerdings existieren zudem zwei Pay-TV-Sender, die einen Wettbewerb auf diesem Sektor generieren.

Im Gegensatz zu England setzen die Italiener zur Werterhaltung ihres Produkts Serie A und B nicht auf eine Verknappung der Live-Übertragungen, sondern es werden alle Ligaspiele live übertragen. Pro Spielzeit werden 34 Spiele der Serie A und 38 Spiele der Serie B live über das Pay-TV ausgestrahlt. Des weiteren sind alle 686 Spiele pro Saison im Pay-per-view live zu sehen.

Das von den Clubs avisierte Verteilungsmodell, über das die Liga noch entscheiden muß, beinhaltet auch ein wirtschaftliches Ausgleichssystem. Von den Einnahmen aus der Free-TV-Verwertung sowie Erträgen aus TV-Sponsoring und Fußball-Toto (insgesamt DM 385 Mio.) werden der Serie B Zahlungen von DM 200 Mio. garantiert, die gleichmäßig unter den 20 Vereinen aufgeteilt werden. Die Einnahmen aus der dezentralen Verwertung der Pay-TV-Rechte verbleiben komplett beim jeweiligen Verein. Der interne Ausgleich innerhalb Serie A gestaltet sich folgendermaßen: Von dem verbleibenden Betrag von DM 185 Mio. aus der Zentralvermarktung werden 75 % zu gleichen Teilen an die Clubs verteilt. Die restlichen 25 % werden im umgekehrten Verhältnis zu den aus der dezentralen Vermarktung erwirtschafteten Einnahmen aufgeteilt. Des weiteren muß jeder Verein 18 % seiner TV-Einnahmen aus der dezentralen Vermarktung in einen Pool einzahlen. Von dem sich daraus ergebenden Betrag erhält jeder Club der Serie A den gleichen Anteil. Folglich behält jeder Club 82 % der von ihm selbst erzielten TV-Einnahmen; dazu kommen weitere Einnahmen im Rahmen des Solidaritätsausgleichs. Legt man die hier aufgeführten Zahlen zugrunde, so wird ein Spitzenverein, der dezentral DM 100 Mio. erwirtschaftet, ca. DM 92,1 Mio. erhalten. Im Gegensatz dazu kann ein Club der Serie A, der auf diese Weise nur ca. DM 10 Mio. an TV-Einnahmen erzielt, mit einem Betrag von rund DM 20,4 Mio. rechnen. Trotz des wirtschaftlichen Solidaritätsausgleich liegt die Relation der TV-Einnahmen zwischen „Topverdiener" und „Schlußlicht" bei 100 % zu 22 %.

Ganz aktuell in Juni 1999 haben sich vier Fußball-Clubs der Serie A (AC Florenz, AC Parma, AS Rom und Lazio Rom) mit je 3 % an dem Pay-TV-Kanal Stream direkt beteiligt. Die Telecom Italia und die New Cooperation Europe/Murdoch halten je 35 % sowie der „Eigentümer" des Clubs AC Florenz 18 % der Anteile der Senders. Zum Ausgleich haben die vier Clubs für die kommenden sechs Jahre die TV-Rechte für jeweils rund DM 70 Mio. jährlich an den TV-Kanal Stream abgetreten. Stream wird damit Hauptkonkurrent zum Pay-TV-Sender Tele Plus, der bisher die Rechte von zehn Mannschaften der Serie A besitzt.[16]

### 4.1.2.5 USA

Ganz anders als in Europa hat sich der Pay-TV-Markt in Nordamerika entwickelt. Bereits im Jahr 1972 ging Home Box Office (HBO) mit dem ersten Pay-TV-Kanal auf Sendung. Mittlerweile bemühen sich drei große und zwei kleine Anbieter um die Gunst der Zuschauer. So liefert beispielsweise der führende Sender Direc-TV ein Basisangebot und eine Reihe von Pay-per-view-Kanälen, insgesamt bis zu 200 (!) Programme. Zu den attraktivsten

---

16  Vgl. Sponsor's 06/1999

Elementen zählen Spielfilme, Sport, Musik und Nachrichten. Das Basisprogramm mit 22 Programmen kostet etwa 15 US-$ (ca. DM 25,50[17]) pro Monat; das 50 Programme umfassende Paket kostet monatlich 30 US-$ (DM 51). Für bestimmte Sportpakete fallen zusätzliche Gebühren an. So kosten die NBA-Basketballspiele noch einmal US-$ 150 (DM 255) pro Jahr oder die NHL-Eishockeyspiele 120 US-$ (DM 204). Allerdings hat man die Möglichkeit, eine „TV-Dauerkarte" für die Heim- und Auswärtsspiele seiner Lieblingsmannschaft zu erwerben und kann dann sämtliche Spiele seines Teams unverschlüsselt verfolgen.

Mittlerweile ist in den USA das Abonnement eines Pay-TV-Kanals fast schon selbstverständlich. 70 Mio. amerikanische Haushalte – das sind fast zwei Drittel – sind verkabelt, die Hälfte davon – also 35 Mio. Haushalte – abonniert zusätzlich Pay-Programme.

### 4.1.3 Ein Vermarktungskonzept für Deutschland

Bis zu Beginn der 80er Jahre war die Fernsehlandschaft in Deutschland durch zwei öffentlich-rechtliche Sendersysteme gekennzeichnet: die in der ARD zusammen geschlossenen Rundfunkanstalten der Bundesländer und das ZDF. Mit der Änderung des Rundfunkstaatsvertrages im Jahr 1984 wurde die Monopolstellung der „öffentlich-rechtlichen Sendeanstalten" beendet. Erstmals wurden private, kommerzielle Fernsehveranstalter in Deutschland zugelassen und konnten sich am Markt etablieren. Die neue Definition der rundfunkpolitischen Rahmenbedingungen führte zu einer Veränderung der rechtlichen, ökonomischen und technischen Grundstruktur des Fernsehens. Im Free-TV-Bereich ist auf diese Weise ein duales Fernsehsystem entstanden, das durch einen starken Wettbewerb mit spezifischen Charakteristika gekennzeichnet ist. Auf der einen Seite steht der öffentlich-rechtliche Rundfunk, der sich durch die idealtypische Ausrichtung auf Gemeinwohl und Gemeinnützigkeit auszeichnet. Als Eigentum der öffentlichen Hand stehen bei ARD und ZDF nicht erwerbswirtschaftliche Unternehmenszielsetzungen im Vordergrund. Auf der anderen Seite orientiert sich das private Organisationsmodell am Markt mit der Absicht, Gewinne zu erwirtschaften. Die Sender befinden sich im privaten Eigentum und visieren daher vor allem erwerbswirtschaftliche Ziele an. Den aus dem dualen System hervorgegangenen Wettbewerb zwi-

---

[17] Bei der Umrechnung in DM wurde von einem Kurs von 1,70 DM pro US-$ ausgegangen.

schen diesen beiden Organisationsmodellen verdeutlicht die nachfolgende Abbildung 15:[18]

**Abb. 15: Duales Fernsehsystem im deutschen Free-TV-Bereich**

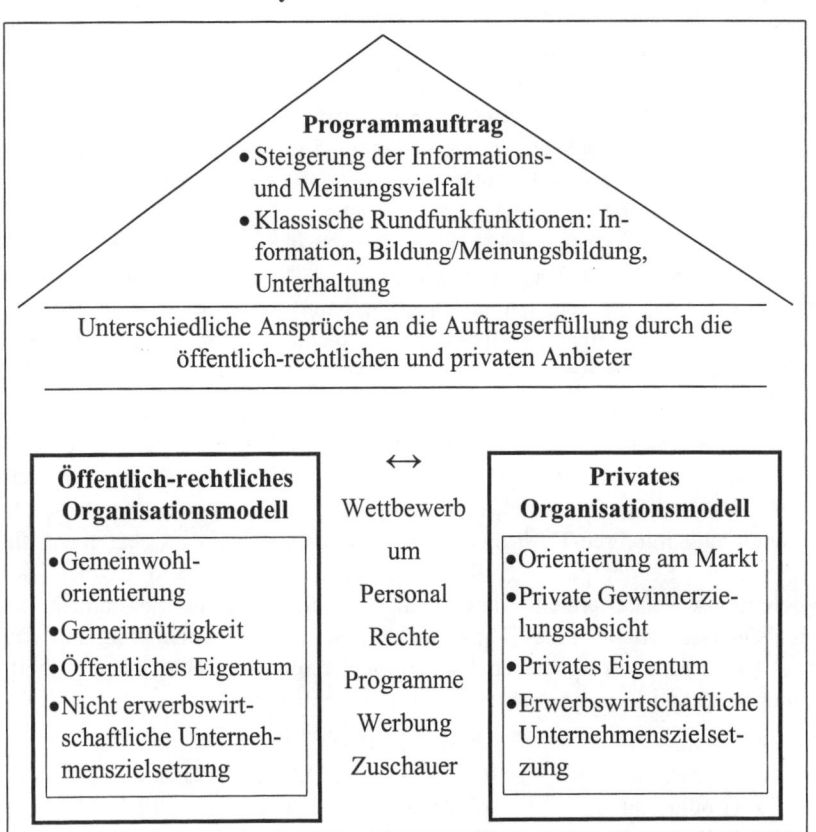

**Programmauftrag**
- Steigerung der Informations- und Meinungsvielfalt
- Klassische Rundfunkfunktionen: Information, Bildung/Meinungsbildung, Unterhaltung

Unterschiedliche Ansprüche an die Auftragserfüllung durch die öffentlich-rechtlichen und privaten Anbieter

| Öffentlich-rechtliches Organisationsmodell | ↔ Wettbewerb um Personal Rechte Programme Werbung Zuschauer | Privates Organisationsmodell |
|---|---|---|
| •Gemeinwohlorientierung<br>•Gemeinnützigkeit<br>•Öffentliches Eigentum<br>•Nicht erwerbswirtschaftliche Unternehmenszielsetzung | | •Orientierung am Markt<br>•Private Gewinnerzielungsabsicht<br>•Privates Eigentum<br>•Erwerbswirtschaftliche Unternehmenszielsetzung |

Die Struktur des Fernsehmarktes in Deutschland unterscheidet sich also stark von denen der anderen europäischen Ländern; ein direkter Vergleich ist daher kaum möglich.[19] Der deutsche TV-Markt ist dadurch gekennzeichnet, daß mittlerweile ca. 35 bundesweit empfangbare Free-TV-Programme und 2 Pay-

---

18 Vgl. zu diesem Absatz und zur Abbildung 15: Digel/Burk 1999, S. 22f.
19 Vgl. zu den folgenden Ausführungen den *„Abschlußbericht TV-Kommission Lizenzfußball"* vom 22.04.1999, S. 17-30

TV-Sender existieren. Von diesen 35 Free-TV-Programmen haben 24 Programme eine Reichweite von mehr als 25 %, und sorgen – wie beschrieben – für lebhaften Wettbewerb in diesem Bereich des Fernsehmarktes. Dagegen besteht im Pay-TV-Bereich keine echte Konkurrenz zwischen den beiden Sendern, da der Sender Premiere ausschließlich Fußballspiele live überträgt. Seitdem die Kirch-Gruppe, Eigner des digitalen Kanals DF1, die Mehrheit am Sender Premiere erworben hat, herrscht praktisch überhaupt kein Wettbewerb mehr in dieser TV-Sparte. Außerdem machen die Abonnenten der Pay-TV-Programme von Premiere gerade einmal 5 % der Fernsehhaushalte in Deutschland aus. Die Abonnentenzahlen von DF1 sind äußerst gering. Allerdings wird erwartet, daß der Medienunternehmen Rupert Murdoch, der durch seinen Sender tm3 neuer Inhaber der deutschen Rechte an der Champions League geworden ist, versuchen wird, auch in Deutschland einen weiteren Pay-TV-Sender einzurichten und zu etablieren. Wie die Erfahrungen von RTL, dem ehemaligen Besitzer dieser Rechte, zeigen, lassen sich die Champions League-Rechte durch die Verwertung ausschließlich im Free-TV nicht refinanzieren.

Die hier beschriebene Struktur des deutschen Marktes hat natürlich Auswirkungen auf die wirtschaftliche Wertigkeit aus der Sicht des Fußballs. In keinem TV-Markt im europäischen Ausland gibt es eine solche flächendeckende Versorgung mit Free-TV-Programmen. Ausschlaggebend ist aber nicht die Anzahl der Sender mit einer Reichweite über 25 %, sondern vielmehr der durch diese Sender erzielte Marktanteil. Vergleicht man die Marktanteile der jeweils vier größten Free-TV-Sender in Frankreich, Spanien, England und Italien mit denen in Deutschland, so ergibt sich folgendes Bild, das die Abbildungen 16 und 17 auf der nächsten Seite verdeutlichen:

- Frankreich **88,5%** (12,1%; 17,3%; 24,7% und 34,4%)
- Spanien **87,2%** (17,4%; 21,9%; 22,1% und 25,8%)
- Großbritannien **87,0%** (10,7%; 11,5%; 31,3% und 33,5%)
- Italien **70,9%** ( 9,7%; 16,2%; 22,0% und 23,0%)
- Deutschland **58,5%** (13,3%; 14,0%; 15,1% und 16,1%)

Die Preissteigerungen, die an denen des deutschen Marktes im Vergleich zu den übrigen vier europäischen Ländern vorbeigezogen sind, lassen sich vor allem auf die Aktivitäten im Sektor Pay-TV und auf die Anfänge des Pay-per-view zurückführen. Aufgrund der in diesen Ländern bestehenden Wettbewerbssituationen mit dem Free-TV, aber auch innerhalb des Pay-TV, waren möglicherweise auch politische und nicht nur am Marktwert orientierte Preise durchsetzbar.

Die Vermarktung von Fußball-Fernsehrechten

**Abb. 16: Free-TV und Pay-TV/Digital-TV-Sender in Europa 1997**

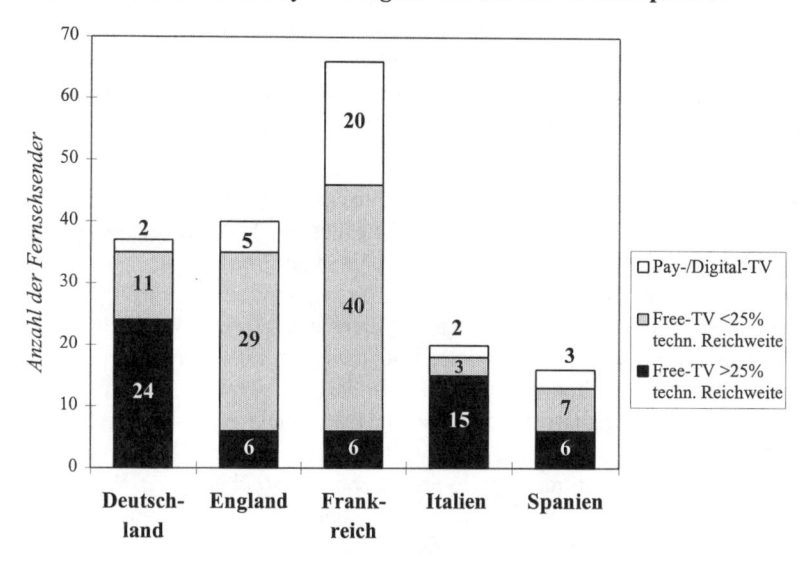

**Abb. 17: Marktanteile der vier größten Free-TV-Sender in Europa 1997**

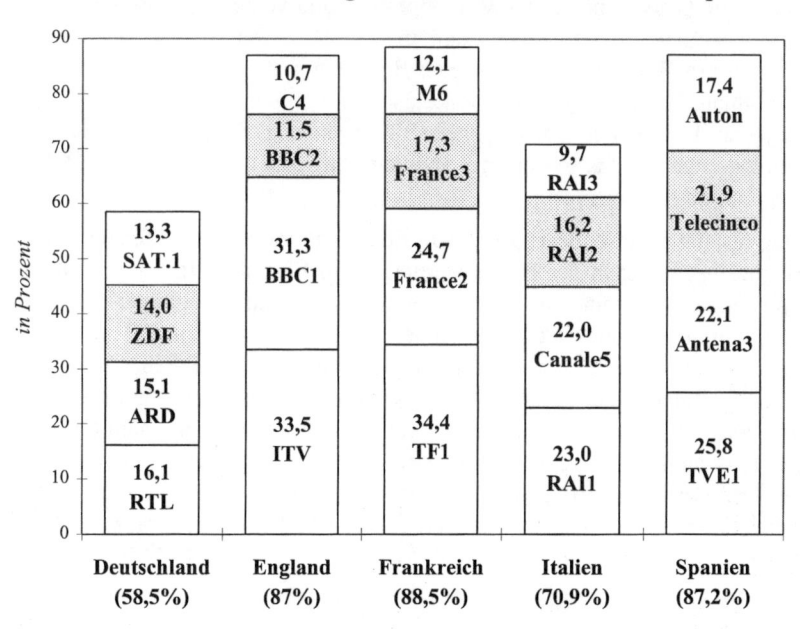

143

Gerade die Entwicklung des Pay-TV in Deutschland wurde durch die bisherige Wettbewerbsstruktur der beiden Sender und durch Streitigkeiten mit der EU-Kommission behindert. Die fehlende Konkurrenz und die geringe Akzeptanz des Pay-TV bei den deutschen Fernsehzuschauern sind für die mäßige Ertragssituation aus den Pay-TV-Rechten mitverantwortlich.

Die Live-Übertragungen der Spiele der 1. Bundesliga finden bereits im wesentlichen im Pay-TV bei Premiere statt. Pro Spieltag werden drei Spiele live ausgestrahlt. Eine der am Freitag und eine der am Samstag ausgetragenen Begegnungen werden im analogen Programm von Premiere übertragen, das Sonntagsspiel der 1. Bundesliga wird im Digitalprogramm von Premiere verwertet. Bei Wochenspieltagen, die meist dienstags oder mittwochs angesetzt sind, werden lediglich zwei Spiele, und diese im analogen Premiere-Programm, live zu den Abonnenten auf den Bildschirm gebracht. Im Laufe einer Spielzeit ergeben sich aus diesem Modus ca. 94 Spiele der 1. Bundesliga, die im Pay-TV live zu sehen sind. Des weiteren hat der Free-TV-Erstverwerter SAT.1 die Möglichkeit, fünf Spiele pro Saison live zu übertragen. Wesentlich ist dabei in Wechselwirkung zum Pay-TV, daß SAT.1 das bevorzugte Ziehungsrecht für die Auswahl dieser Spiele besitzt.

Der Schwerpunkt der Live-Übertragungen der Spiele der 2. Bundesliga liegt unter dem Gesichtspunkt der Medienpräsenz und verbesserter Vermarktungsmöglichkeiten der Bandenwerbung im Free-TV. Der Sender DSF hat die Option, pro Wochenendspieltag eine Begegnung am Montagabend live auszustrahlen. Während der gesamten Saison ist von ungefähr 31 im DSF übertragenen Live-Spielen auszugehen. In Ergänzung dazu hat der Pay-TV-Sender Premiere das Recht, pro Spieltag ein Spiel in einem seiner Digitalprogramme zu übertragen.

Die zusammenfassende Highlight-Berichterstattung von den Spielen der 1. Bundesliga findet in der Erstverwertung bei SAT.1 statt. Bislang wurde pro Spieltag und -termin eine eigene Sendung zum frühstmöglichen Ausstrahlungszeitpunkt produziert und gesendet. Pro Saison werden somit ca. 94 Sendungen mit einem zeitlichen Umfang von 60 bis 90 Minuten ausgestrahlt. Über den Inhaber der Free-TV-Rechte ISPR erfolgt eine umfangreiche Zweit- und Nachberichterstattung in verschiedenen nationalen, regionalen und lokalen Programmen. Die Zusammenfassung der Spieltage der 2. Bundesliga in der Erstverwertung erfolgt vorrangig im DSF. Der Sportsender strahlt in einer Spielzeit, immer freitags und sonntags[20], rund 65 Sendungen mit einer Dauer

---

20  ab der Saison 1999/2000 noch erweitert auf samstags

von 30 bis 60 Minuten aus. Im Rahmen der nachrichtlichen Berichterstattung wird vereinzelt bundesweit, aber umfassender in den regionalen Programmen berichtet.

Da die Verträge über die Fernsehrechte an der Bundesliga zum Saisonende 1999/2000 auslaufen, ist zwischen einem Teil der Bundesliga-Clubs und dem DFB ein Streit über die zukünftige Vermarktungsform dieser Rechte entbrannt. Während der DFB alle Bundesligarechte weiterhin zentral vermarkten will, erhoffen sich besonders die Spitzenvereine aus der dezentralen Verwertung ihrer Rechte höhere Einnahmen. Daraufhin wurde von der Bundesliga eine Sonderkommission eingesetzt, der neben Vertretern aus Vereinen der 1. und 2. Bundesliga (Jürgen Friedrichs (1.FC Kaiserslautern), Heinz Heßling (Fortuna Düsseldorf), Engelbert Kupka (SpVgg Unterhaching), Peter Peters (Schalke 04) und Karl-Heinz Rummenigge (Bayern München)) auch ein DFB-Vertreter (Ligadirektor Wilfried Straub) angehört. Diese Kommission hat ein Vermarktungskonzept und einen Ausstrahlungsmodus erarbeitet. Die Ergebnisse wurden unter Berücksichtigung der Entwicklungen und Erfahrungen in den vier zum Vergleich herangezogenen europäischen Ländern in einem Abschlußbericht zusammengefaßt, dessen Vorschläge im folgenden kurz erläutert werden.

Steigerungen bei den Fernseheinnahmen lassen sich im Free-TV-Bereich trotz der starken Konkurrenzsituation in Deutschland nur noch untergeordnet erzielen. Demzufolge soll die Entwicklung des Pay-TV mehr als in der Vergangenheit forciert und im Hinblick auf die Steigerung der Einnahmen genutzt werden. Aus diesen Gründen soll zukünftig die Live-Übertragung aller Spiele der 1. Bundesliga ausschließlich im Pay-TV und Pay-per-view umgesetzt werden.

Um die wirtschaftlichen Einnahmemöglichkeiten zu optimieren, soll das Produkt „Bundesliga" als Marke etabliert werden. Die exklusive Berichterstattung im Pay-TV bzw. im Pay-per-view[21] erscheint dazu ebenso vonnöten wie eine einheitliche Darstellung bei der zusammenfassenden Highlight-Berichterstattung, die auch weiterhin von einem erstverwertenden Sender im Free-TV vorgenommen werden soll. Die zusammenfassende Berichterstattung im Free-TV ist schon allein unter dem Aspekt der Vermarktungsmöglichkeiten im Bereich Sponsoring wirtschaftlich notwendig. Außerdem soll damit dem

---

21  Nach Angaben des Pay-TV-Senders Premiere im August 1999 ist das Pay-per-view-Verfahren in Deutschland technische schon heute möglich, jedoch wird es dieses frühestens ab dem 01.07.2000 geben, da der bis zum 30.06.2000 mit dem DFB laufende Vertrag einen früheren Einsatz dieser Sendeform nicht erlaube.

„politischen" Anliegen, daß alle Bevölkerungsschichten an der 1. und 2. Bundesliga teilhaben können, Rechnung getragen werden. Im Hinblick auf die prognostizierten steigenden Einnahmen aus dem Pay-TV und Pay-per-view ist diesem eine größere zeitliche Priorität einzuräumen. Das bedeutet, daß die Highlight-Sendungen im Free-TV erst zu einem späteren Zeitpunkt als momentan üblich ausgestrahlt werden dürfen. Die Kommission geht davon aus, daß sich die Einnahmesituation beider Bundesligen von gegenwärtig DM 320 Mio. (Saison 1998/99) und DM 325 Mio. (Saison 1999/2000) auf einen Betrag von zunächst rund DM 400 Mio. steigern läßt. Die Erwartungen beruhen auf der Annahme, daß – trotz der aktuellen Marktsituation in Deutschland – die Übernahme des Pay-TV-Senders Premiere durch die Kirch-Gruppe zu einer Dynamisierung des Pay-TV-Marktes führen wird.

Die praktizierte Form des wirtschaftlichen Ausgleichs zwischen den Bundesligen sowie innerhalb der beiden Ligen ist vorrangig darauf ausgerichtet, allen dortspielenden Vereinen eine wirtschaftliche Planungsgrundlage zu eröffnen. Unabhängig davon sollte den Vereinen im sportlichen Wettbewerb innerhalb der Ligen eine vergleichbare wirtschaftliche Grundausstattung zur Verfügung gestellt werden, um den Wettbewerb, und damit die Liga selbst, weiterhin attraktiv zu gestalten. Das Ausgleichsmodell dient somit als Mechanismus, der eine bedingte Konkurrenzfähigkeit aller Ligateilnehmer gewährleisten soll, unabhängig von besseren individuellen wirtschaftlichen Vermarktungsmöglichkeiten einiger Vereine, die vorrangig aus nationalen und internationalen sportlichen Leistungen resultieren.

Für die Saison 1998/99 wurden die DM 320 Mio. aus der zentralen Vermarktung der Fernsehrechte folgendermaßen zwischen den Vereinen aufgeteilt: Die 2. Bundesliga erhielt 28,125 % der Gesamteinnahmen – DM 90 Mio. 91,39 % dieses Betrages werden zu gleichen Teilen unter den Zweitligisten aufgeteilt. DM 7,75 Mio. (8,61 %) erhält die 2. Bundesliga vom DSF für die Live-Übertragungen der Montagsspiele. Davon erhält der Heimverein 30 %, der Gastverein 10 %, weitere 20 % gehen in den Livepool und die restlichen 40% werden über den Pool der 2. Bundesliga verteilt. Der 1. Bundesliga standen 78,875 % der Gesamteinnahmen zu – DM 230 Mio. Von diesem Betrag werden wiederum 89,13 % gleichmäßig unter den Erstligisten aufgeteilt. 9,13 % werden nach dem zum Saisonende erreichten Tabellenplatz vergeben. Die Einnahmen in Höhe von DM 4 Mio. aus der Live-Ausstrahlung der fünf Begegnungen im Free-TV erhielt zu 44 % der Heimverein und zu 36 % der Gastverein. Die restlichen 20 % flossen in den Livepool. Das bislang praktizierte wirtschaftliche Ausgleichsmodell wird in Abbildung 18 verdeutlicht.

Die Vermarktung von Fußball-Fernsehrechten

**Abb. 18: Das wirtschaftliche Ausgleichsmodell**
1. und 2. Bundesliga – Saison 1998/99

Gesamteinnahmen 1. und 2. Bundesliga – Saison 1998/99
320 Mio. DM

Einnahmen ISPR – **Free-TV**: 170 Mio. DM
Einnahmen UFA Sports – **Pay TV**: 150 Mio. DM

2. Bundesliga (28,175%)
90 Mio. DM

Livespiele DSF (8,61%)
7,75 Mio. DM

Heimverein (30%)
Gastverein (10%)
Livepool (20%)
Pool 2. Liga (40%)

gleicher Anteil (91,39%)
82,25 Mio. DM

1. Bundesliga (71,875%)
230 Mio. DM

Livespiele Free-TV (1,74%)
4 Mio. DM

Heimverein (44%)
Gastverein (36%)
Livepool (20%)

Tabellenplatz (9,13%)
21 Mio. DM

gleicher Anteil (89,13%)
205 Mio. DM

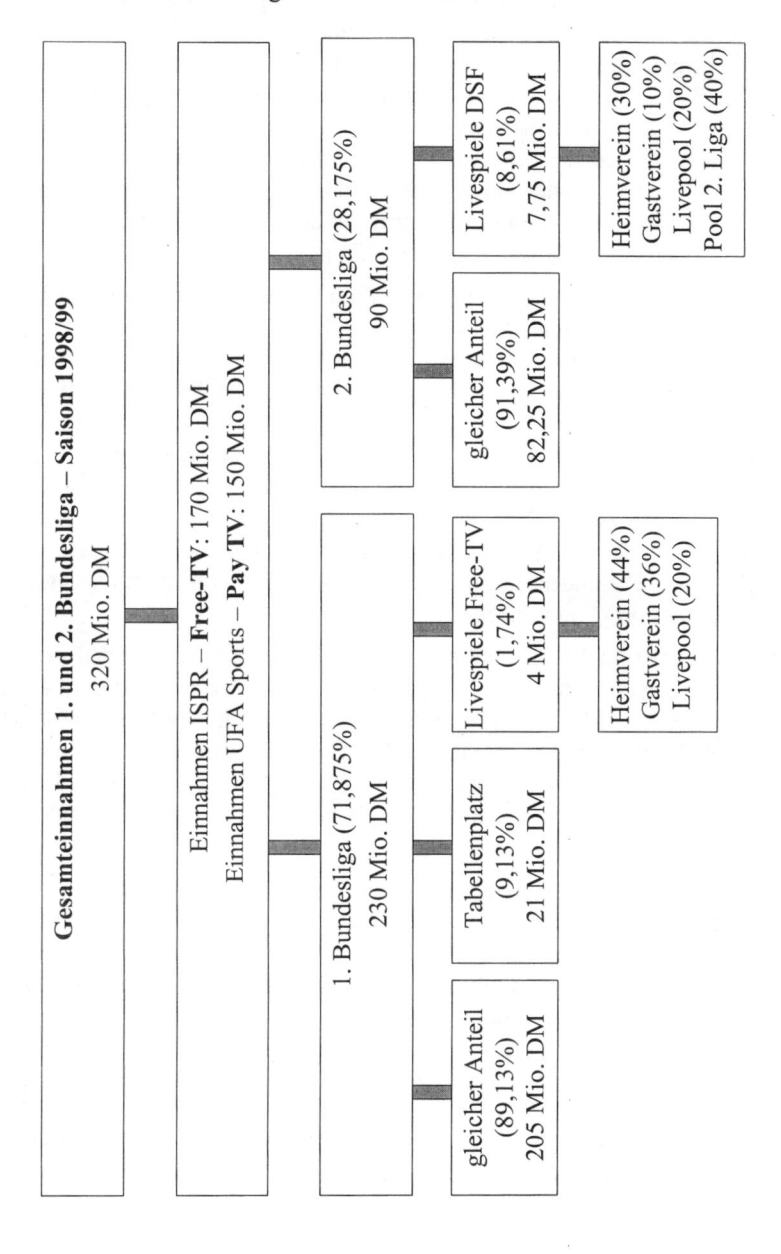

147

Im europäischen Vergleich fällt sofort auf, daß die wirtschaftliche Spannbreite bei den Einnahmen aus der TV-Verwertung der deutschen Bundesliga zwischen dem „Topverdiener" (100 %) und dem „Schlußlicht" (82 %) wesentlich geringer ist. Allerdings entspricht die Minimumeinnahme des „Schlußlichts" der deutschen Bundesliga annähernd der in den anderen europäischen Ligen. Die wirtschaftlichen Differenzen sind in erster Linie auf die Gesamteinnahmen der jeweiligen Liga zurückzuführen, wie die im Bereich der Maximumeinnahme auftretenden großen Unterschiede zeigen. In Abbildung 23 am Ende dieses Abschnitts werden die hier aufgezeigten Unterschiede noch einmal grafisch veranschaulicht.

Die zu erwartenden Steigerungen der Fernseheinnahmen sollen in erster Linie der 1. Bundesliga zugute kommen. Die 2. Bundesliga soll zwar auch an den Steigerungen partizipieren, doch in wesentlich geringerem Maße als bisher. Unter dem Aspekt der Erhaltung der internationalen Wettbewerbsfähigkeit der deutschen Spitzenvereine soll vorrangig das Leistungsprinzip als Verteilungsmodus herangezogen werden. Das anzustrebende proportionale Verhältnis zwischen Minimum- und Maximumeinnahme sollte sich in Zukunft in einem Bereich zwischen 1:2 und 1:2,5 bewegen, und zwar unabhängig von dem kommenden Vermarktungssystem. Auch das Umverteilungssystem innerhalb der 2. Bundesliga soll dem Leistungsprinzip – allerdings in abgeschwächter Form – unterliegen.

Die Kommission hat sowohl für einen Mix aus zentraler und dezentraler Vermarktung als auch für die komplette dezentrale Vermarktung der Fernsehrechte der beiden Bundesligen jeweils ein wirtschaftliches Ausgleichsmodell entwickelt, bei dem das Verhältnis zwischen „Topverdiener" und „Schlußlicht" bei 100 % zu 44,4 % bzw. bei 100 % zu 42,1 % liegen würde. Das entspräche einem proportionalen Verhältnis von maximaler zu minimaler Einnahme von 1 : 2,25 bzw. von 1 : 2,38.

Erlaubt die EU weiterhin eine zentrale Vermarktung der Bundesligarechte, stellt eine solche Entscheidung unter anderem eine rechtliche Sicherheit dar, die die Durchsetzung eines wirtschaftlichen Ausgleichsmodells erleichtern würde. Unter der Voraussetzung, daß sich die Rahmenbedingungen für ein anderes Vermarktungssystem rechtssicher gestalten lassen, empfiehlt die Kommission aber einen Mix aus zentraler und dezentraler Vermarktung. Die Rechte im Free-TV sollten weiterhin zentral vom DFB vergeben werden, während jeder Verein die Möglichkeit erhalten soll, seine Pay-TV-, Pay-per-view- und Auslandsrechte selbst dezentral zu vermarkten. Der Vermarktungsmix soll die Steigerung der Fernseheinnahmen, besonders in der von den

Spitzenclubs angestrebten Höhe, gewährleisten und gleichzeitig durch eine klare Struktur im Ausstrahlungsmodus die Liga selbst als Produkt etablieren.

Für den Fall, daß die Zentralvermarktung der Bundesligarechte von der EU-Kommission in Brüssel untersagt wird, wurde ein alternatives wirtschaftliches Ausgleichsmodell konzipiert. Von den dezentral ausgehandelten Einnahmen aus dem Verkauf der Fernsehrechte soll jeder Verein der 1. Bundesliga 65 % in einen Solidaritätspool einzahlen. 35 % ihrer individuellen Erträge bleiben in den Erstliga-Clubs, während die Zweitligisten ihre Einnahmen zu 100 % behalten sollen. Aus dem Solidaritätspool werden die Einnahmen der 2. Bundesliga aufgestockt, sofern diese insgesamt DM 90 Mio. nicht erreichen. 85 % aus dem Solidaritätspool werden linear unter den Vereine der 1. Bundesliga aufgeteilt, 15 % unter den Vereinen der zweithöchsten deutschen Fußballklasse. Die Zahlungen der UEFA (Marktanteil Deutschlands bei der Champions League) werden ebenfalls linear unter den Erstligisten verteilt, die an keinem europäischen Wettbewerb teilnehmen. Die alternativen Ausgleichsmodelle finden sich in den Abbildungen 19 und 20 am Ende dieses Abschnitts.

Bei der Betrachtung der Chancen und Risiken der unterschiedlichen Vermarktungsformen befürchtet die Kommission, daß bei vollständiger dezentraler Vermarktung der Fernsehrechte das Produkt „Bundesliga", dem bei den Gesamtüberlegungen ein übergeordneter Stellenwert zugesprochen wurde, Schaden erleidet. Ein Markenauftritt unter dem Gesichtspunkt eines Brandmarketing kann dann nicht mehr stattfinden oder nur mit erheblichem technischen und organisatorischen Aufwand sichergestellt werden. Hinzu kommt, daß in diesem Fall für viele Vereine wahrscheinlich die Plattform für ein ausreichendes TV-Coverage nicht mehr sichergestellt ist. TV-Coverage beschreibt die Reichweite des Werbemediums Fernsehen und ist für die erfolgreiche Durchführung von Sponsoring von immenser Bedeutung. Ist der Fußball, besonders im Free-TV, nicht mehr ausreichend präsent, wird Sponsoring für Unternehmen, die auf diese Weise ihren Bekanntheitsgrad ausweiten und das Image des Fußballs auf ihr Unternehmen oder ihr Produkt übertragen wollen, uninteressant. Der Vorteil der dezentralen Vermarktung wird darin gesehen, daß anders als bei der zentralen Vermarktung der Nachfrageseite (also den TV-Sendern) mehrere Anbieter (Vereine oder Rechtevermarkter) gegenüber sitzen. In der Addition der Einzelabschlüsse lassen sich mit Sicherheit höhere Gesamterträge erzielen, als dies bei der zentralen Vermarktung der Fall wäre. Als Risiko der dezentralen Vermarktung sieht die Kommission in erster Linie das Verhalten der Vereine untereinander. So kann ein wirtschaftliches Ausgleichsmodell nur dann effizient implementiert werden, wenn dessen Erfüllung durch die Vereine eng an das Lizenzierungsverfahren geknüpft ist und Strafmaßnahmen bis hin zum Lizenzentzug bei Nichterfüllung möglich sind.

Eine zentrale Vermarktung schafft dagegen eine rechtliche Grundlage bei der Verabredung eines wirtschaftlichen Ausgleichsmodell zwischen dem DFB, der Bundesliga und den Vereinen. Die Modalitäten eines solchen Solidaritätspools können im Zweifelsfall mit einer Mehrheitsentscheidung festgelegt werden, was bei einer vollständigen Dezentralisierung der TV-Rechte nicht mehr möglich wäre. Hinzu kommt noch, daß bei einem freiwilligen Solidaritätspool für börsennotierte Fußball-Kapitalgesellschaften gegenüber den Aktionären, anderen Beteiligten und weiteren Interessenten, wie z.B. dem Finanzamt, ein Erklärungsbedarf über die Höhe der freiwilligen Zahlungen entstehen kann. Daher wird eine Verteilung der Fernseheinnahmen in Anlehnung an den Bundesfinanzausgleich der Länder diskutiert. Dies gilt auch für die Verteilung der Gelder aus dem UEFA-Cup an die nicht auf internationaler Bühne spielenden Bundesliga-Clubs.

Aus diesen Gründen unterstützt die Kommission das bereits beschriebene Konzept, das auf einen Mix aus zentraler Vermarktung der Free-TV-Rechte und dezentralen Vermarktung aller übrigen Fernsehrechte setzt. Dabei muß allerdings beachtet werden, daß der Umverteilungsanteil nicht zu hoch wird.

Die folgenden Abbildungen 19 und 20 stellen die beiden Alternativvorschläge für ein wirtschaftliches Ausgleichsmodell bei dezentraler Vermarktung und bei einem Vermarktungsmix aus zentraler und dezentraler TV-Verwertung ausführlich dar.

Die Zusammenfassung des zuvor durchgeführten Vergleichs der Situation in Deutschland bezüglich der Anzahl der Live-Übertragungen und den Einnahmen aus Fernsehverwertungsrechten mit den Situationen in England, Italien und Spanien wird in den Abbildungen 21, 22 und 23 grafisch aufbereitet.

Die Daten, auf denen die folgenden Darstellungen basieren, sind dem Abschlußbericht der TV-Kommission Lizenzfußball entnommen.

Die Vermarktung von Fußball-Fernsehrechten

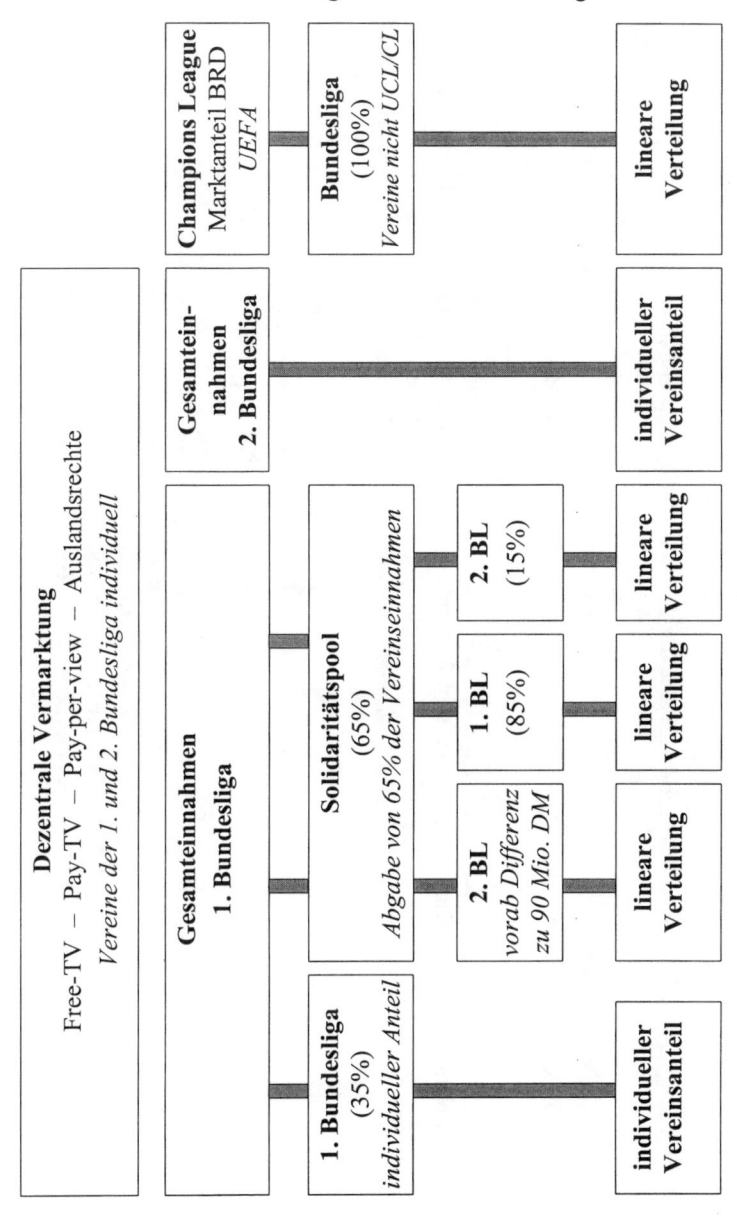

**Abb. 19: Alternative eines wirtschaftlichen Ausgleichsmodells**
Dezentrale Vermarktung der 1. und 2. Bundesliga

**Dezentrale Vermarktung**
Free-TV – Pay-TV – Pay-per-view – Auslandsrechte
*Vereine der 1. und 2. Bundesliga individuell*

- **Champions League** Marktanteil BRD *UEFA*
  - **Bundesliga (100%)** *Vereine nicht UCL/CL* → lineare Verteilung

- **Gesamteinnahmen 2. Bundesliga** → individueller Vereinsanteil

- **Gesamteinnahmen 1. Bundesliga**
  - **Solidaritätspool (65%)** *Abgabe von 65% der Vereinseinnahmen*
    - **2. BL** *vorab Differenz zu 90 Mio. DM* → lineare Verteilung
    - **1. BL (85%)** → lineare Verteilung
    - **2. BL (15%)** → lineare Verteilung
  - **1. Bundesliga (35%)** *individueller Anteil* → individueller Vereinsanteil

## Abb. 20: Empfehlung eines wirtschaftlichen Ausgleichsmodells
Mix aus zentraler und dezentraler Vermarktung der 1. und 2. Bundesliga

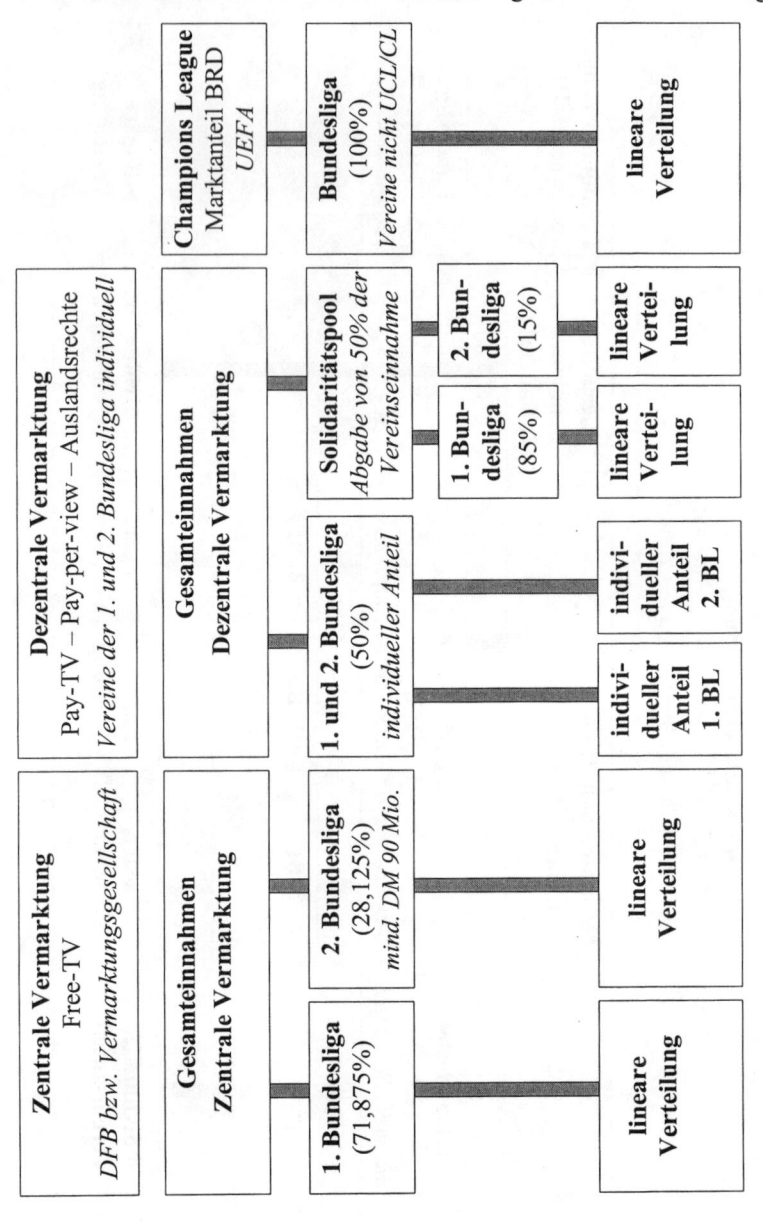

**Zentrale Vermarktung**
Free-TV
*DFB bzw. Vermarktungsgesellschaft*

Gesamteinnahmen Zentrale Vermarktung
- 1. Bundesliga (71,875%) → lineare Verteilung
- 2. Bundesliga (28,125%) *mind. DM 90 Mio.* → lineare Verteilung

**Dezentrale Vermarktung**
Pay-TV – Pay-per-view – Auslandsrechte
*Vereine der 1. und 2. Bundesliga individuell*

Gesamteinnahmen Dezentrale Vermarktung
- 1. und 2. Bundesliga (50%) *individueller Anteil* → individueller Anteil 1. BL / individueller Anteil 2. BL
- Solidaritätspool *Abgabe von 50% der Vereinseinnahme*
  - 1. Bundesliga (85%) → lineare Verteilung
  - 2. Bundesliga (15%) → lineare Verteilung

**Champions League**
Marktanteil BRD
*UEFA*

- Bundesliga (100%) *Vereine nicht UCL/CL* → lineare Verteilung

## Die Vermarktung von Fußball-Fernsehrechten

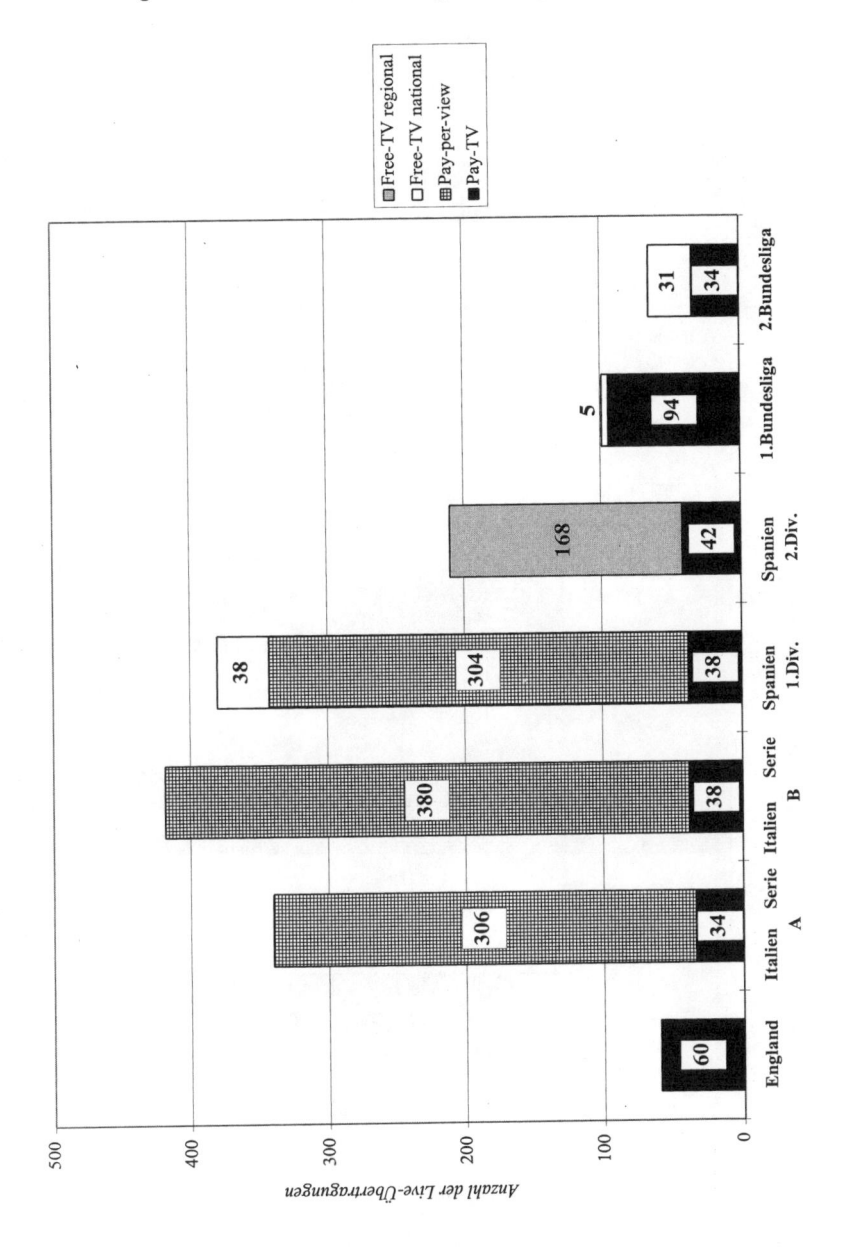

**Abb. 21: Anzahl der Live-Übertragungen – Saison 1998/99**
Vergleich der 1. und 2. Bundesliga mit England, Italien und Spanien

*Legende:*
- Free-TV regional
- Free-TV national
- Pay-per-view
- Pay-TV

*Anzahl der Live-Übertragungen:*

| Land/Liga | Free-TV regional | Free-TV national | Pay-per-view | Pay-TV |
|---|---|---|---|---|
| England | | | | 60 |
| Italien Serie A | | 306 | | 34 |
| Italien Serie B | | 380 | | 38 |
| Spanien 1.Div. | 38 | 304 | | 38 |
| Spanien 2.Div. | | 168 | | 42 |
| 1.Bundesliga | 5 | | | 94 |
| 2.Bundesliga | 31 | | | 34 |

153

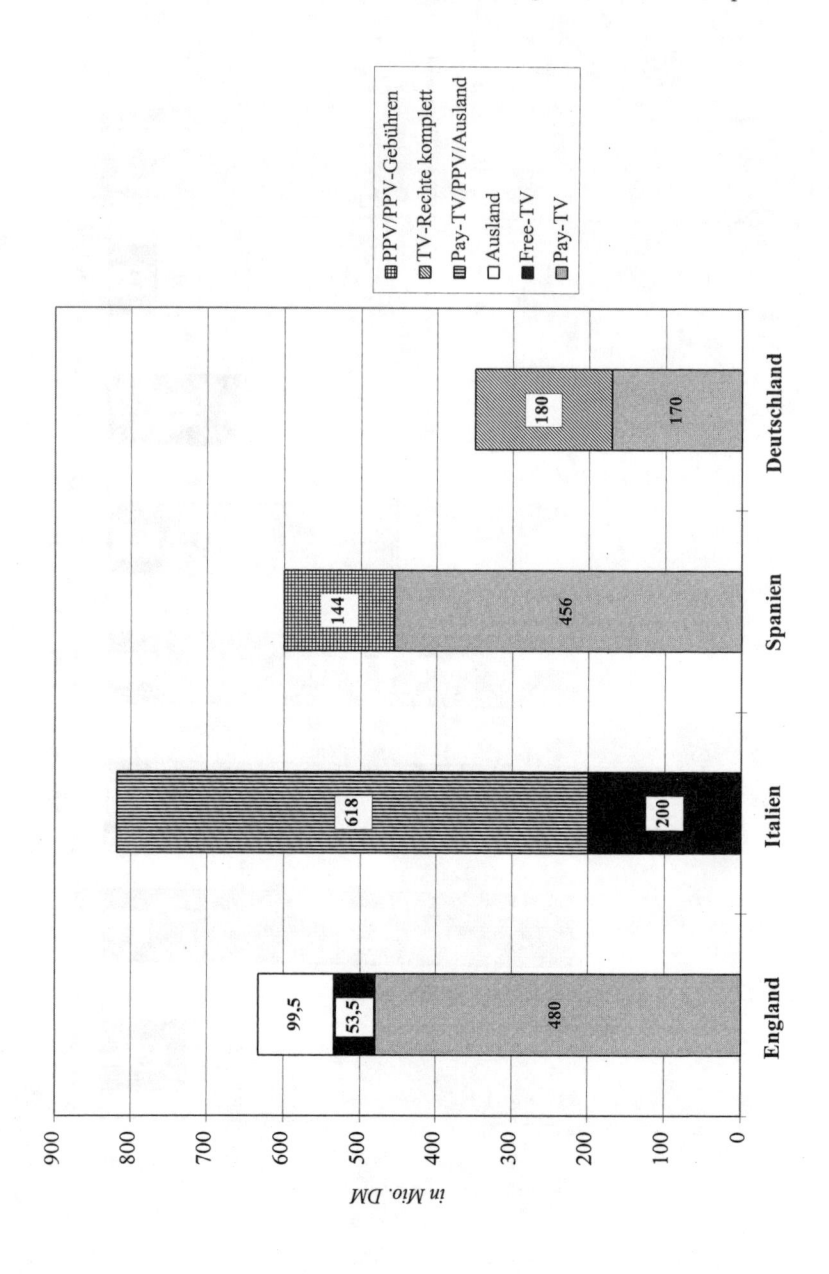

**Abb. 22: Einnahmen aus Fernsehverwertungsrechten – Saison 1999/2000**
Vergleich der 1. und 2. Bundesliga mit England, Italien und Spanien

| Land | PPV/PPV-Gebühren | TV-Rechte komplett | Pay-TV/PPV/Ausland | Ausland | Free-TV | Pay-TV |
|---|---|---|---|---|---|---|
| England | 99,5 | | | | 53,5 | 480 |
| Italien | | 618 | | | 200 | |
| Spanien | | | 144 | | | 456 |
| Deutschland | | | | 180 | | 170 |

*in Mio. DM*

**Abb. 23: Einnahmen der Vereine aus der Fernsehverwertung**
Vergleich der 1. Bundesliga mit England (Premier League),
Italien (Serie A) und Spanien (1. Division)

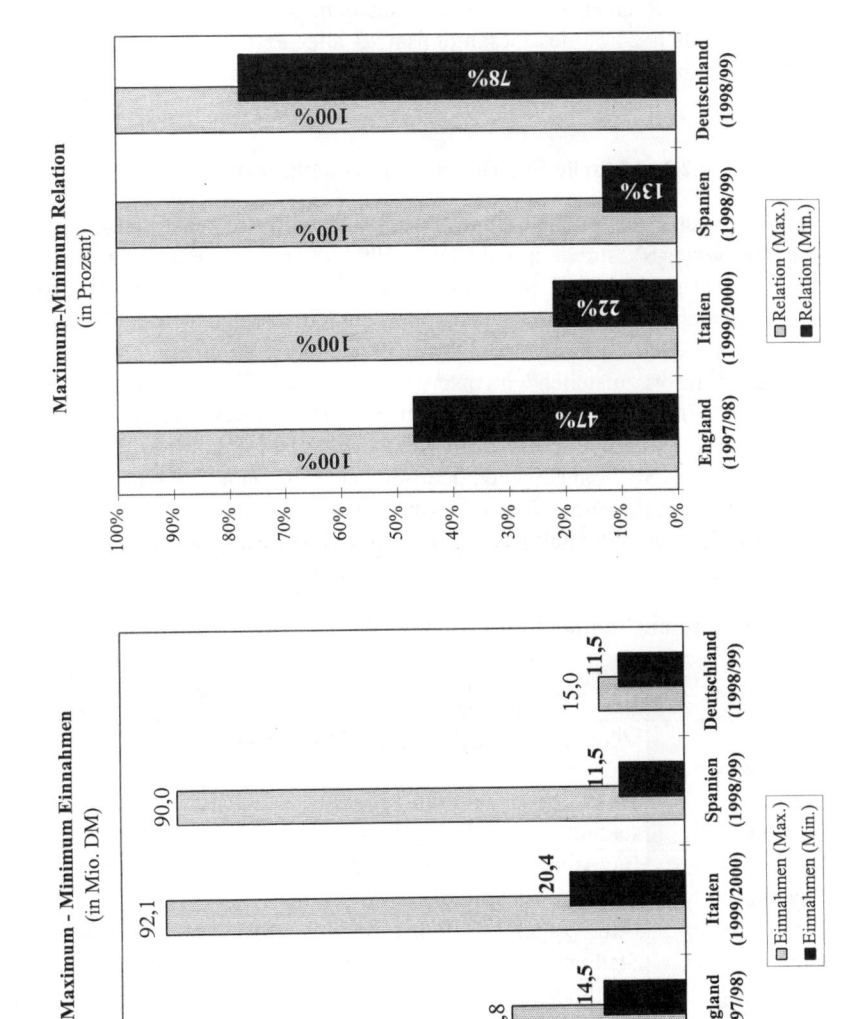

**Maximum-Minimum Relation (in Prozent)**

| Land | Relation (Max.) | Relation (Min.) |
|---|---|---|
| England (1997/98) | 100% | 47% |
| Italien (1999/2000) | 100% | 22% |
| Spanien (1998/99) | 100% | 13% |
| Deutschland (1998/99) | 100% | 78% |

**Maximum - Minimum Einnahmen (in Mio. DM)**

| Land | Einnahmen (Max.) | Einnahmen (Min.) |
|---|---|---|
| England (1997/98) | 30,8 | 14,5 |
| Italien (1999/2000) | 92,1 | 20,4 |
| Spanien (1998/99) | 90,0 | 11,5 |
| Deutschland (1998/99) | 15,0 | 11,5 |

## 4.2 Nutzungskonzepte einer gewerblichen Stadion- und Freizeitanlage

Neben den TV-Rechten sind die Erlöse aus dem Verkauf der Eintrittskarten (durchschnittlich 23 % des Gesamtumsatzes aller Erstligisten) eine weitere wichtige Einnahmequelle für die Vereine der Bundesligen.

### 4.2.1 Aktuelle Entwicklungen bei deutschen Stadien

Die Schauplätze der Fußball-Bundesliga sehen teilweise recht seltsam aus. Der Hamburger SV spielte in der Saison 1997/98 auf einer Baustelle, Hertha BSC in einer Gedenkstätte in Berlin und Borussia Dortmund in einem Freizeitpark. Doch Um- und Neubauten sollen die Voraussetzungen dafür schaffen, daß der „Betrieb Fußball-Bundesliga" den heute an einen zeitgemäßen Veranstaltungsort zu stellenden Ansprüchen genügt und – als Nebenfunktion – daß der DFB im Juni 2000 den Zuschlag für die Ausrichtung der Fußball-Weltmeisterschaft 2006 erhält. Mit geschätzten DM 3,5 Mrd. Baukosten werden zur Zeit Stadionneubauten oder -umbauten geplant. Die nachfolgende Abbildung 24 zeigt einen Überblick zur Stadionsituation für die 18 Vereine der 1. Bundesliga in der Saison 1998/99.

**Abb. 24: Stadionsituation und Projektierungen in der 1. Bundesliga**

| Club | Name | Baujahr | Fassung alt | Bau-Ende | Kosten Mio. DM | Fassung neu |
|---|---|---|---|---|---|---|
| Bayern München | Olympiastadion | 1972 | 69.000 | offen | ca. 300 | 70.000 |
| Borussia Dortmund | Westfalenstadion | 1996 | 55.000 | 1998 | ca. 100 | 69.000 |
| Bayer 04 Leverkusen | BayArena | 1956 | 22.500 | Ausbau mittlerweile fertig | | |
| 1. FC Kaiserslautern | Fritz-Walter-Stadion | 1920 | 38.000 | 1998 | ca. 25 | 42.000 |
| VfB Stuttgart | Gottlieb-Daimler-Stadion | 1933 | 53.072 | 2001 | ca. 85 | 62.000 |
| FC Schalke 04 | Parkstadion | 1974 | 62.004 | 2001 | ca. 400 | 62.000 |
| Hansa Rostock | Ostseestadion | 1954 | 24.500 | offen | ca. 30 | 30.000 |

Nutzungskonzepte einer gewerblichen Stadion- und Freizeitanlage

| Club | Name | Bau-jahr | Fassung alt | Bau-Ende | Kosten Mio. DM | Fassung neu |
|---|---|---|---|---|---|---|
| Werder Bremen | Weserstadion | 1909 | 35.282 | Ausbau mittlerweile fertig | | |
| MSV Duisburg | Wedaustadion | 1926 | 30.160 | 2003 | ca. 150 | 35.000 |
| Hamburger SV | Volksparkstadion | 1953 | 58.000 | 1999 | ca. 160 | 50.000 |
| Hertha BSC Berlin | Olympiastadion | 1936 | 76.243 | 2002 | ca. 650 | 65.000 |
| VfL Bochum | Ruhrstadion | 1970 | 33.000 | Kein Um- oder Neubau | | |
| München 1860 | Olympiastadion | 1972 | 69.000 | offen | offen | 70.000 |
| VfL Wolfsburg | VfL-Stadion | 1948 | 20.000 | Kein Um- oder Neubau | | |
| Borussia Mönchengladbach | Bökelbergstadion | 1919 | 34.500 | 2001 | ca. 300 | 55.000 |
| Eintracht Frankfurt | Waldstadion | 1925 | 61.146 | 2002 | ca. 390 | 45.000 |
| SC Freiburg | Dreisamstadion | 1951 | 22.500 | 1999 | ca. 20 | 27.500 |
| 1. FC Nürnberg | Frankenstadion | 1989 | 46.700 | Ausbau mittlerweile fertig | | |

Quelle: Kicker 66/98 vom 10.08.1998, S. 64

Seit dem letzten Stadionneubau in Deutschland (Olympiastadion in München) zu den Olympischen Spielen 1972 haben sich die Ansprüche – sowohl auf Zuschauerseite als auch bei den Betreibern der Stadien – sehr stark verändert.[22] Heute möchte man die Zuschauer länger im Stadion binden. Der Fußball-Nachmittag soll ein „Event" sein und möglichst verschiedene Zielgruppen gleichzeitig erreichen. So soll das ausreichende Angebot an Stehplätze die „eingefleischten Fans" ansprechen, während der größte Teil der Tribünen mit Sitzplätzen ausgestattet wird. Mit der Möglichkeit, schnell einen Teil der Sitzplätze in Stehplätze, und umgekehrt, umrüsten zu können, kann der Verein die Vorschriften der UEFA einhalten und gleichzeitig den Bedürfnissen des Bundesliga-Alltags gerecht werden. Der Bau von Komfort-

---

22 Wesentlich weiter in der Entwicklung neuer Stadionkonzepte ist man in anderen europäischen Ländern. Nach einigen Katastrophen in überfüllten belgischen und englischen Fußballstadien wurde in England eine Kommission zur Untersuchung der Sicherheit englischer Fußballstadien eingesetzt. Auf der Grundlage des Reports dieser Kommission wurde festgelegt, daß zur Erhöhung der Sicherheit in den Stadien alle Stehplätze abzuschaffen und eine „Umwandlung" in Sitzplätze zu erfolgen habe. Zwischenzeitlich haben viele der englischen Fußball-Clubs die ursprünglich fremdfinanzierten Stadioninvestitionen durch einen Börsengang refinanzieren können; vgl. dazu Abschn. 2.3 und die WGZ-Studie 1999, S. 14

logen und Business-Suites mit teilweiser Bewirtung soll besonders Geschäftsleute und ein bequemeres Publikum in das Stadion locken. In entspannter Atmosphäre – unabhängig vom Wetter – kann das Spiel außer durch die große Glasfront auch noch über Monitore in diesen Räumlichkeiten verfolgt werden. Man ist zwar nicht „mittendrin", aber trotzdem dabei.

Rund um das Stadion, das in vielen Fällen auch für andere kommerzielle Veranstaltungen vermietet werden kann, sollen Unterhaltungs- und Freizeitzentren entstehen, in deren Mittelpunkt der jeweilige Fußball-Club steht. Auch der Bau großer Fanartikel-Läden direkt beim Stadion soll die Konzeption des Unterhaltungszentrums im Stadionbereich unterstützen.

Durch die baulichen Maßnahmen und Investitionen zur Verbesserung der Infrastruktur der Fußballstadien wird der Komfort eines Stadionbesuches verbessert, was wiederum eine Erhöhung der Eintrittspreise rechtfertigt und die Umsätze steigern läßt. Durch ein eigenes Stadion oder eine Stadionbeteiligung können darüber hinaus krisenfestes Anlagevermögen sowie eine Verstetigung der Einnahmen durch erweiterte Nutzungskonzepte auch bei vorübergehendem sportlichem Mißerfolg geschaffen werden.[23]

Es folgen einige Beispiele für geplante oder im Bau befindliche Maßnahmen in Deutschland.

### 4.2.2 Hamburger „Volkspark"

Das derzeit größte Bauprojekt wird im Hamburger Volkspark umgesetzt und steht vor der Fertigstellung zum Saisonbeginn 1999/2000. Für rund DM 160 Mio. läßt sich der Hamburger Sportverein (HSV) *„die modernste und schönste Fußball-Arena Deutschlands"* bauen, meint jedenfalls der Vorstandsvorsitzende des HSV, Werner Hackmann. Die Investition von rund DM 160 Mio. tragen private Investoren. Die Stadt Hamburg, die das alte renovierungsbedürftige Stadion für eine symbolische Mark an den HSV abtrat, beteiligt sich nur noch beim Ausbau der Verkehrsanbindung.

Die neue moderne Fußballarena ist mit 50.000 überdachten Sitzplätzen ausgestattet, von denen sich 7.500 Sitz- in 12.000 Stehplätze umwandeln lassen. Das Konzept sieht eine Anzahl von 52 Logen und 1.750 VIP-Plätzen vor. Darüber hinaus werden zwei Restaurants und 60 Kioske entstehen, die für das leibliche Wohl der Zuschauer sorgen sollen. Die Logen für jeweils 10 bis 20

---

23  Vgl. dazu auch WGZ-Studie 1999, S. 14

Nutzer werden pro Saison für DM 80.000 bis DM 150.000 vermietet. Für je einen der 1.750 Businessplätze werden im Vermietungsfall DM 4.850 je Saison vereinnahmt.

Bei der Finanzierung der Baukosten übernimmt der HSV einen Eigenanteil von 80%, also rund DM 130 Mio., den Rest zahlt der Bauträger (Deuteron). Den Finanzierungsanteil des HSV mit dem daraus resultierenden Kapitaldienst von immerhin DM 13 Mio. jährlich sichert der Marketingpartner des HSV, die UFA Sports, eine Tochtergesellschaft von Bertelsmann, durch Bürgschaft ab.

### 4.2.3 Frankfurter „Maindome"

Auch Frankfurt will sich ein neues Stadion leisten und geht derzeit einen in Deutschland völlig neuen Weg. Das 1925 errichtete Waldstadion soll abgerissen und an gleicher Stelle bis 2001 für DM 390 Mio. der multifunktionale Komplex „Maindome" – wohl das interessanteste aller aktuell geplanten Projekte – gebaut werden. 45.000 bis 50.000 Zuschauer können dann die Heimspiele des Erstligisten Eintracht Frankfurt verfolgen.

Das sog. Ernst-Konsortium will den „Maindome" mit einem schnellschließbaren Schiebedach ausstatten, das den zügigen Wechsel zwischen Fußballspielen und z.B. Musikkonzerten ermöglicht, und ihn als Veranstaltungsort – neben Fußball – auch für Rock- und Popveranstaltungen sowie für American Footballspiele nutzen. An der Finanzierung, die wie in Hamburg grundsätzlich durch Privatinvestoren gesichert werden soll, will sich die Stadt Frankfurt mit DM 60 Mio. bis DM 120 Mio. beteiligen. Der Baubeginn soll im Sommer 1999 erfolgen.

Zwischenzeitlich liegen für Frankfurt Alternativ-Konzepte der Deutsche Bank AG an einem Stadionneubau auf dem zur Erweiterung anstehenden Messegelände vor.

### 4.2.4 Berliner Olympiastadion

Viel Ärger gibt es um das Berliner Olympiastadion. Die über 60 Jahre alte Arena soll saniert werden, doch Konzepte und Finanzierungsmodelle fehlten lange Zeit. Der Bund als Eigentümer und der Berliner Senat als Betreiber überließen das marode Stadion lange seinem Schicksal. Auf DM 660 Mio. wird der Finanzbedarf für eine Sanierung des Olympiastadions in Berlin geschätzt. Im Dezember 1998 hat der Berliner Senat endlich der kostengünstigsten Variante für die Sanierung den Zuschlag erteilt und geht nun auf die Suche nach einem privaten Betreiber, der bis zum 15. Juni 1999 gefunden sein soll. Die Pläne der Hamburger Architekten Gerkan, Marg und Partner (GMP), deren Entwurf aus 10 Konzepten eines internationalen Architektenwettbewerbs ausgewählt wurde, sehen für die Umgestaltung rund DM 538 Mio. vor. Bei weitestgehendem Erhalt der historischen Bausubstanz sollen nach den GMP-Plänen 77.000 Zuschauer im Stadion Platz finden. Die Dachkonstruktion orientiert sich am historischen Ensemble und läßt den Blick auf den Glockenturm frei. Während der Bauphase zwischen Mai 2000 und März 2003 soll eine Zuschauerkapazität von etwa 50.000 Plätzen sichergestellt sein. Nur in einer 3-monatigen Sommerpause im Jahr 2000 muß das Stadion komplett für Aushubarbeiten geschlossen bleiben. Für Leichtathletikveranstaltungen soll der Unterring der Zuschauerplätze, der bis auf 4 Meter an das Fußballfeld heranführen soll, abgesenkt werden. Auf diese Weise wird ausreichend Platz für Laufwettbewerbe geschaffen und immerhin noch 68.000 Zuschauer werden im Stadion diese Meetings verfolgen können.

Nach wie vor offen ist die endgültige Finanzierung des Millionen-Projekts. Der Bund als Eigentümer will einen Zuschuß von DM 100 Mio. gewähren ebenso wie das Land Berlin. Die nicht unbeträchtliche Restsumme soll von dem privaten Betreiber aufgebracht werden.[24]

Spekuliert wird in Berlin zur Zeit auch über den Bau einer 303 m hohen Pyramide mit Platz für 100.000 Menschen im Rahmen eines Multifunktionskonzeptes und einer Gesamtkostenhöhe von DM 1,2 Mrd. bis DM 1,5 Mrd.

#### 4.2.5 Ein neues Stadion für München ?

Rekordmeister Bayern München, der ursprünglich zusammen mit dem TSV 1860 München eine neue Spielstätte erreichten wollte, hoffte auf den baldigen Umbau des Olympiastadions in München. Die Gegentribüne sollte überdacht, das Spielfeld abgesenkt und Logen eingerichtet werden. Der Architekt des Stadion mit dem weltbekannten Zeltdach, Günter Behnisch, der die Rechte am Stadion besitzt, müßte diesen Umbauplänen allerdings zustimmen. Besonders Denkmalschützer wollten, daß das Flair des Olympiaparks als Wahrzeichen Münchens erhalten bleibt. Fußballfans bemängelten, daß das Stadion in seiner derzeitigen Form für Fußball nicht besonders geeignet sei.

---

24  Vgl. FAZ vom 02.12.1998

So waren bzw. sind die Umbaupläne des Olympiastadions in Deutschlands Fußball-Hauptstadt heftig umstritten. Zudem konnten sich die Stadt München und die Vereine nicht über eine Finanzierung des 400 Mio. DM teuren Umbaus einigen.

Überraschend kam es dann Ende April 1999 zu einer Einigung zwischen der bayerischen Landeshauptstadt und den beiden Erstliga-Clubs Bayern und TSV 1860 München. Im Osten von München soll nun eine neue, hochmoderne Fußballarena nach dem Vorbild des Stadions von Ajax Amsterdam entstehen. Bei dieser schnellen Entscheidung nach jahrelangem Hickhack spielt die Mitte Juni in München anstehende Oberbürgermeisterwahl eine wichtige Rolle. Die Fußballfans beider Clubs hatten dem amtierenden Oberbürgermeister Ude (SPD) schon öffentlich damit gedroht, seinen Herausforderer Wolf (CSU) zu wählen, sollte es nicht endlich zu einer Entscheidung bezüglich Umbau oder Neubau kommen. „Wir wählen ein neues Stadion" stand auf den Plakaten der Fans. Damit schien die leidige und schlagzeilenträchtige Stadionfrage zu einem Wahlkampfthema werden. Die Clubpräsidenten und der Oberbürgermeister einigten sich auf einen Stadionneubau, ebenfalls wurde mit der Münchner Schörghuber-Gruppe ein Investor präsentiert, der nicht nur als Bauherr und Finanzier, sondern auch als Betreiber der neuen Arena agieren will. Allerdings sind noch viele Fragen offen. Der Münchner Stadtrat hat bereits skeptisch reagiert, da die Investitionen für die notwendigen Verkehrsanbindungen des neuen Stadions zu hoch seien. Die Anwohner am geplanten neuen Standort protestierten sofort, da sie ein Verkehrschaos fürchten. Auch geht die Befürchtung um, daß dem gesamten Olympiapark die Verödung zur teuren Sportruine droht, wenn die beiden Erstligisten das Olympiastadion verlassen. Denn aus den Pachteinnahmen in Millionenhöhe (15 Mio. DM pro Jahr je Verein) konnte die Stadt den Betrieb des gesamten Olympiageländes finanzieren. Mit dem Auszug der beiden Spitzen-Clubs muß ein neues Konzept geschaffen werden; daher werden die Pläne für einen Umbau des Olympiastadions auch weiterverfolgt. Die Bauzeit für die neue Multifunktionsarena wird auf zwei bis drei Jahre geschätzt. Doch noch ist die Finanzierung des Großprojektes ungeklärt. Die Schörghuber-Gruppe hofft auf höhere Einnahmen durch den üppig ausgestatteten VIP-Bereich und verbesserte Werbemöglichkeiten sowie auf Synergieeffekte durch den Bau von Hotels, Gaststätten und Brauereien, den anderen Unternehmensbereichen der Gruppe. Das letzte Wort in der Stadionfrage ist in München aber immer noch nicht gesprochen, da mittlerweile der Verein 1860 München überlegt, im Olympiastadion zu bleiben.

### 4.2.6 Weitere aktuelle Stadionprojekte

Neu- oder Umbauten stehen auch in Gelsenkirchen, Mönchengladbach, Duisburg und Stuttgart auf dem Investitionsprogramm. Der Schalker FC will seine hypermoderne Arena im Jahre 2001 einweihen. Rund DM 350 Mio. soll der Bau kosten. Etwas preiswerter – knapp DM 300 Mio. – soll der Mönchengladbacher Nordpark werden, wo man zum 100. Vereinsgeburtstag der Borussia am 01. August 2000 rund 53.000 Zuschauer zur Einweihung erwartet. Das Schalker Stadion soll nur dem Sport vorbehalten bleiben; während in Mönchengladbach ein verschließbares Schiebedach den Stadionneubau flexibel nutzbar machen soll. Die Mehrzweckarena soll dann für Messen, Parteitage oder Rockkonzerte zugänglich werden.

In Dortmund wird das Westfalenstadion zu einem Freizeitpark ausgebaut. Die Fans der Borussia können sich im 2.000 Quadratmeter großen Gastronomie-Areal, im Theater oder bei einer kabarettistischen Fußball-Revue vergnügen. Die mit 24.000 Plätzen größte Stehtribüne Europas läßt sich jederzeit mit den vom europäischen Verband UEFA geforderten Sitzplätzen bestücken. Statt 55.000 werden dann 69.000 Zuschauer Platz finden.

Der MSV Duisburg will zukünftig statt im alten Wedaustadion im „Multicasa-Erlebnispark" seine Spiele austragen. Der erste Spatenstich für das eine Milliarde teure Projekt soll im Jahre 2000 erfolgen. Der Investitionsanteil für das Stadion wird ca. DM 150 Mio. betragen.

Der deutsche Meister der Saison 1997/98, der 1. FC Kaiserslautern, baut derzeit die Südtribüne des Fritz-Walter-Stadions auf dem Betzenberg für DM 24 Mio. um. Danach sollen 42.000 statt bisher 38.000 Zuschauer Einlaß finden. Die gesamten Modernisierungsmaßnahmen des Stadions kosteten bislang rund DM 80 Mio.

Auch das Gottlieb-Daimler-Stadion in Stuttgart wird WM-tauglich gemacht. Bis zum Jahr 2000 will der VfB Stuttgart zusammen mit der Stadt Stuttgart DM 84 Mio. in 40 neue Logen und 1.500 Businessplätze, in ein neues Vorgebäude und in die völlige Umrüstung auf Einzelsitze investieren.

In Leverkusen wurde die Modernisierung des ehemaligen Haberland-Stadions (neuer Name: BayArena) anläßlich des EM-Qualifikationsspiels Deutschland gegen Moldawien am 04. Juni 1999 vollständig abgeschlossen. Im Stadionkomplex sind ein Hotel, ein Restaurant, VIP-Logen und ein Fanartikel-Shop integriert.

Aber besonders die kleineren Vereine müssen bei ihren Stadionprojekten oft Probleme lösen, die nicht nur im finanziellen Bereich angesiedelt sind. So kämpft der Erstligist FC Freiburg derzeit „mit ersten Anzeichen der Verzweiflung" für den bescheidenen Ausbau des Dreisamstadions um 2.500 auf 25.000 Plätze[25], denn das Dreisamstadion liegt in einem Wohngebiet im Osten der Stadt. Die Anwohner fürchten eine weitere Steigerung der Lärmbelästigung sowie der Müllverschmutzung. Die Vereinsführung knüpft aber gerade an die Realisierung des Stadionausbaus die Zukunft des Clubs. Der Verein verspricht sich von diesem Projekt, das DM 12 bis 15 Mio. kosten und von der Stadt Freiburg sowie dem Land Baden-Württemberg je zur Hälfte finanziert werden soll, jährliche Mehreinnahmen von DM 2,5 bis 3 Mio. Das wären 10 % des momentanen Etats. Nach Meinung der Verantwortlichen hat der Verein nur so eine Chance, langfristig einigermaßen wettbewerbsfähig zu bleiben, denn schon heute befindet sich der Club vom Etat und der Infrastruktur her gesehen auf einem Abstiegsplatz. Vor allem will man das „Waldhof-Syndrom" vermeiden und im Westen der Stadt ein großes, 40.000 Plätze umfassendes Stadion bauen. Dieser Fehler wurde in Mannheim begangen, wo der SV Waldhof zwar in ein neues, moderneres Stadion umzog, gleichzeitig sportlich aber bis in die Regionalliga abstieg. So versuchen Präsident und Manager des FC Freiburg die Anwohner argumentativ zu überzeugen. Denn ihrer Meinung nach sinke die Lärmbelästigung, da das Stadion von allen vier Seiten überdacht werden soll, und auch die Umrüstung auf überwiegend Sitzplätze soll ein anderes Fanverhalten mit sich bringen. Gerade bei der Beseitigung des Unrats werden dem Verein von den Anwohnern Versäumnisse vorgeworfen, auch wenn der Präsident nach Heimspielen zuweilen als „Ein-Mann-Putzkolonne" in den umliegenden Straßen tätig wird.

Im Gegensatz zu den Vereinen in Großbritannien gehören die meisten Stadien in Deutschland nicht den Vereinen selbst, sondern den Kommunen. Diese Tatsache hat Auswirkungen auf die Vermögenslage der Vereine in der Bilanz; denn je nachdem, wie die Verträge ausgestaltet sind, sind die Vereine nur Mieter oder Betreiber des Stadions. Einerseits müssen Miet- oder Pachtzahlungen geleistet werden und das Stadion gepflegt und verwaltet werden, während andererseits das Stadion selbst nicht als Vermögenswert in der Bilanz des Vereins erscheint. Aufgrund der angespannten Haushaltslage der öffentlichen Hand übernehmen aber immer mehr Vereine die Finanzierung

---

25 Vgl. FAZ vom 20.01.1999

des Stadionsausbaus. Die Kommunen treten ihre Rechte dann oft günstig an den Verein ab (Beispiel HSV: Kaufpreis DM 1,--) und beteiligen sich nur noch am Ausbau der notwendigen Infrastruktur rund ums Stadion.

Das Eigentum an einem Stadion bringt einer Fußball-Kapitalgesellschaft beim Going Public ebenfalls Vorteile ein, denn sie kann einen Vermögenswert nachweisen, mit dem sie durch Vermietung für andere Veranstaltungen Einnahmen erzielen kann, die vom Fußballgeschäft und seinen möglicherweise wechselhaften Erfolgen unabhängig sind.[26]

### 4.3 Merchandising

Den zweitgrößten Anteil am Gesamtumsatz des deutschen Profi-Fußballs macht der Handel mit Fanartikeln – das Merchandising – mit 25 % aus. Doch gerade auf diesem Gebiet nutzen die Vereine ihr Potential nicht konsequent genug aus.

Für die meisten Profi-Clubs jeder Sportart gelten die Chicago Bulls aus der National Basketball Association (NBA) als Vorbild für Sportunternehmen. Dem Verein wird bei Jahresgesamtumsätzen von über US-$ 500 Mio. (ca. DM 850 Mio.) die größte wirtschaftliche Potenz zugesprochen, besonders da die Bulls einen seriösen Ruf haben, die höchsten TV-Einnahmen erzielen und das herausragendste Merchandising betreiben. Der Fanartikelumsatz der gesamten NBA-Clubs außerhalb der USA beläuft sich bereits auf über eine halbe Milliarde US-$.[27]

In Deutschland wie auch in ganz Europa sind die Fußball-Clubs die Vorreiter im Geschäft mit lizenzierten Produkten. Mittlerweile werden DM 300 Mio. von den deutschen Clubs in diesem Geschäft umgesetzt, davon allein etwa DM 80 Mio. von Bayern München und etwa DM 52 Mio. von Borussia Dortmund. Noch einmal DM 300 Mio. entgehen der Liga nach Expertenschätzungen durch Raubkopien oder nicht mit der nötigen Sorgfalt vergebene Lizenzen.

In Branchenkreisen wird allerdings angenommen, daß nur knapp ein Drittel der deutschen Bundesliga-Clubs mit Merchandising wirklich Gewinne erzielt. 40 % der Vereine kommen auf ein neutrales Ergebnis oder verdienen

---

26  Siehe auch Abschn. 4.2.1
27  Vgl. Rohlmann vom 02.06.1998

minimal, während die übrigen 30 % sogar Verluste mit dem Fanartikelverkauf einfahren.

Beim Hamburger SV war man sehr überrascht, als nach der Saison 1996/97 ein Verlust von einer halben Million DM ausgewiesen werden mußte. Auch der VfB Stuttgart erwirtschaftete trotz des DFB-Pokalsiegs in der gleichen Saison nur einen Gewinn von DM 500.000. Zwar ist der Umsatz mit lizenzierten Fanartikeln hoch, aber Produktion und Personalkosten verschlingen den größten Teil der Einnahmen. Nach Aussagen des Ligaausschuß-Mitglieds Dr. Franz Böhmert (Präsident des SV Werder Bremen) liegt die Gewinnspanne im Merchandising-Geschäft durchschnittlich bei 8 %, bei einer Spanne von 0 % bis 15 %.[28] So konnte der 1. FC Kaiserslautern kaum noch Trikots verkaufen, seit zum Jahresanfang 1999 bekannt wurde, daß der Verein zu Saisonende vom alten Ausrüster adidas zu Nike wechseln wird und für die Fans dann ohnehin eine „neue Ausstattung" für rund DM 150 fällig wird. Selbst der umsatzstärkste deutsche Verein Bayern München hat sich beim Merchandising schon einmal verkalkuliert; so blieb der Club auf Lederjacken mit eingeprägtem Vereinsemblem für fast DM 1.000 pro Stück ebenso sitzen wie auf Edel-Pullovern mit dem Bayern-Logo. Nachdem Merchandising vor wenigen Jahren noch als ungehobener Schatz im Fußball-Business galt, wird das Geschäft mit der Vermarktung des Vereinsnamens heute lästernd als *„Märchendising"* bezeichnet.[29]

Ursachen für die negativen Ergebnisse[30] sind beispielsweise fehlende Systematik beim Vorgehen, fachlich falsche oder aus sozialen Gründen ungenügende Besetzung der Geschäftsführung in diesem Bereich, Überforderung angesichts verhandlungstaktisch überlegener Geschäftspartner oder fehlende Kontrollmechanismen. Durch fehlendes Marketing-Know-how und mangelnde Organisationsstrukturen verstärken sich die negativen Auswirkungen weiter. Die Einordnung des Merchandising in die generelle Organisationsstruktur und Aufgabenverteilung innerhalb des Vereins muß daher genau analysiert und systematisch angegangen werden, um mit Merchandising auch die Erlöse zu erzielen, die in diesem Bereich möglich sind.

Hinzu kommt, daß deutsche Vereine eine andere Fanstruktur haben als das große Vorbild Manchester United, das „seinen" Fußball weltweit vermarkten kann. Während der englische Top-Verein weltweit über 150 Fan-Shops

---

28 Vgl. Franzke vom 18.01.1999
29 Vgl. Schumacher vom 11.08.1999
30 Vgl. dazu auch Thies vom 07.08.1999 und Müller vom 07.08.1999

eröffnet hat, z.B. in Dubai, Singapur und Sydney, kann in Deutschland kein Verein so viele „Extrem-Fans" aufweisen wie Manchester United. Die Briten werfen jedes halbe Jahr eine neue Leibchen-Kollektion auf den Markt und können diese auch gewinnbringend verkaufen.[31] Auch wenn deutsche Vereine wohl kaum diese Dimensionen erreichen werden, in denen Manchester United beim Merchandising rechnet, lassen sich dennoch Gewinne aus Merchandising erzielen.

### 4.4 Einnahmen aus Sponsoring

#### 4.4.1 Trikotwerbung

Mittlerweile sind Trikot-, Banden- und Videotafelwerbung alltäglich im Fußball-Geschäft. Aber erst im Oktober 1973, zehn Jahre nach Gründung der Bundesliga, wurde die Werbung auf den Trikots vom DFB-Bundestag als nicht mehr „sittenwidrig" angesehen und somit freigegeben. In der folgenden Saison traten sechs Vereine mit Werbung auf der Brust ihrer Spieler an: Bayern München (adidas), Hamburger SV (Campari), Eintracht Frankfurt (Remington), MSV Duisburg (Brian Scott), Fortuna Düsseldorf (Allkauf) und Eintracht Braunschweig (Jägermeister). Das Sextett der ersten Stunde kassierte DM 1,5 Mio. für die Trikotwerbung. Es sollte noch weitere fünf Jahre dauern, bis alle 18 Clubs diese Einnahmequelle ausnutzten. 1978 erhielten sie zusammen DM 6,8 Mio. von ihren Trikotsponsoren. Heute kassieren die Erstligisten mit DM 120 Mio. ca. 10 % des Gesamtumsatzes der 1. Bundesliga von ihren Trikot-Werbepartnern. Spitzenreiter ist Bayern München. Der Verein erhält von seinem Sponsor Opel einen Sockelbetrag von DM 15 Mio., werden Champions League, Meisterschaft und DFB-Pokal gewonnen, erhöht sich der Betrag auf DM 20 Mio. Borussia Dortmund nimmt von s.Oliver einen Sockelbetrag von DM 12 Mio. ein. Schlußlicht ist Hansa Rostock mit DM 3 Mio. von Roy Robinson. Eine Aufstellung der Trikotwerbeeinnahmen findet sich in der nachfolgende Abbildung 25.

---

31  Vgl. Schumacher vom 11.08.1999

Einnahmen aus Sponsoring

**Abb. 25: Trikot-Werbepartner der Fußball-Bundesligisten**

| Verein | Sponsor (1998/99) | (in DM)[1] | Sponsor (1999/2000) | (in DM)[1] |
|---|---|---|---|---|
| Bayern München | Opel | 15,0 Mio. | Opel | 15,0 Mio. |
| Borussia Dortmund | s.Oliver | 12,0 Mio. | s.Oliver | 15,0 Mio. |
| Bayer Leverkusen | Bayer AG (Aspirin) | 10,0 Mio. | Aspirin | 12,0 Mio. |
| VfB Stuttgart | Göttinger Gruppe | 6,0 Mio. | Debitel | 6,5 Mio. |
| 1. FC Kaiserslautern | Deutsche Vermögensberatung (DVAG) | 6,0 Mio. | DVAG | 6,0 Mio. |
| Eintracht Frankfurt | VIAG Interkom | 6,0 Mio. | VIAG Interkom | 6,0 Mio. |
| 1. FC Nürnberg [2] | VIAG Interkom | 5,5 Mio. | VIAG Interkom | 3,0 Mio. |
| FC Schalke 04 | Veltins | 5,0 Mio. | Veltins | 6,0 Mio. |
| VfL Wolfsburg | VW | 5,0 Mio. | VW | 10,0 Mio. |
| Borussia M'gladbach [2] | Max-Data (Belnea) | 4,5 Mio. | Max-Data (Belnea) | 2,25 Mio. |
| Hertha BSC Berlin | Continentale | 4,3 Mio. | Continentale | 4,3 Mio. |
| SC Freiburg | BfG-Bank | 4,0 Mio. | BfG-Bank | 4,0 Mio. |
| Hamburger SV | Hyundai | 3,5 Mio. | Hyundai | 3,5 Mio. |
| SV Werder Bremen | o.tel.o | 4,0 Mio. | o.tel.o | 4,5 Mio. |
| VfL Bochum [2] | Faber Lotto | 4,0 Mio. | Faber Lotto | 3,0 Mio. |
| 1860 München | Löwenbräu | 3,5 Mio. | Frosch-Touristik | 5,5 Mio. |
| MSV Duisburg | Thyssengas | 3,5 Mio. | Thyssengas | 3,5 Mio. |
| Hansa Rostock | Roy Robinson | 3,0 Mio. | KAI | 4,0 Mio. |
| Arminia Bielefeld[3] | Herforder Pils | 1,5 Mio. | Herforder Pils | 3,0 Mio. |
| SpVgg Unterhaching[3] | Develey | 0,35 Mio. | Consumer electr. | 4,0 Mio. |
| SSV Ulm[3] | Gardena | 0,3 Mio. | Gardena | 2,0 Mio. |

[1] Die Höhe der Werbeeinnahmen ist teilweise erfolgsabhängig.
[2] Saison 1998/99: 1. Bundesliga; Saison 1999/2000: 2. Bundesliga
[3] Saison 1998/99: 2. Bundesliga; Saison 1999/2000: 1. Bundesliga
Quelle: Kicker Nr. 65 vom 12.08.99

Das Engagement des Trikotsponsors sollte auf jeden Fall langfristig angelegt sein, und ebenso wichtig ist es, daß die Zielgruppen auch wissen, welches Produkt oder welche Dienstleistung der Sponsor eigentlich anbietet. Bei noch unbekannten Marken sind daher vernetzte Marketingmaßnahmen zur Unterstützung unbedingt notwendig.

Nur durch eine langfristige Werbestrategie ist es möglich, die sportlichen Erfolge der gesponserten Mannschaften auf das Image des Sponsors zu übertragen bzw. mit einem bestimmten Produkt des Sponsors in Verbindung zu bringen. Die Dienstleistungsunternehmen, die in den letzten Jahren verstärkt in das Sportsponsoring eingestiegen sind, wollen aufgrund der Popularität des Fußballs ihren Namen einer breiten Öffentlichkeit bekannt machen und die Eigenschaften des Fußballs – wie Dynamik, Leistungsbereitschaft, aber auch Fair Play – auf das eigene Unternehmen übertragen.

### 4.4.2 Ausrüsterverträge

Knapp DM 90 Mio. nehmen die Bundesliga-Vereine aus Ausrüsterverträgen[32] und aus der Banden- und Videotafelwerbung ein.

Auch bei den Ausrüstern steht der FC Bayern München an erster Stelle. Der an verkaufte Stückzahlen gekoppelte Ausrüstervertrag mit adidas kann den Münchnern bis zu DM 20 Mio. einbringen. Aber die Sportartikelhersteller treten mittlerweile auf die Ausgabenbremse. Verträge werden nicht mehr um jeden Preis geschlossen. Der Branchenführer adidas sowie Nike investieren inzwischen verstärkt in die Spitzenvereine. In der Saison 1998/99 stehen bei adidas neun Vereine unter Vertrag. Bei Nike sind es zwar erst zwei Clubs, aber ab dem 30. Juni 1999 kommt Hertha BSC Berlin dazu, und mit anderen Clubs wird bereits verhandelt. Daneben rüsten noch Puma, Reebok, Fila und Diadora je einen oder zwei Bundesligisten aus. Lediglich der VfL Bochum betreibt das Geschäft selbst, zusammen mit seinem Hauptsponsor Faber Lotto. Aufgrund des verstärkten Engagements der Sportartikelfirmen bei den Spitzenvereinen werden in Zukunft wohl auch andere Bundesligisten, vor allem aber die Vereine aus der 2. Bundesliga diesen Weg beschreiten müssen, denn viele Verträge werden von den Ausrüstern nicht mehr verlängert. Somit geht auch in diesem Bereich die Geldschere zwischen den Top-Vereinen und dem großen Rest der Fußball-Clubs weiter auseinander.

---

32 Vgl. Franzke vom 12.12.1998 sowie Franzke vom 18.01.1999

### 4.4.3 Bandenwerbung

Eine weitere Einnahmequelle für Fußball-Clubs ist die Bandenwerbung, da die meisten Vereine auch als Betreiber der Stadien fungieren. Die Werbeflächen werden entweder vom Betreiber direkt an die interessierten Unternehmen vermietet oder die Rechte komplett an eine Agentur, z.B. die UFA Sports, verkauft, die dann ihrerseits die professionelle Vermarktung der Flächen übernimmt. Aber nicht nur die klassischen Banden, sondern auch andere Flächen im Stadion, die sich als Werbeträger anbieten, werden vermietet. So bieten sich etwa die Trainerbänke an, um Logos zu plazieren, oder die Interviewwand im Presseraum des Clubs. Allerdings werden die Bank der Heimmannschaft und die Interviewwand in der Regel vom Trikot- bzw. Hauptsponsor gebucht, um die Präsenz des Firmen-Logos im Stadion noch zu erhöhen. Aber auch die Co-Sponsoren finden gerade auf diesen Flächen ihren Platz.

Die Sponsoren achten bei ihren Analysen genau darauf, wie lange und wie oft der eigene Schriftzug bei einer Live-Übertragung im Bild war. Die Flächen um die Eckfahnen sind besonders begehrt, da bei Eckstößen das Firmen-Logo in Großaufnahme zu sehen ist. Während es früher nur eine Bande gab, lassen sich heutzutage durch die Drehbanden die Flächen dreimal vermieten.

Für interessante Details sorgen die Vermarktungsagenturen in bezug auf die kommende Saison 1999/2000. UFA Sports weigerte sich erstmals, einzelne Preise für Bandenwerbung bekanntzugeben. Dies wurde damit begründet, daß die Agentur die Wirksamkeit der Bandenwerbung ohne weitere vernetzte Kommunikationsmaßnahmen für sehr begrenzt hält, und daher die Banden nur in Verbindung mit anderen Marketingmaßnahmen vergeben will.[33] So bietet auch die Deutsche Städte Reklame (DSR), die als Vermarkter bei mehreren Erst- und Zweitligisten auftritt, Marketingpakete an. Zusammen mit dem DSF konzentriert sich die DSR auf die Live-Übertragungen der 2. Bundesliga und bietet ihren Werbekunden unter dem Begriff „Viererkette" mehrfach vernetzte Marketingmaßnahmen an. Vier Unternehmen erhalten bei der Live-Übertragung eines Spiels der 2. Bundesliga die Möglichkeit eines Werbeauftritts durch Bandenwerbung, TV-Presenting, Integration in ein Gewinnspiel sowie eine Internet-Einbindung in DSF Sports World. Da weiterhin auch die Buchung der Werbespots im Umfeld der DSF-Übertragung angeboten wird, ist diese „Viererkette" das erste nationale Produkt, das einen vernetzten Werbeauftritt im Fußball aus einer Hand anbietet.

---

33  Vgl. Groll/Klewenhagen 1999, S. 14-22

Die ökonomischen Grundlagen des Wachstumsmarktes Fußball

**Abb. 26: TV-Bandenwerbung –
Übersicht Bundesliga-Saison 1999/2000**[34]

| Verein | TV - Bandenwerbung | |
|---|---|---|
| | Preise (in DM) | Vermarktung durch |
| Bayern München | 200.000 | FC Bayern München |
| Borussia Dortmund | 39.500 - 150.000 | DSR |
| Bayer Leverkusen | keine Angaben | DSR |
| VfB Stuttgart | 39.950 - 115.450 | GMS |
| 1. FC Kaiserslautern | 35.000 - 95.000 | CWL |
| Eintracht Frankfurt | 76.000 - 89.000 | DSR |
| SV Werder Bremen | 78.000 - 94.000 | DSR |
| FC Schalke 04 | 62.000 - 96.000 | DSR |
| VfL Wolfsburg | ab 295.000 (je 26 m Bande für 8 Sponsoren) | DSR |
| SC Freiburg | 25.000 - 82.000 | SC Freiburg |
| Hertha BSC Berlin | Verkauf nur in Sponsoringpaketen | UFA Sports |
| Hamburger SV | 50.000 - 89.500 | UFA Sports |
| 1860 München | Preise auf Anfrage | Event Marketing |
| MSV Duisburg | 69.000 - 82.000 | DSR |
| Hansa Rostock | 63.000 - 76.000 | DSR |
| 1. FC Nürnberg | 45.500 - 150.000 | UFA Sports |
| Borussia M'gladbach | 23.000 - 34.000 | DSR |
| VfL Bochum | 63.000 - 76.000 | DSR |
| Arminia Bielefeld | 20.000 - 74.000 | Arminia Bielefeld |
| SpVgg Unterhaching | Preise auf Anfrage | Event Marketing |

Quelle: Groll/Klewenhagen „*Die Schlacht am Fußball-Buffet*"
in: Sponsor News 6/99, S. 22

---

[34] Einschließlich der Absteiger der Saison 1998/99 1. FC Nürnberg, VfL Bochum und Borussia Mönchengladbach sowie die zwei bereits feststehenden der drei Aufsteiger Arminia Bielefeld und SpVgg Unterhaching.

Die technische Entwicklung eröffnet aber für die Zukunft noch ganz andere Perspektiven. Das Stichwort heißt „virtuelle Werbung" oder harmloser auch „elektronisches Sponsoring".[35]

Allerdings ist die Manipulation des Fernsehbildes in Deutschland aufgrund des Rundfunkstaatsvertrages, der eine prinzipielle Trennung von Berichterstattung und Werbung vorsieht, noch verboten. Zwar wird dieses Prinzip aufgrund der Trikot- und Bandenwerbung bei Fußball-Übertragungen nicht konsequent eingehalten, doch lassen sich solche Sendungen mit dem Argument rechtfertigen, daß der Zuschauer im Stadion genau dasselbe sieht wie der Fernsehzuschauer im heimischen Sessel und die Bilder folglich real sind.

Die Fernsehsender, die immer mehr Schwierigkeiten haben, die teuren Exklusivrechte von Sportveranstaltungen zu refinanzieren, sind es leid, kostenfrei die Werbetafeln und Trikotaufdrucke der Sponsoren ins Bild zu setzen, während ihre eigenen Werbeblöcke durch den Rundfunkstaatsvertrag zeitlich stark reglementiert sind.

Die virtuelle Werbung kann zielgruppengerecht ausgestrahlt werden. Ebenso lassen sich Werbeverbote für Tabak oder Alkohol in einzelnen Ländern leicht befolgen, ohne im Rest der Welt auf Werbung für diese Produkte zu verzichten. Während in den USA, Großbritannien, Italien und Griechenland virtuelle Werbung bereits alltäglich ist, wurde sie in Deutschland bislang erst einmal bei Sportübertragungen eingeblendet. Und zwar beim UEFA-Pokalspiel zwischen den Glasgow Rangers und dem AC Parma, das vom Deutschen Sport-Fernsehen (DSF) übertragen wurde. Obwohl im Stadion die Werbeflächen nur rosa waren, sahen die deutschen Fernsehzuschauer dort Bandenwerbung für heimische Produkte, während im italienischen Fernsehen via „Bandenwerbung" für die italienischen Produkte geworben wurde.

Zwar hat die virtuelle Werbung bei zielgruppengerechter Werbung Vorteile; der einzelne Verein und der jeweilige Fußballverband könnten aber die Kontrolle über die Gestaltung und Tolerierbarkeit der Werbung verlieren. Und auch die Stadionbetreiber, die mit den Einnahmen aus der klassischen Bandenwerbung kalkulieren, werden sich gegen virtuelle Werbung aussprechen oder aber zumindest einen finanziellen Ausgleich für die ihnen entgangenen Einnahmen fordern. Außerdem könnten die Interessen der langjährigen

---

35  Vgl. zu diesem Abschnitt: FAZ vom 05.08.1998 und Esch vom 02.12.1998

Hauptsponsoren berührt werden, denn technisch ist es möglich, die Trikotwerbung während des Spiels zu verändern. Manipulierte Fernsehbilder können aber auch die Persönlichkeitsrechte der Spieler verletzen. Da sich Deutschland nicht vom internationalen Trend abkoppeln kann, werden zur Zeit Vorschläge zur Änderung des Rundfunkstaatsvertrages erarbeitet. Die virtuelle Werbung soll dann erlaubt sein, wenn der „Gesamteindruck der Sendung" nicht verfälscht und der Einsatz dieser Werbeart optisch gekennzeichnet wird.

Im Wettbewerb um Einschaltquoten und Marktanteile wird sich ein Mehr an Werbung und Kommerzialisierung im Sport auch weiterhin nicht vermeiden lassen, doch muß sich der Zuschauer dann darüber im klaren sein, daß die ihm übertragenen Bilder nicht immer der Realität entsprechen.

### 4.5 Die aktuelle wirtschaftliche Situation der 1. Bundesliga

Zur besseren Einschätzung der wirtschaftlichen Situation der einzelnen Bundesliga-Clubs werden nun die Umsatz- und Gewinnzahlen der Clubs einer genaueren Betrachtung unterzogen.

#### 4.5.1 Die aktuellen Umsatz- und Gewinnzahlen

Die in der Saison 1997/98 in der Bundesliga vertretenen Vereine erzielten in der Vorsaison (1996/97) Umsätze von insgesamt DM 956 Mio. Im Verhältnis der Bundesliga-Vereine zueinander ergab sich hinsichtlich der Umsatzanteile ein sehr starkes Auseinanderklaffen. Während der Umsatzspitzenreiter Bayern München einen Umsatz von DM 165,2 Mio. und einen Marktanteil von 17,3 % erzielte, lag der VfL Wolfsburg als umsatzmäßiges Schlußlicht nur bei DM 8,0 Mio. bzw. 0,8 %. Mit zweistelligen Marktanteilen konnten sich überhaupt nur zwei Vereine auszeichnen: Bayern München (17,3 %) und Borussia Dortmund (13,6 %).

Nach vorläufigen Zahlen für die abgelaufene 36. Spielzeit (1998/99) erzielten die 18 Bundesligisten einen (neuen) Rekordumsatz vom DM 1,2 Mrd. Die drei Spitzenreiter waren Bayern München (DM 225 Mio.), Borussia Dortmund (DM 175 Mio.) und der 1. FC Kaiserslautern (DM 94 Mio.).

Beim Gewinnausweis in den Bilanzen ist ebenfalls eine bemerkenswerte Spanne – vom Spitzengewinn (DM 15,0 Mio.) von Bayern München bis zum „Spitzen"-Verlust (- DM 4,8 Mio.) vom 1. FC Kaiserslautern – festzustellen.

**Abb. 27: Umsätze, Marktanteile, Ergebnis und Umsatzrendite der Vereine der 1. Bundesliga (Saison 1996/97)** [36]

| Verein | Umsatz 96/97 in Mio. DM | Marktanteil in Prozent[2)] | Gewinn/ Verlust in Mio. DM | Umsatzrendite in Prozent |
|---|---|---|---|---|
| Bayern München | 165,2 | 17,3 | 15,0 | 9,1 |
| Borussia Dortmund | 129,7 | 13,6 | 0,5 | 0,4 |
| Schalke 04 | 75,6 | 7,9 | 3,3 | 4,4 |
| Hamburger SV | 56,5 | 5,9 | 6,0 | 10,6 |
| Bor. M'gladbach | 56,0 | 5,9 | 0,4 | 0,7 |
| Werder Bremen | 53,0 | 5,5 | 3,7 | 7,0 |
| VfB Stuttgart | 46,0 | 4,8 | -1,7 | -3,7 |
| Bayer Leverkusen | 45,0 | 4,7 | 0,1 | 0,2 |
| 1.FC Kaiserslautern | 42,9 | 4,5 | -4,8 | -11,2 |
| 1860 München | 38,7 | 4,0 | 0,1 | 0,3 |
| VfL Bochum | 34,0 | 3,6 | -0,3 | -0,9 |
| Hansa Rostock | 33,2 | 3,5 | 2,0 | 6,0 |
| Hertha BSC Berlin | 25,0 | 2,6 | 1,1 | 4,4 |
| MSV Duisburg | 23,5 | 2,5 | 1,8 | 7,7 |
| VfL Wolfsburg | 8,0 | 0,8 | -1,2 | -15,0 |
| **Gesamt** | **832,3** | **87,1** | **26,0** | **3,1** |
| [2)] Die fehlenden 12,9% Marktanteile entfielen auf die drei Absteiger. | | | | |

Quelle: Value Management & Research

---

36 ohne die Absteiger 1997/98 (1. FC Köln, Arminia Bielefeld und Karlsruher SC) sowie ohne die Aufsteiger 1998/99 (Eintracht Frankfurt, Freiburger FC und 1. FC Nürnberg)

Die objektive Beurteilung des Gewinnausweises wird dadurch erschwert, daß einige Vereine aufgrund ihrer Rechtsform als eingetragener Verein versuchen, möglichst keinen oder nur einen sehr geringen Gewinn auszuweisen, um den steuerlichen Status der Gemeinnützigkeit nicht zu gefährden. Mit der nun bestehenden Möglichkeit, die Profi-Abteilung als Fußball-Kapitalgesellschaft auszugliedern, verliert dieses Argument seine Grundlage, und die Gewinnerzielungsabsicht kann ohne Rücksichtnahme auf steuerliche Gegebenheiten erklärtes Gesellschaftsziel sein.

In der betrachteten Saison 1997/98 ist es einigen Vereinen gelungen, beachtliche Umsatzrenditen zu erzielen. So erwirtschaftete der Hamburger SV mit einer Umsatzrendite von 10,6% den einzigen (positiven) zweistelligen Wert. Aber auch noch die Umsatzrendite von Bayern München mit von 9,1% stellt eine Größenordnung dar, deren Erreichen auch in anderen Branchen keine Selbstverständlichkeit ist. Die Spannweite der Umsatzrenditen ist ebenfalls sehr bemerkenswert. Das Schlußlicht bildet hier der VfL Wolfsburg mit einer negativen Rendite von - 15 %, gefolgt vom 1. FC Kaiserlautern mit - 11,2 %. Zusammenfassend zeigt dies die vorstehende Abbildung 27 für alle Vereine der 1. Bundesliga (ohne die jeweiligen Ab- und Aufsteiger).

Bei realistischer Sicht erwirtschafteten die Bundesligavereine mit 3,1 % Umsatzrendite im Durchschnitt allerdings keine „traumhaften Renditen".[37] Nach häufig geäußerten Ansichten seien wohl Umsatzrenditen von 20-25 % möglich, sobald Fußball-Vereine in Deutschland als Kapitalgesellschaften geführt werden dürfen. Ob die Vereine tatsächlich in der Lage sind, solche hohen Renditen zu erwirtschaften, hängt unter anderem davon ab, wie weit sie sich in ihren Entscheidungen von wirtschaftlich notwendigen und nicht ausschließlich von sportlichen Zielsetzungen leiten lassen. Dabei wird die Entscheidung zwischen wirtschaftlicher und sportlicher Notwendigkeit immer eine Gratwanderung bleiben. Doch zeigen die Erfahrungen in den anderen europäischen Ländern, wie auch in Deutschland, daß wirtschaftlicher und sportlicher Erfolg ineinander verzahnt sind.

Interessant ist die Verteilung der Umsätze auf die einzelnen Geschäftsbereiche eines Bundesliga-Clubs. Die Anteile am Gesamtumsatz der Vereine der 1. Bundesliga in der Saison 1996/1997 verteilen sich wie folgt:

---

37 Blick durch die Wirtschaft vom 29.05.1998

Die aktuelle wirtschaftliche Situation der 1. Bundesliga

**Abb. 28: Aufteilung des Gesamtumsatzes auf Geschäftsbereiche**

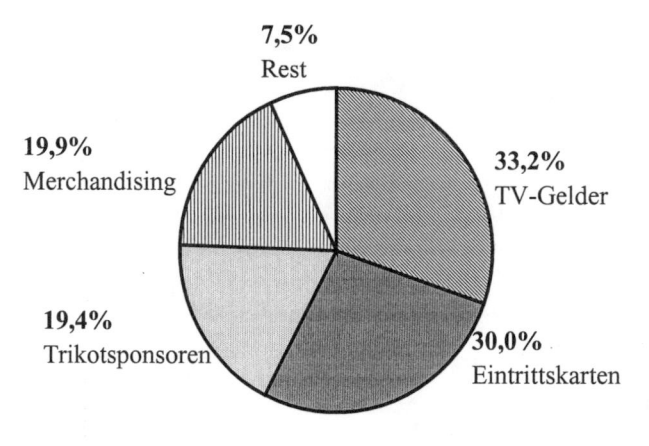

7,5% Rest
19,9% Merchandising
33,2% TV-Gelder
19,4% Trikotsponsoren
30,0% Eintrittskarten

Quelle: DG Bank Studie, 5/98, S. 7

Daß sich die 1. Bundesliga mittlerweile von einem Millionengeschäft zu einem Milliardengeschäft entwickelt hat, verdeutlichen die vorläufigen Umsatzzahlen der Erstligisten in der Saison 1998/99:

**Abb. 29: Umsätze der Vereine der 1. Bundesliga in der Saison 1998/99**

| Verein | Gesamtumsatz in Mio. DM |
|---|---|
| Bayern München | 225 |
| Borussia Dortmund | 175 |
| 1. FC Kaiserslautern | 94 |
| VfB Stuttgart | 91 |
| Schalke 04 | 79 |
| Bayer Leverkusen | 70 |
| Werder Bremen | 63 |
| Hamburger SV | 54 |

Die ökonomischen Grundlagen des Wachstumsmarktes Fußball

| Verein | Gesamtumsatz in Mio. DM |
|---|---|
| Hertha BSC Berlin | 51 |
| 1860 München | 47 |
| Eintracht Frankfurt | 40 |
| MSV Duisburg | 40 |
| VfL Wolfsburg | 34 |
| Arminia Bielefeld* | 33 |
| SC Freiburg | 32 |
| Hansa Rostock | 28 |
| SpVgg Unterhaching* | 9 |
| SSV Ulm* | 8 |
| *Gesamt* | *1173* |

* Saison 1998/99 2. Bundesliga

Quelle: Schumacher vom 11.08.1999

Trotz der in letzter Zeit laut werdenden Kritik am Merchandising machen die Umsätze dieses Geschäftsfeldes einen wichtigen Anteil am Gesamtumsatz der Bundesliga-Clubs aus. Wie groß die Merchandising-Umsätze und die Werbeumsätze im einzelnen sind und welchen Anteil diese Umsätze im Verhältnis zum Gesamtumsatz für die einzelnen Vereine der 1. Bundesliga in der Saison 1996/97 eingenommen haben, verdeutlicht die folgenden Abbildung 30.

**Abb. 30: Umsätze und Umsatzanteile aus Merchandising und Werbung der Vereine der 1. Bundesliga (Saison 1996/97)**[38]

| Verein | Merchandising-Umsätze in Mio. DM | Umsatzanteile in % | Werbeumsatz in Mio. DM | Umsatzanteil in % |
|---|---|---|---|---|
| Bayern München | 79,7 | 48,0 | 15,0 | 9,0 |
| Borussia Dortmund | 51,1 | 39,0 | 12,0 | 9,0 |
| Schalke 04 | 12,7 | 17,0 | 7,5 | 10,0 |
| Hamburger SV | 2,4 | 4,0 | 2,8 | 5,0 |
| Bor. M'gladbach | 6,3 | 11,0 | 4,5 | 8,0 |
| Werder Bremen | 6,0 | 11,0 | 4,0 | 8,0 |
| VfB Stuttgart | 9,8 | 21,0 | 6,7 | 15,0 |
| Bayer Leverkusen | 5,0 | 11,0 | 6,0 | 13,0 |
| 1.FC Kaiserslautern | 5,4 | 13,0 | 2,5 | 6,0 |
| 1860 München | 4,8 | 12,0 | 4,0 | 10,0 |
| VfL Bochum | 0,7 | 2,0 | 3,5 | 10,0 |
| Hansa Rostock | 0,5 | 1,5 | 2,5 | 8,0 |
| Hertha BSC Berlin | 0,8 | 3,0 | 4,0 | 16,0 |
| MSV Duisburg | 0,5 | 2,0 | 2,0 | 9,0 |
| VfL Wolfsburg | 0,2 | 2,5 | 3,0 | 38,0 |
| **Gesamt** | **185,9** | - | **80,0** | - |

Quelle: Impulse 8/98, S. 16f.

Der Vollständigkeit halber seien hier auch die Merchandising-Umsätze der drei Absteiger der Saison 1997/98 angegeben: 1. FC Köln DM 2,2 Mio., Arminia Bielefeld DM 1,0 Mio. sowie Karlsruher SC DM 0,8 Mio.

---

38  ohne die drei Absteiger 1997/98

Die ökonomischen Grundlagen des Wachstumsmarktes Fußball

Eine weitere wichtige Kennziffer für die wirtschaftliche Beurteilung der Vereine der 1. Bundesliga sind neben den Umsätzen die Spielerwerte. Darunter sind die durch die Vereine in ihre Profi-Fußballspieler vorgenommenen Investitionen zu verstehen.

**Abb. 31: Spielerwerte der Vereine der 1. Bundesliga (Saison 1996/97)[39]**

| Verein | Wert der Spieler in Mio. DM |
|---|---|
| Bayern München | 40,0 |
| Borussia Dortmund | 40,0 |
| Schalke 04 | 22,0 |
| Hamburger SV | 10,0 |
| Bor. M'gladbach | 25,0 |
| Werder Bremen | 16,0 |
| VfB Stuttgart | 16,0 |
| Bayer Leverkusen | 22,0 |
| 1. FC Kaiserslautern | 20,0 |
| 1860 München | 13,0 |
| VfL Bochum | 12,0 |
| Hansa Rostock | 14,0 |
| Hertha BSC Berlin | 18,0 |
| MSV Duisburg | 12,0 |
| VfL Wolfsburg | 12,0 |
| **Gesamt** | **292,0** |

Quelle: Impulse 8/98

Gerade bei den Investitionen in Spieler ist zwischenzeitlich sowohl bei der Zahlung von Ablösesummen als auch bei Gehaltszahlungen eine immense Steigerung im Vergleich zu der hier betrachteten Saison zu verzeichnen. Die Transferzahlungen von Borussia Dortmund belaufen sich für die Saison

---

39  ohne die drei Absteiger 1997/98

1999/2000 bereits auf DM 45 Mio., wobei die Aktivitäten auf dem Transfermarkt noch keineswegs abgeschlossen sind.[40]

### 4.6 Das wirtschaftliche Potential

Nach der UFA-Fußballstudie '98 weisen die Fußball-Bundesligavereine folgende, das wirtschaftliche Potential beschreibende Kennziffern auf:

**Abb. 32: Wirtschaftliches Potential der Bundesligavereine\***

| Verein | Merchandising-Umsatz in Mio. DM | Etat 97/98 in Mio. DM | Zuschauer 97/98 | Bekanntheitsgrad | wirtschaftlich erfolgreich | Ansehen bei den Fans |
|---|---|---|---|---|---|---|
| | | | | in Millionen | | |
| Bayern München | 79,7 | 40,0 | 52.977 | 60,6 | 29,3 | 5,0 |
| Borussia Dortmund | 51,1 | 40,0 | 53.279 | 58,8 | 19,7 | 3,5 |
| Schalke 04 | 12,7 | 46,0 | 48.390 | 55,0 | 10,2 | 3,6 |
| VfB Stuttgart | 9,8 | 48,0 | 38.150 | 51,0 | 9,7 | 2,0 |
| Bor. M'gladbach | 6,3 | 35,0 | 25.890 | 50,4 | 4,7 | 1,9 |
| Werder Bremen | 6,0 | 35,0 | 28.118 | 52,0 | 7,5 | - |
| 1. FC Kaiserslautern | 5,4 | 42,0 | 37.645 | 53,4 | 11,0 | 3,0 |
| Bayer Leverkusen | 5,0 | 40,0 | 21.186 | 48,6 | 12,6 | - |
| 1860 München | 4,8 | 40,0 | 31.882 | 54,4 | - | 2,0 |
| Hamburger SV | 2,4 | 36,0 | 31.345 | 48,9 | 3,7 | 2,3 |
| Hertha BSC Berlin | 0,8 | 26,5 | 53.431 | 45,3 | - | - |

---

40  Vgl. Wittke vom 22.04.1999, der noch von DM 25 Mio. ausging; zwischenzeitlich hat sich das Rekord-Transfervolumen auf DM 45 Mio. erhöht.

Die ökonomischen Grundlagen des Wachstumsmarktes Fußball

| Verein | Merchandising-Umsatz in Mio. DM | Etat 97/98 in Mio. DM | Zuschauer 97/98 | Bekanntheitsgrad | wirtschaftlich erfolgreich | Ansehen bei den Fans |
|---|---|---|---|---|---|---|
| | | | | in Millionen | | |
| VfL Bochum | 0,7 | 30,0 | 25.647 | 45,4 | - | - |
| MSV Duisburg | 0,5 | 20,0 | 15.431 | 43,4 | - | - |
| Hansa Rostock | 0,5 | 25,0 | 16.414 | 44,9 | - | 2,5 |
| VfL Wolfsburg | 0,2 | 18,0 | 15.979 | 38,5 | - | - |
| **Gesamt** | 185,9 | 521,5 | 495.764 | 63,3 | 63,3 | 63,3 |
| **Durchschnitt** | - | - | 33.050 | | | |

*ohne die Absteiger 1997/98 sowie ohne die Aufsteiger 1998/99

Quelle: UFA Fußballstudie '98, hrsg. von UFA Sports GmbH, Hamburg 1998

Nach einer internen Studie des Sportmagazins „kicker"[41], der die Bilanzen der Proficlubs aus den vergangenen fünf Jahren zugrunde liegen, haben die 18 Bundesliga-Clubs das abgelaufene Geschäftsjahr 1997/98 im Durchschnitt mit einem Verlust in Höhe von DM 280.000 abgeschlossen. Die Studie bestätigt die Vermutung, daß bei der Mehrzahl der Clubs einer hervorragenden, sich ständig verbessernden Einnahmesituation oft eine verantwortungslose Ausgabenmentalität gegenübersteht.

Dabei verbuchten die Bundesliga-Clubs in der Vorsaison 1996/97 im Durchschnitt noch einen Gewinn von rund DM 1,7 Mio. Die Bilanzen der Geschäftsjahre 1993/94 und 1994/95, die bei allen Clubs mit dem Spieljahr identisch sind, wiesen ebenfalls im Schnitt einen Gewinn von ca. DM 1,5 Mio. aus. Erstmals hatte es aber schon in der Spielzeit 1995/96 einen erheblichen Einbruch mit einem Verlust von DM 450.000 pro Verein gegeben. Die Mehrheit der Vereine arbeitet jedoch schon seit Jahren defizitär, denn die Studie sagt nichts über die spezifische Situation einzelner Vereine aus, sondern legt die Durchschnittswerte zugrunde. Nimmt man beispielsweise nur die Bilanz des FC Bayern München, der 1997/98 einen Gewinn von DM 15,8 Mio. erwirtschaftete, aus dieser Erhebung heraus, so zeichnet sich ein we-

---

41  Vgl. Franzke vom 25.02.1999 sowie FAZ vom 25.02.1999

sentlich düstereres Bild der Liga. Als Ursache für die nachhaltige Verlustsituation der Liga wird vor allem die Explosion der Spielergehälter seit dem Bosman-Urteil des Europäischen Gerichtshofes vom 15. Dezember 1995 verantwortlich gemacht. Bezifferten die Vereine 1993/94 ihre Personalkosten im Durchschnitt auf rund DM 12 Mio., so sind diese Ausgaben über etwa DM 19 Mio. in der Saison 1995/96 auf DM 28,4 Mio. in der Saison 1997/98 angewachsen; mit weiter steigender Tendenz für die kommende Saison, wie man an den aktuellen Transferaktivitäten der Vereine erkennen kann. Obwohl das Bosman-Urteil den Vereinswechsel bei Vertragsablauf für Spieler aus EU-Staaten ablösefrei garantiert, sind auch die Transferzahlungen der Bundesligisten kontinuierlich gestiegen. Eine Folge des Booms ausländischer Spieler aus nicht-europäischen Staaten und des verstärkten Freikaufens von Spielern aus deren noch bestehenden, langfristig abgeschlossenen Verträgen. Welche astronomischen Summen dabei auf dem europäischen Fußballmarkt gezahlt werden, zeigt ein Blick nach Italien. Dort zahlt Inter Mailand umgerechnet DM 91 Mio. Ablöse für den italienischen Nationalstürmer Christian Vieri an Lazio Rom, und Lazio Rom hat seinerseits für die Summe von ca. DM 53 Mio. den argentinischen Nationalspieler Juan Veron vom AC Parma verpflichtet. Unter dem Strich haben die Transferausgaben der deutschen Bundesliga die Transfereinnahmen in den zurückliegenden fünf Jahren um etwa DM 203 Mio. überstiegen; davon entfallen knapp DM 98 Mio. – also fast 50 % – allein auf die zurückliegenden beiden Spielzeiten nach dem Bosman-Urteil.

Die enormen Gehaltszahlungen auf der einen Seite und den Verlust im Transfergeschäft auf der anderen Seite können sich die Vereine nur aufgrund einer Explosion der Einnahmen aus der Vermarktung der Fernsehrechte, der Werbung sowie des Zuschaueraufkommens leisten. Der prozentual höchste Zuwachs im Betrachtungszeitraum wurde über die Werbeeinnahmen erwirtschaftet. Erhielten die Clubs in der Saison 1993/94 aus Trikot- und Bandenwerbung sowie von den Ausrüstern im Schnitt etwa DM 5,2 Mio., so betrugen diese Einnahmen in der Saison 1997/98 durchschnittlich DM 12,3 Mio. Die Einnahmen aus der Fernsehvermarktung verdoppelten sich fast in diesen fünf Jahren – von DM 8,0 Mio. (1993/94) auf DM 15,5 Mio. (1997/98). In diesem Bereich erwartet die Liga aus der Änderung der Vermarktungsform in Zukunft weiterhin kräftig steigende Einnahmen. Die Einnahmen aus Eintrittsgeldern stiegen von DM 11,8 Mio. (1993/94) auf DM 16,7 Mio. (1997/98) an. Daß angesichts der enormen Gehälter die Spendierfreudigkeit von Mitgliedern des Clubs und anderen Förderern rückläufig ist, erstaunt daher nicht besonders. Spenden und Zuschüsse erhielten die Bundesliga-Clubs im letzen Geschäftsjahr im Durchschnitt DM 388.000; ein Jahr zuvor waren es noch DM 785.000.

Die Zusammenfassung der beschriebenen (durchschnittlichen) Entwicklung der 1. Bundesliga in den vergangenen fünf Spielzeiten gibt Abbildung 33 wieder.

**Abb. 33: Wirtschaftliche Entwicklung der Bundesliga im Fünf-Jahres-Vergleich**

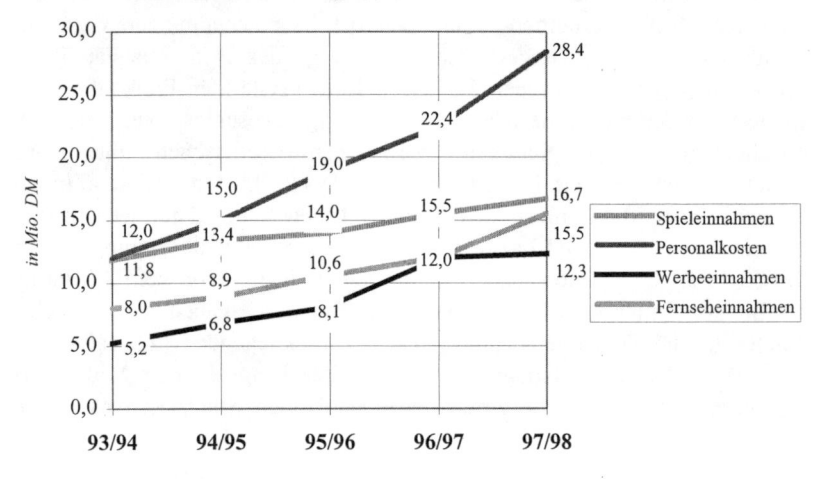

| Jahr | Spieleinnahmen | Personalkosten | Werbeeinnahmen | Fernseheinnahmen |
|------|----------------|----------------|----------------|------------------|
| 93/94 | 12,0 | 11,8 | 5,2 | 8,0 |
| 94/95 | 13,4 | 15,0 | 6,8 | 8,9 |
| 95/96 | 14,0 | 19,0 | 8,1 | 10,6 |
| 96/97 | 15,5 | 22,4 | 12,0 | 15,5 |
| 97/98 | 16,7 | 28,4 | 12,3 | 15,5 |

(in Mio. DM)

Quelle: Interne Studie „Entwicklung Bundesliga" in: kicker Nr. 17 vom 25.02.1999

Bisher mußten die Bundesliga-Clubs ihre Bilanzen lediglich dem DFB zur Erteilung der Lizenz vorlegen und von diesem prüfen lassen. Dieses Verfahren hat möglicherweise dazu beigetragen, daß die deutschen Bundesliga-Vereine zur Zeit noch nicht so verschuldet sind wie die Clubs in Spanien oder Italien. Dennoch sind die heute von den Vereinen der Bundesliga der Öffentlichkeit vorgelegten wirtschaftlichen Daten im Hinblick auf eine Bewertung der Vermögens-, Finanz- und Ertragslage der Vereine häufig völlig unzureichend. Insbesondere für eine Unternehmensbewertung im Rahmen eines Going Public werden wesentlich mehr Detailinformationen benötigt. Diese Daten und Informationen liegen durchaus vor – müssen sie doch dem DFB jährlich und fortgeschrieben zur Lizenzierung vorgelegt werden. Noch sehen es allerdings die meisten Fußball-Vereine der Bundesligen nicht als erforderlich an, im Rahmen einer aktiven – auch die ökonomischen Grundlagen des Vereins betreffenden – Öffentlichkeitsarbeit offensiv zu informieren und zu kommunizieren. In Großbritannien dagegen ist die Veröffentlichung der Bilanzen und des Geschäftsberichts der Clubs schon lange verbreitet. Teilweise können die Daten – mehr oder weniger ausführlich – im Internet abgerufen werden.

### 4.6.1 Zuschauerschnitt und Stadionauslastung

Die Zahl der Stadionbesucher ist in den vergangenen Jahren stetig gestiegen, nachdem sie Ende der 80er Jahre rückläufig war. Der Zuschauerschnitt bei den Spielen der 1. Bundesliga überschritt in der Saison 1997/98 erstmals die 30.000 Marke.

**Abb. 34: Zuschauerschnitt bei Spielen der 1. Bundesliga**

| Saison | Zuschauerschnitt |
|---|---|
| 86/87 | 19.402 |
| 87/88 | 18.646 |
| 88/89 | 17.631 |
| 89/90 | 19.765 |
| 90/91 | 20.508 |
| 91/92 | 22.634 |
| 92/93 | 25.175 |
| 93/94 | 26.100 |
| 94/95 | 27.702 |
| 95/96 | 29.107 |
| 96/97 | 28.681 |
| 97/98 | 31.112 |
| 98/99 | 30.901 |

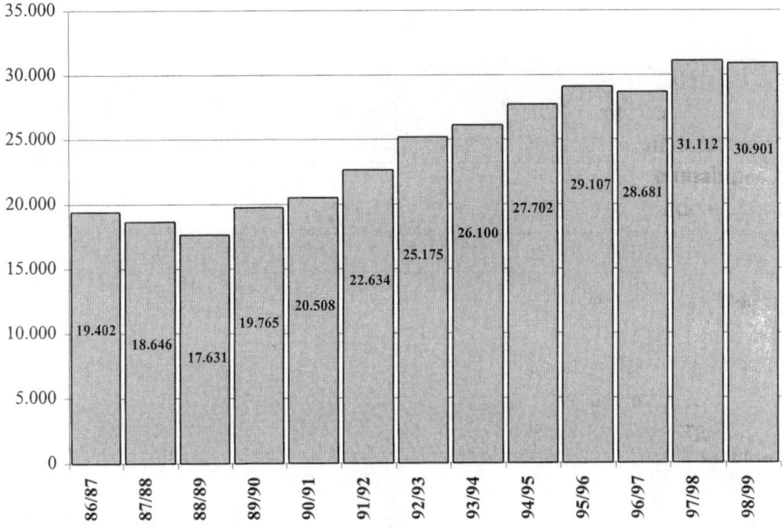

Quelle: Kicker, Stand Juni 1999

Die Erlöse aus dem Verkauf der Eintrittskarten betrugen durchschnittlich 30 % der Gesamteinnahmen der Bundesligisten. Für die Saison 1996/97 bedeutete dies Einnahmen von ungefähr DM 287 Mio. für die gesamte Liga.

Neben den absoluten Zuschauerzahlen sind vor allem der Auslastungsgrad der Stadien sowie ihre Sitz- und Stehplatzkontingente interessant, um das wirtschaftliche Potential des Vereins auf diesem Gebiet beurteilen zu können. (siehe dazu die folgende Abbildung 35)

Neben der Erweiterung des Sitzplatzangebotes besteht noch eine Vielzahl von Möglichkeiten, durch Investitionen in die Infrastruktur der Stadien und durch zusätzliche Aktivitäten den Auslastungsgrad der Stadien zu erhöhen und auf diese Weise höhere Einnahmen zu generieren. Beispiele sind die Vermietung von VIP-Logen, der Betrieb von Immobilien „rund um das Stadion" (z.B. Hotels und Restaurants, Vermietung von Läden an den Einzelhandel) und die Nutzung der Arena für weitere Freizeitveranstaltungen, wie z.B. Rockkonzerte. Der holländische Club Ajax Amsterdam gilt hier als gutes Beispiel. Durch den Umzug in ein neues Stadion konnten die Einnahmen aus der Vermietung von sogenannten Business Seats und Skyboxen von DM 2 Mio. in der Saison 1995/96 auf DM 14 Mio. in der Saison 1996/97 gesteigert werden.

**Abb. 35: Stadien der Bundesligisten, Zuschauerschnitt in 1996/97 und 1997/98**

| Verein | Kapazität | Sitzplätze | % | Stehplätze | % | Schnitt 96/97 | Schnitt 97/98 | Auslastung 97/98 |
|---|---|---|---|---|---|---|---|---|
| Hertha Berlin | 76.243 | 76.243 | 100,0 | 0 | 0,0 | 17.820 | 53.431 | 70,1% |
| Schalke | 71.017 | 38.996 | 54,9 | 32.021 | 45,1 | 39.500 | 48.390 | 68,1% |
| Bayern München | 69.000 | 56.500 | 81,9 | 12.500 | 18,1 | 58.000 | 52.977 | 76,8% |
| München 1860 | 69.000 | 56.500 | 81,9 | 12.500 | 18,1 | 38.800 | 31.882 | 46,2% |
| Hamburg | 58.000 | 28.353 | 48,9 | 29.647 | 51,1 | 29.600 | 31.345 | 54,0% |
| Dortmund | 55.000 | 38.000 | 69,1 | 17.000 | 30,9 | 53.000 | 53.279 | 96,6% |
| Stuttgart | 53.218 | 47.081 | 88,5 | 6.137 | 11,5 | 42.400 | 38.150 | 71,7% |
| Köln | 47.000 | 37.000 | 78,7 | 10.000 | 21,3 | 31.000 | 28.105 | 59,8% |
| Kaiserslautern | 38.000 | 18.000 | 47,4 | 20.000 | 52,6 | 35.216 | 37.645 | 99,1% |
| Bremen | 35.282 | 30.582 | 86,7 | 4.700 | 13,3 | 30.500 | 28.118 | 79,7% |

| Verein | Kapazität | Sitzplätze | % | Stehplätze | % | Schnitt 96/97 | Schnitt 97/98 | Auslastung 97/98 |
|---|---|---|---|---|---|---|---|---|
| Mönchengladbach | 34.500 | 8.700 | 25,2 | 25.800 | 74,8 | 30.200 | 25.890 | 75,0% |
| Karlsruhe | 33.796 | 16.034 | 47,4 | 17.762 | 52,6 | 26.800 | 25.405 | 75,2% |
| Bochum | 31.000 | 19.000 | 61,3 | 12.000 | 38,7 | 28.400 | 25.647 | 82,7% |
| Duisburg | 30.128 | 10.000 | 33,2 | 20.128 | 66,8 | 19.300 | 15.431 | 51,2% |
| Leverkusen | 25.050 | 21.050 | 84,0 | 4.000 | 16,0 | 20.500 | 21.186 | 84,6% |
| Rostock | 24.500 | 24.500 | 100,0 | 0 | 0,0 | 19.000 | 16.414 | 67,0% |
| Bielefeld | 22.512 | 12.500 | 55,5 | 10.012 | 44,5 | 21.000 | 21.240 | 94,3% |
| Wolfsburg | 16.000 | 2.530 | 15,8 | 13.470 | 84,2 | 5.880 | 15.979 | 99,9% |
| **Durchschnitt** | 43.847 | 30.087 | 68,6 | 13.760 | 31,4 | 30.384 | 31.695 | 75,1% |

Quelle: Kicker Sportmagazin, Stand April 1998

Es versteht sich von selbst, daß die qualitative Aufwertung der Stadien und der Erwerb weiterer Immobilien hohe Investitionen erforderlich machen. Zudem ist zu beachten, daß die meisten Stadien Eigentum der öffentlichen Hand sind und lediglich an die Vereine vermietet werden. Nur der 1. FC Kaiserslautern und Bayer Leverkusen sowie mittlerweile der Hamburger SV sind Eigentümer ihrer Stadien. Andere Vereine sind teilweise am Stadion beteiligt (Borussia Dortmund z.B. hält 47 % der Anteile an der Westfalenstadion GmbH). Für viele Vereine besteht die Möglichkeit der Erzielung zusätzlicher Einnahmen durch die Nutzung des Stadions für weitere Freizeitveranstaltungen also zur Zeit noch nicht.[42]

---

42   Siehe auch Abschn. 4.2

### 4.6.2 Möglichkeiten der Fernsehvermarktung

Wie sich aufgrund der Ausführungen der Abschnitte 4.1.1.2 und 4.1.3 leicht erkennen läßt, hat die Champions League, verglichen mit den übrigen Europapokalwettbewerben, die größten Ertragspotentiale für die teilnehmenden Vereine. Obwohl der VfB Stuttgart im Pokalsiegerwettbewerb 1997/98 das Finale erreichte, nahm er deutlich weniger – nämlich nur DM 5 Mio. – als Bayern München und Bayer Leverkusen ( DM 11,3 Mio. bzw. DM 10,7 Mio.) ein, die jeweils nur bis in das Viertelfinale der Champions League vordrangen.

Seit dem Einstieg der privaten Fernsehsender in den 80er Jahren in die Berichterstattung über die Fußball-Bundesliga sind die für die Übertragungsrechte gezahlten Summen stark gestiegen. Auch die Präsenz des Fußballs auf den TV-Bildschirmen hat seitdem deutlich zugenommen. Live-Übertragungen von Bundesliga- oder Europapokalbegegnungen sind mittlerweile eher die Regel als eine Ausnahme. Daß die Einnahmen aus dem Verkauf der Fernsehrechte der deutschen Bundesliga-Vereine aber noch weiter gesteigert werden kann, geht aus den Vergleichen mit den anderen europäischen Fußballmärkten hervor.

Die folgende Abbildung 36 verdeutlicht die Medienwirksamkeit des Fußballs in Deutschland:

**Abb. 36: Die 20 meistgesehenen Fernsehsendungen 1997**

| | Sender | Titel | Tag | Datum | Zu-schauer (in Mio.) |
|---|---|---|---|---|---|
| 1 | ZDF | Wetten, daß...? | Sa | 18.01.97 | 15,6 |
| **2** | **RTL** | **Champions League-Finale: Dortmund-Turin** | **Mi** | **28.05.97** | **15,3** |
| 3 | ZDF | Wetten, daß...? | Sa | 22.02.97 | 15,1 |
| 4 | RTL | Formel 1 - Finale in Jerez | So | 26.10.97 | 14,3 |
| 5 | ZDF | Wetten, daß...? | Sa | 22.03.97 | 14,2 |
| **6** | **SAT.1** | **UEFA-Cup-Finale: Inter Mailand - Schalke (Verl.)** | **Mi** | **21.05.97** | **13,9** |
| **7** | **SAT.1** | **UEFA-Cup-Finale: Inter Mailand - Schalke** | **Mi** | **21.05.97** | **13,7** |

## Das wirtschaftliche Potential

| | Sender | Titel | Tag | Datum | Zu-schauer (in Mio.) |
|---|---|---|---|---|---|
| 8 | ARD | WM-Qualifikation: Deutschland - Armenien | Mi | 10.09.97 | 13,4 |
| 9 | ARD | WM-Qualifikation: Nord-Irland - Deutschland | Mi | 20.08.97 | 11,8 |
| 10 | ZDF | WM-Qualifikation: Deutschland - Portugal | Sa | 06.09.97 | 11,5 |
| 11 | ARD | ARD-Brennpunkt: Tod im Tunnel | So | 31.08.97 | 11,3 |
| 12 | RTL | Champions League-Halbfinale: Manchester - Dortmund | Mi | 23.04.97 | 11,3 |
| 13 | ARD | WM-Qualifikation: Deutschland - Ukraine | Mi | 30.04.97 | 11,2 |
| 14 | ARD | WM-Qualifikation: Albanien - Deutschland | Mi | 04.02.97 | 10,9 |
| 15 | RTL | UEFA-Cup-Finale: Schalke - Inter Mailand | Mi | 07.05.97 | 10,8 |
| 16 | ARD | DFB-Pokal: Karlsruhe - Bayern München | Mi | 19.02.97 | 10,8 |
| 17 | ARD | Mainz wie es singt und lacht | Fr | 07.02.97 | 10,8 |
| 18 | ZDF | DFB-Pokal-Finale: Stuttgart - Cottbus | Sa | 14.06.97 | 10,7 |
| 19 | ZDF | DFB-Pokal: Wolfsburg - Bayern München | Di | 23.09.97 | 10,6 |
| 20 | RTL | Champions League-Halbfinale: Dortmund - Manchester | Mi | 09.04.97 | 10,1 |
| 20 | RTL | UEFA-Cup: Schalke - Teneriffa | Di | 22.04.97 | 10,1 |

Quelle: AGF / GfK - Fernsehforschung / PC# TV / Media Control

Daß diese Zahlen aus dem Jahr 1997 nichts an Aktualität verloren haben, zeigt die Übertragung des Champions-League-Finales am 26. Mai 1999 zwischen dem FC Bayern München und Manchester United. Im Durchschnitt saßen 13,59 Mio. Zuschauer an diesem Mittwoch abend vor ihren Fernsehgeräten. Der Spitzenwert bei dieser Fußball-Übertragung lag bei 16,57 Mio.

Zuschauern. Damit erreichte der Privatsender RTL in seiner vorerst letzten Live-Übertragung eines Spiels der Champions League einen Marktanteil von durchschnittlich 48,4 %.

Der Zukunftstrend bei Live-Übertragungen, der in den USA bereits Realität ist, heißt „Pay-per-view". In Verbindung mit der Etablierung des digitalen Fernsehens werden die Begegnungen nur noch im Pay-TV live übertragen. Der Fan soll sich aus den Begegnungen eines Spieltages das Match aussuchen, das er live sehen möchte. Dieses Spiel wird ihm dann separat in Rechnung gestellt, zusätzlich zur monatlichen Grundgebühr für den Empfang des entsprechenden Pay-TV-Senders. Ein einfaches Zahlenbeispiel verdeutlicht das Ertragspotential für Fußball-Vereine aus dieser Vermarktungsmethode[43]:

Wie Abbildung 36 verdeutlicht, kann ein Spitzenspiel Werte von 10 Mio. Fernsehzuschauern erreichen. Geht man davon aus, daß durchschnittlich vier Zuschauer zusammen in einen Fernseher schauen, so fallen für 2,5 Mio. Fernsehgeräte Gebühren an. Leitet der TV-Sender beispielsweise Gebühren von DM 5 pro Einschaltung an die beiden beteiligten Mannschaften weiter, so würde allein dieses eine Spiel den beiden Teams zusammen eine Einnahme von DM 12,5 Mio. bescheren.

Aufgrund der weiten Verbreitung des Free-TV ist die Bereitschaft der deutschen Fernsehzuschauer, Pay-per-view zu akzeptieren, laut aktueller Untersuchungen allerdings gegenwärtig noch nicht ausreichend vorhanden. Doch kann man davon ausgehen, daß, sobald es keine Live-Übertragungen in Free-TV geben wird, die Zahl der Zuschauer, die Pay-TV und Pay-per-view akzeptieren werden, stark ansteigen wird.

Das wirtschaftliche Potential der kommenden Jahre eröffnet den deutschen Fußball-Clubs alle Möglichkeiten, sich für den internationalen Wettbewerb zu rüsten. Um international bestehen zu können, muß aber gleichzeitig die Bundesliga auf hohem Niveau attraktiv gehalten werden. Zu beachten ist weiterhin, daß sich wirtschaftlicher und sportlicher Erfolg bedingen. Ein wirtschaftlich solider Fußball-Club ohne den nötigen sportlichen Erfolg wird im Laufe der Zeit für die Fans uninteressant(er) werden, so daß sich auch die wirtschaftlichen Zukunftsaussichten verschlechtern werden. Andererseits darf der sportliche Erfolg nicht um jeden Preis erkauft werden. Als Negativbeispiele für eine solche Politik lassen sich Paris St. Germain und Inter Mailand anführen. Beide Clubs haben vor Saisonbeginn sehr viel Geld in gute Spieler

---

43  Vgl. DG Bank-Studie, 5/98, S. 10

investiert, doch gelang es nicht, die Stars in einer Mannschaft zu integrieren, so daß die sportlichen Erfolge beider Clubs sehr dürftig ausfielen und sie sich nicht für einen der europäischen Wettbewerbe qualifizieren konnten.

Werden sportliche und wirtschaftliche Notwendigkeiten aber immer wieder genau analysiert und gegeneinander abgewogen, kann die Gratwanderung zwischen Sport und Kommerz zum Nutzen aller Beteiligten gelingen.

Trotzdem wird es immer Unterschiede zwischen den Vereinen geben, die teilweise aus ihrer geographischen Lage resultieren. So haben Fußball-Clubs in den Großstädten, wie München, Berlin, Hamburg, Dortmund oder auch Frankfurt ein ganz anderes Einzugsgebiet und Fanpotential als Clubs in der Provinz. So werden Traditionsvereine wie der 1. FC Kaiserslautern oder Borussia Mönchengladbach auch weiterhin Schwierigkeiten haben, finanzstarke Sponsoren zu finden. Zum einen unterscheiden sich die Fangruppen. Die Großstadtvereine haben in ganz Deutschland oder sogar in Europa Anhänger, die sich auch mit dem Gedanken tragen, für ein oder zwei Heimspiele in der Saison weit zu reisen. Dagegen ist es kaum vorstellbar, daß der VfL Wolfsburg seine Fans aus Süddeutschland zu einer Reise in den Norden locken kann. Neben dem Stadionbesuch haben Großstädte ganz andere Möglichkeiten der Freizeitgestaltung zu bieten, für die sich selbst eine sehr weite Anreise lohnt. Zum anderen ist die Reichweite der Werbemaßnahmen aufgrund des größeren Einzugsgebietes für Sponsoren interessanter. Mit dem gleichen Aufwand können mehr potentielle Kunden umworben werden. Des weiteren spielt das Image des Clubs bei den Sponsoren eine wichtige Rolle. Große, global tätige Unternehmen sponsern eher einen Hauptstadt-Club als beispielsweise einen Traditionsclub aus der Pfalz oder aus Franken. Dennoch müssen gerade die „kleinen" Bundesliga-Vereine mit ihrer schlechteren Ausgangsposition leben und ihr Potential – je nach den individuellen Gegebenheiten – konsequent ausnutzen; denn dann können sie ebenso von den Entwicklungen des Wachstumsmarktes Fußball profitieren.

## 4.7 Einnahmen aus Beteiligungen an anderen Fußball-Gesellschaften

Um die Einnahmesituation einer Fußball-Kapitalgesellschaft so weit wie möglich zu diversifizieren, sind erste Ansätze - erkennbar derzeit allerdings nur in einem Fall, nämlich bei Ajax Amsterdam - feststellbar, die auf die Globalisierung des Fußballs setzen. Mit Hochdruck arbeiten die Niederländer an der Version, weltweit Fußballvereine aufzukaufen, um vor Ort auf anderen Kontinenten das Ajax-Modell umzusetzen und damit weitere Märkte zu erschließen. Die für Ajax Amsterdam entscheidenden Standortfaktoren sind: talentierte Fußballspieler, ausreichende Kaufkraft, ein großes Zuschauerpotential sowie eine hinreichende mediale Infrastruktur. Standorte sollen sein: Osteuropa, Afrika, Australien und Nordamerika. Für Südafrika war geplant, den hauptstädtischen Club zu übernehmen und als „Ajax Johannesburg" zu firmieren. „Ajax" soll somit weltweit zu einem Markenartikel ausgebaut werden, wobei Corporate Identity das entscheidende Schlagwort ist. Zu diesem Zweck sollen das Management und die Fußballspieler in Amsterdam ausgebildet werden, um danach vor Ort das Konzept Ajax umzusetzen. Fußball soll dabei – wie in Amsterdam – das Kerngeschäft ausmachen.

Mittlerweile hat Ajax Amsterdam zwar nicht den Fußballclub in Johannesburg übernommen, sondern jeweils 51% der Anteile an zwei Kapstädter Vereinen erworben. Nach ihrem Zusammenschluß im Sommer 1999 sollen sie unter dem Namen „Ajax Kapstadt" in der ersten südafrikanischen Liga spielen.

### 4.8 Mögliche Fußball-Börsenkandidaten in Deutschland

Eine aktuelle Analyse der Westdeutschen Genossenschafts-Zentralbank (WGZ), Düsseldorf,[44] kommt zu dem Ergebnis, daß von allen Bundesliga-Vereinen Borussia Dortmund der erste Kandidat, der als Fußball-Kapitalgesellschaft an die Börse gehen und dort vergleichsweise hoch im Kurs stehen dürfte. Und dies, obwohl nach Einschätzung der WGZ Bayern München – gemessen an den sportlichen Erfolgen, der Wirtschaftskraft und seiner Struktur – *„das größte Potential aller deutschen Fußballvereine für einen erfolgreichen Börsengang besitzt".*[45]

Nachfolgend wird eine Kursbeschreibung der Börsenambitionen einzelner Bundesliga-Vereine bzw. -Kapitalgesellschaften, soweit diese bekannt sind, vorgenommen.[46]

---

44 Vgl. WGZ-Studie 1999, S. 9-10 und S. 49-53; siehe aber auch Süddeutsche Zeitung vom 21.10.1998, die titelt: *Börsenkandidaten im Trainingsrückstand. Wirtschaftsprüfer halten Fußball-Clubs noch nicht reif, um auf dem Kapitalmarkt mitzuspielen,* und FAZ vom 21.10.1998; siehe auch Zorn vom 10.08.1999
45 Vgl. WGZ-Studie 1999, S. 10
46 Vgl. auch Impulse 8/1998, S. 14-19; FINANZEN 02/1998

### 4.8.1 FC Bayern München

Die ursprünglichen Pläne des Managements von Bayern München, im Rahmen eines zielstrebig vorzunehmenden Börsengangs knapp ein Viertel der Aktien seiner auszugliedernden Fußball-Aktiengesellschaft zu plazieren und zumindest 75,1 % aller Aktien im Vereinsvermögen nachhaltig zu halten[47], scheinen „*fürs erste zurückgestellt*" zu sein. Die WGZ mutmaßt, daß den frühen Going-Public-Plänen entgegenstehe, daß sich „*die Verantwortlichen möglicherweise noch nicht mit den mit einem Börsengang verbundenen Offenlegungspflichten anfreunden konnten. Auch die Mitbestimmungsrechte der Aktionäre paßten vermutlich nicht in das bisherige Denken der Unternehmensführung*".[48] Ferner würde in München zum Thema Börseneinführung auf eine bestens ausstaffierte Festgeldabteilung hingewiesen.

### 4.8.2 Borussia Dortmund

Nach WGZ-Angaben würde der durch das Management von Borussia Dortmund bereits angekündigte Börsengang im Herbst 1999 beschlossen werden. Dabei erwarte der in den vergangenen zehn Jahren sportlich sehr erfolgreiche Club (Champions League-Gewinner 1997, zweifacher Deutscher Meister 1996 und 1997, führend in der Zuschauerrangliste der Bundesliga) einen dreistelligen Millionenbetrag als Kapitalzufluß aus einem Börsengang. Als Rechtsform der auszugliedernden Fußball-Kapitalgesellschaft bevorzuge man in Dortmund neuerlich die Kommanditgesellschaft auf Aktien.

### 4.8.3 FC Schalke 04

Die WGZ-Expertise nennt als weiteren Börsenkandidaten den FC Schalke 04, der im Sommer 2001 in das neue Stadion „Auf Schalke" umziehen wolle. Mit der multifunktional nutzbaren Arena würde Schalke 04 dann über ein Asset im Anlagevermögen von rund DM 360 Mio. Investitionsvolumen verfügen.

---

47 Vgl. unter anderem Segna 1997, S. 1904
48 Vgl. WGZ-Studie 1999, S. 52

### 4.8.4 SV Werder Bremen

Auch der SV Werder Bremen, der um das Bremer Weserstadion herum einen „*kleinen Konzern*" aus verschiedenen Dienstleistungsunternehmen aufgebaut habe, komme nach Ansicht der WGZ für ein Going Public in Betracht. Zumal der Verein in den letzten Monaten seine Organisationsstrukturen gründlich erneuert und den Voraussetzungen einer Kapitalgesellschaft angepaßt habe.

### 4.8.5 Eintracht Frankfurt

Schließlich erwähnt bei den Börsenaspiranten die WGZ auch noch die Eintracht aus Frankfurt, die aktuell selbst ihren Börsengang „*in drei Jahren*" avisiert habe.

### 4.8.6 VfB Stuttgart

Nach Ansicht der WGZ sei auch der VfB Stuttgart börsenfähig, obwohl der Verein eine „*schwäbische Zurückhaltung zu diesem Thema*" zeige.

### 4.8.7 1. FC Kaiserslautern

Der 1. FC Kaiserslautern denke – im Gegensatz zu anderen Vereinen – derzeit überhaupt nicht daran, „*Aktien in Umlauf zu bringen*".

### 4.8.8 Hertha BSC Berlin

Aus der Hauptstadt wird vermeldet, die „Hertha" im Herbst 1999 erst einmal in eine Kommanditgesellschaft auf Aktien umzuwandeln, jedoch hinsichtlich eines Börsenganges noch abwarten zu wollen.[49]

---

49  Vgl. auch Frankfurter Rundschau vom 24.06.1999

### 4.8.9 Bayer 04 Leverkusen Fußball GmbH

Bayer 04 Leverkusen[50] hat zwischenzeitlich seine Lizenzspielerabteilung als Kapitalgesellschaft in der Rechtsform der GmbH ausgegliedert. Börsenambitionen sind für die Bayer 04 Fußball GmbH nicht bekannt. Vielmehr soll nach derzeitigem Erkenntnisstand auf der Grundlage des „Lex Leverkusen"[51] die Fußball-Kapitalgesellschaft von Bayer 04 als 100 %ige Tochtergesellschaft im Bayer-Konzern, Leverkusen, geführt und gehalten werden.

### 4.8.10 VfL Wolfsburg

Beim VfL Wolfsburg beabsichtigt der Hauptsponsor, die Volkswagen AG in Wolfsburg, die Mehrheit von 51 % bei der im Sommer 1999 zur Ausgliederung auf eine GmbH anstehende Umwandlung des Vereins VfL Wolfsburg zu übernehmen. Das Präsidium des Muttervereins hat diesen Antrag zwischenzeitlich beim DFB eingebracht, ohne hierzu jedoch über eine satzungsmäßige Grundlage in der DFB-Satzung zu verfügen (anders als bei Bayer 04 Leverkusen[52]).

Hinter diesem Projekt steht die Volkswagen AG, die entsprechend dem Konzept Bayer 04 Leverkusen eine mehrheitliche Konzerntochtergesellschaft VfL Wolfsburg GmbH aufbauen will. Diese wiederum soll als Investor für einen geplanten Stadionneubau auftreten und ein Investitionsvolumen von rund DM 220 Mio. finanzieren. Sollte der DFB hierzu seine Zustimmung erteilen, so würde ein Präzedenzfall dafür geschaffen, daß nicht mehr nur ein Mutterverein als beherrschendes Unternehmen seiner Fußball-Tochtergesellschaft anerkannt würde. Es ist daher kaum vorstellbar, daß danach die DFB-Satzungsvorgaben zur postulierten Beherrschung einer Fußball-Kapitalgesellschaft durch den Mutterverein weiter aufrechterhalten werden können.[53]

---

50 Die Bayer 04 Fußball GmbH wurde zwischenzeitlich bereits durch den DFB lizenziert und nimmt als erste Kapitalgesellschaft in der Saison 1999/2000 am Spielbetrieb der 1. Bundesliga teil. Siehe dazu auch FAZ vom 26.11.1998; Freitag vom 23./24.10.1998; Handelsblatt vom 27.01.1999
51 Siehe dazu Abschn. 5.1.3.3
52 Siehe dazu die Abschnitte 4.8.9 und 5.1.3.3 („Lex Leverkusen")
53 Siehe Abschn. 5.1.3.3

### 4.8.11 Tennis Borussia Berlin Fußball GmbH & Co. KGaA

Als einziger Verein der 2. Bundesliga hat bereits im März 1999 der Tennis Borussia Berlin e.V. seine Lizenzspielerabteilung auf die Tennis Borussia Berlin Fußball GmbH & Co. KGaA mit Sitz in Berlin ausgegliedert. Ein Börsengang ist frühestens bei einem Aufstieg und nach erfolgter Etablierung in der 1. Bundesliga geplant.

Der Tennis Borussia Berlin e.V. hält als Mutterverein 100 % der Gesellschaftsanteile der Tennis Borussia Fußball Beteiligungs GmbH, die ihrerseits alleinige persönlich haftende Gesellschafterin der Tennis Borussia Berlin Fußball GmbH & Co. KGaA als ausgegliederte Fußball-Kapitalgesellschaft ist. Kommanditaktionäre der KGaA sind der Mutterverein (75,7 %) und der Hauptsponsor Göttinger Gruppe (24,3 %). Die zwischen dem Mutterverein und der Fußball-Tochtergesellschaft abgeschlossenen Ausgliederungs- und Übernahmeverträge stehen zur Eintragung in das Handelsregister in Berlin an. Ebenso ist die Übertragung der Lizenzierung zur Teilnahme an der 2. Bundesliga vom Mutterverein auf die Tennis Borussia Berlin Fußball KGaA beim DFB eingeleitet.

Die Fußball-Kapitalgesellschaft von Tennis Borussia Berlin weist ein Eigenkapital von DM 7,5 Mio. aus.

### 4.8.12 VfL Borussia Mönchengladbach AG

Der in der vergangenen Saison 1998/99 noch in der 1. Bundesliga spielende Verein Borussia Mönchengladbach hat auf die Satzungsänderung des DFB im Oktober 1998 bereits im Dezember 1998 mit der Gründung einer Fußball-Aktiengesellschaft – allerdings ohne Umwandlung/Ausgliederung des Vereins – reagiert, die die Realisierung eines Stadionneubaus zum Zweck hat. Mit dem zwischenzeitlichen Abstieg von Borussia Mönchengladbach in die 2. Bundesliga scheint das Projekt zu ruhen.

# 5 Die Statuten des Deutschen Fußball-Bundes (DFB) als Determinante zur Gestaltung von Fußball-Kapitalgesellschaften

## 5.1 Die Änderungen in Satzung und Ordnung des DFB

Am 24. Oktober 1998 haben die Delegierten des 36. DFB-Bundestages die Änderung der Statuten in bezug auf Satzung und Ordnung des DFB[1] gebilligt.[2] Bereits in der Stellungnahme zur *„Sicherstellung der 'Eckwerte' des DFB bei der Ausgliederung von Kapitalgesellschaften aus Fußballvereinen der Bundesligen"* vom 20. Juli 1998 wurden die einzelnen Punkte erläutert und kontrovers in der Öffentlichkeit diskutiert. Nachdem die Steuerexperten des Verbandes die Bedenken der Amateurvertreter ausgeräumt hatten, der DFB könne durch die Umwandlung seine Gemeinnützigkeit verlieren, ging die Abstimmung über die Änderungsvorschläge ohne Gegenstimmen vonstatten.

### 5.1.1 Ziele

Das primäre Ziel ist es, den Lizenzvereinen in Deutschland die Umwandlung ihres lizenzierten Spielbetriebes in eine Kapitalgesellschaft zu ermöglichen.

Mit der Umwandlung des lizenzierten Spielbetriebes in eine Kapitalgesellschaft soll entweder die Eröffnung von Finanzierungsmöglichkeiten am Kapitalmarkt (Publikumsgesellschaften) oder die organisatorisch verbindliche Einbindung von Sponsoren und anderen Interessierten erreicht werden. Beides führt zu einer Offenlegung des Verhältnisses zwischen dem Träger des Spielbetriebes und externen Geldgebern (z.B. Großsponsoren). Daneben können weitere Ziele verfolgt werden.

Dabei ist der DFB bestrebt, die Ausgliederung möglichst neutral für die Wettbewerbssituation der Bundesligen und die verbandlichen Strukturen zu gestalten. Insbesondere soll die organisatorische Verbindung von Leistungssport (Lizenzmannschaften) und Breitensport gewährleistet bleiben.

---

[1] Vgl. dazu Deutscher Fußball-Bund, 1999
[2] Vgl. Linnhoff vom 26.10.1998; Horeni vom 26.10.1998; Handelsblatt vom 26.10.1998; Der Spiegel 43/98 sowie Freitag vom 23./24.10.1998

### 5.1.2 Reichweite der Ausgliederung

Von den denkbaren drei Stufen der Umwandlung (1. nur Lizenzspielerbereich, 2. nur Fußballbereich, 3. ganzer Sportverein) wurde vom DFB nur die erste Variante als sinnvoll erachtet und somit bei der Änderung berücksichtigt. Das bedeutet, daß die Vereine nur ihre Lizenzspielerabteilung bzw. ihre Geschäftsbetriebe ausgliedern dürfen.

Um einen Mutterverein als Anteilseigner der ausgegliederten Kapitalgesellschaft erhalten zu können, ist es notwendig, daß dieser Mutterverein selbst noch Fußball in wesentlichem Umfang betreibt und einen erheblichen Einfluß auf die Tochtergesellschaft ausübt.[3]

Der ausgegliederte Bereich kann zwar auch eine zweite Mannschaft mit bezahlten Spielern umfassen, wenn dies steuerlich sinnvoll erscheint. Jedoch müssen Mannschaften ohne regelmäßig bezahlte Spieler/innen in jedem Fall im Mutterverein verbleiben. Damit umfaßt der Mutterverein noch den Amateur-, Jugend- und Frauenbereich.

Bei der Abgrenzung von Profi- und Amateurbereich sind besonders folgende Punkte zu beachten:

1. Der finanzielle Ausgleich zwischen verlustbehafteten und gewinnbringenden Mannschaften ist bei der Ausgliederung eines Teils der Mannschaften unter Umständen nicht mehr steuerneutral.
2. Die Spielberechtigung von Spielern der beiden neu geschaffenen Körperschaften in den Mannschaften der je anderen Körperschaft wird im bisherigen Rahmen durch den DFB gewährleistet.
3. Derzeit bestehen bereits gesellschaftsrechtliche Strukturen, die dem angestrebten Modell nicht entsprechen.

#### 5.1.2.1 Denkbare Rechtsformen

Zwischen der bisherigen Rechtsform des eingetragenen Vereins und der einer Kapitalgesellschaft kann nun frei gewählt werden. Dabei kommen folgende Kapitalgesellschaften in Betracht:

- Aktiengesellschaft (AG)
- Gesellschaft mit beschränkter Haftung (GmbH)
- Kommanditgesellschaft auf Aktien (KGaA)

---

3  Vgl. Abschn. 5.1.3.1

Die Entscheidung, welche Rechtsform für die jeweiligen Rahmenbedingungen die passende ist, überläßt der DFB somit den Vereinen. Da die gesetzlichen Vorgaben für Kapitalgesellschaften bereits über die bisherigen Formvorschriften für die Vereine hinausgehen, hat der DFB auf diese verwiesen und auf eine Festlegung von Formvorschriften in diesem Bereich verzichtet. Entscheidet sich der Verein für die Rechtsform einer KGaA, muß aber der Mutterverein zur Sicherung seines Einflusses selbst der Komplementär sein (oder der 100% Eigentümer einer zwischengeschalteten GmbH).

Die Möglichkeit, in der Rechtsform der Genossenschaft zu firmieren, wurde im Vorfeld zwar auch diskutiert, doch hätten aufgrund der gesetzlichen Formvorschriften dieser Rechtsform für „Fußball-Genossenschaften" komplizierte Rechtsgebilde geschaffen werden müssen. Zudem ist bei der Professionalisierung des Managements die auf den Zusammenhalt und die Solidarität der Mitglieder bauende Genossenschaft auf keinen Fall die geeignete Rechtsform.

### 5.1.2.2 Lizenzvergabe und Entzug der Lizenz

Träger der Lizenz soll der Träger der Lizenzmannschaft sein, also die ausgegliederte Tochtergesellschaft. Damit wird der Tochtergesellschaft eine wirtschaftliche Substanz verliehen, die eine Vermarktung der Gesellschaftsanteile erst möglich macht. Eine Vergabe der Lizenz an den Mutterverein bei gleichzeitiger Verpachtung dieser Lizenz an die Tochtergesellschaft (Fußball-Kapitalgesellschaft) löst regelmäßig steuerliche Nachteile aus (Zwang zu steuerlicher Betriebsaufspaltung, kein Wahlrecht mehr) und kommt aus diesen Gründen nicht in Betracht.

Das Antragsrecht für eine Lizenz kann zum Saisonwechsel und während einer laufenden Saison auf eine Tochtergesellschaft übertragen werden. Dabei hat der Mutterverein den Ligaausschuß des DFB über die erfolgte Ausgliederung der Lizenzspielerabteilung in eine Fußball-Kapitalgesellschaft zu unterrichten und die entsprechenden Unterlagen über die Ausgliederung auszuhändigen. Danach oder parallel muß die Fußball-Kapitalgesellschaft unverzüglich einen Antrag auf Durchführung eines Lizenzierungsverfahrens beim DFB stellen. Schwerpunkt dieses Antrags ist die Erklärung über die wirtschaftliche Leistungsfähigkeit der ausgegliederten Fußball-Kapitalgesellschaft. Es gelten die §§ 4 ff,. insbesondere die §§ 7 neuer Fassung und 8 des Lizenzspielerstatuts. Eine Rückübertragung kann bei einvernehmlichem Antrag von Mutter und Tochter und bei Genehmigung durch den Lizenzausschuß zu einem Saisonwechsel erfolgen.

Bei strafhalber Einziehung der Lizenz aufgrund der Löschung von Tochtergesellschaft oder Mutterverein (z.B. durch den Verlust der Rechtsfähigkeit) oder bei sportlichem Abstieg kommt es grundsätzlich zu einem ersatzlosen Verfall der Lizenz. Das bedeutet, daß eine der Tochtergesellschaft nicht mehr zustehende Lizenz nicht an den Mutterverein zurückfällt.

### 5.1.3 Eckwerte - Ordnungspolitische Mindestanforderungen

#### 5.1.3.1 Beherrschung der Tochtergesellschaft durch den Mutterverein

*5.1.3.1.1 Anteilseigentum*

Der Mindestanteil der Stimmrechte des Muttervereins an der Tochtergesellschaft beträgt 50 % + 1 Stimmrecht. Die Ausgabe von stimmrechtslosen Vorzugsaktien bleibt davon unberührt[4]. Allerdings besteht die Gefahr, daß beim mehrjährigen Ausfall der Dividendenzahlungen und beim anschließenden Aufleben der Stimmrechte der Vorzugsaktien (§140 AktG) sich die Mehrheitsverhältnisse ändern können. Dies kann gegebenenfalls zum Entzug der Lizenz führen.

Die Fremdvergabe von mehr als 50 % der Gesellschaftsanteile ist nach Ansicht des DFB dagegen zu risikoreich. Denn die Gestaltung der Tochtergesellschaft (z.B. Satzungsänderung) durch den Mutterverein sowie dessen aktiver Einfluß auf ihr operatives Geschäft kann so nicht abschließend gesichert werden. Das Beispiel des UFA-Engagements in der Fußball-Bundesliga (Vertragspartner sind Hertha BSC Berlin, Hamburger SV, 1. FC Nürnberg) macht die Bedeutung dieser Regelung aus Verbandssicht deutlich.

Bei einem Verbot der Möglichkeit, wenigstens 49 % der Anteile zuzüglich stimmrechtslose Vorzugsaktien zu vermarkten, würde die beabsichtigte Kapitalisierung kaum eintreten können, da dann besonders die institutionellen Investoren kein Interesse mehr an den Fußball-Kapitalgesellschaften zeigen würden.

---

4 Diese Bestimmung entspricht somit dem neuen Absatz 5 Artikel 7 der FIFA-Statuten sowie dem Rundschreiben der UEFA Nr. 37 vom 26.05.1998; siehe dazu auch Abschn. 6.1.4.3.2

## 5.1.3.1.2 Begriffsdefinition: *Mutterverein und Tochtergesellschaft*

Regelungsbedürftig ist die Eindeutigkeit der beiden Begriffe vor dem Hintergrund der Vielfältigkeit der bestehenden Rechts- und Beteiligungsverhältnisse. Geregelt wird die Identität des Muttervereins (ursprünglicher Lizenzträger, Name, Sitz, Betätigungsfeld, nur eine lizenzierte Tochter, Folgen des Erlöschens oder weiterer Umwandlung der Mutter), sowie der Tochtergesellschaft (Trägerin der Lizenz, Name, Sitz, Betätigungsfelder, Folgen des Erlöschens etc.). Darüber hinaus werden beide über ihre Verflechtung (50% + 1 Stimmrecht) definiert. Das Grundgeschäft der neuen Tochtergesellschaft darf mögliche Entsenderechte für Sitze des Aufsichtsgremiums nur für den Mutterverein bestimmen (z.B. 1/3 bei einer AG). Damit soll die Möglichkeit eines anderweitigen Entsenderechtes und damit die Umgehung der Dominanz des Muttervereines im Aufsichtsgremium verhindert werden. Die übrige Zusammensetzung des Aufsichtsgremiums bleibt von dem Entsenderecht unberührt.

Um einem Mißbrauch der Beteiligungsmöglichkeiten vorzubeugen, soll die Beteiligung von Muttervereinen und Tochtergesellschaften an dritten lizenzierten Tochtergesellschaften zum Entzug der Lizenz führen.

### 5.1.3.2 Beherrschung durch Sponsoren und Mediengesellschaften

Gesondert vom Lizenzspielerstatut (LSt) wird eine Sperrliste von Anteilseignern aufgestellt, die keine stimmrechtsbehafteten Anteile an einer Tochtergesellschaft halten dürfen. Die hierfür gefundenen Abgrenzungen (Medienunternehmen, Sportartikelhersteller, Spielervermittler, Organe der Gesellschaften usw.) sind weit interpretierbar. Um die Vermarktungsfähigkeit des Fußballs zu erhalten und eine – unterstellte – Fremdbestimmung des sportlichen Wettbewerbs zu vermeiden, sollen Großabnehmer und Großlieferanten keinen bestimmenden Einfluß auf die Lizenzmannschaften, und damit unter Umständen auf Spielergebnisse, erhalten.

Auf diesem Wege sollen auch Mehrfachbeteiligungen möglichst verhindert werden. Daher müssen alle Träger von Lizenzmannschaften, an diesen wesentlich beteiligte Unternehmen, also auch Muttervereine, sowie leitende Persönlichkeiten in eine zweite Sperrliste für alle weiteren Fußballgesellschaften aufgenommen werden. Dies gilt auch für bekannte Anteilseigner an

Mannschaften anderer nationaler Ligen in Europa.[5] Als Begründung für die Verhinderung von Mehrfachbeteiligungen wird das Engagement des Londoner Freizeitkonzern ENIC herangezogen, der in seiner Fußballsparte Beteiligungen an fünf europäischen Fußballvereinen hält, darunter Glasgow Rangers (25,1 %), Vicenza (75,1 %), AEK Athen (78,4 %), Slavia Prag (53,7 %) und FC Basel (50 %). In diesem Zusammenhang hatte die UEFA kurzfristig eine Vorschrift erlassen, daß in einem europäischen Wettbewerb jeweils nur ein Clubs ein und desselben Mehrheitseigners antreten darf. Unmittelbare Folgen hatte diese neue Regel für die für den UEFA-Cup qualifizierten ENIC-Töchter AEK Athen und Slavia Prag. Die Griechen als in der UEFA-Rangliste schwächer plazierte Mannschaft hätten nicht mitspielen dürfen. Doch das von ENIC angerufene Internationale Sportgerichtshof CAS in Lausanne setzte die Regelung bis zum endgültigen Urteil außer Kraft und beide Mannschaften konnten in UEFA-Cup starten.[6] Im August 1999 hat nun der Sportgerichtshof die Regel der UEFA bestätigt; demnach darf der Besitzer von mehreren Fußball-Clubs in einem europäischen Wettbewerb nur mit einem Verein vertreten sein. Ab der Saison 2000/2001 hat die UEFA damit das Recht ihren sportlichen Wettbewerb zu schützen, solange dies nicht mit den gültigen Regeln des internationalen Wettbewerbsrecht kollidiert.[7]

Bei der Aufstellung der Sperrlisten werden – soweit bekannt – auch verbundene Unternehmen aufgenommen, da sonst jede Regelung durch Tochter- oder Holdinggesellschaften unterlaufen werden kann. Mit hoher Wahrscheinlichkeit werden die Sperrlisten aber lückenhaft bleiben (Strohmannproblem). Daher werden im Lizenzierungsverfahren Korrekturen ermöglicht.

Des weiteren will der DFB verhindern, daß ein gesperrtes Unternehmen durch Anteilskauf eine Fußball-AG zum Lizenzentzug treiben kann. Daher müssen Publikumsgesellschaften vinkulierte Namensaktien für alle stimmrechtsbehafteten Anteile vorgeschrieben werden, damit diese die Kontrolle über ihre Machtverhältnisse behalten. Die Ausgabe stimmrechtsloser Anteile bleibt davon unberührt.

Die Beteiligungsverhältnisse an Fußball-Kapitalgesellschaften müssen im Lizenzierungsverfahren offengelegt werden.

---

5 Vgl. auch FIFA Media Information vom 16. April 1998, sowie UEFA Rundschreiben Nr. 37 vom 26.05.1998
6 Vgl. Freitag vom 07.12.1998
7 Vgl. FAZ vom 24.08.1999

## Die Änderung in Satzung und Ordnung des DFB

Im April 1999 faßte der Beirat des Deutschen Fußball-Bundes – das zweithöchste Gremium nach dem DFB-Bundestag – den Beschluß, in Zukunft Unternehmen zu untersagen, in mehr als einem deutschen Fußball-Club der Bundesligen in den Führungsgremien vertreten zu sein.[8] Nicht davon betroffen ist das Engagement von Unternehmen als Sponsor in mehreren Clubs.

Diese Entscheidung wurde damit begründet, daß *„es im Interesse des Fußballs und der Unternehmen (sei), daß niemand in die Nähe des Verdachts kommt, es könnte etwas sein. Denn der Fußball lebt immer noch von dem Erfolg draußen, von den Fans. Und wir müssen unter allen Umständen vermeiden, daß irgendwo auch nur im Ansatz ein Verdacht aufkommt, es würde manipuliert. Das wäre nämlich das Ende des Fußballs, und das wäre sicher auch sehr zum Schaden dieser Firmen"*, so der DFB-Präsident Egidius Braun in einem Interview.[9] Auswirkungen wird dieser Beschluß insbesondere für Engagements des Rechteverwerters UFA und des Investors Kinowelt sowie für verschiedene Fußball-Clubs in der 1. und 2. Bundesliga haben.[10]

### 5.1.3.3 „Lex Leverkusen"

Die Bayer AG, die schon seit Jahrzehnten ihren ehemaligen „Werks-Club" finanziell unterstützt und fördert, strebt bei der Umwandlung des Lizenzspielerbereichs in eine GmbH eine Beteiligung von mehr als 50 % an. Die übrigen Gesellschaftsanteile soll der Mutterverein übernehmen. Aufgrund des langjährigen Engagements würde eine Ausnahmeregelung vereinbart. Danach dürfen solche Unternehmen mehr als die Hälfte der Stimmrechte halten, die seit mehr als 20 Jahren den Fußballsport des Muttervereins ununterbrochen und im erheblichen Maße gefördert haben.

Neben Bayer Leverkusen seien weitere Kandidaten für diese Ausnahmeregelung die Fortuna aus Köln und die SG Wattenscheid 09. Während der Kölner Verein seit Jahrzehnten von Jean Löring gefördert wird, ist der Textil-

---

8 Entsprechendes beschloß am 07.12.1998 der FIFA-Kongreß in Paris als Anpassung der FIFA-Statuten *„bezüglich der Gesellschaftsform von Vereinen und möglicher Wettbewerbsverzerrungen, wenn mehrere Clubs durch eine kommerzielle Gesellschaft kontrolliert werden"* (neuer Absatz 5 zu Artikel 7); vgl. auch Marwedel vom 25.04.1999.
9 Vgl. Interview mit Egidius Braun in: Die Welt vom 19.04.1999
10 Vgl. dazu auch Abschn. 5.1.3.1.1 und 5.1.3.2

unternehmer Klaus Steilmann langjähriger Geldgeber und starker Mann in Wattenscheid.[11]

Inwieweit diese Regelung doch als Präzedenzfall gewertet werden könnte, wird sich in Zukunft zeigen. Denn der VfL Wolfsburg hat bereits beim DFB die Umwandlung seiner Lizenzspielerabteilung in eine GmbH beantragt. Entgegen den verabschiedeten DFB-Regelungen soll mittels einer Sondergenehmigung allerdings der Wolfsburger Hauptsponsor – die Volkswagen AG – und nicht der Verein Mehrheitsgesellschafter der GmbH werden.[12]

### 5.1.3.4 Anteile von Spielbeteiligten

In die Verträge mit Lizenzvereinen und Tochtergesellschaften sowie mit Spielern und in die Schiedsrichterordnung wird das Verbot jeglicher Beteiligung an lizenzierten Kapitalgesellschaften aufgenommen. Widrigenfalls sind die entsprechenden Berufungen/Lizenzen aufzuheben. Mit Hilfe dieser Bestimmung möchte der DFB Anreize für Spielmanipulationen von vorn herein verhindern. Würden Spieler und Schiedsrichter Aktien einzelner Fußball-AG's besitzen, besteht zumindest theoretisch die Gefahr, daß aufgrund persönlicher Bereicherungsabsichten versucht werden könnte, bestimmte Spielergebnisse zu „erzielen", die unmittelbare Auswirkungen auf die Aktienkurse hätten. Wenn man die Kursverläufe englischer Club-Aktien verfolgt, zeigt sich ein Zusammenhang zwischen Spielergebnis und Börsenkurs. Auf der anderen Seite versucht Inter Mailand seinen Stürmerstar Ronaldo am Kapital des Clubs zu beteiligen. Durch die stärkere finanzielle Bindung erhoffen sich die Mailänder eine größere Identifizierung des Stars mit dem Verein und daraus folgend eine weitere Steigerung seiner Leistung.

### 5.1.3.5 Identität des Trägers der Mannschaft

Name und Sitz einer Mannschaft muß gesichert sein. Dies bezieht sich sowohl auf den Sitz von Gesellschaft/Verein als auch die Lage des Spielstadions. Die Änderbarkeit und Übertragbarkeit von Vereinsnamen ist von einer Genehmigung des DFB abhängig.

---

11 Vgl. Handelsblatt vom 26.10.1998
12 Vgl. FAZ vom 15.02.1999

### 5.1.3.6 Beibehaltung des Mitteltransfers für den Amateurfußball

#### 5.1.3.6.1 Verbandsmitgliedschaften

Im DFB wird nur der Träger der Lizenz, d.h. bei einer durchgeführten Ausgliederung nur die Tochtergesellschaft, als außerordentliches Mitglied aufgenommen. In den Landesverbänden wird dagegen nur der Mutterverein Mitglied sein.

Um den Landesverbänden keine der bisher fließenden Beiträge aus dem Lizenzspielbetrieb zu entziehen, können zum Ausgleich in entsprechender Höhe die Beiträge der Mitgliedsverbände an den DFB wegfallen. Alternativ könnte von einem entsprechend höheren Fördervolumen des DFB zugunsten der Landesverbände ausgegangen werden.

#### 5.1.3.6.2 Vereinsintern

Um den bisher vereinsintern abgelaufenen Mitteltransfer zugunsten des eigenen Amateur-, Frauen- und Jugendbereiches (§ 7 Nr. 3 Lizenzspielerstatut) aufrechtzuerhalten, wird eine Verpflichtung im Lizenzvertrag mit Tochtergesellschaften nötig, wie bisher zehn Jugendmannschaften im Mutterverein zu unterhalten.

Zur steuerrechtlichen Absicherung wird dazu ein Merkblatt durch den DFB entwickelt, das Regelungen zum Ausgleich von Geldleistung (nicht der Höhe nach) und Gegenleistung (Zugriffsmöglichkeit auf Nachwuchsspieler) darstellt. Dies kann analog den Verträgen über zentrale Lehrwerkstätten erfolgen.

#### 5.1.3.6.3 Ausbildungs- und Forderungsentschädigungen

Hier soll keine Veränderung zum bestehenden Zustand eintreten. Im Verhältnis zwischen Mutterverein und Tochtergesellschaft werden zukünftig ebenfalls Entschädigungen fällig.

### 5.1.3.7 Spielberechtigung

Geregelt werden die Spielberechtigungen von Spielern des Muttervereins in Mannschaften der Tochtergesellschaft und umgekehrt durch die Behandlung von Mutterverein und Tochtergesellschaft als Einheit in diesem Zusammenhang. Danach gilt die für einen Mutterverein erteilte Spielerlaubnis des(r) Lizenzspieler(s) auch für dessen Tochtergesellschaft. Die Regelung, daß die Spielberechtigung bezahlter Spieler einen Arbeitsvertrag mit einem Arbeitgeber der entsprechenden Spielklasse voraussetzt, bleibt jedoch bestehen.

### 5.1.3.8 Mindestkapital und Kaution

Aufgrund der überholten gesetzlichen Mindestkapitalgrenzen wird von allen Kapitalgesellschaften ein Mindesteigenkapital von DM 5 Mio. gefordert. Publikumsgesellschaften müssen für die Börsenzulassung ohnehin über diesen Rahmen hinausgehen. Die Eigenkapitalausstattung von nicht börsennotierten Gesellschaften muß damit vergleichbar sein. Darüber hinaus kann im Rahmen des Lizenzierungsverfahrens die Bildung weiterer Kapitalrücklagen aus dem Ergebnis heraus vorgeschrieben werden (z.B. Ausschüttungssperre oder Zwangsthesaurierung eines bestimmten Gewinnanteiles). Die Kautionsregelung wird davon unabhängig wie bisher beibehalten.

### 5.1.3.9 Aufsichtsrat

Hat die neue Gesellschaft einen Aufsichtsrat (AG /KGaA /GmbH freiwillig), so ist darauf zu achten, daß keine Person in mehr als einem Aufsichtsrat der lizenzierten Kapitalgesellschaften vertreten sein soll. Der Mutterverein soll in Aufsichtsgremien seiner Tochtergesellschaft mehrheitlich vertreten sein. Die Erfüllung dieser Maßgaben kann nicht bindend vorgeschrieben werden, da dies einem Eingriff in die Satzungsautonomie des Verein gleichkommt, sie kann jedoch Kriterium bei der Erteilung der Lizenz sein.

### 5.1.4 Sonstige Fragestellungen

### 5.1.4.1 Form der Ausgliederung

In welcher Form die Ausgliederung erfolgt (nach Umwandlungsgesetz oder nach BGB, Bargründung oder Sachgründung etc.), erscheint dem DFB nicht als regelungsbedürftig. Die Gleichmäßigkeit der Übertragung von Vermögenswerten und zugehörigen Verbindlichkeiten ist schon aufgrund der bestehenden gesetzlichen Vorschriften geboten.

### 5.1.4.2 Steuerpflicht der Vereine

Eine weitergehende Regelung der Rechtsverhältnisse zwischen Mutterverein und Tochtergesellschaft zum Zweck der Steuerminimierung und Sicherung der Gemeinnützigkeit erscheint angesichts der Abhängigkeit vom jeweils verfolgten Zweck und angesichts der Ungleichmäßigkeit der jeweiligen Verhältnisse der Vereine und der konkreten Regelungen der örtlichen Finanzverwaltung als nicht sinnvoll.

Zu diesem Thema wird eine DFB-Veröffentlichung vorbereitet, die allen Vereinen zugänglich gemacht wird.

### 5.1.4.3 Gemeinnützigkeit und Organisation des DFB

Hier besteht angesichts der bisherigen Erkenntnisse kein Handlungsbedarf, da die Gemeinnützigkeit des DFB unabhängig von der Rechtsnatur seiner Mitglieder ist.

### 5.1.4.4 Gemeinnützigkeit und Organisation der Landesverbände und der Regionalverbände

Auch hier herrscht, unabhängig von der Frage der Mitgliedschaft der Tochtergesellschaften, kein Handlungsbedarf, solange die Mitgliedsverbände des DFB wie dieser über einen eigenständigen gemeinnützigen Bereich verfügen (z.B. Jugendförderung), also nicht ausschließlich Spitzenverband sind.

### 5.1.4.5 Lizenzierungsverfahren und Kontrolle

Der Standard der vom DFB von den Vereinen geforderten Abschlüsse und Planungen liegt über den laut Handelsgesetzbuch geforderten Minimalanforderungen für Kapitalgesellschaften. Aus diesem Grund müssen nur die neu aufzunehmenden Lizenzierungsvoraussetzungen in das zukünftige Lizenzierungsverfahren einbezogen werden.

Gegenstand der Lizenzierung kann nur der Träger der Lizenzmannschaften sein; bei erfolgter Ausgliederung also nicht der Mutterverein, sondern nur die Tochtergesellschaft, da vertragliche Ansprüche nur gegen letztere bestehen.

### 5.1.4.6 Alternative zur Rechtsform der Kapitalgesellschaften

Der DFB geht davon aus, daß die dominierende Rechtsform - auch im Lizenzfußball - der eingetragene Verein bleibt. Dieser bietet weiter Raum für die Verbindung von Breitensport und bezahltem Sport, da für die Verwirklichung dieses Sachverhaltes innerhalb einer Körperschaft keine andere gesetzliche Rechtsform eine gangbare Alternative darstellt.

### 5.1.4.7 Problem der Kapitalerhöhung

Die Muttervereine müssen sich durch die Veräußerung von vorerst 49 % der Anteile hinreichend Ertragsvolumen schaffen, um spätere Kapitalerhöhungen finanzieren zu können. Der Mutterverein muß bei jeder Aufstockung des Grundkapitals prozentual für seine Anteile mitziehen, um aufgrund des Verwässerungseffekts bei der Herausgabe neuer Aktien nicht die Mehrheit von 50 % und 1 Stimme zu verlieren. Die Zahl erfolgversprechender Ausgliederungen wird dadurch beschränkt.

### 5.1.4.8 Besetzung von Gremien des DFB

Die bestehenden Entsenderechte in Gremien des DFB (Ligaauschuß, Bundestag etc.) gehen der geänderten Mitgliedschaft folgend auf die Tochtergesellschaften über. Unverändert bleibt jedoch § 18 Nr. 2 der Satzung des DFB, nach dem nur Personen in die Organe des DFB gewählt oder berufen werden können, die ihrerseits Mitglied von Vereinen der Mitgliedsverbänden sind. Damit soll die Verklammerung des ausgegliederten Lizenzbereiches mit dem im Amateurbereich aktiven Mutterverein personell erhalten bleiben. Das jeweils zu entsendende Organ (Vorstand oder Aufsichtsrat) kann durch den DFB aufgrund der Satzungsautonomie seiner Mitglieder nicht vorgeschrieben werden.

### 5.1.4.9 Auffangklausel

Da die Änderungen der Satzungen und Ordnungen eine Vielzahl von Gestaltungsmöglichkeiten eröffnen, muß der Lizenzierungsausschuß die Möglichkeit erhalten, alle Formen der Umgehung der neuen Regelungen zu unterbinden, die geeignet sind, den Wettbewerb, den Spielbetrieb und die Vermarktung der Liga als Ganzes zu gefährden. Eine Regelung analog § 42 AO, fußend auf dem Lizenzvertrag, wurde daher in § 9 Nr. 2c Lizenzspielerstatut eingebracht.

# 6 Die Fußball-Kapitalgesellschaft als Gegenstand eines Going Public

Nachdem die DFB-Statutenänderung den Weg zur Organisation von Lizenzspielerabteilungen der Vereine der Fußball-Bundesligen als Fußball-Kapitalgesellschaften frei gemacht hat[1], stellt sich zunehmend für diejenigen Bundesligavereine, die sich mit den daraus resultierenden tiefgreifenden Umgestaltungen in den rechtlichen und institutionellen Rahmenbedingungen des Profifußballs frühzeitig auseinandersetzen wollen, die Fragestellung der Rechtsformwahl für die aus den Muttervereinen ausgliederungsfähigen Profiabteilungen.

Wie in dem vorstehenden Abschnitt erläutert, erlauben die DFB-Statuten neben der GmbH, die für sich allein als Rechtsform nicht börsenfähig ist, den Einsatz der Rechtsformen der Aktiengesellschaft (AG) und der Kommanditgesellschaft auf Aktien (KGaA), letztere in unterschiedlichen Ausprägungen. Da für ein Going Public die Rechtsform der GmbH ausscheidet, beschränken sich die nachfolgenden Ausführungen zur Rechtsformwahl ausschließlich auf die börsenfähigen Rechtsformen der Fußball-Aktiengesellschaft (Fußball AG) und der Fußball- Kommanditgesellschaft auf Aktien (Fußball KGaA).

Die Wahl einer Rechtsform für den die Lizenzspielerabteilung aufnehmenden Rechtsträger stellt nicht nur eine Formalität dar, sondern ist für den Mutterverein, seine Mitglieder und Organe sowie für den neuen Rechtsträger Fußball-Kapitalgesellschaft, seine Gesellschafter und Organe von kaum zu unterschätzender Bedeutung. Die Rechtsformwahl für den neu zu errichtenden Rechtsträger entscheidet nämlich darüber, in welchem Umfang sich die von der Ausgliederung erhofften Effekte auch tatsächlich realisieren lassen.

Im Verlauf der Diskussion in der Rechtsformfrage (börsenfähiger) Fußball-Kapitalgesellschaften scheinen in der frühen Phase für die Aktiengesellschaft[2]

---

1 Siehe dazu Abschn. 5
2 Vgl. Hopt 1991, S. 778 und 780 f.; Raupach 1996, S. 2 f.; Segna 1997, S. 1901 und 1909; Steinbeck/Menke 1998, S. 2169 f. sowie auch Doberenz 1980; Malatos 1988; Alznauer 1995, Peters 1998 und Dörflinger 1998, S. 916

eindeutige Präferenzen bestanden zu haben.[3] Auch in dem einschlägigen Schrifttum scheinen die Vorteile der Kommanditgesellschaft auf Aktien in den Vordergrund der Überlegungen zu treten.[4]

## 6.1 Die Merkmale einer Fußball-Aktiengesellschaft

Die Rechtsform der Aktiengesellschaft weist im Verhältnis zu anderen Rechtsformen die vielseitigsten und umfangreichsten Möglichkeiten der Beteiligungsfinanzierung auf. Durch die Aktienemission ist gewährleistet, daß der einzelne Anteilseigner seine Aktien jederzeit veräußern kann, während dem Unternehmen gleichzeitig unkündbares Eigenkapital zur Verfügung steht. Aufgrund der hohen Fungibilität der Anteile ist die Aktiengesellschaft unabhängig vom Wechsel der Beteiligungskapitalgeber, d.h. vom Wechsel der Gesellschafter. Darüber hinaus verfügt die Aktiengesellschaft über die Möglichkeit, sich im weiteren Geschäftsverlauf zusätzlich wachstumskonforme Eigenkapitalbeträge im Wege der Kapitalerhöhung zu beschaffen.[5] Die strikte Trennung zwischen Management und Eigentum ist daher ein besonderes Charakteristikum der Rechtsform Aktiengesellschaft.

### 6.1.1 Historische Entwicklung der börsenfähigen Rechtsformen

Die Aktiengesellschaft als typische börsenfähige Gesellschaftsform für privatrechtliche Unternehmer hat sich während der Industrialisierung im 19. Jahrhundert entwickelt. Hervorgegangen ist das Aktienrecht aus den staatlichen Konzessionen und gewissen Hoheitsrechten der Handelskompanien des 17. Jahrhunderts und hat sich im 18. Jahrhundert im Bank- und Ver-

---

3   Auch die früh bekannt gewordenen (Erst-)Überlegungen einiger Vereine der 1. Fußball-Bundesliga liefen auf den populären und börsenfähigen Rechtsformtypus der Aktiengesellschaft hinaus. Borussia Dortmund sollte bis zum Börsengang Allein- und danach Mehrheitsaktionär einer Borussia Dortmund Fußball-Aktiengesellschaft sein. Bayern München plante Presseberichten zufolge, ein knappes Viertel der Aktien seiner Fußball-Aktiengesellschaft an der Börse zu plazieren und 75,1 % aller Aktien – zumindest die qualifizierte Mehrheit der Stimmrechte – selbst zu behalten; vgl. Segna 1997, S. 1904. Erst in jüngster Zeit legten sich umwandlungsbereite Vereine auf die Rechtsform der KGaA fest; siehe Frankfurter Rundschau vom 24.06.1999 mit dem Beispiel von Hertha BSC Berlin und Abschn. 4.8
4   Vgl. Doberenz 1980, S. 127 ff., 135; Siebold/Wichert 1998, S. 138f.; Wagner 1999, S. 469 f.; FAZ vom 21.10.1998 und Frankfurter Rundschau vom 24.06.1999; WGZ-Studie 1999, S. 48 f.
5   Vgl. Bieg 1997, S. 106 und Abschn. 6.4

sicherungsgewerbe weiterentwickelt. Die gesetzlichen Regelungen für die Aktiengesellschaft wurden 1860 im Allgemeinen Deutschen Handelsrecht zusammengefaßt. Mit der Novelle 1870 wurden die letzten öffentlich-rechtlichen Merkmale aus dem Aktienrecht eliminiert. Das Aktienrecht wurde als Normativsystem mit der Verpflichtung zur Einhaltung gewisser gesetzlicher Mindeststandards, die laufend verschärft wurden, eingeführt. Die ersten gesetzlichen Regelungen für eine Kommanditgesellschaft auf Aktien wurden ebenfalls Ende des 19. Jahrhunderts kodifiziert.

Die börsenfähigen Rechtsformen, insbesondere die Aktiengesellschaft, ermöglichten den Unternehmen die Generierung von Eigenkapital im Zuge eines Börsenganges und konnten somit deren enormen Kapitalbedarf während der Industrialisierung decken. Nach Gründung des Deutschen Reiches 1871 begann der Boom der Aktiengesellschaften, besonders da diese Gesellschaften den Zugang zum mittlerweile veränderten Kapitalmarkt nutzen konnten. Allein im Zeitraum von 1886 bis 1925 stieg die Zahl von bereits 2.143 existierenden Aktiengesellschaften auf 13.010.[6] Seit diesem Höchststand ging die Zahl der Aktiengesellschaften kontinuierlich zurück. Verstärkt wurde diese Entwicklung durch die weltweiten Rezessionen in den 30er und 60er Jahren, die mit einer regelrechten Insolvenzwelle, auch bei den Aktiengesellschaften, verbunden waren. Mit dem Rückgang der Zahl der Aktiengesellschaften ging gleichzeitig eine Zunahme des Nominalkapitals der verbleibenden Gesellschaften einher. Dieser Prozeß führte zunehmend zu einer starken Trennlinie zwischen den Großunternehmen in der Rechtsform der Aktiengesellschaft, die über die Börse ihre finanziellen Mittel beschaffen konnten, und den kleinen bzw. mittelständischen Unternehmen, die als Personengesellschaft oder als GmbH geführt wurden und damit bei den für ihre Investitionen erforderlichen finanziellen Mittel auf die Innen- und Bankfinanzierung beschränkt waren. Ihren Tiefstand – gemessen an der Anzahl der Aktiengesellschaften in Deutschland – fand diese Entwicklung im Jahr 1983 mit 2.118 Gesellschaften, von denen lediglich noch 442 Aktiengesellschaften börsennotiert waren. Seit diesem Zeitpunkt ist allerdings eine Trendwende zu verzeichnen. Die traditionellen Strukturen der Unternehmensfinanzierung sind in Bewegung geraten. Die bis dahin bestehende klare Trennlinie zwischen Großunternehmen und mittelständischen Unternehmen wurde aufgeweicht.[7] Allein 1985 wurden 184 Börsenneulinge auf dem Börsenparkett verzeichnet, von denen mehr als 50 % der Gesellschaften ein Umsatzvolumen

---

6   Vgl. Fritsch 1987, S. 19
7   Vgl. Blättchen 1996, S. 5

von weniger als DM 400 Mio. aufwiesen.[8] In diesem Zusammenhang kann daher auch von einer Renaissance der börsennotierten Aktiengesellschaften mit einem erheblichen Anteil mittelständischer Unternehmen gesprochen werden. Seitdem wurde der Begriff des Going Public zu einem Schlagwort der deutschen Wirtschaft.

Eingeleitet wurde die Entwicklung durch den Konjunkturaufschwung, der 1982 seinen Anfang nahm und bis zu Beginn der 90er Jahre andauerte. Die Unternehmensgewinne konnten in dieser Phase in fast allen Wirtschaftsbereichen deutlich verbessert werden. Die steigende Ertragskraft wirkte sich wiederum auf die Börsenkurse aus. Hinzu kam in den 80er Jahren ein verstärktes Interesse privater und institutioneller in- und ausländischer Investoren an Finanzanlagen in deutschen Aktien. Insbesondere in Märkten mit einem relativ kleinen Anlagevolumen resultierten daraus sehr schnell zum Teil erhebliche Kurssteigerungen. Vor dem Hintergrund deutlich gestiegener Aktienkurse konnte sich auch das Neuemissionsgeschäft äußerst positiv entwickeln und zog weitere Neuemissionen im Zuge eines Beispieleffekts nach sich.[9] Die Aktienemission der Deutschen Telekom AG im Jahr 1996 hat darüber hinaus erstmalig ein breites Publikum für die Kapitalanlage in Aktien gewinnen können. Die Höhenflüge des DAX und der Erfolg des Neuen Marktes für junge, innovative Unternehmen in den letzten zwei Jahren haben den Aufschwung der Aktien in der Bundesrepublik weiter beflügelt. So gingen 1998 in Deutschland 67 Unternehmen an die Börse[10] und für 1999 wird ein Rekordzuwachs bei den Neuemissionen erwartet. Auch nach den kurzzeitigen Einbrüchen der Aktienkurse in der jüngsten Vergangenheit als Folge der Asienkrise und der Krise in den Emerging Markets (Rußland, Lateinamerika) im Jahr 1998 bleiben Aktien als langfristiges Anlage- und Finanzierungsinstrument zunehmend interessant.

Neben den Motiven der Unternehmen, aufgrund derer die Unternehmen ein Going Public in Betracht ziehen, besteht ein gesamtwirtschaftliches Interesse an privatwirtschaftlicher Initiative. Heute, wie auch schon Mitte des 19. Jahrhunderts, steht die Wirtschaft in einem Prozeß des Strukturwandels, so daß ein Vergleich nahe liegt. Zur Bewältigung der damit verbundenen gesamtwirtschaftlichen Probleme ist es in zunehmendem Maße erforderlich, daß sich die Wirtschaft aus eigener Kraft den immer weiter steigenden Anforderungen der Märkte und des globalen Wettbewerbs anpaßt. Die Folge des Struktur-

---

8   Vgl. Ladwig/Motte 1996, S. 800
9   Vgl. Koch/Jensen/Steinhoff 1991, S. 2-7
10  Vgl. Deutsche Börse 1999, S. 18 f.

wandels und der stetig wachsenden Kapitalintensität sowie der zunehmenden wirtschaftlichen Risiken ist ein permanent steigender Eigenkapitalbedarf der Unternehmen. Eine verbesserte Eigenmittelausstattung, die mit der Rechtsform der Aktiengesellschaft verbunden und möglich ist, verringert die Insolvenzgefahr und erhöht die Investitions- und Innovationsfähigkeit der Wirtschaft. Zugleich werden die Voraussetzungen für Wirtschaftswachstum und steigende Beschäftigung geschaffen. Der Börsengang bietet somit nicht nur aus der Sicht der Unternehmen eine zukunftsträchtige Alternative, sondern trägt auch zur Lösung gesamtwirtschaftlicher Probleme bei.

Im internationalen Vergleich ist in der Bundesrepublik ein großer Nachholbedarf hinsichtlich der Entwicklung des Going Public zu verzeichnen. So gehört in der Schweiz mit mehr als 100.000 Aktiengesellschaften und in den USA die Nutzung der Vorteile des Kapitalmarktes zum wirtschaftlichen Alltag auch von kleinen und mittleren Unternehmen. Der deutsche Mittelstand hingegen versteckt sich immer noch weitgehend hinter der Rechtsform der GmbH oder einer Personengesellschaft. Hintergrund sind zum Teil die Vorurteile gegenüber der Aktiengesellschaft, die aus der Rezession der 60er Jahre herrühren. Dementsprechend herrscht ein Mißverhältnis zwischen der Aktiengesellschaft und der GmbH. Heute stehen ca. 500.000 GmbHs einschließlich 100.000 GmbH & Co.s lediglich 2.500 Aktiengesellschaften gegenüber.[11] Hier gilt es, Aufklärungsarbeit zu leisten und insbesondere den mittelständischen Unternehmen, die zum großen Teil alle Voraussetzungen eines börsenfähigen Unternehmens erfüllen, die Vorteile aufzuzeigen, die mit einem Going Public verbunden sind.

Die Rahmenbedingungen des Profifußballs haben sich in den letzten Jahren ebenfalls stark verändert. Um im internationalen Wettbewerb bestehen zu können, müssen die Vereine in der Lage sein, ihre Strukturen an die gegebenen Bedingungen anzupassen. Die Rechtsform der Aktiengesellschaft ist für den Berufsfußball nicht nur im Hinblick auf die Möglichkeiten der Kapitalbeschaffung interessant, sondern auch in bezug auf gesellschaftsrechtliche Fragen. In Vereinen, die Umsätze wie mittelständische Unternehmen aufweisen, dürfen tragende Entscheidungen nicht allein der damit häufig überforderten Mitgliederversammlung oder einem ehrenamtlichen Vorstand überlassen werden. Qualifizierte Führungskräfte können nicht für einen Verein gewonnen werden, dessen Präsidium „in trunkener Wirtshausstimmung" gewählt wird. Wie zum Teil schon in vielen Vereinen zu beobachten ist, muß

---

11  Vgl. Binz/Sorg 1997, S. 313

eine strikte Trennung der Verantwortungsbereiche erfolgen. Profifußballvereine müssen Gewinne erzielen, um existieren zu können. Dies widerspricht aber dem Satzungszweck eines eingetragenen Vereins, der nicht auf einen wirtschaftlichen Geschäftsbetrieb gerichtet sein darf. So trägt die Rechtsform der Aktiengesellschaft dem Bedürfnis nach einer an den Erfordernissen moderner Unternehmensführung ausgerichteten Binnenstruktur besser Rechnung als die des eingetragenen Vereins.[12]

### 6.1.2 Aktienrechtliche Grundlagen

Diese Besonderheiten der Aktiengesellschaft zwangen den Gesetzgeber gleichzeitig, unsoliden Gründungen vorzubeugen, wie z.B. der Umwandlung in eine AG zur Erhöhung des Eigenkapitals, um einen drohenden Konkurs abzuwenden. Die Bestrebungen, solche mißbräuchlichen Gründungen zu vermeiden, spiegeln sich im Aktiengesetz wider, in dem allein 31 Paragraphen (§§ 23-53 AktG) zum Ablauf und zu den Voraussetzungen der Gründung festgeschrieben sind. Der Ablauf der Gründung kann dabei in neun Phasen eingeteilt werden.[13]

**Abb. 37: Neun Gründungsphasen einer Aktiengesellschaft**

| Phase | §§ AktG | Inhalt der Vorschrift |
|---|---|---|
| I | § 23 | Feststellung der Satzung |
| II | § 29 | Übernahme der Aktien durch die Gründer |
| III | § 30 | Bestellung der Organe |
| IV | § 32 | Erstattung des Gründungsberichts |
| V | §§ 33-35 | Gründungsprüfung |
| VI | § 36 Abs. 2 | Einzahlung von mind. 25% des Grundkapitals |
| VII | § 36 Abs. 1, § 37 | Anmeldung zum Handelsregister |
| VIII | § 38 | Prüfung durch das Gericht |
| IX | § 39 | Eintragung in das Handelsregister |

---

12 Vgl. Segna 1997, S. 1902
13 Vgl. Süchting 1995, S. 41; siehe dazu auch Abbildung 37

Zu unterscheiden sind dabei folgende Gründungsarten:
- die Bargründung
- die Sachgründung und
- die Nachgründung

- Bei einer Bargründung ist eine Mindesteinlage von 25 % des Grundkapitals einschließlich des gesamten Agios bei Eintragung in das Handelsregister nachzuweisen.
- Die Sachgründung erfordert keine Bareinlagen. Jedoch sieht der Gesetzgeber bei der Einbringung von Sachwerten strengere Bestimmungen bezüglich der Gründung, der Satzung, der Gründungsprüfung, der Aufsicht sowie der Haftung vor, um mögliche Bewertungsmanipulationen von vornherein entgegenzuwirken.
- Ähnlich kompliziert gestaltet sich die Nachgründung. Darunter wird ein späterer Erwerb von Vermögensgegenständen verstanden, die 10 % des Grundkapitals übersteigen. Auch bei der Nachgründung besteht die Gefahr, durch falsche Bewertung und unzureichende Überprüfung künftige Aktionäre und Gläubiger zu schädigen. Aus diesem Grund unterliegen Nachgründungen innerhalb der ersten zwei Jahre nach Gründung der Aktiengesellschaft besonders strengen Kontrollen (§ 52 Abs. 1-8 AktG).

Im Verhältnis zu anderen Gesellschaftsformen gestaltet sich die Aktiengesellschaft – nicht nur in bezug auf den Gründungsablauf – in ihrer rechtlichen Konstruktion als äußerst komplex. Für das Aktienrecht ist eine große gesetzliche Regelungsdichte bezeichnend, im Gegensatz z.B. zum GmbH-Recht. Bei Neugründungen ergibt sich für die zielorientierte Ausgestaltung dieser Rechtsform ein wesentlich engerer Spielraum als bei einer Personengesellschaft oder GmbH. Um diesen engen Gestaltungsspielraum sinnvoll nutzen zu können, ist es notwendig, die wichtigsten rechtlichen Grundlagen, den Gründungsaufwand sowie die Organe und deren Kompetenzen zu kennen. Ferner soll dargestellt werden, wie die Gründungsmotive durch eine zielorientierte Ausgestaltung dieser Rechtsform verwirklicht werden können.

Die Aktiengesellschaft ist eine juristische Person mit eigener Rechtspersönlichkeit. Sie besitzt entsprechend einer natürlichen Person Rechts- und Geschäftsfähigkeit sowie Partei- und Prozeßfähigkeit und verfügt über ein eigenes Vermögen. Aus diesem Grund haftet die Aktiengesellschaft selbst mit ihrem gesamten Gesellschaftsvermögen für ihre Verbindlichkeiten, während die Aktionäre von der Haftung – soweit sie ihre Einlage voll erbracht haben –

ausgeschlossen sind. Im Insolvenzfall sind sie nur bis zur Höhe ihrer Einlage am Verlust beteiligt (Haftungsbeschränkung bei Kapitalgesellschaften).

Von ihren Rechten und Pflichten können Aktionäre jedoch nicht ausgeschlossen werden. Gemeint sind damit die allgemeinen Mitgliedschaftsrechte, die sich zum einem als Vermögensrechte in Form von Dividendenrecht, Recht auf Liquidationserlös und Bezugsrecht sowie zum anderen als Herrschaftsrechte in Form von Stimmrecht, Teilnahmerecht an den Hauptversammlungen und Auskunftsrecht charakterisieren lassen. Daneben erwerben die Aktionäre mit der Aktie auch das Recht auf gleichmäßige Behandlung (§ 53a AktG; Umsetzung der Kapitalschutzrichtlinie).

Die allgemein anerkannten, primären Pflichten eines Aktionärs sind die einst umstrittene Treuepflicht[14] und die Leistung der Einlage auf das Grundkapital. Das Grundkapital der Gesellschaft, d.h. derjenige Teil des Gesellschaftsvermögens, der von einer direkten oder indirekten Verteilung ausgeschlossen ist, muß heute mindestens 50.000 Euro betragen. Es dient als Haftungsgrundlage mit Vertrauensschutz. Das Grundkapital soll sicherstellen, daß die Eigentümer diesen Mindestbetrag als Eigenkapital zur Verfügung stellen. Die Mitgliedschaft an der Aktiengesellschaft wird somit durch einen Anteil am Grundkapital dokumentiert. Das Grundkapital ist entsprechend der Aktienanzahl gestückelt. Die Summe der Nennwerte aller Aktien bei Gründung muß mindestens dem Grundkapital von 50.000 Euro entsprechen. Diese gesetzliche Mindestkapitalgrenze entspricht aber mittlerweile nicht mehr der wirtschaftlichen Realität. Daher müssen Aktiengesellschaften, die an die Börse gehen wollen, für die Zulassung zum Aktienhandel mindestens ein Eigenkapital von 1,5 bis 2,5 Mio. Euro nachweisen.

Seit dem 4. Januar 1999 notieren die Wertpapiere an allen Börsen der Europäischen Währungsunion in Euro. Für die Abwicklung der Aktiennotierungen stellt sich die Frage der Umstellung des Aktienkapitals und der Nennwerte der Aktien. Das Euro-Einführungsgesetz schreibt den Mindestnennwert für eine Aktie von einem Euro oder ein Vielfaches davon vor. Dies entspricht faktisch einer Herabsetzung des alten Mindestnennwertes (DM 5). Der Nennwert „1 Euro" bildet bei der Umrechnung der Aktiennennwerte den *„kleinsten gemeinsamen Nenner"* aller Teilnehmerstaaten. Für die Aktiengesellschaften

---

14 Vgl. Henn 1994, § 1, Rn. 23: „Hierbei geht es nicht um eine personenrechtliche Treuebindung wie bei den Personengesellschaften. Die Aktiengesellschaft ist im Grunde eine „anonyme" Gesellschaft, [...] , so daß auch die Treuepflicht, die immer ein persönliches Band voraussetzt, begrenzt ist. Dennoch besteht sie, weil sie ein immanenter Bestandteil jeder gesellschaftsrechtlichen Beziehung ist."

gibt es verschiedene Möglichkeiten, ihre Aktien auf Euro umzustellen. Bei der Umrechnung der bisherigen DM-Nennwerte würden sich für 1 Euro krumme Beträge ergeben. Bei dem fixierten Umrechnungskurs von DM 1,95583 pro Euro, ergeben sich folgende Nennwerte:

- *2,55646 Euro für DM 5-Aktien und 25,5646 Euro für DM 50-Aktien.*

Da der neue Mindestnennwert für Aktien auf 1 Euro oder ein Vielfaches lauten muß, müssen die umgerechneten Beträge geglättet werden. Die Glättung kann fakultativ durch eine Kapitalerhöhung aus Gesellschaftsmitteln, durch eine Neueinteilung des Grundkapitals, durch eine Kapitalherabsetzung oder durch die Umwandlung der Nennwertaktien in nennwertlose Stückaktien[15] erfolgen. Die erste Neuemission einer Euro-Aktie an einer deutschen Börse wurde von der *Hancke & Peter IT Service AG* mit der Notierung am Neuen Markt am 25.01.1999 durchgeführt.[16]

### 6.1.3 Organ- und Entscheidungsstrukturen der Aktiengesellschaft

Die Vertretung der Rechte und Pflichten der Aktiengesellschaft nach außen erfolgt durch ihre Organe. Die nach Aktienrecht zuständigen Organe sind:

- der Vorstand,
- der Aufsichtsrat und
- die Hauptversammlung.

Im Gegensatz zur GmbH ist die Struktur dieser Organe nicht hierarchisch aufgebaut, sondern nebeneinander gleichgestellt. Das Aktiengesetz untersagt explizit ein Weisungsrecht des Aufsichtsrates gegenüber dem Vorstand bezüglich der Leitung der Gesellschaft (§ 76 Abs. 1 AktG). Gleiches gilt für die Hauptversammlung (§119 AktG). Die Verwaltung und Leitung der Gesellschaft obliegen dem Vorstand und dem Aufsichtsrat, worin das duale System der Organe zum Ausdruck kommt. Die Trennung zwischen dem Vorstand als Leitungsorgan und dem Aufsichtsrat als Kontrollorgan hat sich durchgesetzt und bewährt. Das aus dem anglo-amerikanischen stammende Boardsystem, bei dem Leitung und Kontrolle in einem Organ vereint sind (sog. monoistisches System), hat in der Bundesrepublik Deutschland keine Relevanz. Jedes Organ einer Aktiengesellschaft hat seinen durch das Aktiengesetz fest umrissenen Aufgabenbereich, wie in Abbildung 38 veranschaulicht wird.

---

15 Das Gesetz über die Zulassung von Stückaktien ist am 1. April 1998 in Kraft getreten.
16 Vgl. FAZ vom 19.01.1999

**Abb. 38: Regelungsbereich und Aufgaben der Organe einer Aktiengesellschaft**

```
┌─────────────────────────────┐     ┌──────────────────────────────────┐
│         Vorstand            │     │ • Leitung                        │
│       §§ 76-94 AktG         │     │ • Geschäftsführung               │
│  (mind. 1 Vorstandsmitglied)│     │ • Vertretung der Gesellschaft    │
└─────────────────────────────┘     └──────────────────────────────────┘
              ▲
              │ bestellt den Vorstand
┌─────────────────────────────┐     ┌──────────────────────────────────┐
│        Aufsichtsrat         │     │ • Kontrolle und Überwachung des  │
│       §§ 95-116 AktG        │     │   Vorstandes                     │
│                             │     │ • Beratung                       │
│    Mitbestimmter AR:        │     └──────────────────────────────────┘
│    ab 500 Arbeitnehmer:     │
│    1/3 Arbeitnehmer-Vertreter│
│    ab 2.000 Arbeitnehmer:   │
│    1/2 Arbeitnehmer-Vertreter│
└─────────────────────────────┘
              ▲
              │ wählt den AR, außer
              │ Arbeitnehmer-Vertreter
┌─────────────────────────────┐     ┌──────────────────────────────────┐
│      Hauptversammlung       │     │ • Beschlußfassung über den recht-│
│       §§ 118-120 AktG       │     │   lichen und wirtschaftlichen Auf-│
│                             │     │   bau der Gesellschaft           │
└─────────────────────────────┘     └──────────────────────────────────┘
```

### 6.1.3.1 Der Vorstand

Der Vorstand, das exekutive Organ der Gesellschaft, kann aus einer beliebigen Zahl von Mitgliedern bestehen. Lediglich ab einem Grundkapital von mehr als 1,5 Mio. Euro muß der Vorstand mindestens zwei Personen umfassen, wenn nicht die Satzung einen einköpfigen Vorstand bestimmt (§ 76 AktG i.V.m. § 23 AktG).[17] Bei mitbestimmten Unternehmen muß außerdem ein Arbeitsdirektor in den Vorstand bestellt werden (76 Abs. 2 Satz 3 AktG), so daß in diesem Fall unabhängig von den Satzungsbestimmungen min-

---

17 Vgl. Geßler 1998, § 76 Rn. 1 und 2

destens zwei Personen den Vorstand bilden. Bei der Bestellung von stellvertretenden Vorstandsmitgliedern haben diese die gleichen Befugnisse wie ordentliche Vorstandsmitglieder, denn die Stellvertretung besagt lediglich, daß dieses Mitglied im Rang hinter dem ordentlichen Mitglied steht.[18]

Der Vorstand kann nur durch den Aufsichtsrat bestellt oder abberufen werden. Eine Abberufung kann jedoch indirekt über Vertrauensentzug durch die Hauptversammlung erzwungen werden.[19] Jede Bestellung oder Abberufung eines Vorstandsmitglieds ist zur Eintragung in das Handelsregister anzumelden (§ 81 Abs. 1 AktG). Bei einem Vorstand, der aus mehreren Personen besteht, kann ein Mitglied des Vorstands durch den Aufsichtsrat zum Vorsitzenden bestimmt werden (§ 84 Abs. 2 AktG). Dieser hat zwar keine besonderen Befugnisse gegenüber den übrigen Vorstandsmitgliedern, dennoch kommt ihm aufgrund des engen Kontakts zum Aufsichtsrat eine herausragende Stellung zu. Obwohl die Tätigkeit eines Vorstandsmitglieds meist als Vollzeittätigkeit ausgeübt wird, ist dies nicht zwingend. Insbesondere bei kleineren Aktiengesellschaften kann sich die Tätigkeit der Vorstandsmitglieder auf wenige Tage in der Woche beschränken, und ein Vorstandsmitglied kann diese Aufgabe in mehreren Gesellschaften gleichzeitig wahrnehmen. In diesem Fall bedarf es der Zustimmung des Aufsichtsrates. Aufgrund möglicher Interessenkonflikte, die bei der gleichzeitigen Leitung mehrerer Gesellschaften auftreten können, ist eine mehrfache Vorstandstätigkeit nur bei kleineren, rechtlich selbständigen Tochtergesellschaften eines Konzerns zu beobachten.

Die Bestellung des Vorstandes erfolgt zunächst für einen Zeitraum von maximal fünf Jahren (§ 84 Abs. 1 Satz 1 AktG). Eine wiederholte Bestellung nach Ablauf der Amtszeit für weitere fünf Jahre ist möglich. Für jede wiederholte Bestellung ist, wie auch bei erstmaliger Bestellung, ein vollgültiger Aufsichtsratsbeschluß sowie die Zustimmung des Betroffenen erforderlich. Sinnvoll ist die Beschäftigung der Vorstandsmitglieder auf Honorarbasis. Eine Abberufung des Vorstandes kann lediglich aus *„wichtigem Grund"* und nur durch den Aufsichtsrat erfolgen. Wichtige Gründe können in diesem Zusammenhang grobe Pflichtverletzungen, Unfähigkeit zur ordnungsmäßigen Geschäftsführung oder Vertrauensentzug durch die Hauptversammlung sein. Auf keinen Fall kann der Vorstand abberufen werden, wenn der Aufsichtsrat mit der gegenwärtigen Führung der Gesellschaft nicht einverstanden ist.[20]

---

18  Vgl. zum stellvertretenden Mitglied auch Henn 1994, § 18 Rn. 534
19  Vgl. Henn 1994, § 18, Rn. 540
20  Vgl. Geßler 1998, § 84 Rn. 15

Eine Übertragung der Vorstandsfunktion als Ganzes auf Dritte ist nicht möglich, denn dadurch würde die vom Aufsichtsrat übertragene besondere Stellung konterkariert. Die Übertragung von Vollmachten im Einzelfall ist dagegen durchaus legitim.

Da dem Vorstand die Leitungsfunktion über die Aktiengesellschaft obliegt, trägt er die Verantwortung für das Unternehmen und damit auch für die Anteilseigner und die Arbeitnehmer. Darüber hinaus sind vom Vorstand die Belange der Allgemeinheit zu beachten. Im Rahmen der gesetzlichen Leitungsbefugnis über die Gesellschaft steht dem Vorstand ein Ermessensspielraum zu, die sog. *Generalklausel des Leitungsermessens*.[21] In diesem Rahmen trifft der Vorstand alle unternehmerischen Entscheidungen. Solange dieser Ermessensspielraum der Geschäftsführung eines ordentlichen und gewissenhaften Geschäftsführers entspricht, kann dem Vorstand keine Verletzung der Sorgfaltspflicht vorgeworfen werden (§ 93 Abs. 1 AktG). Wesensmerkmal der Leitungsfunktion ist die Eigenverantwortlichkeit, aus der die Haftung des Vorstandes für alle getroffenen und unterlassenen Maßnahmen resultiert.[22] Eine Ausnahme von dieser Haftung ist nur möglich, wenn der Vorstand von der Hauptversammlung zum Tätigwerden veranlaßt wurde (§ 93 Abs. 4 Satz 1 bzw. § 119 Abs. 2 AktG). Eine Haftung des Vorstandes kann demzufolge nur aus einem Verantwortungsfehler heraus entstehen. Durch das Gesetz zur Kontrolle und Transparenz im Unternehmensbereich (KonTraG) ist die allgemeine Leitungsaufgabe und die Sorgfaltspflicht des Vorstandes erstmals für die Teilbereiche Risikomanagement und Überwachung gesetzlich besonders hervorgehoben worden. Der Vorstand wird nach § 91 Abs. 2 AktG verpflichtet, *„geeignete Maßnahmen zu treffen, insbesondere ein Überwachungssystem einzurichten, damit den Fortbestand der Gesellschaft gefährdende Entwicklungen früh erkannt werden"* können. In der allgemeinen Begründung verweist der Gesetzgeber auf das vielschichtige Kontrollsystem im deutschen Aktienrecht. Da die Überwachung auf mehreren Ebenen stattfindet, ist die Einrichtung einer unternehmerischen Kontrolle durch den Vorstand entscheidend. Zu den geforderten Instrumenten zählen:

- Risikomanagement,
- Internes Überwachungswesen (einschließlich interner Revision),
- Controlling und
- Frühwarnsystem.

---

21  Vgl. Henn 1994, § 18 Rn. 571
22  Ausführlich zu den gesetzlichen Einzelpflichten des Vorstandes: Thümmel 1996, Rn. 23 sowie Rn. 71-110

Allerdings geben weder der Wortlaut des Gesetzes noch die Begründung des Gesetzentwurfs einen Aufschluß darüber, wie die geforderten Instrumente konkret auszugestalten sind. Daher müssen die Anforderungen an diese Instrumente unter Beachtung betriebswirtschaftlicher Aspekte formuliert werden. Durch dieses Hervorheben der unternehmerischen Risiken kraft des KonTraG haben Haftungsfragen für den Vorstand eine neue und größere Dimension erhalten.[23] Denn die Bewertung und Steuerung der Unternehmensrisiken ist dadurch zu einer der wichtigsten Aufgaben des Vorstandes geworden. Ferner müssen neue Risiken rechtzeitig erkannt und Gegenmaßnahmen ergriffen werden. Für Fehleinschätzungen und Versäumnisse in diesem Bereich wird der Vorstand nach dem Gesetz verstärkt haftbar gemacht.[24]

Die Leitung umfaßt die Aufgaben der Geschäftsführung und Vertretung. Die Geschäftsführung beinhaltet den auf die faktische Abwicklung gerichteten Teil der Leitungsfunktion des Vorstandes im Innenverhältnis der Gesellschaft, wohingegen die Vertretung den rechtsgeschäftlichen Teil im Außenverhältnis verkörpert.

### 6.1.3.2 Der Aufsichtsrat

Der Aufsichtsrat hat die primäre Aufgabe, die Geschäftsführung des von ihm bestellten Vorstands zu kontrollieren und zu überwachen (§ 111 AktG). Diese Regelung bezieht sich explizit auf den Vorstand, d.h. es ist nicht Aufgabe des Aufsichtsrats, nachgeordnete Instanzen zu überwachen oder zu kontrollieren. Zur Überwachung und Kontrolle des Vorstands durch den Aufsichtsrat gehören insbesondere die Prüfung der Legalität, der Ordnungsmäßigkeit und der Wirtschaftlichkeit der Unternehmensführung. Daneben muß sich der Aufsichtsrat noch folgenden, spezifischen Aufgaben stellen:

**Abb. 39: Spezifische Aufgaben des Aufsichtsrates**

| §§ AktG | Aufgaben |
|---|---|
| § 77 Abs. 2 Satz 1 | • Erlaß einer Geschäftsordnung für den Vorstand |
| § 84 | • Bestellung und Abberufung der Vorstandsmitglieder |
| § 87 | • Festsetzung der Gesamtbezüge des Vorstands |
| § 89 | • Kreditgewährung gegenüber Vorstandsmitgliedern |

---

23 Vgl. Geßler § 91 Rn. 1 und 3
24 Vgl. FAZ vom

| §§ AktG | Aufgaben |
|---|---|
| § 111 Abs. 4 Satz 2 | • Zustimmung zu bestimmten Geschäften des Vorstands |
| § 112 | • Gerichtliche und außergerichtliche Vertretung der Gesellschaft gegenüber den Vorstandsmitgliedern |
| §§ 170-173 | • Mitwirkung bei der Feststellung des Jahresabschlusses |

Zu diesen gesetzlich geregelten Verpflichtungen kommt die Beratung des Vorstands hinzu.

Die Aufsichtsratsmitglieder werden von der Hauptversammlung für eine Amtsperiode von ebenfalls maximal fünf Jahren gewählt.[25] Der Aufsichtsrat einer Aktiengesellschaft ist in der Regel mitbestimmt. Das bedeutet, daß er nicht nur aus den von den Anteilseignern gewählten Mitgliedern besteht, sondern auch aus Mitgliedern, die von den Arbeitnehmern gewählt werden. Das Betriebsverfassungsgesetz von 1952 bestimmt in § 76 Abs. 1, daß bei Aktiengesellschaften mit bis zu 2.000 Mitarbeitern im Aufsichtsrat die sog. *Drittelparität* bestehen muß. Der Aufsichtsrat muß sich in diesem Fall zu einem Drittel aus von Arbeitnehmern gewählten Mitgliedern und zu zwei Dritteln aus Mitgliedern zusammensetzen, die von den Anteilseignern bestimmt wurden. Hinzu kommt, daß die Anzahl der Mitglieder durch drei teilbar und für eine Beschlußfähigkeit mindestens die Hälfte der Mitglieder an der Beschlußfassung teilnehmen muß (§ 95 Abs. 1 und § 108 Abs. 2 AktG). Ein dreiköpfiger Aufsichtsrat ist bereits bei Fehlen von nur einem Mitglied beschlußunfähig.[26] Aus diesem Grund sollte der Aufsichtsrat mindestens sechs Köpfe zählen.

Bei mehr als 2.000 Mitarbeitern muß der Aufsichtsrat *voll paritätisch* besetzt sein. Die Hälfte der Mitglieder muß von den Arbeitnehmern bestimmt werden, wobei die Zahl der gesamten Aufsichtsratsmitglieder aus § 7 Abs. 1 MitbestG hervorgeht. Bei sechs oder neun Arbeitnehmervertretern haben zwei, ab zehn mindestens drei aus Gewerkschaften zu kommen (§ 7 Abs. 2 MitbestG). Durch das Wahlverfahren des Aufsichtsratsvorsitzenden und dessen Zweitstimme bei Pattsituationen verbleibt der Anteilseignerseite auch im vollparitätisch besetzten Aufsichtsrat letztlich ein leichtes Übergewicht (§§ 27

---

[25] Die Amtszeit des Aufsichtsrates resultiert indirekt aus § 102 AktG.
[26] Vgl. Hüffer 1997, Rn. 2 zu § 95 AktG. Die Beschlußunfähigkeit resultiert aus dem nicht erfüllten Kriterium der Teilbarkeit durch drei, das entsteht, wenn nur zwei Aufsichtsratsmitglieder anwesend sind.

und 29 MitbestG). Eine Ausnahme der Mitbestimmungspflicht gibt es lediglich bei der sog. Kleinen Aktiengesellschaft, die später ausführlich erläutert wird.

Der Aufsichtsrat muß mindestens einmal, bei börsennotierten Aktiengesellschaften zweimal im Jahr tagen. Empfohlen wird hingegen als Sollvorschrift viermal im Jahr. Die eigentlichen Beratungen finden zum großen Teil in fachspezifischen Ausschüssen statt.

Auch die Kontrollverpflichtung der Aufsichtsratsmitglieder hat der Gesetzgeber durch das KonTraG verschärft. Dabei wurden auch die externen Wirtschaftsprüfer stärker in die Pflicht genommen. Während in der Vergangenheit die Tätigkeit von Aufsichtsräten im mehrdimensionalen deutschen Überwachungssystem nur in das Kreuzfeuer der Kritik gerieten, erhalten nunmehr auch hier Haftungsfragen eine neue, größere Dimension. Aufsichtsräte werden künftig daran gemessen, ob sie geprüft haben, daß ein angemessenes Risikomanagement und ein funktionierendes Überwachungssystem eingerichtet worden sind, und ob sie ihre „Pflicht der Aufsicht" und ihre „Pflicht zum Rat" erfüllen und erfüllt haben.[27]

Um eine Umgehung der vom DFB geforderten Dominanz des Muttervereins im Aufsichtsgremium einer Fußball-Kapitalgesellschaft zu verhindern, darf ein Entsendungsrecht für Sitze im Aufsichtsrat der Fußball-Kapitalgesellschaft nur für den Mutterverein bestehen. Ein anderweitiges Entsendungsrecht vom Drittinvestoren ist nicht zulässig.[28]

### 6.1.3.3 Die Hauptversammlung

Die Aktionäre üben in der Hauptversammlung der Gesellschaft ihre Rechte aus (§ 118 Abs. 1 AktG). Um den Dualismus zwischen Vorstand und Aufsichtsrat nicht zu unterwandern, hat der Gesetzgeber kaum Möglichkeiten gelassen, die Rechte der Hauptversammlung zu erweitern.

Über Fragen der Geschäftsführung kann nur auf Verlangen des Vorstands durch die Hauptversammlung entschieden werden (§ 119 Abs. 2 AktG).

Trotz der nachfolgend aufgeführten Rechte, die sich überwiegend mit dem rechtlichen und wirtschaftlichen Aufbau der Aktiengesellschaft beschäftigen und daher durchaus wichtig sind, ist die Hauptversammlung vom Geschäfts-

---

27 Vgl. Semmler 1999, Rn. A 140-145; Schilling vom 10.05.1999 und Bremeier vom 18.01.1999
28 Siehe dazu auch Abschn. 5.1.3.9

leben der Aktiengesellschaft weit entfernt und nimmt lediglich in den vom Vorstand oder gegebenenfalls vom Aufsichtsrat einberufenen Versammlungen sporadisch daran Anteil. Die geringe Bedeutung der Hauptversammlung für die Geschäftsführung wird durch den Aufbau des Aktiengesetzes deutlich. Bei einem Umfang von 410 Paragraphen beziehen sich lediglich drei auf die Rechte der Hauptversammlung (§§ 118-120 AktG).

**Abb. 40: Rechte der Hauptversammlung gem. § 119 Abs. 1 AktG**

| § 119 Abs. 1 AktG | Inhalt der Vorschrift |
|---|---|
| Nr. 1 | • Bestellung der Mitglieder des Aufsichtsrates |
| Nr. 2 | • Verwendung des Bilanzgewinns |
| Nr. 3 | • Entlastung der Mitglieder des Vorstands und des Aufsichtsrates |
| Nr. 4 | • Bestellung des Abschlußprüfers |
| Nr. 5 | • Satzungsänderungen |
| Nr. 6 | • Maßnahmen der Kapitalbeschaffung und der Kapitalherabsetzung |
| Nr. 7 | • Bestellung von Prüfern zur Prüfung von Vorgängen bei der Gründung oder der Geschäftsführung |
| Nr. 8 | • Auflösung der Gesellschaft |

Bei Entscheidungen in der Hauptversammlung genügt in der Regel die einfache Mehrheit. Die Zahl der Stimmen des jeweiligen Aktionärs hängt von der Höhe seiner mit Stimmrecht ausgestatteten Kapitalbeteiligung ab. Lediglich bei Grundlagenbeschlüssen, wie Satzungsänderungen, Kapitalerhöhungen unter Bezugsrechtsausschluß, Rechtsformumwandlung und dergleichen, ist eine Mehrheit von dreiviertel des bei der Beschlußfassung vertretenen, d.h. des „anwesenden" Grundkapitals erforderlich.

### 6.1.3.4 Der Beirat als satzungsmäßiges Organ einer Fußball-Aktiengesellschaft

Grundsätzlich läßt das Aktiengesetz sog. fakultative Gremien – wie z.B. einen Beirat – zu. Eine insoweit mögliche Einbindung wichtiger Geschäftspartner

(Banken, Lieferanten oder die im Fußballgeschäft wichtigen Sponsoren) in die Entscheidungsstruktur und -kompetenzen einer Aktiengesellschaft scheitert aber bereits daran, daß das Aktienrecht den Beirat als fakultatives Gremium zwar zuläßt (§ 23 Abs. 5 AktG), jedoch einer Verkürzung der gesetzlichen Kompetenzen von Vorstand, Aufsichtsrat und Hauptversammlung entgegensteht. Der Beirat einer Aktiengesellschaft erweist sich deshalb nach Wagner *„als bloßer Papiertiger, der die eigentlichen Entscheidungsträger beraten, aber nicht wirklich mitreden kann".*[29] Personen- und/oder Unternehmenskreise, die aktuell sehr häufig erhebliche finanzielle Risiken eines Fußball-Clubs übernehmen, werden im Falle eines Rechtsformwechsels in eine Fußball-Aktiengesellschaft durch die Aufnahme in einen einzurichtenden Beirat nicht die *„Schalthebel der Gesellschaft"*[30] beeinflussen oder gar übernehmen können. Der Übernahme wirtschaftlicher Risiken z.B. durch wichtige Sponsoren stehen als Beiratsmitglieder mithin keine adäquaten Gestaltungs- und Entscheidungsrechte gegenüber.

### 6.1.4 Aktiengattungen und die damit verbundenen Rechte und Pflichten

### 6.1.4.1 Begriff der Aktie

Bei Aktien handelt es sich um Wertpapiere, die weder Forderungen noch Sachenrechte verkörpern, sondern die Anteilsrechte bzw. Mitgliedschaften an einer Aktiengesellschaft verbriefen.[31] Die einzelnen Aktien stellen Bruchteile am Grundkapital dar, deren Summe das gesamte Grundkapital widerspiegelt.

Es ist sinnvoll, die Aktien nach bestimmten Kriterien in Gruppen einzuteilen. Die Einteilung in verschiedene Gattungen erhält vor allem dadurch Bedeutung, daß die Aktiengesellschaft bei der Ausgabe verschiedener Aktiengattungen verpflichtet ist, den auf jede Aktiengattung entfallenden Betrag des Grundkapitals gesondert anzugeben (§ 152 Abs. 1 Satz 2 AktG).

---

29 Siehe dazu Wagner 1999, S. 476 mit umfänglichen Verweisen zur Rechtsstellung eines Beirates als fakultatives Organ einer Aktiengesellschaft.
30 Vgl. Wagner 1999, S. 476
31 Vgl. Henn 1994, Rn. 25 zu § 1

**Abb. 41: Einteilung der Aktien**

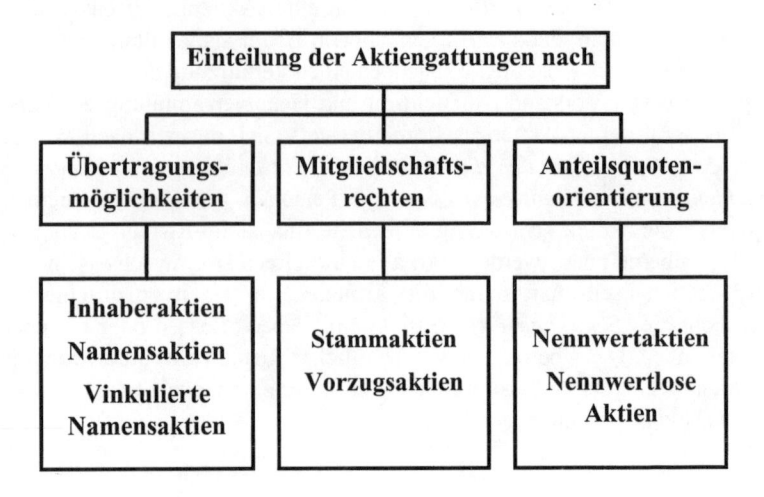

```
                  ┌─────────────────────────────────┐
                  │ Einteilung der Aktiengattungen nach │
                  └─────────────────────────────────┘
                    │              │              │
        ┌───────────┴──┐  ┌────────┴───────┐  ┌───┴──────────────┐
        │ Übertragungs-│  │ Mitgliedschafts-│  │ Anteilsquoten-   │
        │ möglichkeiten│  │ rechten        │  │ orientierung     │
        └──────────────┘  └────────────────┘  └──────────────────┘
                │                 │                   │
        ┌───────┴──────┐  ┌───────┴────────┐  ┌───────┴──────────┐
        │ Inhaberaktien│  │ Stammaktien    │  │ Nennwertaktien   │
        │ Namensaktien │  │ Vorzugsaktien  │  │ Nennwertlose     │
        │ Vinkulierte  │  │                │  │ Aktien           │
        │ Namensaktien │  │                │  │                  │
        └──────────────┘  └────────────────┘  └──────────────────┘
```

### 6.1.4.2 Einteilung der Aktien nach dem Merkmal aktienrechtlicher Übertragungsmöglichkeiten

#### *6.1.4.2.1 Inhaberaktien*

Die Inhaberaktie ist die dominierende Aktienart am deutschen Aktienmarkt. Als Inhaberpapier verbrieft sie die Mitgliedschaft an der Gesellschaft. Bei einem Inhaberpapier folgt dem Recht am Papier das Recht aus dem Papier. Somit können die Rechte aus diesem Papier nur von demjenigen ausgeübt werden, der auch Inhaber der Aktienurkunde ist. Die Übertragung der Inhaberaktie erfolgt – entsprechend den beweglichen Sachen – durch Einigung und Übergabe (§ 929 BGB). Die Inhaber dieser Aktien bleiben unbenannt, so daß die Ausgabe der Inhaberaktie die Einzahlung des vollen Ausgabebetrages der Aktie erfordert (§ 10 Abs. 2 AktG). Dementsprechend ist ein vorgesehenes Agio ebenfalls voll einzuzahlen.

#### *6.1.4.2.2 Namensaktien*

Inhaberaktien können nicht ausgegeben werden, sofern seitens der Eigentümer noch Restzahlungen – sog. ausstehende Einlagen – nicht geleistet sind. In diesem Fall muß auf Namensaktien zurückgegriffen werden, um gewährleisten zu können, daß all diejenigen aktuellen Eigentümer, die noch Restzahlungen zu leisten haben, trotz Eigentümerwechsel ermittelt werden können. Der Eigentümerwechsel der Namensaktien erfolgt durch ein sog. Indossament, d.h. die Abtretung muß auf der Rückseite der Urkunde durch Unterschrift fixiert sein. Als Aktionär gilt bei Namensaktien nur derjenige, der bei der Gesellschaft im Aktienbuch eingetragen ist, so daß ein Wechsel der Namensaktie bei der Gesellschaft anzumelden und vorzulegen ist. Die Gesellschaft trägt nach Prüfung der Ordnungsmäßigkeit den Wechsel in das von ihr zu führende Aktienbuch ein (§ 68 Abs. 1, 3 und 4 AktG). Dieses aufwendige Verfahren des Eigentümerwechsels, das die Fungibilität des Wertpapiers beeinträchtigt, wird von den Aktionären als nachteilig angesehen. Vom Standpunkt der Gesellschaft ist dieser Vorgang jedoch zu begrüßen, denn Veränderungen in den Beteiligungsverhältnissen können somit nachvollzogen werden.

### 6.1.4.2.3 Vinkulierte Namensaktien

Vinkulierte Namensaktien sind bezüglich der Übertragung noch stärkeren Einschränkungen unterworfen als Namensaktien. Ein aktionärsbezogener Wechsel des Wertpapiers ist dabei an die Zustimmung der Aktiengesellschaft gebunden. Sofern die Satzung nichts anderes bestimmt, hängt die Übertragung der Anteile von der Zustimmung des Vorstandes der Gesellschaft ab. Gemäß § 68 Abs. 2 AktG kann die Satzung bestimmen, daß nicht der Vorstand, sondern der Aufsichtsrat oder die Hauptversammlung über den Wechsel beschließen muß.

Der Verkauf an unerwünschte Aktionäre kann insoweit durch vinkulierte Namensaktien verhindert werden, um z.B. einer Überfremdung, d.h. einer übermäßigen Beteiligung ausländischer oder wettbewerbsnaher Investoren, vorzubeugen. Für Kapitalanlagegesellschaften sind vinkulierte Namensaktien gesetzlich vorgeschrieben (§ 1 Abs. 4 KAGG ). Entscheidend für die Wahl vinkulierter Namensaktien kann z.B. die Bewahrung des Einflusses einer Familie auf die Gesellschaft sein, indem mittels vinkulierter Namensaktien von vorn herein vermieden wird, daß Aktien ohne ausdrückliche Zustimmung der Familienaktionäre an Nichtfamilienmitglieder veräußert werden können. Ebenso würde die Ausgabe von vinkulierten Namensaktien einer Fußball-Aktiengesellschaft den Einfluß des Altvereins sichern und eine Übernahme der Aktienmehrheit durch Sponsoren oder konkurrierende Vereine verhindern.[32] Die geringe Fungibilität dieser Aktiengattung verhindert allerdings tendenziell eine breite Plazierung am Markt und schränkt damit die Möglichkeiten der Eigenkapitalbeschaffung ein.

### 6.1.4.3 Einteilung der Aktien nach den Mitgliedschaftsrechten

#### *6.1.4.3.1 Stammaktien*

Die Stammaktie kann als Standardtyp der Aktie bezeichnet werden, da sich sämtliche Rechte auf diese Aktienart beziehen. Die Stammaktie soll gewährleisten, daß alle Aktionäre die gleichen Rechte haben, die sich im Falle der Nennwertaktien nur nach der Höhe der Aktiennennwerte richten bzw. bei nennwertlosen Stückaktien nach den jeweiligen Aktienquoten, über die die Anteilseigner verfügen[33].

Die Mitgliedschaftsrechte aus der Stammaktie können in Vermögens- und Verwaltungsrechte unterteilt werden.[34]

Bei den Vermögensrechten handelt es sich um:

- das Dividendenrecht,
- das Recht auf Anteil am Liquidationserlös und
- das Bezugsrecht.

Die Verwaltungsrechte sind

- das Stimmrecht,
- das Auskunfts- bzw. Informationsrecht und
- das Kontrollrecht.

Diese Mitgliedschaftsrechte der Stammaktionäre können durch die Aktiengesellschaft nicht eingeschränkt werden.

---

32 Daher schreibt der DFB im Falle ausgegliederter Fußball-Kapitalgesellschaften in der Rechtsform der reinen Aktiengesellschaft, sofern diese eine Publikumsgesellschaft ist, vor, daß diese ausnahmslos vinkulierte Namensaktien für alle stimmrechtsbehafteten Anteile ausgeben muß; vgl. Abschnitt 5.1.3.2
33 Vgl. dazu die Abschnitte 6.1.4.4.1 und 6.1.4.4.2
34 Vgl. vertiefend Drukarcyk 1996, S. 284 ff.

## 6.1.4.3.2 Vorzugsaktien

Durch die Ausgabe von Vorzugsaktien werden Aktionären besondere Vorteile gegenüber den Stammaktionären eingeräumt. Dabei kann zwischen den eingeräumten Rechten in vielfacher Weise differenziert werden. Am häufigsten werden Begünstigungen hinsichtlich der Gewinnverteilung eingeräumt. Im Gegensatz zu den absoluten Vorzugsaktien können die Vorteile aber auch mit bestimmten Nachteilen verbunden sein, wie z.B. bei stimmrechtslosen Vorzugsaktien. In diesem Fall wird von relativen Vorzugsaktien gesprochen.

Die Gründe für die Ausgabe von Vorzugsaktien können sehr vielschichtig sein. Liegt beispielsweise der Börsenkurs unter dem Nennwert der Aktie, dann kann eine Kapitalerhöhung aus Einlagen nur durchgeführt werden, wenn für die potentiellen Aktionäre besondere Anreize geschaffen werden. Da eine Unterpari-Emission gesetzlich nicht zulässig ist (§ 9 AktG), müßten diese jungen Aktien mindestens zum Nennwert emittiert werden, womit ihr Emissionskurs über dem Börsenkurs der Stammaktie läge. In diesem Fall würden die jungen Aktien vermutlich nur dann Abnehmer finden, sofern mit ihrem Erwerb besondere Vorteile gegenüber den Stammaktien verbunden wären.

Ein weiterer Grund für die Ausgabe von Vorzugsaktien kann der Sanierungsfall der Gesellschaft sein. Hierfür ist die rasche Bereitstellung flüssiger Mittel erforderlich, die sich durch eine Kapitalerhöhung realisieren ließe. Angesichts der schlechten wirtschaftlichen Lage des Unternehmens werden sich die potentiellen Käufer nur zögerlich oder überhaupt nicht zum Erwerb einer Aktie dieses Unternehmens bewegen lassen. Auch hier kann eine Ausstattung der Aktie mit bestimmten Vorzügen den nötigen Anreiz zum Erwerb schaffen.[35]

Ebenso ist denkbar, daß Kapital für Investitionen benötigt wird, die Aktionäre ihre Anteilsquote jedoch nicht verlieren wollen. In diesem Fall können die neuen Aktien ohne Stimmrecht ausgegeben werden (§ 12 Abs. 1 (2) AktG). Die Ausgabe stimmrechtsloser Vorzugsaktien wird wiederum nur dann vom Publikum angenommen, wenn die Aktien mit einer Vorzugsdividende versehen sind.

Die Vorzugsaktionäre sind bezüglich ihrer Dividende vor den Stammaktionären zu bedienen. Im Falle dividendenloser Jahre sind in späteren Jahren Nachzahlungen für den Dividendenausfall der Vorjahre vorzunehmen. Die Crux dieser Vorzugsaktie ist jedoch darin zu sehen, daß die Stimmrechte wieder aufleben können, wenn die Vorzugsdividenden zwei Jahre nicht oder nicht

---

35 Vgl. Wöhe/Bilstein 1998, S.47

vollständig ausgezahlt wurden. Bis zur vollen Nachzahlung der ausstehenden Beträge erlangen die Vorzugsaktionäre ihr Stimmrecht in vollem Umfang zurück (§ 139 Abs. 1 und § 140 Abs. 2 AktG); dies könnte eine unerwünschte Verschiebung der Mehrheitsverhältnisse bei Beschlußfassungen nach sich ziehen.

Aber auch Begünstigungen bei der Ausübung des Stimmrechts können durch Vorzugsaktien eingeräumt werden. Allerdings haben Mehrstimmrechtsaktien in Deutschland nur noch geringe Bedeutung, zumal ihre Ausgabe nach dem Aktiengesetz von 1965 unzulässig ist (§ 12 Abs. 2 AktG). Mehrstimmrechtsaktien, die vor diesem Zeitpunkt ausgegeben wurden, behalten ihre Gültigkeit nur noch bis zum Jahr 2003, wenn ihre Fortgeltung nicht durch mindestens dreiviertel Mehrheit des vertretenen Grundkapitals der Hauptversammlung vorher beschlossen wurde. Ebenso kann die Hauptversammlung die Beseitigung der Mehrstimmrechtsaktien durch mindestens die Hälfte des bei der Beschlußfassung vertretenen Grundkapitals beschließen (§ 5 Abs. 1 und 2 EGAktG). Sofern die Mehrstimmrechtsaktien in einer Aktiengesellschaft noch vertreten sind, fallen sie bei Entscheidungen ins Gewicht, die eine einfache Stimmenmehrheit erfordern, z.B. die Wahl bzw. Abberufung der Aufsichtsratsmitglieder oder die Feststellung des Jahresabschlusses. Bei grundlegenden Entscheidungen der Gesellschaft, wie z.B. Satzungsänderungen, Kapitalerhöhungen bzw. -herabsetzungen oder Auflösung der Gesellschaft, die eine Mehrheit von dreiviertel des vertretenen Grundkapitals erfordern, fallen die Mehrstimmrechtsaktien kaum ins Gewicht.

Vorzugsaktien mit bevorzugten Anrechten bei der Verteilung des Liquidationserlöses haben kaum Relevanz, da im allgemeinen von einem langfristigen bzw. dauerhaften Bestand der Gesellschaft ausgegangen wird.

Nach den satzungsrechtlichen Vorgaben des DFB ist es möglich, stimmrechtslose Vorzugsaktien bei der Gestaltung börsenfähiger Fußball-Kapitalgesellschaften einzusetzen, ohne gegen die Mindestbeteiligungsvorgaben (50% + 1 Stimmrecht) zugunsten des Muttervereins zu verstoßen.[36]

---

36 Siehe dazu Abschn. 5.1.3.1.1; zu den Bedenken und den Grenzen der Ausgabe von Vorzugsaktien wird auf die Abschnitte 6.1.8.3 und 6.1.9.2 verwiesen.

### 6.1.4.4 Anteilsquotenorientierte Einteilung der Aktien

#### *6.1.4.4.1 Nennwertaktien*

Die ausgegebenen Nennwertaktien einer Aktiengesellschaft lauten auf einen festen Geldbetrag, den sog. Nennwert. Bei der Einführung des Aktiengesetzes im Jahr 1965 wurde der Mindestnennwert auf DM 100 oder ein Vielfaches davon festgelegt. Aufgrund der sich verändernden wirtschaftlichen Rahmenbedingungen erfolgte eine gesetzliche Herabsetzung des Mindestnennwertes erst auf DM 50 und mit Inkrafttreten des Gesetzes für Kleine Aktiengesellschaften und zur Deregulierung des Aktiengesetzes 1994 auf DM 5. Seit Einführung der Europäischen Währungsunion schreibt das Euro-Einführungsgesetz nunmehr einen Mindestnennwert der Aktien von 1 Euro oder ein Vielfaches davon vor. Dies entspricht faktisch einer weiteren Herabsetzung des Mindestnennwertes.

Das in der Satzung der Aktiengesellschaft festgelegte Grundkapital entspricht der Summe der Nennwerte aller ausgegebenen Aktien (§ 1 Abs. 2 AktG). Daraus ergibt sich bei einer Überpari-Emission, d.h. einer Ausgabe der Aktien über dem Nennwert, daß das Aufgeld (Agio) in die Position „*Kapitalrücklagen*" der Bilanz einzustellen ist (§ 272 Abs. 2 Nr. 1 HGB).

Die aus den Nennwertaktien resultierenden Rechte der Aktionäre ergeben sich aus der Summe aller Nennwerte ihrer Aktien im Verhältnis zum Nennwert des gesamten Grundkapitals. Das in der handelsrechtlichen Bilanz ausgewiesene Grundkapital hat, neben dem Ausweis des von den Eigentümern zu erbringenden Mindestgründungskapitals, damit auch die Aufgabe, die Anteilsquoten und somit den Umfang der Rechtsposition für die Aktionäre bestimmbar zu machen.

#### *6.1.4.4.2 Nennwertlose Aktien*

Eine nennwertlose Aktie – auch Quotenaktie genannt – ist eine Aktie, bei der in der Urkunde der Anteil am Grundkapital der Aktiengesellschaft angegeben wird, z.B. 1/50.000. Die Aufgabe des Grundkapitals, die Anteilsquoten wie bei den Nennwertaktien zu bestimmen, kann somit bei nennwertlosen Aktien entfallen. Die einzelnen Aktien lauten auf den Bruchteil des gesamten Grundkapitals mit der Folge, daß deren Summe immer eins ergeben muß. Die Bestimmung der anteiligen Rechte der Aktionäre gestaltet sich relativ einfach durch Addition der von dem jeweiligen Aktionär gehaltenen Stücke und der sich daraus ergebenden (Gesamt-) Quote.

Seit dem 1. April 1998 sind die nennwertlosen Stückaktien, die es in den angelsächsischen Ländern schon seit langem gibt, auch in der Bundesrepublik Deutschland gesetzlich zulässig. Am 13. Mai 1998 hat die *Winkler + Dünnebier AG* bei ihrem Börsengang als erstes deutsches Unternehmen Stückaktien emittiert.[37] Mit der Einführung des Euro wird die Stückaktie in Deutschland Einzug halten, da die Glättung des umgerechneten Grundkapitals u.a. durch die Umwandlung der Nennwertaktien in Stückaktien erfolgen kann. Aus diesem Grund haben bereits im Laufe des Jahres 1998 sehr viele Aktiengesellschaften die Umwandlung in Stückaktien in ihren Hauptversammlungen beschließen lassen, um so die Umstellung rechtzeitig durchführen zu können. Der Börsenwert der Aktien ändert sich durch die Einführung der Stückaktien nicht, da bei gleicher Aktienzahl der Aktienkurs unverändert bleiben muß. Zum Beginn des Jahres 1999 wurde die DM-Kursnotierung der Aktien dann lediglich in Euro umgerechnet. Die Aktiengesellschaften haben aufgrund des kürzlich verabschiedeten Gesetzes zur Kontrolle und Transparenz im Unternehmensbereich (KonTraG) sogar die Möglichkeit, den Anspruch der Aktionäre auf Verbriefung ihres Anteil durch Hauptversammlungsbeschluß auszuschließen, so daß ein Neudruck der Stücke nicht erforderlich wird. Auf die Ausgabe von Aktienurkunden an die Aktionäre könnte in diesem Fall ganz verzichtet werden (§ 10 Abs. 5 AktG).[38]

Den Börsenkurs für nennwertlose Aktien kann man allein durch einen Stückkurs, d.h. in DM pro Stück, angeben, wohingegen der Börsenkurs bei Nennwertaktien auch in Prozent angezeigt werden kann. In Deutschland ist schon seit langem die früher gängige Prozentnotierung durch einen Stückkurs ersetzt worden, um eine Verwechslung des Dividendensatzes mit der effektiven Rendite aus Dividendenzahlungen zu vermeiden. Eine Verwechslung wäre möglich, sofern die Höhe der Gewinnausschüttung ebenfalls in Prozent wie der Börsenkurs der Nennwertaktie angegeben würde. Heute wird allerdings auch die Dividende nur noch in DM pro Aktie angegeben.

---

37 Vgl. FAZ vom 14.04.1998
38 Vgl. FAZ vom 07.05.1998

### 6.1.4.5 Bilanzausweis der Ausstehenden Einlagen

Haben die Anteilseigner einer Aktiengesellschaft ihre Einlage auf das Grundkapital noch nicht vollständig geleistet, muß dies in der Bilanz festgehalten werden. Dafür stehen der Aktiengesellschaft zwei Alternativen zur Auswahl.

Nach § 272 Abs. 1 Satz 2 HGB ist der Posten „*Ausstehende Einlagen auf das gezeichnete Kapital*" mit den davon eingeforderten Einlagen auf der Aktivseite vor dem Anlagevermögen gesondert auszuweisen. Dieser Bilanzposten stellt einerseits einen Korrekturposten zum Grundkapital und andererseits eine Forderung der Aktiengesellschaft in Höhe des noch nicht eingezahlten Grundkapitals gegenüber ihren Aktionären dar.

**Abb. 42: Bilanzausweis der „Ausstehenden Einlagen" gemäß § 272 Abs. 1 Satz 2 HGB**

| Aktiva | | Passiva | |
|---|---|---|---|
| Ausstehende Einlagen auf das gezeichnete Kapital | 400 | A. Eigenkapital | |
| • davon eingefordert | 200 | I. Gezeichnetes Kapital | 1.000 |
| Anlagevermögen | | | |

Als alternativen Ausweis in der Bilanz darf die Gesellschaft die ausstehenden Einlagen offen vom gezeichneten Kapital auf der Passivseite absetzen (§ 272 Abs. 1 Satz 3 HGB). In diesem Fall ist der verbleibende Betrag unter dem Posten „*Eingefordertes Kapital*" in der Hauptspalte der Passivseite auszuweisen. Daneben ist der eingeforderte, jedoch nicht eingezahlte Betrag gesondert unter den Forderungen auszuweisen. Die zuletzt genannte Möglichkeit des Ausweises in der Bilanz führt zu einer verkürzten Bilanzsumme im Vergleich zur ersten Bilanzausweisvariante.

Werden eingeforderte ausstehende Einlagen nicht fristgemäß eingezahlt, so sind die säumigen Beträge mit 5 % p.a. vom Zeitpunkt der Fälligkeit an zu verzinsen. Nach Ablauf einer gesetzlichen Nachfrist kann der Ausschluß des säumigen Aktionärs beschlossen werden. Bei dieser sog. Kaduzierung werden die alten Aktien für nichtig erklärt und dafür neue ausgegeben (§ 63 Abs. 2 und § 64 AktG).

## Abb. 43: Bilanzausweis der „Ausstehenden Einlagen" gemäß § 272 Abs. 1 Satz 3 HGB

| Aktiva | | Passiva | |
|---|---|---|---|
| A. Anlagevermögen | | A. Eigenkapital | |
| | | I. Eingefordertes Kapital | 800 |
| B. Umlaufvermögen | | | |
| II. Forderungen und sonstige Vermögensgegenstände | | | |
| • Eingeforderte, aber noch nicht eingezahlte Einlagen | 200 | | |

### 6.1.5 Die Satzung der Aktiengesellschaft und deren Mindestinhalt

Die Feststellung der Satzung – also des Gesellschaftsvertrages einer Aktiengesellschaft – erfolgt durch die Gründer der Aktiengesellschaft. Es handelt sich dabei um einen gesellschaftsrechtlichen Vertrag, der für die Gründung zwingend in notarieller Form abzuschließen ist. Trotz der ansonsten umfangreichen Regelungen des Aktiengesetzes und der Vielzahl von Vorgaben hat der Gesetzgeber die Anforderungen an die Satzung einer Aktiengesellschaft relativ knapp geregelt und damit den Gründern erheblichen Gestaltungsspielraum gelassen. Die einzelnen Satzungen sind in der Praxis nur deswegen häufig so umfangreich, um die gesetzlichen Vorgaben aus Gründen der Klarheit zu konkretisieren und den möglichen Gestaltungsspielraum im Interesse der Gründer auszunutzen. An den Inhalt der Satzung stellt der Gesetzgeber jedoch folgende, in Abbildung 44 aufgeführte Mindestanforderungen.

## Abb. 44: Mindestinhalt der Satzung einer Aktiengesellschaft gemäß § 23 AktG

| § 23 AktG | Inhalt der Vorschrift |
|---|---|
| Abs. 3 | |
| Nr. 1 | • Firma und Sitz der Gesellschaft |
| Nr. 2 | • Gegenstand des Unternehmens; namentlich ist bei Industrie- und Handelsunternehmen die Art der Erzeugnisse, die hergestellt und gehandelt werden sollen, näher anzugeben |

| § 23 AktG | Inhalt der Vorschrift |
|---|---|
| Nr. 3 | • Höhe des Grundkapitals |
| Nr. 4 | • Zerlegung des Grundkapitals entweder in Nennwert- oder in Stückaktien. Bei Nennwertaktien deren Nennbeträge und die Zahl der ausgegeben Aktien jeden Nennbetrags und bei Stückaktien deren Zahl. Außerdem, wenn mehrere Gattungen bestehen, die Gattung der Aktien und die Zahl der Aktien jeder Gattung |
| Nr. 5 | • Ausstellung der Aktien auf den Inhaber oder den Namen[39] |
| Nr. 6 | • Zahl der Mitglieder des Vorstands oder die Regeln, nach denen diese Zahl festgelegt wird |
| Abs. 4 | • Bestimmungen über die Form der Bekanntmachungen der Gesellschaft |
| Abs. 5 | • Abweichungen von den Vorschriften dieses Gesetzes sind nur möglich, wenn diese ausdrücklich zugelassen sind |

### 6.1.6 Rechnungslegung der Aktiengesellschaft

Wie Einzelkaufleute und Personengesellschaften sind auch Kapitalgesellschaften verpflichtet, Bücher zu führen und am Ende eines jeden Geschäftsjahres einen Jahresabschluß zu erstellen (§§ 238 und 242 HGB). An den Jahresabschluß einer Kapitalgesellschaft werden jedoch höhere Anforderungen gestellt als an den einer Personengesellschaft.[40]

Ein Unterschied der Behandlung von Personen- und Kapitalgesellschaften spiegelt sich in den Bestandteilen des handelsrechtlichen Jahresabschlusses wider. Der Jahresabschluß der Kapitalgesellschaft besteht
- neben der Bilanz sowie
- der Gewinn- und Verlustrechnung zusätzlich aus
- einem Anhang und
- einem Lagebericht.

---

39  Zu beachten ist jedoch, daß die Aktien auf den Namen lauten müssen, sofern sie vor der vollen Leistung des Nennbetrags oder zum höheren Ausgabebetrag ausgegeben werden (§ 10 AktG).
40  Vgl. dazu Baetge 1994, S. 80 ff.; Beck'scher Bilanz-Kommentar 1999, S. 745 ff.; Küting/Weber 1995, S. 1217 ff.; Adler/Düring/Schmaltz, Erläuterung zu §§ 242, 264 HGB; WP-Handbuch 1996, Abschn. F, S. 299 ff.

Im Lagebericht sind Angaben über den Geschäftsverlauf sowie über die Lage der Gesellschaft zu machen (§ 264 Abs. 1 Satz 1 HGB). Darüber hinaus sind Vorfälle, die zwischen dem Abschlußstichtag des Geschäftsjahres und der Erstellung des Jahresabschlusses eingetreten sind, zu erläutern, sofern diese von besonderer Bedeutung sind. Des weiteren ist im Lagebericht unter anderem auf die Entwicklung der Kapitalgesellschaft, den Bereich der Forschung und Entwicklung sowie auf bestehende Zweigniederlassungen der Gesellschaft näher einzugehen (§ 289 HGB).

Das Ausmaß der Rechnungslegungspflicht einer Kapitalgesellschaft wird maßgeblich von den Größenkriterien des § 267 HGB bestimmt. Danach ist zwischen kleiner, mittlerer und großer Kapitalgesellschaft entsprechend der in der nachfolgenden Abbildung 45 dargestellten Merkmale zu unterscheiden.

Die Zuordnung zu einer Größenklasse erfordert, daß an zwei aufeinanderfolgenden Stichtagen jeweils zwei der drei Kriterien erfüllt sind, unabhängig davon, ob es sich dabei um dieselben Kriterien handelt. Lediglich Kapitalgesellschaften, deren Aktien zum Amtlichen Handel[41] zugelassen sind oder deren Zulassung zum Amtlichen Handel beantragt ist, gelten stets als große Kapitalgesellschaften.

Die Einteilung in eine dieser Kategorien hat zum Teil erhebliche Konsequenzen. Kleine Kapitalgesellschaften brauchen nur eine verkürzte Bilanz aufzustellen und somit weniger Informationen bereitzustellen. Große und mittelgroße Kapitalgesellschaften müssen ihren Jahresabschluß des abgelaufenen Geschäftsjahres in den ersten drei Monaten des darauffolgenden Geschäftsjahres erstellen. Kleine Kapitalgesellschaften hingegen dürfen ihren Jahresabschluß auch zu einem späteren Zeitpunkt erstellen, jedoch nicht später als nach Ablauf der ersten sechs Monate des neuen Geschäftsjahres, sofern dies einem ordnungsmäßigen Geschäftsgang entspricht. Auf die Erstellung eines Lageberichts kann die kleine Kapitalgesellschaft generell verzichten (§ 264 Abs. 1 Satz 2 und 3 HGB).

---

41  Vgl. Abschn. 8.1.3.1

## Abb. 45: Größenklassen von Kapitalgesellschaften gem. § 267 HGB

|  | Bilanzsumme¹ DM | Umsatzerlöse² DM | Anzahl Arbeitnehmer³ |
|---|---|---|---|
| **Kleine KapGes** (Abs. 1) | ≤ 5,31 Mio. | ≤ 10,62 Mio. | ≤ 50 |
| **Mittelgroße KapGes** (Abs. 2) | ≤ 21,24 Mio. | ≤ 42,48 Mio. | ≤ 250 |
| **Große KapGes** (Abs. 3) | > 21,24 Mio. | > 42,48 Mio. | > 250 |

1 Bilanzsumme unter vorherigem Abzug eines gem. § 268 Abs. 3 HGB auf der Aktivseite ausgewiesenen Fehlbetrages
2 Umsatzerlöse bezogen auf die letzten zwölf Monate vor dem Abschlußstichtag
3 Arbeitnehmer im Jahresdurchschnitt

Für die ordnungsgemäße Feststellung des Jahresabschlusses einer großen und mittelgroßen Kapitalgesellschaft muß dieser zuvor von einem Abschlußprüfer geprüft werden. Kleine Kapitalgesellschaften sind dagegen nicht zu einer Jahresabschlußprüfung durch einen Wirtschaftsprüfer, eine Wirtschaftsprüfungsgesellschaft oder einen vereidigten Buchprüfer verpflichtet (§ 316 Abs. 1 HGB). Daneben kommen bei der Offenlegung des Jahresabschlusses noch weitere größenabhängige Pflichten zum Tragen, die für die Kapitalgesellschaften von nicht unerheblicher Bedeutung sein können (§§ 325 ff. HGB).

### 6.1.7 Die Kleine Aktiengesellschaft

#### 6.1.7.1 Begriff der Kleinen Aktiengesellschaft

Das Aktiengesetz in der Fassung von 1965 orientiert sich mit seinen rechtlichen Vorgaben an den großen Publikumsgesellschaften. Da die AG, die KGaA und die GmbH & Co. KGaA die einzigen Rechtsformen sind, die an der Börse zugelassen werden, verbleiben die meisten mittelständischen Unternehmen aufgrund der hohen rechtlichen Anforderungen des Aktiengesetzes meist in der Rechtsform der GmbH oder einer Personengesellschaft, obwohl sie durchaus die formalen Voraussetzungen einer Aktiengesellschaft erfüllen. Vor diesem Hintergrund ist das Gesetz für Kleine Aktiengesellschaften und zur Deregulierung des Aktiengesetzes geschaffen worden und am 10. August

1994 in Kraft getreten. Der Begriff der *Kleinen Aktiengesellschaft* darf jedoch nicht so verstanden werden, als könne man ihn mit Ertragskraft, Umsatz oder Arbeitnehmerzahlen charakterisieren. Die Kleine Aktiengesellschaft ist unabhängig von den Größenmerkmalen des § 267 HGB und stellt keine eigenständige neue Rechtsform dar.

Eine konkrete Definition für die *Kleine Aktiengesellschaft* existiert daher nicht. Der Begriff wird vom Gesetzgeber nicht einmal erwähnt, vielmehr sind unter dem Begriff der *Kleinen AG* zahlreiche Deregulierungsmaßnahmen, d.h. Erleichterungen, im Aktiengesetz zu verstehen.

Um diese Erleichterungen in Anspruch nehmen zu können, müssen die Aktiengesellschaften[42] bestimmte Voraussetzungen erfüllen, die sich aber von Vorschrift zu Vorschrift unterscheiden. So kann eine Vorschrift eine AG als *Kleine AG* qualifizieren, während eine andere Vorschrift dies nicht tut.

Eine *Kleine AG* ist dementsprechend hinsichtlich der sie betreffenden Deregulierungsmaßnahmen zu systematisieren, wie Abbildung 46 zeigt.[43]

**Abb. 46: Systematisierung Kleiner Aktiengesellschaften**

| Kleine Aktiengesellschaften sind |
|---|
| **1. bei den Gründungsvorschriften:** <br> alle Aktiengesellschaften, bei denen von Beginn an weniger als fünf Personen die Einlagen übernehmen |
| **2. bei den Einberufungsvorschriften für die Hauptversammlung:** <br> alle Aktiengesellschaften, bei denen sämtliche Aktionäre namentlich bekannt und anwesend oder vertreten sind |
| **3. bei der Protokollierung der Hauptversammlung:** <br> alle Aktiengesellschaften, die nicht an der Börse zum Handel zugelassen sind |
| **4. bei der Entscheidung über die Gewinnverwendung:** <br> alle Aktiengesellschaften, die nicht börsennotiert sind |
| **5. bei der Freistellung von der Mitbestimmung:** <br> alle Aktiengesellschaften, die weniger als 500 Arbeitnehmer beschäftigen |

---

42  Der Begriff Aktiengesellschaft umfaßt insoweit auch die Rechtsformen der KGaA einschließlich der GmbH & Co. KGaA.
43  Vgl. Bösert 1994, S. 1423 f.

Die Auflistung der Voraussetzungen macht nochmals deutlich, daß *die Kleine AG* nicht existiert, sondern daß die Erleichterungen auf eine Vielzahl bestehender Aktiengesellschaften in unterschiedlicher Weise zutreffen und diese in Abhängigkeit von jeweils bestimmten Vorschriften als „*klein*" gelten.

#### 6.1.7.2 Erleichterungen für Kleine Aktiengesellschaften

Die Bedeutung der *Kleinen AG* wird bei näherer Betrachtung dieser fünf Regelungen des Gesetzes für Kleine Aktiengesellschaften und zur Deregulierung des Aktiengesetzes erkennbar.

##### *6.1.7.2.1 Gründungsvorschriften*

Eine der wesentlichen Neuerungen ist die Einpersonen-Aktiengesellschaft (§ 2 AktG), die auch schon bei der GmbH, seit der GmbH-Novelle von 1980, zulässig ist. Mit dieser Änderung wird die sog. Strohmannsgründung überflüssig, bei der die Gesellschaft durch fünf Personen gegründet wurde, nach der Gründung vier jedoch wieder ausschieden. Somit wird im Ergebnis zwar keine neue Rechtslage geschaffen, jedoch zum Teil erhebliche Kosteneinsparungen bei der Gründung realisiert, da sich in der Praxis die vier *„Scheingründer"* häufig das bei der Gründung übernommene Haftungsrisiko durch eine Risikoprämie abgelten ließen.[44] Das Risiko, das gesamte Aktienkapital zu übernehmen, ist bei einer Ein-Mann-Gründung größer als bei einer Gründung durch mehrere Personen. Aus diesem Grund muß ein alleiniger Gründer für den Teil seiner Geldeinlage, die er in dem Gründungszeitpunkt noch nicht einzahlen möchte und der die sonst mindestens geforderten 25% des Grundkapitals übersteigt, eine Sicherung bestellen (§ 36 Abs. 2 (2) AktG). Außerdem braucht der Bericht des Gründungsprüfers nicht bei der Industrie- und Handelskammer hinterlegt zu werden.

##### *6.1.7.2.2 Einberufungsvorschriften für die Hauptversammlung*

Bei der Einberufung und Abhaltung der Hauptversammlung kann die Kleine Aktiengesellschaft ebenfalls Kostenvorteile ausnutzen, sofern sie alle Aktionäre namentlich kennt. In diesem Fall kann bei der Einberufung, einschließlich der Bekanntgabe der Tagesordnung, auf die kostspielige Veröffent-

---

44  Vgl. Albach/Lutter 1988, S. 53

lichung im Gesellschaftsblatt (meist der Bundesanzeiger) verzichtet und die Aktionäre können im Wege eines eingeschriebenen Briefs geladen werden. Die Umschreibung *„namentlich bekannt"* setzt voraus, daß die Gesellschaft die Aktionäre tatsächlich mit Namen und Adresse kennt. Diese Erleichterung kann nur bei Ladung aller Aktionäre in Anspruch genommen werden. Kann dies nicht gewährleistet werden, so ist eine öffentliche Bekanntmachung im Gesellschaftsblatt verpflichtend. Sind alle Aktionäre bei der Versammlung erschienen, kann eine sog. Universalversammlung abgehalten und auf die Einberufungsformalitäten verzichtet werden (§ 121 Abs. 6 AktG).

### *6.1.7.2.3 Protokollierung der Hauptversammlung*

Werden in der Hauptversammlung keine Beschlüsse gefaßt, die eine dreiviertel Mehrheit erfordern, kann bei allen nicht börsennotierten Aktiengesellschaften auf die notarielle Beurkundung des Protokolls der Hauptversammlung verzichtet werden. In diesem Fall genügt eine vom Aufsichtsratsvorsitzenden unterzeichnete Niederschrift (§ 130 Abs. 1 AktG). Nicht börsennotiert bedeutet in diesem Zusammenhang, daß die Aktien weder zum Amtlichen Handel noch zum Geregelten Markt oder zum Freiverkehr zugelassen sein dürfen.[45] Die Anwesenheit eines Notars bei einer Hauptversammlung ist nicht mehr erforderlich, wenn lediglich über die Entlastung der Verwaltungsmitglieder, die Wahl des Abschlußprüfers und die Verwendung des Bilanzgewinns entschieden wird.

### *6.1.7.2.4 Entscheidung über die Gewinnverwendung*

Nicht börsennotierte Aktiengesellschaften können auch bei der Verwendung des Bilanzgewinns Erleichterungen in Anspruch nehmen, wenn ihre Satzung Vorstand und Aufsichtsrat dazu ermächtigt hat. In diesem Fall können sie weniger als 50% des Jahresüberschusses einer Kleinen Aktiengesellschaft in die Gewinnrücklagen einstellen oder sogar den gesamten Gewinn ausschütten (§ 58 Abs. 2 Satz 2 AktG), soweit dies die Satzung vorsieht.

---

45 Vgl. Seibert/Köster/Kiem 1996, Fn. 126 zu Rn. 111

## 6.1.7.2.5 Freistellung von der Mitbestimmung

Bedeutende Vorbehalte hat besonders der Mittelstand gegen die Mitbestimmungsregelung für Aktiengesellschaften, wonach bei bis zu 2.000 Arbeitnehmern der Aufsichtsrat drittelparitätisch besetzt sein muß. Daher wurden auch in diesem Bereich Erleichterungen für Kleine Aktiengesellschaften in das Gesetz aufgenommen. Aktiengesellschaften mit weniger als 500 Arbeitnehmern sind von der Mitbestimmungsregelung befreit. Allerdings gilt diese Regel nur für neu zugelassene Gesellschaften, d.h. für all diejenigen, die nach dem 10. August 1994, also nach Inkrafttreten des Gesetzes für Kleine Aktiengesellschaften, gegründet worden sind. Die Freistellung der Altgesellschaften von der Drittelmitbestimmung nach einer Übergangsfrist von fünf Jahren konnte sich hingegen nicht durchsetzen.[46]

Daneben gibt es weitere Deregulierungsmaßnahmen, die nicht nur *Kleine*, sondern alle Aktiengesellschaften in Anspruch nehmen können.

## 6.1.7.2.6 Wahl der Arbeitnehmervertreter in den Aufsichtsrat

Vor der Gesetzesänderung wurde der erste Aufsichtsrat lediglich bis zur ersten Hauptversammlung oder für maximal 20 Monate bestimmt. In der ersten Hauptversammlung mußte dann der Aufsichtsrat erneut für die reguläre Dauer von fünf Jahren gewählt. Während die Aktionärsvertreter durch Wiederwahl regelmäßig weiterhin im Aufsichtsrat vertreten waren, mußten die Arbeitnehmervertreter durch ein aufwendiges und kostspieliges Verfahren nach relativ kurzer Zeit erneut gewählt werden. Die Neuregelung des Aktiengesetzes (§ 31 Abs. 5 AktG) dehnt nunmehr die Amtszeit der ersten Arbeitnehmervertreter auf die reguläre Amtszeit von fünf Jahren aus.

## 6.1.7.2.7 Erleichterter Bezugsrechtsausschluß

Eine weitere Erleichterung des Aktiengesetzes, die alle Aktiengesellschaften beanspruchen können, ist der erleichterte Bezugsrechtsausschluß des § 186 Abs. 3 Satz 4 AktG, der im Rahmen von Kapitalerhöhungen von Bedeutung ist und in Abschnitt 6.4.2.4 noch ausführlich erläutert wird.

---

46 Vgl. Bösert 1994, S. 1426

### 6.1.7.2.8 Einzelverbriefung der Aktien

Durch die Satzung kann zudem der Anspruch auf Einzelverbriefung grundsätzlich ausgeschlossen werden. Dadurch werden die Kosten des Wertpapierdrucks eingespart (§ 10 Abs. 5 AktG). Diese Erleichterung ist insbesondere vor dem Hintergrund der 5 DM-Aktie bzw. der 1 Euro-Aktie und der Einführung der Stückaktie nicht unbedeutend.

Bei der Einführung der Deregulierungsmaßnahmen waren weder die Juristen noch die hiervon betroffenen Unternehmer von der *Kleinen AG* überzeugt:

„Die Kleine AG ist ein peinlicher Etikettenschwindel des Gesetzgebers" urteilte der Kölner Rechtsprofessor Manfred Lieb. Als zwei Jahre später erst 200 Mittelständler als *Kleine AG* registriert wurden, zur gleichen Zeit aber 600.000 Betriebe als GmbH firmierten, stellte die *Kleine AG* nach dieser Meinung keine brauchbare Alternative für den Mittelstand dar. Grund dafür sei das unhandliche und schwerfällige Aktienrecht.

Mittlerweile hat der Mittelstand die *Kleine AG* entdeckt. Denn diese vereint die Vorteile einer GmbH – unkomplizierte Gründungsprozedur und überschaubare Rechtsformkosten – mit denen einer großen Aktiengesellschaft – wie günstige Finanzierungsmöglichkeiten, Liquiditätsverbesserung, höhere Bonität und damit verstärkte Wettbewerbsfähigkeit besonders im internationalen Geschäft, kompetente Unternehmensleitung und flexible Nachfolgeregelung.

In der Form einer *Kleinen AG* kann das Unternehmen also die Vorzüge der Aktiengesellschaft bei geringeren Formvorschriften und damit niedrigeren Kosten der Rechtsform für seine Zukunftsentwicklung nutzen.

### 6.1.8 Allgemeine Vorbehalte gegenüber der Aktiengesellschaft als Rechtsform

#### 6.1.8.1 Publizitätspflichten

Die ablehnende Haltung vieler Unternehmen gegenüber der Aktiengesellschaft läßt sich mit den Veröffentlichungspflichten dieser Rechtsform begründen. Besonders mittelständische Unternehmen sind häufig bestrebt, ihre Ergebnis- und betriebswirtschaftlichen Kennzahlen nicht zu veröffentlichen. Das gilt nicht minder für die Veröffentlichungspraxis bei den Vereinen der

Fußball-Bundesligen, die erstens nur sehr spärliche Informationen der interessierten Öffentlichkeit zur Verfügung stellen und zweitens diese erst bei ausdrücklicher und hartnäckiger Anfrage auch nur teilweise aushändigen. Mit der Umwandlung in eine Aktiengesellschaft und einem anschließenden Börsengang wird nicht selten die Befürchtung verbunden, daß mit den umfangreicheren Publizitätspflichten, denen Aktiengesellschaften unterworfen sind, ein negativer Einfluß auf die Wettbewerbsfähigkeit des Unternehmens verbunden ist. Aktiengesellschaften, die an der Börse notiert sind, haben noch weitergehende Publizitätsanforderungen zu erfüllen und dementsprechend die damit verbundenen höheren Kosten zu tragen. Nicht publizitätsgewohnte Unternehmen sehen durch den Einblick in ihre Bilanzzahlen die Verhandlungspositionen mit Geschäftspartnern gefährdet, die Grundlage für höhere Lohnforderungen seitens der Arbeitnehmer geschaffen oder ihre Vorteile gegenüber der Konkurrenz schwinden.

Bei einem Börsengang finden grundsätzlich, unabhängig von der tatsächlichen Größenordnung, die Vorschriften für große Aktiengesellschaften Anwendung (§ 267 Abs. 3 (2) HGB). Wird eine Aktiengesellschaft zum Amtlichen Handel zugelassen, so hat sie einen Börsenzulassungsprospekt und bei einer Zulassung zum Geregelten Markt einen Unternehmensbericht zu erstellen. Im Amtlichen Handel ist darüber hinaus ein Zwischenbericht über die Geschäftsentwicklung in den ersten sechs Monate des Geschäftsjahres zu veröffentlichen (§ 53 BörsZulVO).[47]

Weitere Veröffentlichungspflichten ergeben sich aus der sog. Ad hoc-Publizität des Wertpapierhandelsgesetzes (WpHG). Danach müssen alle Ereignisse, die erheblichen Einfluß auf den Börsenkurs der Wertpapiere haben können, unverzüglich veröffentlicht werden (§ 15 WpHG). Neben diesem gesetzlich vorgegebenen Mindestrahmen der Publizität sind noch weitere öffentlichkeitswirksame Maßnahmen zu ergreifen, um den Erfolg der Aktien an der Börse zu gewährleisten und langfristig sichern zu können. Dabei ist der Aufbau von Investor Relations[48] von besonderer Bedeutung. Nur wenn bei einer breiten Anlegerschicht Aufmerksamkeit erregt und ein positives Image aufgebaut werden kann, läßt sich sowohl eine breite Streuung der Aktien als auch des Risikos erreichen.[49] Investor Relations-Maßnahmen sollen die Kommunikation zwischen Unternehmen und der Öffentlichkeit fördern und langfristig aufrechterhalten.

---

47  Vgl. dazu die Abschnitte 7.2.3.1 und 7.3.1.1
48  In Abschnitt 8.1.1.4 wird die Bedeutung von Investor Relations ausführlich erläutert.
49  Vgl. Ladwig/Motte 1996, S. 803

Diesen Vorbehalten gegenüber der Aktiengesellschaft von Seiten der Unternehmen ist entgegenzuhalten, daß die höheren Publizitätsanforderungen auch vorteilhafte Aspekte mit sich bringen. Die Veröffentlichung des Jahresabschlusses kann nicht nur positiv für die Gestaltung des Geschäftsberichts genutzt werden, sondern auch zur aktiven Kursbeeinflussung beitragen. Aus der gesetzlichen Publizitätspflicht kann so ein Instrument des Unternehmens- und Produktmarketing werden. Auch genießt eine börsennotierte Aktiengesellschaft im Geschäftsverkehr ein wesentlich höheres Standing als eine Personengesellschaft oder eine GmbH.

Beispielsweise sorgte neben der herausragenden Performance die aktive Öffentlichkeitsarbeit der MobilCom AG durch frühzeitige Veröffentlichung des Jahresabschlusses und zahlreiche Präsentationen bei Konferenzen für Unternehmenstransparenz und fand so auch im Börsenkurs ihren Niederschlag. Der Aktienkurs stieg bereits im ersten Jahr der Börsennotierung am Neuen Markt um ca. 200 %, von der Erstnotiz (März 1997) von DM 95 auf DM 270 (November 1997). Die Aktie wurde am 31. März 1999 mit Euro 243 (ca. DM 475) notiert und lag damit rund um 500 % über der Erstnotiz. Die Bewertung dieser nur schwer quantifizierbaren Einflüsse erfolgreicher Investor Relations-Maßnahmen ist schwierig. Zwar ist unbestritten, daß eine intensive Öffentlichkeitsarbeit zur Steigerung des Unternehmenswertes beiträgt; sie birgt aber auch die Gefahr überzogener oder nicht realisierbarer Erwartungen.[50]

Für die GmbH als der am meisten verbreiteten Rechtsform erweisen sich die Vorbehalte gegenüber den Publizitätspflichten der Aktiengesellschaft als gegenstandslos, denn seit Inkrafttreten des Bilanzrichtliniengesetzes im Jahr 1985 unterliegt die GmbH ohnehin den einheitlichen Rechnungslegungs-, Prüfungs- und Offenlegungsvorschriften für Kapitalgesellschaften.[51] Lediglich bei börsennotierten Aktiengesellschaften ergeben sich erhöhte Anforderungen, vorausgesetzt, es handelt sich bei der zu vergleichenden GmbH um eine kleine oder mittelgroße Kapitalgesellschaft. Eine große Kapitalgesellschaft hat bereits dieselben Publizitätspflichten zu erfüllen wie eine börsennotierte. Lediglich die GmbH & Co. KG genießt dahingehend Publizitätsprivilegien, da sie von der Veröffentlichung des Anhangs und des Lageberichts

---

50 Vgl. hierzu Ostermeier 1997, S. 31
51 Siehe dazu Abschn. 6.1.6

befreit ist. Doch im Rahmen der Harmonisierung des EU-Rechts soll die GmbH & Co.-Richtlinie der EU in deutsches Bilanzrecht umgesetzt werden.[52]

### 6.1.8.2 Organstruktur

Der Aufbau der Organstruktur in einer Aktiengesellschaft ist für viele umwandlungsbereite (Fußball-)Vereine erst einmal sehr ungewohnt. Die strukturelle Anpassung, die der Verein als Unternehmen durchlaufen muß, ist mit personellen Konsequenzen in der Führungsebene verbunden. Die gesetzlich verankerten Vorschriften bezüglich der Organstruktur einer Aktiengesellschaft stellen nach ersten Stellungnahmen der Vorstände und Präsidenten von Fußball-Bundesligavereinen in Deutschland eine nicht unerhebliche Hemmschwelle dar.

Ein vormals autark handelnder Vereinsvorstand oder Vereinspräsident würde dann als Vorstand einer Fußball-Aktiengesellschaft vom Aufsichtsrat kontrolliert und müßte nicht mehr nur den Vereinsmitgliedern, sondern danach in der Hauptversammlung den Aktionären Rede und Antwort stehen. Besonders die mit der Rechtsform der Aktiengesellschaft verbundenen Formvorschriften werden als Störfaktoren angesehen. Dazu zählen:

- Vorschriften bei der Einberufung und Durchführung der Hauptversammlung,
- Einladung und Protokollierung von Aufsichtsratssitzungen,
- Publizitätspflichten, wie das Abhalten von Bilanzpressekonferenzen und Unternehmenspräsentationen, sowie die
- Ad hoc-Publizität.

Häufig scheinen es aber andere – nicht ausdrücklich angesprochene – Vorbehalte gegen die Strukturen einer Aktiengesellschaft zu sein, die eine anfängliche Euphorie bei Teilen der Vereine der 1. Bundesliga zwischenzeitlich verdrängt haben. Die Aktiengesellschaft als neue Rechtsformgestaltung für den Profifußball in Deutschland macht nur dann einen Sinn, wenn sich die Vereine vorbehaltlos für eine gesellschaftsrechtliche und öffentliche Transparenz, Rechenschaftslegung, Kontrolle und Verantwortlichkeit im Sinne eines unternehmerischen Handelns öffnen. Sich öffnen heißt in diesem Sinne auch,

---

52 Vgl. EU-Richtlinie vom 08.11.1990, IDW-FN 1990, S. 381; diese war bis zum 31.12.1993 in deutsches Recht umzusetzen. Der überfällige Gesetzentwurf liegt zur Zeit immer noch nicht vor.

dem ökonomischen Prinzip der Vereinsführung (nunmehr: Unternehmensführung!) einen eindeutig höheren Stellenwert zukommen zu lassen. Während bislang in einem Verein die Gewinnerzielung verpönt war, weil Gewinne zu erzielen nicht dem vereinsrechtlichen Idealbild und Zielsystem entsprach, wird mit der neuen Rechtsform, insbesondere mit den damit verbundenen anderen Gesellschafterkreisen und -interessen als denjenigen der bisherigen Vereinsmitglieder, die Gewinnerzielung der entscheidende Erfolgsfaktor für anstehende Umwandlungsvorhaben sein.

Damit im Zusammenhang steht natürlich auch der neue Maßstab der Beurteilung der derzeitigen Organmitglieder (Präsidenten, Vorstände etc.) der Bundesligavereine, deren Leistungen zukünftig meßbar sein werden:

- einerseits in der Tabelle der Bundesliga und am Erreichen bzw. am Erfolg in den europäischen Cup-Wettbewerben sowie
- andererseits aber auch am wirtschaftlichen Erfolg (dem Gewinn oder Verlust) sowie den betriebswirtschaftlichen Kennziffern, resultierend aus den unternehmerischen Aktivitäten einer Fußball-Aktiengesellschaft.

Mit diesem neuen Maßstab wird das Management einer Fußball-Aktiengesellschaft nicht nur im Wettbewerb innerhalb der eigenen Branche, sondern – um Investoren langfristig als Aktionäre zu halten – auch in Konkurrenz zu den Renditen der kapitalsuchenden Unternehmen in allen anderen Branchen stehen. Insofern wird Professionalität und Erfolgsorientierung nicht nur auf dem Fußballfeld gefordert sein, sondern ebenso innerhalb aller Organstrukturen und Organisationsabläufe einer Fußball-Aktiengesellschaft.

Gerade der duale Aufbau einer Aktiengesellschaft durch die Trennung der Leitungs- und Kontrollfunktion wird vielfach als Beschneidung der Geschäftsführungskompetenz der Vorstände und als Mißtrauen gegenüber ihrer Geschäftsführungsfähigkeit angesehen.

In gewisser Weise wird die unternehmerische Autonomie auch durch die Kontrolle des Kapitalmarktes eingeschränkt, da sowohl die langfristige Unternehmenspolitik als auch die Geschäftsführung laufend vom Kapitalmarkt bewertet werden. Dieser Aspekt ist aber als wertneutral anzusehen, da der Erfolg einer Aktiengesellschaft an der Börse generell von der Zufriedenheit ihrer Kunden/Anleger und dem Image, d.h. also von einer externen Bewertung, abhängig ist.

Die Vorteile der Struktur einer AG lassen sich aus den Motiven ableiten; das gilt auch für Fußball-Aktiengesellschaften:

- Möglichkeit der Trennung von Gesellschafter (Eigentum) und Geschäftsführung (Management) – unter Wahrung des Einflusses der Alt-Gesellschafter (Mutterverein),
- Konfliktvermeidung im bisherigen Gesellschafterkreis,
- Attraktivität bei der Rekrutierung von externen Managern sowie
- Motivation des Managements und der Mitarbeiter durch Aktienoptionsmodelle und durch Ausgabe von Belegschaftsaktien.

### 6.1.8.3 Fremdeinfluß

Eng mit den Bedenken gegen die Organstruktur der AG verbunden ist die Befürchtung, daß diese Rechtsform „fremden" Personen automatisch eine große Einflußnahme auf das Unternehmen – welcher Branche auch immer – einräumt.

Mit der Umwandlung ihres Vereins in eine Fußball-Aktiengesellschaft sehen besonders die bisher maßgeblichen Gesellschafterkreise (hier: die Vereinsmitglieder; insbesondere aber die exponierteren, in den Vereinsorganen agierenden Mitglieder) ihre Führungspositionen schwinden. Diese Problematik hat natürlich grundsätzlich auch für die Organmitglieder eines Vereins Bedeutung, soweit diese Überlegungen über eine mögliche Neustrukturierung ihrer Fußball-Profiabteilung in Form einer Aktiengesellschaft anstellen. Von den an der bisherigen Vereinsführung aktiv beteiligten Vereinspräsidenten und Vorstandsmitgliedern wird die Stellung des in einer Hauptversammlung mit erweitertem Aktionärskreis gewählten Aufsichtsrates – ausgestattet mit dem Recht der Bestellung und Abberufung des Vorstandes, der Feststellung des Jahresabschlusses, den Zustimmungsvorbehalten für bestimmte Arten von Geschäften und zum Erlaß einer Geschäftsordnung für den Vorstand – als erhebliche Beschneidung der Befugnisse der derzeit das Vereinsleben bestimmenden Personen gesehen.

Solange der Mutterverein als Gesellschafter der Aktiengesellschaft dreiviertel des stimmberechtigten Grundkapitals hält, ist der Erwerb einer Sperrminorität durch Dritte nicht möglich. Bei Kapitalerhöhungen kann die Ausgabe von stimmrechtslosen Vorzugsaktien[53] vorgesehen werden, die zwar eine breite

---

53 Siehe dazu die Abschnitte 6.1.4.3.2 und 6.1.9.2

Streuung der Aktien ermöglichen, aber gleichzeitig einen zunehmenden Fremdeinfluß vermeiden hilft.[54]

Die Gefahr, daß es zu einem gezielten Aktienaufkauf „Dritter" kommt und die Aktiengesellschaft dem Mutterverein einfach „weggekauft" wird, ist theoretisch nicht von der Hand zu weisen. Allerdings wirken sich gezielte Aufkäufe durch Dritte in der Regel auf den Börsenkurs aus, so daß dem Verein bei deren Erkennen die Möglichkeit bleibt, sich mittels eines Pools am Aufkauf zu beteiligen.[55] Bei Fußball-Aktiengesellschaften steht der Mutterverein vor dem Problem der Einflußwahrung und der Gefahr der „feindlichen Übernahme" durch Konkurrenten, Sponsoren oder Medienunternehmen. Da 50 % + 1 Stimmrecht der zu emittierenden Aktien laut den DFB-Vorgaben vom Mutterverein gehalten werden müssen, wurde diesem Problem bereits Rechnung getragen.[56] Weiterhin haben auch Fußball-Aktiengesellschaften die Möglichkeit, die gleichen Vorkehrungen zu treffen wie andere Gesellschafterkreise von Aktiengesellschaften mit vergleichbaren Intentionen. Eine andere Möglichkeit besteht darin, einen Teil der Aktien als Namensaktien[57] oder gar als vinkulierte Namensaktien[58] zu emittieren und auf diese Weise genau zu kontrollieren, wer diese Aktien erwirbt. Der Mutterverein besitzt somit einige wirksame Instrumente, mittels derer er in der Lage ist, seinen Einfluß auf das Unternehmensgeschehen zu wahren.

Während für Vereine keine Pflicht der Arbeitnehmermitbestimmung besteht, ist der Aufsichtsrat einer Kapitalgesellschaft dagegen bereits ab einer Arbeitnehmerzahl von 500 Mitarbeitern zu einem Drittel bzw. bei einer Arbeitnehmerzahl von über 2.000 sogar voll paritätisch mitbestimmt.

### 6.1.8.4 Steuerbelastung

Ausschlaggebendes Argument gegen die Aktiengesellschaft ist die mit dieser Rechtsform verbundene höhere Steuerbelastung. Um die steuerlichen Unterschiede deutlich zu machen, wird zuerst die Besteuerung eines eingetragenen Vereins dargestellt, dann die einer Aktiengesellschaft.

---

54 Zu den Risiken siehe Abschn. 5.1.3.1.1
55 Vgl. zu diesem Kapitel Schümann/Körfgen 1997, S. 112; siehe auch Handelsblatt-Serie Going Public (8) vom 26.04.1999
56 Vgl. Abschn. 5.1.3.1.1
57 Siehe dazu Abschn. 6.1.4.2.2
58 Siehe dazu Abschn. 6.1.4.2.3

### *6.1.8.4.1 Steuerbelastung eines eingetragenen Vereins*

Alle rechtsfähigen Vereine unterliegen, wie auch nicht-rechtsfähige Vereine, als Körperschaft[59] der unbeschränkten Steuerpflicht, wenn sie ihren Sitz oder ihre Geschäftsleitung im Inland haben. Das bedeutet, daß Vereine sowohl Substanz- als auch Ertragsteuern entrichten müssen. Allerdings sind Vereine dann von der Körperschaft- und Gewerbesteuer befreit, wenn sie gemeinnützigen Zwecken dienen. Zu den gemeinnützigen, steuerbegünstigten Zwecken gehört auch die Förderung des Sports. Damit fallen alle Sport- und folglich auch Fußball-Vereine grundsätzlich unter diese Kategorie. Wenn sie jedoch einen wirtschaftlichen Geschäftsbetrieb unterhalten, sind Vereine insoweit körperschaft- und gewerbesteuerpflichtig.

Zunächst sind alle rechtsfähigen und nicht-rechtsfähigen Vereine körperschaftsteuerpflichtig (§ 1 Abs. 1 Nr. 4 und 5 KStG). Ebenso kann ein Verein als solcher gewerbesteuerpflichtig sein. So werden Einkünfte von Vereinen, die zur Buchführung verpflichtet sind, automatisch als Einkünfte aus Gewerbebetrieb eingestuft.

Die Einkünfte, die ein gemeinnütziger Verein erzielt, werden den folgenden vier Bereichen zugeordnet, die insoweit steuerlich unterschiedlich behandelt werden:

- gemeinnützig ideeller Bereich,
- wirtschaftlicher Geschäftsbetrieb,
- Vermögensverwaltung oder
- Zweckbetriebe.

Zu den Einkünften aus dem *gemeinnützig ideellen Bereich* zählen echte Mitgliedsbeiträge, Aufnahmegebühren, Spenden sowie Zuschüsse der öffentlichen Hand oder der Verbände. Für diesen Bereich gilt die Steuerbefreiung von der Körperschaft- und Gewerbeertragsteuer (§ 5 Abs. 1 Nr. 9 KStG; § 3 Nr. 6 GewStG), von Substanz- und Umsatzsteuern.[60] Auch Grund- und Erbschaftsteuer werden für diese Einkünfte nicht erhoben (§ 13 Nr. 16 b ErbStG).

Die Einkünfte, die dem *wirtschaftlichen Geschäftsbetrieb* zugeordnet werden, sind automatisch Einkünfte aus Gewerbebetrieb. Darunter ist jede selbständige und nachhaltige Tätigkeit zu verstehen, die über den Rahmen einer Vermögensverwaltung hinausgeht (§ 14 AO). Damit fällt also eine wirtschaftliche

---

59 Vgl. Brönner 1999, S. 789; Dötsch/Catellaens/Gottstein/Stegmüller/Zenthöfer 1995, S. 18f.; Reuber 1999, S. IV-XVI; Thiel/Eversberg 1990; Märkle 1992; Schleder 1993
60 Die Umsätze sind in diesem Bereich nicht steuerbar.

Betätigung, die hilft, die Satzungszwecke des Verein mittelbar zu erfüllen und nicht den Bereichen der Vermögensverwaltung und den Zweckbetrieben zugeordnet werden kann, in den Bereich des wirtschaftlichen Geschäftsbetriebs. Als Beispiele seien hier vor allem die Einkünfte eines Sportvereins aus Werbung, aus Vermarktung, aus der Lizenzspielerabteilung oder aus einer selbstbewirtschafteten Vereinsgaststätte, aber auch alle Einkünfte aus Veranstaltungen, die nur mittelbar mit dem Vereinszweck zusammenhängen, wie z.B. traditionelle Vereinsfeste, genannt. Für die Summe der Bruttoeinnahmen aller steuerpflichtigen wirtschaftlichen Geschäftsbetriebe zusammen gilt für die Körperschaft- und Gewerbesteuer eine Freigrenze von DM 60.000 sowie ein Freibetrag von jeweils DM 7.500 (§ 24 KStG; § 11 Abs. 1 Nr. 2 GewStG).

Zu den *Einkünften aus Vermögensverwaltung* sind alle Einkünfte aus Kapitalvermögen sowie Vermietung und Verpachtung zu zählen. Hierunter fallen beispielsweise verzinsliche Anlagen von Kapitalvermögen, die Vermietung von Sportanlagen (langfristig) und die Verpachtung einer Vereinsgaststätte. Die Einkünfte aus Vermögensverwaltung unterliegen aber nur dann der Steuerpflicht nach den §§ 20 und 21 EStG, wenn der Verein keine gemeinnützigen steuerbegünstigten Zwecke verfolgt oder ihm die Steuerbegünstigung aberkannt wurde. Im Fall einer Steuerpflicht können aber noch der Sparer-Freibetrag und der Werbungskostenpauschbetrag abgesetzt werden.

Unter *Zweckbetrieben* sind steuerbefreite wirtschaftliche Geschäftsbetriebe zu verstehen. Diese müssen allerdings die Voraussetzungen erfüllen, daß die wirtschaftliche Betätigung notwendig ist und unmittelbar hilft, die Satzungszwecke zu erfüllen (§ 65 AO). Es wird also eine unmittelbare Förderung der Allgemeinheit mit der Folge angenommen, daß die Zweckbetriebe dem eigentlichen ideellen Bereich weitgehend gleichgestellt sind, wie z.B. kulturelle Veranstaltungen ohne den Verkauf von Speisen und Getränken. Bezüglich der Körperschaft- und der Gewerbesteuer sind die Zweckbetriebe steuerbefreit (§ 5 Abs. 1 Nr. 9 KStG; § 3 Nr. 6 GewStG). Bei der Umsatzsteuer wird der ermäßigte Umsatzsteuersatz von 7 % zugrunde gelegt (§ 12 Abs. 2 Nr. 8a UStG).

Der Körpersteuersatz für nicht steuerbefreite Einkünfte des Vereins beträgt grundsätzlich 42 % (§ 23 Abs. 2 KStG). Das körperschaftsteuerliche Einkommen eines Vereins – auch eines gemeinnützigen Vereins – unterliegt jedoch dem normalen Körperschaftsteuersatz bei Thesaurierung von 45 %, wenn der Verein regelmäßig Gewinne ausschüttet; d.h. seine Mitgliedschaftsrechte einer kapitalmäßigen Beteiligung wirtschaftlich gleichstehen und deshalb die Ausschüttung bei den Empfängern (Mitgliedern) zu den Einnahmen aus

Kapitalvermögen im Sinne des § 20 Abs. 1 EStG gehören (§ 23 Abs. 2 KStG). Gewerbesteuerlich ergeben sich keine Besonderheiten.[61]

### 6.1.8.4.2 Steuerbelastung einer Aktiengesellschaft

Die Aktiengesellschaft ist als juristische Person unbeschränkt körperschaft- und gewerbesteuerpflichtig, soweit sich Sitz oder Geschäftsleitung bzw. der Gewerbebetrieb im Inland befinden (§ 1 Abs. 1 Nr. 1 KStG; § 2 GewStG). Die Tätigkeit einer Aktiengesellschaft gilt stets und im vollem Umfang als Gewerbebetrieb, d.h. eine AG ist ein Gewerbebetrieb kraft Rechtsform (§ 2 Abs. 2 GewStG).

Eine Umsatzsteuerpflicht besteht, sofern Lieferung und Leistung eines Unternehmers gegen Entgelt im Rahmen seines Unternehmens im Inland ausgeführt werden (§ 1 Abs. 1 Nr. 2 UStG). Unternehmer ist im Sinne des Gesetzes, wer eine gewerbliche oder berufliche Tätigkeit selbständig ausübt. Als gewerbliche Tätigkeit ist umsatzsteuerlich jede nachhaltige Tätigkeit zur Erzielung von Einnahmen zu klassifizieren, auch wenn die Gewinnerzielungsabsicht fehlt (§ 2 Abs. 1 UStG). Bei der Erhebung der Umsatzsteuer kann kein ermäßigter Umsatzsteuersatz geltend gemacht werden.

Das Körperschaft- und Gewerbesteuerrecht kennt für Aktiengesellschaften keine Freibeträge oder Freigrenzen. Die Basis für die Ermittlung des Einkommens einer Aktiengesellschaft stellt die Handelsbilanz dar. Bei der Gewinnermittlung müssen die Vorschriften des Einkommen- und des Körperschaftsteuergesetzes – besonders bezüglich der im Steuerentlastungsgesetz 1999/2000/2002 enthaltenen Veränderungen bei den steuerlichen Abzugs- und Bewertungsmöglichkeiten[62]– beachtet werden. Bis zum Veranlagungszeitraum 1998 wurden die thesaurierten Gewinne der Aktiengesellschaft mit 45 % besteuert; die ausgeschütteten Gewinne dagegen nur mit 30 %. Ab dem Veranlagungszeitraum 1999 wird der Steuersatz für die einbehaltenen Gewinne auf 40 % abgesenkt. Die Gewerbesteuer bemißt sich nach dem Gewerbeertrag, bei dessen Ermittlung die Veränderungen aufgrund der Hinzurechnungs- und Kürzungsvorschriften nach §§ 8 und 9 GewStG berücksichtigt werden müssen. Auf den Gewerbeertrag ist dann die Steuermeßzahl von 5 % anzuwenden (§11 Abs. 2 Nr. 2 GewStG). Der sich daraus ergebende Steuer-

---

61 Siehe dazu Abschn. 6.1.8.4.2
62 Vgl. zu den einzelnen Reformstufen des Steuerentlastungsgesetzes 1999/2000/2002: DStR-Aktuell – Steuerrecht – Heft 12/99 S. VI und VIII sowie FAZ vom 04.03.1999

meßbetrag ist dann mit dem Hebesatz der jeweiligen Gemeinde zu multiplizieren (§ 16 GewStG).

Bei den Substanzsteuern muß als Bemessungsgrundlage ein Unternehmenswert zugrunde gelegt werden. Bei nicht börsennotierten Aktiengesellschaften wird dieser Wert mit Hilfe des sog. *Stuttgarter Verfahrens* ermittelt. Dabei handelt es sich um eine Mischung aus Ertrags- und Substanzbewertung.[63] Ist die Aktiengesellschaft dagegen an der Börse notiert, bemessen sich die zu entrichtenden Substanzsteuern am Kurswert der Aktien. Dieser durch die Anleger nach anderen Kriterien bestimmte Wert liegt in aller Regel über dem sog. *gemeinen Wert* des Stuttgarter Verfahrens für nicht börsennotierte Gesellschaften.

Die Vermögensteuer wird seit dem 1. Januar 1997 aufgrund des Beschlusses des Bundesverfassungsgerichts vom 22. Juni 1995 wegen ihrer teilweisen Verfassungswidrigkeit nicht mehr erhoben.[64] Folglich bestehen zwischen Verein und Aktiengesellschaft in puncto Vermögensteuer keine Unterschiede mehr.

Der Aktionär als Anteilseigner einer Aktiengesellschaft muß seine Dividendeneinkünfte als Einkünfte aus Kapitalvermögen mit seinem persönlichen Einkommensteuersatz versteuern, der bis zu 53 % betragen kann.[65] Dabei wird die durch die Aktiengesellschaft gezahlte Körperschaftsteuer auf seine individuelle Steuerschuld angerechnet. Doch steuerfreie Einnahmen der Aktiengesellschaft, wie z.B. Investitionszulagen, bleiben nur auf der Unternehmensebene steuerfrei, solange die Gewinne thesauriert werden. Im Falle einer Ausschüttung müssen die Aktionäre diese – trotz des körperschaftsteuerlichen Anrechnungsverfahrens – mit ihrem persönlichen Einkommensteuersatz versteuern. Hinzu kommt noch die Kapitalertragsteuer, die von der Aktiengesellschaft bei Ausschüttung einbehalten wird. Allerdings hat der Aktionär die Möglichkeit, die Kapitalertragsteuer beim Finanzamt wieder gel-

---

[63] Vgl. zum Stuttgarter Verfahren: Gabler 1997, S. 3675f.
[64] Vgl. BGBl. I, S. 1191; BStBl. II, S. 655
[65] Vgl. § 32 a Abs. 1 Satz 2 Nr. 4 EStG sowie § 32 c Abs. 4 Satz 2 EStG; aufgrund des Steuerentlastungsgesetzes 1999/2000/2002 wurde der persönliche Eingangssteuersatz von 25,9 % auf 23,9 % abgesenkt. Geplant ist eine weitere Senkung im Jahr 2000 auf 22,9 % und im Jahr 2002 auf 19,9 %. Der Höchststeuersatz soll ebenfalls reduziert werden von 53 % auf 51 % im Jahr 2000 und zwei Jahre später auf 48,4 %.

tend zu machen.[66] Weiterhin muß der Aktienanleger die Spekulationsfrist beim Wiederverkauf seiner Aktien beachten. Die Frist für Veräußerungsgewinne bei Wertpapieren im Privatvermögen wurde von sechs Monaten auf ein Jahr verlängert (§ 23 Abs. 1 Nr. 2 EStG). Allerdings bleiben Gewinne aus Spekulationsgeschäften steuerfrei, wenn der aus diesen Geschäften erzielte Gesamtgewinn im Kalenderjahr weniger als DM 1.000 betragen hat (§ 23 Abs. 3 EStG).

### *6.1.8.4.3 Besteuerung eines Vereins mit ausgegliederter Fußball-Aktiengesellschaft*

Die Einkünfte der Fußball-Profiabteilung, die im Rahmen der Umwandlung ausgegliedert werden soll, fallen im Verein unter den Bereich *wirtschaftlicher Geschäftsbetrieb* und sind voll steuerpflichtig.[67] Allerdings wird dem Verein bei der anfallenden Körperschaft- und Gewerbeertragsteuer in diesem Bereich eine Freigrenze in Höhe von jährlich DM 60.000 sowie je ein Freibetrag von DM 7.500 gewährt. Ist aber eine Fußball-Aktiengesellschaft aus dem Verein ausgegliedert worden, können bei deren Einkünften keine Freigrenzen und -beträge geltend gemacht werden. Die Steuersätze der Körperschaft- und Gewerbeertragsteuer sind für diesen Bereich des wirtschaftlichen Geschäftsbetriebes für einen Fußball-Verein mit wirtschaftlichem Geschäftsbetrieb und eine Fußball-Aktiengesellschaft identisch.

Der Mutterverein verliert aufgrund seiner finanziellen Beteiligung an der Fußball-Aktiengesellschaft nicht die Gemeinnützigkeit. Doch müssen die steuerlichen Belastungen, die auf den Mutterverein durch diese Beteiligung zukommen, analysiert werden. Eine wesentliche – d.h. 10 % übersteigende – Beteiligung eines Vereins an einer Kapitalgesellschaft gehört grundsätzlich in den steuerfreien Bereich der Vermögensverwaltung. Allerdings ist eine Beteiligung des gemeinnützigen Muttervereins an einer Fußball-Kapitalgesellschaft in den steuerpflichtigen wirtschaftlichen Geschäftsbetrieb zuzuordnen, sofern eine wesentliche Beteiligung vorliegt und ein tatsächlicher und entscheidender Einfluß des Muttervereins auf die Geschäftsführung der Fußball-Kapitalgesellschaft möglich ist. Dies ist immer dann der Fall, wenn eine Personal-

---

66  Allerdings ist eine Anrechnung nur im Rahmen des Sparer-Freibetrags möglich, solange alle Einkünfte aus Kapitalvermögen eines Steuerpflichtigen DM 3.000 (bisher DM 6.000) nicht übersteigen (§ 20 Abs. 4 EStG). Für die darüber hinausgehenden Einkünfte müssen 25 % Kapitalertragsteuer entrichtet werden.
67  Vgl. Orth 1998, S. 68

union von Vereinsvorstand und Vorstand der Kapitalgesellschaft vorliegen oder ein aktives Eingreifen in die Geschäftsführung der Kapitalgesellschaft möglich ist.

Da die Statuten des DFB eine Mindestbeteiligung des Muttervereins von 50% plus 1 Stimmrecht als Voraussetzungen für eine DFB-satzungskonforme Ausgliederung der Profifußball-Abteilung in eine Kapitalgesellschaft fordern, ist als Folge daraus zwingend die Zuordnung der Beteiligung des Muttervereins an der Fußball-Aktiengesellschaft zum Bereich des wirtschaftlichen Geschäftsbetriebes. Selbst wenn die Voraussetzungen einer Betriebsaufspaltung[68] – d.h. eine sachliche Verflechtung durch Vermietung oder Verpachtung von Grundbesitz oder durch die Überlassung anderer wesentlicher Betriebsgrundlagen, z.B. aus der Überlassung von Werberechten – gegeben sind, fällt die Beteiligung an der Kapitalgesellschaft nicht in den steuerfreien Bereich der Vermögensverwaltung, sondern in den steuerpflichtigen Bereich des wirtschaftlichen Geschäftsbetriebes. Diese Zuordnung hat natürlich auch Auswirkungen auf die Zuordnung der Dividendenerträge. Die Dividendenerträge, die der Mutterverein aus seiner wesentlichen Beteiligung an der ausgegliederten Fußball-Aktiengesellschaft einnimmt, fallen folglich in den Bereich des wirtschaftlichen Geschäftsbetriebes. Dies hat zur Folge, daß im Zuge des Anrechnungsverfahrens dem steuerpflichtigen Bereich des Vereins die von der Fußball-Kapitalgesellschaft bereits entrichtete Körperschaftsteuer gutgeschrieben wird. Diese Anrechnung kommt auch bei der ebenso durch die Fußball-Aktiengesellschaft vorab entrichteten Kapitalertragsteuer zum Tragen. Für alle anderen Beteiligungen des Muttervereins an Kapitalgesellschaften, die dem steuerfreien Bereich der Vermögensverwaltung zugeordnet werden – beispielsweise Anlage des Kapitalvermögens in Aktien von mehreren Unternehmen ohne wesentliche Beteiligung – fallen die Dividendeneinkünfte entsprechend in den steuerfreien Bereich. In diesem Fall wird die Kapitalertragsteuer zurückerstattet; eine Anrechnung und Vergütung der bereits durch die Kapitalgesellschaften abgeführten Körperschaftsteuer wird insoweit jedoch versagt.

Bei einer Entscheidung für oder gegen eine Ausgliederung einer Fußball-Profiabteilung aus einem Verein in eine Fußball-Aktiengesellschaft bildet die steuerliche Belastung lediglich ein und zudem nicht besonders starkes Argument, da dieser Bereich als wirtschaftlicher Geschäftsbetrieb auch innerhalb des Vereins – bis auf die Freibeträge und -grenzen – voll körperschaft- und

---

68 Vgl. dazu Raupach 1998, S. 29 ff.

gewerbesteuerpflichtig ist. In Relation zu den betriebswirtschaftlichen und gesellschaftsrechtlichen Vorteilen, die mit der Ausgliederung und einem späteren Going Public verbunden sind, verliert die rein steuerliche Betrachtungsweise somit an Bedeutung.

Allerdings kann es bei der Ausgliederung der Lizenzspielerabteilung zu einer Verbreiterung der Bemessungsgrundlage bei der Fußball-Aktiengesellschaft im Verhältnis zum wirtschaftlichen Geschäftsbetrieb der Lizenzspielerabteilung kommen, da beispielsweise die Vermögensverwaltung der Fußball-Aktiengesellschaft im Gegensatz zu der des Verein voll steuerpflichtig ist.

### 6.1.8.5 Kosten der Rechtsform

Neben den gesetzlichen verankerten Vorschriften bezüglich der Organe einer Aktiengesellschaft, den drohenden Fremdeinflüssen sowie – allerdings stark eingeschränkt – den steuerlichen Folgen einer Ausgliederung in eine Fußball-Aktiengesellschaft stellen für die Vorstände und Präsidenten der Bundesligavereine vor allem die relativ hohen Kosten der Rechtsformumwandlung sowie die wesentlich höheren – rechtsformbedingten – laufenden Verwaltungskosten eine weitere Hemmschwelle dar.

#### *6.1.8.5.1 Umwandlungskosten*

Die Rechtsformumwandlung verursacht dem umwandlungsambitionierten Unternehmen/Verein durchweg hohe Kosten. Einerseits zählen dazu die Beratungskosten für Unternehmens-, Steuerberater und Anwälte sowie die Kosten für die Formalitäten (notarielle Beurkundung der Umwandlungsbeschlüsse, Gebühren für die Registereintragungen, usw.), andererseits müssen aber auch die Kosten für die Umstrukturierungsmaßnahmen im Verein und in der ausgegliederten Gesellschaft berücksichtigt werden.[69]

#### *6.1.8.5.2 Verwaltungskosten*

Während die Umwandlungskosten nur einmalig anfallen, müssen für die Verwaltung der neuen Rechtsform laufend höhere Kosten aufgebracht werden.

---

69  Vgl. Handelsblatt-Serie Going Public (15) vom 24.06.1999

- Die Buchführungs- und Jahresabschlußkosten erhöhen sich, da diese Arbeiten aufgrund der Komplexität der Rechtsform umfangreicher werden.
- Die Hauptversammlung muß vorbereitet, einberufen und abgehalten werden.
- Die Beschlüsse der Hauptversammlung bedürfen in der Regel notarieller Beurkundung.
- Unabhängige Wirtschaftsprüfer müssen zur gesetzlichen Jahresabschlußprüfung bestellt werden.

### 6.1.8.5.3 Kosten einer Aktienplazierung und der laufenden Notierung[70]

Für die Plazierung der Aktien an der Börse braucht die Aktiengesellschaft einen Emissionsbegleiter. Banken lassen sich ihre Dienstleistung mit einer Provision von ca. 4 % des Emissionsvolumens vergüten. Die mit der Zulassung zum Amtlichen Handel bzw. zum Geregelten Markt verbundenen Kosten belaufen sich für die Erstellung des Verkaufsprospekts bzw. Unternehmensberichts auf DM 80.000 bis DM 100.000, während die Kosten des Verkaufsangebotes bei ca. DM 20.000 bis DM 30.000 liegen. Daneben müssen noch Kosten für den Entwurf und den Druck der Wertpapiere berücksichtigt werden. Insgesamt betragen die Kosten der Börseneinführung ca. 6-8 % des Emissionsvolumens.[71]

Nach der Erstnotiz fallen im Rahmen der Kurspflege weiterhin Kosten für Öffentlichkeitsarbeit und Investor Relations an, die von der Größe und dem Bekanntheitsgrad des Unternehmens sowie von der Höhe des Emissionsvolumens abhängig sind. Diese Maßnahmen dienen der Kommunikation zwischen dem Unternehmen und den Aktionären und sollen den langfristigen Erfolg der Börseneinführung unterstützen.

### 6.1.8.5.4 Publizitäts- und Informationskosten[72]

Hierunter sollen alle Ausgaben verstanden werden, die aufgrund der gesetzlichen Publizitäts- und Offenlegungspflichten anfallen.

---

70 Siehe dazu auch die betreffenden Ausführungen in den Abschnitten 7.1, 7.2 und 7.4.5
71 Vgl. Handelsblatt-Serie Going Public (16) vom 08.07.1999
72 Siehe dazu auch Abschn. 8.1

Insbesondere sind dies Kosten[73] für:

- die Veröffentlichungspflicht des Jahresabschlusses und der Zwischenberichte,
- das Abhalten von Bilanzpressekonferenzen und Analystentreffen und für
- die Veröffentlichungen im Rahmen der Ad hoc-Publizität

Aus Sicht eines Vereins erreichen all diese Kosten, die bei der Umwandlung und beim Börsengang anfallen, eine erhebliche Größenordnung. Dem stehen allerdings die mit einem erfolgreichen Going Public verbundenen Kapitalzuflüsse gegenüber. Der Kostenfaktor stellt somit ein wichtiges Kriterium bei der Entscheidung zur Umwandlung, weniger jedoch für ein erfolgreiches Going Public dar.

### 6.1.9 Zielorientierte Gestaltungsmöglichkeiten der Aktiengesellschaft

Nachdem die Entscheidung für die Umwandlung in die Rechtsform der Aktiengesellschaft gefallen ist, müssen die Altgesellschafter frühzeitig klären, wie ihr Einfluß gewahrt werden soll. Ebenso wie die Familie eines mittelständischen Unternehmens bestrebt ist, beim Börsengang ihren Einfluß als Altgesellschafter auf die Unternehmensleitung zu bewahren, will und muß der eingetragene Mutterverein seine Entscheidungsgewalt über die ausgegliederte Fußball-Aktiengesellschaft auch bei einem sich anschließenden Going Public sichern. Die Ausgestaltungsmöglichkeiten der Satzung, die sich Familienunternehmen mit Börsenambitionen und dem Ziel der Einflußwahrung bieten, können daher auch von Fußballvereinen herangezogen werden.[74]

#### 6.1.9.1 Aktienpool und Holdingstruktur

Hat der Mutterverein die Entscheidung getroffen, seine Fußball-Profiabteilung auszugliedern und in die Rechtsform der Aktiengesellschaft umzuwandeln, muß er frühzeitig klären, wie sein Einfluß gewahrt werden soll. Über die Vorgaben des DFB hinausgehend sind Poolverträge[75] ein beliebtes Mittel, Gruppeninteressen durchzusetzen. Die Gruppe kann so mit einer Stimme nach

---

73 Vgl. Handelsblatt-Serie Going Public (16) vom 08.07.1999
74 Vgl. dazu Zacharias 1998, S. 57 ff.
75 Vgl. Handelsblatt-Serie Going Public (8) vom 26.04.1999

außen auftreten. Denn einerseits besteht die Möglichkeit, den Mutterverein selbst und sog. wichtige Vereinsmitglieder, die gleichzeitig Aktionäre mit Organfunktionen in der Fußball-Aktiengesellschaft sein können, mittels rein schuldrechtlicher Stimmbindungsverträge zur gleichgerichteten Stimmabgabe zu veranlassen. Andererseits kann durch einen Poolvertrag ein einzelner – z.B. der Vorstand des Muttervereins – zur Stimmabgabe für die gesamten Mitglieder-Aktionäre bestimmt werden. In beiden Fällen kann allerdings eine einheitliche Stimmabgabe nicht in jedem Fall garantiert werden.[76] Denn bei schuldrechtlichen Stimmbindungsverträgen kann die – trotz bestehender Vertragsstrafen – abweichende Stimmabgabe nur begrenzt eingeklagt werden, da die nicht weisungskonforme Stimmabgabe aktienrechtlich gültig ist. Ebenso kann bei der Einräumung einer Vollmacht durch Poolverträge im Zweifel kein Aktionär daran gehindert werden, trotz anders lautender Vereinbarungen seine Stimme selbst anzugeben.

Die Zusammensetzung der Mitglieder eines Aktienpools kann sehr vielschichtig sein – von dem Mutterverein über nahestehende Organ- und Vereinsmitglieder bis hin zu Sponsoren und Werbepartner der Fußball-Aktiengesellschaft selbst. Daneben sind auch noch sog. gemischte Pools vorstellbar, in denen sich über reine Vereinsmitglieder hinaus Mitarbeiter und Angestellte oder Gleichgesinnte zusammenfinden. Im Rahmen eines Aktionärs- bzw. Unternehmerpools schließen sich untereinander nicht weiter verbundene Gruppen von Aktionären mit dem Ziel zusammen, gemeinsame unternehmerische Interessen zu vertreten.[77]

Ziel der Poolverträge, die auch Schutzgemeinschaftsverträge genannt werden, ist die Wahrung eines vereinsnahen Charakters des Unternehmens Fußball-Aktiengesellschaft. Dies soll zum einen durch die Sicherung der einheitlichen Abstimmung in der Hauptversammlung und zum anderen durch die Sicherung des Zusammenhalts der Stammaktien in dem Mutterverein erreicht werden. Die Aktienpoolung kann denkbar nur einen kleinen Teil der Aktien umfassen, aber auch bis hin zu einer mehr als 75 %igen Mehrheit des Grundkapitals reichen. Für die meisten Beschlüsse der Hauptversammlung genügt bereits die einfache Stimmenmehrheit. Hinsichtlich der Ausgestaltung des Poolvertrages besteht großer Gestaltungsspielraum, der entsprechend der individuellen Interessen genutzt werden kann. Um eine langfristige Sicherung des angestrebten Einflusses zu bewirken, sollten Stimmrechtsbindungsverträge mit langer Laufzeit abgeschlossen und die einheitliche Abstimmung durch

---

76 Vgl. zu diesem Absatz Bergheim/Traub 1993, S. 1264 f.
77 Vgl. Hopt 1997, S. 2

Sperrdepots gesichert werden. Eine Steigerung der Bindung kann durch Poolverträge mit Gesamthandseigentum erzielt werden, bei der die in dem Mutterverein und seinen Poolmitgliedern gehaltenen Aktien gesamthänderisch gebunden sind. Die stärkste Bindung ergibt sich jedoch durch Einbringung der gepoolten Aktien in eine Holding, die in Rechtsform der OHG, KG, GmbH & Co. KG, GmbH, AG oder auch Stiftung geführt werden kann.[78]

Da nach den Vorschriften des DFB der „Mutterverein" 50% des stimmberechtigten Grundkapitals plus 1 Stimme halten muß, hat der Verein in der Hauptversammlung die einfache Mehrheit sicher.[79] Mit Hilfe von entsprechenden Poolverträgen könnte zudem eine ¾-Mehrheit zustande kommen.

### 6.1.9.2 Wahl der Aktien

Eine weitere Möglichkeit der Einflußwahrung des Muttervereins auf das ausgegliederte Fußball-Unternehmen bietet die Ausgabe von stimmrechtslosen Vorzugsaktien. Damit können Veränderungen der Mehrheitsverhältnisse in der Hauptversammlung vermieden werden. Der Gesamtnennbetrag der ausgegebenen Vorzugsaktien darf jedoch den Gesamtnennbetrag der übrigen Aktien nicht überschreiten, d.h. die Ausgabe von Vorzugsaktien darf maximal im Verhältnis 1:1 zu den Stammaktien erfolgen (§139 Abs. 2 AktG). Wird dieses Wahlrecht bis zur Grenze ausgereizt, kann die Mehrheit in der Hauptversammlung in wirtschaftlich schlechten Zeiten verlorengehen, wenn die Stimmrechte wieder aufleben. Diese Situation tritt immer dann ein, wenn an zwei aufeinanderfolgenden Stichtagen die Vorzüge nicht voll bedient wurden.[80]

Im Falle langfristig interessierter Aktionäre kann die Ausgabe von vinkulierten Namensaktien sinnvoll sein. Die deutschen Börsen sind auf diese Form der Aktien allerdings nicht eingerichtet und lassen diese nur sehr zögerlich zu. Zudem ist eine Zusicherung erforderlich, daß die Zustimmung zu der Übertragung von Aktien routinemäßig erteilt wird[81].

---

78 Vgl. Schürmann/Körfgen 1997, S. 215
79 Siehe dazu Abschn. 5.1.3.1.1
80 Siehe dazu die Abschnitte 6.1.4.3.2 und 6.1.8.3
81 Vgl. von Schenk 1996, S. 98

### 6.1.9.3 Satzungsgestaltung

Durch die Ausgestaltung der Satzung läßt sich ebenfalls ein Großteil des Einflusses auf die Fußball-Aktiengesellschaft wahren. So kann in der Satzung ein Entsendungsrecht für Aufsichtsratsmitglieder vorgesehen werden, das jedoch auf höchstens ein Drittel der Mitglieder beschränkt ist (§ 101 Abs. 2 AktG). Zugleich kann dem Aufsichtsrat durch den Zusatz, daß bestimmte Geschäfte einer gesonderten Zustimmung seinerseits bedürfen, eine stärkere Stellung eingeräumt werden. In der Satzung ist zudem die Art der Aktiengattungen festzulegen, so daß auf diese Weise den Interessen des Muttervereins Rechnung getragen werden kann.

Vom Mutterverein zu prüfende Aspekte bei der Satzungsfestlegung:

- Einberufung und Abwicklung der Hauptversammlung,
- Festlegung der Mehrheiten für Hauptversammlungsbeschlüsse im Rahmen des gesetzlichen Spielraumes,
- Satzungsvorbehalte und Ermächtigungen, die Sonderabstimmungen erübrigen,
- Bildung von freien Rücklagen im Zusammenhang mit der Bilanzfeststellung,
- Regelungen über die Gewinnverteilung und
- Regelungen für Vorstand und Aufsichtsrat einschließlich Geschäftsordnung.

### 6.1.9.4 Streuung der Aktien

Eine unerwünschte Einflußnahme unternehmensexterner Großaktionäre bzw. Paketkäufer kann die emittierende Fußball-Aktiengesellschaft durch eine breite Streuung der auszugebenden Aktien verhindern, soweit diese nicht vom Mutterverein gehalten werden. Die Grundlage hierfür bietet die durch das Gesetz für Kleine Aktiengesellschaften und zur Deregulierung des Aktienrechts eingeführte 5 DM-Aktie bzw. 1 Euro-Aktie. Durch den geringen Ausgabebetrag wird in großem Maße auch bei kleinen und privaten Anlegern – insbesondere bei potentiellen Fan-Aktionären einer Fußball AG – Interesse geweckt. Privatanleger kaufen meist kleinere Aktienpotentiale und haben selten Interesse an einer Mitgestaltung der Unternehmenspolitik oder an der Geschäftsführung bei einer Fußball-Aktiengesellschaft.

## 6.1.10 Beurteilung der Aktiengesellschaft als mögliche Rechtsform für eine Fußball-Kapitalgesellschaft

Die Rechtsform der Aktiengesellschaft zeichnet sich – z.B. in Relation zu der ebenfalls börsenfähigen Rechtsform der Kommanditgesellschaft auf Aktien[82] – insbesondere dadurch aus, daß sie die in praxi absolut häufigste Rechtsform bei den börsennotierten Gesellschaften in Deutschland und auch international mit einer gegenüber den anderen Rechtsformen in Deutschland überragenden Bekanntheit ausgestattet ist. Daher ist die Aktiengesellschaft per se geeignet, als relevante Rechtsform zur Gestaltung einer börsenfähigen Fußball-Kapitalgesellschaft herangezogen zu werden. Dies sieht auch der DFB so, der die Aktiengesellschaft als eine der „denkbaren Rechtsformen" bezeichnet.[83]

### 6.1.10.1 Vorteile der Rechtsform der Fußball-Aktiengesellschaft

Die Rechtsform der Aktiengesellschaft weist gegenüber den anderen vom DFB für Fußball-Kapitalgesellschaften zugelassene Rechtsformen eine Reihe von Vorteilen auf.

#### *6.1.10.1.1 Fungibilität der Gesellschaftsanteile*

Im Vergleich zur GmbH – und mehr noch gegenüber den verschiedenen Formen der hier nicht in Frage kommenden Personenhandelsgesellschaften – weist die Aktiengesellschaft den Vorteil auf, daß sie den Zugang zum organisierten Kapitalmarkt, eben zur Börse, in idealer Weise eröffnet. Anders als bei der Aktie ist die Verkehrsfähigkeit der Gesellschaftsanteile einer GmbH stark eingeschränkt, da ihre Übertragung gemäß § 15 Abs. 2 GmbHG der notariellen Beurkundung bedarf. Die Fungibilität des Mitgliedschaftsrechtes an einer Fußball-Kapitalgesellschaft – insbesondere auch als Bedingung der Börsenfähigkeit – ist somit wesentliche Voraussetzung dafür, daß sich die Fußball-Kapitalgesellschaft erfolgreich am Kapitalmarkt refinanzieren kann. Diese Fungibilität gewährleistet die Aktie als Verbriefung der Mitgliedschaftsrechte des Aktionärs als Gesellschafter der Aktiengesellschaft.[84]

---

82  Siehe dazu den nachfolgenden Abschnitt 6.2
83  Siehe dazu Abschn. 5.1.2.1
84  Vgl. Hopt 1991, S. 778 und 780 f.

### 6.1.10.1.2 Wirksamer Haftungsausschluß des Muttervereins

Gegenüber anderen, insbesondere der Gruppe der Personenhandelsgesellschaften zuzuordnenden Gesellschaftsformen besteht der Vorteil zugunsten der AG, die persönliche und unbeschränkte Haftung der Aktionäre als Gesellschafter der AG auszuschließen. Dies zählt grundsätzlich auch als Vorteil im Verhältnis zur Rechtsform der Kommanditgesellschaft auf Aktien, was allerdings durch die jüngst geänderte Rechtsprechung zur GmbH- oder AG & Co. KGaA[85] geändert wurde. Bezogen auf den hier hauptsächlich interessierenden Rechtsformvergleich zwischen der AG und der KGaA[86] ergibt sich in der Haftungsfrage bei der Ausgestaltung der KGaA als GmbH- oder AG & Co. KGaA für den Mutterverein und seine Mitglieder kein grundlegender, rechtsformabhängiger Unterschied mehr. Sowohl in der AG als auch in den beiden Gesellschaftsformen der GmbH- oder AG & Co. KGaA kann somit die Haftung auf das Vermögen der Kapitalgesellschaften (AG einerseits sowie KGaA und Komplementärgesellschaften andererseits) beschränkt werden.

### 6.1.10.2 Spezielle Nachteile der Rechtsform der Fußball-Aktiengesellschaft

Neben den allgemein bezüglich der Rechtsform der Aktiengesellschaft bestehenden Vorbehalten[87] ergeben sich weitere, speziell die Fußball-Aktiengesellschaft in Deutschland gemäß den Vorgaben des DFB betreffende Nachteile.

#### 6.1.10.2.1 Eingeschränkte Flexibilität als Folge gesetzlich vorgegebener Satzungsstrenge

Neben den Vorteilen, die die Rechtsform der Aktiengesellschaft aufweist, ist sie andererseits mit „mannigfachen Nachteilen befrachtet"[88], da die dem deutschen Aktienrecht immanente Satzungsstrenge[89] einem strikten Regelungssatz folgt. „Die berechtigten Schutzbelange interner Minoritäten und externer Gläubiger werden nicht – wie etwa in den USA – dem Kapitalmarkt

---

85 Vgl. dazu Abschn. 6.2.2
86 Vgl. auch Abschn. 6.2.3
87 Siehe dazu Abschn. 6.1.8
88 Vgl. Wagner 1999, S. 475
89 Vgl. Spindler 1998, S. 53 und 55 ff.

und einer dessen Funktionieren überwachenden Aufsichtsbehörde anvertraut, sondern den zahlreichen zwingenden Bestimmungen des Aktiengesetzes".[90] So kommt nach § 23 Abs. 5 AktG eine privatautonome Abweichung von den Einzelvorschriften des Aktiengesetzes – anders als bei der Rechtsform der KGaA – nur in Betracht, „wenn es ausdrücklich zugelassen ist". Damit wird das Aktienrecht und folglich die Rechtsform Aktiengesellschaft in einer Reihe von Punkten den Interessen der an einer Ausgliederung ihrer Profiabteilungen in Fußball-Kapitalgesellschaften interessierten Fußballvereinen nicht gerecht. Dies wird deutlich bei der gesetzlichen Ausgestaltung der Verwaltungs- und Vermögensrechte bei einer Aktiengesellschaft.

*6.1.10.2.1.1 Die enge gesetzliche Ausgestaltung der Verwaltungsrechte und ihre Wirkungen auf die Einbindung von Sponsoren sowie bei drohenden feindlichen Übernahmen*

Bei einer Reihe von Bundesliga-Vereinen besteht – vor dem Hintergrund der erkennbar beabsichtigten rechtlichen Verselbständigung ihrer Profiabteilungen in eigenständige Kapitalgesellschaften – die Vorstellung, den in die Finanzierung der Profiabteilungen eingebundenen Sponsoren formelle Beteiligungsrechte und Entscheidungskompetenzen einzuräumen.[91] Andererseits muß aus Sicht der Muttervereine verhindert werden, daß eine aus der Abspaltung der Profiabteilung vom Mutterverein entstehende Fußball-Aktiengesellschaft nicht im Wege einer feindlichen Übernahme in den Einflußbereich eines anderen Großaktionärs (als dem Mutterverein) gelangt, sei es unter den Einfluß eines anderen konkurrierenden Vereins bzw. einer anderen Fußball-Kapitalgesellschaft oder – wie zur Zeit häufig zu beobachten – in die Hände finanzstarker Medienkonzerne.

Wie groß die Gefahr (oder möglicherweise – je nach Sichtweise – die Chance) insbesondere der konzentrierten Einflußnahme durch eine feindliche Übernahme ist, zeigt das Beispiel von Manchester United, das von dem Medienunternehmer Rupert Murdoch für den Preis von DM 1,8 Mrd. übernom-

---

90 Vgl. Wagner 1999, S. 475
91 Die UFA Sports GmbH, eine Tochtergesellschaft im Bertelsmann-Konzern, ist zur Zeit mit mehreren Vereinen der 1. und 2. Fußball-Bundesligen verbunden (u.a. Hertha BSC Berlin und Hamburger SV). Je ein Vertreter des Konzerns gehört aktuell dem Vorstand des Hamburger SV bzw. dem Aufsichtsrat von Hertha BSC Berlin an – ein zukünftig nach neuerem DFB-Recht nicht mehr zulässiges Mitwirken finanzstarker Sponsoren und Investoren; vgl. auch FAZ vom 11.01.1999, S. 43, und Abschn. 5.1.3.2

men worden wäre, wenn nicht der britische Handels- und Industrieminister eine Untersagung vorgenommen hätte.[92]

Erfolgreicher aus Sicht der übernehmenden Unternehmen waren die Übernahme der französischen Spitzenclubs Olympique Marseille durch adidas[93] und Paris St. Germain durch den Fernsehsender Canal Plus.[94] Diese gegensätzlichen Positionen und die daraus resultierenden Risiken aus der Sicht der Muttervereine, aber auch der ausgegliederten Fußball-Aktiengesellschaft zeigen die Grenzen einer aktienrechtskonformen Ausgestaltung der Verwaltungsrechte bei einer Fußball-Aktiengesellschaft auf.

Die Gefahren einer feindlichen Übernahme unter offener oder verdeckter Federführung anderer Unternehmen (z.B. aus der Medienbranche oder gar durch andere nationale oder internationale Wettbewerber, also Fußballvereine und/ oder -Kapitalgesellschaften), die mit den Interessen des Muttervereins nicht kompatibel sind, werden auch nicht durch die Regelungen des Aktienrechts zur Bestellung bzw. Abberufung des Vorstandes als Geschäftsführungs- und Vertretungsorgan einer Fußball-Aktiengesellschaft verhindert. Zwar wird der Vorstand einer Aktiengesellschaft gemäß § 84 Abs. 1 AktG vom Aufsichtsrat und nicht unmittelbar durch die Aktionäre bestellt. Muttervereinsexterne Aktionäre können jedoch mittelbar Einfluß auf die Zusammensetzung des Vorstandes der Fußball-Aktiengesellschaft nehmen, da die Mitglieder des Aufsichtsrates ihrerseits gemäß § 101 Abs. 1 AktG von der Hauptversammlung – und damit bei entsprechenden Mehrheitsverhältnissen zugunsten vereinsexterner Aktionäre, wie beispielsweise bei einer börsennotierten Fußball-Aktiengesellschaft – gewählt werden. Gerade im Falle einer durch die Muttervereine intendierten Kapitalisierung der Fußball-Aktiengesellschaften über die Börse führt dies bei den bekannt schlechten Vermögensverhältnissen in den deutschen Bundesligavereinen nahezu zwingend zu einem Verlust der Mehrheit der Muttervereine in den Hauptversammlungen ihrer Fußball-Töchter. Dies liefe stringent darauf hinaus, daß die Muttervereine sehr schnell die Kontrolle über ihre rechtlich verselbständigten Lizenzspielerabteilungen verlieren würden. Das „Angebot des Aktiengesetzes" an die Muttervereine, dieses Problem durch die Ausgabe von stimmrechtslosen Vorzugsaktien[95] zu lösen, scheidet für einen kapitalsuchenden – gleichzeitig aber kapital-

---

92 Vgl. FAZ vom 05.10.1998, S.43; vom 17.02.1999, S. 43; vom 12.04.1999, S. 23 und 43, sowie Abschn. 2.3.1.1
93 Vgl. dazu Abschn. 2.10.1 und TIME vom 30.11.1998, S. 55
94 Vgl. dazu Abschn. 2.10.2 und TIME vom 30.11.1998, S. 55
95 Siehe die Abschnitte 6.1.4.3.2, 6.1.8.3 und 6.1.9.2

schwachen Bundesligaverein mit Börsenambitionen – per se aus; denn die Ausgabe von Vorzugsaktien kann allenfalls bis zur Hälfte des stimmberechtigten Grundkapitals der Fußball-Aktiengesellschaft, das der Mutterverein zeichnen müßte, erfolgen, was in der Regel eine zielwidrige Begrenzung der Börsenkapitalisierung zur Folge hätte. Als weitaus problematischer erweist sich hier die Regelung des § 140 Abs. 2 AktG, wonach der Stimmrechtsausschluß bei Vorzugsaktien für vereinsexterne Aktionäre aufgehoben wird, wenn und soweit die Fußball-Aktiengesellschaft die den Vorzugsaktionären zugeordnete (höhere) Vorzugsdividende binnen zweier aufeinanderfolgender Jahre nicht oder nicht in vollem Umfang auszahlen kann.[96]

Aus all diesen Gründen hat der DFB vorgegeben, daß der Mutterverein zu jeder Zeit 50 % plus 1 Stimmrecht, und damit immer die einfache Mehrheit der Stimmrechte zu halten hat.[97] Darüber hinaus wird der Mutterverein verpflichtet, bei Veräußerung von 49 % der Aktien an vereinsexterne Aktionäre „hinreichend Ertragsvolumen zu schaffen, um spätere Kapitalerhöhungen finanzieren zu können".[98] Solange diese Regelungen durch den DFB nicht aufgeweicht werden, wird es für die Masse der Fußball-Bundesligavereine mit Börsenambitionen uninteressant bleiben, ihre Lizenzspielerabteilungen in der Rechtsform der Aktiengesellschaft auszugliedern; denn ihre in der Regel geringe Eigenkapitalausstattung limitiert die angestrebte Börsenkapitalisierung. Allein Fußball-Bundesligavereine mit einem hohen Netto-Vereinsvermögen und der Möglichkeit, dieses als Sachkapitalausstattung in die auszugliedernde Fußball-Aktiengesellschaft eigenkapitalbildend einzubringen, haben eine realistische Möglichkeit, die durchaus bestehenden Vorzüge der Rechtsform Aktiengesellschaft zu nutzen.

Will ein Mutterverein – unter der Voraussetzung eines angestrebten Going Public mit volumenmäßig erheblicher Börsenkapitalisierung – seine Lizenzspielerabteilung in eine Fußball-Kapitalgesellschaft überführen, aber die Gefahr einer feindlichen Übernahme ausschließen, dann verbietet sich wiederum die Rechtsform der Aktiengesellschaft. In diesem Fall sollten sich die Verantwortlichen des ausgliederungswilligen Vereins mit der Rechtsform der

---

96 Die Gesamtproblematik beschreibt *Wagner* sehr prägnant wie folgt: „*Die 'Abseitsfalle' des Aktienrechts für die Fußballvereine besteht in der (mittelbaren) Herrschaft der Aktionäre über die Geschäftsführung, die sich im strikten Rahmen des Aktienrechts nicht korrigieren läßt.*" Wagner 1999, S. 477
97 Siehe Abschn. 5.1.3.1
98 Siehe Abschn. 5.1.4.7; zu dieser Grenzziehung kritisch: Habersack 1998, S. 47; vgl. auch Heermann 1998, S. 1249 und 1256

Kommanditgesellschaft auf Aktien auseinandersetzen, die diese Probleme lösen hilft.[99]

*6.1.10.2.1.2 Geringe Flexibilität bei der Ausübung der Vermögensrechte*

Im Hinblick auf die Vermögensrechte hat ein ausgliedernder Mutterverein wohl überwiegend das Interesse an einer maximalen Reinvestition erwirtschafteter Finanzüberschüsse bei gleichzeitiger Thesaurierung angefallener Gewinne. Dies ergibt sich aus Sicht des Muttervereins allein aus seinem Status als gemeinnützige Einrichtung, bei der die Gewinnerzielung nicht im Vordergrund stehen darf. Eine insoweit für die Umsetzung dieser Politik erforderliche völlige Dispositionsfreiheit über den Gewinnverwendungsbeschluß der Organe einer Fußball-Aktiengesellschaft verhindert aber bereits § 58 AktG, wonach durch den Vorstand lediglich maximal 50 % eines Jahresüberschusses in die Anderen Gewinnrücklagen eingestellt, d.h. thesauriert werden dürfen. Darüber hinaus kann eine (weitergehende) Gewinnthesaurierung nur mit ausdrücklicher Zustimmung der Hauptversammlung erfolgen, wobei wiederum Minderheitsrechte zu beachten sind. Sollte eine Satzungsregelung erwogen werden, wonach Vorstand und Aufsichtsrat zur Einstellung eines größeren Teils (als des hälftigen Jahresüberschusses) befugt werden sollen, so wird dies wiederum gesetzlich insoweit beschränkt als die Anderen Gewinnrücklagen die Hälfte des Grundkapitals übersteigen würden (§ 58 Abs. 2 AktG).

Gerade im Falle eines durch den Mutterverein vorgesehenen Going Public seiner ausgegliederten Tochtergesellschaft stehen sich damit offensichtlich widerstreitende Interessen des Muttervereins (Gewinnthesaurierung) einerseits und der Gruppe externer Aktionäre mit vorwiegenden Kapitalinteressen, insbesondere auf Ausschüttung von Dividenden (Gewinnausschüttung), andererseits gegenüber.

## 6.2 Die Merkmale anderer börsenfähiger Rechtsformen

Neben der Aktiengesellschaft stellt das Aktienrecht den Vereinen der Bundesligen noch eine zweite börsenfähige Rechtsform zur Verfügung:
die Kommanditgesellschaft auf Aktien – kurz KGaA.

---

[99] Siehe Abschn. 6.2.

## 6.2.1 Die Kommanditgesellschaft auf Aktien als Alternative zur Fußball-Aktiengesellschaft

Ob die KGaA als Alternative zur Aktiengesellschaft für die Vereine der Bundesligen in Frage kommt, wurde jüngst durch Wagner, Siebold/Wichert, Hartel und Raupach untersucht.[100] Hinsichtlich der Geeignetheit kommen die Verfasser teils zu positiven (Wagner, Hartel, Siebold/Wichert) und teils zu negativen (Raupach) Einschätzungen. Nachfolgend werden die gesellschaftsrechtlichen Grundlagen und die sich daraus ableitenden Möglichkeiten der Gestaltung einer börsenfähigen Fußball-Kapitalgesellschaft in der Rechtsform einer KGaA herausgearbeitet.[101] Es wird sich zeigen, daß diese Rechtsform – insbesondere vor dem Hintergrund der DFB-Satzungsvorgaben, aber auch im Hinblick auf die sportpolitischen Besonderheiten der Fußball-Bundesligen in Deutschland – die möglicherweise flexibelste und am besten geeignete rechtliche Gestaltungsalternative darstellt.

### 6.2.1.1 Gesellschaftsrechtliche Grundlagen einer KGaA

Vor dem Hintergrund der Vorbehalte gegenüber der Aktiengesellschaft[102] ist es nicht verwunderlich, daß sich sowohl die Betriebswirtschaftslehre als auch die Rechtsprechung schon früh mit alternativen börsenfähigen Rechtsformen beschäftigt haben. In den 80er Jahren galt das Interesse primär der Wahrung des Einflusses der (Alt-)Gesellschafter auf die Gesellschaft im Zuge eines Börsenganges. Die Stellung des Komplementärs bzw. des persönlich haftenden Gesellschafters (phG) einer Kommanditgesellschaft auf Aktien (KGaA) bot dabei weitgehend diese Möglichkeit. In den letzten Jahren traten immer mehr substanz- und ertragsteuerliche Aspekte in den Vordergrund – und auch hier versprach die KGaA Vorteile.

Bei der Rechtsform der KGaA handelt es sich um eine Gesellschaft mit eigener Rechtspersönlichkeit, die als Kapitalgesellschaft – ebenso wie die Aktiengesellschaft – die Möglichkeit besitzt, mit ihren Anteilen an der Börse zu handeln. Sie zeichnet sich insbesondere durch ihre charakteristische Organi-

---

100 Vgl. dazu Wagner 1999, S. 476f.; Siebold/Wichert 1998, S. 136-142; Hartel 1996, S.125 bis 129 und Raupach 1996, S. 2-5
101 Vgl. auch Graf 1991, S. 4 f. und Theisen 1989, S. 137 ff., 168, die ermittelt haben, für welche Wirtschaftsbereiche sich die KGaA bereits bisher schon bewährt hat.
102 Siehe dazu die Abschnitte 6.1.8 und 6.1.10.2

sationsstruktur aus[103]; denn es handelt sich um eine Mischform aus einer Personengesellschaft (KG) und einer Kapitalgesellschaft (AG). Dies wird bereits aus der gesetzlichen Definition in § 278 Abs. 1 AktG deutlich. Danach ist die KGaA *„eine Gesellschaft mit eigener Rechtspersönlichkeit, bei der mindestens ein Gesellschafter den Gesellschaftsgläubigern unbeschränkt haftet (persönlich haftender Gesellschafter) und die übrigen an dem in Aktien zerlegten Grundkapital beteiligt sind, ohne persönlich für die Verbindlichkeiten der Gesellschaft zu haften (Kommanditaktionäre)"*. Diese Mischform ermöglicht einerseits den Zugang zum organisierten Kapitalmarkt, also zur Börse, den (auch) die Rechtsform der Aktiengesellschaft gewährleistet, und verknüpft dieses andererseits mit der Flexibilität der Personenhandelsgesellschaften.[104] Als Mischform aus Aktiengesellschaft und Kommanditgesellschaft bringt Wagner sie auf folgende Kurzformel: *„Die KGaA vermittelt die Anonymität der aktienrechtlichen Kapitalbeteiligung mit der Intimität und Flexibilität der Kommanditgesellschaft".*[105]

Bei der KGaA unterscheidet man folglich zwei Arten von Anteilseignern:
- die persönlich haftenden Gesellschafter (phG) oder auch Komplementäre und
- die Kommanditaktionäre.

Die Mischform kommt in der gesellschaftsrechtlichen und steuerrechtlichen Behandlung zum Ausdruck. Während die persönlich haftenden Gesellschafter den Regelungen der Kommanditgesellschaft (§ 278 Abs. 2 AktG sowie §§ 161 ff. HGB) unterliegen, gilt für die Kommanditaktionäre grundsätzlich das Aktienrecht (§ 278 Abs. 3 AktG). Dieser Mischform entsprechend enthalten die §§ 278 bis 290 AktG nur einige wenige rechtsformspezifische Regelungen für die KGaA.

Der oder die persönlich haftende(n) Gesellschafter haften persönlich und unbeschränkt gegenüber den Gläubigern für Verbindlichkeiten der Gesellschaft, während die Kommanditaktionäre lediglich in Höhe ihrer Einlagen in die Haftung einbezogen werden. Soweit die Einlage eines Kommanditaktionärs auf die gezeichnete Aktie geleistet ist, entfällt eine (weitergehende) Haftung.

Neben der gesetzlich zwingenden Übernahme der Haftung können sich persönlich haftende Gesellschafter durch eine Vermögenseinlage an der KGaA beteiligen, falls dies in der Satzung vorgesehen ist (§ 281 Abs. 2 AktG). Die

---
103 Vgl. Kußmaul 1990, S. 356 ff.; Theisen 1989, S. 137 ff.
104 Vgl. Wagner 1999, S. 476; bezogen auf den Berufssport Doberenz 1980, S. 108, 132, 135.
105 Vgl. Spindler 1998, S. 53 und 56 f.; Wagner 1999, S. 476

Vermögenseinlage(n) des(r) persönlich haftenden Gesellschafter(s) tritt damit als (weitere) Kapitalposition neben das Grundkapital (der Kommanditaktionäre) und geht vollständig in das Vermögen der Gesellschaft über. Beide Eigenkapitalpositionen – die Vermögenseinlage und das Grundkapital – sind streng voneinander zu trennen, so insbesondere beim Jahresabschluß der KGaA.

**Abb. 47: Organisationsstruktur der KGaA**

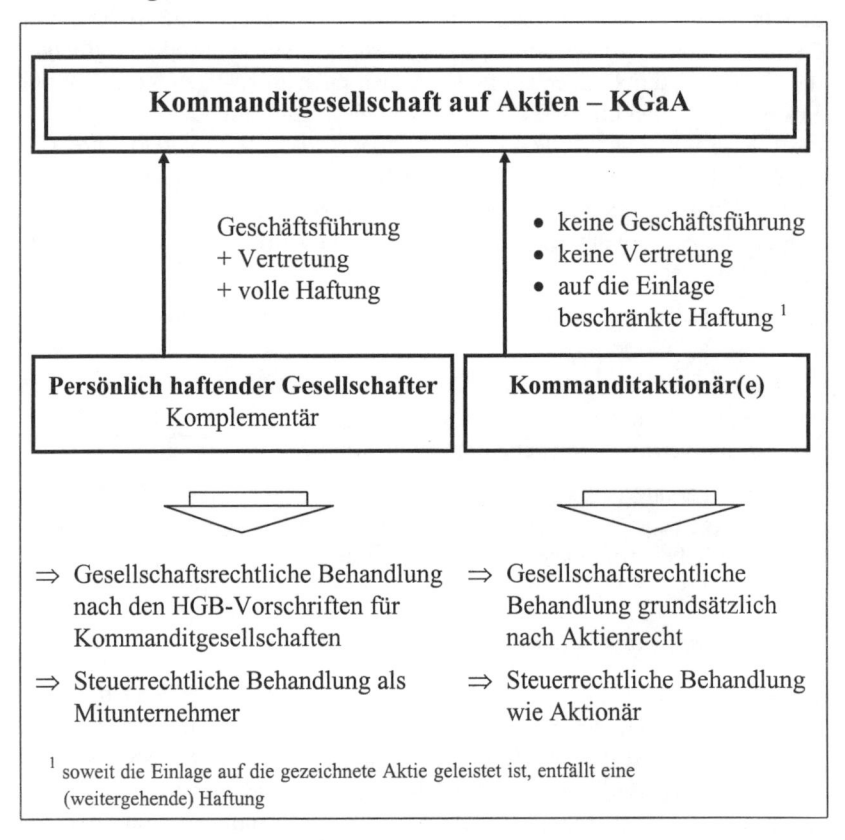

---

**Kommanditgesellschaft auf Aktien – KGaA**

Geschäftsführung
+ Vertretung
+ volle Haftung

- keine Geschäftsführung
- keine Vertretung
- auf die Einlage beschränkte Haftung [1]

**Persönlich haftender Gesellschafter**
Komplementär

**Kommanditaktionär(e)**

⇒ Gesellschaftsrechtliche Behandlung nach den HGB-Vorschriften für Kommanditgesellschaften

⇒ Steuerrechtliche Behandlung als Mitunternehmer

⇒ Gesellschaftsrechtliche Behandlung grundsätzlich nach Aktienrecht

⇒ Steuerrechtliche Behandlung wie Aktionär

[1] soweit die Einlage auf die gezeichnete Aktie geleistet ist, entfällt eine (weitergehende) Haftung

---

Die Vermögenseinlage unterliegt gemäß § 278 Abs. 2 AktG dem Recht der Kommanditgesellschaft, wonach z.B. der aktienrechtliche Grundsatz der Kapitalaufbringung und -erhaltung nicht gilt. Dagegen fällt das Grundkapital unter das Aktienrecht. Darüber hinaus können sich auch die persönlich haftenden Gesellschafter als Kommanditaktionäre am Grundkapital der Gesellschaft beteiligen, so daß sie die drei – im Verhältnis zueinander – strikt voneinander zu trennenden Funktionen des Komplementärgesellschafters, des Geschäftsführungsorgans und des Kommanditaktionärs gleichzeitig wahrnehmen können.

Die Rolle der Kommanditaktionäre beschränkt sich im wesentlichen auf die Kapitalgeberfunktion. Somit gleicht die Gruppe der Kommanditaktionäre einer KGaA der Gruppe der Aktionäre einer Aktiengesellschaft. Beide sind an dem in Aktien zerlegten Grundkapital des Gesellschaft beteiligt, wodurch ihre Rechtsstellung begründet wird. Sie erwerben die Aktien entweder im Rahmen der Gründung durch Übernahme der Aktien oder im späteren Verlauf durch Erwerb der Aktien über die Börse. Der Mindestnennbetrag des Grundkapitals einer KGaA beträgt – wie bei der Aktiengesellschaft – 50.000 Euro (§ 7 AktG). Auch im übrigen ist hinsichtlich des Grundkapitals gemäß § 278 Abs. 3 AktG allgemeines Aktienrecht anwendbar. Insbesondere sind alle aktienrechtlichen Regelungen zur Aufbringung und Erhaltung des Grundkapitals zu beachten.

Das Gesetz schreibt für die KGaA wie für die Aktiengesellschaft drei Pflichtorgane vor:

- persönlich haftende(r) Gesellschafter,
- Aufsichtsrat und
- Hauptversammlung der Kommanditaktionäre.

Aus den Charakteristika der KGaA ergeben sich gegenüber der Aktiengesellschaft einige bedeutsame Unterschiede. Die nachfolgende Abbildung 48 zeigt die wesentlichen Merkmale der einzelnen Organe auf.

### 6.2.1.1.1 *Persönlich haftende(r) Gesellschafter*

Im Vergleich zur Aktiengesellschaft üben die persönlich haftenden Gesellschafter als Organ der KGaA die Funktion des Vorstandes aus und sind diesem auch in weitem Umfang gleichgestellt (§ 283 AktG). Sie leiten die KGaA, d.h. sie sind das Geschäftsführungsorgan und vertreten die Gesellschaft im Außenverhältnis. Die Geschäftsführungs- und Vertretungsbefugnis bei einer KGaA liegt mithin gesetzlich bindend ausschließlich bei dem(n) persönlich haftenden Gesellschafter(n).[106] Allenfalls kann die Satzung vorse-

---

106 Vgl. § 278 Abs. 2 AktG i.V.m. § 164 HGB und §§ 114-118 HGB

hen, daß bestimmte persönlich haftende Gesellschafter davon ausgenommen werden können, jedoch muß mindestens ein Komplementär sowohl geschäftsführungs- als auch vertretungsbefugt sein. Außerdem muß kein Arbeitsdirektor in die Geschäftsführung einbezogen werden.

**Abb. 48: Die Organe der KGaA**

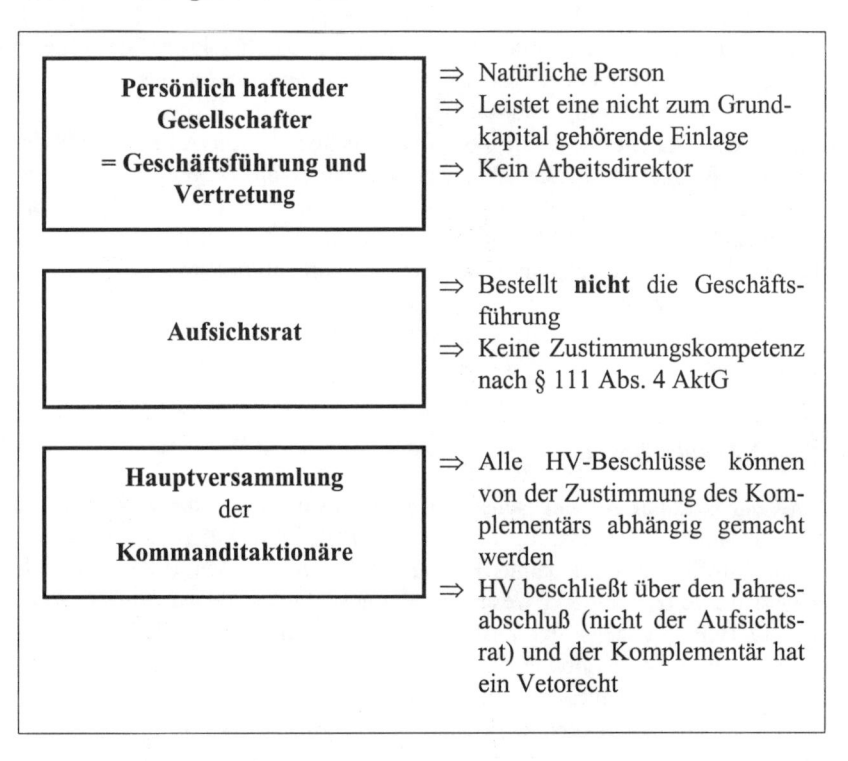

| | |
|---|---|
| **Persönlich haftender Gesellschafter** = **Geschäftsführung und Vertretung** | ⇒ Natürliche Person<br>⇒ Leistet eine nicht zum Grundkapital gehörende Einlage<br>⇒ Kein Arbeitsdirektor |
| **Aufsichtsrat** | ⇒ Bestellt **nicht** die Geschäftsführung<br>⇒ Keine Zustimmungskompetenz nach § 111 Abs. 4 AktG |
| **Hauptversammlung der Kommanditaktionäre** | ⇒ Alle HV-Beschlüsse können von der Zustimmung des Komplementärs abhängig gemacht werden<br>⇒ HV beschließt über den Jahresabschluß (nicht der Aufsichtsrat) und der Komplementär hat ein Vetorecht |

Der oder die persönlich haftende(n) Gesellschafter können eine nicht zum Grundkapital gehörende Einlage leisten und haften voll für die Verbindlichkeiten der Gesellschaft. Aus diesem Grund werden extern rekrutierte Manager die Geschäftsführung der KGaA grundsätzlich nur dann übernehmen, wenn sie als Komplementärgesellschafter in die Gesellschaft eintreten. Ist dies nicht erwünscht, kann ein (externer) Manager als Prokurist oder Generalbevollmächtigter Leitungsfunktionen in der Geschäftsführung und als Vertreter der

Gesellschaft übernehmen; dies allerdings nur neben dem(n) gesetzlich erforderlichen persönlich haftenden Gesellschafter(n).

Während sich für die Rechtsform der Aktiengesellschaft eine mittelbare Herrschaft der Aktionäre über die Geschäftsführung konstatieren läßt[107], eröffnet für die Rechtsform der KGaA § 278 Abs. 2 AktG i.V.m. § 163 HGB die Möglichkeit, die Binnenstruktur der Gesellschaft gesellschaftsvertraglich, d.h. in der Satzung, individuell zu regeln und dabei gemäß § 164 HGB die Kommanditaktionäre – auch mittelbar – von der Geschäftsführung schlichtweg auszuschließen. Ordnet der Gesellschaftsvertrag der KGaA nichts anderes an, liegen Geschäftsführung und Vertretung somit allein bei dem(n) Komplementär(en). Der entscheidende Vorteil der Rechtsform KGaA liegt also in der für diese Rechtsform kennzeichnenden Trennung von Vermögens- und Verwaltungsrechten. Genauso wie der Kommanditist (bei der Rechtsform der Kommanditgesellschaft) hat der Kommanditaktionär (bei der KGaA) keinerlei Mitspracherechte in Fragen der Geschäftsführung und Vertretung, so daß eine Ablösung z.B. eines oder aller Komplementäre(s) durch einen Beschluß der Hauptversammlung der Kommanditaktionäre nicht ohne weiteres möglich ist.[108]

### 6.2.1.1.2 Aufsichtsrat

Im Gegensatz zur Aktiengesellschaft hat der Aufsichtsrat der KGaA keinen Einfluß auf die Bestimmung der zur Geschäftsführung befugten Personen; dem Aufsichtsrat fehlt damit die Personalkompetenz des § 84 AktG. So bedarf die Entziehung der Geschäftsführungsbefugnis *aus wichtigem Grund* (§ 117 HGB) zunächst der Zustimmung aller übrigen persönlich haftenden Gesellschafter. Zwar obliegen dem Aufsichtsrat Prüfungs-, Überwachungs- und Informationsrechte, doch existiert keine gesetzliche Zustimmungskompetenz wie bei einer Aktiengesellschaft (§ 111 Abs. 4 AktG). Somit sind die geschäftsführenden Komplementäre gegenüber dem Aufsichtsrat der KGaA im Gegensatz zur Aktiengesellschaft, bei der der Aufsichtsrat Einfluß auf den Vorstand ausübt, da er diesen bestellt und auch abberufen kann, weitgehend autark.

---

107 Siehe dazu die Abschnitte. 6.1.8.2 und 6.1.8.3
108 Bei Vorliegen eines *wichtigen Grundes* kann eine Ablösung per Gerichtsbeschluß möglich sein; vgl. dazu Wagner 1999, S. 477, mit weiteren Fallbeschreibungen und Nachweisen.

### 6.2.1.1.3 *Hauptversammlung der Kommanditaktionäre*

Ihre Rechte üben die Kommanditaktionäre in der Hauptversammlung der Kommanditaktionäre aus (§ 119 AktG). Diese Hauptversammlung ist das Willensbildungsorgan der Gesellschaft mit Zuständigkeit für außergewöhnliche Geschäftsführungsmaßnahmen und Grundlagenbeschlüsse. Die Hauptversammlung beschließt z.B. über den Jahresabschluß, nicht wie bei der Aktiengesellschaft der Aufsichtsrat. Allerdings haben die Komplementäre ein Vetorecht. Lediglich bei für den Geschäftsbetrieb außergewöhnlichen Geschäften, die nach Art, Inhalt, Zweck oder Umfang Ausnahmecharakter haben, wird die Geschäftsführungsbefugnis der persönlich haftenden Gesellschafter eingeschränkt; denn nach herrschender Meinung ist die Zustimmung der Hauptversammlung für solche Geschäfte erforderlich.[109] Alle anderen HV-Beschlüsse können von der Zustimmung der persönlich haftenden Gesellschafter abhängig gemacht werden. Die Rechte der Kommanditaktionäre sind damit wesentlich geringer als die der Aktionäre einer Aktiengesellschaft.

Der oder die persönlich haftende(n) Gesellschafter leiten das Unternehmen weitgehend unabhängig von den anderen Organen der Gesellschaft. Sie können ihre starke Stellung noch erweitern, indem sie sich zusätzlich zu ihrer Komplementärstellung als Kommanditaktionäre beteiligen (§ 285 Abs. 1 AktG) und so mit ihrem Stimmrecht in der Hauptversammlung zusätzlich Einfluß nehmen (Doppelte Gesellschafterstellung).

Die Satzungsgestaltung erweist sich bei einer KGaA im Verhältnis zur Satzungsgestaltung einer Aktiengesellschaft als äußerst dispositiv, da die gesetzlichen Restriktionen erheblich weiter gefaßt sind. So kann die Satzung die ohnehin schon großen Kompetenzen der Komplementäre noch erweitern, z.B. durch die Befugnis, auch über außergewöhnliche Geschäfte ohne Zustimmung der Hauptversammlung zu entscheiden, sofern es sich nicht um die Geschäftsverhältnisse berührende Grundlagengeschäfte handelt. Allerdings können die Kompetenzen per Satzung auch eingeschränkt werden, indem beispielsweise die Hauptversammlung oder der Aufsichtsrat zum obersten Organ in Geschäftsführungsangelegenheiten mit direktem Weisungsrecht gegenüber den persönlich haftenden Gesellschaftern bestimmt wird.

Für die Ausgestaltung der Aktien der Kommanditaktionäre und damit für die Stimmrechte in der Hauptversammlung der Kommanditaktionäre gilt gemäß

---

[109] Vgl. Ladwig/Motte 1996, S. 805

§ 278 Abs. 3 AktG allgemeines Aktienrecht – also dieselben Regelungen wie für die Aktien einer Aktiengesellschaft.[110]

#### 6.2.1.1.4 Der Beirat als satzungsmäßiges Organ

Nicht zu den gesetzlichen Organen einer KGaA gehört ein gegebenenfalls installierter Beirat. Jedoch kann die Satzung einer KGaA einen Beirat als zusätzliches Organ vorsehen, welches z. B. die persönlich haftenden Gesellschafter im Rahmen der ausschließlich diesen zustehenden Geschäftsführungsbefugnis berät.[111] Es ist darüber hinaus eine Satzungsgestaltung – weit über die Möglichkeiten der Aktiengesellschaft hinausgehend[112] – zulässig, die die Entscheidungskompetenzen an einen (fakultativen) Beirat delegiert.[113]

Im Rahmen eines satzungsmäßig vorgesehenen Beirates können beispielsweise Sponsoren und/oder wichtige Finanzierungspartner einer Fußball KGaA, die einerseits eine gewisse Einflußnahme und Kontrolle im Verhältnis zur Geschäftsführung der Fußball KGaA suchen, aber andererseits nicht in die Haftung für die Verbindlichkeiten der Fußball KGaA eingebunden werden wollen, ihre Interessen wahren.

Ebenso besteht über eine Beiratsmitgliedschaft die Möglichkeit, daß ein Sponsor oder Finanzierungspartner in mehreren Fußballvereinen oder -gesellschaften mitwirken kann, ohne gegen die diesbezüglichen DFB-Regelungen zu verstoßen.[114]

Eine insoweit erfolgreiche Einbindung eines finanzstarken und damit mächtigen Sponsors in einen Beirat ermöglicht der Fußball KGaA die Nutzung der daraus resultierenden Vorteile, ohne daß daraus eine gesellschaftsrechtliche Abhängigkeit mit der Gefahr des Lizenzentzugs droht.

### 6.2.1.2 Die Rechnungslegung und Ergebnisverteilung in der KGaA

Bei der KGaA richtet sich die Rechnungslegung – vorbehaltlich einiger Sonderregelungen in § 286 AktG – nach allgemeinem Aktien- und Bilanzrecht

---

110 Siehe dazu die Abschnitte 6.1.4 bis 6.1.4.4.2
111 Vgl. Martens, in: AG 1982, S. 113
112 Siehe Abschn. 6.1.3.4
113 Vgl. dazu BGHZ, JZ 1960, S. 490 f. mit Zustimmung Baumbach/Hopt 1995, § 164 Rn. 12 ff.; Schmidt 1997, § 14 III, S. 424 f.
114 Siehe dazu Abschn. 5.1.3.2

des HGB für Kapitalgesellschaften.[115] Dagegen ist hinsichtlich der Gewinn- und Verlustverteilung der Gesellschaftergruppen (persönlich haftende Gesellschafter einerseits und Kommanditaktionäre andererseits) das Recht der Kommanditgesellschaft maßgeblich[116]. Darüber hinaus ist bei der Verteilung der Gewinne und Verluste innerhalb der Gesellschaftergruppen zu beachten, daß für die persönlich haftenden Gesellschafter das Kommanditrecht und für die Kommanditaktionäre das Aktienrecht gilt.

### 6.2.1.3 Steuerrechtliche Grundlagen der KGaA

#### *6.2.1.3.1 Besteuerung der KGaA*

Für die Besteuerung der KGaA ist zu beachten, daß es sich zwar um eine Kapitalgesellschaft handelt, die jedoch aufgrund der Teilung der Gesellschafterstellung in Komplementär und Kommanditaktionär einen ausgeprägt personengesellschaftsrechtlichen Aspekt aufweist.

So unterliegt die KGaA, wie auch andere Körperschaften, einem Thesaurierungssteuersatz von zur Zeit 45 % und einer Ausschüttungsbelastung von 30 %. Gemäß des Steuerentlastungsgesetzes 1999/2000/2002 vom 19. März 1999 erfolgt eine Senkung des Körperschaftsteuersatzes für einbehaltene Gewinne ab VZ 1999 von 45 % auf 40 % bzw. des ermäßigten Körperschaftsteuersatzes von 42 % auf 40 % (§ 23 Abs. 1 und 2 KStG). Um jedoch eine Doppelbesteuerung des Gewinnanteils, der als Geschäftsführungsvergütung oder als Verzinsung der Einlage an den persönlich haftenden Gesellschafter gezahlt wird, zu verhindern, werden diese Teile bei der körperschaftsteuerlichen Gewinnermittlung der KGaA gem. § 9 Abs. 1 Nr. 1 KStG vom Gewinn abgezogen.

---

115 Danach muß eine KGaA ergänzend zu den handelsrechtlichen Vorschriften folgende wesentliche Bestimmungen des Aktiengesetzes beachten: § 58 AktG (Verwendung des Jahresüberschusses), §§ 150-160 AktG (Ausweis und Verwendung des Grundkapitals und der Rücklagen in Bilanz, Gewinn- und Verlustrechnung sowie Anhang), §§ 170, 171 AktG (Prüfung von Jahresabschluß, Lagebericht und Gewinnverwendungsvorschlag durch den Aufsichtsrat), §§ 172-174 AktG (Feststellung des Jahresabschlusses und zur Gewinnverwendung), § 256 AktG (Nichtigkeit des festgestellten Jahresabschlusses), § 286 Abs. 1 AktG (Feststellung des Jahresabschlusses durch die Hauptversammlung der Kommanditaktionäre) und § 286 Abs. 2 AktG (Ausweis des Eigenkapitals bei der KGaA und zu besonderen Vermerken).
116 Vgl. Barz § 278 Anm. 15; Mertens § 278 Rn. 17f.

**Abb. 49: Ertragsteuerliche Behandlung der KGaA**

| KGaA | Komplementär persönlich haftender Gesellschafter | Kommandit-aktionär |
|---|---|---|
| **Gewinn der KGaA** ./. Gewinnanteil des Komplementärs ./. Vergütung an den Komplementär | **Gewinnanteil des Komplementärs** + Vergütung des Komplementärs (Tätigkeit, Darlehen, Vermietung) | **Dividende** + KSt- Anrechnung |
| ⇓ | ⇓ | ⇓ |
| Von der KGaA der KSt zu unterwerfen | Vom Komplementär als **Einkünfte aus Gewerbebetrieb** zu versteuern | Vom Kommanditaktionär als **Einkünfte aus Kapitalvermögen** zu versteuern |

Bei der Ermittlung des Gewerbeertrags werden die bei der körperschaftsteuerlichen Gewinnermittlung abgezogenen Gewinnanteile und Tätigkeitsvergütungen des Komplementärs gewerbesteuerlich wieder hinzugerechnet (§ 8 Nr. 4 GewStG ). Denn in der Regel ist der persönlich haftende Gesellschafter selbst nicht gewerbesteuerpflichtig, obwohl die Einkünfte bei ihm als Einkünfte aus Gewerbebetrieb qualifiziert werden.[117] Mit der Abschaffung der Gewerbekapitalsteuer sind etwaige Besonderheiten hinfällig geworden.

Eine Vermögensbesteuerung[118] erfolgt auf Grundlage des Einheitswerts des Betriebsvermögens, sofern dieses nicht auf die Einlage des oder der persönlich haftenden Gesellschafters entfällt. Die Vermögenseinlage des Kom-

---

117 Vgl. Kußmaul 1990, S. 357
118 Seit dem 01. Januar 1997 nicht mehr erhoben – vgl. Abschn. 6.1.8.4.2

plementärs wird lediglich beim Gesellschafter, nicht aber auf Ebene der Gesellschaft, besteuert.[119]

### 6.2.1.3.2 Besteuerung der persönlich haftenden Gesellschafter

Gemäß § 15 Abs. 1 Nr. 3 EStG sind Gewinnanteile persönlich haftender Gesellschafter einer KGaA als Einkünfte aus Gewerbebetrieb zu qualifizieren, sofern diese nicht auf Anteile als Kommanditaktionär am Grundkapital entfallen. Des weiteren sind von der Gesellschaft gezahlte Tätigkeitsvergütungen oder Vergütungen für die Hingabe von Darlehen oder die Überlassung von Wirtschaftsgütern als gewerbliche Einkünfte beim Komplementär mit einem gekappten Spitzensteuersatz für gewerbliche Einkünfte von 47 % zu besteuern. Ab dem Veranlagungszeitraum (VZ) 1999 erfolgt im Rahmen des Steuerentlastungsgesetzes 1999/2000/2002 eine Senkung des Höchststeuersatzes für gewerbliche Einkünfte bei der Einkommensteuer ab VZ 1999 von 47 % auf 45 % (§ 32c EStG). Ein Verlustausgleich auf Ebene des persönlich haftenden Gesellschafters ist wie bei reinen Personengesellschaften möglich. Aber auch beim Verlustausgleich haben sich durch das Steuerentlastungsgesetz 1999/2000/2002 verschiedene Veränderungen ergeben. So sollen zunächst jeweils die Summen der Einkünfte aus jeder Einkunftsart, dann die Summe der positiven Einkünfte ermittelt werden. Bis DM 100.000 kann die Summe der positiven Einkünfte durch negative Einkünfte gemindert werden. Der Teil der positiven Einkünfte, der über DM 100.000 liegt, kann nur noch bis zur Hälfte gemindert werden. Die Minderung der einzelnen positiven Einkunftsarten soll proportional zur Summe aller positiven Einkünfte vorgenommen werden. Sind nicht alle negativen Einkünfte ausgleichsfähig, so muß auch hier das Verhältnis der einzelnen Einkunftsarten zur Summe der negativen Einkünfte beachtet werden. Des weiteren beschränkt auch die Änderung des § 10d EStG den Verlustausgleich. Vom VZ 1999 an ist der Verlustrücktrag nur für ein Jahr rückwirkend in Höhe von maximal DM 2 Mio. möglich. Dieser Betrag soll ab VZ 2001 auf DM 1 Mio. gekürzt werden.

In der Regel fehlt es beim Komplementär persönlich an der gewerblichen Betätigung, so daß dieser, trotz der Qualifizierung seiner Einkünfte als gewerbliche Einkünfte, nicht der Gewerbesteuerpflicht unterliegt. Die Bemessungsgrundlage für Vermögen-, Erbschaft- und Schenkungssteuer bildet der Einheitswert des Betriebsvermögens.

---

[119] Vgl. Schürmann/Körfgen 1997, S. 209

Der persönlich haftende Gesellschafter wird steuerrechtlich wie ein Mitunternehmer behandelt. Hält er zusätzlich Kommanditaktien, so sind die darauf entfallenden Dividendenerträge Einkünfte aus Kapitalvermögen und die Besteuerung entspricht der Besteuerung der Kommanditaktionäre.

### *6.2.1.3.3 Besteuerung der Kommanditaktionäre*

Die Kommanditaktionäre werden entsprechend den Aktionären einer Aktiengesellschaft besteuert.[120] Für die ausgeschüttete Dividende ist derzeit der persönliche Einkommensteuersatz, bis maximal 53 %, maßgebend. Der Einkommensteuerhöchstsatz soll gemäß des am 19. März 1999 verabschiedeten Steuerentlastungsgesetzes 1999/2000/2002 ab Veranlagungszeitraum (VZ) 2000 von 53 % auf 51 % und ab VZ 2002 weiter auf 48,4 % gesenkt werden. Ein Verlustausgleich mit auf der Ebene der Gesellschaft eingetretenen Verlusten ist für die Kommanditaktionäre – wie bei der AG – nicht möglich.

Sofern ein Börsenkurs existiert, gilt dieser als Bemessungsgrundlage der Vermögen-, Erbschaft- und Schenkungssteuer. Handelt es um eine nicht börsennotierte KGaA, ist hilfsweise der gemeine Wert heranzuziehen (§ 11 Abs. 2 Satz 1 BewG). Eine Gewerbesteuerpflicht kommt, wegen der mangelnden gewerblichen Tätigkeit des Kommanditaktionärs, für diesen nicht in Betracht.

### 6.2.1.4 Die tatsächliche Verbreitung der KGaA im realen Wirtschaftsleben in Deutschland

Als traditionsreiche Rechtsform wurde die KGaA in Deutschland erstmalig im Artikel 173 ff. des ADHGB von 1861 kodifiziert. Im Jahr 1897 wurden die Regelungen zur KGaA in die §§ 319 ff. HGB und im Jahr 1937 in die §§ 219 ff. AktG übernommen und jeweils neu geregelt. Im heute gültigen Aktiengesetz ist die KGaA in den §§ 278-290 geregelt.

Im Gegensatz zur Rechtsform der Aktiengesellschaft oder gar der Gesellschaft mit beschränkter Haftung war die Anzahl der tatsächlich auftretenden Kommanditgesellschaften auf Aktien vergleichsweise gering. Vor der Jahrhundertwende waren etwa 150 Gesellschaften dieser Rechtsform registerlich erfaßt. Verschiedene Motivlagen bei den Gesellschaftern – einerseits Umgehungsversuche von Konzessionszwängen, z.B. bei der Rechtsform der Ak-

---

120 Siehe dazu Abschn. 6.1.8.4.2

tiengesellschaft, andererseits Nutzung der starken Gesellschafterstellung des Komplementärs – ließ die KGaA in der Gunst der Gründer durchaus auch einmal steigen, so daß eine Anzahl von rund 200 (im Jahr 1923) als maximale Größenordnung feststellbar war. Aktuell liegt die Zahl der Kommanditgesellschaften auf Aktien bei rund 50 Gesellschaften in Deutschland.

Als die namhaftesten und größten KGaAs sind zu nennen: Henkel KGaA; Merck KGaA; MM Warburg & Co. KGaA; Trinkhaus & Burkhard KGaA; Michelin KGaA und Kupferberg KGaA.

Als Hemmnis für die doch vergleichsweise nach wie vor geringe Verbreitung der Rechtsform der KGaA galt lange Zeit die persönliche und unbeschränkte Haftung des Komplementärs. Für die Zukunft gilt dieses Argument aufgrund der Grundsatzentscheidung des BGH vom 28.02.1997[121] nicht mehr, denn nunmehr kann ebenso wie bei anderen Rechtsformgestaltungen eine Kapitalgesellschaft als persönlich haftende Gesellschafterin einer KGaA fungieren und unerwünschte Haftungsrisiken ausschließen.[122] Damit besteht die Aussicht, daß die Vorzüge dieser Rechtsform eine zukünftig nennenswerte Verbreitung der KGaA zu Lasten anderer Rechtsformen realistisch erscheinen lassen.

### 6.2.1.5 Beurteilung der KGaA als mögliche Rechtsform für eine Fußball-Kapitalgesellschaft

Die Vorzüge der KGaA liegen vor allem in den Möglichkeiten zur Aufrechterhaltung des vom DFB geforderten Einflusses des Muttervereins auf die ausgegliederte Fußball-Kapitalgesellschaft,[123] ohne daß diese Vorgabe zu Lasten der Aufnahme vereinsexterner Investoren-Gesellschafter im Sinne einer kapitalmäßigen Limitierung geht. Die nachfolgende Abbildung 50 soll dieses verdeutlichen.

---

121 Vgl. BGH, WM 1997, S. 1098
122 Vgl. Abschn. 6.2.2
123 Vgl. Abschn. 5.1.3.1

## Abb. 50: Gestaltung einer Fußball KGaA mit dem Mutterverein als persönlich haftendem Gesellschafter

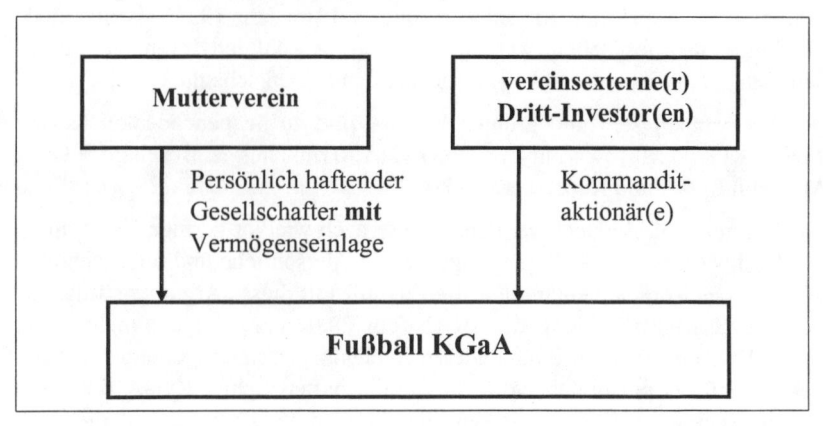

```
┌─────────────────────────────────────────────────────────┐
│  ┌──────────────────┐      ┌──────────────────────┐    │
│  │   Mutterverein   │      │  vereinsexterne(r)   │    │
│  │                  │      │  Dritt-Investor(en)  │    │
│  └──────────────────┘      └──────────────────────┘    │
│   Persönlich haftender        Kommandit-                │
│   Gesellschafter mit          aktionär(e)               │
│   Vermögenseinlage                                      │
│            │                         │                  │
│            ▼                         ▼                  │
│  ┌─────────────────────────────────────────────────┐   │
│  │              Fußball KGaA                        │   │
│  └─────────────────────────────────────────────────┘   │
└─────────────────────────────────────────────────────────┘
```

In dieser Konstellation übernähme der Verein als alleiniger persönlich haftender Gesellschafter – vertreten durch den Vereinsvorstand – sowohl die alleinige Geschäftsführung als auch die alleinige Vertretung der Fußball KGaA. Das aus dem Mutterverein ausgegliederte Vermögen würde im Wege der umwandlungsrechtlichen Ausgliederung als Vermögenseinlage des persönlich haftenden Gesellschafters in die Fußball KGaA eingebracht; damit entstünde eine persönlich haftende Gesellschafterstellung des Muttervereins mit Vermögenseinlage. Allerdings würde der Mutterverein – zwangsläufig nach den gesetzlichen Vorgaben für die KGaA – auch die persönliche und uneingeschränkte Haftung für die Verbindlichkeiten der Fußball KGaA übernehmen müssen. Für den Fall, daß der Mutterverein über kein oder kein wesentliches ausgliederungsfähiges Vermögen verfügt oder aber der Mutterverein kein Interesse hat, sein Vermögen in seine Fußball KGaA zu überführen bzw. auszugliedern, könnte er dennoch als persönlich haftender Gesellschafter fungieren, und zwar ohne Vermögenseinlage.[124]

Die Rechte der vereinsexternen Dritt-Investoren in der Rechtsposition der Kommanditaktionäre (z.B. Investoren, Sponsoren) wären auf ein gesellschaftsrechtliches Minimum – d.h. noch unterhalb eines Aktionärs einer Fußball-Aktiengesellschaft – reduziert. Nicht einmal der durch die Hauptversammlung der Kommanditaktionäre gewählte Aufsichtsrat der Fußball KGaA

---

124 Vgl. dazu Abbildung 50

hätte einen Einfluß auf die Geschäftsführung der Fußball KGaA, die vorliegend allein durch den Vorstand des Muttervereins wahrgenommen würde. Die Hauptversammlung der Kommanditaktionäre sowie der Aufsichtsrat einer KGaA haben nach den aktienrechtlichen Vorgaben eine sehr zurückgestufte Bedeutung. So sieht § 285 Abs. 2 AktG vor, daß sogar die „*die Beschlüsse der Hauptversammlung ... der Zustimmung der persönlich haftenden Gesellschafter (bedürfen), soweit sie Angelegenheiten betreffen, für die ... das Einverständnis der persönlich haftenden Gesellschafter ... erforderlich ist.*" Bestimmte Beschlüsse der Hauptversammlung dürfen nur dann zur Eintragung in das Handelsregister eingereicht werden, wenn der persönlich haftende Gesellschafter seine Zustimmung erteilt hat. Somit würde der Mutterverein durch den Vorstand seinen Einfluß unmittelbar auf den Geschäftsbetrieb der Fußball KGaA ausüben und damit natürlich sichern können. Allerdings verbliebe bei dieser Gestaltungsform als Nachteil für den Mutterverein die persönliche und unbeschränkte Haftung aus allen Geschäftsaktivitäten der Fußball KGaA.

Eine noch weitergehende Sicherung des Einflusses des Muttervereins auf die wirtschaftliche Entwicklung seiner Fußball KGaA als Tochtergesellschaft ergibt sich aus der in der nachfolgenden Abbildung 51 dargestellten Konstellation gesellschaftsrechtlicher Gestaltung. Bei dieser Gestaltungsvariante, bei der Mutterverein sein ausgegliedertes Vermögen nicht als Vermögenseinlage des persönlich haftenden Gesellschafters, sondern als Sacheinlage zur Kapitalerhöhung gegen Gewährung von 51 % der Aktien einbringt[125], kann der Mutterverein seine Rechtsstellung über die vorerwähnte Gestaltung gemäß Abbildung 50 dadurch verstärken, daß er nicht nur als persönlich haftender Gesellschafter die uneingeschränkte Geschäftsführungs- und Vertretungsbefugnis wahrnimmt, sondern darüber hinaus noch über die qualifizierte Mehrheit von 51 % in der Hauptversammlung der Kommanditaktionäre verfügt.

Damit wäre der Mutterverein in die Lage versetzt, die Beschlüsse der Hauptversammlung zu seinen Gunsten gestalten und beeinflussen zu können. Jedoch können die Vorstandsmitglieder des Muttervereins nicht auch noch Mitglieder des Aufsichtsrates werden (§ 287 Abs. 3 AktG). Die hier in hohem Maße realisierte Aufrechterhaltung des Einflusses des Muttervereins auf die Fußball KGaA, deren Wirksamkeit noch durch entsprechend zielgerichtete Satzungsregelungen – änderbar nur mit Zustimmung des Muttervereins als persönlich haftendem Gesellschafter – erhöht werden kann, steht allerdings

---

125 Vgl. Abschn. 6.3.3.2.3.1

wiederum die persönliche und unbeschränkte Haftung des Muttervereins gegenüber.

**Abb. 51: Gestaltung einer Fußball KGaA mit dem Mutterverein als persönlich haftendem Gesellschafter und als Kommanditaktionär**

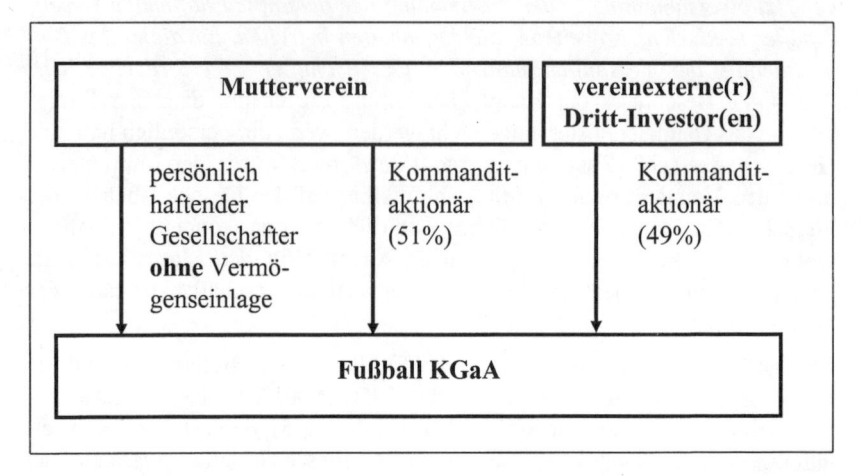

```
┌─────────────────────────────────────┐   ┌─────────────────────┐
│           Mutterverein              │   │  vereinexterne(r)   │
│                                     │   │  Dritt-Investor(en) │
└─────────────────────────────────────┘   └─────────────────────┘
    persönlich         Kommandit-              Kommandit-
    haftender          aktionär                aktionär
    Gesellschafter     (51%)                   (49%)
    ohne Vermö-
    genseinlage
         │                 │                       │
         ▼                 ▼                       ▼
┌─────────────────────────────────────────────────────────────┐
│                      Fußball KGaA                           │
└─────────────────────────────────────────────────────────────┘
```

Gegen die KGaA in ihrer reinen Form als mögliche Rechtsform einer Fußball-Kapitalgesellschaft aus der Sicht potentieller Dritt-Investoren könnte zudem die überaus starke Stellung des persönlich haftenden Gesellschafters im Verhältnis zu den Kommanditaktionären sprechen. Namhafte und finanziell potente Dritt-Investoren mit nennenswerten Beteiligungsabsichten – hier seien z.B. bedeutende Sponsoren, institutionelle Anleger, Werbepartner und Medienunternehmen genannt – könnten Vorbehalte gegen eine zu starke Stellung des Muttervereins (als persönlich haftendem Gesellschafter) haben, die sich zum Teil decken mit den Vorbehalten professioneller Kritiker an den derzeitigen Verhältnisse im deutschen Profi-Fußball mit seiner augenblicklich vorherrschenden Vereinsstruktur. Spätestens im Zeitpunkt eines ins Auge gefaßten Going Public könnte diese ausgeprägte Dominanz des Muttervereins in seiner Fußball KGaA ein Hemmnis für den angestrebten Emissionserfolg sein.

Als entscheidender Vorteil der Rechtsform der KGaA gegenüber der Aktiengesellschaft dürfte sich für viele umwandlungsfähige und -bereite Vereine die tendenziell nicht durch das eigene Vereinsvermögen begrenzte Kapitalaufnahme im Rahmen eines Going Public erweisen.[126] Durch die vom DFB geforderte und durch die Stellung des Muttervereins als persönlich haftendem Gesellschafter der (ausgegliederten) Fußball KGaA gewährleistete Aufrechterhaltung des Einflusses des Muttervereins auf seine ausgegliederte Fußball-Kapitalgesellschaft kann die Fußball KGaA Kapitalerhöhungen in einem tendenziell höheren Umfang realisieren, ohne – wie bei der Aktiengesellschaft – die sich aus der Notwendigkeit der Aufrechterhaltung der Mehrheitsbeteiligung des Muttervereins ergebende Limitierung beachten zu müssen.

Aus der Perspektive eines Muttervereins mit der Absicht der Ausgliederung seiner Fußball-Profiabteilung in eine börsenfähige Fußball-Kapitalgesellschaft sprechen vor allem die finanziellen Haftungsrisiken zu Lasten des Muttervereins, aber auch zu Lasten seiner Vorstandsmitglieder, die ad personam die Funktion des persönlich haftenden Gesellschafters mit allen möglichen Folgen wahrzunehmen haben, gegen die Rechtsform der KGaA. Diese Nachteile werden möglicherweise die Wahrung des Vereinseinflusses kaum aufwiegen können, so daß sich ein Mutterverein tendenziell eher für die Rechtsform der Aktiengesellschaft entscheiden könnte.

In den letzten sieben Jahren sind nur zwei Unternehmen in der Rechtsform der KGaA an die Börse gegangen[127].

- Als erstes Unternehmen in dieser Rechtsform emittierte am 20. März 1991 die *Lindner Holding KGaA* ihre Aktien am Geregelten Markt. Das Emissionsvolumen betrug nominal DM 8,75 Mio., das Grundkapital betrug DM 9 Mio., während sich das Komplementärkapital auf DM 15 Mio. belief.

- Am 20. Oktober 1995 wurden die Stammaktien der *Merck KGaA* mit einem nominalen Emissionsvolumen von knapp DM 120 Mio. zum Amtlichen Handel der Frankfurter Wertpapierbörse zugelassen. Das Grundkapital in Höhe von DM 225 Mio. befindet sich zu 100 % im Streubesitz. DM 635 Mio. Komplementärkapital hält die Familie Merck.

---

126 Siehe dazu die Abschnitte 6.1.10 und 6.2.3
127 Vgl. Lupp 1992, S. 87 ff. und Lupp 1996, S. 119 ff.

## 6.2.2 Die Kommanditgesellschaft auf Aktien mit beschränkter Haftung als weitere Alternative

Die rechtliche Zulässigkeit der GmbH als alleinige Komplementärin einer KGaA war lange Zeit umstritten, aktuell ist sie jedoch durch höchstrichterliche Rechtsprechung bestätigt.[128] Dementsprechend hat auch der DFB die durch eine Komplementär-GmbH geprägte Kommanditgesellschaft auf Aktien in den Katalog der DFB-satzungskonformen Rechtsformen für Fußball-Kapitalgesellschaften aufgenommen.[129]

### 6.2.2.1 Gesellschaftsrechtliche Grundlagen der Fußball GmbH & Co. KGaA

Aus der Sicht von Vereinen mit der Absicht zur Ausgliederung ihrer Fußball-Profiabteilungen sind möglicherweise auf Grund der vorstehend erläuterten Nachteile sowohl die AG als auch die KGaA in ihren reinen Prägungen keine optimalen Rechtsformen für die Ausgliederung ihrer Lizenzspielerabteilungen in eine Fußball-Kapitalgesellschaft und damit für die Vorbereitung eines Going Public. So wurde die Mischform der GmbH & Co. KGaA oder als Synonym die „KGaA mit beschränkter Haftung" entwickelt. Mittels dieser modifizierten Rechtsform wollte man die steuerlichen und sonstigen Vorteile einer KGaA nutzen und gleichzeitig den Nachteil der unbeschränkten Haftung des Komplementärs – in unserem Fall des Muttervereins – beseitigen. Weiterhin sollte die Einflußwahrung des Muttervereins aber, im Gegensatz zu der nur unzureichenden Sicherung bei der Aktiengesellschaft als Rechtsform[130], bestmöglich erhalten werden. Die folgende Abbildung 52 verdeutlicht dies.

---

[128] Vgl. BGHZ 134, S. 329 ff = NJW 1997, S. 1923; zu diesem Urteil vgl. Haase in: GmbHR 1997, S. 917; Hennerkes/Lorz in: DB 1997, S. 1388, und Striebel/Habel in: BB 1997, S. 1375; ablehnend Schmidt 1996, S. 265 und 269 ff., der eine derartige Typenmischung mit der Begründung ablehnt, daß die Machtfülle eines Komplementärs einer KGaA nur um den Preis der unbeschränkten Haftung zu rechtfertigen sei, und weil die dadurch vermittelten Leistungsanreize sowohl den Gesellschaftsgläubigern als auch dem Anlegerschutz zugute kämen.
[129] Siehe dazu Abschn. 5.1.2.1
[130] Siehe dazu Abschn. 6.1.10.2.1.1

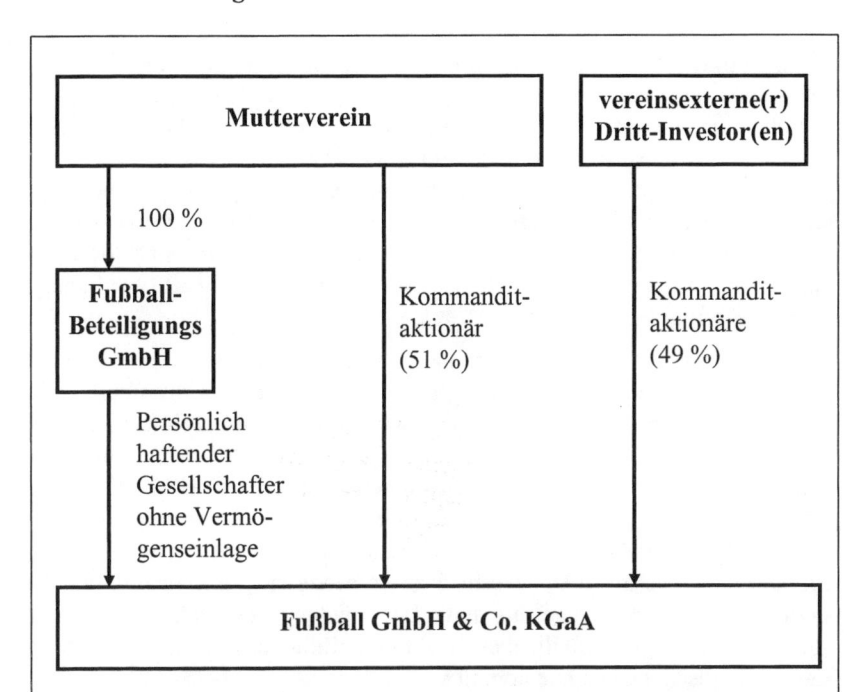

## Abb. 52: Gestaltung einer Fußball GmbH & Co. KGaA

```
┌─────────────────────────────────┐    ┌──────────────────────┐
│         Mutterverein            │    │  vereinsexterne(r)   │
│                                 │    │  Dritt-Investor(en)  │
└─────────────────────────────────┘    └──────────────────────┘
        │
  100 %  │
        ▼
┌──────────────┐   Kommandit-            Kommandit-
│  Fußball-    │   aktionär              aktionäre
│ Beteiligungs │   (51 %)                (49 %)
│    GmbH      │
└──────────────┘
  Persönlich
  haftender
  Gesellschafter
  ohne Vermö-
  genseinlage
        │                 │                    │
        ▼                 ▼                    ▼
┌─────────────────────────────────────────────────────────┐
│            Fußball GmbH & Co. KGaA                      │
└─────────────────────────────────────────────────────────┘
```

Des weiteren kann der Einfluß des Muttervereins bei einer GmbH als Komplementärin weitgehend dadurch gesichert werden, indem die GmbH-Anteile zu 100 % durch den Mutterverein – so auch die DFB-Auflage – gehalten werden.[131] Damit ist gleichzeitig gewährleistet, daß der Mutterverein im Rahmen der Gesellschafterversammlung der Fußball-Beteiligungs GmbH, in der der Mutterverein über 100 % der Stimmen verfügt, den oder die Geschäftsführer der Komplementär-GmbH bestellen kann. Diese(r) Geschäftsführer nimmt bzw. nehmen danach – in der Eigenschaft als Geschäftsführer der Komplementär-GmbH der Fußball GmbH & Co. KGaA – die Geschäftsführungs- und

---

131 Die Beteiligung von Sponsoren und Fußball-Investoren an der Komplementär-GmbH ist ausgeschlossen, da bei einer Fußball KGaA entweder der Mutterverein oder eine von diesem zu 100 % kontrollierte Tochtergesellschaft die Stellung des persönlich haftenden Gesellschafters zwingend wahrnehmen muß. Siehe dazu Abschn. 5.1.2.1

Vertretungsfunktionen des persönlich haftenden Gesellschafters der Fußball GmbH &Co. KGaA wahr.

Das benötigte Eigenkapital, dessen Beschaffung einer der ursprünglichen Beweggründe der Rechtsformwechselüberlegungen vom Verein zur Kapitalgesellschaft ist, läßt sich nunmehr durch die Emission von Aktien an Kommanditaktionäre realisieren, d.h. die Börsenfähigkeit dieser Rechtsform ist gegeben. Aufgrund dieser Betrachtungen hätte man sich – wie vorstehend erläutert – für die KGaA in reiner Form entscheiden können. Deren krasser Nachteil besteht jedoch in der unbeschränkten Haftung, die mit Hilfe einer juristischen Person als Komplementärin (hier der Fußball-Beteiligungs GmbH) beseitigt werden kann.

Allerdings wurde viele Jahre über die Zulässigkeit juristischer Personen als persönlich haftende Komplementärgesellschafter kontrovers diskutiert[132], da die Haftung einer GmbH auf ihr Gesellschaftsvermögen beschränkt ist. Mit dem Urteil des Bundesgerichtshofes vom 24. Februar 1997 wurde die rechtliche Zulässigkeit einer GmbH als Komplementär jedoch gesichert[133], auch wenn in Reihen der Rechtswissenschaftler bis heute Uneinigkeit darüber besteht. Besonders mittelständische Familienunternehmen haben, vor dem Hintergrund eines mit dieser Rechtsform verbesserten Zugangs zum organisierten Kapitalmarkt, lange auf diese Entscheidung gewartet, die nunmehr auch den Gestaltungsmöglichkeiten zur Schaffung börsenfähiger Fußball-Kapitalgesellschaften zugute kommt.

Während die GmbH & Co. KGaA einerseits aus Sicht eines Muttervereins eine optimale Rechtsform darstellt, so ist andererseits aus Sicht der Kommanditaktionäre eine gewisse Vorsicht geboten. Der Gestaltungsspielraum im Hinblick auf die nunmehr vollumfänglich gelungene Sicherung des Einflusses zugunsten des Muttervereins könnte zur Folge haben, daß z.B. eine unfähige Geschäftsführung das Unternehmen in den Ruin treibt, ohne daß der Aufsichtsrat, wegen seiner beschnittenen Befugnisse, etwas dagegen unternehmen könnte, noch diese Geschäftsführung, wie etwa bei der reinen KGaA, für ihre Mißwirtschaft haftbar gemacht werden könnte.[134] Angesichts dieser Tatsache könnte der Erfolg eines Börsengangs – und damit der Zuspruch der Anleger am Kapitalmarkt – beeinträchtigt werden.

---

132 Vgl. Binz/Sorg 1997, S. 319; Ladwig/Motte 1996, S. 842
133 Vgl. BGHZ 134, S. 329 ff = NJW 1997, S. 1923; Blick durch die Wirtschaft vom 30.05.1997, S. 10, und vom 22.05.1997, S. 1; Handelsblatt vom 21.5.1997, S. 5 sowie Fußnote 93
134 Vgl. Binz/Sorg 1997, S. 317

Bis heute ist erst ein Unternehmen in dieser Rechtsform an die Börse gegangen. Die eff-eff Fritz Fuss GmbH & Co. KGaA ging am 16. November 1995 mit einem nominalen Emissionsvolumen von DM 9,5 Mio. an den Geregelten Markt. Das den Kommanditaktionäre vorbehaltene Grundkapital beträgt DM 12,5 Mio., während sich das Komplementärkapital auf DM 20 Mio. beläuft. Dieses wird zu 100 % von der eff-eff Fritz Fuss GmbH & Co. Holding KG gehalten, die ebenfalls 24 % des Kommanditaktienkapitals besitzt.[135]

### 6.2.2.2 Die Fußball AG & Co. KGaA als weitere Modifikation

Die im vorstehenden Abschnitt erläuterte Gestaltungsform der Fußball GmbH & Co. KGaA kann in einem weiteren Schritt zu einer Fußball AG & Co. KGaA entwickelt werden, bei der lediglich die Fußball-Beteiligungs GmbH durch eine Fußball-Beteiligungs AG substituiert oder die bestehende Fußball-Beteiligungs GmbH (ggf. in einem späteren Zeitpunkt) formwechselnd in eine Aktiengesellschaft umgewandelt wird. Abgesehen von einer möglichen Verbesserung der Bonität als Folge der Auswechselung der Beteiligungs GmbH durch die Beteiligungs AG ergeben sich sonst keine gravierenden Vor- oder Nachteile dieser Gestaltungsform gegenüber der im Vorabschnitt beschriebenen Fußball GmbH & Co. KGaA. Mehr formeller Natur ist der Hinweis, daß bei dieser Gestaltungsform die Geschäftsführung und Vertretung der Kommanditgesellschaft auf Aktien durch den Vorstand der Beteiligungs AG wahrgenommen wird und über dessen Tätigkeit zwei Aufsichtsräte zu wachen haben:

- der Aufsichtsrat der Fußball-Beteiligungs AG und
- der Aufsichtsrat der Fußball AG & Co. KGaA.

### 6.2.3 Die Vor- und Nachteile einer Fußball KGaA gegenüber einer Fußball-Aktiengesellschaft

Wie bei allen Rechtsformvergleichen ergeben sich meist nicht nur Vorteile einer Rechtsform gegenüber einer anderen. Dies ist auch vorliegend der Fall.

---

135 Vgl. Lupp 1996, S. 71 ff.

### 6.2.3.1 Die Vorteile einer Fußball KGaA gegenüber einer Fußball-Aktiengesellschaft

#### 6.2.3.1.1 Vorteile aus satzungsmäßigen Gestaltungsmöglichkeiten

Gegenüber der Rechtsform der KGaA setzt das Aktienrecht für die Aktiengesellschaft bei den satzungsmäßigen Gestaltungsmöglichkeiten enge Grenzen. Nach § 23 Abs. 5 AktG kann bei der Satzungsgestaltung einer zu gründenden Aktiengesellschaft von den Regelungen des Aktienrechts nur abgewichen werden, wenn dies gesetzlich ausdrücklich zugelassen ist. Ebenso sind ergänzende Satzungsregelungen nur dann zulässig, wenn das Aktienrecht keine abschließende Regelung enthält; dies wird als Grundsatz der Satzungsstrenge bezeichnet.[136]

Demgegenüber sind bei der KGaA – über den Verweis des § 278 Abs. 2 AktG – hinsichtlich der Gestaltung der KGaA-Satzung die §§ 109 ff. HGB mit der Folge anwendbar, daß im Hinblick auf die Gestaltung der Rechtsverhältnisse der Gesellschafter einer KGaA untereinander von den gesetzlichen Regelungen des Aktienrechts abgewichen werden darf. Begrenzt wird diese Dispositionsfreiheit allerdings wiederum durch die Regelungen in den §§ 23 Abs. 5 und 278 Abs. 3 AktG, wonach gesetzlich zwingende Vorschriften des allgemeinen Aktienrechts einzuhalten sind.

Satzungsmäßige Modifikationen gegenüber den für Aktiengesellschaften zwingenden Regelungen sind z.B. bei der internen Kompetenzverteilung der Gesellschaftsorgane im Verhältnis zueinander möglich. So kann die Satzung einer KGaA bestimmen, daß einzelne persönlich haftende Gesellschafter von der Geschäftsführung und von der Vertretung der KGaA ausgeschlossen sind.[137] Auch können die Rechte der persönlich haftenden Gesellschafter zu Lasten der Kompetenzen der Hauptversammlung erheblich ausgedehnt werden, z.B. durch den Ausschluß der Hauptversammlung bei der Beteiligung/Genehmigung im Falle außergewöhnlicher Geschäfte. Demgegenüber können aber auch die Kompetenzen der persönlich haftenden Gesellschafter zugunsten der Rechtsposition von Hauptversammlung und/oder Aufsichtsrat eingeschränkt werden. Die Möglichkeit der Errichtung eines satzungsmäßigen Beirates zur Beratung der persönlich haftenden Gesellschafter einer Fußball KGaA[138] eröffnet insbesondere Sponsoren und Finanzierungspartnern eine

---

136 Siehe dazu auch Abschn. 6.1.10.2.1
137 Vgl. Semler, § 278 Rn. 113; Siebold/Wichert 1998; S.140
138 Vgl. dazu Abschn. 6.2.1.1.4.

gewisse Einflußnahme ohne gesellschaftsrechtliche Abhängigkeit der Fußball KGaA von diesen Geschäftspartnern. Die Vorteile aus den satzungsmäßigen Gestaltungen für eine Fußball KGaA erhalten ihr besonderes Gewicht dadurch, daß die einmal gewählten und vereinbarten Satzungsregelungen nur mit Zustimmung des(r) persönlich haftenden Gesellschafter(s) geändert werden können, soweit die Satzung dieses ausdrücklich vorsieht. Ein Beispiel einer Satzung für eine Fußball KGaA ist im Anhang unter *10.1.1 Mustersatzung einer Fußball KGaA* aufgeführt.

*6.2.3.1.2 Gewährleistung der Einflußsicherung des Muttervereins*

In Abschnitt 6.1.10.2 ist dargestellt, daß insbesondere bei börsennotierten Fußball-Aktiengesellschaften die Gefahr der (feindlichen) Übernahme von Aktienmehrheiten durch vereinsexterne Dritte (Sponsoren, u.a.) besteht und damit ein übermäßiger, nicht mehr DFB-satzungskonformer Einfluß droht. Gleiches gilt für eine mögliche Übernahme von Aktienmehrheiten durch konkurrierende Vereine und/oder Fußball-Kapitalgesellschaften aus den Fußball-Bundesligen oder durch kapitalstarke ausländische Fußball-Clubs. Die in Abschnitt 6.1.10.2.1.1 beschriebenen – begrenzten – aktienrechtlichen Sicherungsmechanismen könnte eine Fußball KGaA ebenfalls nutzen. Darüber hinaus stehen der Fußball KGaA jedoch weitere Möglichkeiten zur Abwehr einer unerwünschten Einflußnahme zur Verfügung, die allein dieser Rechtsform möglich sind: Die Einflußsicherung des Muttervereins durch die satzungsmäßige Ausgestaltung der Komplementärstellung. Hierzu wird auf die Abschnitte 6.2.1.5 und 6.2.2 verwiesen.

*6.2.3.1.3 Optionale und flexible Eigenkapitalgestaltung*

Die Option flexibler Gesellschaftsfinanzierung eröffnet sich insbesondere durch die nach dem Personengesellschaftsrecht für die Kommanditgesellschaft mögliche Vermögenseinlage der(s) persönlich haftenden Gesellschafter(s).[139] Gestaltungsmöglichkeiten bestehen danach z.B. bei der Rückzahlung der Vermögenseinlage (der Fußball KGaA) an ihre(n) persönlich haftenden Gesellschafter und bei der Aufteilung des erzielten Gewinns einer Fußball KGaA an die Gesamtheit ihrer Gesellschafter. Entscheidend sind wiederum die zu gestaltenden bzw. danach bestehenden Satzungsregelungen der Fußball

---

139 Vgl. dazu Siebold/Wichert 1998, S.141

KGaA. Einerseits kann die Bestimmung in der Satzung der KGaA zur Vermögenseinlage – ähnlich den aktienrechtlichen Regelungen zur Aktiengesellschaft[140] – denselben strikten Kapitalaufbringungs- und -erhaltungsregeln unterworfen werden, womit zugunsten der Fußball KGaA (wie bei der Fußball-Aktiengesellschaft gesetzlich zwingend) eine einmal vorhandene Eigenkapitalsituation und Stimmrechtslage sowie finanzielle Ausgestaltung aufrechterhalten bliebe. Andererseits besteht bei anderslautender Satzungsregelung bzw. -gestaltung für die Fußball KGaA die Möglichkeit, eine einmal geleistete Vermögenseinlage in Kommanditaktienkapital umzuwandeln und damit über die (zusätzlich) für den oder die persönlich haftenden Gesellschafter (hier: der Mutterverein) entstehenden Stimmrechte in der Hauptversammlung der Fußball KGaA den Einfluß auszuweiten.[141]

### 6.2.3.2 Die Nachteile einer Fußball KGaA gegenüber einer Fußball-Aktiengesellschaft

#### 6.2.3.2.1 *Haftung des Muttervereins*

Als genereller Nachteil der Rechtsform der KGaA wurde bislang die für den persönlich haftenden Gesellschafter bestehende persönliche und unbeschränkte Haftung angesehen. Dieser Nachteil verliert jedoch seine praktische Bedeutung, sofern eine juristische Person (GmbH, AG) die Funktion des persönlich haftenden Gesellschafters übernimmt.[142] In dem Fall kann die Haftung des Muttervereins (mit Ausnahme der Haftung des Gesellschaftsvermögens der durch den Mutterverein eingeschalteten Komplementär-Kapitalgesellschaft) grundsätzlich ausgeschlossen bzw. mindestens begrenzt werden.

Die Alternative, daß der Mutterverein selbst die Funktion des persönlich haftenden Gesellschafters mit der daraus resultierenden unbeschränkten Haftung des Muttervereins als Idealverein für alle Verbindlichkeiten der Fußball-Tochtergesellschaft als KGaA gemäß §§ 161 Abs. 1 und 128 HGB übernimmt, dürfte im übrigen wohl kaum mit dem Nebenzweckprivileg in Einklang zu bringen sein.[143]

---

140 Siehe dazu Abschn. 6.3.1
141 Vgl. hierzu auch Schürmann/Groß, BB 1995, S.684 und 687
142 Siehe dazu Abschn. 6.2.2
143 Siehe dazu die Abschnitte 6.1.8.4.3 und 3.3

### 6.2.3.2.2 Komplexität und Kompliziertheit der Rechtsform

Bei der Handhabung der Rechtsform der KGaA in der Praxis müssen umfangreiche Rechts- und Steuerkenntnisse vorhanden sein. Das Personengesellschaftsrecht, allgemeines Aktienrecht und das rechtsformspezifische Aktienrecht (die KGaA betreffend) einerseits sowie die steuerrechtlichen Grundlagen zur Besteuerung der Kapital-, aber auch der Personengesellschaften andererseits potenzieren die Anforderungen an eine möglichst fehlerfreie Handhabung einer Fußball-Kapitalgesellschaft in der Rechtsform der KGaA. Demgegenüber reduziert sich die Rechtsform der Aktiengesellschaft auf das Aktienrecht und – in Besteuerungsfragen – weitestgehend auf die Besteuerung der Kapitalgesellschaft.

Weiterhin komplexitätssteigernd – und damit auch verstärkt kompliziert – sind die gesellschaftsrechtlich notwendigen, vom DFB vorgegebenen Einflußsicherungsmaßnahmen in bezug auf das Verhältnis der Fußball KGaA zum Mutterverein durch die Verbindung mittels Komplementärfunktion und/oder Installation einer Komplementärgesellschaft. Die sich daraus ergebenden steuerlichen Fragestellungen sind ebenfalls nicht geeignet, die „Anwenderfreundlichkeit" zu steigern, sondern eher die daraus resultierenden Beratungskosten für Anwälte und Steuerberater. Insbesondere die zielgerechte und präzise Abstimmung der gesellschaftsvertraglichen Regelungen für die Einzelrechtssubjekte Mutterverein, Fußball KGaA und Komplementär-Kapitalgesellschaft selbst, aber auch für die vertraglichen Beziehungen der drei Gesellschaften im Verhältnis zueinander, setzen ein hohes fachspezifisches Wissen in Theorie und Praxis voraus.

### 6.2.3.2.3 Vergleichsweise geringer Bekanntheitsgrad der Rechtsform KGaA

Einen zusätzlichen Nachteil stellt die fehlende Bekanntheit der Rechtsform KGaA als Folge der in praxi nur geringen Zahl bestehender oder gar börsennotierter Kommanditgesellschaften auf Aktien dar.[144] Insbesondere im Fall eines angestrebten Going Public dürfte es sich z.B. als nachteilig erweisen, daß potentiellen ausländischen Investoren diese Rechtsform und ihre Spezifika häufig wenig bekannt sind. Vorbehalte können sich außerdem aufgrund der extensiven satzungsmäßigen Gestaltungsmöglichkeiten in der KGaA – im Gegensatz zu den weitgehend gesetzlich vorgegebenen und damit zu nicht unwesentlichen Anteilen standardisierten Satzungsbestimmungen der Aktienge-

---

144 Siehe dazu auch Abschn. 6.2.1.4

sellschaft – ergeben. Insbesondere können sich Vorbehalte bei der Gestaltung der Kommanditgesellschaft auf Aktien als GmbH & Co. KGaA ergeben[145], da diese Firmierung fatalerweise Assoziationen an die wenig renommierte GmbH & Co.KG hervorruft. Daher ist den ausgliederungswilligen Bundesligavereinen mit Börsenambitionen, für die die Rechtsform der KGaA (ohne unbeschränkte Haftung für den Mutterverein) optimal erscheint, zu empfehlen, die Komplementärfunktion nicht auf eine Komplementär-GmbH, sondern auf eine Komplementär-Aktiengesellschaft[146] zu übertragen, um damit als Fußball AG & Co. KGaA zu firmieren.

### 6.2.3.2.4 Fazit

Insgesamt spricht bei einem Vergleich der Eignung von „Aktiengesellschaft" und „Kommanditgesellschaft auf Aktien" bei der Rechtsformwahl einer börsenfähigen Fußball-Kapitalgesellschaft tendenziell mehr für die KGaA. So kommen auch Siebold/Wichert zu dem Ergebnis, daß die *„Gestaltungsfreiheit (der KGaA) für maßgeschneiderte Satzungen für eine wirtschaftlich sinnvolle Finanzierung und zur Sicherung des Einflusses der Vereine und des DFB eingesetzt werden"*[147] kann. Auch Wagner kommt jüngst zu dem Ergebnis, daß *„nachdem die GmbH & Co. KGaA sowohl von der höchstrichterlichen Rechtsprechung als auch vom DFB anerkannt worden ist, den Fußball-Bundesligavereinen ein Organisationsmodell zur Verfügung steht, das ihren grundlegenden Interessen weitestgehend entgegenkommt. ... Anders als bei der Aktiengesellschaft ist es bei der KGaA deshalb problemlos möglich, ein den Bedürfnissen des Einzelfalls angepaßtes, perfekt sitzendes gesellschaftliches Kleid zu schneidern"*.[148] Dem schließt sich der Verfasser – allerdings mit der Empfehlung, die Komplementär-GmbH durch eine Komplementär-AG aus Gründen der Verbesserung der Bonität der Fußball-Kapitalgesellschaft und der Akzeptanz durch die börsennahe Öffentlichkeit zu substituieren – im übrigen vollumfänglich an.

Anders könnte die Empfehlung bei vermögens-, eigenkapital- und ertragsstarken Fußballvereinen lauten, bei denen eine Ausgliederung der Lizenz-

---

145 Negativ bewertet (auch) die Deutsche Schutzgemeinschaft für Wertpapierbesitz (DSW), die den Bundesligavereinen von der Wahl der GmbH & Co. KGaA abriet, diese Rechtsform, weil sie von den Finanzmärkten nicht favorisiert werde; vgl. FAZ vom 23.10.1998, S. 32, und Handelsblatt vom 23.10.1998, S. 19
146 Siehe dazu Abschn. 6.2.2.2
147 Vgl. Siebold/Wichert 1998, S. 142
148 Vgl. Wagner 1999, S. 478

spielerabteilung und einem sonstigen erheblichen Vereinsvermögen (z.B. ein Fußballstadion, erhebliches Grund- und Geldvermögen) in eine klassische börsenfähige Aktiengesellschaft mit erheblichem Börsenkapitalisierungspotential sinnvoll sein kann.

## 6.3 Die Umwandlung eines eingetragenen (Fußball-)Vereins in eine Fußball-Kapitalgesellschaft

### 6.3.1 Überblick über das Umwandlungsrecht von 1995

Der Begriff des Umwandlungsrechts umfaßt jede Art des Wechsels einer Unternehmensrechtsform. Mit Inkrafttreten des Gesetzes zur Bereinigung des Umwandlungsrechts zum 1. Januar 1995[149] wurde ein langjähriger Reformbedarf auf dem Gebiet der Umwandlung von Rechtsträgern realisiert. Aufgrund des Umfanges und der Tragweite der Änderungen ist es durchaus zutreffend, von einer Reform des Umwandlungsrechts zu sprechen.[150] Die wesentlichen Neuerungen beziehen sich auf das Umwandlungsgesetz von 1969.[151]

Die Gründe der Novellierung des Umwandlungsrechts resultierten aus den historisch gewachsenen Regelungen der Umwandlung von Unternehmen, die nur noch wenig transparent waren. Die spezifischen Vorschriften zur Umwandlung verteilten sich über fünf verschiedene Gesetze. Während die Verschmelzung von Aktiengesellschaften und Kommanditgesellschaften auf Aktien in den §§ 338 ff. AktG geregelt waren, mußten bei der Verschmelzung von Gesellschaften mit beschränkter Haftung die §§ 19 ff. des Kapitalerhöhungsgesetzes (KapErhG) herangezogen werden. Bei der Verschmelzung von Genossenschaften galten die Regelungen des Genossenschaftsgesetzes. Die Vermögensübertragung war sowohl im Aktiengesetz als auch im Versicherungsaufsichtsgesetz kodifiziert. Bei rechtsformwechselnden Umwandlungen hielt wiederum das Aktiengesetz in den §§ 362 ff. zahlreiche Vorschriften bereit. Durch das Umwandlungsgesetz von 1969 wurde ferner die errichtende Umwandlung von Kapitalgesellschaften, Personengesellschaften und Unternehmen der öffentlichen Hand sowie die Umwandlung eines einzelkaufmännischen Unternehmens in eine Kapitalgesellschaft ermöglicht.

---

149 Vgl. dazu umfassender Neye 1995, S. 1-18
150 Vgl. Schwarz 1994, S. 1694; Hörtnagel/Stratz 1995, S. 3371
151 Auf die Änderungen im GmbHG und im AktG soll hier nicht eingegangen werden.

Für eine derart unterschiedliche Ausgestaltung vergleichbarer Sachverhalte in verschiedenen Gesetzen bestand keine Notwendigkeit. Hinzu kam, daß wichtige Sachverhalte im alten Umwandlungsrecht überhaupt keine Beachtung fanden. So konnten Personengesellschaften weder untereinander noch mit einer Kapitalgesellschaft verschmolzen werden. Die Verschmelzung einer Genossenschaft war lediglich mit einer bzw. mehreren anderen Genossenschaften möglich. Eingetragene Vereine mußten – wie auch Stiftungen – auf eine Verschmelzung gänzlich verzichten. Für einen den Zusammenschluß von Rechtsträgern entsprechendem Gegensatz – der Spaltung – bestand gar keine gesetzliche Grundlage. Gesellschaften, die eine Spaltung vornehmen wollten oder auch mußten, wurden durch die damalige Gesetzeslage gezwungen, diese Umwandlung über Hilfskonstruktionen durchzuführen.[152]

Eine abschließende und systematische Gesetzgebung konnte sich nicht entwickeln, so daß Gesetzeslücken und Unsicherheiten bei Umwandlungen keine Seltenheit waren. Die existierenden Vorschriften in den Gesetzestexten wichen zum Teil stark voneinander ab, so daß bei Umwandlungen nicht offensichtlich war, welche der bestehenden Vorschriften anzuwenden war. Insbesondere bei Regelungslücken bestand das Problem, welches Gesetz zur Lösung heranzuziehen war.[153] Um diese Problematik zu entschärfen, verfolgte der Gesetzgeber mit dem Gesetz zur Bereinigung des Umwandlungsrechts drei grundlegende Ziele.[154]

**Abb. 53: Reformziele des Umwandlungsbereinigungsgesetzes**

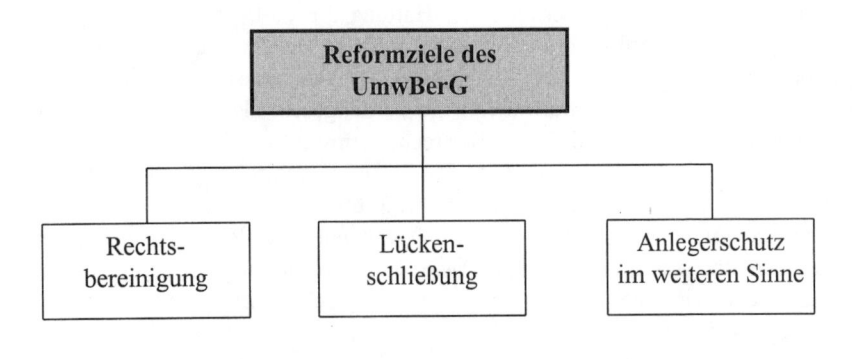

```
                    ┌─────────────────┐
                    │  Reformziele des │
                    │      UmwBerG     │
                    └─────────────────┘
                             │
        ┌────────────────────┼────────────────────┐
        │                    │                    │
┌───────────────┐    ┌───────────────┐    ┌───────────────────┐
│    Rechts-    │    │    Lücken-    │    │   Anlegerschutz   │
│  bereinigung  │    │  schließung   │    │ im weiteren Sinne │
└───────────────┘    └───────────────┘    └───────────────────┘
```

---

152 Vgl. zu diesem Absatz Hörtnagel/Stratz 1995, S. 3371
153 Vgl. Hörtnagel/Stratz 1995, S. 3371
154 Vgl. Ganske 1993, S. 1117; Hörtnagel/Stratz 1995, S. 3371

Unter *Anlegerschutz im weiteren Sinne* ist nicht nur der Schutz der Anleger zu verstehen, sondern auch der Schutz der Gläubiger und Minderheitsgesellschafter.[155] Die Zusammenfassung der einschlägigen Regelungen aus den fünf verschiedenen Gesetzen[156] galt als wesentlicher Schritt zur Entflechtung der bis dahin bestehenden Rechtslage.[157] Ferner ist der Begriff der Umwandlung eindeutig geklärt worden. Das neue Umwandlungsgesetz subsumiert in § 1 UmwG die vier Umwandlungsarten Verschmelzung, Spaltung, Vermögensübertragung und Formwechsel unter dem Oberbegriff der Umwandlung. Hinzu kommt, daß die bislang als verschmelzende Umwandlung bezeichnete Umstrukturierung zwischen Kapital- und Personengesellschaften, im Gegensatz zum alten Umwandlungsrecht, jetzt konsequent unter dem Begriff der Verschmelzung geregelt wurde.

Die errichtende Umwandlung nach dem Umwandlungsgesetz alter Fassung fällt nach der Rechtsbereinigung, nicht unumstritten[158], in den Regelungsbereich des Formwechsels. Bei einer Überführung einer Personengesellschaft in eine Aktiengesellschaft und umgekehrt bleibt somit nicht nur die wirtschaftliche, sondern auch die rechtliche Identität gewahrt. Der Begriff des Unternehmens im Umwandlungsgesetz a.F. hat nach Auffassung des Gesetzgebers zu Mißverständnissen führen können, da nicht alle Umwandlungssubjekte Unternehmen im juristischen oder betriebswirtschaftlichen Sinne darstellen. Für den Anwendungsbereich des Umwandlungsgesetzes ist daher entscheidend, ob eine im Rechtsverkehr auftretende juristische Einheit an der Umwandlung beteiligt ist. Aus diesem Grund ist der Begriff des Rechtsträgers eingeführt worden.[159] Als Rechtsträger qualifiziert der Gesetzgeber dabei jeden Vollinhaber eines Rechts, d.h. *„jede Rechtseinheit, gleich ob rechtlich verselbständigt oder nicht, die Träger von Rechten und Pflichten sein kann".*[160]

Durch diese Änderungen wurden die bereits bestehenden Möglichkeiten der Umstrukturierung und Reorganisation von Unternehmen zusammengefaßt und eine Systematisierung durchgesetzt, die zur Rechtsbereinigung beigetragen hat.[161] Die historisch unabhängig voneinander gewachsenen Regelungen

---

155 Vgl. Goutier/Knopf/Tulloch 1996, S. 506
156 Dem Umwandlungsgesetz von 1969, dem Aktiengesetz, dem Kapitalerhöhungsgesetz, dem Genossenschaftsgesetz und dem Versicherungsaufsichtsgesetz
157 Vgl. Schwarz 1994, S. 1695; Hörtnagel/Stratz 1995, S. 3371
158 Kritisch hierzu: Handelsrechtsausschuß 1993, S. 20, Rn. 126 ff.
159 Vgl. die Gesetzesbegründung, in: BT-Drucksache 12/6699, 71 (unter II)
160 Schwarz 1994, S. 1665
161 Vgl. Hörtnagel/Stratz 1995, S. 3371

hätten auch weiterhin bestehen können, wenn nicht die dem Wandel der Zeit unterliegenden wirtschaftlichen Strukturen die Reform erforderlich gemacht hätten. Um die Anpassungsmöglichkeiten deutscher Unternehmen an immer dynamischere Strukturänderungen zu verbessern, mußten die Regelungslücken des alten Umwandlungsrechts mit dem Ziel geschlossen werden, die Anpassungsfähigkeit der Unternehmen an die wirtschaftlichen Bedingungen zu erleichtern und durch Erweiterung der Umwandlungsmöglichkeiten die Flexibilität der Unternehmen zu erhöhen.

Vor allem die Genossenschaften profitieren von diesen Änderungen, die nun in bezug auf die Umwandlung einer Kapitalgesellschaft nahezu gleichgestellt sind. Lediglich beim Formwechsel stehen die Genossenschaften den Kapitalgesellschaften noch nach, da es ihnen, im Gegensatz zu Kapitalgesellschaften, nicht möglich ist, in eine Personengesellschaft umgewandelt zu werden. Die in das neue Umwandlungsgesetz aufgenommene Umstrukturierung im Wege der Spaltung hat sich inzwischen zu der bedeutendsten Umwandlungsalternative, gemessen an der Anzahl der neuen Umwandlungen, entwickelt.[162] Die Rahmenbedingungen deutscher Unternehmen konnten durch die neu gestalteten und geschaffenen Anforderungen hinsichtlich der Umstrukturierung von Unternehmen deutlich verbessert werden.

Im Zuge der Reform wurde durch die Verschärfung der Informations- und Prüfungsrechte auch dem Anlegerschutz ein höherer Stellenwert eingeräumt (§§ 5, 126, 176 ff. (i.V.m. §§ 5 und 126) sowie § 194 UmwG). Alle Umwandlungsvorgänge erfordern nunmehr einen Mindestinhalt der rechtsgeschäftlichen Grundlage. So ist von der Geschäftsführung eines jeden an der Umwandlung beteiligten Rechtsträgers in der Regel ein Bericht zu erstellen. Zudem bedarf die Veränderung von Anteilen oder Mitgliedschaften infolge einer Umwandlung grundsätzlich einer Prüfung durch unabhängige Sachverständige (§ 9 Abs. 1 UmwG). Auf diese Weise soll die Gleichbehandlung der Anteilsinhaber gewährleistet werden. Unter bestimmten Umständen besteht zudem ein Austrittsrecht der Anteilsinhaber gegen Barabfindung. Diesem Schutz der Anteilsinhaber steht allerdings gleichzeitig eine Einschränkung in der Anfechtbarkeit des Umwandlungsbeschlusses gegenüber. Hiernach ist es einer Minderheit nicht möglich, einen Umwandlungsbeschluß zu verhindern, wodurch der Gesetzgeber eine weitere Umwandlungserleichterung bewirkt hat. Damit ist dem Ziel, die Anpassungsfähigkeit der Gesellschaft an verän-

---

162 Vgl. Schwarz 1994, S. 1695 f.

derte rechtliche und wirtschaftliche Bedingungen zu verbessern, Rechnung getragen worden.

### 6.3.1.1 Einzel- und Gesamtrechtsnachfolge

Bei der Umwandlung von Unternehmen wird zwischen Einzelrechtsnachfolge und Gesamtrechtsnachfolge unterschieden.

Bei der Einzelrechtsnachfolge handelt es sich um einen Wechsel der Unternehmensrechtsform mit formeller Liquidation, d.h. alle Vermögensgegenstände und Verbindlichkeiten der Gesellschaft werden einzeln auf den übernehmenden Rechtsträger übertragen. Das gilt sowohl für die abzutretenden Forderungen als auch für die zu übereignenden beweglichen Sachen. Die Möglichkeit der Übertragung des Unternehmens als Ganzes besteht bei der Einzelrechtsnachfolge nicht. Die Einzelrechtsnachfolge ist nicht an eine bestimmte Rechtsform gebunden und kann daher von jedem Rechtsträger gleichermaßen vollzogen werden. Allerdings ist ein Rechtsformwechsel in Form der Einzelrechtsnachfolge zum Teil mit erheblichen Problemen behaftet. Insbesondere sei hier auf die Problematik der verschleierten Sachgründung hingewiesen.[163] Die Einzelrechtsnachfolge gehört zu den allgemeinen Möglichkeiten des Wechsels der Unternehmensrechtsform, die auch schon vor Inkrafttreten des Umwandlungsgesetzes möglich war und in Zukunft neben den Möglichkeiten des Umwandlungsgesetzes genutzt werden kann, obgleich der Nutzen der Einzelrechtsnachfolge nach der Reform des Umwandlungsrechts fraglich sein dürfte;[164] denn generell sind Umwandlungen im Wege der Einzelrechtsnachfolge „*umständlich, zeit- und kostenaufwendig*".[165] Sowohl die Übertragung der Vermögensgegenstände und Verbindlichkeiten im einzelnen nach den Vorschriften des bürgerlichen Rechts (§§ 398 ff., 414 ff., 873 ff., 925 ff., 929 ff. BGB) als auch die in jedem Fall notwendige Zustimmung der jeweiligen Gläubiger bei der Übertragung von Verbindlichkeiten (vgl. §§ 414 BGB) können ein Scheitern einer Umwandlung zur Folge haben. Zwar sind bedeutende Umwandlungen im Wege der Einzelrechtsnachfolge

---

163 Vgl. Heidemann 1994, S. 289 ff.
164 Zu Problemen, die sich bei der Übertragung der Vermögensgegenstände im Wege der Einzelrechtsnachfolge ergeben können, vgl. Heidemann 1996, S. 558
165 Vgl. Engelmeyer 1995, S. 11

bekannt geworden, jedoch liegen diese sämtlich zeitlich vor der Neufassung des Umwandlungsgesetzes von 1995.[166]

Bei der Gesamtrechtsnachfolge, d.h. bei einem Wechsel der Unternehmensrechtsform ohne formelle Liquidation, werden die Vermögensgegenstände nicht einzeln veräußert, sondern das Unternehmen als Ganzes auf den neuen Rechtsträger übertragen. Die Varianten der Gesamtrechtsnachfolge werden durch das Umwandlungsgesetz geregelt, welches sich jedoch ausschließlich auf Rechtsträger mit Sitz im Inland bezieht.[167] Es stellt gewissermaßen ein zusätzliches Angebot zu den bisherigen Umstrukturierungsmöglichkeiten dar.[168] Das Umwandlungsgesetz setzt sich nunmehr aus acht Büchern zusammen, wobei in § 1 des ersten Buches UmwG die in den folgenden sieben Büchern geregelten Umwandlungsarten aufgeführt werden. Danach wird zwischen Verschmelzung, Spaltung, Vermögensübertragung und Formwechsel differenziert.[169]

### 6.3.1.2 Die Verschmelzung

Die schon im alten Umwandlungsrecht bekannte Verschmelzung wird nun im zweiten Buch des Umwandlungsgesetzes in den §§ 2-122 geregelt.[170] Danach müssen mindestens zwei, ein übertragender und ein übernehmender, Rechtsträger Gegenstand der Verschmelzung sein (§ 2 UmwG). Die Möglichkeit der Verschmelzung ist sowohl zwischen Kapitalgesellschaften[171] als auch zwischen Personengesellschaften untereinander sowie zwischen Personen- und Kapitalgesellschaften gegeben. Darüber hinaus können auch eingetragene Vereine und Genossenschaften einschließlich genossenschaftlicher Prüfungsverbände sowie Versicherungsvereine auf Gegenseitigkeit an einer Verschmelzung beteiligt sein (§ 3 UmwG).

---

166 Zu nennen sind: Varta AG und Löwenbräu AG als Abspaltungsfälle sowie Holzmüller, Thyssen, Allianz und RWE als Ausgliederungsfälle; siehe dazu auch Engelmann 1995. S. 11, mit weiteren Nennungen.
167 Es liegt nicht in der Kompetenz des deutschen Gesetzgebers, Vorschriften zu erlassen, die Auswirkungen auf Gesellschaften anderer Staaten haben. Hierfür wäre zunächst eine Angleichung der gesetzlichen Rahmenbedingungen erforderlich. Hierin dürfte der Hauptgrund der Ausklammerung grenzüberschreitender Umstrukturierungsvorgänge liegen.
168 Vgl. Neye 1995, S. 7
169 Vgl. auch Heidemann 1996, S558 ff.; Ossadnik/Maus 1995, S. 105
170 Vgl. dazu umfassend Sagasser/Bula 1995, S. 59-124
171 Vgl. Grunewald/Winter 1995, S. 19 ff.

Bei der Verschmelzung wird das gesamte Vermögen eines Rechtsträgers auf einen anderen Rechtsträger im Zuge der Gesamtrechtsnachfolge übertragen. Dieses Procedere vollzieht sich unter Auflösung des übertragenden Rechtsträgers ohne Abwicklung. Die Übertragung des Vermögens einer vorhandenen Gesellschaft oder eines Vereins auf ein neugegründetes Unternehmen oder auf ein bereits bestehendes Unternehmen ist davon abhängig, ob es sich um eine Verschmelzung zur Neugründung oder eine Verschmelzung zur Aufnahme handelt.

Eine Sonderform der verschmelzenden Umwandlung ist das sog. Anwachsen gemäß § 738 BGB. Ein Rechtsformwechsel ergibt sich in diesem Fall nur dann, wenn aus einer Personengesellschaft alle Gesellschafter ausschließlich des übernehmenden ausscheiden.[172]

### 6.3.1.3 Die Spaltung

Im dritten Buch des Umwandlungsgesetzes wurde die Spaltung[173] kodifiziert, wobei auf die meisten Vorschriften der Verschmelzung (§ 125 UmwG) verwiesen wird. Der Gesetzgeber differenziert zwischen Aufspaltung (§ 123 Abs. 1 Nr. 2 UmwG), Abspaltung (§ 123 Abs. 2 Nr. 2 UmwG) und Ausgliederung (§ 123 Abs. 3 Nr. 2 UmwG).[174]

Bei der Aufspaltung – dem Pendant zur Verschmelzung – wird das Vermögen des übertragenden Rechtsträgers unter Auflösung ohne Abwicklung aufgespalten. Das bedeutet, daß Teile des Vermögens auf mindestens zwei andere Rechtsträger übertragen werden. Findet die Übertragung auf bereits bestehende Rechtsträger statt, handelt es sich um eine Aufspaltung zur Aufnahme, und bei einer Aufspaltung zur Neugründung wird dementsprechend auf neu gegründete Rechtsträger übertragen. Die Anteilseigner des alten Rechtsträgers erhalten eine entsprechende Beteiligung an dem übernehmenden bzw. neu gegründeten Rechtsträger.

Bei der Abspaltung wird lediglich ein Teil des Vermögens im Wege der Sonderrechtsnachfolge in ein oder mehrere Teile gespalten und auf einen oder mehrere andere Rechtsträger aufgeteilt. Dabei bleibt jedoch der sich spaltende Rechtsträger als sog. Rumpfunternehmen bestehen.[175] Je nachdem, ob Teile

---

172 Vgl. Heidemann 1996, S. 558
173 Vgl. Engelmeyer 1995, S. 14 ff. und 24 ff. und umfassend: Sagasser/Bula 1995, S. 200-247
174 Vgl. Hommelhoff/Priester/Teichmann 1995, S. 89 ff.
175 So auch Heidemann 1996, S. 558

des Vermögens auf einen bereits bestehenden oder einen neu gegründeten Rechtsträger übertragen werden, wird von einer Abspaltung zur Aufnahme oder einer Abspaltung zur Neugründung gesprochen. Die Anteilseigner des sich spaltenden Unternehmens erhalten analog zur Aufspaltung als Gegenleistung eine Beteiligung an dem übernehmenden bzw. neu gegründeten Rechtsträger.

Der Fall der Ausgliederung[176] entspricht dem der Abspaltung, jedoch mit dem Unterschied, daß die Anteile des sich abspaltenden Unternehmens an das Rumpfunternehmen selbst und nicht an dessen Gesellschafter direkt fallen.[177] Auch hier kann wieder zwischen Ausgliederung zur Aufnahme und Ausgliederung zur Neugründung unterschieden werden. Die Spaltung kann auf die gleichen Rechtsformen angewendet werden wie die Verschmelzung (§ 124 UmwG). Daneben ist die Ausgliederung als Form der Spaltung auch bei Einzelkaufleuten, Stiftungen und Gebietskörperschaften durchführbar (§ 124 Abs. 1 UmwG).

### 6.3.1.4 Die Vermögensübertragung

Im vierten Buch des Umwandlungsgesetzes ist die Vermögensübertragung geregelt, bei der zwischen den zwei Unterarten, Teilübertragung (§ 174 Abs. 1 UmwG) und Vollübertragung (§ 174 Abs. 2 UmwG), unterschieden wird. Während die Vollübertragung der Verschmelzung gleichkommt, entspricht die Teilübertragung der Spaltung eines Rechtsträgers. Die Vermögensübertragung kann lediglich von Kapitalgesellschaften auf den Bund, ein Land oder eine Gebietskörperschaft sowie einen Zusammenschluß solcher (§ 175 Nr. 1 UmwG) erfolgen oder von einer Versicherungsaktiengesellschaft auf Versicherungsvereine auf Gegenseitigkeit oder auf öffentlich-rechtliche Versicherungsunternehmen (§ 175 Nr. 2a UmwG) bzw. von einem Versicherungsverein auf Gegenseitigkeit auf ein öffentlich-rechtliches Versicherungsunternehmen (§ 175 Nr. 2b UmwG) und umgekehrt (§175 Nr. 2c UmwG). Eine Gegenleistung in Anteilen oder Mitgliedschaftsrechten wird gemäß § 174 Abs. 1 UmwG ausgeschlossen. Vielmehr werden die Gegenleistungen primär in Form von Barleistungen erbracht.[178]

---

176 Vgl. dazu Karollus 1995, S. 157 ff.
177 Vgl. Geck 1995, S. 417; siehe auch Steinbeck/Menke 1998; S. 227
178 Vgl. Hörtnagel/Stratz 1995, S. 3379

### 6.3.1.5 Der Formwechsel

Die Vorschriften für die vierte Form der Umwandlung, dem Formwechsel[179], befinden sich im fünftem Buch des Umwandlungsgesetzes. Beim Formwechsel kann ein Rechtsträger unter Wahrung seiner Identität eine andere Rechtsform erhalten. Hierin liegt auch der wesentliche Unterschied zu den vorher genannten Umwandlungsarten. Lediglich die Struktur des Unternehmens wird der neuen Rechtsform angepaßt, und die für die neue Rechtsform geltenden Normen sind nun zu beachten. In der Literatur wird daher häufig in diesem Zusammenhang von einem Rechtskleidwechsel gesprochen.[180] Das nun gültige Recht zum Formwechsel ermöglicht nicht nur die Umwandlung innerhalb von Personengesellschaften[181] und Kapitalgesellschaften, sondern auch zwischen Personen- und Kapitalgesellschaften. Somit bedarf es keiner errichtenden Umwandlung, wie sie für diesen Zweck nach altem Recht noch erforderlich war.

### 6.3.1.6 Die Umwandlungsphasen

Jede der vorgenannten vier Umwandlungsarten – also die Verschmelzung, die Spaltung mit ihren Ausprägungen der Aufspaltung, Abspaltung und Ausgliederung, die Vermögensübertragung sowie der Formwechsel – kann in drei Schritte unterteilt werden, die *Ganske*[182] als Dreitakt bezeichnet. Zu differenzieren ist zwischen der Vorbereitungsphase, Beschlußphase und Vollzugsphase[183], wie Abbildung 54 verdeutlicht.

Die Vorbereitungsphase dient der Vorbereitung der Beschlußfassung. Neben Überlegungen, in welcher Form die Umwandlung vollzogen werden soll, ist auch die Erstellung der rechtsgeschäftlichen Voraussetzungen zu gewährleisten. Dazu gehört insbesondere ein Verschmelzungs-, Spaltungs- oder Übernahmevertrag. Kann ein solcher Vertrag aufgrund des fehlenden Vertragspartners – wie z.B. bei einer Spaltung zur Neugründung – nicht geschlossen werden, so ist ein entsprechender Plan zu erstellen. Im Gegensatz dazu stellt

---

179 Vgl. dazu Decker 1995, S. 201 ff. und umfassend Sagasser/Bula 1995, S. 308-353
180 Vgl. Heidemann 1996, S. 564; Schwarz 1994, S. 1699; Hörtnagel/Stratz 1995, S. 3381
181 Der Formwechsel innerhalb von Personengesellschaften ist lediglich nach den Regelungen des HGB möglich und wird nach dem UmwG explizit in § 214 Abs. 1 UmwG untersagt.
182 Vgl. Ganske 1993, S. 1121, Fn. 44; *Ganske* bezeichnet ähnlich wie hier die Phasen als Vorbereitung, Beschlußfassung und Eintragung im Register zur Herbeiführung der Wirksamkeit.
183 Vgl. Schwarz 1994, S. 1700f.

bei einer formwechselnden Umwandlung bereits der bloße Umwandlungsbeschluß der Anteilsinhaber die rechtsgeschäftliche Grundlage dar. Sowohl der Vertrag, der Plan als auch der Beschluß müssen auf einem Beschlußentwurf beruhen, der die wesentlichen Punkte der Umwandlung beinhaltet. Zudem müssen die vom Gesetzgeber geforderten Berichtspflichten beachtet werden, sofern diese nicht durch eine einvernehmliche Beschlußfassung hinfällig wurden. Eine Prüfung der Umwandlung ist nur dann erforderlich, wenn das Gesetz dies ausdrücklich fordert. Schließlich hat noch die gesetzlich vorgeschriebene Beteiligung der Arbeitnehmervertretung zu erfolgen.

**Abb. 54: Phasen der Umwandlung**

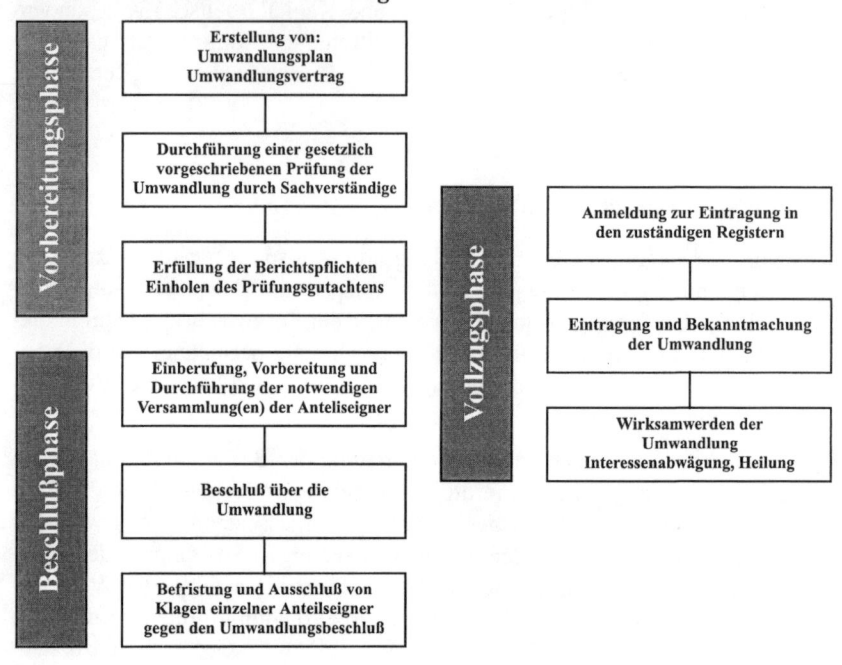

Der Übergang von der Vorbereitungsphase in die Beschlußphase ist nahtlos. Primäre Bestandteile der Beschlußphase sind die Einberufung, Vorbereitung und Durchführung der für die Umwandlung erforderlichen Versammlungen. Die Anteilseigner haben dort über die Umwandlung mit einer qualifizierten Mehrheit zu entscheiden. Im Fall eines geplanten Formwechsels wird von den

Anteilseignern erst jetzt mit einem Beschluß die rechtsgeschäftliche Grundlage geschaffen.

In der Vollzugsphase wird die von den Anteilsinhabern beschlossene Umwandlung rechtskräftig. Hierzu bedarf es der Anmeldung und Eintragung in den zuständigen Handelsregistern, wodurch die Umwandlung abgeschlossen wird.

### 6.3.2 Die generell bestehenden Umwandlungsmöglichkeiten für eingetragene Fußball-Vereine

Losgelöst von dem Hintergrund eines möglichen Börsenganges eines Fußball-Vereins und den Vorgaben aus den DFB-Statuten zur gestaltenden Umwandlung von Vereinen in Kapitalgesellschaften[184] werden nachfolgend die generellen Umwandlungsmöglichkeiten eines eingetragenen Vereins in eine andere Rechtsform dargestellt. Eine Übersicht über die sich erstmalig aus dem (neuen) Umwandlungsrecht von 1995 ergebenden Möglichkeiten zeigt die nachfolgende Abbildung 55.

Über die dort dargestellten Umwandlungsmöglichkeiten eines eingetragenen Vereins als übertragendem Rechtsträger hinaus besteht ebenso als zulässige Möglichkeit die hier zu vernachlässigende Umwandlungsalternative in eine eingetragene Genossenschaft, wobei sowohl die Verschmelzung eines Vereins auf eine bestehende Genossenschaft sowie mit einem (anderen) Verein zu einer neuen Genossenschaft als auch die Spaltung eines Vereins im Sinne einer Auf- oder Abspaltung auf eine Genossenschaft und die Ausgliederung von Vermögensteilen eines Vereins auf eine Genossenschaft möglich sind. Bei einem Formwechsel von einem eingetragenen Verein zu einer eingetragenen Genossenschaft sind die Besonderheiten der §§ 283 - 290 UmwG zu beachten.

Umwandlungsrechtlich ausgeschlossen, weil unzulässig, sind die Fälle der Umwandlung eines Vereins in ein Einzelunternehmen, in eine Gesellschaft bürgerlichen Rechts (GbR), in eine Partnerschaft, in eine Körperschaft öffentlichen Rechts, in eine Stiftung, in einen Versicherungsverein auf Gegenseitigkeit und in eine stille Gesellschaft (§ 273 Abs. 1 UmwG). Die Umwandlung durch Spaltung von Vereinen auf Vereine kommt nur bei eingetragenen

---

[184] Siehe dazu Abschnitt 5; vgl. dazu auch Mayer/Kretschmar/Oeser 1997; Habersack 1998, S. 45 ff.; Schäfer 1998, S. 17 ff.; Scherrer 1998, S. 9ff.; Fritzweiler/Pfister/Summerer 1998, S. 105 ff.

Vereinen in Betracht (§§ 124 und 149 UmwG). In diesem Fall gelten die Regelungen für die Spaltung von Kapitalgesellschaften in bzw. auf andere Kapitalgesellschaften entsprechend[185] unter Beachtung der §§ 99 - 104a UmwG.

**Abb. 55: Generelle Umwandlungsmöglichkeiten eines eingetragenen Vereins in andere Rechtsformen nach dem Umwandlungsgesetz**

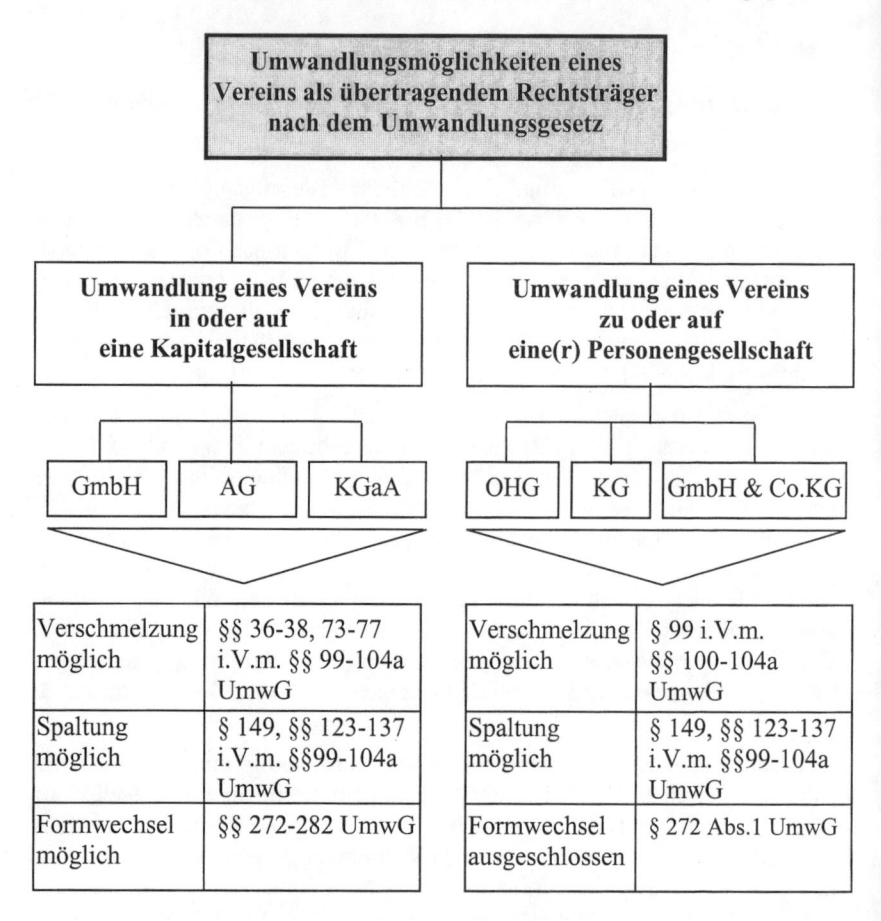

|  | Umwandlung eines Vereins in oder auf eine Kapitalgesellschaft | | | Umwandlung eines Vereins zu oder auf eine(r) Personengesellschaft | | |
|---|---|---|---|---|---|---|
|  | GmbH | AG | KGaA | OHG | KG | GmbH & Co.KG |

| | | | |
|---|---|---|---|
| Verschmelzung möglich | §§ 36-38, 73-77 i.V.m. §§ 99-104a UmwG | Verschmelzung möglich | § 99 i.V.m. §§ 100-104a UmwG |
| Spaltung möglich | § 149, §§ 123-137 i.V.m. §§99-104a UmwG | Spaltung möglich | § 149, §§ 123-137 i.V.m. §§99-104a UmwG |
| Formwechsel möglich | §§ 272-282 UmwG | Formwechsel ausgeschlossen | § 272 Abs.1 UmwG |

---

185 Vgl. Zacharias 1998, S. 75 f. und S. 86-88

Da die Vermögensübertragung nur für bestimmte Unternehmen der Versicherungswirtschaft und des öffentlichen Rechts Anwendung findet, ist sie nicht Gegenstand dieser Untersuchung.

### 6.3.3 Going Public-relevante Umwandlungsformen für Fußball-Vereine

Ausgehend von den generell möglichen Vereinsumwandlungen des Umwandlungsrechts gemäß Abbildung 55 werden nachfolgend nur noch die börsenfähigen Rechtsformen in die weitere Untersuchung einbezogen. Dies sind die Aktiengesellschaft[186] und die Kommanditgesellschaft auf Aktien in *„reiner Form"* und mit ihren haftungsbeschränkenden Modifikationen.[187]

In einem ersten Schritt wird untersucht, welche Möglichkeiten einer unmittelbaren oder direkten Umwandlung eines (Fußball-)Vereins als Ganzes in eine Fußball-Aktiengesellschaft das Umwandlungsrecht bietet. Ergäbe sich doch hiermit die Möglichkeit, den Verein als Ganzes in einem einzigen und (vergleichsweise) einfachen Umwandlungsschritt im Wege der Einzelrechtsnachfolge, durch Verschmelzung oder durch Formwechsel in eine Aktiengesellschaft zu überführen und die Vereinsmitglieder in einem umwandlungsrechtlichen Akt direkt zu Aktionären einer publikumsorientierten (Fußball-)Aktiengesellschaft zu machen.

Zwar hat sich der DFB satzungsmäßig in seiner aktuellen Willensbildung[188] einem solchen Weg der direkten Beteiligung der Vereinsmitglieder als Aktionäre einer durch Vereinsumwandlung entstehenden Fußball-Aktiengesellschaft mit Börsenfähigkeit verschlossen; dennoch sollen nachfolgend die Möglichkeiten und Vorzüge gegenüber den DFB-satzungskonformen Umwandlungsformen und -möglichkeiten, die im Anschluß daran abgehandelt werden, aufgezeigt werden.

---

186 Siehe dazu Abschn. 6.1
187 Siehe dazu Abschn. 6.2
188 Siehe dazu Abschn. 5

### 6.3.3.1 Die direkte, aber nicht DFB-satzungskonforme Umwandlung eines Fußball-Vereins als Ganzes in eine Fußball-Aktiengesellschaft

#### 6.3.3.1.1 Umwandlung des Vereins als Ganzes im Wege der Einzelrechtsnachfolge

Bei der Einzelrechtsnachfolge[189] sind die Vermögensgegenstände des übertragenden Rechtsträgers (hier: des eingetragenen Fußball-Vereins) einzeln zu übertragen, d.h. es findet keine Übertragung des Vereins als Ganzes und als Einheit statt. So sind z.B. die Forderungen abzutreten und die beweglichen Sachen zu übereignen. Werden sämtliche Vermögensgegenstände im Wege der Einzelrechtsnachfolge auf die Fußball-Aktiengesellschaft übertragen, kommt dies einer Liquidation des Fußball-Vereins gleich und zieht ein formelles Liquidationsverfahren für den Verein nach sich.[190] Bei der Einzelrechtsnachfolge wird die Umwandlung eines Vereins in eine Aktiengesellschaft wie eine Neugründung (der Aktiengesellschaft) behandelt, d.h. handelsrechtlich sind die Gründungsvorschriften der §§ 23 ff. AktG maßgebend. Danach ist eine Satzung für die Fußball-Aktiengesellschaft zu erstellen und notariell zu beglaubigen (§ 23 AktG). Mit der Feststellung der Satzung durch die Gründer (§ 28 AktG) und Übernahme der Gründungsaktien (§ 29 AktG) gilt die Fußball-Aktiengesellschaft als errichtet.

Die Entstehung der Fußball-Aktiengesellschaft als juristische Person erfordert zudem die Eintragung in das Handelsregister (argumentum e contrario § 41 Abs. 1 AktG). Bis zu diesem Zeitpunkt existiert die Fußball-Aktiengesellschaft lediglich als eine nicht rechtsfähige Gesellschaft, die als Voraktiengesellschaft bezeichnet wird. Vor der Eintragung in das Handelsregister ist von den Gründern der Aufsichtsrat und der erste Abschlußprüfer zu bestellen (§ 30 Abs. 1 Satz 1 AktG). Diese Bestellung bedarf der notariellen Beurkundung (§ 30 Abs. 1 Satz 2 AktG). Darüber hinaus sind die Gründer verpflichtet, einen Gründungsbericht zu erstatten (§ 32 AktG). Der Verlauf der Gründung ist sowohl vom Vorstand als auch vom Aufsichtsrat zu überwachen. Sind alle Voraussetzungen erfüllt, kann die Fußball-Aktiengesellschaft zur Eintragung in das Handelsregister angemeldet werden. Nachdem das zuständige Gericht die ordnungsmäßige Errichtung und Anmeldung der Fußball-Aktiengesellschaft geprüft hat (§ 38 AktG) und keine Beanstan-

---

189 Siehe dazu Abschn. 6.3.1.2
190 Vgl. Heidemann 1996, S. 562

dungen vorliegen, kann die Fußball-Aktiengesellschaft in das Handelsregister eingetragen werden.

Durch das Umwandlungsgesetz von 1995 hat die Umwandlung im Wege der Einzelrechtsnachfolge ihre Bedeutung verloren.[191] Auch für die umwandlungsrechtliche Gestaltung einer Fußball-Aktiengesellschaft ist der Weg der Einzelrechtsnachfolge insbesondere wegen der zeit- und kostenintensiven Folgen sowie des erhöhten Risikos des Scheiterns einer Umwandlung nicht mehr zu empfehlen. Auch schließen die aktuell geltenden Statuten des DFB[192] die Möglichkeit einer direkten Umwandlung eines Vereins in eine Fußball-Aktiengesellschaft im Wege der Einzelrechtsnachfolge mit anschließender Liquidation des Vereins aus, da sich der DFB für das Ausgliederungsmodell mit Fortbestand des (Mutter-)Vereins und nicht für die direkte Umwandlung des Vereins als Ganzes entschieden hat.

*6.3.3.1.2 Umwandlung des Vereins als Ganzes im Wege der Verschmelzung*

*6.3.3.1.2.1 Verschmelzung durch Aufnahme oder Neugründung*

Durch das Umwandlungsgesetz von 1995 werden zwei grundsätzlich unterschiedliche Wege zur Verschmelzung eines Fußball-Vereins als Ganzes auf eine Aktiengesellschaft angeboten: Entweder wird das Vermögen des Fußball-Vereins als Ganzes auf eine (andere) bereits bestehende Aktiengesellschaft[193] gegen Gewährung von Gesellschaftsrechten bzw. -anteilen übertragen (§ 2 Abs. 1 Nr. 1 UmwG) – bezeichnet als Verschmelzung durch Aufnahme – oder mindestens zwei Gesellschaften, von denen eine oder beide ein eingetragener Verein sein können, übertragen das jeweils eigene Vermögen gegen Gewährung von Gesellschaftsrechten auf eine neu zu gründende Fußball-Aktiengesellschaft (§ 2 Abs. 1 Nr. 2 UmwG) – diese Form wird bezeichnet als Verschmelzung durch Neugründung.

Das Vermögen des übertragenden Fußball-Vereins als Ganzes geht dabei jeweils auf beiden Wegen (bei Aufnahme und Neugründung) durch Gesamt-

---

191 Vgl. Engelmeyer 1995, S. 10 f.; siehe dazu auch Abschn. 6.3.1.2
192 Siehe dazu Abschn. 5; insbesondere Abschn. 5.1.2
193 Denkbar ist auch die Aufnahme in andere, bereits bestehende Kapitalgesellschaften (in den Rechtsformen der GmbH und der KGaA), die in einem späteren Zeitpunkt in die Rechtsform der AG formwechselnd umgewandelt werden können; gegebenenfalls in Verbindung mit einer Änderung des Gesellschaftszwecks zur Fußball-Aktiengesellschaft.

rechtsnachfolge[194] auf die übernehmende (Fußball-Aktien-)Gesellschaft über. Der übertragende Fußball-Verein geht danach unter. Als Ausgleich erhalten die Vereinsmitglieder des untergehenden Vereins Anteile (hier: Aktien) an der aufnehmenden bzw. neugegründeten Fußball-Aktiengesellschaft. Eine Abfindung der Vereinsmitglieder in Geld oder Sachwerten ist grundsätzlich ausgeschlossen.[195]

Zulässig ist es in beiden Fällen der Verschmelzung (durch Aufnahme und durch Neugründung), gleichzeitig mehrere Gesellschaften auf eine bestehende oder zu einer neuen Fußball-Aktiengesellschaft zu verschmelzen (§ 2 Abs. 1 UmwG). Dies kann Bedeutung erlangen, wenn z.B. ein Fußball-Verein bereits über eine ausgegliederte Marketing-GmbH als Beteiligungsgesellschaft verfügt und diese nunmehr (auch) in die neue Fußball-Aktiengesellschaft verschmelzen will. Insofern stellt eine Einbringung der Anteile an der Marketing-GmbH in die Fußball-Aktiengesellschaft keine Verschmelzung dar; vielmehr müssen die gesamten Aktiva und Passiva im Wege der verschmelzenden Gesamtrechtsnachfolge auf die übernehmende Fußball-Aktiengesellschaft übertragen werden.

**Abb. 56: Verschmelzung durch Aufnahme eines Muttervereins als Ganzes in eine Marketing-Tochtergesellschaft nach erfolgtem Formwechsel zur Fußball-Aktiengesellschaft**

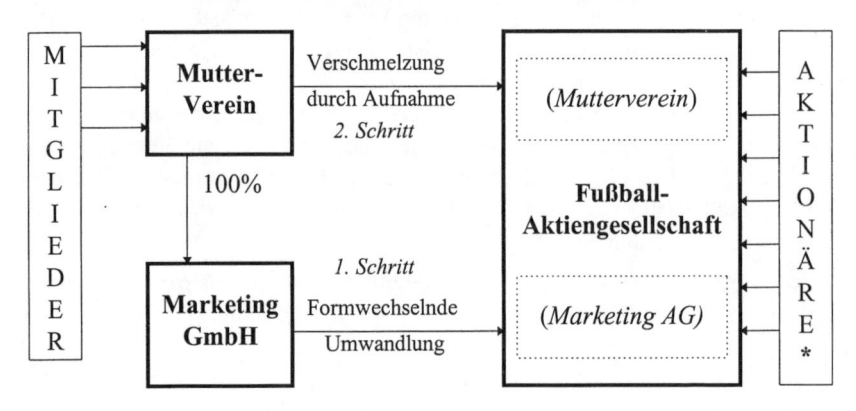

* Die Aktionäre der Fußball-Aktiengesellschaft waren vor der Verschmelzung Vereinsmitglieder

---

194 Siehe dazu Abschn. 6.3.1.2
195 Bare Zuzahlungen (zusätzlich zur Gewährung von Aktien) können allenfalls bis zur Höhe von 10% des Gesamtnennbetrages der auszugebenden Aktien der übernehmenden bzw. neugegründeten Fußball-Aktiengesellschaft geleistet werden (§ 54 Abs. 4 UmwG).

Einer Verschmelzung durch Aufnahme kann der Fall zugrunde liegen, daß der umwandlungswillige (Fußball-)Verein auf eine bereits vorhandene Aktiengesellschaft, die z.B. vorbereitend aus einer bestehenden Marketing-Tochtergesellschaft des Vereins entstanden ist, verschmolzen würde (siehe Abb. 56).

Andere Konstellationen, in denen Verschmelzungen eines Muttervereins als Ganzes auf bereits bestehende Kapitalgesellschaften vorgenommen werden könnten, sind denkbar und unterfallen dem nachfolgend dargestellten umwandlungsrechtlichen Verfahrensablauf.

Eine Verschmelzung durch Neugründung einer Fußball-Aktiengesellschaft verdeutlicht die nachfolgende Abbildung 57:

**Abb. 57: Verschmelzung eines Muttervereins als Ganzes durch Neugründung einer Fußball-Aktiengesellschaft**

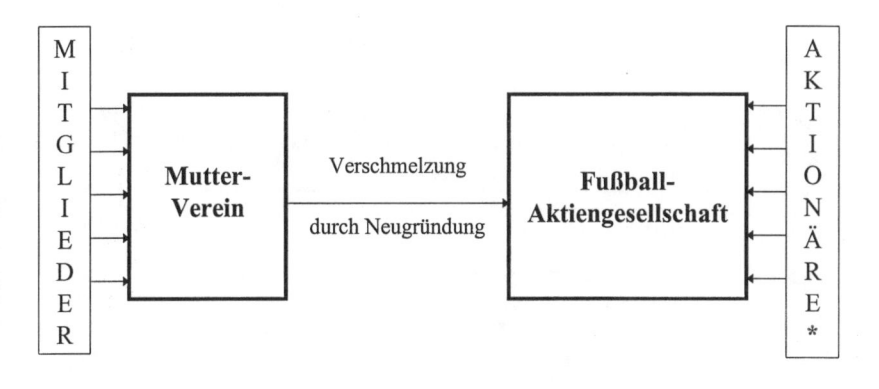

```
┌─┐                                                      ┌─┐
│M│     ┌──────────┐                    ┌──────────┐    │A│
│I│     │          │                    │          │    │K│
│T│  →  │          │   Verschmelzung    │          │  ← │T│
│G│  →  │  Mutter- │ ─────────────────→ │  Fußball-│  ← │I│
│L│  →  │  Verein  │                    │Aktien-   │  ← │O│
│I│  →  │          │  durch Neugründung │gesellschaft│  ← │N│
│E│  →  │          │                    │          │  ← │Ä│
│D│     │          │                    │          │    │R│
│E│     │          │                    │          │    │E│
│R│     └──────────┘                    └──────────┘    │*│
└─┘                                                      └─┘
```

\* Die Aktionäre der neugegründeten Fußball-Aktiengesellschaft waren vor der Verschmelzung Vereinsmitglieder

Zur Verschmelzung eines Fußball-Vereins als Ganzes durch Aufnahme in eine bereits bestehende Fußball-Aktiengesellschaft oder durch Neugründung einer Fußball-Aktiengesellschaft sind folgende Schritte notwendig[196]:

---

[196] Soweit bezüglich der Verschmelzung durch Aufnahme bzw. durch Neugründung – geringfügig – unterschiedliche Regelungen bestehen, wird in den nachfolgenden Abschnitten darauf hingewiesen.

**Abb. 58: Voraussetzung einer direkten Verschmelzung eines (Fußball-) Vereins als Ganzes durch Aufnahme in eine bestehende Fußball-Aktiengesellschaft bzw. durch Neugründung einer Fußball-Aktiengesellschaft**

| UmwG | Maßnahmen / Voraussetzungen |
|---|---|
| § 4 | Abschluß eines Verschmelzungsvertrages |
| § 8 | gegebenenfalls Erstellung eines Verschmelzungsberichtes |
| § 9 | gegebenenfalls Verschmelzungsprüfung |
| § 5 Abs. 3 | gegebenenfalls fristgerechte Information des Betriebsrats |
| § 13 | Zustimmungsbeschlüsse der Beteiligten (hier: des Fußball-Vereins und der Fußball-Aktiengesellschaft); gegebenenfalls verbunden mit einem Kapitalerhöhungsbeschluß der Fußball-Aktiengesellschaft[197] |
| § 17 Abs. 2 | Erstellung einer Schlußbilanz des übertragenden Fußball-Vereins (gegebenenfalls verbunden mit einem Kapitalerhöhungsbeschluß) |
| § 16 Abs. 1 | Anmeldung der Verschmelzung beim Vereinsregister durch den Fußball-Verein und beim Handelsregister durch die Fußball-Aktiengesellschaft |

*6.3.3.1.2.2 Der Verschmelzungsvertrag*

Grundlage einer Verschmelzung durch Aufnahme oder durch Neugründung zu einer Fußball-Aktiengesellschaft ist ein Vertrag zwischen dem übertragenden Fußball-Verein und der übernehmenden bzw. neu zu gründenden Fußball-Aktiengesellschaft, der über einen gesetzlich festgelegten Mindestinhalt verfügen muß (§ 4 Abs. 1 UmwG i.V. m. § 5 Abs. 1 UmwG).

Im Falle einer Verschmelzung durch Neugründung muß – zusätzlich zu den vorstehenden Angaben zum Mindestinhalt eines Verschmelzungsvertrages – der Gesellschaftsvertrag der durch die Verschmelzung (durch Neugründung) zu gründenden Fußball-Aktiengesellschaft enthalten sein oder festgestellt werden (§ 37 UmwG). In der Praxis sollte daher die Satzung der (neuen)

---

[197] Siehe dazu Abschn. 6.4

Fußball-Aktiengesellschaft dem Verschmelzungsvertrag beigefügt und mitbeurkundet werden.

**Abb. 59: Mindestinhalt eines Verschmelzungsvertrags gemäß § 5 Abs. 1 UmwG**

| § 5 Abs. 1 UmwG | Inhalt der Vorschrift |
|---|---|
| Nr. 1 | • den Vereinsnamen, die Firma und den Sitz von allen an der Verschmelzung beteiligten Rechtsträgern |
| Nr. 2 | • die Vereinbarung über die Übertragung des Vermögens jedes übertragenden Rechtsträgers als Ganzes gegen Gewährung von Anteilen oder Mitgliedschaftsrechten an dem übernehmenden Rechtsträger |
| Nr. 3 | • das Umtauschverhältnis der Anteile und gegebenenfalls die Höhe der baren Zuzahlung oder Angaben über die Mitgliedschaft bei dem übernehmenden Rechtsträger |
| Nr. 4 | • die Einzelheiten über die Übertragung der Anteile des übernehmenden Rechtsträgers oder über den Erwerb der Mitgliedschaft bei dem übernehmenden Rechtsträger[198] |
| Nr. 5 | • den Zeitpunkt, von dem an diese Anteile oder die Mitgliedschaften einen Anspruch am Bilanzgewinn gewähren, sowie alle Besonderheiten in bezug auf diesen Anspruch |
| Nr. 6 | • den Zeitpunkt, ab dem die Handlungen der übertragenden Rechtsträger als für Rechnung des übernehmenden Rechtsträgers vorgenommen gelten (Verschmelzungsstichtag) |
| Nr. 7 | • die Rechte, die der übernehmende Rechtsträger einzelnen Anteilsinhabern sowie den Inhabern besonderer Rechte, wie Anteile oder Stimmrecht, Vorzugsaktien, Mehrstimmrechtsaktien, Schuldverschreibungen und Genußrechte, gewährt oder die für diese Personen vorgesehenen Maßnahmen |
| Nr. 8 | • jeden besonderen Vorteil, der einem Mitglied eines Vertretungsorgans oder eines Aufsichtsorgans der an der Verschmelzung beteiligten Rechtsträger, einem geschäftsführenden Gesellschafter, einem Abschlußprüfer oder einem Verschmelzungsprüfer gewährt wird |
| Nr. 9 | • die Folgen der Verschmelzung für die Arbeitnehmer und ihre Vertretungen sowie die insoweit vorgesehenen Maßnahmen |

---

[198] Vgl. hierzu auch die Regelungen des § 71 UmwG über die Bestellung eines Treuhänders

Festsetzungen über Sondervorteile, Gründungsaufwand und Sacheinlagen, die in der Satzung des übertragenden Vereins enthalten waren, sind in die Satzung der neuen Aktiengesellschaft zu übernehmen (§ 57 UmwG). Ferner sind bei einer Verschmelzung durch Neugründung einer (Fußball-)Aktiengesellschaft die Gründungsvorschriften des Aktienrechts [199] zu beachten. Ein Sachgründungsbericht ist erforderlich (argumentum e contrario § 58 Abs. 2 UmwG).[200]

Den Vereinsnamen, die Firma der übernehmenden Fußball-Aktiengesellschaft, den jeweiligen Sitz und die jeweilige Vertretung des(r) an der Verschmelzung beteiligten Vereins und Aktiengesellschaft(en) sind im Vertrag zu nennen (§ 5 Abs. 1 Nr. 1 UmwG). Sollen mehrere Vereine/Gesellschaften gleichzeitig verschmolzen werden, ist ein einheitlicher Vertrag mit mehreren Parteien abzuschließen. Werden getrennte Verträge mit dem übernehmenden Rechtsträger abgeschlossen, sind diese unwirksam. Der Verschmelzungsvertrag als rechtliche Einheit soll gewährleisten, daß alle Beteiligten den gesamten Verschmelzungsvorgang kennen. Vertreten werden vorliegend der Fußball-Verein durch den Vereinsvorstand und die Fußball-Aktiengesellschaft durch deren Vorstand. Für die Vertretungsbefugnis gelten die jeweiligen Satzungsregelungen (Einzelvertretung, Gesamtvertretung). Im Falle einer Verschmelzung sind Prokuristen nicht zur Vertretung befugt, da es sich nicht um ein gewöhnliches Handelsgeschäft handelt (§ 49 Abs. 1 HGB). Aufgrund besonderer Vollmacht können jedoch andere Personen zum Abschluß eines Verschmelzungsvertrages ermächtigt werden.[201]

Der Verschmelzungsvertrag bedarf notarieller Beurkundung (§ 6 UmwG). Zeitlich kann der Verschmelzungsvertrag vor oder nach der Beschlußfassung durch die Vereinsmitglieder bzw. durch die Aktionäre in den Mitglieder- bzw. Hauptversammlungen der an der Verschmelzung beteiligten Rechtsträger abgeschlossen werden (§ 4 Abs. 2 UmwG). In der Praxis erforderlich ist mindestens eine detaillierte Abstimmung unter allen Verschmelzungsbeteiligten, um Risiken aus unnötigen Zeitverlusten und Beurkundungskosten zu vermeiden. Der Verschmelzungsvertrag muß zwingend die Erklärung beinhalten, daß das

---

[199] Siehe dazu Abschn. 6.1
[200] Vgl. Schwedhelm 1999, Tz. 2181, S. 429, der für die Verschmelzung eines Vereins auf eine Aktiengesellschaft auf die entsprechenden Regelungen der Verschmelzung eines Vereins auf eine GmbH verweist; diese entsprechen den Regelungen der Verschmelzung vom GmbHs unter Beachtung der Besonderheiten der §§ 100-104a UmwG.
[201] Die Vollmacht bedarf nur im Falle der Verschmelzung notarieller Form, sonst formlos; vgl. zur Vertretung bei Verschmelzung Schwedhelm 1999, Tz. 984, S. 206

Vermögen des übertragenden Fußball-Vereins gegen Gewährung von Aktien an der übernehmenden Fußball-Aktiengesellschaft auf diese übertragen wird (§ 5 Abs. 1 Nr. 2 UmwG). Es muß daher sichergestellt sein, daß es sich um eine echte Verschmelzung handelt, bei der sich der Rechtsträger ohne Abwicklung auflöst. Ferner muß der Verschmelzungsvertrag das Umtauschverhältnis der Anteile, den Nennbetrag der Aktien, die jedem Vereinsmitglied des übertragenden Fußball-Vereins von der übernehmenden Fußball-Aktiengesellschaft gewährt werden (zuzüglich etwaiger barer Zuzahlungen), nennen. Das Umtauschverhältnis stellt daher auf das Verhältnis des Vereinsvermögens zum Unternehmenswert der übernehmenden Aktiengesellschaft (im Falle der Verschmelzung durch Übernahme) ab. Der Gesetzgeber läßt aber die Wahl eines spezifischen Unternehmensbewertungs-Verfahrens[202] oder anzuwendender Prämissen[203] zur Unternehmensbewertung offen. Im Verschmelzungsbericht sind jedoch die Bewertung bzw. die angewandten Verfahren ausführlich zu erläutern (§ 8 Abs. 1 Satz 2 UmwG).

Den Vereinsmitgliedern des übertragenden Fußball-Vereins ist für den Verlust ihrer Mitgliedschaftsrechte eine entsprechende Beteiligung an der übernehmenden Fußball-Aktiengesellschaft zu gewähren. Grundsätzlich ist dabei der Gleichbehandlungsgrundsatz zu wahren. Der Anteilstausch darf weder bei den Mitgliedern des übertragenden Fußball-Vereins noch bei den Aktionären der übernehmenden Fußball-Aktiengesellschaft zu Einbußen an bestehenden Mitgliedschafts- bzw. Aktionärsrechten führen.

Ist ein Vereinsmitglied bereits an der übernehmenden Fußball-Aktiengesellschaft beteiligt, kann die Anteilsgewährung durch Erhöhung des Nennbetrags seines Anteils erfolgen. Die Aufstockung ist im Kapitalerhöhungsbeschluß festzulegen. Voraussetzung ist, daß der bisherige Geschäftsanteil voll eingezahlt ist. Festgelegt und erläutert werden muß ebenso, ob die Gegenleistung für das übertragene Vermögen des Fußball-Vereins in vorhandenen Aktien der Fußball-Aktiengesellschaft der übernehmenden Aktiengesellschaft besteht (§ 46 Abs. 3 UmwG) oder ob Aktien gewährt werden, die durch eine durchzuführende Kapitalerhöhung (§ 30 Abs. 1 UmwG)[204] bei der übernehmenden Fußball-Aktiengesellschaft zu schaffen sind. Zu empfehlen ist, einen

---

202 Praktizierte Verfahren der Unternehmensbewertung sind z.B. das Ertragswertverfahren als derzeit herrschende Methode, Substanzwertverfahren oder Kombinationsverfahren. Siehe dazu auch Abschn. 7.4.3 nebst Unterabschnitten
203 Bezüglich der Prämissen kann zwischen objektivem Wert, Schiedswert oder Entscheidungswert unterschieden werden. Siehe dazu Abschn. 7.4.3.1
204 Siehe dazu ausführlich Abschn. 6.4

diesbezüglichen Kapitalerhöhungsbeschluß der Fußball-Aktiengesellschaft in den Verschmelzungsvertrag aufzunehmen. Die Regelungen zur Kapitalerhöhung sind bei einer Verschmelzung durch Neugründung nicht anzuwenden (§ 56 UmwG), da die als Gegenleistung für das übertragene Vermögen des Vereins zu gewährenden Aktien durch Neugründung entstehen. Auch wertmäßig müssen die neuen Anteile den untergehenden entsprechen. Grundlage der Wertermittlung ist der Verkehrswert des Fußball-Vereins inclusive stiller Reserven und eines unter Umständen vorhandenen Firmen- bzw. Vereinswertes (auch als „Marke" bezeichnet[205]) zum Zeitpunkt der Beschlußfassung über die Verschmelzung (§ 30 Abs. 1 UmwG).[206]

Sehen die Verschmelzungsvereinbarungen vor, daß neue Anteile (Aktien) mit anderen Rechten und Pflichten als die sonstigen Aktien der übernehmenden Fußball-Aktiengesellschaft ausgestattet werden, so ist dies im Verschmelzungsvertrag festzulegen (§ 46 Abs. 2 UmwG). Ebenso ist die Einräumung und Erhaltung von Vorzugsrechten für einzelne Gesellschafter aufzunehmen (§ 5 Abs. 1 Nr. 6 UmwG). Gleiches gilt für besondere Vorteilsgewährungen an Geschäftsführer, Aufsichtsräte oder Prüfer (§ 5 Abs. 1 Nr. 8 UmwG, insbesondere aus Abfindungen als Folge vorzeitiger Vertragsaufhebung bzw. verschmelzungsbedingter vorzeitiger Beendigung von entsprechenden Mandaten).

In dem Verschmelzungsvertrag festzulegen ist der Verschmelzungsstichtag (§ 5 Abs. 1 Nr. 6 UmwG). Ab diesem Stichtag gelten Handlungen des übertragenden Fußball-Vereins als für Rechnung der übernehmenden Fußball-Aktiengesellschaft vorgenommen. Die „Rückwirkung" der Verschmelzung hat also keine dingliche, sondern eine rein schuldrechtliche Wirkung im Innenverhältnis. Die dinglichen Wirkungen, wie etwa der Eigentumsübergang, finden erst mit Eintragung der Verschmelzung im Handelsregister statt.

Es ist weiterhin im Verschmelzungsvertrag der Tag zu bestimmen, ab dem die den Mitgliedern des übertragenden Fußball-Vereins zu gewährenden Geschäftsanteile gewinnbezugsberechtigt sind (§ 5 Abs. 1 Nr. 5 UmwG). Bestimmt werden kann lediglich der Zeitpunkt der Gewinnansprüche, nicht hingegen der Zeitpunkt, zu dem die Mitglieder des übertragenden Fußball-Vereins die Mitgliedschaft in der aufnehmenden Fußball-Aktiengesellschaft erwerben. Dies ist zwingend der Tag der Eintragung der Verschmelzung (§ 20 Abs. 3 UmwG). Abweichend von dem Zeitpunkt des Erwerbs der Mitglied-

---

[205] Siehe dazu Abschn. 10.1.3 I im Anhang
[206] Siehe dazu Abschn. 6.3.3.2.3.1.2 sowie Abschn. 10.1.3 V im Anhang

schaft kann im Innenverhältnis bestimmt werden, daß Ansprüche auf einen Anteil am Gewinn schon zu einem früheren oder erst für einem späteren Zeitpunkt entstehen. In der Regel wird als Beginn der Gewinnbezugsberechtigung der Anfang desjenigen Geschäftsjahres festgelegt, in welches die Verschmelzung fällt, um sicherzustellen, daß die Gewinnbeteiligung ohne Ausfälle des Gewinnbezugs der übertragenden Gesellschafter gewährleistet ist.[207] Durch die Angabe des Verschmelzungsstichtags soll darüber hinaus ein reibungsloser Übergang der Rechnungslegung des Vereins zur Rechnungslegung der übernehmenden Aktiengesellschaft sichergestellt werden.[208]

Nach § 5 Abs. 1 Nr. 4 UmwG muß der Verschmelzungsvertrag *„die Einzelheiten für die Übertragung der Anteile des übernehmenden Rechtsträgers"* enthalten. Hierunter ist z.B. die Festlegung des technischen Ablaufs für den Anteilstausch und die Tragung der Kosten zu verstehen.

Zwingend ist letztendlich, die individual- und kollektivarbeitsrechtlichen Folgen der Verschmelzung für die Arbeitnehmer und ihre Vertretungen sowie die insoweit vorgesehenen Maßnahmen im Verschmelzungsvertrag darzustellen (§ 5 Abs. 1 Nr. 9 UmwG). Dabei ist zu beachten, daß dem Betriebsrat – soweit dieser existiert – der Entwurf des Verschmelzungsvertrages einen Monat vor der entsprechenden Mitglieder- bzw. Hauptversammlung zuzuleiten ist.[209]

Weiterhin ist es zweckmäßig, im Verschmelzungsvertrag alle Fragen zu regeln, die über den zwingenden Inhalt hinaus für die Mitglieder des Fußball-Vereins und für die Gesellschafter der Fußball-Aktiengesellschaft von Bedeutung sind. Dies gilt beispielsweise für Regelungen hinsichtlich der Geschäftsführung, der Firma, des Unternehmensgegenstandes etc. Der Verschmelzungsvertrag kann unter einer aufschiebenden Bedingung (Verschmelzung wird wirksam, wenn die Bedingung eintritt) abgeschlossen werden (§ 7 UmwG). Ist die Bedingung nach Ablauf von fünf Jahren nicht eingetreten, kann der Vertrag mit halbjähriger Frist gekündigt werden. Der Vertrag kann allerdings einen kürzeren Zeitraum als fünf Jahre festlegen. Ein auflösend bedingter Verschmelzungsvertrag (Wirkung des Vertrages entfällt mit Eintritt der Bedingung) ist nur zulässig, wenn der Wegfall der Vertragswirkung an den Eintritt der Bedingung vor Anmeldung der Verschmelzung zum Handelsregister geknüpft ist. Bis zum Zustimmungsbeschluß der Gesellschafter kann

---

207 Vgl. Bermel/Hannappel 1996, Rn. 47 zu § 5 UmwG; dieser Grundsatz verliert bei einem übertragenden (Fußball-)Verein an Bedeutung, da Gewinnausschüttungen an Vereinsmitglieder in praxi nicht vorkommen.
208 Vgl. Bermel/Hannappel 1996, Rn. 63 zu § 5 UmwG
209 Vgl. Schwedhelm 1999, Tz. 999, S. 209 sowie Tz. 785f., S. 168f.

der Verschmelzungsvertrag in notarieller Form geändert oder formfrei aufgehoben werden.

Ein Anteilsübergang zwischen Abschluß des Verschmelzungsvertrages und dessen Wirksamwerden beeinträchtigt die Verschmelzung nicht. Ein Verschmelzungsvertrag, der nicht notariell beurkundet wurde oder inhaltlich nicht den Mindestanforderungen genügt, ist nichtig. Mit der Eintragung der Verschmelzung in die Vereins- und Handelsregister werden jedoch Mängel der notariellen Beurkundung geheilt (§ 20 Abs. 1 Nr. 4 UmwG). Die Wirksamkeit der Eintragung der Verschmelzung bleibt von etwaigen Mängeln unberührt (§ 20 Abs. 2 UmwG). Dies bedeutet, daß formelle Fehler, wie etwa die fehlende Beurkundung eines Zustimmungsbeschlusses, nach Eintragung nicht mehr geltend gemacht werden können. Materielle Fehler (z.B. Fehlen der erforderlichen Mehrheit beim Beschluß etc.) begründen gegebenenfalls Schadensersatzansprüche, tangieren aber nicht die durch die Eintragung entstehenden Rechtsfolgen der Verschmelzung. Diese Rechtsfolgen können später allenfalls z.B. durch Spaltung – also durch einen erneuten Umwandlungsvorgang – beseitigt werden.[210]

*6.3.3.1.2.3 Der Verschmelzungsbericht und die Verschmelzungsprüfung*

Die Vertretungsorgane der an der Verschmelzung beteiligten Gesellschaft und des (Fußball-)Vereins – also die jeweiligen Vorstände – haben im Anschluß an den Abschluß des Verschmelzungsvertrages einen Verschmelzungsbericht zu erstellen. Darin sind die Verschmelzung sowie der Verschmelzungsvertrag bzw. der Entwurf ausführlich rechtlich und wirtschaftlich zu erläutern (§ 8 Abs. 1 Satz 1 UmwG); insbesondere sind die Folgen der Verschmelzung, vor allem das Umtauschverhältnis und gegebenenfalls die Höhe der anzubietenden Barabfindungen darzulegen.[211] In diesem Bericht kann auf solche sachverhaltsrelevanten Tatsachen verzichtet werden, die für eine oder mehrere der Beteiligten (Gesellschaft/Verein) mit einem erheblichen Nachteil verbunden sind. Die Gründe für den Verzicht sind hingegen zu erläutern (§ 8 Abs. 2 UmwG). Die Angabe der Gründe dürfte jedoch die gleichen Folgen haben, als wenn die Gesellschafter/Mitglieder von dem Verzicht keinen Gebrauch gemacht hätten.[212] Ein Verzicht auf die Erstellung eines Verschmelzungsberichts gemäß § 8 Abs. 3 UmwG kommt vorliegend nicht in Betracht.

---

210 Vgl. hierzu Schwedhelm 1999, Tz. 1097, S. 228
211 Siehe dazu Abschn. 6.3.3.1.2.2
212 Vgl. Impelmann 1995, S. 771

Aus Gründen des Anteilseignerschutzes hat der Gesetzgeber eine Verschmelzungsprüfung durch einen externen Prüfer vorgesehen.[213] Als Verfahrenserleichterung kann die Verschmelzungsprüfung für mehrere bzw. für alle beteiligten Gesellschaften von einem Prüfer durchgeführt werden (§ 9 Abs. 1 und 2 UmwG). Das Prüfungsergebnis ist in einem Verschmelzungsprüfungsbericht schriftlich festzuhalten, in dem insbesondere auf das vorgeschlagene Umtauschverhältnis und gegebenenfalls auf die Höhe der Zuzahlung einzugehen ist (§ 12 Abs. 1 und 2 UmwG). Die angewandte Methode, die Gründe für die Verwendung dieser Methode und die Resultate, die sich bei Verwendung alternativer Methoden zur Berechnung des Umtauschverhältnisses ergeben hätten, sind anzugeben und ausführlich zu erläutern. Prüfungsgegenstand der Verschmelzungsprüfung ist letztendlich die Angemessenheit des Umtauschverhältnisses und der baren Zuzahlung (§ 12 Abs. 2 UmwG). Der Prüfungsbericht schließt daher mit einer Beurteilung der Angemessenheit des Umtauschverhältnisses und gegebenenfalls über die Höhe der Zuzahlung ab.

Zuständig für die Bestellung des Prüfers sind die Vorstände des Fußball-Vereins und der Fußball-Aktiengesellschaft. Diese können den Prüfer selbst bestimmen oder die Bestimmung dem Landgericht, in dessen Bezirk der Sitz des übertragenden Rechtsträgers liegt, übertragen (§ 10 Abs. 1 und 2 UmwG). Berechtigt, die Verschmelzungsprüfung durchzuführen, sind Wirtschaftsprüfer oder Wirtschaftsprüfungsgesellschaften, bei kleineren und mittelgroßen Rechtsträgern auch vereidigte Buchprüfer oder Buchprüfungsgesellschaften (§ 11 UmwG i.V.m. § 319 HGB).[214]

### 6.3.3.1.2.4 *Beschlußfassung durch die Mitglieder- und Hauptversammlungen*

Mit dem Vorliegen des(r) Prüfungsberichte(s) wird die zweite Phase der Verschmelzung eingeleitet. In dieser Beschlußphase entscheiden die Mitglieder[215]

---

213 Eine extern durchzuführende Prüfung bei Verschmelzung ist in Deutschland Ergebnis der Transformation der 3. EG-Richtlinie in nationales Recht durch das Verschmelzungsrichtliniengesetz vom 25.04.1982.
214 Für die Vergütung der vom Gericht bestellten Prüfer gilt § 318 Abs. 5 HGB (§ 10 Abs. 1 S. (2) UmwG); für das Auskunftsrecht § 320 Abs. 1 Satz 2 und Abs. 2 Satz 1 und 2 HGB (§ 11 Abs. 1 UmwG); für die Verantwortlichkeit § 323 HGB (§ 11 Abs. 2 UmwG). Zur strafrechtlichen Verantwortlichkeit der Verschmelzungsprüfer siehe §§ 314 und 315 UmwG.
215 Zur Mitwirkung der Mitgliederversammlung bei der Vereinsumwandlung vgl. Segna 1997, S. 1908 f.

des Fußball-Vereins und die Gesellschafter der aufnehmenden Fußball-Aktiengesellschaft über die Verschmelzung in Kenntnis aller relevanten Fakten.

Bei der Verschmelzung durch Neugründung muß der Verschmelzungsbeschluß auch die Zustimmung zur Satzung der neuen (Fußball-)Aktiengesellschaft enthalten (§ 59 UmwG).[216]

Sofern bei den beteiligten Rechtsträgern (Verein und Aktiengesellschaft) Mehrheitsentscheidungen vorgesehen sind, bedarf es für den Verschmelzungsbeschluß der Zustimmung von mindestens dreiviertel der Stimmen der in der Mitgliederversammlung des Vereins anwesenden und gegebenenfalls vertretenen Vereinsmitglieder sowie der in der Hauptversammlung der Aktiengesellschaft anwesenden bzw. wirksam vertretenen Aktionäre. Ausnahmen davon zeigt die nachfolgende Übersicht:

**Abb. 60: Mehrheitserfordernisse bei Verschmelzungsbeschlüssen**

| UmwG | Anforderungen an Mehrheitsbeschlüsse |
|---|---|
| § 50 Abs. 1, § 103 Satz 1 | • Grundsatz: Mehrheit von mindestens ¾ der abgegebenen Stimmen |
| § 50 Abs. 1 Satz 2, § 103 Satz 2 | • Ausnahme: Bei abweichender Satzung eine größere Mehrheit als ¾ möglich |
| § 50 Abs. 2 | • Sind besondere Mitgliedschaftsrechte betroffen, ist die Zustimmung der betreffenden Gesellschafter erforderlich |
| § 51 Abs. 1 | • Bei nicht voll erbrachten Einlagen besondere Zustimmung aller Gesellschafter/Mitglieder |

Überstimmten Anteilsinhabern ist eine Barabfindung anzubieten, wobei den überstimmten Anteilsinhabern der übertragenden Gesellschaften ein Klagerecht zusteht. Hierbei ist zu differenzieren zwischen dem „*Klagerecht dem Grunde nach*" (§ 15 i.V.m. § 305 UmwG) und dem „*Klagerecht der Höhe nach*" (§ 14 UmwG). Die Klage der Höhe nach hat zur Folge, daß die Höhe des Anteils an der neuen Aktiengesellschaft bzw. die Höhe des Gegenwertes durch ein Spruchverfahren gemäß § 305 ff. UmwG überprüft wird und gege-

---

[216] Vgl. Schwedhelm 1999, Tz. 2181, S. 429, der für die Verschmelzung von Vereinen auf Aktiengesellschaften auf die Regelungen für Verschmelzungen von GmbHs verweist.

benenfalls durch bare Zuzahlungen auszugleichen ist. § 14 Abs. 2 UmwG schließt jedoch aus, daß über eine Klage der Höhe nach die Nichtigkeit des Verschmelzungsbeschlusses herbeigeführt werden kann. Anders verhält es sich bei einer Klage dem Grunde nach. Eine solche Klage kann zur Nichtigkeit des Verschmelzungsbeschlusses führen, es sei denn, das zuständige Gericht vertritt die Auffassung, die Klage sei unzulässig, offensichtlich unbegründet oder das baldige Wirksamwerden der Verschmelzung vorrangig (§ 16 Abs. 3 Satz 2 UmwG). Die Möglichkeit, eine Klage zur Nichtigkeit des Verschmelzungsbeschlusses herbeizuführen, wird dadurch gegenüber dem alten Umwandlungsrecht eingeschränkt. Damit soll vermieden werden, daß eine Umwandlung aus eigennützigen Interessen weniger Gesellschafter konterkariert wird.[217]

### 6.3.3.1.2.5 *Bilanzerstellung und Prüfung*

Der Vorstand des übertragenden (Fußball-)Vereins hat auf den Verschmelzungsstichtag eine (handelsrechtliche) Schlußbilanz aufzustellen (§ 17 Abs. 2 UmwG). Es gelten die Vorschriften über die Jahresbilanz und ihre Prüfung (§§ 242 ff., 264 ff. HGB).[218] Maßgeblich ist das Anschaffungskostenprinzip (§ 253 Abs. 1 HGB); stille Reserven oder ein originärer Firmenwert sind nicht aufzudecken. Die Bilanz braucht bei unterjähriger Aufstellung bei Beschlußfassung noch nicht vorzuliegen und später nicht bekanntgemacht zu werden (§ 17 Abs. 2 Satz 3 UmwG).

Hinsichtlich des Verschmelzungsstichtags dürfen zwischen Bilanzstichtag und Anmeldung nicht mehr als acht Monate liegen (§ 17 Abs. 2 Satz 4 UmwG). Bei Überschreiten dieser Frist hat das Gericht die Handelsregistereintragung der Verschmelzung zurückzuweisen. Die übernehmende Gesellschaft hat auf den Verschmelzungsstichtag keine gesonderten Bilanzen zu erstellen. Der Vorgang ist wie ein Anschaffungsgeschäft in Bilanz und Buchführung zu erfassen. Die übernommenen Vermögensgegenstände und Verbindlichkeiten sind grundsätzlich mit den Anschaffungskosten anzusetzen, die der übernehmenden Fußball-Aktiengesellschaft durch Gewährung von Anteilen und nebst einem Aufgeld entstehen (§ 253 Abs. 1 HGB). Zulässig ist es jedoch auch, die Wertansätze aus der Schlußbilanz des übertragenden Fuß-

---

217 Vgl. dazu Dehmer 1996, § 15 Anm. 12 f., und Schwedhelm 1999, Tz. 1049 f., S. 218 f.
218 Vgl. dazu Baetge 1994, S. 80 ff.; Beck'scher Bilanz-Kommentar 1999, S. 745 ff.; Küting/Weber 1995, S. 1217 ff.; Adler/Düring/Schmaltz, Erläuterung zu §§ 242, 264 HGB; WP-Handbuch 1996, Abschn. F, S. 299 ff.

ball-Vereins fortzuführen (Wahlrecht zur Buchwertfortführung, § 24 UmwG). Dabei können sowohl ein gesondert auszuweisender Verschmelzungsverlust – wenn der Nennwert der ausgegebenen Anteile höher ist als der Buchwert des übernommenen Vermögens – wie auch ein Verschmelzungsgewinn – wenn der Nennwert der Anteile niedriger als der Buchwert des Vermögens ist –, der als Agio in die Kapitalrücklagen einzustellen ist (§ 272 Abs. 2 Nr. 1 HGB), entstehen.

Entsprechendes gilt, wenn der übertragende Fußball-Verein an der übernehmenden Fußball-Aktiengesellschaft beteiligt ist. Die mit dem Kapitalanteil bei der Fußball-Aktiengesellschaft zu verrechnende Beteiligung des Fußball-Vereins entfällt; eine Wertdifferenz führt zu einem Verschmelzungsverlust oder zu einem Verschmelzungsgewinn.

*6.3.3.1.2.6 Eintragung der Verschmelzung in die Vereins- und Handelsregister*

Bei der letzten Phase der Umwandlung handelt es sich um die Anmeldung und Eintragung der Verschmelzung in das Vereinsregister und in das Handelsregister. Die Vorstände der an der Verschmelzung beteiligten Rechtsträger (Verein und Aktiengesellschaft) haben die Verschmelzung und den neuen Rechtsträger bei dem Vereins- und dem Handelsregister am Sitz ihres Vereins bzw. ihrer Gesellschaft anzumelden (§§ 16, 38 UmwG). Dabei sind die nach § 17 UmwG notwendigen Unterlagen beizufügen.

**Abb. 61: Anmeldung einer Verschmelzung zum Handelsregister**

| § 17 UmwG | Einer Handelsregisteranmeldung beizufügende Unterlagen |
|---|---|
| Abs. 1 | • der Verschmelzungsvertrag<br>• die Niederschrift der Verschmelzungsbeschlüsse<br>• etwaige Zustimmungserklärungen<br>• der Verschmelzungsbericht bzw. die Verzichtserklärungen<br>• der Prüfungsbericht |
| Abs. 2 | • die Schlußbilanz des übertragenden Fußball-Vereins |

Die Eintragung setzt voraus, daß zuvor im Rahmen der Anmeldung von den übertragenden Rechtsträgern erklärt wurde, ob *„eine Klage gegen die Wirk-*

## Die Umwandlung eines eingetragenen (Fußball-)Vereins

*samkeit eines Verschmelzungsbeschlusses nicht oder nicht fristgemäß erhoben oder eine solche Klage rechtskräftig abgewiesen oder zurückgenommen worden ist*" (§ 16 Abs. 2 und § 36 Abs. 1 UmwG). Liegt eine solche Erklärung nicht vor, wird das zuständige Gericht die Eintragung nicht vornehmen. Liegt jedoch von sämtlichen Klageberechtigten eine notariell beglaubigte Erklärung vor, keine Klage zu erheben, so kann auf diese Erklärung verzichtet werden.[219] Durch Eintragung in das Handelsregister am Sitz der Fußball-Aktiengesellschaft wird die Umwandlung rechtskräftig, und das Vermögen einschließlich der Verbindlichkeiten geht auf die Fußball-Aktiengesellschaft über (§ 20 Abs. 1 UmwG). Dabei wird zugleich die Auflösung ohne Abwicklung des übertragenden Fußball-Vereins bewirkt. Die übertragenden Vereinsmitglieder werden Anteilsinhaber an der Fußball-Aktiengesellschaft bzw. gegebenenfalls entsprechend den vertraglichen Vereinbarungen (ergänzend) abgefunden. Eventuell aufgetretene Mängel bei der notariellen Beurkundung des Verschmelzungsvertrages sowie die unter Umständen erforderlichen Zustimmungs- oder Verzichtserklärungen werden durch die Eintragung geheilt.

### 6.3.3.1.2.7 Rechtsfolgen der Verschmelzung

Mit der Eintragung der Verschmelzung der Fußball-Aktiengesellschaft in das Handelsregister sowie der – parallel vorgenommenen – Löschung des Fußball-Vereins im Vereinsregister erlischt der übertragende Verein. Er kann keinerlei Rechtsgeschäfte mehr vornehmen, weder klagen noch verklagt werden. Anhängige Prozesse werden unterbrochen (§ 239 ZPO)[220] bis die übernehmende Fußball-Aktiengesellschaft den Rechtsstreit wieder aufnimmt. Ein Urteil kann nicht mehr gegen den übertragenden Verein, sondern nur noch gegen die übernehmende Fußball-Aktiengesellschaft ergehen. Steuerbescheide gegen den übertragenden Verein sind unzulässig. Sie sind an das Rechtsnachfolge-Unternehmen zu richten.[221] Auch hat die übernehmende Fußball-Aktiengesellschaft als Rechtsnachfolgerin die steuerlichen Pflichten des untergegangenen Vereins zu erfüllen und kann seine Rechte wahrnehmen.

Der Vereinsname des übertragenden Vereins erlischt. Er kann jedoch von der übernehmenden Fußball-Aktiengesellschaft fortgeführt werden (§18 UmwG), jedoch nur unter Änderung des Rechtsformzusatzes.

---

219 Vgl. Impelmann 1995, S. 772
220 Vgl. Thomas/ Putzo 1998, § 239 ZPO Anm. 2b
221 Vgl. BFH GvS 4184 vom 21.10 1985, BStBl. 1986 II, 230

Die Organe des untergegangenen Vereins (Vorstand und Aufsichtsrat) bestehen nicht mehr. Ebenso erlöschen Prokuren und Handelsvollmachten. Von der Organstellung ist ein eventuelles Anstellungsverhältnis zu unterscheiden. Anstellungsverträge gehen auf die übernehmende Fußball-Aktiengesellschaft über, es sei denn, sie werden gekündigt.[222]

Zu den wesentlichen Fragen des Übergangs der wesentlichen Vermögenswerte (bilanzielle Aktiva und Passiva; immaterielle Rechte, Arbeitsverhältnisse für Mitarbeiter des Fußball-Vereins etc.) von dem Fußball-Verein auf den übernehmenden Rechtsträger wird in den nachfolgenden Abschnitten Stellung bezogen.

### 6.3.3.1.2.7.1 Die Übertragung von Vermögen und Verbindlichkeiten

Mit der Eintragung der Verschmelzung in das Vereinsregister des übertragenden Fußball-Vereins und in das Handelsregister der übernehmenden Fußball-Aktiengesellschaft geht das gesamte Vermögen des übertragenden Fußball-Vereins auf die übernehmende Fußball-Aktiengesellschaft im Wege der Gesamtrechtsnachfolge über (§ 20 Abs. 1 Nr. 1 UmwG). Die übernehmende Fußball-Aktiengesellschaft wird also Eigentümerin aller beweglichen und unbeweglichen, aller materiellen und immateriellen Wirtschaftsgüter des übertragenden Fußball-Vereins. Ebenso werden dessen Verbindlichkeiten ohne Zustimmungserfordernis der Gläubiger durch die Fußball-Aktiengesellschaft übernommen. Gleiches gilt für übernommene Forderungen; auch hier bedarf es nicht der Zustimmung der Schuldner.

Gehören zum Vermögen Grundstücke oder dingliche Rechte (Hypotheken, Grundschulden etc.), ist lediglich das Grundbuch zugunsten der übernehmenden Fußball-Aktiengesellschaft zu berichtigen.[223] Ist der Fußball-Verein an einer Kapitalgesellschaft oder Personengesellschaft oder als stiller Gesellschafter an einem (anderen) Gewerbebetrieb beteiligt, so geht auch diese Beteiligung grundsätzlich auf die Fußball-Aktiengesellschaft über.[224] Es empfiehlt sich daher, die Gesellschaftsverträge der Beteiligungsgesellschaften vor der Verschmelzung sorgfältig zu prüfen. Gleiches gilt bei übernommenen stillen Beteiligungen, die nach eingetragener Verschmelzung von der übernehmenden Fußball-Aktiengesellschaft fortgeführt werden. Widerspricht

---

222 Ausführlichen Röder/Lindemann 1993, S. 1341; siehe auch Siebold/Wichert 1999, S. 93 ff.
223 Vgl. Widmann/Mayer 1992, Anm. 162
224 Vgl. Widmann/Mayer 1992, Anm. 2318

allerdings der Inhaber der stillen Gesellschaft, kann für den übernehmenden Rechtsträger gegebenenfalls ein außerordentliches Kündigungsrecht bestehen.[225]

Forderungen und Verbindlichkeiten zwischen den verschmolzenen Rechtsträgern (Verein und Fußball-Aktiengesellschaft) erlöschen durch Konfusion.

### 6.3.3.1.2.7.2 Der Übergang von Arbeitsverhältnissen

Für Arbeitsverhältnisse zwischen dem übertragenden Verein und seinen Mitarbeitern gilt § 613a Abs. 1 und 4 BGB sowie § 324 UmwG. Die Bedeutung des § 613a BGB im Umwandlungsrecht ist groß. Bei einer Verschmelzung gehen zwar die Arbeitsverhältnisse bereits kraft Gesamtrechtsnachfolge über, jedoch erfaßt diese nicht zwingend kollektivrechtliche Vereinbarungen.[226]

Zu der für Fußball-Kapitalgesellschaften besonders bedeutsamen Frage der Übernahme der Profi-Fußballspieler wird auf die Ausführungen in den Abschnitten 6.3.3.1.2.7.2 und 6.3.3.2.3.1.4 sowie in Abschnitt 10.1.3 VII im Anhang verwiesen.[227]

Die in § 5 Abs. 3 UmwG vorgeschriebene Informationspflicht des Betriebsrats ist unbedingt zu beachten, sofern ein solcher besteht, da eine Unterlassung zur Anfechtung der Verschmelzung führen kann.

### 6.3.3.1.2.7.3 Der Übergang von öffentlich-rechtlichen Rechtspositionen, Erlaubnissen, Lizenzen und Konzessionen

Grundsätzlich gehen alle öffentlich-rechtlichen Rechtspositionen, Lizenzen, Erlaubnisse und Konzessionen von dem Fußball-Verein auf die Fußball-Aktiengesellschaft über. Ausnahmen gelten dort, wo die Erlaubnis personenbezogen ist.

Für den Sonderfall der dem Fußball-Verein mit Zugehörigkeit zur 1. oder 2. Fußball-Bundesliga durch den DFB erteilten Lizenz zur Teilnahme am Spielbetrieb und der (notwendigen) Übertragung auf eine (verschmolzene) Fußball-Aktiengesellschaft vergleiche Abschnitt 5.1.2.2 sowie Abschnitt

---

225 Vgl. Blaurock 1998, S. 394 f.; Zacharias/Hebig/Rinnewitz 1996, S. 236 ff.
226 In diesem Fall wird § 613a Abs. 1 und 4 i.V.m. § 324 UmwG bedeutsam; siehe auch Dehmer 1996, § 324 UmwG, Tz. 2
227 Vgl. insbesondere auch Siebold/Wichert 1999, S. 93 ff.

10.1.3.VI im Anhang. Ebenfalls wird verwiesen bezüglich des Übergangs der individuellen Spielberechtigungen der Fußball-Bundesligaspieler von dem Fußball-Verein auf eine Fußball-Aktiengesellschaft auf Abschnitt 5.1.3.8. sowie auf Abschnitt 10.1.3.VII im Anhang.

Im Ergebnis geht diese DFB-Lizenz nicht im Wege der Umwandlung auf die Fußball-Aktiengesellschaft über. Vielmehr muß die Lizenz durch die Fußball-Kapitalgesellschaft beim DFB neu beantragt werden, während die Lizenz des im Wege der Liquidation untergehenden Vereins ebenfalls untergehen würde.

### 6.3.3.1.2.7.4 Haftung der Organe

Erleiden der übertragende Fußball-Verein, seine Mitglieder oder seine Gläubiger durch die Verschmelzung einen Schaden, so haften hierfür die Organe (Vorstand, gegebenenfalls Aufsichtsrat; § 25 Abs. 1 UmwG). Die Ansprüche verjähren in fünf Jahren nach Bekanntmachung der Verschmelzung (§ 25 Abs. 3 UmwG). Zur Geltendmachung der Ansprüche siehe § 26 UmwG. Schadensersatzansprüche gegen Organe der übernehmenden Fußball-Aktiengesellschaft verjähren ebenfalls in fünf Jahren (§ 27 UmwG).

### *6.3.3.1.2.8 Kosten der Verschmelzung*

Die Gebühren für die Beurkundung des Verschmelzungsbeschlusses bestimmen sich nach den §§ 141, 47 KostO. Bei Beurkundung der Beschlüsse beider an der Verschmelzung beteiligten Rechtsträger in einer Urkunde fällt die Gebühr nur einmal an. Geschäftswert ist das Aktivvermögen ohne Abzug der Verbindlichkeiten (§ 18 Abs. 3 KostO). Im Falle der Kapitalerhöhung erhöht sich der Geschäftswert entsprechend. Maximal beträgt die Gebühr jedoch DM 10.000,-- (§ 47 Satz 2 KostO). Für die Beurkundung des Verschmelzungsvertrages entstehen ebenfalls Notarkosten nach den §§ 141 und 36 Abs. 2 KostO (das Doppelte einer vollen Gebühr). Geschäftswert ist auch hier der Wert des Aktivvermögens (§ 18 Abs. 3 KostO).

Für die Anmeldung des Umwandlungsbeschlusses erhält der Notar eine 5/10-Gebühr nach §§ 141 und 38 Abs. 2 Nr. 7 KostO. Der Geschäftswert bestimmt sich hierbei nach dem Einheitswert des Betriebsvermögens (§ 26 KostO, Staffelwert).

Durch die Eintragung der Verschmelzung entstehen ferner Gerichtskosten in Höhe einer 20/10-Gebühr gemäß den §§ 26 und 79 Abs. 1 Satz 3 KostO. Der

Geschäftswert wird auch hier durch den aus dem Einheitswert des Betriebsvermögens abgeleiteten Staffelwert festgelegt (§ 26 KostO).[228]

### 6.3.3.1.3 Umwandlung des Vereins als Ganzes im Wege des Formwechsels

Im Unterschied zu den vorher behandelten Umwandlungsmöglichkeiten wird bei einem Formwechsel[229] keine Vermögensübertragung vollzogen, sondern der eingetragene Verein nimmt lediglich eine andere Rechtsform an, d.h. die rechtliche und wirtschaftliche Identität des Vereins bleiben gewahrt.[230] Statt von einem Formwechsel im Zuge der Gesamtrechtsnachfolge kann auch von einer identitätswahrenden Neuordnung[231] des Vereins gesprochen werden. Im Ergebnis entspricht der Formwechsel einer Vermögensübertragung im Wege der Gesamtrechtsnachfolge. Beim Formwechsel eines Vereins ändert sich lediglich das Rechtskleid; an der Zusammensetzung des Vermögens ändert sich dagegen nichts, da keine Vermögensteile anderer Unternehmen wie bei der Verschmelzung aufgenommen und auch keine Vermögensteile wie bei der Spaltung abgespalten oder ausgegliedert werden. Dadurch, daß eine echte Vermögensübertragung nicht durchgeführt wird, gestaltet sich der Formwechsel als einfache und somit attraktive Möglichkeit der Umwandlung.

Die Rechtsgrundlagen des Formwechsels eines Vereins in eine Aktiengesellschaft bilden die allgemeinen Vorschriften zum Formwechsel der §§ 190-213 UmwG i.V.m. §§ 272-282 UmwG. Ein rechtsfähiger Verein – also ein eingetragener Verein und ein wirtschaftlicher Verein (§ 191 Abs. 1 UmwG)[232] – kann gemäß § 272 Abs. 1 UmwG nur die Rechtsform einer Kapitalgesellschaft (GmbH, AG, KGaA) oder einer eingetragenen Genossenschaft erlangen. Soweit hierzu im Wege der Umwandlung durch Formwechsel eine Satzungsänderung notwendig ist (§ 272 Abs. 2 UmwG), ist eine entsprechende Zustimmung mit mindestens 75 %iger Mehrheit der in einer einzuberufenden Mitgliederversammlung anwesenden Mitglieder (§ 275 Abs. 2 UmwG) vor dem Umwandlungsbeschluß erforderlich.

Der Formwechsel ist jedoch nur möglich, wenn auf jedes an der Fußball-Aktiengesellschaft zu beteiligendes Vereinsmitglied mindestens ein Teilrecht im Nennbetrag von DM 10,- (also zwei Aktien im Nennwert von DM 5,-) ent-

---

228 Vgl. zu alledem Schwedhelm 1999, Tz. 115, S. 241 f.
229 Vgl. Decker 1995, S. 201 ff. und Abschn. 6.3.1.6
230 Vgl. Schwarz 1994, S. 1699
231 Vgl. Reiß/Bolk 1995, S. 248
232 Vgl. dazu auch Dehmer 1996, § 191 Rn. 25 ff. und § 272 Rn. 1

fällt. Hierdurch soll sichergestellt werden, daß sich jedes Vereinsmitglied an der neuen Rechtsform beteiligen kann (§ 273 UmwG).

Was zum Formwechsel eines eingetragenen (Fußball-)Vereins notwendig ist, zeigt die folgende Abbildung 62:

**Abb. 62: Voraussetzungen einer formwechselnden Umwandlung eines rechtsfähigen Vereins in eine Aktiengesellschaft**

| UmwG | Maßnahmen / Voraussetzungen |
|---|---|
| § 192 | • ein Umwandlungsbericht |
| § 193 | • ein Umwandlungsbeschluß |
| § 197 | • ein Sachgründungsbericht |
| § 278 | • Anmeldung zum Handelsregister |

Bei der Umstrukturierung des Vereins durch formwechselnde Umwandlung in eine Fußball-Aktiengesellschaft ist darauf zu achten, daß das Grundkapital der Aktiengesellschaft durch das Nettovermögen des Vereins gedeckt ist (§ 220 UmwG). Fraglich ist, welche Werte für die Ermittlung des Nettovermögens maßgeblich sind. In Betracht kommen sowohl die Buchwerte aus der Handelsbilanz als auch die zur Kapitaldeckung zu ermittelnden Verkehrswerte. Daneben ist ein zwischen diesen beiden Werten liegender Ansatz denkbar.[233] Das für die Umwandlung herangezogene Vereinsvermögen muß mindestens den Wert haben, der sich aus der Mindestbeteiligung des § 273 UmwG zugunsten der Mitglieder ergibt.

Ein Vertrag zum Formwechsel kann, wie bei der Verschmelzung durch Neugründung[234], nicht abgeschlossen werden, da auch hier neben dem Verein kein weiterer Vertragspartner vorhanden ist. Der Formwechsel wird durch den Umwandlungsbeschluß und den im Vorfeld zu erstellenden Umwandlungsbericht eingeleitet (§ 192 UmwG). Ein möglicher Verzicht auf die Erstellung

---

[233] Zu dieser Problematik vgl. Priester 1995, S. 911. *Priester* kommt zu dem Schluß, daß bei einem Formwechsel von einer Personengesellschaft in eine Aktiengesellschaft eine Aufstockung bis zu den Zeitwerten zulässig, dies jedoch in die handelsrechtliche Rechnungslegung einzubeziehen ist. Anders verhält es sich bei der Umwandlung einer GmbH in eine Aktiengesellschaft. Hierbei kommt wahlweise auch eine separate Wertnachweisrechnung in Betracht.

[234] Siehe dazu Abschn. 6.3.3.1.2.1

des Umwandlungsberichts kommt im Falle einer formwechselnden Umwandlung eines Vereins mit großer Mitgliederzahl realistisch nicht in Frage (§ 192 Abs. 3 UmwG). Dem Umwandlungsbericht ist eine Umwandlungsbilanz beizufügen, die bis zu acht Monate zurückbezogen werden darf. Dadurch wird dem Verein die Möglichkeit gegeben, seine Jahresabschlußbilanz als Umwandlungsbilanz einzureichen. Im übrigen entsprechen die Anforderungen an den Umwandlungsbericht den Anforderungen des Verschmelzungsberichts.[235] Die Pflicht einer Umwandlungsprüfung und zur Erstellung eines Prüfungsberichts besteht beim Formwechsel eines Vereins in eine Aktiengesellschaft nicht.

**Abb. 63: Mindestinhalt des Umwandlungsbeschlusses gemäß § 194 Abs. 1 UmwG**

| § 194 Abs. 1 UmwG | Inhalt der Vorschrift |
|---|---|
| Nr. 1 | • die Rechtsform, die der Rechtsträger durch den Formwechsel erlangen soll (= Aktiengesellschaft) |
| Nr. 2 | • Name oder Firma des Rechtsträgers neuer Rechtsform (= Fußball-Aktiengesellschaft) |
| Nr. 3 | • die Beteiligung der bisherigen Anteilsinhaber (= Vereinsmitglieder) an dem Rechtsträger nach den für die neue Rechtsform geltenden Vorschriften (=Aktionäre) |
| Nr. 4 | • die Zahl, die Art und den Umfang der Anteile oder der Mitgliedschaft, welche die Anteilsinhaber durch den Formwechsel erlangen sollen (= x Aktien) |
| Nr. 5 | • besondere Rechte, wie z.B. durch Vorzugsaktien, Stimmrecht und dergleichen, die einzelne Anteilsinhaber durch den Formwechsel erhalten sollen ( z.B. Namensaktien) |
| Nr. 6 | • ein Abfindungsangebot, sofern nicht der Umwandlungsbeschluß zu seiner Wirksamkeit der Zustimmung aller Anteilsinhaber bedarf oder nur ein Anteilsinhaber beteiligt ist |
| Nr. 7 | • die Folgen für die Arbeitnehmer und ihre Vertretungen |

---

235 Siehe dazu Abschn. 6.3.3.1.2.3

§ 193 UmwG schreibt einen notariell beurkundeten Umwandlungsbeschluß vor, der entsprechend § 194 UmwG einen gewissen Mindestinhalt haben muß. Der Umwandlungsbeschluß ist zwingend und bedarf der Zustimmung einer Mehrheit von dreiviertel der Stimmen der anwesenden Mitglieder des Vereins (§ 275 Abs. 2 UmwG). In diesem Beschluß ist auch die Satzung der neuen Fußball-Aktiengesellschaft festzustellen und notariell zu beurkunden.

Mit der Eintragung der Fußball-Aktiengesellschaft in das zuständige Register wird der Formwechsel rechtskräftig, und der formwechselnde Verein besteht in der Rechtsform einer Aktiengesellschaft weiter. Die Vereinsmitglieder würden mit der Eintragung der formwechselnden Umwandlung automatisch Aktionäre der Fußball-Aktiengesellschaft. Mängel der Umwandlung haben gemäß § 202 Abs. 3 UmwG auf die Wirkung der Eintragung zwar keine Folgen, jedoch können Schadensersatzansprüche gegen den Verwaltungsträger gemäß §§ 205, 206 UmwG in Betracht kommen.

### 6.3.3.1.4 Zwischen-Fazit

Mit der satzungsmäßigen Erlaubnis der direkten Umwandlung eines Fußball-Vereins als Ganzes in eine börsenfähige Fußball-Kapitalgesellschaft nach den Regeln des (neuen) Umwandlungs- und Umwandlungssteuergesetzes wäre der DFB den einfachsten und konsequentesten Weg gegangen, den Vereinen die Möglichkeit einer zeitgemäßen Rechtsformgestaltung des von ihnen betriebenen Profifußballs zu gewähren. Dieses hätte insbesondere auch zur Folge gehabt, daß die Vereinsmitglieder unmittelbar und originär Gesellschafter (Aktionäre oder Kommanditaktionäre) ihrer Fußball-Kapitalgesellschaft geworden wären. Demgegenüber werden sie – wie nachfolgend beschrieben – bei den DFB-satzungskonformen Umwandlungs- und Gestaltungsalternativen nur mittelbare Gesellschafter „ihrer" Fußball-Kapitalgesellschaft als Tochtergesellschaft des Muttervereins. Den Mitgliedern der Bundesliga-Vereine nicht einmal die Wahl über den jeweils einzuschlagenden Weg – entweder die unmittelbare oder nur die mittelbare Gesellschafterstellung bei der Fußball-Kapitalgesellschaft – zu überlassen, erscheint dem Autor ein rechtlich nicht haltbarer Eingriff in die Rechte der Vereinsmitglieder durch den DFB zu sein. Dieser Eingriff läßt sich auch nicht allein mit den Hinweisen auf die „Vermeidung von Fremdbestimmung" oder gar der drohenden Gefahr einer „feindlichen Übernahme" rechtfertigen. Denn dieser Probleme müssen sich nicht nur Fußball-Kapitalgesellschaften erwehren; sie sind zwischenzeitlich nahezu alltägliche Praxis in unserem wettbewerbsorientierten Wirtschaftssystem geworden. Zur Lösung stehen daher zwischenzeitlich eine Vielzahl gesellschaftsrechtlicher Instrumente bereit, wie auch in dieser Untersuchung aufgezeigt wird.[236]

### 6.3.3.2 Die DFB-satzungskonformen Umwandlungsmöglichkeiten zur Errichtung von börsenfähigen Fußball-Kapitalgesellschaften

Da der DFB in seinen Statuten[237] die Umwandlung (eines Vereins) auf die – bezogen auf den Lizenzspielerbereich der Fußballabteilung[238] – *„Ausgliederung"* als allein mögliche Form festgeschrieben hat, die Ausgliederung umwandlungsrechtlich eine Form der Spaltung darstellt[239], sollen nachfolgend die umwandlungsrechtlichen Voraussetzungen und Möglichkeiten der Spaltung eines (Fußball-)Vereins analysiert werden. Ausgehend von dem angestrebten Ziel der möglichen Börseneinführung einer aus der Spaltung eines Vereins hervorgehenden Fußball-Kapitalgesellschaft beschränkt sich die nachfolgende Untersuchung auf die Spaltung in eine börsenfähige Aktiengesellschaft und eine ebenfalls Going Public-fähige Kommanditgesellschaft auf Aktien.

Vorab wird nochmals auf die in der zukünftigen Gestaltungspraxis voraussichtlich wenig relevante Einzelrechtsnachfolge eingegangen. Grundlage hierfür ist auch, daß es der DFB als nicht regelungsbedürftig angesehen hat, in *„welcher Form die Ausgliederung (nach dem Umwandlungsgesetz oder nach dem BGB, Bargründung oder Sachgründung etc.)"*[240] vorgenommen wird.

#### *6.3.3.2.1 Die partielle Vereinsausgliederung im Wege der Einzelrechtsnachfolge zur (Sach-)Gründung einer börsenfähigen Fußball-Kapitalgesellschaft*

Neben der Umwandlung eines (Fußball-)Vereins als Ganzes im Wege der Einzelrechtsnachfolge ist natürlich auch eine Einzelrechtsnachfolge bei partieller Ausgliederung z.B. einer Lizenzspielerabteilung eines Vereins denkbar. Dies entspricht wohl auch der vorstehenden Meinung des DFB, wenn er von

---

236 Siehe dazu insbesondere die Abschnitte 6.1.10.1 und 6.2.3
237 Siehe dazu ausführlich Abschn. 5
238 Siehe dazu Abschn. 5.1.2
239 Siehe dazu Abschn. 6.3.1.4
240 Siehe dazu Abschn. 5.1.4.1

Ausgliederungsformen, die nicht auf der gesetzlichen Grundlage des Umwandlungsrechts basieren, spricht. Würde ein Verein diesen vergleichsweise aufwendigen Weg beschreiten wollen, könnte dieses im Wege der Sachgründung einer (börsenfähigen) Aktiengesellschaft oder einer (ebenfalls börsenfähigen) Kommanditgesellschaft auf Aktien durch Neugründung als auch durch Aufnahme in eine bereits bestehende Kapitalgesellschaft erfolgen. Im einzelnen wird dazu auf die vorstehenden Abschnitte[241] verwiesen, die auch hier zu beachten sind.

### 6.3.3.2.2 Die umwandlungsrechtliche Spaltung eines eingetragenen Fußball-Vereins zur Aufnahme oder Neugründung einer Fußball-Aktiengesellschaft

Mit der Spaltung wurde das Gegenstück der Verschmelzung in das Umwandlungsrecht aufgenommen. Dabei wird im Wege der Gesamtrechtsnachfolge das Vermögen des sich spaltenden Rechtsträgers – hier des (Fußball-)Vereins – ganz oder teilweise auf einen bereits bestehenden oder auf einen neu zu gründenden Rechtsträger – hier die (Fußball-)Aktiengesellschaft – übertragen. Im ersten Fall handelt es sich um eine Spaltung zur Aufnahme, im zweiten Fall um eine Spaltung zur Neugründung. Bezüglich der Neugründung einer Aktiengesellschaft sind gemäß § 135 Abs. 2 UmwG die §§ 23 ff. AktG über die Gründung von Aktiengesellschaften maßgebend.[242]

Rechtsgrundlage für die Spaltung eines (Fußball-)Vereins bilden gemäß § 149 UmwG die §§ 123-137 UmwG i.V.m. den §§ 99-104a UmwG. Danach kann auch ein eingetragener (Fußball-)Verein auf allen Positionen Beteiligter einer Spaltung, d.h. einer Auf- oder Abspaltung sowie einer Ausgliederung sein. § 149 Abs. 2 UmwG schränkt die Spaltungsmöglichkeit jedoch soweit ein, als ein eingetragener Verein als übernehmender Rechtsträger nur einen anderen eingetragenen Verein aufnehmen kann. Ferner kann nur ein eingetragener Verein eine Spaltung zur Neugründung eines eingetragenen Vereins durchführen. „*Aus dem Verein heraus stehen also alle Möglichkeiten (der Spaltung) offen, den Weg in den Verein können nur eingetragene Vereine gehen*".[243] Das heißt: Ein Verein kann sein Vermögen umfassend nach den satzungsmäßigen Vorgaben des DFB auf Rechtsträger anderer Rechtsformen übertragen; das umwandlungsrechtliche Instrumentarium ergibt sich aus dem

---

241 Vgl. dazu die Abschnitte 6.3.3.1.1 i.V.m. 6.3.1.2, 6.1 und 6.2
242 Siehe dazu auch Abschn. 6.1
243 Vgl. Dehmer 1996, § 124 Rn. 14

Institut der Spaltung mit seinen Ausprägungen der Aufspaltung, der Abspaltung und der Ausgliederung.

In der Vorbereitungsphase einer Spaltung ist zunächst eine Spaltungsbilanz, die bis zu acht Monate zurückbezogen werden darf (§ 17 Abs. 2 Satz 4 UmwG), und ein sog. Spaltungsplan (§ 136 UmwG) zu erstellen. Ein Spaltungsvertrag hingegen kann im Falle der Spaltung durch Neugründung nicht abgeschlossen werden, da dieser ein Rechtsgeschäft zwischen zwei Rechtsträgern, d.h. ein zweiseitiges Rechtsgeschäft, voraussetzt. Entsprechend müßte bei einer Spaltung durch Neugründung einer Aktiengesellschaft der sich spaltende Verein mit sich selbst einen Vertrag abschließen. Im Spaltungsplan müssen der Beschluß, die Fußball-Aktiengesellschaft zu errichten, und eine Auflistung der zu übertragenden Vermögensgegenstände enthalten sein. Der Spaltungsplan unterliegt darüber hinaus den gleichen rechtlichen Anforderungen wie ein Spaltungsvertrag.

Der Mindestinhalt des Spaltungsplans wird durch § 126 UmwG konkretisiert. Die Vorschrift entspricht weitgehend dem § 5 UmwG über den Mindestinhalt von Verschmelzungsverträgen.[244]

Das Vertretungsorgan, d. h. der Vorstand des sich spaltenden Vereins, hat entsprechend dem Verschmelzungsbericht einen Spaltungsbericht zu erstellen, in dem die Spaltung sowie der Spaltungsplan bzw. -entwurf im einzelnen anzugeben und zu erläutern sind. Insbesondere ist bei der Auf- und Abspaltung das Umtauschverhältnis anzugeben und zu erläutern (§ 127 UmwG). Der Spaltungsbericht ist durch den Vorstand des Vereins zu erstatten und mit der Einladung zur Mitgliederversammlung zu versenden. Die Erstellung eines Spaltungsberichts kann unterbleiben, sofern alle Vereinsmitglieder darauf verzichten; die Verzichtserklärung ist notariell zu beurkunden (§ 127 Satz 2 und § 8 Abs. 3 UmwG).

Auf die Spaltungsprüfung finden gemäß § 125 UmwG die Vorschriften der §§ 9-12 UmwG Anwendung. Danach ist zur Prüfung des Spaltungsberichts, des Spaltungs- und Übernahmevertrages und des Spaltungsplans ein gesonderter Spaltungsprüfer zu bestellen, sofern die Prüfung von mindestens 10 % der Zahl der Mitglieder schriftlich verlangt wird. Inhaltlich gelten für die Spaltungsprüfung die Regelungen zur Prüfung des Verschmelzungsberichts.[245] In der Praxis stellt die Spaltungsprüfung eher eine Ausnahme dar.[246]

---

244 Vgl. Geck 1995, S. 419 ff.; siehe auch Abschn. 6.3.3.1.2.2
245 Siehe dazu Abschn. 6.3.3.1.2.3
246 Vgl. Geck 1995, S. 421

# Die Fußball-Kapitalgesellschaften als Gegenstand eines Going Public

Sofern jedoch eine Prüfung durchzuführen ist, ist der daraus resultierende Prüfungsbericht bei der Anmeldung der Spaltung zum Vereins- und Handelsregister mit einzureichen.

**Abb. 64: Mindestinhalt des Spaltungs- und Übernahmevertrages gemäß § 126 Abs. 1 UmwG**

| § 126 Abs. 1 UmwG | Inhalt der Vorschrift |
|---|---|
| Nr. 1 | • Name und Sitz; vgl. § 5 Abs. 1 Nr. 1 UmwG, wobei ein Verweis in der Anlage zum Spaltungsplan auf die zu gründende Fußball-Aktiengesellschaft ausreichend ist |
| Nr. 2 | • vgl. § 5 Abs. 1 Nr. 2 UmwG; an dieser Stelle ist auch klarzustellen, daß es sich bei der Übertragung um eine Spaltung zur Neugründung oder um eine Spaltung zur Aufnahme handelt |
| Nr. 3 | • Umtauschverhältnis; vgl. § 5 Abs. 1 Nr. 3 UmwG |
| Nr. 4 | • Einzelheiten der Übertragung; vgl. § 5 Abs. 1 Nr. 4 UmwG |
| Nr. 5 | • Tag der Gewinnbezugsrechte; vgl. § 5 Abs. 1 Nr. 5 UmwG |
| Nr. 6 | • Spaltungsstichtag; vgl. § 5 Abs. 1 Nr. 6 UmwG |
| Nr. 7 | • Sonderrechte einzelner Anteilsinhaber; vgl. § 5 Abs. 1 Nr. 7 UmwG |
| Nr. 8 | • besondere Vorteile Externer; vgl. § 5 Abs. 1 Nr. 8 UmwG |
| Nr. 9 | • die genaue Bezeichnung und Aufteilung der Gegenstände des Aktiv- und Passivvermögens, die dem übernehmenden Rechtsträger (Fußball-Aktiengesellschaft) übertragen werden |
| Nr. 10 | • bei Auf- und Abspaltung die Aufteilung der Anteile des übernehmenden Rechtsträgers (Fußball-Aktiengesellschaft) auf die Mitglieder des übertragenden Rechtsträgers (Verein) sowie den Maßstab für die Aufteilung; der Maßstab der Aufteilung bleibt der freien Vertragsgestaltung überlassen, und eine nicht verhältniswahrende Spaltung bedarf der Zustimmung aller beteiligten Vereinsmitglieder |
| Nr. 11 | • die Folgen der Spaltung für die Arbeitnehmer; vgl. § 5 Abs. 1 Nr. 9 UmwG |

In der Beschlußphase haben die Vereinsmitglieder über die Spaltung zu beschließen. Für die Vorbereitung und Durchführung der Mitgliederversammlung sind die Anforderungen in §§ 101, 102 UmwG (Vorbereitung und Durchführung der Mitgliederversammlung) i.V.m. §§ 125, 135 UmwG zu beachten. Ein positiver Spaltungsbeschluß der Mitgliederversammlung bedarf einer Mehrheit von dreiviertel der erschienenen (und gegebenenfalls wirksam vertretenen) Mitglieder, sofern nicht die Satzung erschwerende Erfordernisse vorsieht (§§ 125, 135, 104 UmwG). Der Zustimmungsbeschluß muß notariell beurkundet werden. Mit der Anmeldung und Eintragung in das Handelsregister wird die Umwandlung durch Spaltung rechtskräftig. Für die Anmeldung und Eintragung in das Handelsregister gelten die Ausführungen zur Verschmelzung entsprechend.[247]

Ein Gründungsbericht gemäß § 32 AktG und eine Gründungsprüfung sind bei der Spaltung eines Vereins durch Neugründung einer Aktiengesellschaft immer erforderlich. Die Anmeldung zur Eintragung hat sowohl beim Registergericht des Vereins als auch beim Registergericht der Aktiengesellschaft zu erfolgen. § 137 UmwG sieht in diesem Fall besondere Absprachen zwischen den Registergerichten vor.[248]

Im Rahmen einer Abspaltung geht das Vermögen des Vereins durch die Eintragung zum Teil auf die neugegründete Fußball-Aktiengesellschaft über, und bei der Aufspaltung mit dem Ergebnis von mindestens zwei (neuen) Rechtsträgern erlischt der Verein ohne besondere Auflösung. Im Gegensatz zur Aufspaltung bleibt bei einer Abspaltung oder Ausgliederung ein Teil des Vermögens beim Mutterverein.[249] Im übrigen gelten die Regelungen zur Verschmelzung eines (Fußball-)Vereins durch Aufnahme bzw. Neugründung einer Fußball-Aktiengesellschaft, die vorstehend ausführlich beschrieben und erläutert wurden.[250]

---

247 Siehe dazu Abschn. 6.3.3.1.2.6
248 D.h. insbesondere Mitteilung über den Zeitpunkt der Eintragung des neuen Rechtsträgers und Übersendung des Handelsregisterauszugs sowie eine beglaubigte Abschrift der Satzung des neuen Rechtsträgers
249 Siehe dazu Abschn. 6.3.1.4
250 Siehe dazu Abschn. 6.3.3.1.2

### 6.3.3.2.3 Die umwandlungsrechtliche Ausgliederung eines eingetragenen Fußball-Vereins durch Aufnahme oder Neugründung einer Fußball-Kommanditgesellschaft auf Aktien

Ausgehend von den Ergebnissen aus dem Rechtsformvergleich und den sich für die (börsenfähige) Kommanditgesellschaft auf Aktien – insbesondere vor dem Hintergrund der gesellschaftsrechtlichen Restriktionen bei den satzungsmäßigen Vorgaben des DFB – ergebenden Vorteilen, soll nachfolgend umfassend das zukünftig realiter wohl am häufigsten gewählte umwandlungsrechtliche Ausgliederungsmodell beschrieben sowie um mustervertragliche Gestaltungshinweise erweitert werden.

### 6.3.3.2.3.1 Ein praktisches Beispiel der Spaltung durch Ausgliederung einer Lizenzspielerabteilung eines Vereins zur Aufnahme in eine Fußball KGaA (mit Musterverträgen und Muster-Ausgliederungsbericht)

Das nachfolgend dargestellte Beispiel beschreibt eine konkret im März 1999 durchgeführte Umwandlung im Wege der Spaltung durch Ausgliederung einer Lizenzspielerabteilung eines in Deutschland eingetragenen (Fußball-) Vereins durch Aufnahme in eine bestehende Kommanditgesellschaft auf Aktien. Die im Wege der Spaltung durch Ausgliederung errichtete Fußball-Kapitalgesellschaft steht zur Zeit (Juli 1999) zur Eintragung des Umwandlungsvorgangs in die Vereins- und Handelsregister an und hat den notwendigen (übertragenden) Lizenzantrag mit dem DFB abgestimmt[251], so daß eine Teilnahme dieser Fußball-Kapitalgesellschaft am Spielbetrieb der Fußball-Bundesliga noch in der Saison 1999/2000 zu erwarten ist.

Die nachfolgende Abbildung 65 zeigt die Strukturdeterminanten dieses Umwandlungsbeispiels in Verbindung mit den Verträgen und dem beispielhaften Ausgliederungsbericht (siehe Anhang 10.1.1 bis 10.1.3).

---

251 Siehe dazu Abschn. 5

Die Umwandlung eines eingetragenen (Fußball-)Vereins

**Abb. 65: Die beispielhafte Ausgliederung einer Lizenzspielerabteilung aus einem (Fußball-)Verein zur Aufnahme in eine Fußball GmbH & Co. KGaA**

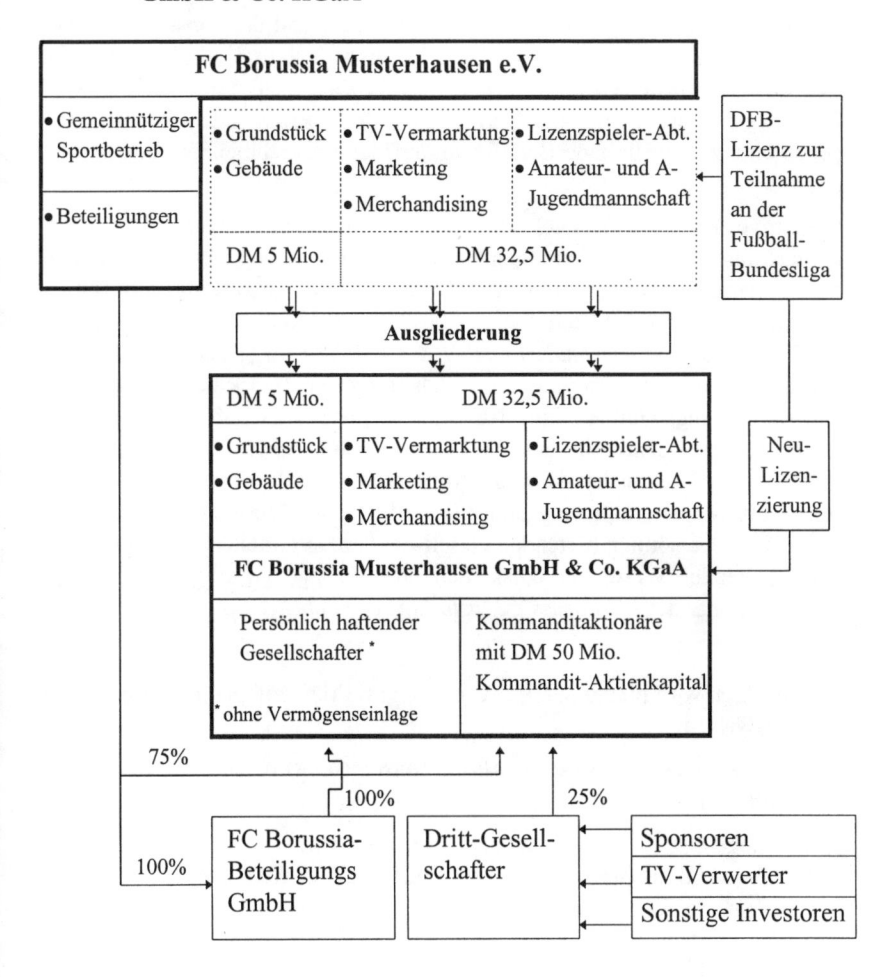

```
┌─────────────────────────────────────────────────────┐
│              FC Borussia Musterhausen e.V.          │
├──────────────┬──────────────────────────────────────┤─────────────
• Gemeinnütziger │ • Grundstück │ • TV-Vermarktung │ • Lizenzspieler-Abt. │  DFB-
  Sportbetrieb  │ • Gebäude    │ • Marketing      │ • Amateur- und A-    │  Lizenz zur
                │              │ • Merchandising  │   Jugendmannschaft   │  Teilnahme
• Beteiligungen │              │                  │                      │  an der
                │  DM 5 Mio.   │     DM 32,5 Mio.                        │  Fußball-
                                                                           Bundesliga

                            Ausgliederung

                    DM 5 Mio.   │   DM 32,5 Mio.
                • Grundstück  • TV-Vermarktung  • Lizenzspieler-Abt.      Neu-
                • Gebäude     • Marketing       • Amateur- und A-         Lizen-
                              • Merchandising     Jugendmannschaft        zierung

              FC Borussia Musterhausen GmbH & Co. KGaA

              Persönlich haftender    │ Kommanditaktionäre
              Gesellschafter *        │ mit DM 50 Mio.
                                      │ Kommandit-Aktienkapital
              * ohne Vermögenseinlage

  75%
              100%        25%
  100%    FC Borussia-    Dritt-Gesell-    Sponsoren
         Beteiligungs     schafter         TV-Verwerter
           GmbH                            Sonstige Investoren
```

335

### 6.3.3.2.3.1.1 Der Austausch von Vermögens- in Beteiligungsrechte als Wesensmerkmal der umwandlungsrechtlichen Ausgliederung

Bei der Ausgliederung der Lizenzspielerabteilung und des sonstigen Vermögens des *FC Borussia Musterhausen e.V.* zur Aufnahme[252] in die bestehende *FC Borussia Musterhausen GmbH & Co. KGaA* gemäß § 123 Abs. 3 Nr. 1 UmwG geht das übertragene Vermögen[253] des übertragenden Rechtsträgers gegen eine zu gewährende Beteiligung auf den übernehmenden Rechtsträger über.

In dem vorliegenden Beispiel erhält also der *FC Borussia Musterhausen e.V.* für das ausgegliederte Vermögen (Lizenzspielerabteilung, Amateur- und A-Jugendmannschaft, Marketing- und TV-Rechte, Merchandising, Grundstück und Gebäude etc.) eine Beteiligung von 75 % am Kommandit-Aktienkapital der *FC Borussia Musterhausen GmbH & Co. KGaA*. Ergänzend beteiligt sich der Mutterverein mit einer ausschließlich zu diesem Zweck gegründeten Fußball-Beteiligungs GmbH – eine 100%ige Tochtergesellschaft – als persönlich haftende Gesellschafterin der *FC Borussia Musterhausen GmbH & Co. KGaA*.[254] Im Ergebnis hat damit der Mutterverein im Wege der Ausgliederung seiner Lizenzspielerabteilung und eines Teils seines Vermögens die Rechtsstellung des persönlich haftenden Gesellschafters in mittelbarer und haftungsbeschränkender Weise und zusätzlich eine 75%ige Beteiligung als Kommanditaktionär der *FC Borussia Musterhausen GmbH & Co. KGaA* erhalten.

Im einzelnen wird hierzu auf die Angaben und Erläuterungen im **Anhang** wie folgt verwiesen:

- Zur Satzung der *FC Borussia Musterhausen GmbH & Co. KGaA* siehe Abschnitt 10.1.1 des Anhangs.
- Zur Regelung im Ausgliederungs- und Übernahmevertrag zwischen dem *FC Borussia Musterhausen e.V.* und der *FC Borussia Musterhausen GmbH & Co. KGaA* siehe Abschnitt 10.1.2 des Anhangs, insbesondere

---

252 Gleiches gilt für die Ausgliederung durch Neugründung; vgl. dazu Abschn. 6.3.3.2.3.2
253 Nach *Schwedhelm* könnte bei einer Ausgliederung auch das gesamte Vermögen gegen Gewährung von Gesellschaftsrechten übertragen werden, so daß vorliegend der Mutterverein lediglich noch eine reine Holdingfunktion im Verhältnis zu seinen (beiden) Beteiligungsunternehmen wahrnehmen würde; vgl. Schwedhelm 1999, Tz. 730; S. 157 f.
254 Zu den möglichen Beweggründen und Folgen der Einbeziehung einer GmbH oder AG als persönlich haftende Gesellschafterin vgl. Abschn. 6.2.2

- § 2 (Ausgliederung – Vermögensübertragung gegen Gewährung von Gesellschaftsrechten);
- § 5 (Vermögensübertragung auf die *FC Borussia Musterhausen GmbH & Co. KGaA*);
- § 6 (Arbeitsverhältnisse und Anstellungsverträge, Lizenzspieler);
- § 10 (Gegenleistung für die Vermögensübertragung – Gewährung von Anteilsrechten).

- Zur Berichterstattung in dem gemeinsamen Ausgliederungsbericht der Vorstände des *FC Borussia Musterhausen e.V.* und der *FC Borussia Musterhausen GmbH & Co.KG* siehe Abschnitt 10.1.3 des Anhangs, insbesondere
  - Abschn. I (Zielsetzung der Ausgliederung),
  - Abschn. IV (Die Erläuterung des Ausgliederungs- und Übernahmevertrages) sowie
  - Abschn. V (Die Bewertung des auszugliedernden Vermögens und die Gewährung von Anteilen).

6.3.3.2.3.1.2 Die Bewertung des auszugliedernden Vermögens

Zur Gewährung von Anteilen der *FC Borussia Musterhausen GmbH & Co. KGaA* bedarf es der Bewertung des bei dem *FC Borussia Musterhausen e.V.* auszugliedernden Vermögens. Diese Bewertung hat nach den Grundsätzen der Unternehmensbewertung[255], also entsprechend – dem derzeitig aktuellen Erkenntnisstand folgend – nach der sog. Ertragswertmethode zu erfolgen.

Zu diesen Bewertungsgrundsätzen und ihrer Anwendung auf die Ausgliederung einer Lizenzspielerabteilung eines (Fußball-)Vereins wird auf die Ausführungen im Ausgliederungsbericht, Abschnitt 10.1.3 unter V im Anhang verwiesen.

Im Wert des auszugliederten Vermögens erhält der *FC Borussia Musterhausen e.V.* Anteile (Aktien) an der Fußball KGaA. Gemäß § 125 Satz 2 UmwG ist eine Prüfung gemäß §§ 9-12 UmwG der Bewertung im Rahmen einer Ausgliederung nicht Pflicht.[256]

---

[255] Vgl. Institut der Wirtschaftsprüfer/IdW (HFA 2/1983), S. 468-490; Wirtschaftsprüfer-Handbuch 199, S. 1-136; siehe auch Helbling 1998, S. 72 ff.
[256] Die Begründung für den (gesetzlichen) Verzicht auf Prüfung überzeugt nicht – vgl. dazu Dehmer 1996, § 125 Rn. 11

### 6.3.3.2.3.1.3 Der beherrschende Einfluß des Muttervereins auf die Fußball KGaA als Vorgabe des DFB

In dem vorliegenden Beispielsfall erfüllt die durch Ausgliederung der Lizenzspielerabteilung aus dem *FC Borussia Musterhausen e.V.* errichtete Fußball KGaA die DFB-Anforderung des beherrschenden Einflusses des Muttervereins auf die Fußball KGaA in vorbildlicher Weise. Dies zum einem dadurch, daß über die Stellung der 100 %igen Vereins-Tochtergesellschaft *FC Borussia Beteiligungs GmbH* als alleinige persönlich haftende Gesellschafterin die Geschäftsführungs- und Vertretungsbefugnisse allein im Einflußbereich des Muttervereins liegen. Zum anderen verfügt der Mutterverein in der Hauptversammlung der Fußball KGaA über eine 75 %ige Mehrheit, so daß ein möglicher lizenzgefährdender Fremdeinfluß ausgeschlossen ist. Letzteres ist jedoch nicht einmal erforderlich. Denn im Gegensatz zur Rechtsform der Aktiengesellschaft, bei der der Mutterverein immer über einen Mindestanteil von 50 % + 1 Stimmrecht[257] verfügen muß, ist bei der Fußball KGaA dieser herrschende Einfluß allein schon über die Stellung als persönlich haftender Gesellschafter gewährleistet. Demzufolge kann der Mutterverein seine relative Kapitalmehrheit als Kommanditaktionär zur Disposition stellen, d.h. er kann im Wege von Kapitalerhöhungen[258] unter Verzicht auf seine Bezugsrechte neues Kapital schaffen und durch externe Investoren zeichnen lassen. Damit stehen dem Mutterverein als beherrschendem Gesellschafter seiner Fußball KGaA alle Türen für die notwendigen Schritte in ein Going Public offen.

### 6.3.3.2.3.1.4 Problem der Mitausgliederung der Amateur- und A-Jugendmannschaft auf eine Fußball-Kapitallgesellschaft

Wird die Amateur- und A-Jugendmannschaft – wie in diesem Beispiel – gleichzeitig mit der Lizenzspielermannschaft auf eine Fußball-Kapitalgesellschaft ausgegliedert, so können Probleme mit den betreffenden Landes- bzw. Regionalverbänden entstehen. Diese sorgen sich nämlich um ihren Status der Gemeinnützigkeit, wenn sie Fußball-Amateur- bzw. Jugendmannschaften, deren Lizenzträger kein gemeinnütziger eingetragener Verein, sondern eine Fußball-Kapitalgesellschaft ist, die Teilnahmen am Spielbetrieb in ihren Ligen erlauben.

---

257 Siehe dazu Abschn. 5.1.3.1
258 Siehe dazu den nachfolgenden Abschn. 6.4

Aus der Sicht der Fußball-Kapitalgesellschaft ist die organisatorische Einheit von Lizenzspielermannschaft einerseits und der Amateur- und A-Jugendmannschaft andererseits sinnvoll, da aus diesen Mannschaften unter Umständen Spieler in der Profimannschaft eingesetzt werden. Hinzu kommt, daß gerade für diese beiden Mannschaften als Folge der Talentförderung erhebliche Kosten entstehen, die durch die Ausgliederung die Fußball-Kapitalgesellschaft und nicht den Verein belasten.

In der Praxis sind umwandlungswillige Fußball-Vereine, die ihre Amateur- und A-Jugendmannschaft in die Ausgliederung miteinbeziehen wollten, bei einigen Landes- und Regionalverbänden demzufolge auf Probleme bei der Lizenzerteilung für die Teilnahme am Spielbetrieb der betreffenden Mannschaften gestoßen.

Der DFB hat auf die Befürchtungen der Landes- und Regionalverbände reagiert und in einem Empfehlungsschreiben die Ansicht vertreten, daß die Gemeinnützigkeit dieser Verbände durch die Teilnahme von Fußball-Amateurmannschaften in der Rechtsform einer Kapitalgesellschaft am Spielbetrieb nicht gefährdet sei. Begründet wird dies damit, daß die Verbände den Fußball-Kapitalgesellschaften nicht unentgeltliche, sondern ausschließlich entgeltliche Leistungen – nämlich die Teilnahme am Spielbetrieb – zur Verfügung stellen. Bei der Bereitstellung von entgeltlichen Leistungen an Fußball-Kapitalgesellschaften soll aber die Gemeinnützigkeit nach Meinung des DFB nicht gefährdet sein. Hinzu kommt, daß die Gemeinnützigkeit der Landes- und Regionalverbände unabhängig von der Rechtsform ihrer Mitglieder gewahrt bleibt, solange sie über einen eigenständigen gemeinnützigen Bereich, wie z.B. Jugendförderung, verfügen.[259]

*6.3.3.2.3.2 Die Ausgliederung zur Neugründung einer Fußball KGaA*

Alternativ zur Ausgliederung zur Aufnahme kann ein Mutterverein seine Lizenzspielerabteilung auch auf eine im Wege der Spaltung durch Ausgliederung neu zu gründende Fußball KGaA übertragen. Rechtlich erfolgt die Übertragung wiederum im Wege der Gesamtrechtsnachfolge. An die Stelle des Ausgliederungs- und Übernahmevertrages zwischen dem Mutterverein und seiner Fußball KGaA im Falle der Ausgliederung zur Übertragung tritt bei Neugründung ein zu erstellender Ausgliederungsplan, wobei hier die sonst notwendigen Angaben zum Umtauschverhältnis (§ 126 Abs. 1 Nr. 3, 4 und 10

---

[259] Vgl. dazu Abschn. 5.1.4.4

UmwG[260] entfallen können. Im übrigen gelten alle wesentlichen umwandlungsrechtlichen Regelungen der Ausgliederung zur Übertragung auf eine bereits bestehende Fußball KGaA auch für die Ausgliederung zur Neugründung einer Fußball KGaA.[261]

### 6.4 Rechtsgrundlagen der Kapitalerhöhung

Eine börsenfähige (Fußball-)Kapitalgesellschaft muß in der Lage sein, ihr Eigenkapital zu vergrößern, wenn dies aus betriebs- oder gesamtwirtschaftlichen Gründen notwendig wird.[262] Daher hat das Aktienrecht die Möglichkeit der Erhöhung des Grundkapitals – die Kapitalerhöhung – geschaffen. Die Gesellschaft muß jedoch zahlreiche aktienrechtliche Vorschriften beachten.

#### 6.4.1 Begriff und Motive der Kapitalerhöhung

Der Begriff der Kapitalerhöhung unterliegt in der Literatur unterschiedlich weit gefaßten Definitionen.

- Grundsätzlich kann unter einer Kapitalerhöhung jede Erweiterung der Kapitalbasis subsumiert werden – sei es durch Einbringung bzw. Einbehalten eigener oder durch Aufnahme fremder Mittel.
- In einer enger gefaßten Definition der betriebswirtschaftlichen Literatur wird unter Kapitalerhöhung lediglich die Einbringung von Eigenkapital im Wege der Außenfinanzierung verstanden.
- Die engste Begriffsbestimmung legt eine Kapitalerhöhung ausschließlich als Erhöhung des Grundkapitals einer Aktiengesellschaft fest.

Für die weiteren Ausführungen wird die letzte Definition – die Erhöhung des Grundkapitals einer AG – zugrunde gelegt.

Das Aktienrecht unterscheidet grundsätzlich zwei Kategorien von Kapitalerhöhungen – die nominelle und die effektive (§§ 182-220 AktG).

---

260 Vgl. Abbildung 64
261 Siehe dazu Abschn. 6.3.3.2.3.1
262 Siehe dazu auch Abschn. 5.1.4.7

## Rechtsgrundlagen der Kapitalerhöhung

Bei der nominellen Kapitalerhöhung handelt es sich um eine Umwandlung der offenen Rücklagen (Gewinn- oder Kapitalrücklagen) in Grundkapital. Dabei erfolgt kein Zufluß von finanziellen Mitteln, sondern nur eine Umschichtung der Kapitalstruktur, die zu einer Angleichung des nominellen Grundkapitals führt. Man spricht daher auch von einer Kapitalerhöhung aus Gesellschaftsmitteln. Die Aktionäre erhalten entsprechend ihrer bisher gehaltenen Aktienanteile sog. Gratis- oder Freiaktien. Das Verhältnis der Stimmrechte in der Hauptversammlung wird durch die Ausgabe von Gratisaktien nicht berührt. Da dem Unternehmen keine zusätzlichen Mittel von außen zugeführt werden, läßt sich aus betriebswirtschaftlicher Sicht nicht wirklich von einer Kapitalerhöhung sprechen.

Eine effektive Kapitalerhöhung dagegen führt zu einer echten Erweiterung der Eigenkapitalbasis, da Geldmittel oder sonstige Vermögenswerte dem Grundkapital von außen zugeführt werden. Dabei können sowohl die bereits vorhandenen Gesellschafter ihre Kapitalanteile erhöhen als auch neue Gesellschafter eintreten. Für die Erhöhung des Grundkapitals werden junge Aktien zu einem festgelegten Bezugspreis ausgegeben. Die Altaktionäre haben ein Bezugsrecht für diese jungen Aktien, das sie entweder nutzen oder verkaufen können. Es besteht aber die Möglichkeit, die Altaktionäre vom Bezugsrecht auszuschließen.[263]

Eine Kapitalerhöhung kann auch durch Aufnahme eines Unternehmens gegen Gewährung von Gesellschaftsanteilen oder durch eine sog. verschmelzende Umwandlung vollzogen werden.[264]

Erfolgt die Kapitalerhöhung durch die Einbringung von Geldmitteln, so resultiert daraus eine Verbesserung der Liquidität. Durch die Erhöhung des nominell gebundenen Eigenkapitals nimmt die Haftungsbasis und somit die Kreditwürdigkeit des Unternehmens zu. Die Aufnahmemöglichkeit zusätzlichen Fremdkapitals wird durch diese Bonitätssteigerung erweitert. Eine Kapitalerhöhung ermöglicht dem Unternehmen somit eine Vergrößerung des Finanzierungsrahmens, um notwendige Investitionen zu tätigen.[265]

---

263 Siehe dazu die Abschnitte 6.4.2.2 und 6.4.2.3
264 Vgl. zur nominellen und effektiven Kapitalerhöhung: Bieg 1997, S. 153
265 Vgl. Stangenberg-Haverkamp 1996, S. 73

## Die Fußball-Kapitalgesellschaften als Gegenstand eines Going Public

Einige Beispiele von Investitionsvorhaben, die mit Hilfe einer Kapitalerhöhung finanziert werden können:
- Umstellungen im Produktionsprogramm
- Modernisierungsinvestitionen ohne Kapazitätserweiterung zur Umsetzung von Rationalisierungsmaßnahmen
- Expansionsmaßnahmen mit Kapazitätserweiterung
- Erschließung neuer Märkte und Marktsegmente im Zuge der Globalisierung
- Finanzinvestitionen, insbesondere Unternehmensbeteiligungen
- Joint-Ventures und strategische Allianzen

Da für fast alle Investitionsvorhaben der Zufluß zusätzlicher Finanzmittel von außen in das Unternehmen erforderlich ist, werden im folgenden nur die Formen einer effektiven Kapitalerhöhung betrachtet, die im Wege der Beteiligungsfinanzierung durchgeführt werden.

Die Umwandlung des Unternehmens in eine AG und der anschließende Börsengang dienen vor allem der Stärkung der Eigenkapitalbasis, um geplante Investitionsvorhaben verwirklichen zu können. Aus diesem Grund, und um ein ausreichend großes Emissionsvolumen aufweisen zu können, wird im Vorfeld der Aktienemission eine Kapitalerhöhung durchgeführt. Man unterscheidet dabei folgende Kategorien:

**Abb. 66: Formen der Kapitalerhöhung**

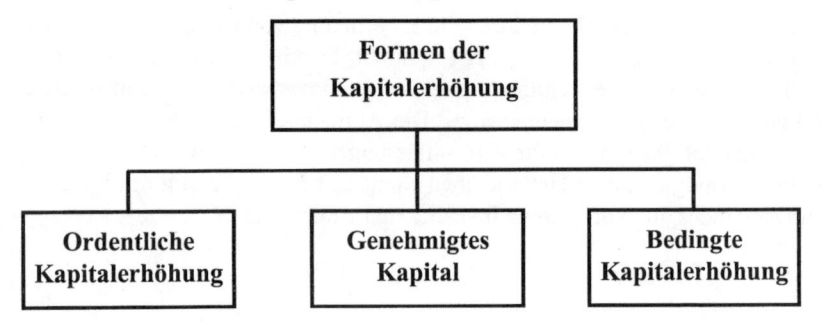

```
            ┌─────────────────────┐
            │     Formen der      │
            │   Kapitalerhöhung   │
            └──────────┬──────────┘
         ┌────────────┼────────────┐
┌────────┴────────┐ ┌─┴──────────┐ ┌┴───────────────┐
│    Ordentliche  │ │ Genehmigtes│ │    Bedingte    │
│  Kapitalerhöhung│ │   Kapital  │ │ Kapitalerhöhung│
└─────────────────┘ └────────────┘ └────────────────┘
```

## 6.4.2 Ordentliche Kapitalerhöhung

### 6.4.2.1 Begriff und Durchführung der ordentlichen Kapitalerhöhung

Bei der ordentlichen Kapitalerhöhung handelt es sich um eine Kapitalerhöhung gegen Einlagen, bei der nach einem Hauptversammlungsbeschluß junge Aktien ausgegeben werden (siehe §§ 182-191 AktG).

Die ordentliche Kapitalerhöhung kann in zwei Phasen unterteilt werden:
- zum einen in den Kapitalerhöhungsbeschluß und
- zum anderen in die Durchführung der Kapitalerhöhung.

Der Ablauf einer ordentlichen Kapitalerhöhung wird in der folgenden Abbildung 67 dargestellt und erläutert.

**Abb. 67: Ablauf einer ordentlichen Kapitalerhöhung**

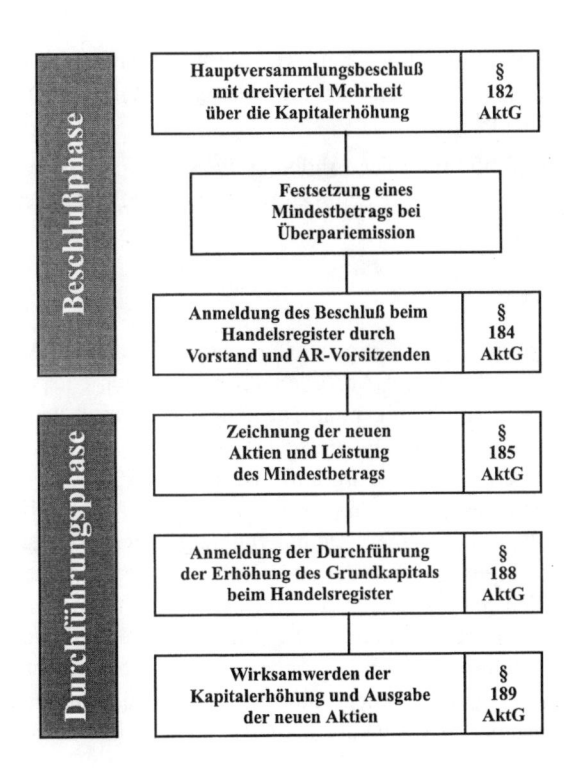

| Phase | Schritt | Rechtsgrundlage |
|---|---|---|
| Beschlußphase | Hauptversammlungsbeschluß mit dreiviertel Mehrheit über die Kapitalerhöhung | § 182 AktG |
| Beschlußphase | Festsetzung eines Mindestbetrags bei Überpariemission | |
| Beschlußphase | Anmeldung des Beschluß beim Handelsregister durch Vorstand und AR-Vorsitzenden | § 184 AktG |
| Durchführungsphase | Zeichnung der neuen Aktien und Leistung des Mindestbetrags | § 185 AktG |
| Durchführungsphase | Anmeldung der Durchführung der Erhöhung des Grundkapitals beim Handelsregister | § 188 AktG |
| Durchführungsphase | Wirksamwerden der Kapitalerhöhung und Ausgabe der neuen Aktien | § 189 AktG |

#### 6.4.2.1.1 Die Beschlußphase

Die Hauptversammlung muß die Kapitalerhöhung mit mindestens dreiviertel des bei der Beschlußfassung vorhandenen Grundkapitals beschließen. Die Satzung kann eine größere Mehrheit vorsehen, eine geringere hingegen ist nicht zulässig. Existieren verschiedene Aktiengattungen, so ist über jede Aktiengattung ein gesonderter Beschluß zu fassen.

Im Fall einer geplanten Emission der Aktien über dem Nennwert muß im Beschluß ein Mindestbetrag festgesetzt werden, der bei der Ausgabe nicht unterschritten werden darf.

Der Hauptversammlungsbeschluß ist beim zuständigen Handelsregister durch den Vorstand und den Aufsichtsratsvorsitzenden zur Eintragung anzumelden.

#### 6.4.2.1.2 Die Durchführungsphase

Im Anschluß beginnt die Zeichnung der neuen Aktien, auf die der Mindestbetrag zu leisten ist. Nachdem die Mindesteinlage vollständig eingezahlt worden ist, wird die Durchführung der Grundkapitalerhöhung zur Eintragung in das Handelsregister angemeldet.

Mit Eintragung der Durchführung der Erhöhung des Grundkapitals wird die Kapitalerhöhung wirksam, und die neuen Aktien dürfen ausgegeben werden.

### 6.4.2.2 Das Bezugsrecht

Das Aktiengesetz räumt jedem Altaktionär ein Bezugsrecht bei der Ausgabe neuer Aktien ein. Danach hat dieser Anspruch auf neue Aktien entsprechend seinem bisherigen Anteil am Grundkapital. Die Gesellschaft muß den Altaktionären zur Inanspruchnahme des Bezugsrechts eine Frist von mindestens zwei Wochen einräumen. Diese Bezugsaufforderung muß in den Gesellschaftsblättern bekannt gemacht werden (§ 186 Abs. 1 und 2 AktG). Mit Hilfe des Bezugsrechts sollen nach einer Kapitalerhöhung einerseits dieselben Stimmrechts- und Beteiligungsquoten der Aktionäre wie zuvor erhalten bleiben. Andererseits sollen die Aktionäre vor einer kapitalmäßigen Verwässerung geschützt werden. Gemeint sind damit Vermögensnachteile, die den Altaktionären entstehen, wenn sie sich nicht an der Kapitalerhöhung beteiligen und der Ausgabekurs der jungen Aktien unter dem Börsenkurs der alten Aktien liegt. Der sich einstellende Mischkurs an der Börse liegt dann, zum Nachteil der Altaktionäre, unter dem Kurs der alten und, zum Vorteil der neuen Aktionäre, über dem Ausgabekurs der jungen Aktien. Durch das Bezugsrecht werden die Altaktionäre für den Kursverlust entschädigt, da die neuen Anleger ihnen die Bezugsrechte abkaufen müssen, um sich an der Kapitalerhöhung beteiligen zu können. Der Wert des Bezugsrechts wird sich an der Stelle einpendeln, an der die Verluste des Altaktionärs gerade kompensiert werden und der Neuaktionär aus dem Kauf der jungen Aktien noch einen Kursgewinn erwartet.

### 6.4.2.3 Der Bezugsrechtsausschluß

Unter bestimmten Voraussetzungen ist ein Ausschluß des Bezugsrechts möglich (§ 186 Abs. 4 und 5 AktG). Zu differenzieren ist dabei zwischen dem formellen und dem materiellen Bezugsrechtsausschluß.

Der formelle Ausschluß des Bezugsrechts dient lediglich der Erleichterung des Emissionsvorgangs. Die jungen Aktien werden an eine Bank oder ein Bankenkonsortium übertragen, um sofort den Gegenwert der Aktien zur Verfügung zu haben. Die übernehmenden Kreditinstitute verpflichten sich, die neuen Aktien den Altaktionären entsprechend ihrem Bezugsrecht anzubieten. De facto bleibt das Bezugsrecht der Aktionäre beim formellen Bezugsrechtsausschluß bestehen. Somit handelt es sich um eine Fremdemission durch die Banken, die als Gegenleistung für die Vorfinanzierung und Durchführung der Emission neuer Aktien eine Übernahmeprovision erhalten.[266]

Ein materieller Bezugsrechtsausschluß ist hingegen erforderlich, wenn die jungen Aktien benötigt werden, um z.B. bei einer Fusion die Minderheitsaktionäre abzufinden, oder bei Ausgabe von Belegschaftsaktien für die Beschäftigten. In diesen Fällen verringert sich die Beteiligungsquote der Altaktionäre.

Da durch den Bezugsrechtsausschluß grundlegende Aktionärsrechte beschnitten werden, ist ein solcher Vorgang nur über einen Hauptversammlungsbeschluß möglich. Der beabsichtigte Bezugsrechtsausschluß muß daher ausdrücklich und ordnungsgemäß im Vorfeld bekanntgegeben werden, d.h. dieses Vorhaben muß bereits in der Tagesordnung zur Hauptversammlung in den Gesellschaftsblättern veröffentlicht werden (§ 186 Abs. 4 i.V.m. § 124 Abs. 1 AktG). Der Vorstand muß einen schriftlichen Bericht über die Aus-

---

266 Vgl. Bieg 1997, S. 155

schlußgründe vorlegen, in dem auch der Vorschlag über den Ausgabebetrag der jungen Aktien zu unterbreiten und zu erläutern ist (§ 186 Abs. 4 Satz 2 AktG). Dabei sollte berücksichtigt werden, daß nur bei einem Ausgabebetrag zum Börsenkurs die Altaktionäre keine Nachteile erleiden und eher bereit sind zuzustimmen.

Bereits in der Beschlußphase der Kapitalerhöhung muß über den Bezugsrechtsausschluß entschieden werden. Der Bezugsrechtsausschluß ist somit ein untrennbarer Bestandteil des Kapitalerhöhungsbeschlusses. Neben diesen formellen Anforderungen sind noch weitere, materielle Voraussetzungen zu beachten, die im Laufe der Zeit aus der Rechtsprechung hervorgegangen sind.[267] Danach ist ein Bezugsrechtsausschluß nur möglich, sofern dieser aufgrund objektiver Aspekte im Interesse der Gesellschaft gerechtfertigt ist, die Maßnahme verhältnismäßig erscheint und unter Abwägung der Interessen der Aktionäre getroffen wurde.[268] Unter einer *„verhältnismäßigen Maßnahme"* ist zu verstehen, daß die durch die Kapitalerhöhung verfolgten Ziele auch verwirklicht werden und die Interessen der Gesellschaft gegenüber den Interessen der Aktionäre überwiegen. In der Literatur und Rechtsprechung werden strenge Anforderungen an die Erfüllung der materiellen Voraussetzungen gestellt, so daß ein Bezugsrechtsausschluß grundsätzlich von einem Anfechtungsrisiko begleitet wird. Vor allem die Rechtsunsicherheit aufgrund der unbestimmten Rechtsbegriffe hat in der Vergangenheit bei Kapitalerhöhungsbeschlüssen immer wieder zu Anfechtungsklagen geführt. Dabei lieferte vor allem der Vorstandsbericht, in dem die Voraussetzungen des Bezugsrechtsausschlusses im einzelnen dargelegt werden müssen, Angriffspunkte.

### 6.4.2.4 Erleichterter Bezugsrechtsausschluß

Mit dem Gesetz für Kleine Aktiengesellschaften und zur Deregulierung des Aktiengesetzes sind die bestehenden Regelungen zum Bezugsrechtsausschluß ergänzt worden. Seither besteht für börsennotierte Aktiengesellschaften die Möglichkeit des Bezugsrechtsausschlusses, sofern die Kapitalerhöhung gegen Bareinlagen 10% des Grundkapitals nicht überschreitet und der Ausgabebetrag den Börsenpreis nicht wesentlich unterschreitet (§ 186 Abs. 3 AktG). Bei

---

[267] Vgl. die Urteile zu *„Kali und Salz"* (BGHZ 71, 40 ff.) und *„Holzmann"* (BGHZ 83, 319 ff.)
[268] Vgl. Seibert/Köster/Kiem 1996, Rn.183 f.

dieser bestimmten Konstellation werden die materiellen Voraussetzungen gesetzlich geregelt und nicht mehr der Rechtsprechung überlassen.[269]

Ein Bezugsrechtsausschluß ist somit unter den genannten Voraussetzungen zulässig und muß nicht mehr darauf geprüft werden, ob er im überwiegenden Interesse der Gesellschaft liegt und sachlich gerechtfertigt ist.[270] Diese Erleichterung wirkt sich vor allem auf den Vorstandsbericht aus. Für diesen Bereich ist die Rechtsunsicherheit beseitigt worden.

Zu beachten ist jedoch, daß die Vereinfachung nur in Anspruch genommen werden kann, wenn die Tatbestandsmerkmale des § 186 Abs. 3 Satz 4 AktG erfüllt sind. In allen übrigen Fällen gelten die in der Rechtsprechung geschaffenen Präzedenzfälle.

**Abb. 68: Tatbestandsmerkmale des § 186 Abs. 3 Satz 4 AktG**

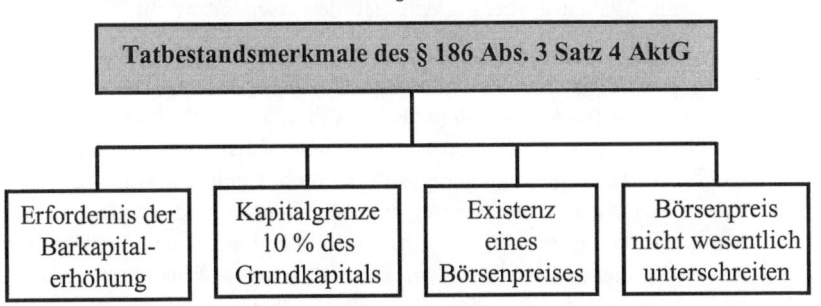

```
                  Tatbestandsmerkmale des § 186 Abs. 3 Satz 4 AktG
          ┌──────────────────┬──────────────────┬──────────────────┐
  Erfordernis der     Kapitalgrenze        Existenz          Börsenpreis
  Barkapital-         10 % des             eines             nicht wesentlich
  erhöhung            Grundkapitals        Börsenpreises     unterschreiten
```

- Der erleichterte Bezugsrechtsausschluß ist auf Barkapitalerhöhungen beschränkt. Dies geht zwar nicht explizit aus dem Gesetz hervor, aber indirekt, da die Unternehmensfinanzierung erleichtert werden soll. Während eine Barkapitalerhöhung der Unternehmensfinanzierung dient, hat eine Kapitalerhöhung gegen Sacheinlagen zum Ziel, bestimmte Vermögensgegenstände, z.B. Beteiligungen oder ganze Unternehmen, zu erwerben. Erfolgt ein solcher Erwerb gegen neue Aktien, müßte das Bezugsrecht ausgeschlossen werden. In diesem Fall finden jedoch die allgemeinen Grundsätze des Bezugsrechtsausschlusses Anwendung.[271]

---

[269] Vgl. Marsch-Barner 1994, S. 532
[270] Vgl. hierzu auch die amtliche Begründung, ZIP 1994, S. 253
[271] Vgl. Bieg 1997, S. 183; Marsch-Barner 1994, S. 534; Hüffer 1997, Rn. 39c zu § 186 AktG

- Die Bareinlage darf 10 % des Grundkapitals nicht übersteigen. Der Gesetzgeber hält eine durch die Kapitalerhöhung bedingte Minderung der Stimmrechte der Altaktionäre in diesem Rahmen für vertretbar. Bezugsgröße stellt dabei das Grundkapital zu dem Zeitpunkt dar, an dem über den Bezugsrechtsausschluß beschlossen wird. Im Falle der Ausgabe von Bezugsaktien ist dementsprechend auf das erhöhte Grundkapital abzustellen.[272]

- Lediglich börsennotierte Unternehmen können den erleichterten Bezugsrechtsausschluß in Anspruch nehmen. Dieser Schluß ergibt sich aus dem expliziten Bezug auf den Börsenpreis, dessen Existenz vorausgesetzt wird. Die Aktien müssen demnach zum Amtlichen Handel, zum Geregelten Markt oder zum Freiverkehr zugelassen sein.[273] Uneinigkeit besteht darüber, ob ein inländischer Börsenpreis zwingend ist oder ob auch eine Auslandsnotierung den Erfordernissen entspricht.[274]

- Schließlich darf der Ausgabebetrag der jungen Aktien den Börsenpreis nicht wesentlich unterschreiten. Mit dem Ausgabebetrag ist der Emissionskurs der jungen Aktien gemeint, während sich der Börsenpreis auf die alten, bereits an der Börse gehandelten Aktien bezieht. Damit soll einer Verwässerung entgegengewirkt werden. Denn je geringer die Differenz zwischen Ausgabebetrag und Börsenpreis und je geringer die Kapitalerhöhung im Verhältnis zum Grundkapital ist, desto näher liegt der sich bildende Mischkurs am alten Börsenkurs. Was unter der Formulierung *„nicht wesentlich unterschreiten"* zu verstehen ist, hat der Gesetzgeber hingegen offen gelassen. Nach herrschender Meinung liegt jedoch die Obergrenze der Abweichung bei 5 %, während 3 % den Regelfall in der Praxis darstellen.[275] Um den Wertverlust der Altaktionäre so gering wie möglich zu halten, sollte der Ausgabekurs so spät wie möglich festgelegt werden.[276]

Durch den erleichterten Bezugsrechtsausschluß wird die Vorlaufzeit, die beim Bestehen von Bezugsrechten erheblich ist, wesentlich reduziert. Der Nachteil

---

[272] Vgl. Marsch-Barner 1994, S. 534; Hüffer 1997, Rn. 39c zu § 186 AktG; Bieg 1997, S. 183
[273] Vgl. Marsch-Barner 1994, S. 533; und Hüffer 1997, Rn 39d zu § 186 AktG. Anders: Bieg 1997, S. 184: *„Der erleichterte Bezugsrechtsausschluß ist nur erlaubt, wenn eine Börsennotierung der Aktien im amtlichen Handel oder am geregelten Markt ... erfolgt."*
[274] Vgl. Marsch-Barner 1994, S. 533, der eine Auslandsnotierung für zulässig hält, soweit diese dem inländischen Börsenpreis gleichwertig ist, während Hüffer 1997, Rn 39c zu § 186 AktG eine DM-Notierung im Inland verlangt.
[275] Vgl. Hüffer 1997, Rn. 39d zu § 186 AktG
[276] Vgl. Bieg 1997, S. 184

für die Altaktionäre – die Minderung ihrer Stimmrechtsanteile – wird aber durch die begrenzte Abweichung des Ausgabepreises vom Börsenpreis in angemessener Weise gering gehalten.

### 6.4.3 Genehmigtes Kapital

Beim Genehmigten Kapital handelt es sich um eine Erhöhung des Grundkapitals bis zu einem bestimmten Nennbetrag durch Ausgabe neuer Aktien gegen Einlage, die nicht an einen bestimmten Finanzierungszweck gebunden ist (§ 202 Abs. 1 bis 3 AktG). Dabei wird der Vorstand, für einen Zeitraum von maximal fünf Jahren nach Eintragung der Satzungsänderung, von der Hauptversammlung ermächtigt, eine Kapitalerhöhung ohne weiteren Beschluß der Hauptversammlung durchzuführen.[277] Da eine erneute Einberufung der Hauptversammlung nicht mehr notwendig ist, kann die Kapitalerhöhung schneller und kostengünstiger durchgeführt werden. Die Kapitalerhöhung darf die Hälfte des bisherigen Grundkapitals nicht überschreiten und bedarf der Zustimmung des Aufsichtsrates.

Das Genehmigte Kapital ermöglicht dem Vorstand eine höhere Flexibilität bei der Führung der Gesellschaft, da er bei günstigen Kapitalmarktsituationen schnell handeln kann.[278] Ist die Aktiengesellschaft ein Familienunternehmen, sollte jedoch darauf geachtet werden, daß sich die Ermächtigung lediglich auf stimmrechtslose Vorzugsaktien bezieht, damit bezüglich der Mehrheitsverhältnisse keine Veränderung zu Ungunsten der Familie auftreten.[279] Auch Fußball-Aktiengesellschaften müssen darauf achten, daß durch die Kapitalerhöhung die Beteiligung des Muttervereins nicht unter 50% plus 1 Stimmrecht sinkt, da sonst die Vorgaben des DFB nicht mehr eingehalten werden und ein Lizenzentzug droht. In diesem Fall könnte ebenfalls auf stimmrechtslose Vorzugsaktien zurückgegriffen werden, was allerdings nicht unproblematisch ist, wie bereits in Abschn. 6.1.10.2.1.1 erläutert wurde.

---

277 Vgl. auch Schürmann/Körfgen 1997, S. 144
278 Vgl. Büschgen 1994, S. 307; Koch/Jensen/Steinhoff 1991, S. 111
279 Vgl. Schürmann/Körfgen 1997, S. 217

**Abb. 69: Ablauf einer Kapitalerhöhung mit Genehmigtem Kapital**[280]

```
┌─────────────────────────────────────────────────────┐
│ Hauptversammlung mit Ermächtigung des Vorstands zur │
│   Kapitalerhöhung, Bezugsrechtsausschluß sowie      │
│                Satzungsänderung                     │
│               §§ 202 und 203 AktG                   │
└─────────────────────────────────────────────────────┘
                          │
┌─────────────────────────────────────────────────────┐
│    Schriftlicher Bericht des Vorstands über         │
│          den Ausschluß des Bezugsrechts             │
│   § 203 Abs. 1 und 2 sowie § 186 Abs. 4 Satz 2 AktG │
└─────────────────────────────────────────────────────┘
                          │
┌─────────────────────────────────────────────────────┐
│  Eintragung der Satzungsänderung im Handelsregister │
│               §§ 202 und 181 AktG                   │
└─────────────────────────────────────────────────────┘
                          │
┌─────────────────────────────────────────────────────┐
│  Beschluß des Vorstands über die Ausnutzung des     │
│  Genehmigten Kapitals mit Kapitalerhöhung und       │
│       Festlegung der Ausgabebedingungen             │
│               §§ 204 und 205 AktG                   │
└─────────────────────────────────────────────────────┘
                          │
┌─────────────────────────────────────────────────────┐
│  Beschluß des Aufsichtsrats mit Zustimmung zur      │
│  Kapitalerhöhung und Neufassung der Satzung         │
│  §§ 202 Abs. 2 (2), 204 Abs. 1 (2) und 179 Abs. 1 (2) AktG │
└─────────────────────────────────────────────────────┘
                          │
┌─────────────────────────────────────────────────────┐
│            Durchführung der Kapitalerhöhung         │
└─────────────────────────────────────────────────────┘
                          │
┌─────────────────────────────────────────────────────┐
│ Eintragung der Durchführung der Kapitalerhöhung und │
│   der Neufassung der Satzung im Handelsregister     │
│           §§ 203 Abs. 1, 188 und 181 AktG           │
└─────────────────────────────────────────────────────┘
```

---

280 In Anlehnung an Koch/Jensen/Steinhoff 1991, S. 113f.

### 6.4.4 Bedingte Kapitalerhöhung

Eine bedingte Kapitalerhöhung liegt gem. § 192 Abs. 1 AktG immer dann vor, wenn durch Beschluß der Hauptversammlung eine Erhöhung des Grundkapitals durch Ausgabe neuer Aktien nur soweit durchgeführt werden soll, wie von einem vorher eingeräumten Umtausch- oder Bezugsrecht Gebrauch gemacht wird. Diese Sonderform der Aktienemission ist nach § 192 Abs. 2 AktG Nr. 1-3 lediglich für drei Zwecke zulässig.

**Abb. 70: Die drei Zwecke, die eine bedingte Kapitalerhöhung erlauben**

| § 192 Abs. 2 AktG | Inhalt der Vorschrift |
|---|---|
| Nr. 1 | Gewährung von Umtausch- oder Bezugsrechten an Gläubiger von Wandelschuldverschreibungen oder Optionsanleihen |
| Nr. 2 | Vorbereitung des Zusammenschlusses mehrerer Unternehmen |
| Nr. 3 | Gewährung von Bezugsrechten an Arbeitnehmer der Gesellschaft zum Bezug neuer Aktien gegen Einlage von Geldforderungen, die den Arbeitnehmern aus einer ihnen von der Gesellschaft eingeräumten Gewinnbeteiligung zustehen |

Zu unterscheiden ist zwischen dem Umtauschrecht in Aktien (Wandelschuldverschreibungen) und dem Bezugsrecht auf Aktien (Optionsanleihen).

Der Gläubiger einer Wandelschuldverschreibung kann innerhalb einer bestimmten Frist, eventuell unter Zuzahlung eines Betrages, seine Anleihe in junge Aktien umtauschen. Dabei geht die Wandelschuldverschreibung unter, und der Gläubiger wird zum Eigenkapitalgeber.

Optionsanleihen gewähren dem Gläubiger das Recht, innerhalb einer bestimmten Frist zu einem festgelegten Kurs Aktien zu beziehen. Anders als bei der Wandelschuldverschreibung bleibt die Optionsanleihe auch nach Bezug der Aktien bis zur Tilgung bestehen. Die Gläubigerposition bleibt somit erhalten, und der Fremdkapitalgeber wird gleichzeitig zum Eigentümer.

Die Ausgabe der Wandelschuldverschreibung bedarf der Zustimmung von mindestens dreiviertel des bei der Beschlußfassung vertretenen Grundkapitals, wobei die Satzung auch eine andere Kapitalmehrheit bestimmen kann (§ 221 Abs. 1 Satz 2 und 3 AktG).

**Abb. 71: Ablauf einer bedingten Kapitalerhöhung zur Ausgabe von Wandelschuldverschreibungen** [281]

```
┌─────────────────────────────────────────────────────────────────┐
│ Hauptversammlung mit Ermächtigung des Vorstands zur Begebung von│
│      Wandelschuldverschreibungen, Kapitalerhöhung sowie         │
│                       Satzungsänderung                          │
│                    §§ 192, 193 und 221 AktG                     │
└─────────────────────────────────────────────────────────────────┘
                                │
┌─────────────────────────────────────────────────────────────────┐
│  Eintragung der bedingten Kapitalerhöhung im Handelsregister    │
│                      §§ 195, 181 AktG                           │
└─────────────────────────────────────────────────────────────────┘
                                │
┌─────────────────────────────────────────────────────────────────┐
│ Vorstandsbeschluß über die Ausgabe der Wandelschuldverschreibungen│
│                       § 221 Abs. 2 AktG                         │
└─────────────────────────────────────────────────────────────────┘
                                │
┌─────────────────────────────────────────────────────────────────┐
│      Bezugsangebot des die Schuldverschreibung übernehmenden    │
│     Kreditinstituts an die Aktionäre zur Wahrung des Bezugsrechts│
│                  §§ 221 Abs. 4 und 186 Abs. 5 AktG              │
└─────────────────────────────────────────────────────────────────┘
                                │
┌─────────────────────────────────────────────────────────────────┐
│    Bekanntmachung des Bezugsangebotes und Bezugsrechtsausübung  │
│                     §§ 221 Abs. 2 (3) AktG                      │
└─────────────────────────────────────────────────────────────────┘
                                │
┌─────────────────────────────────────────────────────────────────┐
│       Anmeldung der Satzungsänderung zum Handelsregister        │
│                       § 181 Abs. 1 AktG                         │
└─────────────────────────────────────────────────────────────────┘
                                │
┌─────────────────────────────────────────────────────────────────┐
│     Eintragung der im abgelaufenen Geschäftsjahr ausgegebenen   │
│                   Bezugsaktien im Handelsregister               │
│                           § 201 AktG                            │
└─────────────────────────────────────────────────────────────────┘
```

---

281 In Anlehnung an Koch/Jensen/Steinhoff 1991, S. 119f.

In Höhe des von den Gläubigern aus Wandelobligationen zu beanspruchenden Aktienkapitals ist eine bedingte Kapitalerhöhung durchzuführen. Der Nennbetrag darf die Hälfte des zum Zeitpunkt der Beschlußfassung über die bedingte Kapitalerhöhung vorhandenen Grundkapitals nicht überschreiten.

Ferner wird bei der Vorbereitung von Unternehmenszusammenschlüssen eine bedingte Kapitalerhöhung vorgenommen, um die Eigentümer des oder der übernommenen Unternehmen abfinden zu können. Die Kapitalerhöhung erfolgt dann in Höhe der Abfindung.

Beim Auflegen von Aktienoptionsprogrammen als Vergütungsmodell für Arbeitnehmer wird ebenfalls auf eine bedingte Kapitalerhöhung zurückgegriffen. Nach diesen Vergütungsmodellen stehen den Arbeitnehmern entsprechend der abgeschlossenen Verträge für die von ihnen erbrachte Leistung Geldforderungen in Form von Aktien zu, die ihnen nach Ablauf einer Sperrfrist zugeteilt werden. Im Vorfeld ist dem Unternehmen daher die genaue Höhe der später auszuzahlenden Aktienbeträge nicht bekannt, nur der mögliche Höchstbetrag. Für diesen Betrag wird die bedingte Kapitalerhöhung beschlossen. Die Durchführung erfolgt dann in Höhe der von den Arbeitnehmern tatsächlich bezogenen Aktien.

Wie beim Genehmigten Kapital besteht auch bei einer bedingten Kapitalerhöhung die Möglichkeit, nur stimmrechtslose Aktien auszugeben, um die Mehrheitsverhältnisse im Falle einer Fußball-Aktiengesellschaft nicht ungewollt zu verändern.

# 7 Emissionsgrundlagen für ein Going Public in Deutschland

## 7.1 Die historische Entwicklung des Kapitalmarktes und der Börsen

Ganz allgemein definiert man den Kapitalmarkt als den abstrakten und konkreten Ort, an dem sich Kapitalnehmer und Kapitalgeber begegnen. Für die Überlassung des Kapitals zahlt der Kapitalnehmer dem Kapitalgeber einen Preis, den Zins. Der Zins bildet sich nach den allgemeinen marktmäßigen Gesetzen der Preisbildung. Neben den Angebots- und Nachfragemengen ist die Dauer der Kapitalübernahme, d.h. die Fristigkeit, ein wichtiger Einflußfaktor der Zinsbildung. Des weiteren enthält der Zins eine Risikoprämie für das Ausfallrisiko sowie für das Risiko der verspäteten Zinszahlung und der verspäteten Tilgung.

Zu Beginn des letzten Jahrhunderts dominierten Privatbankiers und Pfandleiher den *„Kapitalmarkt"*. Finanzierungsbedarf hatten zu dieser Zeit vor allem die Herrscher und die Aristokratie, die ihren feudalen Lebensstandard, aber auch ihre Kriege finanzieren mußten, sowie Großgrundbesitzer und Kaufleute. Kapitalgeber waren seit dem Mittelalter Privatbankiers, die zuvor als Kaufleute zu ihrem Vermögen gekommen waren, welches sie nun weiterverleihen konnten. Bauern und Handwerker hatten nur die Möglichkeit, sich beim ortsansässigen Pfandleiher zu sehr hohen Zinsen Geld zu beschaffen. Man spricht in diesem Zusammenhang vom *informellen Kapitalmarkt*, da es für diesen noch keine gesetzlichen Regelungen gab.

Mit der einsetzenden Industrialisierung Mitte des 19. Jahrhunderts änderten sich die wirtschaftlichen Rahmenbedingungen extrem. Mit der Gründung des Deutschen Zollvereins 1833 gab es ein einheitliches Verkehrsgebiet und einen einheitlichen Markt in den deutschen Ländern. Die Industriebetriebe, die jetzt gegründet wurden, hatten einen sehr großen Kapitalbedarf, um den sich ergebenden Strukturwandel überhaupt bewältigen zu können.

Hier ist die *„Geburtsstunde"* der Aktiengesellschaften und auch der Banken zu sehen. Weder die den damaligen Bankensektor dominierenden Privatbankiers noch die öffentliche Hand waren gewillt oder in der Lage, den aus der industriellen Entwicklung resultierenden enormen Kapitalbedarf mit ihrem Vermögen zu finanzieren. Gerade die Privatbankiers wollten das Risiko nicht mehr eingehen, ihr gesamtes Kapital, und damit ihre Existenz, in ein einziges Unternehmen zu investieren. Die Rechtsformen, die jetzt ins Leben gerufen wurden, – insbesondere die Aktiengesellschaft – boten mit ihrer Möglichkeit der Generierung von Eigenkapital im Zuge eines Börsenganges die ideale Alternative zur externen (Fremd-)Kapitalbeschaffung. Insbesondere nach Gründung des Deutschen Reiches 1871 boomte die Rechtsform der Aktiengesellschaft vor dem Hintergrund, den Zugang zum mittlerweile veränderten Kapitalmarkt nutzen zu können. Allein im Zeitraum von 1886 bis 1925 stieg die Zahl von bereits 2.143 existierenden Aktiengesellschaften auf 13.010.[1] Diese wirtschaftliche Entwicklung beschränkte sich nicht nur auf einzelne Branchen, sondern umfaßte bald die gesamte Wirtschaft. Der Umstrukturierungsprozeß konnte auf diese Weise durch privatwirtschaftliche Initiative unterstützt und bewältigt werden.

In dieser Zeit wurden auf Initiative der Privatbankiers die Vorläufer der heutigen Großbanken gegründet. Der Begriff „Großbanken" zielt nicht auf die Größe ab, sondern ist historisch geprägt durch die überregionale Tätigkeit der „Berliner Großbanken". Aus diesen Instituten gingen durch verschiedene Fusionen die heutigen Großbanken hervor.[2] Die damaligen Großbanken waren für die Plazierung der Aktien auf dem Kapitalmarkt zuständig. In ihrer Anfangszeit lassen sich sie sich durchaus mit den heutigen Venture-Capital-Gesellschaften vergleichen. Die Beteiligungen an den Unternehmen wurden nicht zur langfristigen Kapitalübernahme vorgenommen, sondern als eine Art Anschubfinanzierung kauften die Großbanken Aktien der Industriebetriebe auf, um sie auf dem Kapitalmarkt zu verkaufen, wenn das Unternehmen sich auf dem Markt behauptet hatte und der Markt bereit war, diese Papiere aufzunehmen. Viele große Beteiligungspakete der heutigen Großbanken stammen aus dieser Zeit. Durch die Gründung der Deutschen Zentralbank 1876 verbesserten sich die Möglichkeiten der Banken zur Refinanzierung, und so dehnten sie ihren Markteinfluß auf Kosten der Privatbankiers aus. Da der Kapitalverkehr seit dieser Zeit bestimmten gesetzlichen Regelungen unterliegt, spricht man vom *formellen Kapitalmarkt*.

Mit der Zunahme der Kleinanleger als Kapitalgeber verstärkten die Banken die Kapitalsammlung. Die Phase der *Intermediation* begann. Kapitalnehmer und -geber treffen seitdem nicht mehr direkt am Kapitalmarkt zusammen, sondern eine Bank übernimmt dabei die Mittlerrolle. Die privaten Kapitalgeber wollen ihr Kapital tendenziell in kleinen Summen sicher anlegen, aber jederzeit darüber verfügen können, während die Kapitalnehmer große Summe für einen langen Zeitraum präferieren, wobei der Ertrag, den das nachgefragte Kapital erbringen soll, nicht mit Sicherheit vorher bestimmt werden kann. Die

---

1 Vgl. Fritsch 1987, S. 19
2 Vgl. Schierenbeck/ Hülscher, S. 64

Bank betreibt nun Finanzintermediation, indem sie durch Losgrößen-, Fristen- und Risikotransformation beide Seiten des Marktes indirekt zusammenbringt. Sie übernimmt es auch, anstelle jedes einzelnen Kapitalgebers, Informationen über den Kapitalnehmer zu sammeln und auszuwerten. Aufgrund dieser sog. Informationsbedarfstransformation werden die Banken auch als *„delegated monitor"* bezeichnet.

Der Begriff Kapitalmarkt hat heute mehrere Bedeutungen. So steht er zwar weiterhin für den abstrakten und konkreten Ort, an dem Kapitalgeber und Kapitalnehmer zusammentreffen. Aber gleichzeitig wird das Segment des Kapitalmarktes, in dem langfristige Finanztransaktionen gehandelt werden, auch als *Kapitalmarkt* bezeichnet. Dabei handelt es sich meist um verbriefte Forderungen. Zum *Segment Kapitalmarkt* gehören der Aktien- und Wertpapiermarkt. Kurzfristige Finanzierungen bis zu einem Jahr werden im *Segment Geldmarkt* gehandelt. Banken sind somit einerseits Teilnehmer des Kapitalmarktes, andererseits sind sie ein funktionales Substitut für die direkte Begegnung zwischen Kapitalgeber und Kapitalnehmer. Diese Tatsache macht die besondere Bedeutung der Banken aus; sie zeigt aber auch gleichzeitig, welchen Einfluß und welche Macht die Banken auf die Unternehmen ausüben können, denen der direkte Weg zu Kapitalmarktfinanzierungen aus den verschiedensten Gründen verwehrt bleibt.

In der jüngsten Zeit ist verstärkt der Trend zur *Desintermediation* zu beobachten. Auf der einen Seite können Banken zwar das Informationsproblem effektiver lösen als der Kapitalmarkt. Dieses Problem ergibt sich für den Kapitalgeber, wenn er vor der Kapitalüberlassung Informationen über die finanzielle Situation und die Investitionsabsichten des Kapitalnehmers sammelt und diese beurteilen muß. Auf der anderen Seite ist der Kapitalmarkt aber den Liquiditätsanforderungen wesentlich besser gewachsen; denn der Anleger kann jederzeit sein Kapital zurückerhalten, wenn er einen Käufer für seine Anlagen findet. Immer mehr Unternehmen beschreiten den Weg an die Börse und den Wertpapiermarkt, um sich dort Eigen- und Fremdkapital direkt zu beschaffen. Die Banken werden von den Unternehmen dabei häufig nur noch als Emissionsbegleiter benötigt. Diesen Trend bezeichnet man auch als *Securitization*, da es zu einer zunehmenden Verbriefung bei der Finanzierung über den Kapitalmarkt kommt.

Durch die Finanzierung über den Kapitalmarkt eröffnen sich für Unternehmen weitere Finanzierungsquellen, die ihnen sonst verschlossen geblieben wären. Durch die heute eng miteinander verbundenen internationalen Kapitalmärkte sind sie sind nicht mehr nur auf die Plazierung auf ihrem heimischen Markt angewiesen, sondern können versuchen, sich ihr Kapital weltweit zu beschaffen. So stehen auch Finanzinnovationen als Finanzierungsmittel offen, die z.B. auf dem heimischen Markt gar nicht existieren.

Die Entwicklung der Börsen begann im 16. Jahrhundert. In den bedeutenden Hafenstädten Europas fanden sich Kaufleute zu regelmäßigen Zusammenkünften ein, bei denen sie ihre Handelsgeschäfte durchführten. Daraus entstanden nach und nach feste Märkte und Messen. Einige davon entwickelten sich zu Börsen, die hinsichtlich des Ortes, der Zeit, der Marktteilnehmer und des Ablaufs genau geregelt sind. Die Börsen werden auch heute noch nach ihren Handelsobjekten in Warenbörsen, Devisenbörsen und Effekten- oder Wertpapierbörsen unterschieden.

Ein wichtiges Merkmal der Börsen ist die Fungibilität, d.h. die gegenseitige Vertretbarkeit der Handelsobjekte. Es muß sich stets um vertretbare Sachen handeln, die im Geschäftsverkehr üblicherweise nach Zahl, Maß oder Gewicht bestimmt werden. Andernfalls wären die Geschäfte ohne Besichtigung der Ware, wie sie gerade für Börsen typisch sind, nicht möglich. Die örtliche Konzentration ist ein weiteres Charakteristikum der Börsen. Doch verliert es mittlerweile insofern an Bedeutung, als durch den Einsatz moderner Kommunikationstechnologien die örtliche Dezentralisation immer weiter voranschreitet. Gegenüber den Präsenzbörsen, bei denen die Marktteilnehmer anwesend sein müssen, gewinnen die Computerbörsen, bei denen die Marktteilnehmer mit Hilfe elektronisch vernetzter Rechner ihre Handelsgeschäfte durchführen, immer mehr an Bedeutung; besonders da die Handelszeiten erheblich länger sind und die Abwicklung durch den Wegfall der Courtage für die Kursmakler preisgünstiger ist.

Die reinen Effekten- oder Wertpapierbörsen haben sich erst nach den Waren- und Devisenbörsen Ende des letzen Jahrhunderts entwickelt. Einerseits erforderte die Emission von Staats- und Kommunalanleihen ein geordnetes öffentliches Schuldwesen, andererseits mußte der Kapitalbedarf der wachsenden Industrialisierung, der verstärkt durch Emissionen der neu gegründeten Aktiengesellschaften gedeckt wurde, bei einem breiten Publikum untergebracht werden.

Da die Börsen ein äußerst wichtiger und sensibler Bestandteil des Finanzsystems einer Volkswirtschaft sind, unterliegen sie der Genehmigung des jeweiligen Gesetzgebers, der auch die Kontrolle über die Börsen und deren Geschäftsabwicklung organisiert. Aus diesen Zusammenhängen resultiert das staatliche und damit das gesetzgeberische Interesse, den Zugang zu börsenfähigen Rechtsformen und auch die Börsenzulassung an sich zu erleichtern. So wurde mit der Schaffung des Geregelten Marktes als einem damals neuen Börsensegment zum 1. Mai 1987 und den damit verbundenen, erheblich reduzierten Börsenzulassungsanforderungen vor allem den kleinen und mittleren Unternehmen der Weg zur Börse und damit zur Eigenkapitalbeschaffung geebnet. Am 10. März 1997 wurde dann als weiteres Börsensegment der Neue Markt mit dem Ziel eingerichtet, jungen und wachstumsstarken Innovationsunternehmen mit vergleichsweise geringem Emissionsvolumen den Börsenzugang zu ermöglichen. Weitere Zugangserleichterungen sind durch das Gesetz für Kleine Aktiengesellschaften und zur Deregulierung des Aktienrechts vom 2. August 1994 und durch die Reform des Umwandlungsrechts zum 1. Januar 1995 geschaffen worden. Das zum 1. Januar 1998 in Kraft getretene Dritte Finanzmarktförderungsgesetz brachte zusätzliche Änderungen, um die Risikokapitalversorgung der Unternehmen zu verbessern. Insbesondere wurde das Kapitalangebot auf nicht börsennotierte Unternehmen durch die Novellierung des Gesetzes über Unternehmensbeteiligungen ausgeweitet.[3]

Bevor das Emissionskonzept als eines der wichtigsten Bestandteile des Going Public beleuchtet wird, sollen die institutionellen Rahmenbedingungen der heutigen Wertpapierbörsen in Deutschland charakterisiert und die Börsenindizes vorgestellt werden.

## 7.2 Institutioneller Rahmen der Börse

### 7.2.1 Organisatorische Struktur der Wertpapierbörsen

Im Gegensatz zu den zentralisierten Strukturen vieler anderer Staaten ist die deutsche Börsenlandschaft traditionell durch eine Zersplitterung in Regionalbörsen geprägt. Bis zum Jahr 1934 gab es 21 Wertpapierbörsen in Deutschland[4], von denen gegenwärtig noch acht Börsen in Hamburg, Bremen, Hannover, Berlin, Düsseldorf, Frankfurt, Stuttgart und München existieren. Die dominierende Rolle, die die Berliner Börse vor dem Zweiten Weltkrieg inne hatte, wird heute von der Frankfurter Börse eingenommen. Im Geschäftsjahr 1998 entfielen im Aktienhandel allein 78,32 % der Umsätze auf den Börsenplatz Frankfurt.

---

3  Vgl. Pötzsch 1997, S. 193 ff.
4  Vgl. Schwark 1994, Rn. 10

Eine Schließung kleinerer Börsen aus Gründen der Wirtschaftlichkeit wird in den beteiligten Kreisen vehement diskutiert; denn den gestiegenen Überwachungsaufgaben der Börsen stehen rückläufige Einnahmen gegenüber. Um Zulassungskosten zu sparen, ließ beispielsweise die BASF AG als erster DAX-Wert ihre Wertpapiere nur noch an der FWB und nicht mehr an den Regionalbörsen notieren. Deutsche und Dresdner Bank haben ihren Eigenhandel in Frankfurt konzentriert.

**Abb. 72: Die 6 wichtigsten deutschen Wertpapierbörsen im Überblick**

| Börsenplatz | Merkmale |
| --- | --- |
| 1. Frankfurter Wertpapierbörse (FWB), Frankfurt am Main. | Umsatz 1998: DM 8.338 Mrd.[5] <br> Die Börse der zentraleuropäischen Finanzmetropole ist die größte der acht deutschen und weltweit nach New York, Tokio und London die viertgrößte Wertpapierbörse. Gegründet wurde sie im Jahr 1585. Heutige Trägerin ist die Deutsche Börse AG. Anleger können zwischen elektronischem und Parketthandel wählen. Rund 15% aller Umsätze im Neuen Markt werden in Frankfurt abgewickelt. |
| 2. Baden-Württembergische Wertpapierbörse, Stuttgart | Umsatz 1998: DM 583 Mrd. <br> Von allen Regionalbörsen hat Stuttgart in 1998 den stärksten Zuwachs im Umsatz gehabt. Für die Zukunft geplant ist ein „Europäischer Risikomarkt" für risikoreiche Papiere (volatile Aktien, Futures). In einer ersten Phase sollen Optionsscheine als eigenständiger Markt („European Warrant Exchange") organisiert werden. |
| 3. Bayerische Börse, München | Umsatz 1998: DM 530 Mrd. <br> In München feierte der sog. „Prädikatsmarkt" Premiere. Dieses neue Segment des Freiverkehrs (im amtlichen Kursblatt mit „P" gekennzeichnet) soll kleineren Unternehmen, die erhöhte Publizitätsanforderungen erfüllen, den Weg an die Börse ebnen. |
| 4. Rheinisch-Westfälische Börse, Düsseldorf | Umsatz 1998: DM 487 Mrd. <br> Nach Stuttgart ist Düsseldorf der bedeutendste Optionsscheinmarkt. 6.500 Optionsscheine von mehr als 30 Emittenten werden gehandelt. Düsseldorf verfügt als einzige Regionalbörse über einen Xetra-Anschluß. |

---

5  Vgl. Deutsche Börse AG (1999), S. 12f.

| Börsenplatz | Merkmale |
|---|---|
| 5. Berliner Wertpapierbörse, Berlin | Umsatz 1998: DM 295 Mrd.<br>Die Hauptstadtbörse hat sich in den letzten Jahren zu einem Spezialmarkt für ausländische Wertpapiere entwickelt. Gehandelt wurden 2.850 Titel aus 60 Ländern – insbesondere auch aus Emerging Markets –, davon 1.200 Titel aus den USA und 117 aus Osteuropa (allein 45 aus Rußland). Die Berliner Makler bieten „Spezialitäten" wie den Fußball-Club Manchester United[6], den Basketball-Proficlub Boston Celtics u.a.m. 20 % aller Werte des Neuen Marktes werden in Berlin gehandelt. Der Freiverkehr macht mit 72 % den größten Teil der Aktienumsätze in Berlin aus. |
| 6. Niedersächsische Börse, Hannover | Umsatz 1998: DM 100 Mrd.<br>Marktschwerpunkt der 214 Jahre alten Börse in Hannover ist heute der Rentenmarkt; hier werden 1.500 Papiere gehandelt. |

Eine Neuordnung der deutschen Börsenlandschaft scheitert allerdings seit Jahren am Widerstand der Regionalbörsen. Eine erste Form der Zusammenarbeit, die 1986 gegründete Arbeitsgemeinschaft der Deutschen Wertpapierbörsen, erwies sich als wenig effizient. Am 06. Juli 1990 wurde die Frankfurter Wertpapierbörse AG als Trägergesellschaft der FWB errichtet. Im Jahr 1993 übernahm dann die neu gegründete Deutsche Börse AG die Trägerschaft. Die Deutsche Börse AG ist somit zum einen Trägerin der Frankfurter Wertpapierbörse, zum anderen aber auch Alleingesellschafterin von drei Tochtergesellschaften, nämlich der Eurex Deutschland AG (früher: DTB - Deutsche Terminbörse), der Deutsche Börse Clearing AG und der Deutsche Börse Systems AG. Die Regionalbörsen sind über die Deutsche Börsenbeteiligungsgesellschaft mbH zu 10 % an der Deutsche Börse AG beteiligt, die übrigen Anteile werden von Banken (81 %) sowie von Maklern (9 %) gehalten (siehe dazu Abbildung 73).

---

6   Siehe dazu Abschn. 2.3.2.1

## Abb. 73: Konzernstruktur der Deutsche Börse AG

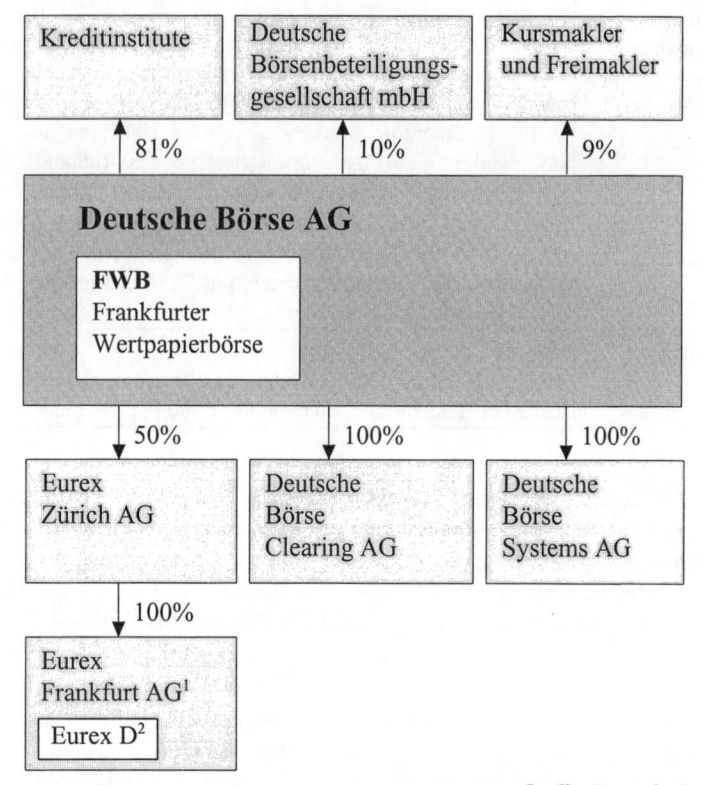

```
  Kreditinstitute      Deutsche              Kursmakler
                       Börsenbeteiligungs-   und Freimakler
                       gesellschaft mbH
        │ 81%                │ 10%                │ 9%
        ▼                    ▼                    ▼
  ┌─────────────────────────────────────────────────────┐
  │  Deutsche Börse AG                                  │
  │                                                     │
  │   FWB                                               │
  │   Frankfurter                                       │
  │   Wertpapierbörse                                   │
  └─────────────────────────────────────────────────────┘
        │ 50%                │ 100%               │ 100%
        ▼                    ▼                    ▼
   Eurex              Deutsche             Deutsche
   Zürich AG          Börse                Börse
                      Clearing AG          Systems AG
        │ 100%
        ▼
   Eurex
   Frankfurt AG¹
   ┌──────────┐
   │ Eurex D² │
   └──────────┘
```

*Quelle: Deutsche Börse AG*

[1] Zur Eurex Frankfurt AG gehört die 100%ige Tochtergesellschaft Eurex Clearing AG
[2] Trägerin der öffentlich-rechtlichen Anstalt Eurex Deutschland ist die Eurex Frankfurt AG

Als ein äußerst wichtiger Bestandteil des Finanzsystems einer Volkswirtschaft unterliegen die Börsen der Genehmigung des Gesetzgebers, der auch die Kontrolle über die Börsen und deren Geschäftsabwicklung regelt. Aus diesem Grund sind Börsen und Börsenhandel verschiedenen Aufsichtsorganen unterworfen. Das Bundesaufsichtsamt für Wertpapierhandel (BAWe) wurde 1994 durch das Wertpapierhandelsgesetz (WpHG) ins Leben gerufen und hat seinen Sitz in Frankfurt am Main. Der Verantwortungsbereich des BAWe reicht von der Aufdeckung und Verfolgung von Insiderverstößen über die Überwachung der Publizitätsvorschriften des WpHG, wie Ad hoc-Meldungen, Veränderungen von Stimmrechtsanteilen[7] bis hin zur internationalen Zusammenarbeit mit anderen Börsenaufsichtsbehörden. Beim BAWe wird aus Vertretern aller 16 Bundesländer ein Wertpapierrat gebildet, der bei der Aufsicht mitwirkt und das Bundesamt berät (§ 5 Abs. 2 WpHG).

Neben dem BAWe üben die Börsenaufsichtsbehörden der Bundesländer, in denen sich eine Wertpapierbörse befindet, eine generelle Rechts-, Markt- und Handelsaufsicht aus.[8] So beaufsichtigt das Hessische Ministerium für Wirtschaft, Verkehr und Landesentwicklung neben der Einhaltung der börsenrechtlichen Vorschriften und Anordnungen auch die ordnungsgemäße Durchführung des Börsenhandels sowie die Abwicklung der Geschäfte durch die Frankfurter Wertpapierbörse. Nach Maßgabe der Börsenaufsichtsbehörden müssen die Börsen ihrerseits Handelsüberwachungsstellen als Börsenorgane einrichten und betreiben. Diese haben die Aufgabe, eigenverantwortlich Daten über den Börsenhandel und die Geschäftsabwicklung auf Börsenebene systematisch und lückenlos zu erfassen und auszuwerten sowie notwendige Ermittlungen durchzuführen (§ 1b Abs. 1 BörsG). Damit sollen Anlegerschutz und Integrität des Marktes deutlich verbessert werden.

Oberstes Organ jeder Börse ist der Börsenrat. Er trifft gemäß § 3 Abs. 2 BörsG die grundsätzlichen Entscheidungen, wie den Erlaß von Börsen-, Gebühren- und Geschäftsordnung oder die Festlegung der Bedingungen für Börsengeschäfte. Entscheidungen über die Einführung von technischen Systemen für Handel und Abwicklung bedürfen der Zustimmung des Börsenrates. Darüber hinaus ist der Börsenrat im Einvernehmen mit der Börsenaufsichtsbehörde für die Bestellung und Abberufung der Börsengeschäftsführung sowie für deren Überwachung zuständig. Der Börsenrat setzt sich aus maximal 24 Mitgliedern zusammen, die für die Dauer von drei Jahren gewählt werden. Im Börsenrat müssen alle am Börsenhandel beteiligten Akteure vertreten sein (§ 3 Abs. 1 BörsG). Neben den Kreditinstituten sind also auch Kurs- und Freimakler, Versicherungsunternehmen und andere Emittenten sowie Anleger ehrenamtlich im Börsenrat tätig.

Die laufenden Leitungsfunktionen der Börse nimmt die Börsengeschäftsführung in eigener Verantwortung wahr (§ 3c BörsG). Die Geschäftsführer werden für höchstens fünf Jahre bestellt. Dieses Börsenorgan wurde 1994 durch das Zweite Finanzmarktförderungsgesetz geschaffen. Zuvor hatte ein ehrenamtlicher Vorstand die Leitungsfunktion inne. Der Börsenhandel hat jedoch,

---

7  Vgl. dazu ausführlicher Abschn. 8.2
8  Vgl. BT-Drucksache 12/6679, S. 59

nicht zuletzt durch die fortschreitende Entwicklung der Kommunikationstechnologie eine Dimension erreicht, die eine umfassende Ausübung der Leitungsaufgaben durch ein ständig präsentes, professionelles Management voraussetzt. Daher wurde eine neue Organisationsstruktur geschaffen, die sich am aktienrechtlichen Modell orientiert.[9]

Weitere Börsenorgane sind die Zulassungsstelle und der Zulassungsausschuß, die über die Zulassung von Wertpapieren zum Amtlichen Handel und zum Geregelten Markt entscheiden. Die Kursmaklerkammer beaufsichtigt die Kursmakler bei der amtlichen Feststellung des Börsenkurses (§ 30 Abs. 6 BörsG). Abschließend sind als Organe der Börse noch zu nennen:

- der Ehrenausschuß der Börsenhändler,
- das Börsenschiedsgericht und
- der Ausschuß für Geschäfte in amtlich nicht notierten Werten, der den Freiverkehr überwacht.

### 7.2.2 Handelsformen und Preisbildung

Zu den Marktteilnehmern gehören Kreditinstitute und Börsenmakler, wobei zwischen Kurs- und Freimaklern unterschieden wird.[10]

- Kursmakler übernehmen, neben der Vermittlung von Börsengeschäften, mit der Feststellung des amtlichen Börsenkurses eine öffentliche Funktion. Während der Börsenzeit dürfen sie nur mit den ihnen zugewiesenen Wertpapieren handeln und sind zur Neutralität verpflichtet. Eigengeschäfte sind Kursmaklern nur unter bestimmten Bedingungen erlaubt, z.B. um Überhänge auf der Kauf- oder Verkaufseite auszugleichen (§ 32 Abs. 2 BörsG).

- Freimakler sind dagegen reine Handelsmakler ohne öffentliche Funktion, die nicht den Einschränkungen der Kursmakler unterliegen.

Wer am Börsenhandel teilnehmen will, muß, um zugelassen zu werden, die Voraussetzungen des § 7 BörsG erfüllen, d.h. beruflich geeignet und persönlich zuverlässig sein. Nichtkreditinstitute müssen bis zu DM 500.000 als

---

9  So die Regierungsbegründung, BT-Drucksache 12/6679, S. 11. „Die Börsengeschäftsführer haften z.B. bei Pflichtverstößen analog § 93 AktG. Da die Börsengeschäftsführung Organ der Börse und Träger hoheitlicher Gewalt ist, qualifiziert sie sich als Behörde im verwaltungsrechtlichen und haftungsrechtlichen Sinn, woraus sich Amtshaftungsansprüche gem. § 839 BGB, Art. 34 GG ergeben können". Vgl. Claussen 1996, § 9, Rn. 33
10 Vgl. von Rosen 1995, S. 374 f.; Kümpel 1995, Rn. 14.401 ff.; Schwark 1994, § 30

Sicherheit hinterlegen. Diese Vorschriften dienen dazu, die Handelsumsätze zu steigern und ein gewisses fachliches Niveau der Börsenhändler zu gewährleisten.[11]

Beim börslichen Wertpapierhandel kann zwischen Kassa- und Terminmarkt unterschieden werden.

Beim Kassageschäft sind Leistung und Gegenleistung nach kaufrechtlichen Grundsätzen, sofort Zug um Zug zu erbringen. Die Geschäftsbedingungen der Frankfurter Wertpapierbörse schreiben dazu vor, daß Börsengeschäfte am zweiten Börsentag nach Geschäftsabschluß zu erfüllen sind.

Auf Terminmärkten erfolgen Vertragsabschluß und Geschäftserfüllung zu unterschiedlichen Zeitpunkten. Der Erfüllungszeitpunkt, der häufig standardisiert ist, wird bereits bei Vertragsabschluß festgelegt.

**Abb. 74: Einteilung des Kapitalmarktes**

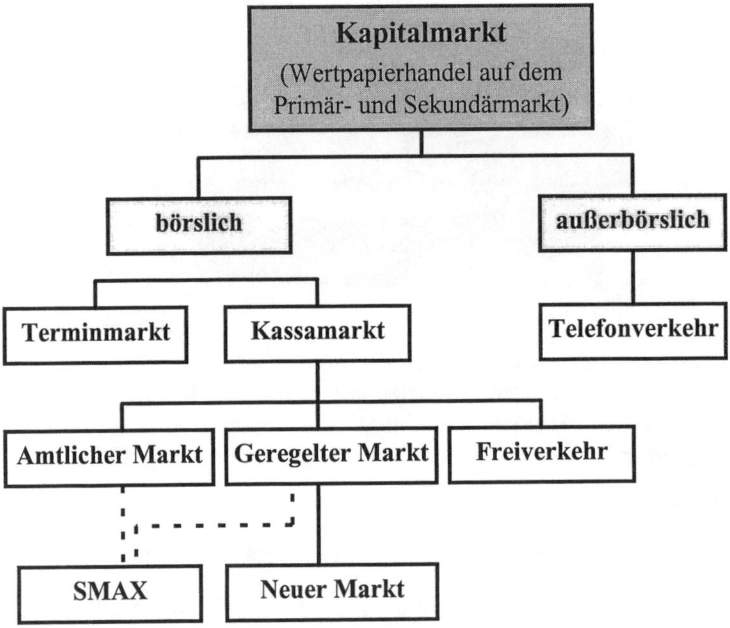

Quelle: In Anlehnung an Perridon/Steiner 1995, S.157

---

11  Vgl. Claussen 1996, § 9, Rn. 35

Der Börsenhandel kann generell in Form einer Präsenzbörse, auch Parketthandel genannt, oder einer Computerbörse stattfinden. Die Präsenzbörse ist der klassische Börsentyp, bei dem sich der Handel im Börsensaal auf dem Börsenparkett zwischen den dort versammelten Händlern und Maklern abspielt. Bei einer Computerbörse hingegen fehlt der persönliche Kontakt der Marktteilnehmer untereinander. Entscheidend ist bei einer Computerbörse die Existenz eines Systems vernetzter Rechner und der entsprechenden Software, damit der Markt mit seinen Funktionen und Regeln vollständig abgebildet werden kann. Werden Computer nur zur Unterstützung der Präsenzbörse eingesetzt, kann nicht von einer Computerbörse gesprochen werden. Deutsche Computerbörsen sind Xetra (Exchange Electronic Trading) sowie die Eurex (früher: DTB - Deutsche Terminbörse).

**Abb. 75: Umsatzverteilung Xetra-Handel im Verhältnis zum Parketthandel (I. Quartal 1999)**

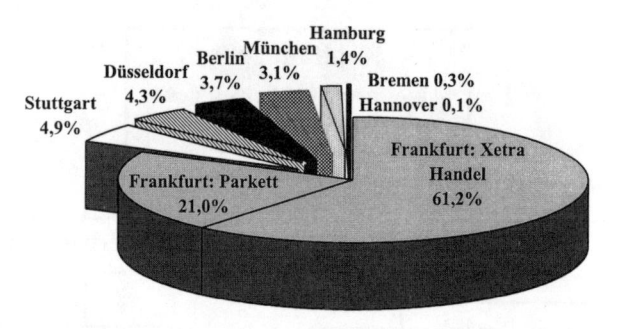

Stuttgart 4,9%
Düsseldorf 4,3%
Berlin 3,7%
München 3,1%
Hamburg 1,4%
Bremen 0,3%
Hannover 0,1%
Frankfurt: Parkett 21,0%
Frankfurt: Xetra Handel 61,2%

Innerhalb von nur sechzehn Monaten seit Einführung konnte der kumulierte Umsatz des Xetra-Handels den Umsatz des Parketthandels der Frankfurter Wertpapierbörse und aller Regionalbörsen zusammen übertreffen.

### 7.2.2.1 Computerbörse am Kassamarkt – Xetra

Am 05. April 1991 wurde der Vorgänger von Xetra, das Integrierte Börsenhandels- und Informationssystem (IBIS), eingeführt. Mit dem IBIS-System konnten erstmals ganztägig, also auch vor und nach der Präsenzbörse, die umsatzstärksten deutschen Aktien, Optionsscheine und Rentenwerte gehandelt werden. Das IBIS, das ursprünglich nur den außerbörslichen Telefonhandel in diesen Werten abbilden sowie Preise für die Basisobjekte der DTB-Aktienoptionen liefern sollte[12], entwickelte sich schnell zu einer wichtigen Alternative zum Parketthandel. Im ersten Halbjahr 1996 fanden bereits knapp 40 % des Handels mit den DAX-Werten im IBIS statt.[13] Um den Teilnehmern am Kassamarkt eines der modernsten elektronischen Handelssysteme bieten zu können, das die physische Präsenz auf dem Börsenparkett nicht mehr erforderlich macht, entwickelte die Deutsche Börse AG gemeinsam mit den Marktteilnehmer das Xetra-System.

Das Xetra-Marktmodell folgt vier Grundprinzipien:

- Schaffung eines gleichberechtigten, standortunabhängigen Zugangs
- Konzentration der Liquidität in einem Orderbuch
- Erhöhung der Markttransparenz durch Öffnung des Orderbuches
- Bereitstellung von Zusatzliquidität in wenig liquiden Werten durch Betreuer (auch als Market Maker oder Designated Sponsor bezeichnet)

Im Xetra führen die vernetzten Computer Angebot und Nachfrage zusammen, so daß die Händler nicht mehr auf dem Börsenparkett anwesend sein müssen. Dadurch entfällt die Funktion der Kursmakler und damit die Courtage für ihre Dienstleistungen. Auf diese Weise kann die Abwicklung kostengünstiger erfolgen. Der Blick ins Orderbuch verschafft allen Teilnehmern einen genauen Überblick über die aktuelle Marktsituation und erhöht auf diese Weise die Markttransparenz. Die Standortunabhängigkeit des Zugangs erweitert den Anlegerkreis über die nationalen Grenzen hinaus.

Xetra erlaubt den Handel mit Aktien, Rentenwerten und Optionsscheinen in allen Ordergrößen und in allen Währungen und erfüllt die unterschiedlichen Anforderungen der verschiedenen Börsensegmente. Das Xetra-System löste Ende November 1997 das IBIS-System im Aktienhandel ab. Mittlerweile nehmen über 280 Banken und Wertpapierhäuser an diesem Handelssystem teil. Zur reibungslosen Integration des Systems in die Handelsabläufe der Marktteilnehmer wurde Xetra schrittweise eingeführt. Mit der Umsetzung der Stufe Release 3 am 12. Oktober 1998 erreichte Xetra seine volle Funktionalität. Seit diesem Zeitpunkt ist es auch für Privatanleger möglich, über ihre Bank in den Profihandel am Bildschirm einzusteigen. Seit Oktober 1998 ist zudem der

---

12  Vgl. Hertle/Schenk 1995, Sp. 414
13  Vgl. Hansen 1996, S. 24

Handel in allen Rentenwerten und den Aktien des Neuen Marktes im Xetra möglich. Seit der Einführung des Euro zu Beginn des Jahres 1999 können auch die europäischen Standardwerte über dieses System gehandelt werden.

#### 7.2.2.2 Computerbörse am Terminmarkt - Eurex

Die Deutsche Terminbörse (DTB) nahm am 26. Januar 1990 mit Optionen auf 14 Aktien ihren Betrieb auf. Das Angebot der DTB wurde kontinuierlich um Termingeschäfte (Optionen und Future) auf Indizes, Obligationen und Anleihen erweitert. Am bedeutendsten sind der BUND-Future als langfristiger Zins-Future und der DAX-Future auf den deutschen Aktienindex. Der Marktanteil der DTB im Handel des BUND-Future lag im April 1998 bei über 80 %. Am 08. Juni 1998 ging die DTB in die Eurex Deutschland über. Nach dem Zusammenschluß von Eurex Deutschland und dem Schweizer Terminmarkt SOFFEX im Herbst 1998 entstand die größte europäische Terminbörse, die Eurex. Zusammen verzeichneten die Eurex Frankfurt und Zürich 1998 einen Umsatz von rund 248 Mio. Kontrakten. Im Hinblick auf die Europäische Währungsunion wurden am 22. Juni 1998 sowohl Optionen als auch Future auf die neu geschaffenen europäischen Aktienindizes „Dow Jones Euro STOXX 50" und „Dow Jones STOXX 50" eingeführt. Die STOXX-Indexfamilie für Europa und den Euroraum wurde von der Deutsche Börse AG gemeinsam mit der SBF-Bourse de Paris, der Schweizer Börse und Dow Jones & Company entwickelt. Dow Jones STOXX 50 enthält 50 Blue Chips aus ganz Europa, während im Dow Jones Euro STOXX 50 ebenso viele Werte aus den Mitgliedsstaaten der Europäischen Währungsunion vertreten sind.

Eine Besonderheit der Eurex ist, daß der Handel unter Einsatz von Betreuern stattfindet.[14] Diese *Market Maker* sind verpflichtet, auf Handelswünsche der übrigen Börsenteilnehmer unverzüglich mit Angeboten, sog. *Quotes*, zu reagieren. Werden sie zur Abgabe von Quotes aufgefordert, müssen die Market Maker für die Produkte, mit denen sie handeln, ihre verbindlichen Kauf- und Verkaufspreise nennen, ohne zu wissen, ob der Handelspartner kaufen oder verkaufen will. Auf diese Art und Weise bleibt der Markt ständig liquide. Zugleich herrscht eine hohe Transaktionsgeschwindigkeit, da immer Kauf- und Verkaufsbereitschaft vorhanden sind.

---

14 Vgl. § 19 ff. BörsO-DTB. Vgl. zur Rolle der Market Maker an der DTB: Thießen 1990, S. 442 ff.

Wie die Eurex und alle führenden Börsen der Welt bedient sich auch Xetra Market Makern, die als Betreuer von einer oder mehreren Aktien für eine hohe Liquidität im System sorgen sollen. Nach dem Prinzip „Liquidität zieht Liquidität an" steigen aktiv betreute Wertpapiere deutlich in der Gunst der Anleger, da sie diese Papiere jederzeit zu einem angemessenen Preis verkaufen und ihre Wertpapierpositionen marktgerecht bewerten können. Gerade bei umsatzschwachen Aktien stößt der Xetra-Handel auf Probleme, da sich bei unlimitierten Kauf- oder Verkaufsaufträgen Preisverzerrungen bilden können und so keine marktgerechte Preisbildung zustande kommt. Aus diesem Grund können sich auf dem Kassamarkt bei Parkett- und beim Xetra-Handel unterschiedliche Preise einstellen.

### 7.2.2.3 Preisbildung

Für die Feststellung von Börsenkursen wird an deutschen Präsenzbörsen prinzipiell nach zwei Methoden verfahren: nach variablen oder fortlaufenden Kursen und nach Einheitskursen.

#### 7.2.2.3.1 *Variable oder fortlaufende Kurse*

Für die Preisbildung mit Hilfe der variablen oder fortlaufenden Kurse werden die Preise der Einzelabschlüsse fortlaufend notiert. Veröffentlicht werden der zu Beginn der Börse nach den Prinzipien des Einheitskurses ermittelte Eröffnungskurs, die höchsten und niedrigsten Kurse sowie der Schlußkurs. Diese Form der Kursfeststellung wird vor allem bei umsatzstarken Papieren angewandt. An Computerbörsen bilden sich, allerdings ohne Beteiligung von Kursmaklern, automatisch fortlaufende Kurse.[15]

#### 7.2.2.3.2 *Einheitskurse*

Bei der Preisbildung nach Einheitskursen wird täglich nur ein Kurs ermittelt. Der Kursmakler sammelt für das betreffende Wertpapier alle Kauf- und Verkaufsorder und ermittelt dann den Kurs, zu dem die meisten Umsätze möglich sind. Einheitskurse werden für Papiere mit geringeren Umsätzen festgestellt. Bei dieser Vorgehensweise spricht man vom Meistausführungsprinzip.

---

15 Vgl. Schwark 1994, § 29, Rn. 7 f.; Diederich 1990, S. 36 f.

### 7.2.3 Börsensegmente

Die Segmente des Kassamarktes unterscheiden sich vor allem durch:

- die Zulassungs- bzw. Einbeziehungskriterien,
- die Publizitätspflichten,
- die Handelsverfahren und
- das Handelsvolumen.

Die Anforderungen nehmen dabei vom Freiverkehr über den Geregelten bis zum Amtlichen Markt an Strenge zu. Der Neue Markt sowie das neu eingeführte Segment SMAX stellen Sonderfälle dar. Ein Wertpapier kann immer nur in einem Segment, nicht aber in mehreren gleichzeitig zugelassen sein.[16] Zwischen den Börsensegmenten besteht keine räumliche Trennung, da in den deutschen Börsen der Handel in der Regel in ein und demselben Börsensaal stattfindet.[17] Die Verteilung der börsennotierten Gesellschaften auf die Segmente zum Jahresende 1998, also noch vor Einführung des SMAX, zeigt folgende Abbildung:

**Abb. 76: Börsennotierte Gesellschaften 1998**

| Börsensegmente an der FWB | Anzahl der Gesellschaften (31.12.1998) | davon inländische | Kapitalisierung inländischer AGs (in Mio. DM) |
|---|---|---|---|
| Amtlicher Handel | 516 | 323 | 1.051.200 |
| Geregelter Markt | 84 | 75 | 244.087 |
| Freiverkehr | 1.296 | 88 | 286.395 |
| Neuer Markt | 62 | 54 | 175.742 |
| Summe | 1.958 | 540 | 1.757.424 |

Quelle: Deutsche Börse AG, Monatsstatistik Kassamarkt Dezember 1998, S. 13-14

---

16  Vgl. Schwark 1994, § 71, Rn. 4
17  Vgl. Kümpel 1995, Rn. 14.420

## 7.2.3.1 Amtlicher Markt

Der Amtliche Markt, auch als Handel mit amtlicher Notierung bezeichnet, stellt die höchsten Zulassungsanforderungen an die Emittenten. Dreißig der dort gehandelten Aktien, die sog. *Blue Chips*, werden in den Deutschen Aktienindex DAX einbezogen. Des weiteren werden in diesem Segment die Aktien anderer in- und ausländischer Großunternehmen gehandelt. Der Amtliche Markt ist mit Abstand das handelsstärkste Marktsegment. Über 98 % aller Umsätze entfallen auf den Amtlichen Handel. Das Umsatzvolumen hat sich von DM 3.140 Mrd. im Jahr 1992 auf DM 6.075 Mrd. im Jahr 1995 fast verdoppelt. Dies verdeutlicht die gestiegene Beliebtheit der Aktie als Form der Kapitalanlage. Im internationalen Vergleich ist der deutsche Aktienmarkt aber verhältnismäßig eng, denn auf die 30 in den DAX einbezogenen Wertpapiere entfallen ca. 80 % der gesamten Umsätze.[18] Diese Marktenge wurde erst durch die Einführung des Neuen Marktes 1997 etwas erweitert.

Die zum Amtlichen Markt zugelassenen Unternehmen müssen höhere Publizitätsanforderungen erfüllen als die Unternehmen, die zu den anderen Segmenten zugelassen sind. Dies trifft sowohl auf den Zulassungsprospekt[19] als auch auf die Zeit nach der Börsenzulassung zu. Die Unternehmen unterliegen nach dem Börsengang der Ad hoc-Publizität für kursrelevante Unternehmensnachrichten und müssen regelmäßig in Zwischenberichten das Anlegerpublikum über die Entwicklung der Geschäftstätigkeit in den ersten sechs Monaten eines jeden Geschäftsjahres informieren (§ 44b BörsG i.V.m. §§ 53-62 BörsZulVO).

Die Zulassungsvoraussetzungen sind in den §§ 1-12 BörsZulVO und den §§ 36-49 BörsG geregelt:

- Das Unternehmen des Emittenten muß mindestens drei Jahre bestehen und seine Jahresabschlüsse für diese letzten drei Jahre nach den gesetzlichen Vorschriften offengelegt haben. Entscheidend ist demzufolge das Einhalten der Offenlegungspflichten und nicht, wie lange das Unternehmen schon in der Rechtsform der Aktiengesellschaft existiert.[20]
- Der voraussichtliche Kurswert der zuzulassenden Aktien oder, falls eine Schätzung nicht möglich ist, das haftende Eigenkapital der Gesellschaft muß mindestens DM 2,5 Mio. betragen. Empfohlen wird ein Emissionsvolumen ab DM 100 Mio.

---

18 Vgl. Hansen 1996, S. 26
19 Vgl. Abschn. 7.3.1.1
20 Vgl. Gericke 1992, S. 69

- Um eine ausreichende Marktgängigkeit gewährleisten zu können, wird eine Streuung von mindestens 25 % des Gesamtnennbetrages im Publikum vorausgesetzt, es sei denn, eine solche wird bereits durch ein großes Emissionsvolumen sichergestellt.
- Veröffentlichung des Zulassungsprospekts
- Jährliche Offenlegung des Jahresabschlusses und des Zwischenberichts
- Ad hoc-Publizitätspflicht

Die Zulassung kann als besonders ausgestaltete Erlaubnis definiert werden, für den Handel mit den zugelassenen Wertpapieren die Einrichtungen der Börse zu nutzen.[21] Der Zulassungsantrag muß vom Emittenten zusammen mit einem Kreditinstitut oder Finanzdienstleistungsinstitut beantragt werden (§ 36 Abs. 2 BörsG), das an einer der inländischen Börsen zum Handel zugelassen ist, unabhängig davon, für welche der Börsen die Zulassung beantragt wird. Der Inhalt des Zulassungsantrages und die mit ihm einzureichenden Dokumente regelt § 48 BörsZulVO. Antrag sowie Prospekt sind nach erfolgter Genehmigung in mindestens einem überregionalen Börsenpflichtblatt und im Bundesanzeiger zu veröffentlichen. Über den Antrag entscheidet die Zulassungsstelle als Börsenorgan und als Behörde im Sinne des Verwaltungsrechtes. Die Zulassung ist als öffentlich-rechtliche Erlaubnis und somit als Verwaltungsakt zu qualifizieren.[22]

Bei der Prüfung des Antrags ist nicht nur zu untersuchen, ob das Unternehmen und die Wertpapiere den gesetzlichen Vorschriften entsprechen. Zusätzlich sind Aspekte des Anlegerschutzes zu berücksichtigen. Der zu erstellende Prospekt muß dem Publikum ermöglichen, sich ein zutreffendes Urteil über Emittent und Emission zu bilden (§ 36 Abs. 3 BörsG). Dies ist nicht in jedem Fall gleichbedeutend damit, daß der Prospekt alle gesetzlich vorgeschriebenen Einzelangaben enthält. Nach § 36 BörsG ist zudem zu untersuchen, ob Umstände bekannt sind, die im Falle der Zulassung der Wertpapiere zu einer Übervorteilung des Publikums oder einer Schädigung erheblicher Interessen der Allgemeinheit führen würden. Die Prüfung beschränkt sich demnach nicht auf das Antragsmaterial. Zusätzlich müssen andere publikumsgefährdende Umstände, d.h. sowohl Tatsachen als auch begründete Indizien, berücksichtigt werden.[23]

---

21 Vgl. Schwark 1994, § 36, Rn. 1
22 Vgl. Claussen 1996, § 9, Rn. 66; Schwark 1994, § 36, Rn. 26
23 Vgl. Schwark 1994, § 36, Rn. 11 und 12; Claussen 1996, § 36 Rn. 67

Kennzeichnend für den Amtlichen Markt ist die amtliche Kursfeststellung, die als öffentlich-rechtliche Tätigkeit der Kursmakler erfolgt (§ 29 BörsG). Deshalb stellt auch die Kursnotierung einen Akt öffentlicher Verwaltung dar.[24] Ohne Tätigwerden der Kursmakler gebildete Kurse, wie z.B. im Xetra-Handel, sind zwar auch Börsenkurse, aber keine amtlichen Kurse.[25]

### 7.2.3.2 Geregelter Markt

Der Geregelte Markt ist ein relativ junges Marktsegment. Er wurde zum 1. Mai 1987 durch das Börsenzulassungsgesetz (BörsZulG) vom 16. Dezember 1986 geschaffen. Mit den im Vergleich zum Amtlichen Markt weniger strengen Zulassungsanforderungen und Publizitätspflichten wird das Ziel verfolgt, mittelständischen Unternehmen den Gang an die Börse zu erleichtern. Die Zulassung muß ebenfalls zusammen mit einem Emissionsbegleiter beantragt werden. Außer Kredit- und Finanzdienstleistungsinstituten kommen auch andere geeignete Unternehmen in Frage (§ 71 Abs. 2 BörsG). Diese Unternehmen müssen ebenfalls die fachliche Eignung und Zuverlässigkeit besitzen und über ausreichende Mittel zur Haftung verfügen, um den Emittenten zutreffend beurteilen und um einen ordnungsmäßigen Börsenhandel sowie den hinreichenden Schutz des Publikums gewährleisten zu können. Die praktische Bedeutung dieser Vorschrift ist hingegen gering geblieben.[26] Als Emissionsbegleiter wären vor allem Versicherungen und Wirtschaftsprüfungsgesellschaften in Frage gekommen. Allerdings hat das Bundesaufsichtsamt für Versicherungswesen (BAV) erklärt, daß es die Emissionsbegleitung durch voll aufsichtspflichtige Versicherungsunternehmen als nicht zulässig ansieht, da das Emissionsgeschäft nicht in dem durch § 7 Abs. 2 VAG geforderten unmittelbaren Zusammenhang mit Versicherungsgeschäften stehe und die Prospekthaftung die Belange der Versicherten gefährden könnte. Die Wirtschaftsprüferkammern vertreten die Meinung, daß eine Wirtschaftsprüfungsgesellschaft standesrechtlich daran gehindert ist, die Emission eines von ihr betreuten Unternehmens zu betreuen, weil dies die Übernahme von Mandantenrisiken mit sich brächte und es ihr wegen der sonstigen Betreuung des Mandanten an Unbefangenheit fehle. Als Emissionsbegleiter kommen somit allenfalls noch Unternehmensbeteiligungsgesellschaften oder Consultingfirmen in Frage.

---

24  Vgl. Kümpel 1995, Rn. 14.425 ff.
25  Vgl. Assmann/Schütze 1997, § 2, Rn. 79
26  Vgl. Schwark 1994, § 71, Rn. 6-9

Folgende Zulassungsvoraussetzungen müssen von einem Börsenkandidaten für die Aufnahme in den Geregelten Markt erfüllt werden:

**Abb. 77: Zulassungsvoraussetzungen für den Geregelten Markt**

| §§ | Zulassungsvoraussetzungen |
|---|---|
| § 73 BörsG; VerkProspVO | • Unternehmensbericht[27] |
| § 58 Abs. 1 BörsO Frankfurt a.M. | • Mindestnennwert der neu einzuführenden Nennwertaktien beträgt 250.000 Euro |
| § 58 Abs. 2 BörsO Frankfurt a.M. | • Stückzahl der einzuführenden Stückaktien muß mindestens 10.000 Aktien betragen |
| | • Keine Vorschriften über ein bestimmtes Mindestalter des Emittenten |
| | • Keine breite Streuung der Aktien im Publikum verlangt |
| | • Keine zwingende Zwischenberichtsveröffentlichung |

Bezüglich der laufenden Publizität nach der Zulassung besteht zwar die Pflicht, Ad hoc-Meldungen zu veröffentlichen, doch von der Zwischenberichtspflicht (§ 44b BörsG) sind die Unternehmen ebenso befreit wie von der Veröffentlichung von Veränderungen der Stimmrechtsanteile (§ 21 WpHG).

Neben den geringeren Zulassungsvorschriften für den Geregelten Markt sind auch die Gebühren wesentlich niedriger (50 % von den Zulassungsgebühren zum Amtlichen Markt). Außerdem genügt für die Veröffentlichungen Schalterpublizität. Teilemissionen sind ebenfalls möglich, die besonders für expandierende Familienunternehmen bei der Wahrung der Kontrollmöglichkeiten vorteilhaft sind. Das geringe Mindestemissionsvolumen und die Mindestaktienzahl charakterisiert den Geregelten Markt als Segment für junge und kleinere, meist mittelständische Unternehmen aus den traditionellen Branchen. Doch steht der Geregelte Markt Unternehmen aller Größenklassen offen. So lassen sich auch Großunternehmen im Geregelten Markt notieren, die für den Amtlichen Handel geeignet wären, diesen aber wegen der dort gültigen Publizitätsvorschriften oder aus Kostengründen meiden. Beispielsweise wurden die

---

27 Vgl. Abschn. 7.3.1.2

Aktien der BMW AG ursprünglich im Geregelten Markt in Stuttgart zugelassen. Allerdings steht der Geregelte Markt im Schatten des Amtlichen Handels und des Neuen Marktes.

Über die Zulassung zum Geregelten Markt entscheidet der Zulassungsausschuß, nicht wie beim Amtlichen Markt die Zulassungsstelle (§ 71 Abs. 2 BörsG). Die personelle Zusammensetzung dieser beiden Gremien ist jedoch an allen deutschen Börsen identisch. Wie im Amtlichen Markt handelt es sich bei der Genehmigung oder der Ablehnung um einen Verwaltungsakt.[28] Eine amtliche Notierung des Kurses findet im Geregelten Markt nicht statt. Der Kursmakler, der den Börsenkurs feststellt, wird dementsprechend nicht in amtlicher Eigenschaft tätig. Seine Preisaufzeichnungen sind lediglich Privaturkunden, die im Vergleich zu öffentlichen Urkunden, die bei amtlicher Notierung vorliegen, geringere Beweiskraft besitzen.[29] Dieser Unterschied hat allerdings praktisch kaum Bedeutung, da mittlerweile gemeinsame Qualitätsstandards für die Ermittlung der Börsenkurse gesetzlich festgelegt worden sind. Alle Börsenkurse unterliegen seitdem einer amtlichen Überwachung im Hinblick auf ihr Zustandekommen. Dadurch sollen insbesondere das Vertrauen der Anleger und die Wettbewerbsfähigkeit der deutschen Börse im internationalen Wertpapiermarkt gestärkt werden.[30]

### 7.2.3.3 Freiverkehr

Der Freiverkehr geht in seiner heutigen Form ebenfalls im wesentlichen auf das Börsenzulassungsgesetz (BörsZulG) vom 16. Dezember 1986 zurück. Bis dahin bestanden geregelter und ungeregelter Freiverkehr nebeneinander. Mit der Einführung des Geregelten Marktes wurde der geregelte Freiverkehr eingestellt. Im Gegensatz zu den bereits dargestellten Börsensegmenten vollzieht sich der Freiverkehr nach privatrechtlichen Regeln und ist somit nicht in die öffentlich-rechtliche Organisation der Börse integriert.[31] Nur ein einziger Paragraph zum Freiverkehr befindet im Börsengesetz (§ 78 BörsG). Danach darf die Börse für nicht im Amtlichen oder Geregelten Markt zugelassene Wertpapiere einen Freiverkehr zulassen, wenn durch Handelsrichtlinien eine ordnungsgemäße Durchführung des Handels und der Geschäftsabwicklung

---

28 Vgl. Schwark 1994, § 71, Rn. 11; Claussen 1996, § 9, Rn. 73
29 Vgl. Kümpel 1995, Rn. 14.432
30 Vgl. Regierungsbegründung zum Zweiten Finanzmarktförderungsgesetz, BT-Drucksache 12/6679, S. 70
31 Vgl. Claussen 1996, § 9, Rn. 49; Kümpel 1995, Rn. 14.438; Schwark 1994, § 78, Rn. 4

gewährleistet wird. In diesen Richtlinien sind auch die Eingriffsbefugnisse der Börsengeschäftsführung geregelt, wonach die Regelungen des Amtlichen Handels sinngemäß gelten, soweit nicht Besonderheiten zu beachten sind (§§ 9-11 der Frankfurter Freiverkehrs-Richtlinien). Im Hinblick auf die begrenzte börsenverwaltungsrechtliche Aufsicht kann man den Freiverkehr, wenn auch nicht rechtlich, so aber doch faktisch, als einen Teil der Börse als öffentlich-rechtlicher Anstalt ansehen.

Ein Zulassungsverfahren gibt es für den Freiverkehr nicht, man kann höchstens von einem Einbeziehungsverfahren sprechen. Eine gesetzliche Regelung für dieses Verfahrens gibt es nicht, doch sind die von allen acht deutschen Börsen Richtlinien für den Freiverkehr im wesentlichen gleichlautend.[32] Somit kann die Einbeziehung als privatrechtliches Verfahren qualifiziert werden. Erforderlich ist die schriftliche Antragstellung durch ein börsenzugelassenes Kreditinstitut. Der Antrag muß die genaue Bezeichnung der einzubeziehenden Wertpapiere enthalten sowie Angaben darüber, ob und an welchen in- oder ausländischen Börsen diese bereits notiert werden. Über den Antrag entscheidet der Freiverkehrsausschuß. Börsenrechtlich wird keine Veröffentlichung eines Zulassungsprospekts oder Unternehmensberichtes verlangt.

Die Publizitätserfordernisse nach erfolgter Einbeziehung sind gering. Das Kreditinstitut als Antragsteller muß, um einen ordnungsgemäßen Börsenhandel zu gewährleisten, den zuständigen Makler und den Freiverkehrsausschuß über bevorstehende Hauptversammlungen, Dividendenzahlungen, Kapitalerhöhungen und sonstige Umstände, die für die Bewertung des Wertpapiers oder des Emittenten von wesentlicher Bedeutung sein können, unverzüglich unterrichten. Das Unternehmen selbst spielt bei der Einbeziehung nur eine passive Rolle. Eine Antragszustimmungspflicht des Emittenten ist nicht einheitlich geregelt, da die Initiative zur Stellung des Antrags von dem Kreditinstitut ausgeht, das einen Handelsbedarf für die Wertpapiere des Unternehmens vermutet. An der Frankfurter Wertpapierbörse muß das Unternehmen vom Antragsteller über die beabsichtigte Einbeziehung informiert werden. Widerspricht das Unternehmen, hat die Einbeziehung zu unterbleiben.

Die Akzeptanz des Börsensegments Freiverkehr ist für Going Public-Emissionen in der Praxis eher gering.[33] Gründe dafür können in den geringeren Anforderungen an die Bonität, die Sicherheit und das Standing der Wertpapiere gesehen werden. Diese niedrigen Anforderungen des Freiverkehrs werden oft-

---

32 Abgedruckt für die Börse Frankfurt in WM 1988, S. 1183, für die Börse München in WM 1988, S. 1247, für die Börse Stuttgart in WM 1988, S. 1466
33 Vgl. Claussen 1996, § 9, Rn. 51 f.

mals als verminderter Anlegerschutz interpretiert.[34] Empirisch läßt sich ein verringerter Anlegerschutz in diesem Segment bislang nicht belegen. Etwa zwei Drittel der im Frankfurter Freiverkehr gehandelten Aktien sind ausländische Werte, die dieses Segment vor allem aus Kostengründen bevorzugen, da das Einbeziehungsverfahren nur ca. DM 500 kostet. So werden beispielsweise die Aktien der englischen Fußball-Aktiengesellschaften Manchester United, Tottenham Hotspur, Celtic Glasgow, Chelsea Village und Sunderland im Freiverkehr der Berliner Börse gehandelt.

Die Feststellung des Börsenkurse erfolgt im Freiverkehr nicht durch Kursmakler, sondern durch einen oder mehrere Freimakler, die der Börsenvorstand bestimmt. Diese Kurse sind Börsenkurse, wenn sie den allgemeinen Anforderungen entsprechen (§ 78 Abs. 2 i.V.m. § 11 Abs. 1 BörsG).

Der Telefonhandel, der örtlich konzentriert an den Börsen in Stuttgart und München, vor- und nachbörslich zwischen Kreditinstituten und Maklern stattfindet, ist vom Freiverkehr zu differenzieren. Er vollzieht sich ohne jegliche Beziehung zur Börse, d.h. nicht das Bank- oder Börsenrecht, sondern das Kaufrecht gem. §§ 433 ff. BGB ist anzuwenden.[35]

### 7.2.3.4 Neuer Markt

*7.2.3.4.1 Das Handelssegment für Wachstumswerte an der deutschen Börse*

In den USA existiert mit der NASDAQ (National Association of Securities Dealers Automated Quotation) bereits seit vielen Jahren ein Markt für Innovationsunternehmen. Doch auch andere europäische Börsen haben ebenfalls frühzeitig(er) entsprechende Märkte eingerichtet. Durch die zu beobachtende Abwanderung innovativer und wachstumsstarker Unternehmen ergab sich für die Deutsche Börse AG Handlungsbedarf, um die Konkurrenzfähigkeit des deutschen Kapitalmarktes international nicht weiter ins Hintertreffen geraten zu lassen und diesen volkswirtschaftlichen wichtigen Unternehmen ausreichende Finanzierungsmöglichkeiten im eigenen Land zur Verfügung zu stellen. Daher wurde am 10. März 1997 auch in Deutschland ein neues Marktsegment für Wachstumsunternehmen an der Frankfurter Wertpapierbörse geschaffen, der Neuen Markt (Nemax). Der Neue Markt ist aber kein nationaler

---

34 So Gajo 1993, S. R 458
35 Vgl. Claussen 1996, § 9, Rn. 76; Schwark 1994, §78, Rn. 7

Alleingang, sondern Teil der europäischen Initiative EURO.NM, an der bis jetzt der Pariser Nouveau Marché, der Brüsseler New Market (EURO.NM Belgium) und der Amsterdamer Nieuwe Markt (NMAX) beteiligt sind. Ziel ist es, diese Märkte mit ihren Zugangs- und Handelsbedingungen zu harmonisieren und später elektronisch zu vernetzen, so daß ein paneuropäischer Aktienmarkt entsteht. Im Gegensatz zum Amtlichen und Geregelten Markt, die öffentlich-rechtlich strukturiert sind, handelt es sich beim Neuen Markt um ein privatrechtliches Marktsegment. Zur Einrichtung eines weiteren öffentlich-rechtlichen Segmentes fehlte es an einer gesetzlichen Ermächtigungsgrundlage im Börsengesetz.[36]

Das neue Börsensegment soll für junge, stark wachsende Innovationsunternehmen eine geeignete Grundlage der Eigenkapitalbeschaffung bilden. Der Neue Markt hat sich kontinuierlich weiterentwickelt. Während der Startschuß im Frühjahr 1997 mit gerade einmal zwei Unternehmen, dem Mobilfunkanbieter MobilCom AG und dem Ingenieurdienstleister Bertrandt AG, fiel, waren Ende April 1999 schon 92 Unternehmen am Neuen Markt gelistet. Prognosen zufolge wird mit einem Zuwachs von 100 bis 150 Unternehmen bis Anfang 2000 gerechnet.[37]

**Abb. 78: Die 30 größten Unternehmen am Neuen Markt**

| Name | Div. *Euro* | Vortages-schluß | 09.03.99 *15:30 Uhr* | Kassa 09.03.99 | +/– * *Euro* | 52-Wochen- Hoch Tief |
|---|---|---|---|---|---|---|
| 1&1 AG | 0 | 119,50 | 110,00 | 116,00 | -9,50 | 163,80- 70,25 |
| Aixtron | 0 | 199,00 | 195,00 | 201,00 | -4,00 | 230,00- 92,03 |
| BB Biotech Z | 0 | 32,20 | 32,50 | 32,75 | 0,30 | 35,23- 18,41 |
| Brokat | 0 | 141,20 | 135,50 | 140,50 | -5,70 | 182,00- 35,28 |
| CE Cons.El. | 0 | 315,00 | 305,00 | 314,50 | -10,00 | 315,00- 86,87 |
| Cybernet | 0 | 29,00 | 27,80 | 28,10 | -1,20 | 41,20- 10,94 |
| Edel Music j. | 0 | 378,00 | 360,00 | 367,00 | -18,00 | 452,00- 44,48 |
| EM.TV | 0,02 | 813,00 | 790,00 | 798,00 | -23,00 | 914,00- 51,13 |
| Heyde | 0 | 196,50 | 190,00 | 195,00 | -6,50 | 250,00- 28,63 |
| Infomatec | 0 | 297,20 | 283,00 | 295,50 | -14,20 | 318,00- 35,84 |
| Intershop | 0 | 137,00 | 138,00 | 136,00 | 1,00 | 148,00- 79,25 |
| Intertainment | 0 | 186,00 | 172,00 | 176,00 | -14,00 | 207,00-130,50 |
| Ixos Soft. | 0 | 214,80 | 211,80 | 210,00 | -3,00 | 265,00- 82,83 |

---

36 Vgl. Kersting 1997, S. 223 ff.
37 Vgl. Die Welt vom 11.03.1999 und Hofmann vom 03.03.1999

Institutioneller Rahmen der Börse

| Name | Div. Euro | Vortages-schluß | 09.03.99 15:30 Uhr | Kassa 09.03.99 | +/– * Euro | 52-Wochen- Hoch Tief |
|---|---|---|---|---|---|---|
| Kinowelt | 0 | 188,00 | 182,00 | 183,00 | -6,00 | 219,00- 73,11 |
| LHS | 0 | 37,05 | 35,10 | 36,50 | -1,95 | 67,11- 31,19 |
| mb Software | 0 | 116,00 | 113,00 | 113,50 | -3,00 | 152,00- 34,36 |
| Medion | 0 | 144,50 | 142,00 | 144,00 | -2,50 | 149,50-131,00 |
| Mircologica | 0 | 299,00 | 273,00 | 281,00 | -26,00 | 401,00- 34,26 |
| MobilCom | 0,32 | 275,00 | 278,00 | 281,00 | 3,00 | 449,50-103,88 |
| Pfeiffer Vac. | 0 | 40,20 | 40,10 | 40,80 | -0,10 | 54,50- 28,63 |
| Primacom | 0 | 31,40 | 34,40 | 35,40 | 3,00 | 36,70- 29,05 |
| PSI | 0 | 73,00 | 71,50 | 72,10 | -1,50 | 101,40- 29,40 |
| Qiagen | 0 | 65,95 | 64,20 | 64,60 | -1,75 | 70,50- 37,38 |
| SCM Mircos. | 0 | 75,50 | 72,00 | 47,70 | -3,50 | 84,80- 24,80 |
| Senator Film | 0 | 108,00 | 100,00 | 101,00 | -8,00 | 143,00-100,00 |
| SER Syst. | 0,82 | 415,00 | 402,00 | 410,00 | -13,00 | 453,35-137,38 |
| Singulus | 0 | 130,00 | 128,00 | 129,50 | -2,00 | 149,00- 60,33 |
| Teldafax | 0 | 44,20 | 45,10 | 46,80 | 0,90 | 61,10- 27,66 |
| Teles | 0 | 223,00 | 208,00 | 215,00 | -15,00 | 285,00- 59,36 |
| Utimaco Safe | 0 | 205,00 | 203,50 | 207,00 | -1,50 | 220,00-192,00 |

* Vergleich des letzen variablen Kurses mit dem Vortagesschluß
Quelle: Die Welt vom 10.03.1999

Zu Beginn waren vor allem Unternehmen aus der Softwarebranche, Zulieferer und Dienstleister der Automobilindustrie, Telekommunikations- oder Hochtechnologieunternehmen vertreten.[38] Heute drängen außerdem Zukunftsbranchen, wie Entertainment, Informations- oder Biotechnologie über dieses Marktsegment an die Börse.

Schon heute ist der Neue Markt eine feste Größe in der deutschen Börsenlandschaft. Sein Index stieg innerhalb von zwei Jahren um fast 600 %. Im Vergleich zum Neuen Markt benötigte die NASDAQ über zehn Jahre, ehe sie eine vergleichbare Bedeutung erreichte.

---

38 Vgl. Grossmann 1997, S. 26

# Emissionsgrundlagen für ein Going Public in Deutschland

**Abb. 79: Index-Vergleich Neuer Markt mit NASDAQ (März 1997 bis März 1999)**

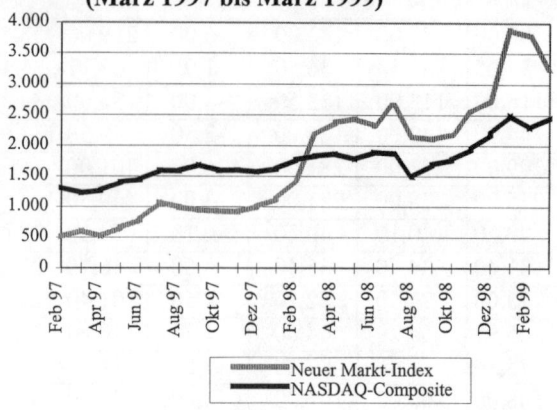

Quelle: Handelsblatt vom 08.03.1999

Allerdings darf dabei nicht übersehen werden, daß extrem übersteigerte Kurse zwangsläufig zu Kurskorrekturen führen müssen. Seit Anfang Februar 1999 bewegt sich der Index des Neuen Marktes, der mittlerweile als Nemax bezeichnet wird, abwärts wie die nachfolgende Abbildung 80 verdeutlicht.

**Abb. 80: Neuer Markt-Index (März 1998 bis März 1999)**

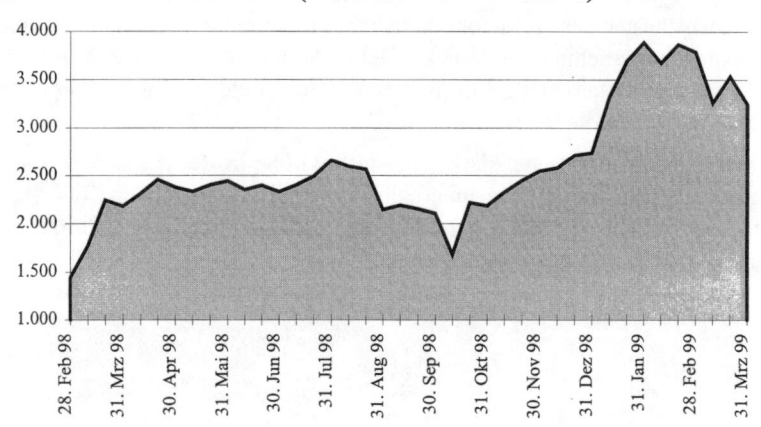

Quelle: Handelsblatt Special vom 08.03.99

Die Anzeichen für erste Korrekturen sind somit erkennbar. Nach wie vor bekunden Investoren und Emittenten weltweit ihr Interesse an dem neuen Börsensegment für Wachstumsmärkte. Die Internationalität des Neuen Marktes wird daher weiter steigen.[39]

### 7.2.3.4.2 Das Konzept des Neuen Marktes

Liquidität, Transparenz, Publizität und Marketing sind die Schlagworte des Neuen Marktes. Um diesen selbstgesetzten Zielen gerecht zu werden, müssen die in den Neuen Markt drängenden Unternehmen weitreichende Teilnahmebedingungen zu erfüllen, die von der Deutschen Börse AG im „Regelwerk Neuer Markt" rechtsverbindlich festgeschrieben worden sind.

Die Zulassung zum Neuen Markt setzt eine Zulassung zum Geregelten Markt voraus.[40] Beide Zulassungsanträge können zugleich gestellt werden, wobei eine Doppelnotierung nicht möglich ist. Mit der Beantragung der Zulassung zum Neuen Markt verzichtet der Emittent auf die Notierung im Geregelten Markt.

Da der voraussichtliche Kurswert der Aktien mindestens 5 Mio. Euro betragen soll, mußten Vorkehrungen getroffen werden, um für eine ausreichende Liquidität in diesem Markt zu sorgen.[41] Dazu tragen zum einen die Vorschriften bei, die eine ausreichende Streuung der Aktien gewährleisten sollen. Diese ist erreicht, wenn 25 % des gesamten Nennbetrages, aber mindestens 20 %, vom Publikum erworben worden sind. Zum anderen wurde das Konzept des Betreuers, des sog. *Designated Sponsors*, entwickelt, der seine Aufgaben für mindestens zwölf Monate übernehmen muß. Kernaufgabe des Designated Sponsors, bei dem es sich in der Regel um die Emissionsbank handelt, ist es, für die betreuten Werte fortlaufend und verbindlich Geldlimits zu stellen, zu denen er bereit ist, zu kaufen, und Brieflimits, zu denen er bereit ist, zu verkaufen.[42] So wird erreicht, daß in dem Zwölfmonatszeitraum immer Angebot und Nachfrage vorhanden sind und der Markt nicht austrocknet.

---

39 Vgl. Keidel vom 08.03.1999
40 Vgl. Abschn. II.2.3 des Regelwerks Neuer Markt, abgedruckt bei Kümpel/Ott 1997, Kz. 456
41 Vgl. Abschn. II.3.7 (4) des Regelwerks Neuer Markt und Kersting 1997, S. 224 f.
42 Vgl. Abschn. III.4 des Regelwerks; Kersting 1997, S. 225 f.; Hansen 1997, S. R 166

## Abb. 81: Voraussetzungen für den Neuen Markt[43]

| Zulassungsvoraussetzungen | Folgepflichten |
|---|---|

- Bestehen des Unternehmens seit drei Jahren
- Emissionsvolumen mind. 5 Mio. Euro
- Emissionsprospekt/Unternehmensprospekt nach internationalen Standards (deutsch- und englischsprachig)
- Möglichst 50% des Emissionsvolumens aus Kapitalerhöhung gegen Bareinlage
- Streubesitz möglichst 25% (mind. 20%)
- für Erstemission ausschließlich Zulassung von Stammaktien
- Bestellung von mind. zwei Designated Sponsors

⇒ Quartalsberichte spätestens 2 Monate nach Ende des Geschäftsquartals

⇒ Jahresabschluß und Lagebericht nach US-GAAP, IAS oder HGB mit Überleistungsrechnung

⇒ Jahresabschluß spätestens 3 Monate nach Ende des Geschäftsjahres

⇒ jährlicher Unternehmenskalender

⇒ befristetes Veräußerungsverbot für Altaktionäre (mind. 6 Monate nach dem Going Public)

⇒ Anerkennung des Übernahmekodex

⇒ jährliche Analystenveranstaltung

⇒ Offenlegung des Anteilsbesitzes von Vorstand und Aufsichtsratsmitgliedern

Um den Investoren eine korrekte Risikoabschätzung zu ermöglichen, ist ein hohes Maß an Transparenz erforderlich. Dem emittierenden Unternehmen werden deshalb Informationspflichten auferlegt. Diese müssen den internationalen Standards genügen und zeitnah sein. Der Emittent muß daher die Bereitschaft mitbringen, aktiv Investor Relations zu betreiben. Zudem ist er verpflichtet, mindestens einmal pro Geschäftsjahr einen Unternehmenskalender zu erstellen und zu pflegen. Der Kalender muß Angaben über die wichtigsten

---

43 Vgl. Regelwerk Neuer Markt

Termine des Emittenten, insbesondere Zeit und Ort der Hauptversammlung, der Bilanzpressekonferenz und Analystentreffen enthalten. Eine Analystenveranstaltung muß mindestens einmal im Jahr durchgeführt werden.

### 7.2.3.4.3 Attraktivität des Neuen Marktes

Das Konzept von Liquidität, Transparenz, Publizität und Marketing führt zu einer hohen Attraktivität des Neuen Marktes sowohl bei innovativen Unternehmen als auch bei den Anlegern. Die Deutsche Börse AG hat sich verpflichtet, aktives Marketing für den Neuen Markt zu betreiben. Durch Kampagnen in Presse und Medien, die Einrichtung einer eigenen Internetwebseite, Briefaktionen und Einzelgespräche mit Marktteilnehmern wird der Bekanntheitsgrad der am Neuen Markt notierten Unternehmen auf den Absatzmärkten sowohl national als auch international gefördert. Firmeneigene Informationen können auf diese Art kostengünstig vermarktet werden.

Die Anleger erhalten stets aktuelle Informationen ohne größeren Kostenaufwand. Dadurch haben sie die Möglichkeit, Chancen und Risiken genauer zu analysieren. Eine hohe Preisqualität wird durch eine überwachte Preisbildung im Wege laufender Veröffentlichungen von aktuellen Preisen, Umsätzen und Geld-/Briefspannen gesichert. Die erforderliche Liquidität gewährleisten die Designated Sponsors. Sie stellen für die Werte, welche sie betreuen, verbindliche Geld- und Brieflimite. Aufgrund der so entstandenen Verringerung der Geld-Brief-Spanne kommt es zu einer Verkürzung der Wartezeiten zwischen Order und Kaufabwicklung. Durch stete Beobachtung der von ihnen betreuten Werte erlangen die Designated Sponsors Expertenwissen in den jeweiligen Branchen. Dieses Wissen können sich die Emittenten zunutze machen und für Vermarktung, Vertrieb, Marktanalyse etc. einsetzen. Die hohen Anforderungen an die notierten Unternehmen hinsichtlich ihrer Informationspflicht gewährleisten den Investoren aktuelle und detaillierte Kenntnisse. Durch diese Transparenz soll für die Anleger das am Neuen Markt vorhandene Risiko eingedämmt werden. Die zeitnahe Information der Investoren ist in diesem Segment besonders wichtig, weil kurzfristige Änderungen der wirtschaftlichen Faktoren stärkere Kursbewegungen auslösen können als bei etablierten Unternehmen in den traditionellen Börsensegmenten.[44] Die Quartalsberichte, Analysten- und Investorenveranstaltungen sollen internationalem Standard ent-

---

44   Vgl. Kersting 1997, S.227

sprechen. Die Kommunikation wird dadurch über den nationalen Markt hinaus gefördert und internationale Anleger können leichter gewonnen werden.
Am Neuen Markt sind zur Zeit Kurssteigerungen in dreistelliger Höhe die Regel. Spitzenreiter, wie EM.TV oder MobilCom verzeichneten Zuwachsraten von 5.000 % bzw. 700 %. Derartige Gewinne machten den Neuen Markt in der kurzen Zeit seines Bestehens naturgemäß sehr beliebt bei den Anlegern. Dies soll aber nicht darüber hinwegtäuschen, daß nicht nur hohe Kursgewinne, sondern auch entsprechend hohe Verluste möglich sind. Überdurchschnittlichen Aussichten auf Rendite stehen stets höhere Risiken gegenüber. Aus diesem Grunde wird Privatanlegern geraten, eine breite Streuung ihrer Aktien sicherzustellen und nicht nur im Neuen Markt mit seinem hohen Chancen-Risiko-Verhältnis zu investieren.[45]

Auch für ausländische Unternehmen ist das Börsensegment Neuer Markt zwischenzeitlich interessant geworden. Bereits elf Unternehmen aus dem Ausland, u.a. aus den USA und aus Israel, sind in dem Börsensegment für Wachstumswerte notiert.[46] Marktbeobachter gehen davon aus, daß das Interesse ausländischer Börsenkandidaten oder ausländischer Gesellschaften mit bereits vorhandener Börsennotierung (z.B. an der NASDAQ) noch zunehmen wird. Eine Notierung am Neuen Markt stellt für viele ausländische Börsenkandidaten derzeit die effizienteste Form eines Going Public dar, da sich am Neuen Markt in Deutschland momentan oft wesentlich höhere Kurse für die neuen Aktien erzielen lassen als an anderen Börsenplätzen und in anderen Börsensegmenten. Als Vorteil des Neuen Marktes z.B. gegenüber der NASDAQ wird angeführt, daß an der NASDAQ mittlerweile über 5.000 Unternehmen notiert seien und daher die Aufmerksamkeit der Anleger für einen Börsenneuling bei weitem nicht so groß sei wie am Neuen Markt. Darüber hinaus sind die Auflagen der amerikanischen Börsenaufsicht *Securities and Exchange Commission* (SEC) an börsennotierte Unternehmen (noch) wesentlich strenger als am Neuen Markt in Deutschland. Auch andere Wachstumsbörsen in Europa, wie Le Nouveau Marché in Frankreich, der NMAX in den Niederlanden, der EURO.NM Belgium in Belgien oder der New Market und der Alternative Investment Market (AIM) in Großbritannien, konnten von der Anlegereuphorie für Wachstumswerte nicht in dem Maße profitieren wie der Neue Markt in Deutschland. Nur wenige am Neuen Markt notierte Gesellschaften weisen ein sog. *Dual Listing*, eine gleichzeitige Notierung an zwei

---

45  Vgl. von Rosen 1997, S.26
46  Vgl. FAZ vom 29.04.1999

Börsen, auf. So sind beispielsweise LHS, Quaigen, Pfeiffer und SCM Mircosystems am Neuen Markt und gleichzeitig an der NASDAQ gelistet.

### 7.2.3.5 SMAX

#### 7.2.3.5.1 Das neue Marktsegment für etablierte Börsengesellschaften

Am 26. April 1999 erschien ein weiteres Börsensegment an der Frankfurter Wertpapierbörse, der *Small Caps Exchange*, kurz SMAX genannt. Damit ist – nach dem Neuen Markt – erneut wieder ein Börsensegment für die kleineren Titel geschaffen worden. Im Gegensatz zum Neuen Markt, der jungen Wachstumsunternehmen den Gang an die Börse ebnet, räumt SMAX erfolgreichen mittelständischen Unternehmen diese Möglichkeit ein. Bisher waren die deutschen Small Caps mit nicht einmal 10 % am Aktienhandel beteiligt.[47] Dies soll sich mit der Einführung des neuen Börsensegmentes ändern. SMAX soll daher bereits etablierten Unternehmen eine attraktive Alternative bieten. Aber auch Unternehmen, die einen erstmaligen Börsengang anstreben, können dieses neue Marktsegment für ein erfolgreiches Going Public nutzen. Aus Gründen der Vollständigkeit soll hier auch kurz auf das neue Börsensegment SMAX näher eingegangen werden.

SMAX will auf den Erfahrungen des Neuen Marktes aufbauen. Auch in diesem Segment sollen Liquidität, Transparenz, Publizität und Marketing eine besondere Priorität erhalten. Da den potentiellen Investoren viele mittelständische Unternehmen unbekannt sind, soll durch SMAX versucht werden, ihren Bekanntheitsgrad zu erhöhen. Diese neue Plattform soll die Unternehmen, die bereits als Standardwert an der Börse qualifiziert sind, gegenüber der Vielzahl von Nebenwerten herausheben. Das Marketingkonzept des Neuen Marktes, das im Abschnitt 7.2.3.4.2 bereits erläutert wurde, soll auch in diesem Bereich erfolgreich umgesetzt werden.

Nicht so risikofreudige Anleger, die ihr Geld bevorzugt in kleine Werte mit soliden Wachstumschancen investieren, vermißten bisher umfassende Informationen über diese Unternehmen. Hinzu kam, daß bisher die hohen Geld-Brief-Spannen aufgrund der niedrigen Liquidität für die Investoren ebenso nachteilig waren wie die langen Wartezeiten zwischen Order und Einkauf. Diese Nachteile sollen durch SMAX beseitigt werden.

---

[47] Vgl. Deutsche Börse AG 1999(a), S. 4

# Emissionsgrundlagen für ein Going Public in Deutschland

Durch die hohe Transparenz, die sich aufgrund der geforderten Informationen einstellen wird, nimmt das Risiko beim Kauf der Aktien ab. Jeder Kauf steigert wiederum die Liquidität der Aktie. Unternehmen, die ihr Interesse am SMAX bekundet haben, rechnen mit einer höheren Liquidität ihrer Aktien und einem größeren Bekanntheitsgrad durch die Aufnahme im SMAX.[48] Außerdem erhoffen sich einige Unternehmen über SMAX den Einstieg in den MDAX, der ihnen bislang wegen zu geringer Aktienanzahl verwehrt war.

Die Branchen der SMAX-Teilnehmer sind breit gestreut. Maschinenbau, Finanzdienstleistung, Nahrungsmittel- und Getränkeindustrie, Einzelhandel und Bausektor sollen hier als Beispiele für die Vielfältigkeit stehen.

**Abb. 82: SMAX-Teilnehmer**

| Emittent | Branche | Designated Sponsor | Marktkapitalisierung (*Mio. Euro*) (12.03.99) |
|---|---|---|---|
| Amadeus AG | Industrial | WestLB | 62,22 |
| Apcoa Parking AG | Transportation & Logistic | LB Baden-Württ., Trink & Burk. | 125,12 |
| Concord Effekten AG | Financial services | Metallbank AG | 79,20 |
| Deutsche Beteiligungs AG | Industrial | Deutsche Bank | 371,40 |
| eff-eff Fritz Fuss GmbH & Co. KGaA | Technology | Dresdner Bank | 50,00 |
| Ehlebracht AG | t.b.a. | Dresdner Bank | |
| Garant Schuh AG | Consumer-cyclical | DG-Bank | 11,40 |
| Gesco Industrie Holding | Industrial | Deutsche Bank | 45,38 |
| Grammer AG | Automobile | Commerzbank | 117,60 |
| Graphitwerk Kropfmühl AG | Basic resources | Bay. Hypovereinsbank | 58,32 |
| Hans Einhell AG | Retail | Dresdner | 8,64 |
| Kamps AG | Food & Beverages | Merril Lynch, WestLB | 470,00 |
| Kling, Jelko, Dr. Dehmel Wertpapierdienstleistungs AG | Financial services | Kling, Jelko, Dr. Dehmel | 156,86 |

---

48  Vgl. FAZ vom 04.02.1999

| Emittent | Branche | Designated Sponsor | Marktkapitalisierung (Mio. Euro) (12.03.99) |
|---|---|---|---|
| Möbel Walther AG | Cosumer-cyclical | Wolfgang Streubing | 191,20 |
| Neschen AG | Industrial | Commerzbank | 84,49 |
| Pfleiderer AG | Construction | Deutsche Bank, Dresdner Bank | 542,10 |
| Plettac AG | Construction | Deutsche Bank | 114,00 |
| Quante AG | Telecommunication | Deutsche Bank | 68,00 |
| Sanacorp Pharmahandel | Pharma & Healthcare | DG-Bank | 35,94 |
| Schlott AG | Industrial | LB Baden-Württ. | 60,80 |
| TFG Venture Capital AG | Financial services | WestLB, Sal.Oppenheimer | 105,75 |
| Uzin Utz AG | Chemicals | DG-Bank | 70,40 |
| Walter AG | Machinery | Deutsche Bank | 127,50 |
| Winkler+Duennebier | Machinery | Deutsche Bank, Trink & Burk. | 150,43 |
| WMF AG | Retail | Deutsche Bank | 212,80 |

Quelle: Deutsche Börse AG, SMAX-Teilnehmer Stand 16.03.1999

Der durchschnittliche Unternehmensumsatz der Small Caps an der Frankfurter Wertpapierbörse liegt bei DM 800 Mio. Die Bezeichnung *„Small Cap"* umfaßt am Kapitalmarkt Unternehmen mit einem Jahresumsatz von knapp DM 7 Mio. bis zu mehr als DM 5 Mrd. und einer Mitarbeiterzahl von 7 bis über 12.700. Der Börsengang liegt im Durchschnitt rund zehn Jahre, die Unternehmensgründung etwa 85 Jahre zurück. Die folgende Abbildung 83 verdeutlicht die Heterogenität dieses Börsensegments. Diese Vielfalt ermöglicht zugleich eine starke Diversifikation des Risikos. Nimmt man die Gesamtvolatilität als Indikator für die Höhe des Risikos, belegen Untersuchungen, daß die Volatilität von Small Caps – ohne Neue Markt-Werte – nicht höher ist als im DAX.

Emissionsgrundlagen für ein Going Public in Deutschland

**Abb. 83: Eckdaten potentieller SMAX-Unternehmen**

| Kennziffer | Mittelwert | Minimum | Maximum |
|---|---|---|---|
| Umsatz 1997 (Mio. DM) | 798 | 7 | 5.756 |
| Umsatzwachstum 1997 ( % ) | 10 | - 31 | 163 |
| Jahresüberschuß 1997 (Mio. DM) | 31 | -44 | 231 |
| Mitarbeiterzahl | 2.137 | 7 | 12.737 |
| Gründungsjahr | 1915 | 1814 | 1994 |
| Jahr des Börsengangs | 1969 | 1946 | 1998 |

*Kernunternehmen unter den Small Caps im AH oder GM, gerundet
Quelle: Deutsche Börse AG 1999, SMAX Small Caps - High Standards, S. 6

SMAX bietet sowohl den Unternehmen als auch den Investoren eine ganze Reihe von Vorteilen.[49] Durch die Beteiligung an SMAX werden den Unternehmen höhere Handelsumsätze, geringere Kursschwankungen und eine marktgerechtere Aktienbewertung ebenso in Aussicht gestellt wie ein gesteigertes Interesse der Anleger an den einzelnen Unternehmen. Für die Investoren stehen Bewertungssicherheit, stete Kauf- und Verkaufsmöglichkeit, umfassende Informationen und attraktive Kursgewinne im Vordergrund.

*7.2.3.5.2 Die Zulassungsvoraussetzungen*

Die Aufnahme im SMAX setzt die Zulassung zum Amtlichen Handel oder zum Geregelten Markt voraus.[50] Eine gleichzeitige Zugehörigkeit zum DAX, MDAX oder zum Neuen Markt ist nicht möglich. Ebenso wie die Teilnehmer am Neuen Markt müssen die Unternehmen, die im SMAX notiert werden wollen, eine Reihe von zusätzlichen Voraussetzungen erfüllen.

Ob mittelständische etablierte Unternehmen, die diese Teilnahmebedingungen erfüllen, durch SMAX, wie von der Deutschen Börse AG erwartet, eine neue exponierte Möglichkeit der Kapitalbeschaffung an der deutschen Börse erhalten, wird die künftige Entwicklung dieses Börsensegmentes zeigen. Von den 91 Unternehmen, die beim Start des SMAX am 26. April 1999 ins Bör-

---

49  Vgl. Deutsche Börse AG 1999(a), S. 8
50  Siehe dazu die Abschnitte 7.2.3.1 und 7.2.3.2

senleben[51] dabei waren, wurden lediglich drei Werte am diesem Tag zum ersten Mal an der Börse gelistet. Alle anderen Unternehmen blicken bereits auf eine unterschiedlich lange Börsenpräsenz zurück.

**Abb. 84: Die wichtigsten Zusatzvoraussetzungen für SMAX**

- Mind. ein Designated Sponsor, der seine Aufgaben im Xetra-Handel für mind. 12 Monate wahrnimmt
- Anteil der frei handelbaren Aktien mind. 20 % (die Börsenempfehlung liegt bei 25 %)
- Anerkennung des Übernahmekodex für eine transparente, faire und anlegerfreundliche Übernahme
- Quartalsberichte in deutscher und englischer Sprache und spätestens zwei Monate nach Abschluß des Berichtszeitraumes zu veröffentlichen (ab 2002 ausschließlich englischsprachig)
- Jahresabschluß in deutscher und englischer Sprache (ab 2002 ausschließlich englischsprachig)
- Analystenveranstaltung mind. einmal jährlich
- Veräußerungsverbot für Altaktionäre mind. 6 Monate nach Zulassung
- Offenlegung des Anteilsbesitzes von Vorstand und Aufsichtsrat

Der SMAX-Index, der die Wertentwicklung aller Titel dieses Segments mißt, bewegt sich nur träge nach oben – in den zwei Monaten um 9 %. Die weitere Entwicklung wird davon anhängen, ob die Probleme der unzureichenden Liquidität und der mangelnden Transparenz durch die Auflagen des neuen Börsensegmentes in einer für die Anleger akzeptablen Form gelöst werden können. Gerade aufgrund der geringeren Liquidität der SMAX-Titel sollte das Engagement daher als langfristige Anlage verstanden werden. Während der SMAX-Index ein All-Share-Index ist, soll im Laufe des Jahres 1999 der SDAX als weiterer Index das neue Börsensegment begleiten. SDAX spiegelt dann die Wertentwicklung der 100 größten deutschen SMAX-Werte wider. Seine Zusammensetzung soll vierteljährlich überprüft und gegebenenfalls korrigiert werden.

---

51  Vgl. zum folgenden: FAZ vom 27.04.1999 und FAZ von 30.04.1999

Das neue Börsensegment bietet somit für die lange vernachlässigten Nebenwerte die Chance, auf sich aufmerksam zu machen und den Wert ihrer Aktien zu steigern. Doch kann SMAX auf keinen Fall eine Kursgarantie oder sogar Garant für den Erfolg des Unternehmens sein. Dafür muß das Unternehmen selbst sorgen, durch wirtschaftlichen Erfolg, die Einhaltung der SMAX-Kriterien und eine offene Kommunikation mit den potentiellen Anlegern. Nur mit entsprechenden aktionärsfreundlichen Maßnahmen kann das Vertrauen wichtiger Investorengruppen gewonnen werden.

### 7.2.3.6 Zusammenfassung der rechtlichen Voraussetzungen und Folgepflichten einer Börseneinführung

Da – wie vorstehend ausführlich beschrieben – jedes Börsensegment seine eigenen spezifischen Zulassungsbestimmungen hat und auch spezifische Folgepflichten nach erfolgter Börseneinführung nach sich zieht, werden diese nachfolgend in einer Zusammenfassung (Abbildung 85) dargestellt.

**Abb. 85: Rechtliche Voraussetzungen und Folgepflichten der einzelnen Börsensegmente**

| Börsensegment | Amtlicher Handel | Geregelter Markt | Neuer Markt | Freiverkehr |
|---|---|---|---|---|
| *1. Rechtliche Voraussetzungen (Zulassungsbestimmungen)* | | | | |
| Unternehmensdarstellung im | Prospekt | Unternehmensbericht | beides | Exposé |
| Mindestaktien-Emission | vorauss. Kurswert mind. 25 Mio. DM | Nennbetrag 500.000,- DM | vorauss. Kurswert mind. 10 Mio. DM | keine |
| Mindeststückzahl der Aktien | keine | keine | DM 100.000,- aus Kapitalerhöhung | keine |
| Aktiengattung | Stämme oder Vorzüge | Stämme oder Vorzüge | nur Stämme bei Erstemissionen | Stämme oder Vorzüge |
| Streuung der Aktien | mind. 25% des Grundkapitals | Mindestkapital | mind. 15% (Erwartung: 25% des Grundkapitals) | keine |

## Institutioneller Rahmen der Börse

| Börsen-segment | Amtlicher Handel | Geregelter Markt | Neuer Markt | Freiverkehr |
|---|---|---|---|---|
| Alter des Unternehmens | > 3 Jahre | keine | mind. 1 Jahr (Erwartung: > 3 Jahre) | ohne |
| Gebühren | Gebührenordnung | halbe Gebühren des Amtlichen Handels | 25% Gebühren des Amtlichen Handels + p.a. 15.000 DM Notierungsgebühr | je Verfahren bis zu DM 1.500 |
| Sprache (Prospekt) | Deutsch | Deutsch | Deutsch und Englisch | Deutsch |
| Rechnungslegung | HGB | HGB | HGB mit Überleitung bzw. US-GAAP oder IAS | HGB |
| Anzuwendendes Recht | BörsG, BörsZulVO, ProspektG | BörsG, BörsO, ProspektG | Regelwerk Neuer Markt, BörsG, BörsO, ProspektG | Richtlinien für den Freiverkehr |
| Übernahmekodex | empfohlen | entfällt | obligatorisch | entfällt |
| *2. Folgepflichten nach Börseneinführung* | | | | |
| Jahresabschluß | Veröffentlichung (HGB) | Veröffentlichung (HGB) | Veröffentlichung (HGB mit Überleitung US-GAAP oder IAS) | entfällt |
| Zwischenberichte | mind. 1, nach 6 Monaten | Jeweils nach BörsO | Quartalsberichte | entfällt |
| Ad hoc-Publizität | ja | ja | ja | nein |
| Sonstiges | entfällt | entfällt | Unternehmenskalender, mind. 1 Analystenveranstaltung jährlich | Freiverkehrs-Richtlinien |
| Anzuwendendes Recht | BörsG | BörsG, BörsO | Regelwerk Neuer Markt, | Freiverkehrs-Richtlinien |

Bei der Teilnahme am SMAX müssen die Voraussetzungen des Amtlichen Handels oder des Geregelten Marktes erfüllt sein und zieht deren Folgen nach sich. Zu den Besonderheiten vom SMAX wird auf die Abschnitte 7.2.3.5 und 7.3.1.5 verwiesen.

### 7.2.3.7 Geeignete Börsensegmente für Fußball-Kapitalgesellschaften in Deutschland

Da Aktien von deutschen börsennotierten Fußball-Kapitalgesellschaften über eine ausgesprochen hohe Popularität verfügen dürften und bei einem Going Public in den meisten Fällen – zu denken wäre z.b. an Borussia Dortmund, Hertha BSC Berlin oder gar Bayern München – mit einem volumenmäßig beachtlich großen Emissionsniveau zu rechnen sein wird[52], erscheint eine Notierung im Amtlichen Handel sinnvoll. Auch bestünde die Möglichkeit, Fußball-Aktien dem MDAX zuzuordnen. In jedem Fall sollten durch die Börsenkandidaten die Voraussetzungen zur Aufnahme in den SMAX erfüllt werden.

Als Börsenplätze kommen in Deutschland alle Regionalbörsen und die Frankfurter Wertpapierbörse in Betracht.

## 7.3 Emissionsprospekt

Der Emissionsprospekt ist bei einem Going Public eines der zentralen Instrumente der Kommunikation zwischen dem Emittenten und dem potentiellen Anleger. Der zu erstellende Prospekt muß dem Publikum ermöglichen, sich ein zutreffendes Bild vom Emittenten und der Emission zu machen, denn auf dieser Grundlage wird die Entscheidung für oder gegen eine Kapitalanlage getroffen. Der Emissionsprospekt muß den Geboten der Richtigkeit, Vollständigkeit und Verständlichkeit entsprechen. Diese Gebote lassen sich aus der Generalklausel des § 13 Abs. 1 BörsZulVO ableiten, die dem *true and fair view* des § 264 Abs. 2 Satz 1 HGB ähnelt.[53]

Die Funktion des Prospekts als Teil der Werbestrategie wird ausführlicher in Abschnitt 8.1.1.4 behandelt. Zunächst sollen die rechtlichen Anforderungen

---

52 So betrugen die Emissionsvolumina bei Ajax Amsterdam über DM 100 Mio. und bei Lazio Rom rund DM 125 Mio.
53 Vgl. Früh 1996, S. 35

sowie die Haftungsrisiken, die mit der Erstellung eines Emissionsprospekts verbunden sind, dargestellt werden. Dabei ist zu unterscheiden, ob das Unternehmen außerbörslich oder an der Börse emittiert. Welche Regeln für den Emissionsprospekt relevant sind, richtet sich danach, in welchem Börsensegment die Aktien emittiert werden sollen.

### 7.3.1 Emission an der Börse

#### 7.3.1.1 Amtlicher Handel

Dem Antrag auf Zulassung zum Amtlichen Handel muß ein Emissionsprospekt zur Veröffentlichung beigefügt werden (§ 36 Abs. 3 Nr. 2 BörsG). Den Mindestinhalt dieses Prospekts bestimmen die §§ 13 bis 32 BörsZulVO. Im § 13 Abs. 1 BörsZulVO heißt es: *„Der Prospekt muß über die tatsächlichen und rechtlichen Verhältnisse, die für die Beurteilung der zuzulassenden Wertpapiere wesentlich sind, Auskunft geben und richtig und vollständig sein. Er muß in deutscher Sprache und in einer Form abgefaßt sein, die sein Verständnis und seine Auswertung erleichtern."* Konkret müssen folgende Angaben enthalten sein:

**Abb. 86: Formvorschriften eines Verkaufsprospekts**

| §§ 13 Abs. 2 BörsZulVO | Inhalt der Vorschrift |
|---|---|
| i.V.m. § 14 BörsZulVO | • Namen und Stellung (bei juristischen Personen Firma und Sitz) der Personen, die für den Prospekt die Verantwortung übernehmen; diese müssen erklären, daß ihres Wissens die Angaben richtig sind und keine wesentlichen Angaben ausgelassen wurden |
| i.V.m. §§ 15-17 BörsZulVO | • die zuzulassenden Wertpapiere |
| i.V.m. §§ 18-29 BörsZulVO | • den Emittenten dieser Wertpapiere |
| i.V.m. § 30 BörsZulVO | • die Prüfung der Jahresabschlüsse des Emittenten der Wertpapiere und anderer Angaben im Prospekt |

Die Anforderungen sind in den einzelnen Paragraphen sehr detailliert ausgestaltet. Zu beachten sind dabei jedoch eine ganze Reihe von Ausnahmen, Ermessensspielräumen und auch die Möglichkeiten zur Befreiung von der Prospektpflicht (§ 24 Abs. 3, § 28 Abs. 1 Nr. 2 sowie §§ 45-47 BörsZulVO). In der Praxis hat sich die Darstellung der notwendigen Prospektangaben in einer bestimmten Reihenfolge entwickelt, von deren Aufbau nicht unbegründet abgewichen werden sollte, da er von den Anlegern und den sonstigen Adressaten erwartet wird und außerdem zu Wiederholungen, insbesondere der Kapitalverhältnisse, führen würde.[54]

**Abb. 87: Reihenfolge der notwendigen Prospektangaben**

| Reihenfolge | Notwendige Prospektangaben |
|---|---|
| 1. | Firma, Sitz, Gründungsjahr des Emittenten |
| 2. | Gegenstand des Unternehmens |
| 3. | Höhe und Einteilung des Grundkapitals sowie seine Entwicklung in den letzten drei Jahren |
| 4. | Bezugsbedingungen |
| 5. | Verwendungszweck des Emissionserlöses |
| 6. | Einteilung des Grundkapitals nach der den Gegenstand des Zulassungsverfahrens bildenden Maßnahme |
| 7. | Besondere Rechte aus Aktien |
| 8. | Organe (Vorstand, Aufsichtsrat, Hauptversammlung mit Satzungsbestimmungen über Stimmrechte) |
| 9. | Geschäftsjahr |
| 10. | Satzungsbestimmungen zur Gewinnverwendung bzw. über die Geschäftsergebnisse der letzten drei Jahre |
| 11. | Rechtsstreitigkeiten |
| 12. | Angaben über Wirtschaftsprüfer |
| 13. | Jahresabschluß, Anhang und Lagebericht |
| 14. | Besitz- und Betriebsverhältnisse |
| 15. | Wesentliche Beteiligungen |
| 16. | Geschäftsgang und weitere Aussichten |

---

54 Vgl. Gericke 1992, S. 81

Die Veröffentlichung des Prospekts darf erst vorgenommen werden, wenn die Zulassungsstelle ihn gebilligt hat. Sie muß mindestens einen Werktage vor Börseneinführung der Aktien erfolgen (§ 43 Abs. 1 und 2 BörsZulVO). Die Veröffentlichung kann entweder im Wege der Zeitungs- oder der Schalterpublizität erfolgen (§ 36 Abs. 4 BörsG). Bei der Zeitungspublizität erfolgt die Veröffentlichung in einem überregionalen Börsenpflichtblatt, während es bei der Schalterpublizität ausreicht, wenn der Zulassungsprospekt kostenlos bei den benannten Zahlstellen und der Zulassungsstelle zur Verfügung gestellt und ein Hinweis darauf in einem überregionalen Börsenpflichtblatt veröffentlicht wird. Außerdem ist in beiden Fällen im Bundesanzeiger entweder der Prospekt selbst oder ein Hinweis darauf zu publizieren, wo der Prospekt veröffentlicht wurde und für das Publikum erhältlich ist.

### 7.3.1.2 Geregelter Markt

Dem Zulassungsantrag für den Geregelten Markt muß ein vom Emittenten[55] unterschriebener Unternehmensbericht beigefügt werden (§ 73 Abs. 1 BörsG). Dieser muß folgende Mindestangaben über den Emittenten und die Wertpapiere enthalten, die für die Anlageentscheidungen des Publikums von wesentlicher Bedeutung sind. Die näheren Bestimmungen zum Geregelten Markt finden sich in der Börsenordnung.[56]

| **Abb. 88: Mindestangaben im Unternehmensbericht gemäß § 73 Abs. 1 Nr. 2 BörsG i.V.m. § 7 Abs. 2 und 3 VerkProspG** |
|---|
| • Personen oder Gesellschaften, die für den Inhalt verantwortlich sind |
| • Wertpapiere, für die die Zulassung beantragt wird |
| • die Entwicklung des Unternehmens (Emittenten) |
| • die laufende Geschäftslage und die Geschäftsaussichten sowie |
| • der letzte veröffentlichte Jahresabschluß i.V.m. § 59 Abs. 2 BörsO auch Lagebericht und Bestätigungsvermerk eines Abschlußprüfers |

---

55 Zusätzlich kann der Unternehmensbericht von einem Mitantragsteller unterzeichnet werden, vgl. § 59 Abs. 1 BörsO Frankfurt a.M.
56 Die Börsenordnung ist die Satzung einer Börse, die vom Börsenrat erlassen wird. Die wesentlichen Aspekte sind für alle deutschen Börsen im Inhalt identisch geregelt. Hier zitierte §§ beziehen sich auf die BörsO Frankfurt a.M.

Die Anforderungen an den Unternehmensbericht sind geringer als an den Zulassungsprospekt für den Amtlichen Handel. Zur Konkretisierung des Inhalts legt § 59 Abs. 2 BörsO fest, daß der Unternehmensbericht den in den §§ 2-13 VerkProspVO normierten Anforderungen genügen muß.

**Abb. 89: Anforderungen an den Unternehmensbericht gemäß § 59 Abs. 2 BörsO i.V.m. §§ 2-13 VerkProspVO**

- Firma, Gründung, Sitz und Gegenstand der Gesellschaft. Falls der Emittent Konzernunternehmen ist, muß eine kurze Beschreibung des Konzerns und die Stellung des Emittenten in ihm erfolgen
- Höhe des gezeichneten Kapitals
- Anzahl und Gattungen der Anteile, in die das Kapital zerlegt ist, unter Angabe ihrer Hauptmerkmale und die Höhe der ausstehenden Einlagen
- Nennbetrag eines genehmigten oder bedingten Kapitals
- Ermächtigungsdauer für die Kapitalerhöhung
- Die Bedingungen und das Verfahren für die Ausgabe neuer Aktien
- Aktionäre, die auf den Emittenten mittelbar oder unmittelbar einen beherrschenden Einfluß ausüben können, sofern sie der Gesellschaft bekannt sind
- Wichtigste Bereiche der Geschäftstätigkeit des Emittenten
- Abhängigkeit des Emittenten von Patenten, Lizenzen, Verträgen oder neuen Herstellungsverfahren, sofern diese von wesentlicher Bedeutung sind
- Wichtigste laufende Investitionen (ohne Finanzanlagen)
- Gerichts- oder Schiedsverfahren, die einen wesentlichen Einfluß auf die wirtschaftliche Lage des Emittenten haben können
- Namen und Anschrift der Mitglieder der Geschäftsführungs- und Aufsichtsorgane und ihre Stellung beim Emittenten, außerdem für jedes Organ getrennt die gewährten Gesamtbezüge

Der Zulassungsausschuß der Börse kann für den Unternehmensbericht dieselben Befreiungen und Erleichterungen gewähren wie beim Zulassungsprospekt zum Amtlichen Handel (§ 65 BörsO). Ein Unternehmensbericht ist nicht erforderlich, wenn die Aktien bereits an einer anderen inländischen Börse aufgrund eines innerhalb der letzten sechs Monate veröffentlichten Prospekts oder Unternehmensberichts zugelassen sind (§ 73 Abs. 2 BörsG). Weitere Erleichterungen der Veröffentlichungs- und Einreichungspflicht sind nach § 64 BörsO möglich. So liegt es im Ermessen des Zulassungsausschusses, den Emittenten ganz von der Einreichungspflicht zu befreien, wenn die Aktie bereits an einer anderen inländischen Börse amtlich notiert wird.

Der Unternehmensbericht muß spätestens zusammen mit dem öffentlichen Angebot oder bis zum Beginn des Bezugsrechtshandels veröffentlicht werden. Der Emittent kann zwischen Schalter- und Zeitungspublizität wählen (§ 62 Abs. 1-3 BörsO).

### 7.3.1.3 Freiverkehr

Für die Einbeziehung in den Freiverkehr sieht das Börsengesetz weder eine Prospektpflicht noch ein Zulassungsverfahren vor. Eine Pflicht zur Veröffentlichung eines Prospekts ergibt sich aber aus den Vorschriften des Verkaufsprospektgesetzes. Zwar nimmt § 1 VerkProspG Wertpapiere, die bereits zum Handel an einer inländischen Börse zugelassen sind, von dieser Pflicht aus. Aktien, die im Freiverkehr gehandelt werden, gelten jedoch nicht als zugelassen, sondern lediglich als einbezogen. Eine Zulassung zum Freiverkehr ist schon per Definition nicht möglich, da es an einem Zulassungsverfahren fehlt.[57] Liegt allerdings erstmals ein öffentliches Angebot vor, besteht die Pflicht, einen Verkaufsprospekt zu veröffentlichen. Dieser wird jedoch im Zuge der Einbeziehung nicht geprüft.[58] An das Unternehmen werden keine Anforderungen hinsichtlich der Lebensdauer oder des Kapitals gestellt.

### 7.3.1.4 Neuer Markt

Die Zulassung zum Neuen Markt[59] setzt die Zulassung zum Geregelten Markt voraus.[60] Der Emissionsprospekt für den Neuen Markt umfaßt daher im Sinne des § 73 Abs. 1 BörsG zugleich den Unternehmensbericht, worauf im Prospekt in der Überschrift hinzuweisen ist. Somit finden die Vorschriften der Börsenprospekthaftung Anwendung (§§ 77 und 45 ff. BörsG).

---

57 Vgl. Hüffer 1996, S. 29f.; Schäfer 1991, S. 1559
58 Vgl. Gajo 1993, S. 456 ff; Claussen 1996, § 9, Rn. 50
59 Siehe dazu auch Abschn. 7.2.3.4.2 sowie die Abbildung 81
60 Abschn. II.4 des Regelwerks Neuer Markt, abgedruckt bei Kümpel/Ott 1997, Kz.456

### Abb. 90: Weitergehende Zulassungsanforderungen für den Neuen Markt

- Wie beim Zulassungsprospekt für den Amtlichen Handel müssen auch hier Namen und Stellung, bei juristischen Personen oder Gesellschaften Firma und Sitz der Personen oder Gesellschaften, die für den Inhalt die Verantwortung übernehmen, angegeben werden. Diese Personen oder Gesellschaften müssen im Prospekt erklären, daß ihres Wissens die Angaben richtig sind und keine wesentlichen Angaben ausgelassen wurden.
- Über die Geschäftstätigkeit des Emittenten werden detailliertere Angaben verlangt. Die Umsatzerlöse der letzten drei Geschäftsjahre müssen nach Tätigkeitsbereichen und geographisch bestimmbaren Märkten aufgegliedert werden. Ferner sind Angaben über die Betriebsstätten erforderlich, die mehr als 10 % zu den Umsätzen beitragen.
- Die Angaben zur Vermögens-, Finanz- und Ertragslage müssen den Vorschriften nach *International Accounting Standards* (IAS) oder den US-amerikanischen *Generally Accepted Accounting Principles* (US-GAAP) entsprechen.
- Die Bilanzentwicklung ist durch eine Bewegungsbilanz oder in Form einer Finanzflußrechnung darzustellen.
- Das Ergebnis und die Dividende je Aktie müssen für die letzten drei Geschäftsjahre angegeben werden.
- Außer den allgemeinen Angaben über den jüngsten Geschäftsgang und die Geschäftsaussichten müssen Ausführungen über die strategische Ausrichtung des Emittenten, insbesondere über die Erschließung neuer Absatzmärkte, die Verwendung neuer Verfahren, etwa in der Beschaffung, bei der Produktion oder beim Absatz, und das Angebot neuer Produkte oder Dienstleistungen für die nächsten Geschäftsjahre enthalten sowie die Annahmen, auf denen diese Ausführungen beruhen.
- In einem gesonderten Abschnitt, der den Titel *Risikofaktoren* tragen muß, ist auf solche Faktoren einzugehen, die einen erheblichen negativen Einfluß auf die wirtschaftliche Lage und den Geschäftserfolg des Emittenten haben können. Dazu gehören insbesondere:
    - ungewöhnliche Wettbewerbsbedingungen,
    - ein bevorstehendes Auslaufen von Schutzrechten oder Verträgen,
    - die Abhängigkeit
        - von bestimmten Märkten,
        - von der Preisentwicklung von Rohstoffen,
        - von Wechselkursschwankungen,
        - von staatlichen Eingriffen, von Branchenzyklen oder vom besonderen Fachwissen einzelner Personen des Vorstandes des Emittenten

Der Inhalt des einzureichenden Unternehmensberichts entspricht im wesentlichen dem des Unternehmensberichts, der für den Geregelten Markt zu erstellen ist (siehe Abschnitt 7.3.1.2). Allerdings sind noch einige darüber hinausgehende Anforderungen zu erfüllen, auf die im folgenden eingegangen wird.[61]

Bei der Veröffentlichung des Prospekts kann das Unternehmen wiederum zwischen Zeitungs- und Schalterpublizität wählen (§ 62 BörsO). Der Emissionsprospekt muß mindestens einen Werktag vor der Zulassung der Aktien zum Neuen Markt veröffentlicht werden (Abschn. II.6.3 (1) des Regelwerks Neuer Markt).

### 7.3.1.5 SMAX

Da die Teilnahme am SMAX die Notierung im Amtlichen Handel oder Geregelten Markt voraussetzt, müssen die in den vorangegangenen Abschnitten 7.3.1.1 und 7.3.1.2 beschriebenen Anforderungen für den Emissionsprospekt erfüllt werden. Daneben muß der Emittent die Teilnahme am SMAX schriftlich bei der Deutschen Börse AG beantragen. Zu den Mindestangaben des Antrages gehören die Firma und der Sitz des Emittenten sowie ein von der Deutschen Börse AG vorgegebenes standardisiertes Unternehmensportrait. Auch muß die Firma und der Sitz des Designated Sponsors im Teilnahmeantrag angegeben werden. Mit der schriftlichen Genehmigung der Deutschen Börse AG tritt der Vertrag zwischen der Börse und dem Emittenten über die Teilnahme am SMAX in Kraft. Für die Teilnahme an SMAX wird ein jährliches Entgelt in Höhe von 7.500 Euro (14.670 DM) erhoben. Beide Seiten können den Teilnahmevertrag jederzeit mit einer Frist von einem Monat kündigen. Eine Kündigung aus wichtigem Grund seitens der Deutschen Börse AG liegt insbesondere dann vor, wenn bei der Erteilung der Teilnahmebestätigung die Teilnahmevoraussetzungen des Emittenten nicht vorgelegen haben oder nachträglich entfallen sind. Auch wenn die weitere Teilnahme des Emittenten wesentlichen Interessen und Zwecken vom SMAX entgegensteht, kann es zu einer Kündigung aus wichtigem Grund kommen.

---

61 Abschn. II.4.1.2 bis II.4.1.16 des Regelwerks Neuer Markt

### 7.3.2 Emission auf dem unreglementierten Kapitalmarkt

#### 7.3.2.1 Öffentliches Angebot

##### 7.3.2.1.1 Das Wertpapier-Verkaufsprospektgesetz

Das seit dem 1. Januar 1991 geltende Wertpapier-Verkaufsprospektgesetz schreibt in § 1 für alle Wertpapiere, die erstmals im Inland öffentlich angeboten werden, die Veröffentlichung eines Verkaufsprospekts vor.[62] Eine Ausnahme besteht, wenn die Wertpapiere bereits an einer inländischen Börse zugelassen sind; denn zur Börseneinführung gehört die Pflicht zur Erstellung eines Verkaufsprospekts. Eine bloße Einbeziehung in den Freiverkehr zählt dagegen nicht als Zulassung.

**Abb. 91: Ausnahmen von der Prospektpflicht gemäß §§ 1-4 VerkProspG**

| §§ VerkProspG | Inhalt der Vorschrift |
|---|---|
| 1 | • Die Wertpapiere sind bereits an einer inländischen Börse zugelassen. |
| 2 Nr. 1 | • Die Wertpapiere werden ausschließlich Personen angeboten, die beruflich oder gewerblich für eigene oder fremde Rechnung Wertpapiere erwerben oder veräußern. |
| 2 Nr. 3 | • Ein Arbeitgeber oder ein mit seinem Unternehmen verbundenes Unternehmen bietet Wertpapiere ausschließlich seinen Arbeitnehmern an (Belegschaftsaktien). |
| 4 Abs. 1 Nr. 2, 3 | • Es werden Aktien angeboten, die nicht mehr als 10 % der bereits börslich zugelassenen Aktien derselben Gattung ausmachen. |
| 4 Abs. 1 Nr. 4 | • die angebotenen Aktien werden den Aktionären nach einer Kapitalerhöhung aus Gesellschaftsmitteln zugeteilt. |

---

[62] Damit hat der deutsche Gesetzgeber die EG-Prospektrichtlinie (Richtlinie 89/298/EWG vom 05.05.1989, ABl. EG L 124, 8 = WM 1989, S. 1589) in nationales Recht umgesetzt. Zu den gemeinschaftsrechtlichen Grundlagen des VerkProspG vgl. Hüffer 1996, S. 7 ff.

Umstritten ist die Frage, ob von der Veröffentlichung eines Prospekts auch dann abgesehen werden kann, wenn die Zulassung zum Geregelten Markt ohne Unternehmensbericht erfolgte. Aufgrund der Ausnahmebestimmung des § 73 Abs. 3 BörsG i.V.m. § 57 Abs. 1 BörsO Frankfurt a.M. ist dies möglich, da der Zulassungsausschuß bei Emission von Aktien aus einer Kapitalerhöhung gestatten kann, daß nur das Bezugsangebot veröffentlicht wird. Für den Verzicht der Publikation eines Verkaufsprospekts spricht, daß der Gesetzgeber durch den Wortlaut des § 1 VerkProspG Informationen, die über die Vorschriften des Börsengesetzes hinausgehen, nicht für notwendig hält.[63] Gegner dieser Meinung verweisen jedoch auf den Schutzzweck des Verkaufsprospektgesetzes, der den Individualschutz der Anleger und den Funktionsschutz des Kapitalmarktes beinhaltet.[64]

Der Verkaufsprospekt muß dem potentiellen Anleger nicht ausgehändigt werden. Jedoch besteht die Pflicht, in jeder Veröffentlichung bezüglich des öffentlichen Angebots oder der auszugebenden Wertpapiere einen Hinweis auf den Prospekt und seine Bezugsmöglichkeiten aufzunehmen (§ 12 VerkProspG).

### 7.3.2.1.2 Der Begriff des öffentlichen Angebots

Eine Legaldefinition für den Begriff des öffentlichen Angebots existiert nicht, obwohl dieser von zentraler Bedeutung ist, da hier die Trennlinie zwischen Prospektpflicht und Prospektfreiheit verläuft.[65] Liegt kein öffentliches Angebot vor, handelt es sich um eine Privatplazierung, für die kein Prospekt erstellt werden muß. Als Anhaltspunkt für die Konkretisierung des Begriffs kann die Ausnahmeregelung des § 2 Nr. 2 VerkProspG gesehen werden, wonach ein Prospekt nicht veröffentlicht werden muß, wenn die Wertpapiere nur einem begrenzten Personenkreis angeboten werden.

Nach Literaturmeinung liegt ein öffentliches Angebot immer dann vor, wenn der Anbieter einen nicht mehr individuell bestimmbaren Personenkreis anspricht.[66] Allein auf das Merkmal der Bestimmbarkeit des Personenkreises abzustellen hieße allerdings, die Prospektpflicht auszuhebeln, denn ein Anbieter

---

63 Vgl. Schäfer 1991, S. 1559
64 Vgl. Meyding 1993, S. 421
65 Die Richtlinie stellt lediglich fest, daß es gegenwärtig nicht möglich sei, „für den Begriff des öffentlichen Angebots und alle seine Bestandteile eine gemeinsame Definition festzulegen" (Richtlinie 89/298/EWG vom 05.05.1989, ABl. EG L 124, 8 = WM 1989, S. 1590).
66 Vgl. Müller 1991, S. 213; Hopt 1991a, Rn. 127

bräuchte nur eine umfassende Adreßdatei zu erwerben, um den Personenkreis, dem die Wertpapiere angeboten werden sollen, zu individualisieren bzw. genau zu bestimmen, und um so das Merkmal der Öffentlichkeit zu umgehen.[67] Ebenso liegt ein öffentliches Angebot vor, wenn die Personen, denen das Angebot unterbreitet wird, nach Merkmalen wie Beruf, Einkommensschicht, Vereinszugehörigkeit oder Kundenkreis, ausgewählt werden. Dies gilt selbst dann, wenn Bankangestellte ihren Kunden in persönlichen Gesprächen Anlagen aufgrund allgemeiner, für alle Kunden geltenden Weisungen der Bank empfehlen.[68]

Dem Ziel des Verkaufsprospektgesetzes – dem Anlegerschutz – wird daher eine Betrachtung und Untersuchung der Beziehung zwischen Anleger und Anbieter eher gerecht. Dabei ist zu hinterfragen, ob zwischen diesen beiden ein persönliches Verhältnis bzw. eine Vertrauensbasis besteht. Persönliches Verhältnis bedeutet in diesem Zusammenhang ein so intensives Verhältnis, „daß ein genügender Informationsfluß sichergestellt ist".[69] Besteht ein solches Verhältnis nur zu einem der Anleger nicht, ist das Angebot öffentlich.[70]

Nicht nur der Begriff der Öffentlichkeit ist im Verkaufsprospektgesetz unbestimmt; Gleiches gilt für die Frage, ab welchem Zeitpunkt ein Angebot vorliegt. In der Regierungsbegründung heißt es dazu, daß es unerheblich sei, ob ein Angebot im Sinne des § 145 BGB oder nur eine Aufforderung zur Abgabe von Angeboten vorliege.[71] Die bloße Ankündigung eines öffentlichen Angebotes muß von dem Angebot selbst nach § 12 VerkProspG unterschieden werden. Für die Ankündigung ist ein Hinweis auf den Verkaufsprospekt und dessen Veröffentlichung zwingend vorgeschrieben. Das Angebot umfaßt die Verkaufsphase der Wertpapiere. Diese beginnt, wenn der Emittent oder die Emissionsbanken bereit sind, die Zeichnungsaufträge der Interessenten, d.h. die Anträge im Sinne des § 145 BGB, entgegenzunehmen und endet, wenn der Verkauf abgeschlossen ist.[72] Die Veröffentlichung von *Tombstones* ist hingegen kein Angebot. Denn es handelt sich dabei um Anzeigen, die nach Emissionsende in der Presse erscheinen und nachträglich über den Verlauf der Emission und die Zusammensetzung des Konsortiums informieren. Zu diesem Zeitpunkt sind die Aktien bereits am Primärmarkt untergebracht und der Bezug der Aktien ist nur noch über den Sekundärmarkt möglich.

---

67 Vgl. Hüffer 1996, S. 19 ff.
68 Vgl. Schäfer 1991, S. 1560; Hopt 1991a, Rn. 132
69 Vgl. Hüffer 1996, S. 22
70 Vgl. Müller 1991, S. 213; Assmann 1991, S. 529, Fn. 23; Hüffer 1996, S. 25
71 Vgl. BT-Drucksache 11/6340, S. 11
72 Vgl. Hüffer 1996, S. 18

## 7.3.2.1.3 Inhaltliche Anforderungen an den Verkaufsprospekt

Bezüglich des Inhalts des Verkaufsprospekts ist danach zu differenzieren, ob für die öffentlich angebotenen Wertpapiere ein Antrag auf amtliche Notierung gestellt worden ist. Ist dies der Fall, sind die Vorschriften für den Börsenzulassungsprospekt anzuwenden (§ 5 VerkProspG). Daher ist eine Erstellung und Veröffentlichung je eines Prospekts für das erstmalige öffentliche Angebot und für die Einführung in den Amtlichen Markt nicht notwendig. Da beide einen identischen Inhalt haben, bewirkt die Norm lediglich eine Vorverlegung des Veröffentlichungszeitpunktes – von einem Werktag vor Einführung der Wertpapiere (§ 43 Abs. Satz 1 BörsZulVO) auf einen Werktag vor dem ersten öffentlichen Angebot (§ 9 Abs. 1 VerkProspG).[73] Diese Verschiebung hat insofern große praktische Bedeutung, da nach altem Recht die Zeichnung der Emission schon durchgeführt werden konnte, bevor der Prospekt veröffentlicht wurde.[74] Dies führte einerseits dazu, daß Anlageentscheidungen aufgrund mangelhafter Informationen gefällt wurden und andererseits Haftungsansprüche gegen den Emittenten verloren gingen, denn Voraussetzung der börsengesetzlichen Prospekthaftung ist die Kausalität zwischen dem veröffentlichten, mangelhaften Prospekt und der Zeichnung der Wertpapiere.

In allen Fällen, in denen keine Zulassung zum Amtlichen Handel beantragt worden ist, bestimmt sich der Inhalt des Prospekts nach § 7 VerkProspG in Verbindung mit §§ 2-13 VerkProspVO. Die Anforderungen sind geringer und entsprechen im wesentlichen den Vorschriften für den Unternehmensbericht. Durch diesen vereinfachten Mindestinhalt soll kleineren und mittleren Unternehmen der Marktzugang erleichtert werden.[75] Daher erscheint es ratsam, den Verkaufsprospekt wie einen Unternehmensbericht abzufassen, wenn die Zulassung zum Geregelten Markt beantragt oder geplant ist. Bei später erfolgter Zulassung braucht dann kein Unternehmensbericht mehr veröffentlicht zu werden (§ 45 Nr. 1 lit. a BörsZulVO i.V.m. § 65 BörsO).

### 7.3.2.2 Privatplazierung

Gegenstück zum öffentlichen Angebot ist die Privatplazierung. Sie wird allgemein definiert als Verkauf von Wertpapieren an einen eingeschränkten, be-

---

73 Vgl. Schäfer 1991, S. 1560 ff.
74 Vgl. Meyding 1993, S. 421
75 Vgl. Hüffer 1996, S. 85

grenzten, von vornherein festgelegten Anlegerkreis.[76] Privatplazierungen können prospektfrei erfolgen. Auf Publizität wird größtenteils verzichtet, da man davon ausgeht, daß sich die Anleger dauerhaft an dem Unternehmen beteiligen wollen. Die Privatplazierung kann aber auch Vorstufe eines späteren Börsengangs sein.

Den Aktionären, die ihre Aktien im Wege einer Privatplazierung erworben haben, steht es frei, diese auf dem Markt weiter zu veräußern. Die Zustimmung des Emittenten ist dazu nicht erforderlich. In diesem Moment liegt aber ein erstmaliges öffentliches Angebot vor, und es besteht somit die Pflicht, einen Prospekt zu veröffentlichen. Fraglich bleibt jedoch, wen diese Pflicht trifft. Dem Wortlaut des § 1 VerkProspG entsprechend trifft diese Pflicht den Anbieter der Wertpapiere – hier also den Anleger, der seine Beteiligung veräußern will, und nicht den ursprünglichen Emittenten der Aktien.[77]

### 7.3.3 Prospekthaftung

#### 7.3.3.1 Prospektmängel

Der zu erstellende Prospekt muß dem Publikum ermöglichen, sich ein zutreffendes Urteil über Emittent und Emission zu bilden. Ist dies nicht der Fall, muß der Herausgeber des Prospekts für diesen haften. Die Prospekthaftung tritt aber nur dann ein, wenn der Prospekt Mängel aufweist. Als Mängel kommen Unrichtigkeit und Unvollständigkeit in Frage.[78]

Der Beurteilungsmaßstab, der bei der Prüfung angelegt wird, hängt davon ab, an welchen Kreis von Anlegern der Prospekt adressiert wurde. In der Literatur reicht die Bandbreite vom *„unbewanderten Laien"* bis zum *„Fachmann"*. Der BGH stellt ab *„auf einen durchschnittlichen Anleger, der zwar eine Bilanz zu lesen versteht, aber nicht unbedingt mit der in eingeweihten Kreisen gebräuchlichen Schlüsselsprache vertraut zu sein braucht"*.[79] Fraglich bleibt, ob ein durchschnittlicher Anleger tatsächlich in der Lage ist, eine Bilanz zu lesen.[80]

---

76 Vgl. Hüffer 1996, S. 20; Schäfer 1991, S. 1560; Gerke/Rapp 1993, S. 306
77 Vgl. Schäfer 1991, S. 1561; Hüffer 1996, S. 82 f.
78 Vgl. Assmann/Schütze 1997, § 7 Rn. 63 f.; Carl/Machunsky 1992, S. 66
79 Vgl. BGH WM 1982, S. 862f.
80 Vgl. Schwark 1983, S. 168

Zudem ist zu untersuchen, ob Umstände bekannt sind, die im Falle der Zulassung der Wertpapiere zu einer Übervorteilung des Publikums oder einer Schädigung erheblicher Interessen der Allgemeinheit führen würden. Zusätzlich zum Prospekt müssen andere publikumsgefährdende Umstände, wie z.B. Tatsachen oder begründete Indizien, berücksichtigt werden (§ 36 BörsG).[81]

### *7.3.3.1.1 Unrichtigkeit*

Unrichtig sind zunächst objektiv falsch wiedergegebene Tatsachen. Das gilt auch dann, wenn die erforderlichen Angaben an sich zwar richtig sind, ihre Darstellung im Prospekt aber so unübersichtlich ist, daß der Anleger getäuscht wird. Ungenaue, zweideutige Angaben, die falsche Vorstellungen hervorrufen, führen ebenfalls zur Unrichtigkeit des Prospekts.[82]

Ein geringfügiger Mangel reicht allerdings nicht aus, um die Unrichtigkeit des gesamten Prospekts zu begründen. Die Beanstandungen müssen sich vielmehr auf erhebliche Umstände beziehen.[83] Maßgeblich ist das Gesamtbild, das der Prospekt durch die einzelnen Aussagen von den Verhältnissen sowie der Vermögens-, Ertrags- und Liquiditätslage des Unternehmens vermittelt. Die Erfüllung aller vorgeschriebenen Mindestangabepflichten muß nicht in jedem Fall dazu führen, daß der Prospekt vollständig ist, denn durch einseitige Ausübung von Wahlrechten kann ein irreführender oder gar falscher Gesamteindruck entstehen.

Das Datenmaterial soll im Prospekt in einer Weise aufbereitet und erläutert werden, die für einen durchschnittlichen Anleger verständlich und nachvollziehbar ist.[84] Das gilt in gleichem Maße für die Schlußfolgerungen, die der Prospektersteller notwendigerweise daraus zieht, denn die Zukunftsaussichten stellen einen Teil der Gesamtsituation des Unternehmens dar. Soll der Prospekt zeitnah und aktuell sein, müssen sich in ihm Aussagen finden, die noch nicht in die Bilanz eingehen konnten. Aktuelle Ereignisse und neue Erkenntnisse können den Prospekt unrichtig oder unvollständig werden lassen, so daß eine Berichtigung unbedingt erforderlich ist.[85] Eine Möglichkeit der Aktuali-

---

81  Vgl. Schwark 1994, § 36, Rn. 11 und 12; Claussen 1996, § 36 Rn. 67
82  Vgl. Hopt 1991a, Rn. 153
83  Vgl. Assmann 1985, S. 319; Hopt 1991a, Rn. 154
84  Vgl. Assmann 1985, S. 321
85  Vgl. zur Prospektaktualität: Assmann 1985, S. 302 ff. und S. 322 ff.
    Zur Berichtigung vgl. Hopt 1991a, Rn. 206 ff.

sierung ist die Veröffentlichung eines Prospektnachtrags (§ 52 Abs. 2 BörsZulVO sowie § 11 VerkProspG).

Geschäfts- und Betriebsgeheimnisse sind immer dann zu veröffentlichen, wenn sie für den Anleger entscheidungsrelevant sind.[86] Sie dürften selbst dann nicht zurückgehalten werden, wenn die Veröffentlichung negative Auswirkungen im Hinblick auf mögliche Auftragserlangung oder Kreditkonditionen nach sich ziehen könnte. In den Grenzen des Informationsbedürfnisses des Publikums wird aber das Geheimhaltungsinteresse des Prospektverfassers berücksichtigt (§ 47 Abs. 1 Nr. 3 BörsZulVO).

Unrichtig können außer Tatsachen auch Werturteile und Prognosen sein. Bei der Prüfung besteht ein Beurteilungsspielraum; denn es kann von niemandem erzwungen werden, daß Voraussagen, z.B. zu den Geschäftsaussichten, auch wirklich eintreffen. Wohl aber muß verlangt werden, daß Werturteile und Prognosen durch Tatsachen ausreichend gestützt werden, kaufmännisch vertretbar sind und mit Zurückhaltung vorgebracht werden.[87] Hierbei ist empfehlenswert, die Fakten im Prospekt anzugeben, auf die sich die Prognosen, Schlußfolgerungen und Wertungen stützen. Äußerungen zu rechtlichen Voraussetzungen oder zur rechtlichen Durchführbarkeit bestimmter Vorhaben müssen ebenfalls diesen Grundsätzen genügen und dürfen den Anleger nicht irreleiten.[88]

### 7.3.3.1.2 Unvollständigkeit

Bei der Unvollständigkeit ist, wie bei der Unrichtigkeit, auf das Gesamtbild abzustellen, das der Prospekt vermittelt, und auf die Wesentlichkeit der fehlenden Angaben. Durch das Abstellen auf den Gesamteindruck sind die Übergänge zwischen den Tatbestandsmerkmalen Unrichtigkeit und Unvollständigkeit fließend geworden.[89] Der Anleger muß alle Umstände, die für seine Anlageentscheidung von wesentlicher Bedeutung sind oder es sein können, aus dem Prospekt entnehmen können. Hierzu gehören z.B. kapitalmäßige und personelle Verflechtungen, die die Gefahr von Interessenkonflikten mit sich bringen.[90]

---

86 Vgl. Assmann 1985, S. 324 f. Hier sind Konflikte mit insiderrechtlichen Verboten möglich. Vgl. Assmann 1994, S. 254 f.
87 Vgl. kritisch zum Zurückhaltungsgebot: Schwark 1994, §§ 45, 46, Rn. 13
88 Vgl. Hopt 1991a, Rn. 156 f.
89 Vgl. Schwark 1994, §§ 45, 46, Rn. 11
90 Vgl. BGHZ 79, 337, 344 f.

### 7.3.3.2 Allgemein bürgerlich-rechtliche Haftung

Die Grundsätze einer allgemein zivilrechtlichen Prospekthaftung wurden von der Rechtsprechung seit Ende der siebziger Jahre[91] als Reaktion auf bestimmte Formen der Kapitalanlage auf dem unreglementierten, grauen Kapitalmarkt, wie z.B. Publikumskommanditgesellschaften, die immer stärkere Verbreitung fanden, herausgebildet. Der BGH hat eine Anwendung dieser Grundsätze auf Prospekte, mit denen außerhalb der geregelten Aktienmärkte für den Erwerb von Aktien geworben wird, ausdrücklich bejaht.[92] Mit der Einführung des Verkaufsprospektgesetzes im Jahre 1991 ist der Anwendungsbereich der zivilrechtlichen Prospekthaftungsgrundsätze stark eingeschränkt worden. Denkbar ist eine Anwendung im Falle von Vorabinformationen sowie andere Publikationen, die im Sinne des § 12 VerkProspG als Prospekt angesehen werden könnten.[93] Die allgemeine zivilrechtliche Haftung kommt weiterhin in Betracht für die Wertpapiere, die im Freiverkehr gehandelt werden und unter eine der Ausnahmen von der Prospektpflicht fallen (§§ 2-4 VerkProspG).

Die allgemein bürgerlich-rechtliche Prospekthaftung begründet eine eigene Anspruchsgrundlage. Sie entstand nicht als Verallgemeinerung der speziellen Vorschriften, z.B. des Börsengesetzes, sondern neben diesen Normen.[94] Von der Rechtsprechung wird auf ein typisiertes Vertrauen des potentiellen Anlegers in die Richtigkeit und Vollständigkeit der Angaben abgestellt, die von den Prospektverantwortlichen gemacht werden.[95] Grundlage des Vertrauens soll nicht nur das persönliche Vertrauen sein, das einem bestimmten Menschen entgegengebracht wird, sondern vielmehr ein Vertrauen, das sich aus einer Art Garantenstellung herleitet. Diese kann aus Amt oder Beruf entstehen oder auf einer besonderen Fachkunde bzw. einer allgemein anerkannten und hervorgehobenen beruflichen oder wirtschaftlichen Stellung beruhen.[96] Verschuldensmaßstab sind die §§ 276 und 278 BGB, die eine Verhaltensbandbreite von leichter Fahrlässigkeit bis Vorsatz erfassen.[97]

---

91  Vgl. BGHZ 71, 284; von Heymann 1990, S. 127 f.
92  Vgl. BGH WM 1993, S. 1787 = AG 1994, S. 32
93  Vgl. Schwark 1994, §§ 45, 46 Rn. 36
94  Vgl. Assmann 1985, S. 17; Wiedemann 1990, vor § 275, Rn. 333
95  Vgl. BGH WM 1993, S. 1788 = AG 1994, S. 32
96  Vgl. BGHZ 79, 337, 341
97  Vgl. Assmann/Schütze 1997, § 7, Rn. 146

Bei der Bestimmung des Kreises der Prospektverantwortlichen zwischen Prospekthaftung im engeren und im weiteren Sinn wird unterschieden.[98]

Unter die *Prospekthaftung im engeren Sinne* fallen zunächst diejenigen, die den Prospekt herausgeben, ihn erstellen oder erstellen lassen. Diese bilden die sog. Leitungsgruppe, die in der Regel Geschäftsführer, Vorstände – allgemein das Management – umfaßt. Die Haftung dieser Personen ist unabhängig von einer expliziten Nennung im Prospekt oder einer anderweitigen Bekanntmachung gegenüber den Interessenten.[99] Das gilt auch für die Gruppe der maßgeblichen Hintermänner. In diese Gruppe fallen jene Personen, die faktisch einen erheblichen Einfluß auf die Gesellschaft ausüben, der dem eines Geschäftsführungsorgans entspricht. Dies könnte ein Aufsichtsrat sein, der sich nicht nur auf Kontrolle und Beratung beschränkt, sondern sich, seine Befugnisse überschreitend, in das Tagesgeschäft maßgeblich einmischt.[100] Nicht ausreichend für die Haftung sind seine Mitarbeit an der Prospekterstellung oder die Hervorhebung seiner Person im Prospekt.[101] Der Prospekthaftung im engeren Sinne unterliegen auch berufliche Sachkenner, die im Prospekt eine Garantenstellung übernehmen, wie z.B. Rechtsanwälte, Wirtschaftsprüfer oder andere Sachverständige. Anders als die Mitglieder der Leitungsgruppe oder maßgebliche Hintermänner haften sie nicht für sämtliche Angaben im Prospekt, sondern nur, insofern sie durch ihre Erklärungen einen eigenen Vertrauenstatbestand schaffen. Ihre bloße namentliche Nennung im Prospekt reicht für die Erfüllung des Haftungstatbestands allerdings nicht aus.

Daneben besteht eine *Prospekthaftung im weiteren Sinne*, die nicht an ein typisiertes Vertrauen anknüpft, sondern sich aus dem Ansatz der *culpa in contrahendo* (c.i.c) entwickelt hat. Ihr unterliegen all jene Personen, die sich im Rahmen ihrer vertraglichen oder quasivertraglichen Aufklärungspflicht des Prospekts bedienen und dabei einen aus ihrer Person hergeleiteten zusätzlichen Vertrauenstatbestand geschaffen haben.[102] In diese Gruppe fallen Anlageberater und -vermittler.

Haftungsanspruch haben alle Ersterwerber, also die Erstzeichner, die die Aktie aufgrund des Prospekts erworben haben. Folgeerwerber scheiden als Berechtigte aus, da zwischen ihnen und dem Emittenten keine vertraglichen oder

---

98 Vgl. Assmann/Schütze 1997, § 7, Rn. 98 ff. und Wiedemann 1990, vor § 275, Rn. 337
99 Vgl. BGHZ 83, 222, 224
100 Vgl. Gehrlein 1995, S. 1965 ff. Dieser faßt Leitungsgruppe und Hintermänner in einer Gruppe zusammen.
101 Vgl. Gehrlein 1995, S. 1967; BGHZ 79, 337, 348
102 Vgl. Assmann/Schütze 1997, § 7, Rn. 100 und BGHZ 74, 103, 109

vorvertraglichen Aufklärungspflichten bestehen. Ein Anspruch aufgrund eines fehlerhaften Prospekts besteht, wenn haftungsbegründende und haftungsausfüllende Kausalität gegeben sind.[103]

*Haftungsbegründende Kausalität* liegt vor, wenn der unrichtige oder unvollständige Prospekt mitbestimmend für die Entscheidung des Anlegers war und sich der Anleger bei Kenntnis der wahren Sachlage nicht beteiligt hätte.[104] Eine unmittelbare Verantwortung des Prospektfehlers für den eingetretenen Schaden ist nicht erforderlich, denn es kommt nicht auf das letzte Glied in der Kausalkette – den Verlust des Anlegers – an, sondern auf das erste Glied – die Anlageentscheidung des Geschädigten. Der Sinn der Prospektaufklärungspflicht beschränkt sich nämlich nicht nur darauf, den Anleger vor unrichtigen oder unvollständigen Prospektangaben über solche Umstände zu schützen, die sich später tatsächlich in negativer Weise auf die wirtschaftliche Entwicklung der Anlage auswirken, sondern geht darüber hinaus.[105] Die Beweislast, daß der Schaden auch bei fehlerfreiem Prospekt eingetreten wäre, trifft daher denjenigen, der die Aufklärungspflicht verletzt hat.[106]

*Haftungsausfüllende Kausalität* ist gegeben, wenn nachgewiesen werden kann, daß die Verletzung der Pflicht, einen ordnungsgemäßen Prospekt zu erstellen, zum Schaden geführt hat. Dabei bestehen keine Unterschiede zum Nachweis der haftungsbegründenden Kausalität, sofern der Schaden, der durch den mangelhaften Prospekt verursacht wurde, in dem Erwerb der Anlage besteht. Der Geschädigte ist so zu stellen, als hätte er das Wertpapier nicht erworben. Man bezeichnet dies als *Ersatz des negativen Interesses*.[107] Der Geschädigte hat Anspruch auf den ursprünglich angelegten Betrag sowie auf den Gewinn, der sich aus einer anderweitig unterlassenen Anlage ergeben hätte.[108] Ein Anspruch auf den eventuellen Gewinn, der eingetreten wäre, wenn die Angaben im Prospekt korrekt gewesen wären, das sog. *positives Interesse*, besteht hingegen nicht.[109]

Für Prospekthaftungsansprüche, die auf einem typisierten Vertrauen basieren, gilt eine kürzere Verjährungsfrist als für Ansprüche aus c.i.c. Sie beträgt sechs Monate von dem Zeitpunkt an gerechnet, von dem der Anleger Kennt-

---

103 Vgl. Assmann/Schütze 1997, § 7, Rn. 136 f.
104 Vgl. BGHZ 115, 214, 223; Assmann/Schütze 1997, § 7, Rn. 138 ff.
105 Vgl. BGH, WM 1993, 1787, 1789 = AG 1994, 32, 33
106 Vgl. BGH WM 1984, 221, 222
107 Vgl. Assmann/Schütze 1997, § 7, Rn. 142 und 155
108 Vgl. Wiedemann 1990, vor § 275, Rn. 343
109 Vgl. Assmann 1985, S. 17

nis von der Fehlerhaftigkeit des Prospekts erhält. Spätestens aber verjähren die Ansprüche drei Jahre nach Beitritt zur Gesellschaft.[110] Ansprüche aus c.i.c. unterliegen dagegen der allgemeinen dreißigjährigen Verjährungsfrist.[111]

### 7.3.3.3 Haftung gemäß §§ 45, 46 BörsG

Die Prospekthaftung des Börsengesetzes gilt neben dem Zulassungsprospekt (§ 36 Abs. 3 und 4 BörsG) für den Unternehmensbericht (§ 77 BörsG) und den Verkaufsprospekt (§ 13 VerkProspG i.V.m. §§ 45 - 49 BörsG). Davon sind Bezugsangebote, Zwischenberichte und Veröffentlichungen nicht betroffen.[112] Als spezialgesetzliche Normen verdrängen die §§ 45, 46 BörsG Ansprüche aus allgemein bürgerlich-rechtlicher Prospekthaftung.[113] Ansprüche, die nach den Vorschriften des bürgerlichen Rechts aufgrund von Verträgen erhoben werden können, bleiben unberührt (§ 48 Abs. 2 BörsG).

Zur börsengesetzlichen Prospekthaftung sind diejenigen Personen verpflichtet, die den Prospekt erlassen haben, und diejenigen, von denen der Prospekt ausgeht (§ 45 Abs. 1 (1) BörsG). Den Prospekt erläßt, wer ihn unterzeichnet und so nach außen die Verantwortung für ihn übernimmt.[114] Unterzeichnen müssen die Antragsteller, also der Emittent und ein Kreditinstitut (§ 13 Abs. Satz 3 BörsZulVO i.V.m. §36 Abs. 2 BörsG). Ist nicht nur eine einzelne Bank an der Emission beteiligt, sondern ein Bankenkonsortium, haften alle Mitglieder des Konsortiums. Dies ergibt sich aus der Rechtsnatur des Konsortiums als BGB-Gesellschaft. Eine Beschränkung der Haftung auf die von den Konsorten übernommenen Quoten ist aber möglich und durchaus üblich.[115] Die Personen, die für den Inhalt des Prospekts verantwortlich sind, müssen im Prospekt angegeben werden und außerdem erklären, daß die Angaben ihres Wissens richtig und vollständig sind (§ 14 BörsZulVO). In einem jüngeren Urteil des OLG Frankfurt a.M. wurde eine Bank deshalb zur Haftung verurteilt. Sie hat den Verkaufsprospekt, in dem sie den Unternehmensbericht des Emittenten aufnahm, gestaltet. Dadurch hatte die Bank zum Aus-

---

110 Vgl. BGHZ 83, 222, 225
111 Vgl. Assmann/Schütze 1997, § 7, Rn. 170
112 Vgl. Schwark 1994, §§ 45, 46, Rn. 9 f.
113 Vgl. LG Ffm, WM 1996, 525 = WuB I G 8. - 2.96
114 Vgl. Brondics/Mark 1989, S. 342; Schwark 1994, §§ 45, 46, Rn. 6
115 Vgl. Hopt 1991a, Rn. 53

druck gebracht, daß sie Verantwortung für den Bericht übernommen und ihn daher erlassen hat.[116]

Der Haftung unterliegen auch die Personen oder Unternehmen, die tatsächlich hinter dem Prospekt stehen, ohne daß dies nach außen deutlich wird. Die Einschaltung Dritter soll die Haftung nicht verhindern können. Als Beispiel wird in der Literatur häufig eine Bank genannt, deren kleinere Tochtergesellschaft als Emissionshaus fungiert, um das Risiko der Haftung zu eliminieren. Ebenso haftet die Konzernmutter, wenn ihre Finanzierungstochter Wertpapiere emittiert.[117]

Bezüglich des anzuwendenden Verschuldensmaßstabes unterscheidet sich die Haftung nach dem Börsengesetz von der allgemein bürgerlich-rechtlichen Haftung. Folgende Anknüpfungspunkte für die Haftung gem. § 45 Abs. 1 BörsG müssen berücksichtigt werden:

- Bei Unrichtigkeit ist Kenntnis oder grob fahrlässige Unkenntnis Voraussetzung für die Haftung (§ 45 Abs. 1 Satz 1 BörsG).
  ⇒ Grobe Fahrlässigkeit ist dann gegeben, wenn die im Verkehr erforderliche Sorgfalt in besonders schwerem Maß verletzt wird und schon einfachste, ganz naheliegende Überlegungen nicht angestellt werden.
  ⇒ Auch subjektiv muß den Handelnden ein schweres Verschulden treffen, d.h. er muß Kenntnis von der Unrichtigkeit haben.[118]
- Bei Unvollständigkeit muß bösliches Verschweigen oder bösliche Unterlassung vorliegen, um die Haftung eintreten zu lassen (§ 45 Abs. 1 Satz 2 BörsG).
  ⇒ Mit dem (altertümlichen) Begriff des böslichen Handelns, das zwischen Fahrlässigkeit und Arglist einzuordnen ist, werden bedingter Vorsatz und Fahrlässigkeit erfaßt.
  ⇒ Bösliches Verschweigen soll beispielsweise vorliegen, wenn eine Tatsache nicht bekannt gemacht wird, obwohl der Prospektverfasser sie für wesentlich hält.
  ⇒ Als Beispiel für bösliche Unterlassung wird der Fall genannt, daß weitere Nachprüfungen trotz Wissen um die Unvollständigkeit des Prospekts unterbleiben.

---

116 Vgl. OLG Frankfurt a.M., WM 1997, 361 = WuB I G 8. - 2.97
117 Vgl. Brondics/Mark 1989, S. 342; Schwark 1994, §§ 45, 46, Rn. 7
118 Vgl. Heinrichs 1997, § 277, Rn. 2

Der Nachweis des Verschuldens obliegt dem Antragsteller (§ 46 Abs. 1 BörsG). Hierin besteht ein Unterschied zur allgemein bürgerlich-rechtlichen Prospekthaftung, bei der die Beweislast umgekehrt ist. Der Antragsteller muß Besitzer der Wertpapiere sein.[119] Unter Besitz ist das Recht zu verstehen, Verfügungen über die Papiere zu treffen. Der Besitzer muß nicht zu den Ersterwerbern gehören; auch spätere Käufer haben einen Anspruch.[120] Verkauft also ein Aktionär seine Anteile, um seinen Schaden zu begrenzen, so verliert er seinen Anspruch aus Prospekthaftung. Es ist nicht erforderlich, daß die Aktien tatsächlich an der Börse erworben wurden, sie müssen lediglich zum Handel an der Börse zugelassen sein (Amtlicher oder Geregelter Markt).

Der Schadensersatzanspruch erstreckt sich nur auf junge Aktien, also auf jene Aktien, die aufgrund des Prospekts zugelassen wurden (§ 46 Abs. 2 BörsG). Dies ist insofern problematisch, da der Anleger nicht beeinflussen kann, ob er alte oder junge Aktien erhält. Aufgrund der heute üblichen Girosammelverwahrung erwirbt der Investor nur einen Miteigentumsanteil an den Wertpapieren, die zum Sammelbestand gehören. Er erlangt nicht, wie früher üblich, Eigentum an bestimmten einzelnen Aktienurkunden. Befinden sich im Sammelbestand alte und junge Aktien, ist es nicht möglich, diese den einzelnen Anlegern zuzuordnen.[121]

Voraussetzung für die börsengesetzliche Prospekthaftung ist immer die Kausalität zwischen dem veröffentlichten, mangelhaften Prospekt und der Zeichnung der angebotenen Wertpapiere. Allerdings ist der Kausalitätsbegriff[122] sehr weit gefaßt. Eine Kenntnisnahme des Investierenden vom Prospekt ist nicht erforderlich, lediglich die Verbreitung einer positiven Anlagestimmung unter dem angesprochenen Publikum, z.B. durch Anlageberater der Banken oder durch Berichte in den Medien. Einige wenige negative Presseberichte reichen zur Widerlegung nicht aus.[123] Die Dauer der Anlagestimmung wird mit etwa sechs bis zwölf Monaten angenommen.

Die Geschädigten haben – wie bei der allgemein bürgerlich-rechtlichen Prospekthaftung – Anspruch auf Ersatz des negativen Interesses. Sie sind so zu stellen, als hätten sie die wahre Lage gekannt; dies bedeutet de facto, als

---

119 Vgl. Schwark 1994, §§ 45, 46, Rn. 26ff.; Schwark, WuB I G 8. - 2.97
120 Vgl. Hopt 1991a, Rn. 145; Hüffer 1996, S. 144f.
121 Vgl. Brondics/Mark 1989, S. 344. Zum Meinungsstand und europarechtlichen Rahmen siehe auch Grundmann/Selbherr 1996, S. 989 ff.
122 Vgl. Assmann 1985, S. 386 ff.; Hüffer 1996, S. 143 f.; Schwark 1994, §§ 45, 46, Rn. 34 f.
123 Vgl. OLG Düsseldorf, WM 1984, S. 596

hätten sie die Papiere nicht gekauft.[124] Die zum Schadensersatz Verpflichteten können nach § 46 Abs. 2 BörsG ihrer Pflicht dadurch genügen, daß sie dem Anspruchsteller gegen Rückgabe der Wertpapiere entweder den Erwerbspreis der Aktien erstatten oder den Einführungspreis zahlen. Hier kollidiert das Börsengesetz mit dem Aktiengesetz, denn die Rücknahme der Aktien durch die Aktiengesellschaft verstößt gegen den Kapitalerhaltungsgrundsatz, der sich im Verbot der Einlagenrückgewähr (§ 57 Abs. 1 AktG) und im eingeschränkten Erwerb eigener Aktien (§§ 71-71e AktG) niederschlägt. Keinen Anspruch aus Prospekthaftung haben diejenigen Aktionäre, die ihre Aktien durch Zeichnung oder durch Ausübung eines Bezugsrechts erwerben. Diese Rechtsprechung ist in der Literatur jedoch heftig umstritten.[125]

Der Schadensersatzanspruch verjährt in sechs Monaten seit dem Zeitpunkt, zu dem der Erwerber von den mangelhaften Prospektangaben Kenntnis erlangt hat, jedoch spätestens drei Jahre nach der Börsenzulassung der Wertpapiere (§ 47 BörsG). Jegliche Beschränkung oder gar Ausschluß der börsengesetzlichen Prospekthaftung ist unwirksam. (§ 48 Abs. 1 BörsG).

### 7.3.3.4 Haftung gemäß § 264a StGB

Mit § 264a StGB wurde 1986 durch das 2. Wirtschaftskriminalitätsgesetz (WiKG) der Kapitalanlagebetrug geregelt. Zu den objektiven Tatbestandsvoraussetzungen gehört, daß in einem Prospekt, der dem Vertrieb von Wertpapieren dient, unrichtige Angaben gemacht oder nachteilige Tatsachen verschwiegen werden. Da Kapitalerhöhungsangebote ebenfalls erfaßt werden, sind auch Personen geschützt, die bereits Anteile erworben haben. Das Angebot muß sich an einen größeren Kreis von Personen richten, ein rein individuelles Angebot wird von der Norm nicht erfaßt.

Der Prospektbegriff des § 264a StGB ist weit gefaßt. Darunter fallen nicht nur Prospekte, sondern auch Vermögensübersichten (§ 265 b Abs. 1 Nr. 1 StGB) sowie Darstellungen, die diese ergänzen. Der Begriff Darstellung beinhaltet auch mündliche Mitteilungen und solche auf Bild- und Tonträger. Des weiteren zählt jedes Schriftwerk dazu, das als Werbemittel für die Kapitalanlage den potentiellen Investoren die für ihre Entscheidung relevanten Angaben vermittelt. Dabei muß das betreffende Schriftstück den Eindruck einer gewissen Vollständigkeit erwecken. Andernfalls kann nur von Werbeschreiben ge-

---

124 Vgl. Schwark 1994, §§ 45, 46, Rn. 36ff.
125 Zu dieser Problematik ausführlich Schwark 1995, S. 269 ff.

sprochen werden, die nicht unter die strafrechtliche Haftung fallen. Da der Gesetzestext keine konkreten inhaltlichen Anforderungen an den Prospektinhalt stellt, zieht dies für die Anleger einige Probleme nach sich. Einerseits wird es schwieriger, verschiedene Anlagemöglichkeiten miteinander zu vergleichen. Andererseits kann der Blick auf die wirklich wichtigen Angaben durch Überfrachtung der Prospekte mit Informationen verstellt werden.

Die Haftung tritt ein, wenn der Prospekt entweder unrichtige vorteilhafte Angaben enthält oder nachteilige Tatsachen verschweigt.[126] Unter den Begriff *Angaben* fallen alle Tatsachen, Prognosen und Werturteile. *Vorteilhaft* sind Angaben, wenn sie geeignet sind, die Anleger zu Investitionen zu veranlassen. Da aber Prognosen und Werturteile immer dem individuellen Ermessen unterliegen, besteht ein Grenzbereich, in dem die Entscheidung zwischen richtig oder unrichtig unmöglich ist. Erst wenn eine Auffassung nicht mehr vertretbar erscheint, kann sie als unrichtig bezeichnet werden. Ebenso wird das Verschweigen nachteiliger Tatsachen unter Strafe gestellt. Darunter fallen alle konkreten vergangenen oder gegenwärtigen Geschehnisse oder Zustände (§ 263 StGB). Zukünftiges wird erst mit dem Eintritt zur Tatsache, es sei denn, der Eintritt ist sicher, z.B. durch wissenschaftliche Erkenntnisse oder Konventionen. Prognosen sind demnach keine Tatsachen, wohl aber die Daten, auf denen diese beruhen.

Nicht strafbar sind Irreführungen über unwesentliche Umstände, die für die Anlageentscheidung nicht erheblich sind. Das Gesetz kann nicht gewährleisten, daß über alle investitionserheblichen Tatsachen berichtet wird, denn das hieße, den Anbieter der Kapitalanlage in einen objektiven Anlageberater zu verwandeln. Aus der Norm ergibt sich lediglich die Pflicht, ein ausgewogenes Bild über die wesentlichen Umstände zu vermitteln, über die in dem Werbeträger tatsächlich berichtet wird. Neben den objektiven Tatbestandsvoraussetzungen[127] muß auf der subjektiven Tatbestandsseite Vorsatz gegeben sein. Der Vorsatz muß vor allem hinsichtlich der Erheblichkeit und Unwahrheit der Angaben im Werbeprospekt gegeben sein bzw. hinsichtlich der Nachteiligkeit der verschwiegenen Tatsachen. Außerdem ist die Kenntnis nötig, daß die Werbemittel beim Vertrieb von Wertpapieren oder bei einer Kapitalsammelmaßnahme einen größeren Kreisen von Anlegern erreichen.[128]

Ist der Tatbestand erfüllt und liegt Rechtswidrigkeit und Schuld vor, kann eine Geld- oder Freiheitsstrafe bis zu drei Jahren verhängt werden. Der Täter

---

126 Vgl. zu diesem Absatz Grotherr 1986, S. 2585 ff.
127 Vgl. Cramer 1991, § 264a, Rn. 29-36
128 Vgl. Schönke/Schröder 1997, § 264a StGB, Rn. 36

wird nicht bestraft, wenn er freiwillig verhindert, daß der Anleger die vereinbarte Leistung erbringt (§ 264a Abs. 3 StGB). Dabei handelt es sich um die sog. *tätige Reue*. § 264a StGB ist ein Schutzgesetz im Sinne des § 823 Abs. 2 BGB, das den Schutz des individuellen Anlegers gewährleisten soll.[129] Auf dieser Grundlage sind daher zivilrechtliche Ansprüche möglich.

### 7.3.3.5 Haftung nach dem Aktiengesetz

Als Anspruchsgrundlagen kommen die §§ 47 und 399 AktG in Betracht.

Der § 47 Nr. 3 AktG verpflichtet denjenigen zum Schadenersatz, der vor Eintragung der Gesellschaft oder in den ersten zwei Jahren nach der Eintragung die Aktien öffentlich ankündigt, um sie am Markt einzuführen, wenn er die Unrichtigkeit der Angaben, die zum Zweck der Gründung gemacht worden sind, kannte oder kennen mußte. Da für ein öffentliches Angebot ein Verkaufsprospekt notwendig ist, haftete der Emittent für Vorsatz und Fahrlässigkeit, das bedeutet im Ergebnis eine Prüfungspflicht mit Präventivfunktion.[130] Die analoge Anwendung des § 47 AktG auf Fälle der Kapitalerhöhung ist nach herrschender Meinung möglich. Die Vorschrift begründet aber lediglich einen Anspruch der Gesellschaft, nicht aber des Aktienerwerbers.[131] Ihr praktisches Gewicht ist gering, da ihr Hauptanwendungsfall, die Stufengründung, seit der Aktienrechtsreform von 1965 nicht mehr zulässig ist.

Nach § 399 Abs. 1 Nr. 4 AktG wird mit Geld- oder Freiheitsstrafe bis zu drei Jahren bestraft, wer als Vorstands- oder Aufsichtsratsmitglied zum Zweck der Eintragung einer Erhöhung des Grundkapitals falsche Angaben macht oder erhebliche Umstände verschweigt – der sog. *Kapitalerhöhungsschwindel*. Bei dieser Vorschrift handelt es sich ebenfalls um ein Schutzgesetz in Sinne des § 823 Abs. 2 BGB, so daß sich daraus zivilrechtliche Ansprüche ableiten lassen. Eine falsche Erklärung, die zur Eintragung der Kapitalerhöhung in das Handelsregister geführt hat, kann nur dann ursächlich für den Aktienerwerb und somit für den dadurch eingetretenen Schaden sein, wenn der Erwerb im Vertrauen auf diese Erklärung durchgeführt wurde.[132] Tatsächliche Kenntnis des Anlegers, z.B. durch Einsichtnahme in das Handelsregister, ist nicht dabei erforderlich. Ausreichend ist das Wissen des Anlegers über den Inhalt des

---

129 BGH WM 1991, S. 2092
130 Vgl. Eckardt 1984, § 47, Rn. 20
131 Vgl. Hüffer 1997, § 47, Rn. 11 f.
132 Vgl. BGH, WM 1988, S. 1316f.

Kapitalerhöhungsbeschlusses und den Umstand, daß die Durchführung in das Handelsregister eingetragen worden ist; da in der Regel das Vertrauen der Anleger auf die sachgerechte Anwendung der gesetzlichen Vorschriften zur Kapitalerhöhung und Ausgabe junger Aktien genügt. Der Geschädigte kann die Rückzahlung des von ihm entrichteten Kaufpreises der Aktien verlangen. Es handelt sich dabei nicht um einen sog. Reflexschaden, d.h. eine nur mittelbare Schädigung des Anteilseigners, die zur Folge hätte, daß der Aktionär nur Leistung an die Gesellschaft verlangen könnte. Der Anspruch steht vielmehr ihm selbst zu.[133]

### 7.4 Emissionspreisfindung

Die Ermittlung des korrekten Unternehmenswertes und die Festsetzung eines angemessenen Emissionspreises sind die wichtigsten betriebswirtschaftlichen Aspekte, die bei einem Börsengang berücksichtigt werden müssen. Vorstufe der eigentlichen Emissionspreisfindung ist heute regelmäßig eine durchzuführende *Due Diligence*.[134]

Strategisch wichtig ist bei der Emissionspreisfindung die Höhe des – sich aus der Bewertung des Vermögens spiegelbildlich ergebenden – Grundkapitals der umgewandelten Aktiengesellschaft. Ein relativ hohes Grundkapital hat einerseits positive Auswirkungen auf die Anlageentscheidung potentieller Investoren. Andererseits hat es aber auch die Verteilung des erzielten Jahresgewinns auf eine größere Aktienanzahl zur Folge. In diesem Fall wird der Gewinn pro Aktie niedriger ausfallen, was die Investoren nicht unbedingt positiv bewerten werden. Weiterhin hängt der Erfolg eines Going Public vor allem von der Plazierbarkeit der Aktien am Markt ab und damit von dem zugrunde liegenden Emissionspreis.[135]

Die Ermittlung des Emissionspreises ist für alle an einem Going Public beteiligten Parteien ein schwieriges Unterfangen. Dieses ergibt sich vor allem aus den divergierenden Interessenlagen der beteiligten Kreise – dem Emissionsunternehmen, den beteiligten Banken, den Anlegern und der Öffentlichkeit. Hat sich das Emissionsunternehmen mit den unterschiedlichen Verfahren der Unternehmensbewertung und Methoden der Emissionspreisfindung sehr gründlich auseinandergesetzt und insoweit die Börseneinführung intensiv vor-

---

133 Vgl. BGH, WM 1988, S. 1318
134 Siehe dazu Abschn. 7.4.1.8.2.3
135 Vgl. Niquet 1997, S. 97

bereitet, wird letztlich der Emissionspreis im Wege der Verhandlung zwischen Emittenten und den Börsenbegleitern ermittelt. Um die im Vorfeld notwendigen Schritte gut vorbereitet durchführen zu können, werden nachfolgend die Methoden und Verfahren zur Emissionspreisfindung ausführlich dargestellt (ab Abschnitt 7.4.3).

Vorab sollen jedoch die Voraussetzungen für die generelle Frage der Börsenfähigkeit eines Unternehmens – bzw. in der vorliegenden Thematik – die Problematik der Börsenfähigkeit einer Fußball-Kapitalgesellschaft untersucht werden.

### 7.4.1 Die Festlegung der Börsenfähigkeit als erster Schritt zur Emissionspreisfindung

Bevor sich das Emissionsunternehmen als Kandidat für ein Going Public des quantitativen Teils der Emissionspreisfindung widmet, muß es überhaupt erst die zentrale Voraussetzung für den Zugang zur Börse erfüllen – nämlich die Börsenfähigkeit.[136] Die zu erfüllenden Voraussetzungen für ein Going Public müssen im Rahmen einer (selbst-)kritischen Bestandsaufnahme des eigenen Unternehmens sowohl in wirtschaftlicher als auch in rechtlicher Hinsicht verifiziert werden. Während die Erfüllung der rechtlichen Voraussetzungen zwingend sind[137], ergibt sich für den wirtschaftlichen Bereich eine nicht unerhebliche Bandbreite in der Beurteilung und damit bei der Feststellung der Börsenfähigkeit. Seit der Einführung des Neuen Marktes[138] in Deutschland haben sich praktisch alle zur Ermittlung der Börsenfähigkeit eines Unternehmens gültigen Merkmale und Kriterien gewandelt. Die Kriterien, die zur Beurteilung der Börsenfähigkeit herangezogen werden können, sind einer dynamischen Entwicklung unterworfen. Die Börseneinführungspraxis zeigt, daß sich gerade die Größenkriterien für Umsatz und Ertrag ständig vermindert haben. Ein Festhalten an fixen Größen hat sich überlebt.[139] Gemessen an dem derzeit erfolgreichsten Börsensegment – dem Neuen Markt – und den sich dort am massivsten und am schnellsten vollziehenden Änderungen in der Börseneinführungspraxis in Deutschland, sollen die nachfolgenden Parameter zur Bestimmung der Börsenfähigkeit eines Börsenkandidaten bestimmt und erläutert werden.

---

136 Vgl. Wegmann/Koch 1999, S. 515 f.; Stangner/Moser 1999, S. 759 f.
137 Siehe dazu Abschnitte 7.2.3 und 7.3.1 sowie die dazugehörigen Unterabschnitte
138 Siehe dazu die Abschnitte 7.2.3.4 und 7.3.1.4
139 Vgl. Wegmann/Koch 1999, S. 515

## 7.4.1.1 Die Ertragsaussichten, der Umsatz und die Umsatzentwicklung sowie die Markt- und Wettbewerbssituation

Entscheidend für den (zukünftigen) Erfolg eines börsennotierten Unternehmens sind die Ertragsaussichten, insbesondere aus den Umsatzerwartungen in bezug auf seine Marktpositionierung. Dabei sind nicht die in der Vergangenheit erzielten Erträge und Umsätze so sehr entscheidend, sondern die vertretbar prognostizierten Erträge und Umsätze der Zukunft. Während in der weiter zurückliegenden Vergangenheit die Ertragslage aus der ex post-Betrachtung ein entscheidender Beleg für die Börsenfähigkeit eines Unternehmens war, sind es heute vielmehr die plausibel erläuterten Steigerungspotentiale in den Ertragsaussichten (ex ante-Betrachtung), die eine Börseneinführung „spannend machen", d.h. vielversprechend erscheinen lassen. Das Wachstumspotential in den Ertragsaussichten bestimmt nicht nur das Vorliegen der Börsenfähigkeit für den Neuen Markt, sondern in einem hohen Maße auch die quantitative Emissionspreisfindung. Selbst eine niedrige oder gar negative (ex post-)Rentabilität ist vielfach am Neuen Markt kein Hinderungsgrund für die Feststellung der Börsenfähigkeit eines Unternehmens und seine spätere erfolgreiche Börseneinführung.

Was die konkreten Umsätze eines Unternehmens anbelangt, haben sich die anerkannten Richtwerte für die Feststellung der generellen Börsenfähigkeit gegenüber der Zeit vor dem Neuen Markt deutlich ermäßigt. Waren es vordem in den 80er Jahren nachzuweisende Umsatzgrößen zwischen DM 50 Mio. und DM 80 Mio. – in den frühen 90er Jahren erhöhten sich diese auf rund DM 100 Mio. –, so sind heute mit der Einführung des Neuen Marktes bereits Umsätze von unter DM 20 Mio. geeignet, eine Börsenfähigkeit zu bestätigen. Auch bei geringen Ist-Umsätzen scheint es wichtiger zu sein, Umsatzzuwachs glaubhaft prognostizieren zu können; selbst wenn diese z.B. erst als Folge der Börseneinführungspläne und ihrer Umsetzung realisiert werden können. Erkennbar wird heute also das prognostizierte Umsatzwachstum Maßstab für die Expansionsfähigkeit eines Börsenaspiranten und damit als wichtiger Indikator für die Börsenfähigkeit qualifiziert. Besonders vielversprechend erscheint die sich anschließende Börseneinführung dann, wenn das Unternehmen auf eine erwartete überproportionale Wachstumsrate gegenüber vergleichbaren Branchenunternehmen hinweisen kann.[140] Voraussetzung für eine positive Umsatz- und Ertragsentwicklung eines Börsenkandidaten ist dabei die aktuelle und für die Zukunft erwartete Stellung des Unternehmens

---

140 Vgl. Wegmann/Koch (1999), S. 515

im Markt und Wettbewerb. Marktvolumen und -anteil, voraussichtliches Marktwachstum sowie die tatsächliche und die zu erwartende Konkurrenzsituation sind entscheidende Parameter für die zukünftige Ertragslage und damit für die Börsenfähigkeit eines Unternehmens mit Börsenambitionen.

Eine Besonderheit – die Bevorzugung einer bestimmten Branchenzugehörigkeit der Börsenkandidaten – weist der Neue Markt auf, der insbesondere Unternehmen der Hochtechnologie, der Kommunikation der Medien und der Internet-Branche eine Plattform für ein Going Public bietet.[141] Es handelt sich also vornehmlich um Unternehmen, von denen ein weit überdurchschnittliches Wachstum von jährlich rund 20 %, mindestens aber 10 - 20 % erwartet wird.

### 7.4.1.2 Alter des Unternehmens

Ein Unternehmen als Börsenkandidat sollte mindestens drei bis fünf Jahre existiert haben, um Börsenreife zu erlangen. Ausnahmsweise erlaubt das Regelwerk Neuer Markt[142] auch die Zulassung von Unternehmen zum Handel ihrer Aktien, wenn diese erst seit einem Jahr bestehen. Zu begrüßen wäre jedoch eine längere Referenzdauer, um eine notwendige Kontinuität in der Unternehmensentwicklung, in der tatsächlich vorliegenden Ertragslage der Umsatzentwicklung sowie der finanzwirtschaftlichen Kennziffern erkennen zu können.

### 7.4.1.3 Positive betriebswirtschaftliche Kennziffern

Eine für die Feststellung der Börsenfähigkeit entscheidende Voraussetzung sind positive Kennziffern (ex post und ex ante) aus der Unternehmensbewertung, der Bilanz- und Finanzanalyse[143] des Unternehmens. Von besonderer Bedeutung sind dabei die Aussagen zu dem in der Vergangenheit erzielten Cash Flow bzw. die zukünftigen Discounted-Cash-Flow-Analyse-Ergebnisse zur Feststellung der aktuellen und zukünftigen Ausschüttungsfähigkeit von Dividenden an die zu gewinnenden Anleger bzw. Aktionäre.

---

141 Siehe dazu Abschn. 7.2.3.4
142 Siehe dazu Abschn. 7.2.3.4
143 Siehe dazu den nachfolgenden Abschn. 7.4.3

#### 7.4.1.4 Unternehmensaufbau, Organisation, Rechtsformwahl und Managementqualität

Häufig sind bei kleineren und/oder jungen Unternehmen mit Börsenambitionen (noch) keine hinreichenden Strukturen hinsichtlich des Unternehmensaufbaues und seiner Organisation vorhanden. Die Praxis zeigt häufig fehlende Transparenz, insbesondere im Hinblick auf die nicht so klare Trennung der Ebene des Unternehmens von derjenigen des(r) Gesellschafter(s). Eine spätestens in der Phase der Herstellung der Börsenfähigkeit durchzuführende Neuordnung des Unternehmensaufbaues mit der stringent erforderlichen Abgrenzung der Unternehmens- von der Gesellschafterebene ist zwingend. Ebenso sind an die Unternehmensorganisation deutlich höhere Anforderungen zu stellen, um den gesteigerten Ansprüchen eines börsennotierten Unternehmens gerecht zu werden.[144] Spätestens bei der Prüfung des Unternehmens auf Börsenfähigkeit muß die Frage der richtigen bzw. optimalen Rechtsform für den Börsenkandidaten gestellt werden. Als Rechtsformen für einen Börsengang kommen die AG und die KGaA (mit den Sonderformen GmbH & Co. KGaA und AG & Co. KGaA) in Frage.[145] Sollte eine dieser beiden börsenfähigen Rechtsformen (noch) nicht gegeben sein, bedarf es vorbereitend zur Herstellung der Börsenfähigkeit noch eines komplexen (gegebenenfalls nur formwechselnden) Umwandlungsvorganges.[146] Ein entscheidendes Merkmal der Börsenfähigkeit stellt die in dem Emissionsunternehmen vorhandene (oder nicht hinreichend vorhandene) Managementqualität dar. Die Qualifikation des Managements, die Kompetenz der Führungskräfte sowie die persönliche Integrität und Zuverlässigkeit der Schlüsselpersonen des Unternehmens spielen eine maßgebliche Rolle bei der Feststellung der Börsenfähigkeit.

#### 7.4.1.5 Publizitätsanforderungen an einen Börsenaspiranten

Eines der größten Hemmnisse auf dem Weg zur Börsenfähigkeit eines Börsenkandidaten – und noch verstärkter für Börsenunternehmen nach erfolgreichem Going Public – ist die häufig fehlende Bereitschaft und Fähigkeit zu einem positiven Publizitätsverhalten.[147] Oftmals feststellbare extensive Publizitätsscheu gegenüber z.B. der Wirtschaftspresse, den elektronischen Medien,

---

144 Hierzu wird im einzelnen verwiesen auf die Ausführungen in den Abschnitten 6.1.6 bis 6.1.8 sowie die dazugehörigen Unterabschnitte.
145 Siehe dazu die Abschnitte 6.2.1 und 6.2.2 mit den dazugehörigen Unterabschnitten
146 Siehe hierzu Abschn. 6.3
147 Siehe dazu im Falle von Fußball-Börsenkandidaten Abschn. 4.8

den Analysten und der interessierten Öffentlichkeit im allgemeinen muß ein börsenfähiges Unternehmen schnellstens in ein positives und offenes Verhalten gegenüber den Vertretern dieser publizistischen Begleiter wandeln. Eine kontinuierliche und konstruktive Dialogfähigkeit einerseits und ein erfolgreicher Börsengang andererseits bedingen sich somit gegenseitig.[148]

### 7.4.1.6 Das Plazierungsvolumen

Zur Feststellung der Börsenfähigkeit gehört abschließend die Festlegung des angestrebten Emissionsvolumens, d.h. des Umfangs der zu plazierenden Aktien. Die Mindestvolumina in den einzelnen Börsensegmenten variieren[149] und dürfen nicht unterschritten werden. Weiterhin wichtig ist die Entscheidung über den Streuanteil, der den Streuaktionären im Rahmen der Emission angeboten werden soll (häufig zwischen 25 % und 49 %).

Das Emissionsvolumen sollte grundsätzlich vollständig aus einer Kapitalerhöhung[150] stammen. Bei dem Going Public einer ausgegliederten Fußball-Kapitalgesellschaft würden dann die Mittel komplett der ausgegliederten AG bzw. KGaA zufließen. Grundsätzlich honoriert die Börse nicht, wenn die aus dem Börsengang zufließende Liquidität entweder aus dem Verkauf der vorhandenen Aktien stammt und an die Altgesellschafter fließt („Kasse machen") oder wenn damit Kreditverpflichtungen bedient werden. Ziel einer Börsenemission sollte daher grundsätzlich sein, das neu begründete Eigenkapital in Zukunftsprojekte des Unternehmens zu investieren. Wollen oder müssen – letzteres z.B. infolge der DFB-Auflagen bei Fußball-Kapitalgesellschaften – Altgesellschafter oder vorliegend der Mutterverein einen beherrschenden Einfluß behalten und muß zunächst das erforderliche Grundkapital geschaffen werden, was im Wege des *Step-up* entweder durch die Zuführung von Eigenkapital aus dem Gesellschafterkreis oder als Venture Capital von dritter Seite erfolgen kann, kann in diesem Fall ein Börsengang als Exit-Strategie eine akzeptable Form des „Kasse machens" darstellen. Ein teilweiser Verkauf von Aktien des Muttervereins im Rahmen der Plazierung könnte auch dann sinnvoll und akzeptabel sein, wenn die Finanzkraft des Muttervereins als Folge der dort verbliebenen Jugendförderung notwendig erschiene. Jedoch müßte sich der Mutterverein grundsätzlich auch über die

---

148 Siehe Abschn. 8.1.1.4
149 Siehe die Abschnitte 7.2.3.1 bis 7.2.3.5
150 Siehe Abschn. 7.5

auszuschüttenden Dividenden der Fußball-Tochtergesellschaft finanzieren können.[151]

### 7.4.1.7 Zusammenfassende Kriterien der Börsenfähigkeit

Der Nachweis der Börsenfähigkeit bzw. -reife gegenüber allen an der Emission beteiligten Partnern ist ein eminent wichtiger Vorgang. Alle Emissionsbegleiter, insbesondere die (Emissions-)Banken, die Wertpapierbanken und die Broker, können sich wegen der großen Zahl potentieller Going Public-Kandidaten wählerisch zeigen. Es bedarf folglich eines überdurchschnittlich guten Unternehmenskonzepts sowie einer guten Vorbereitung, Planung und Präsentation des Börsenkonzepts, um den Bankenwettbewerb, den sog. *beauty contest*, optimal zu nutzen.

**Abb. 92: Kriterien zur Beurteilung der Börsenfähigkeit**

| Formelle Kriterien | Innere Börsenreife | Markt- und Branchensituation | Potentiale der Unternehmenszukunft |
|---|---|---|---|
| • Alter: > 3 Jahre<br>• Umsatz: > 25 Mio. DM<br>• Testierte Jahresabschlüsse müssen vorliegen<br>• Rechtsform AG oder KGaA<br>• Mindestplazierungsvolumen | • Klare Strukturen<br>• Zeitnahes Rechnungswesen<br>• Wirksames Controlling<br>• Aussagefähige Unternehmensplanung | • Klare Positionierung in der Branche<br>• Stabile Marktentwicklung<br>• Klare Darstellung der Erfolgsfaktoren | • Umsatzrendite übersteigt nachhaltig die Branchenrendite<br>• Zweistelliges Umsatzwachstum (Neuer Markt)<br>• Überdurchschnittliche Renditeerwartung<br>• Innovation bei den Produkten<br>• Klare Unternehmensstrategie<br>• Kompetentes Management<br>• Hohe Mitarbeitermotivation |

---

[151] Vgl. WGZ-Studie 1999, S, 60

Werden durch einen Börsenkandidaten alle diese aufgeführten Kriterien erfüllt, kann er als grundsätzlich börsenreif qualifiziert werden.

### 7.4.1.8 Die Due Diligence als Instrument zur Feststellung der Börsenfähigkeit

#### *7.4.1.8.1 Begriff, Herkunft und Aspekte einer Due Diligence*

Der Begriff *Due Diligence* kommt aus der US-amerikanischen Transaktionspraxis und bedeutet übersetzt *„sorgsame Erfüllung, im Verkehr erforderliche Sorgfalt"* und definiert den im Rahmen von geschäftlichen Transaktionen anzulegenden Sorgfaltsmaßstab.[152] Allgemein verstanden wird unter Due Diligence *„die detaillierte und systematische Analyse von Daten einer Gesellschaft mit dem Ziel, ein Gesamtbild des Unternehmens zu erhalten"*.[153]

Die üblichen Anlässe zur Durchführung einer Due Diligence sind:

- Unternehmenskauf — durchzuführen für den kaufbereiten Erwerber
- Beteiligungserwerb — durchzuführen für strategische Überlegungen des interessierten Käufers
- Vorbereitung einer Unternehmenswertermittlung — durchzuführen für interne Zwecke oder externe Adressaten
- Neuemission von Wertpapieren[154] — durchzuführen zum Schutz potentieller Investoren (Anteilseigner bzw. Aktionäre und Kreditgeber)

---

152 Vgl. dazu Berens/Branner 1998, S. 5 mit weiteren Nachweisen; siehe auch Koch/Wegmann 1998, S. 3: *Die Herkunft des Due Diligence-Konzeptes ist begründet im US-amerikanischen Kapitalmarkt- und Anlegerschutzrecht (securities law) i.V.m. der darin kodifizierten Haftung von Wirtschaftsprüfern, Rechtsanwälten, Investmentbanken und anderen im Rahmen eines Going Public involvierten Experten.*
153 Vgl. Koch/Wegmann 1998, S. 3
154 Bei der Neuemission von Wertpapieren nach dem US-amerikanischen Security Act (bereits aus dem Jahre 1933) bestimmt die *regulation s-x „form, content, and requirements of financial statements"* im Rahmen der Emissionspublizität und verlangt im *registration statement* Informationen über: *„(1) business history, (2) capital structure, (3) a discription of securities being registered, (4) the salaries and holdings of key officers and directors, (5) audited financial statements and other financial information, (6) a discription of material contracts, and (7) underwriting agreements, including net proceeds of the issuance ans usage of proceeds"*. Zu den *financial statements* gehören die jüngste Bilanz (*balance sheet*) sowie für die vorangegangenen drei Geschäftsjahre jeweils eine Erfolgsrechnung (*statement of income*) und eine Kapitalflußrechnung (*statement of cash flows*). Siehe dazu Berens/Strauch 1998, S. 6f.

Wichtig zum Verständnis einer Due Diligence ist der grundsätzlich zu beachtende ganzheitliche Analyseansatz, der besagt, daß ein Unternehmen niemals aus nur einem Blickwinkel und aus einer Fachrichtung heraus beurteilt werden darf. In einer Due Diligence-Analyse müssen vielmehr die nachfolgend in Abbildung 93 aufgeführten Aspekte zunächst gleichwertig behandelt und danach schwerpunktmäßig im Hinblick auf ihren Beitrag zum Erfolg oder Mißerfolg innerhalb des Unternehmens analysiert werden.[155]

**Abb. 93: Aspekte einer Due Diligence-Analyse**

| Markt und Wettbewerb |
|---|
| Produktion und Technik |
| Organisation und Rechnungswesen |
| Plan und Bilanz |
| Recht und Steuern |
| Psychologie und Unternehmenskultur |

Eine Due Diligence ist jedoch weder eine Jahresabschlußprüfung noch eine abschließende Unternehmensbewertung.[156] Sie liefert hingegen eine erste Entscheidungsgrundlage für einen Börsengang. Mit einer Due Diligence werden z.B. erste Erkenntnisse über den erreichten Grad der Börsenfähigkeit eines Börsenkandidaten ermöglicht.

### 7.4.1.8.2 Anlässe einer Due Diligence

Für eine Due Diligence gibt es – sei es aufgrund gesetzlicher Bestimmungen oder freiwillig vereinbart bzw. initiiert – sehr vielfältige Anlässe. Nach *Koch/Wegmann* sind die verschiedensten Anlässe – wie in Abbildung 94 dargestellt – systematisiert worden:

---

155 Vgl. dazu auch Koch/Wegmann 1998, S. 4.
156 Vgl. Berens/Strauch 1998, S. 15-19, die umfassend das Verhältnis einer Due Diligence zur Jahresabschlußprüfung bzw. Unternehmensbewertung beschreiben; siehe auch Klein/Jonas 1998, S. 157-169 zum Verhältnis Due Diligence und Unternehmensbewertung.

## Abb. 94: Anlässe einer Due Diligence

| *1. Die Due Diligence aufgrund gesetzlicher Bestimmungen* |
|---|
| • Ausscheiden eines Gesellschafters |
| • Abfindung gemäß §§ 304, 305 AktG |
| • Umwandlungen nach dem UmwG (z.B. Verschmelzung) |
| • Steuerliche Erhebungen |
| • Erbauseinandersetzungen |
| • Scheidungsverfahren |
| • Enteignungen |

| *2. Due Diligence auf freiwilliger Basis* |
|---|
| • Kauf/Verkauf eines Unternehmens oder Unternehmensteils |
| • Börseneinführung |
| • Eigenkapitalaufnahme bei Dritten |
| • Fremdkapitalaufnahme bei Banken |
| • Management-Buy-Out |
| • Sanierungen |
| • Umstrukturierungen/Spaltungen |
| • Gesellschaftsrechtliche Schiedsverträge |
| • Privatisierung der öffentlichen Hand |

Für die vorliegende Untersuchung sind aus der großen Zahl von Anlässen offenbar drei Due Diligence-Anlässe relevant, und zwar

- Umwandlung nach dem UmwG; hier Umwandlung eines eingetragenen Vereins in eine Fußball-Kapitalgesellschaft,
- Umstrukturierung/Spaltung und insbesondere
- die Due Diligence bei einer Börseneinführung.

### 7.4.1.8.2.1 Due Diligence bei Umwandlungen nach dem UmwG

Bei Umwandlungen nach dem Umwandlungsgesetz[157] – z.B. bei Verschmelzungen – sind zur Bestimmung der (neuen) Anteilsverhältnisse Bewertungen

---

157 Hierzu wird auf Abschn. 6.3 verwiesen.

der beteiligten Gesellschaften erforderlich. Im Vorfeld dieser Unternehmensbewertungen wird regelmäßig eine Due Diligence durchzuführen sein.[158]

#### 7.4.1.8.2.2 Due Diligence bei Umstrukturierungen/Spaltungen

Umstrukturierungen und Spaltungen haben eine Aufteilung eines Unternehmens auf mehrere rechtlich selbständige Gesellschaften zur Folge. Häufig ist dabei die Aufnahme von zusätzlichem Kapital oder der Verkauf von aus der Spaltung hervorgegangenen (neuen) Einheiten verbunden.[159] Auftraggeber einer insoweit vorzunehmenden Due Diligence wird vornehmlich das Unternehmen sein, das aufgespalten wird oder dasjenige, das die Einheit erwerben will.

#### 7.4.1.8.2.3 Due Diligence bei einer Börseneinführung

Bei einem Going Public[160] in Verbindung mit der Aufnahme von Eigenkapital über die Börse wird regelmäßig die konsortialführende Bank die Plausibilität des vorgesehenen Börsenganges überprüfen (lassen). Im Mittelpunkt der Due Diligence-Analyse steht dabei die Feststellung der Dividendenfähigkeit sowie die Bestimmung von Chancen und Risiken eines Börsenganges für die Gesellschaft. Von herausragender Bedeutung ist dabei die umfassende Analyse der zukünftigen Planung, insbesondere die Prüfung der Planungsrechnungen. Sofern eine aussagekräftige mehrjährige Planung nicht vorliegen sollte, wäre diese im Rahmen der Due Diligence zu erarbeiten.[161] Einen weiteren Schwerpunkt bildet eine die Plausibilität stützende Markt- und Wettbewerbsanalyse. Neben der konsortialführenden Bank treten z.B. auch die Gesellschafter, die begleitenden Emissionshäuser oder ein Emissionsberater als Auftraggeber einer Due Diligence auf. Die Due Diligence ist insoweit als Vorstufe zur Ermittlung des Emissionspreises heranzuziehen.[162]

Inhaltlich umfaßt eine Due Diligence regelmäßig folgende Untersuchungsfelder:

---

158 Vgl. Koch/Wegmann 1998, S. 16
159 Vgl. Koch/Wegmann 1998, S. 22; siehe dazu im Fall eines zu spaltenden Vereins die Abschnitte 6.3.3.2.2 und 6.3.3.2.3
160 Vgl. zu diesem Abschnitt Koch/Wegmann 1998, S. 20 f.
161 Siehe im Falle eines (Fußball-)Vereins der Fußball-Bundesliga die Abschnitte 6.3.3.2.3.1.2 und 7.4.4
162 Siehe dazu Abschn. 7.4

**Abb. 95: Untersuchungsfelder einer Due Diligence bei einer Börseneinführung**

| 1. Financial Due Diligence | Betriebswirtschaftliche Analyse des Unternehmens[163] |
|---|---|
| 2. Legal Due Diligence | Rechtliche Analyse[164] |
| 3. Tax Due Diligence | Steuerliche Risikoanalyse[165] |
| 4. Technical Due Diligence | Überprüfung der Technik und der Produktion, Forschung und Entwicklung[166] |
| 5. Organisations Due Diligence | Bewertung der Aufbau- und Ablauforganisation[167] |
| 6. Environmental Due Diligence | Ermittlung von Umweltrisiken[168] |
| 7. Real Estate Due Diligence | Immobilienbewertung |
| 8. Cultural Due Diligence | Analyse der Unternehmenskultur[169] |
| 9. Commercial Due Diligence | Bewertung der Strategie und der Wettbewerbssituation[170] |

Im Ergebnis sollte auf der Grundlage eines Business-Plans[171] sowie nach Vorlage der Beurteilung der einzelnen Untersuchungsfelder im Due Diligence-Bericht[172] für die Emissionsbank(en), für die Investoren und für die sonstigen Emissionsbegleiter als Erkenntnis die entweder gegebene oder noch nicht vorhandene Börsenreife eines Börsenkandidaten bestätigt werden können.

### 7.4.2 Problem der Emissionspreisfindung

Nach positiver Feststellung der Börsenfähigkeit eines Börsenkandidaten schließt sich die konkrete Emissionspreisfindung an, wobei eine Reihe von

---

[163] Vgl. Branner/Scholz 1998, S. 229-239
[164] Vgl. Branner/Fritsche 1998, S, 245-265 sowie Koch/Wegmann 1998, S. 93-98
[165] Vgl. Brebeck/Bredy 1998, S. 197-224 sowie Koch/Wegmann 1998, S. 57-66 und S. 102-122
[166] Vgl. Koch/Wegmann 1998, S. 68-73
[167] Vgl. Koch/Wegmann 1998, S. 75-82
[168] Vgl. Koch/Wegmann 1998, S. 70
[169] Vgl. Koch/Wegmann 1998, S. 83-91
[170] Vgl. Koch/Wegmann 1998, S. 61
[171] Vgl. dazu Struck 1998, S. 1 ff.
[172] Vgl. Koch/Wegmann 1998, S. 52-54

Informationen aus der Analyse der Börsenfähigkeit in die Emissionspreisfindung einfließen.

Die Plazierbarkeit von Aktien und damit der Erfolg einer Aktienemission hängen im wesentlichen von dem zugrunde liegenden Emissionspreis ab. Der Emissionspreisfindung kommt somit eine herausragende Rolle zu. Zugleich ist das sog. *Pricing* der schwierigste Teil eines Going Public. Die Ausmaße des Problems werden bei der Betrachtung der in der Vergangenheit vorgenommenenBörsengänge deutlich. Als das Going Public Anfang der 80er Jahre in Deutschland als Finanzierungsform mehr und mehr an Bedeutung erlangte, gelang es häufig nicht, einen für alle am Börsengang beteiligten Gruppen zufriedenstellenden Emissionspreis zu finden. Zweitweise konnten die Anleger aufgrund einer durchgängigen Unterbewertung, dem sog. *Underpricing*, die Neuemissionen fast blind zeichnen. Doch Ende der 80er und auch noch zu Beginn der 90er Jahre waren einige der Neuemissionen maßlos überteuert, so daß teilweise hohe Zeichnungsverluste hingenommen werden mußten.[173] Die Zeichnungsgewinne der Emissionen am Neuen Markt machen bis 115 % zwischen Emissionspreis und Erstnotiz aus. Da im Laufe der Zeit immer mehr junge Wachstumsunternehmen in diesem Börsensegment emittieren, stellt sich mittlerweile eine realistischere Bewertung der Preise ein.

Der Aktienmarkt ist aber generell durch ein Underpricing der Neuemissionen gekennzeichnet, auf dessen Ursachen im Abschnitt 7.4.6 noch näher eingegangen wird. Die Problematik des Pricing resultiert aus den gegensätzlichen Interessen der an der Emission beteiligten Gruppen. Dabei handelt es sich um

- den Emittenten,
- die Konsortialbanken und
- die potentiellen Anleger.

Das emittierende Unternehmen beabsichtigt, durch die ihm im Rahmen des Going Public zufließenden Mittel seine Eigenkapitalbasis zu stärken und die Bilanzstruktur zu verbessern. Je höher der Emissionspreis, desto größer wird dieser Mittelzufluß sein und desto positiver werden die Auswirkungen auf die Eigenkapitalbasis und die Bilanzstruktur des Unternehmens sein. Auf dieser Grundlage beruht das Interesse des Emittenten an einem möglichst hohen Emissionspreis.

Die Konsortialbanken hingegen tragen Sorge für die Unterbringung der Aktien am Markt. Ein niedriger Emissionspreis erleichtert die Plazierung und senkt somit das Plazierungsrisiko der Banken. Der Emissionspreis, von dem

---

173 Vgl. Lizon/Schatzschneider 1996, S. 211; Kaserer/Kempf 1995, S. 46, 62-66

auch die Plazierungsmöglichkeiten der Banken beeinflußt werden, ist ein nicht zu unterschätzendes Wettbewerbsinstrument für deren Dienstleistungsangebot als Emissionsbegleiter.[174] Hinzu kommt noch der Imagegewinn bei eigenen Kunden, die aufgrund der Bankempfehlung hohe Zeichnungsgewinne einstreichen. Zusätzlich profitieren die Banken von den in das bankeigene Depot übernommenen Aktien, da auch hier Zeichnungsgewinne eingenommen werden.

Da beiden Parteien ihre Interessen mit Hilfe der Bildung eines eigenen Emissionspreises durchsetzen wollen, greifen sie für die Unternehmensbewertung auf verschiedene Methoden zurück, aus denen je nach Interessenlage und Informationsstand unterschiedliche Emissionspreise resultieren.

### 7.4.3 Methoden der Unternehmensbewertung als Grundlage der Emissionspreisfindung

#### 7.4.3.1 Grundlagen der Unternehmensbewertung

Die Betriebswirtschaftslehre befaßt sich seit Jahrzehnten mit den Problemen der Unternehmensbewertung. Aus dem lange herrschenden Methodenstreit zwischen Vertretern der objektiven und der subjektiven Unternehmensbewertung ist durch die Integration beider Auffassungen die *konsensbildende Funktionenlehre der Unternehmensbewertung* hervorgegangen. In der Bewertungstheorie und -praxis ist sie heute weitgehend anerkannt. Die konsensbildende Funktionenlehre baut auf dem Unternehmenswert als zweckabhängiger Größe auf.[175] Bei dieser Vorgehensweise wird nicht vom Anlaß, sondern vom Zweck der Bewertung ausgegangen. Abhängig vom Zweck, den die verschiedenen Interessengruppen mit der Bewertung verfolgen, ziehen sie unterschiedliche Bewertungsverfahren heran, die ihrerseits wiederum zu abweichenden Ergebnissen führen können.

Die allgemein anerkannten primären Funktionen der konsensbildenden Funktionenlehre sind:
- die Beratungsfunktion,
- die Vermittlungsfunktion und
- die Argumentationsfunktion.

---

174 Vgl. Wegmann 1996, S. 150
175 Vgl. Lutz 1981, S. 147; Wegmann 1996, S. 151f.

Daneben unterscheidet man noch eine Reihe von Nebenfunktionen, wie z.B. die Bilanzfunktion, die Steuerbemessungsfunktion und die Vertragsgestaltungsfunktion.

#### 7.4.3.1.1 Beratungsfunktion

Im Rahmen der Beratungsfunktion wird vom Unternehmensbewerter ein Entscheidungswert ermittelt, der aus der Sicht des Verkäufers nicht unterschritten und aus der Sicht des Käufers nicht überschritten werden darf. Dieser Wert hat die Aufgabe, die Kompromißbereitschaft der beteiligten Parteien aufzuzeigen und bildet die Grundlage für einen für beide Parteien akzeptablen Preis. Die ermittelten Entscheidungswerte werden der Gegenpartei in der Regel nicht bekanntgegeben.

#### 7.4.3.1.2 Vermittlungsfunktion

Beim hier zu ermittelnden Wert handelt es sich um den Arbitrium- bzw. Schiedswert. Der Schiedswert soll zu einem für alle Parteien gerechten Interessenausgleich führen und wird beispielsweise durch Gerichtsentscheid für verbindlich erklärt oder den Parteien zur Annahme empfohlen.

#### 7.4.3.1.3 Argumentationsfunktion

Die Ermittlung des Argumentationswertes dient der Stärkung der Verhandlungsposition, da auf diese Weise Argumente bereitgestellt werden, um die angestrebten Verhandlungsziele weitgehend zu erreichen. Der zu diesem Zweck ermittelte Wert wird aber nicht immer als Argumentationswert angegeben, sondern vielmehr als vermeintlicher Entscheidungswert, als Arbitriumwert oder gar als objektiver Wert.[176]

Unabhängig davon, welche Funktion die jeweilige Partei innehat, ist eine zukunftsorientierte, gesamtheitliche und subjektbezogene Unternehmensanalyse gemeinsamer Bestandteil aller zu ermittelnden Werte. Ertragswertverfahren und Substanzwertverfahren sowie Mischformen aus beiden bilden die klassischen Methoden zur Unternehmensbewertung in Deutschland. Ertragswertmethoden, wie das Kurs-Gewinn-Verhältnis (KGV) sowie das sog. IdW-Verfahren, und die aus den USA *Discounted-Cash-Flow-Analysis* (DCFA)

---

176 Vgl. Lutz 1981, S. 149

sind am meisten verbreitet.[177] Da insbesondere international tätige Gesellschaften verstärkt das letztgenannte Verfahren anwenden, wird das IdW-Verfahren mehr und mehr verdrängt.

Die unterschiedlich ermittelten Ergebnisse sollen nicht als starre Werte angesehen werden, sondern als eine Orientierungshilfe zur Kompromißpreisfindung, in deren Rahmen sich der tatsächliche Emissionspreis bewegen wird.

- Der Emittent kann bei der Preisfindung auf die besten Informationen zurückgreifen und besitzt daher bei einer zielgerichteten Argumentation zur Kompromißpreisbildung gegenüber den Konsortialbanken einen Vorteil. Die Unternehmen verwenden üblicherweise das Bewertungsverfahren des Instituts der Wirtschaftsprüfer (IdW) nach HFA[178] oder die Discounted-Cash-Flow-Analyse (DCFA).

- Die Konsortialbanken verfügen zunächst lediglich über öffentlich zugängliche Daten, wie Jahresabschluß- und Geschäftsberichte. Sie bedienen sich daher des schematischen Verfahrens zur Preisbildung nach DVFA/SG, das von der Deutschen Vereinigung für Finanzanalyse und Anlagenberatung (DVFA) in Zusammenarbeit mit der Schmalenbach-Gesellschaft (SG) erarbeitet wurde. Im Verlauf des Going Public erhalten die Banken weitergehende Informationen, so daß sie ebenfalls auf das IdW-Verfahren oder die Discounted-Cash-Flow-Analyse zurückgreifen.
Der mittlerweile sehr große Wettbewerbsdruck unter den Banken um die Emissionsbegleitung stärkt die Position des Emittenten. Das emittierende Unternehmen kann seine Interessen somit besser bzw. leichter durchsetzen, und der Kompromißpreis wird näher bei dem vom Emittenten ermittelten Emissionspreis liegen können.

- Die potentiellen Anleger haben die qualitativ geringwertigsten Informationen. Daher werden sie ihre Emissionspreiskalkulationen an den Branchen-Kurs-Gewinn-Verhältnissen und dem Kurssteigerungspotential ausrichten.

Die von den einzelnen Gruppen ausgeübten Preisbildungsverfahren sind dementsprechend äußerst subjektiv und darauf ausgerichtet, den jeweiligen Argumentationswert zur Preisfestlegung zu ermitteln. Somit steht die Argumenta-

---

177 Vgl. Peemöller/Bömelburg/Denkmann 1994, S. 742
178 Vgl. dazu Institut der Wirtschaftsprüfer (IdW) 1993, S. 468 ff. und IdW 1987

tionsfunktion der Unternehmensbewertung im Mittelpunkt des Emissionspreisfindungsprozesses.[179]

### 7.4.3.2 Die vorherrschenden Bewertungsmethoden

Ausgehend von der Differenzierung der bekannten Bewertungsmethoden nach marktwertorientierten oder zukunftserfolgswertorientierten Bewertungsansätzen lassen sich die vorherrschenden Bewertungsmethoden in Abbildung 96 wie folgt systematisieren[180]:

**Abb. 96: Bewertungsmethoden im Überblick**

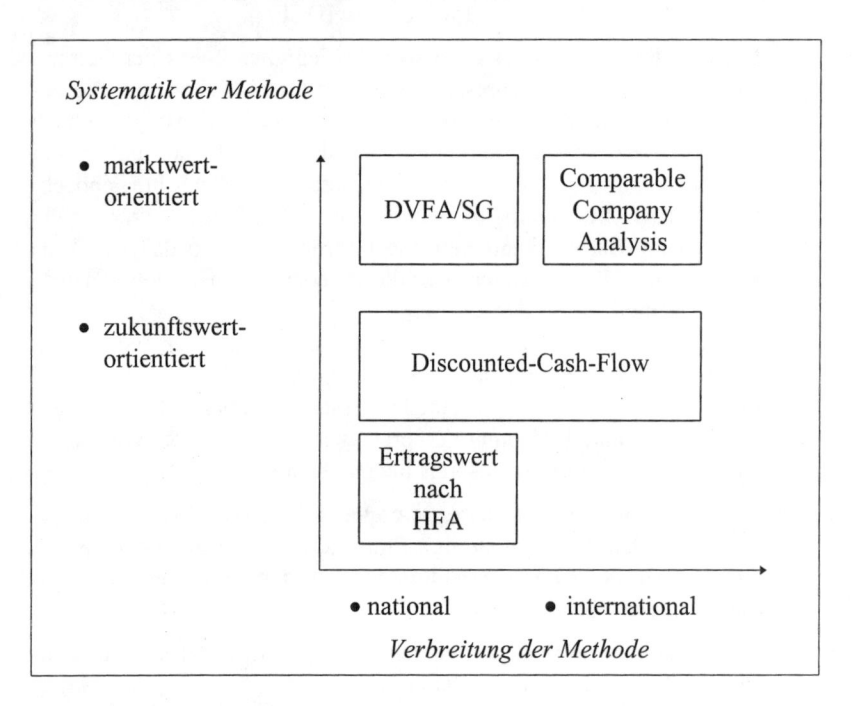

*Systematik der Methode*

- marktwertorientiert: DVFA/SG, Comparable Company Analysis
- zukunftswertorientiert: Discounted-Cash-Flow, Ertragswert nach HFA

• national   • international
*Verbreitung der Methode*

---

179 Vgl. Wegmann 1996, S. 153
180 Vgl. Hafner 1993, S. 91 und Klein/Jonas 1998, S. 158; die in den USA häufig mittels eines Vergleiches des Bewertungsobjektes mit entsprechenden Ergebnisgrößen vergleichbarer Unternehmen – auch als market approach, comparitiv company approach oder similar-public-company method bezeichnet – entwickelten Unternehmensbewertungsmethoden sollen hier außer acht bleiben.

Nachfolgend sollen die für Deutschland relevanten (nationalen) Methoden (DVFA/SG, Ertragswertverfahren nach HFA) sowie die national und international sich immer mehr durchsetzende Discounted-Cash-Flow-Analyse erläutert werden. Vorangestellt wird zudem ein Praktiker-Bewertungsverfahren auf der Grundlage des Kurs-Gewinn-Verhältnisses (KGV).

### *7.4.3.2.1 Kurs-Gewinn-Verhältnis (KGV)*

*7.4.3.2.1.1 Die Herleitung des KGV*

Mit Hilfe des Kennziffernvergleichs über das Kurs-Gewinn-Verhältnis (KGV) erhält man – selbst bei begrenztem Informationsstand – einen ersten Eindruck vom zu erwartenden Kurs, ohne komplizierte Ertragswertberechnungen vornehmen zu müssen.

Das KGV – auch als Price/Earing-Ratio (PER) bezeichnet – ergibt sich aus dem Verhältnis des Preises des Unternehmens zum Gewinn des Unternehmens bzw. aus dem Verhältnis des Börsenkurses zum Gewinn je Aktie.

$$KGV = \frac{\text{Preis des Unternehmens}}{\text{Gewinn des Unternehmens}} \quad \text{bzw.} \quad KGV = \frac{\text{Börsenkurs}}{\text{Gewinn je Aktie}}$$

Der Preis und der Börsenkurs des Unternehmens bestimmen sich durch Umformung dementsprechend:

$$\text{Preis des Unternehmens} = KGV \cdot \text{Gewinn des Unternehmens}$$
$$\text{bzw.}$$
$$\text{Börsenkurs} = KGV \cdot \text{Gewinn je Aktie}$$

Das KGV liefert damit einen Anhaltspunkt für die erwartete Mindestverzinsung in Relation zum herrschenden Kapitalmarkt-Renditeniveau (4 % Anleiherendite entsprechen z.B. einem KGV von 25) und macht zusätzlich einen

Vergleich zu anderen Branchenunternehmen und branchenfremden Gesellschaften möglich.

Ausgangspunkt der Kursermittlung sind die Kurse von bereits an der Börse notierten Unternehmen der gleichen Branche. Existieren keine Vergleichswerte an den inländischen Börsen, muß für die Berechnung entweder auf im Ausland notierte Unternehmen der gleichen Branche zurückgegriffen[181] oder die Börsenkurse von Unternehmen einer verwandten Branche im Inland herangezogen werden. Aus den so gesammelten Werten ist nach den üblichen statistischen Verfahren ein Mittelwert zu bilden, welcher den Branchendurchschnitt der Kurse widerspiegelt. Der so ermittelte Durchschnitt enthält die derzeitigen Bewertungsaspekte am Kapitalmarkt.[182] Bei der Ermittlung der zugehörigen Gewinne für das KGV ist darauf zu achten, daß die zugrunde gelegten Gewinne ebenfalls vergleichbar sind. Im Anschluß an diese Berechnung werden die unternehmensspezifischen Bewertungskriterien des emittierenden Unternehmens ermittelt und mit denen der Branche verglichen. Liegt das emittierende Unternehmen nach dieser systematischen Analyse über dem Branchendurchschnitt, resultiert daraus ein höheres KGV. Liegt es darunter, hat dies ein entsprechend niedrigeres KGV zur Folge.

Für die Unternehmensbewertung und damit für die Bewertung der Aktien sind jedoch nur dann nutzbare Ergebnisse zu erzielen, wenn die eingesetzten Gewinngrößen auch der tatsächliche Ertragskraft des Unternehmens entsprechen. Da die deutschen Rechnungslegungsvorschriften in erster Linie den Zweck des Gläubiger- und Gesellschafterschutzes verfolgen, ist der Ansatz des in der Bilanz ausgewiesenen Jahresergebnisses für den hier verfolgten Zweck unbefriedigend. Die Deutsche Vereinigung für Finanzanalyse und Anlagenberatung (DVFA) hat in Zusammenarbeit mit der Schmalenbach-Gesellschaft (SG) eine Kennzahl entwickelt, die unbeeinflußt von Sonderfaktoren und bilanzrechtlichen Spielräumen die Ertragskraft eines Unternehmens abbilden soll. Beim sog. DVFA/SG-Ergebnis handelt es sich um ein modifiziertes Jahresergebnis, das für die Unternehmensbewertung aussagekräftigere Daten liefert. Ein repräsentatives KGV läßt sich nur dann erzielen, wenn der Unternehmensgewinn in den obigen Gleichungen durch das modifizierte Jahresergebnis nach DVFA/SG ersetzt wird.

---

[181] Bei einem Bezug auf Kurswerte im Ausland notierter Unternehmen sind gegebenenfalls Angleichungen vorzunehmen, die sich aus länderspezifischen Gegebenheiten ergeben.
[182] Vgl. Schürmann/Körfgen 1997, 223 f.

$$KGV = \frac{\text{Preis des Unternehmens}}{\text{DVFA / SG}} \quad \text{bzw.} \quad KGV = \frac{\text{Börsenkurs}}{\text{DVFA / SG je Aktie}}$$

$$\text{Preis des Unternehmens} = KGV \cdot \text{DVFA / SG}$$
$$\text{bzw.}$$
$$\text{Börsenkurs} = KGV \cdot \text{DVFA / SG je Aktie}$$

*7.4.3.2.1.2 Aktuelle KGV bei englischen Fußball-Kapitalgesellschaften*

Manchester United ist – bei einem Kurs von 199 am 30. Juni 1999 – mit einem KGV von 51 bewertet. Demgegenüber wird der FTSE 250-Index der Londoner Börse in gleichen Zeitpunkt mit einem KGV von 21 bewertet. Die Aktien desselben Sektors, in dem Manchester United notiert ist, weist ein durchschnittliches KGV von 28 auf. An diesem Beispiel zeigt sich, daß Fußball-Kapitalgesellschaften hinsichtlich ihrer Aktienbewertung und ihrer Kursbildung an der Börse durch beachtliche Besonderheiten gegenüber anderen Gesellschaften und ihren Branchen gekennzeichnet sind.

In der WGZ-Studie 1999 sind für 32 börsennotierte Fußball-Kapitalgesellschaften in Europa[183] die Kurs-Gewinn-Verhältnisse aktuell (für 1999) und prospektiv (für 2000) ermittelt worden. Die Gesamtheit der KGV-Werte weist dabei eine erhebliche Streuung auf, und zwar im Mittel von rund 11 bis rund 93 (1999) bzw. 3 bis 57 (2000). Nach Ansicht der WGZ könnten im Falle anstehender Going Publics die Kurs-Gewinn-Verhältnisse für deutsche Fußball-Kapitalgesellschaften in einer Spanne von 18 bis 26 liegen, wobei die jeweiligen Ausgabepreise von folgenden Faktoren abhingen[184]:

- Wachstumspotential der jeweiligen Fußball-Kapitalgesellschaft
- Stetigkeit, Transparenz und Kalkulierbarkeit des Wachstums des Fußball-Clubs
- Diversifikation in der Umsatzstruktur

---

183 Siehe Abbildung 127 im Abschn. 10.2 des Anhangs
184 Vgl. WGZ-Studie 1999, S. 56

- Finanzkraft und Finanzlage der Fußball-Kapitalgesellschaft
- Ertragslage der Gesellschaft
- Aktiengattung bzw. Rechtsformwahl
- Bekanntheitsgrad bzw. Image und Markenqualität
- Managementqualität
- Infrastruktur
- Sportliche Erfolge

### 7.4.3.2.2 Sonstige Branchenvergleichsverfahren für Fußball-Kapitalgesellschaften

In Ergänzung zu dem Ergebnisvergleich nach dem KGV-Verfahren kann ein gesellschaftsbezogener Branchenvergleich erweitert werden auf den Vergleich der

- Kurs-Umsatz-Relation und/oder
- Kurs-Cash-Flow-Relation.

Eine Weiterentwicklung des KGV-Verfahrens stellt die PEG-Methode (Price Earing to Growth) dar. Bei diesem Verfahren wird die Wachstumskomponente in der Weise einbezogen, indem das KGV zum durchschnittlichen Gewinnwachstum – z.B. der folgenden drei Jahre – ins Verhältnis gesetzt wird. Die Vorteile liegen in der Einbeziehung zukünftiger Wachstumsannahmen und in der Erweiterung des statischen in einen beschränkt dynamischen Bewertungsansatz.

Daneben könnte der Unternehmenswertvergleich erweitert werden auf die um die Höhe der Nettoverschuldung ergänzte Marktkapitalisierung (sog. Enterprise-Value).

### 7.4.3.2.3 Ergebnis nach DVFA/SG

#### 7.4.3.2.3.1 Historische Entwicklung

Mit der seit 1965 im Aktiengesetz vorgeschriebenen systematischen Gliederung der Gewinn- und Verlustrechnung (GuV) wurden erstmals die Voraussetzungen für eine Bereinigung der im Jahresüberschuß enthaltenen Sondereinflüsse geschaffen. Die DVFA veröffentlichte erstmals 1968 eine „Empfehlung zur Bildung eines einheitlichen Gewinnbegriffs zur Erleichterung der vergleichenden Aktienbeurteilung". Im Anschluß an die Umsetzung des Bilanzrichtliniengesetzes von 1985 folgte 1988 die fünfte Fassung der DVFA-Empfehlung.

Im gleichen Jahr publizierte die Schmalenbach-Gesellschaft Deutsche Gesellschaft für Betriebswirtschaft e.V. (SG) eine eigene Empfehlung zur Ermittlung einer finanzanalytisch brauchbaren Ertragskennzahl. Hintergrund für die eigenständige Veröffentlichung war die Meinung, daß die DVFA-Empfehlung, die vorwiegend von Finanzanalysten deutscher Banken entworfen wurde, in hohem Maße zu Lasten der Unternehmensindividualität ginge.

Durch einen Kompromiß beider Organisationen wurde im September 1990 die erste gemeinsame Empfehlung zur Berechnung des *„Ergebnisses nach DVFA/SG"* veröffentlicht.[185] Darin flossen die Erfahrungen aus der praktischen Anwendung des neuen Bilanzrechts ein; ebenso wurden aber auch die neuen Vorschriften zur Konzernrechnungslegung berücksichtigt und voneinander abweichende unterschiedliche Empfehlungen zur Ergebnisermittlung beseitigt.[186]

Aufgrund der hohen Bedeutung der Ertragskraft von Unternehmen als Kriterium für Anlageentscheidungen ist das „Ergebnis nach DVFA/SG" mittlerweile die an den Finanzmärkten international anerkannte Kennziffer für den Gewinn je Aktie deutscher Unternehmen. Wissenschaftliche Untersuchungen wiesen den Erklärungsgehalt des DVFA/SG-Ergebnisses als die für Investoren wesentliche Informationsgröße nach.[187]

Das empfohlene Ermittlungsschema wurde und wird den sich verändernden rechtlichen und wirtschaftlichen Rahmenbedingungen konsequent angepaßt. Anfang 1996 erschien die zweite gemeinsame Empfehlung nach DVFA/SG. Zwar haben sowohl die Unternehmen als auch die DVFA/SG-Analysten mit der in der ersten Empfehlung vorgestellten Methodik zur Berechnung des Ergebnisses nach DVFA/SG positive Erfahrungen gemacht, doch zeigten sich in der praktischen Anwendung noch verbesserungswürdige Teilaspekte. Außerdem wurden die neueren Entwicklungen in der deutschen Rechnungslegung integriert, die Zahl der Ausnahmen reduziert, um die Ergebnisdefinition transparenter zu gestalten. Ebenfalls erfolgte eine weitere Annäherung an die internationalen Standards (IAS und US-GAAP). So wurden neben den bisherigen Ermittlungen eines Ergebnisses für Industrie- und Handelsunternehmen auch solche für Banken, Versicherungsunternehmen,

---

185 Vgl. Lizon/Schatzschneider 1996, S. 212 f.
186 Vgl. DVFA/SG 1991, S. 7
187 Vgl. Booth/Broussard/Loistl 1995

Unternehmensbeteiligungsgesellschaften und Neuemissionen sowie eine Empfehlung zur Berechnung des Cash Flow je Aktie aufgenommen.

Mitte 1999 wird die dritte gemeinsame Empfehlung des Ergebnisses nach DVFA/SG erscheinen.[188] Aufgrund internationaler Einflüsse haben sich die Bilanzierungsgepflogenheiten deutscher börsennotierter Unternehmen erheblich verändert. Die neuen Empfehlungen zielen auf eine wesentlich stärkere Orientierung an den international üblichen Bilanzierungsregeln ab, als dies zuvor der Fall war. Als weiterer wichtiger Schritt zu noch mehr Transparenz bei der Ermittlungsmethodik stellt die abschließende Definition des Katalogs der zu bereinigenden Sondereinflüsse[189] dar. Damit sollen die in der Praxis aufgetretenen unterschiedlichen Auffassungen von Unternehmen und Finanzanalysten bei der Ausschaltung von Sondereinflüssen weitgehend vermieden werden. Hinzu kommen die stärkere Berücksichtigung latenter Steuern und der generelle Ansatz von Abschreibungen auf erworbene Geschäftswerte.

### 7.4.3.2.3.2 Überlegungen zur Ermittlung des Ergebnisses nach DVFA/SG

Der handelsrechtliche Jahresabschluß einer Kapitalgesellschaft ermittelt rechtsverbindlich die Ertragskraft des Unternehmens im abgelaufenen Geschäftsjahr und dient als Ausgangspunkt für die Berechnung nach DVFA/SG. Ein ausgewiesener Gewinn kann entweder thesauriert, d.h. in die Gewinnrücklagen der Gesellschaft eingestellt, oder an die Anteilsinhaber ausgeschüttet werden. Daraus resultiert die Zielsetzung, die mit dem DVFA/SG-Ergebnis verfolgt wird, nämlich einen möglichst objektiven Vergleichsmaßstab für die Beurteilung der Ertragskraft der Unternehmen zu definieren, und zwar unabhängig von den Rechnungslegungsvorschriften, nach denen der Abschluß tatsächlich erstellt worden ist.

Um einen sinnvollen Ertrags- und Unternehmensvergleich zu gewährleisten, muß der Jahresüberschuß um Sondereinflüsse bereinigt werden. Ergebniskomponenten, die das Jahresergebnis sowohl hinsichtlich seiner Zeit- als auch seiner Unternehmensvergleichbarkeit erheblich beeinflussen, sind einschließlich der steuerlichen Auswirkungen zu eliminieren.

---

188 Die 3. Auflage des Buches „Ergebnis je Aktie nach DVFA/SG" wurde für Mitte 1999 im Schäffer-Poeschel Verlag angekündigt, war aber bei Bearbeitung dieses Werkes noch nicht erschienen. Die Ausführungen zur dritten DVFA/SG-Empfehlung sind der Vorabveröffentlichung im DB Heft 51/52 vom 18. Dezember 1998, S. 2537-2542, entnommen.
189 Siehe dazu Abschn. 7.4.3.2.3.3

Das sachverständig ermittelte Ergebnis nach DVFA/SG ermöglicht eine bessere Darstellung[190]
- des Ergebnistrends eines Unternehmens im Zeitablauf,
- des Vergleichs des wirtschaftlichen Erfolges zwischen verschiedenen Unternehmen und
- bietet so eine zuverlässige Ausgangsposition für die Abschätzung der zukünftigen Ergebnisentwicklung und
- eine für internationale Kursvergleiche geeignet Kennziffer.

Zur Ermittlung einer für den Zeit- und Unternehmensvergleich geeigneten Ergebnisgröße ist das um latente Steuerauswirkungen angepaßte Jahresergebnis um Aufwendungen und Erträge aus Sondereinflüssen zu bereinigen. Bei den zu bereinigenden Sachverhalten ist der Grundsatz der Wesentlichkeit als oberstes Gebot zu beachten. Als Richtschnur gelten dabei 5 % des durchschnittlichen bereinigten Ergebnisses oder hilfsweise des Jahresüberschusses der vorangegangenen drei Geschäftsjahre. Diese Hilfsgröße ist jeweils auf Gruppen von Positionen anzuwenden, nicht auf einzelne Positionen. Der Grundsatz der Wesentlichkeit impliziert ein Vorgehen in zwei Schritten:

*Schritt 1:* Alle zu bereinigenden Sondereinflüsse sind unabhängig von der 5 %igen Richtschnur zu erfassen.

*Schritt 2:* Prüfung, inwiefern die spezifischen Positionengruppen das Wesentlichkeitskriterium erfüllen und im Jahresabschluß zu bereinigen sind.

Das Ergebnis nach DVFA/SG und das daraus abgeleitete Ergebnis pro Aktie ist vor allem im Hinblick einer vergleichenden Kursbeurteilung von Bedeutung, die sich auf das KGV stützt. Um ein möglichst realistisches Bild der Ertragskraft des Unternehmens zu erhalten, müssen sich weitere Analysen mit dem Ziel, die Chancen und Risiken realitätsnah einschätzen zu können, anschließen.

### 7.4.3.2.3.3 Bereinigungswürdige Sondereinflüsse

In den ersten beiden DVFA/SG-Empfehlungen wurden die bereinigungswürdigen Sondereinflüsse des handelsrechtlichen Ergebnisses[191], die einen Zeit- und Unternehmensvergleich beeinträchtigen, noch unterschieden nach:

---

190 Vgl. Busse von Colbe/Becker/Berndt/Geiger/Haase/Schmidt/Seeberg 1996.
191 Vgl. Weber 1992, S. 315

- Außerordentliche Aufwendungen und Erträge
- Ungewöhnliche Aufwendungen und Erträge
- Dispositionsbedingte Aufwendungen und Erträge

Da die Einstufung eines ergebnisbeeinflussenden Vorgangs als normal, außerordentlich, ungewöhnlich oder dispositionsbedingt nicht immer eindeutig bestimmt werden konnte, kam es in der Praxis häufig zu unterschiedlichen Interpretationen dieser Begriffe, die oftmals einen Disput zwischen Finanzanalysten und Unternehmen nach sich zogen und somit zu Abweichungen bei der Methodik der Ergebnisermittlung führten. Damit aber die Bereinigung des um latente Steuerauswirkungen angepaßten Jahresergebnisses in einheitlicher Weise vorgenommen werden kann, wurden die betreffenden Tatbestände in der dritten gemeinsamen Empfehlung abschließend definiert. Die Bereinigungen haben unabhängig davon zu erfolgen, ob der Ausweis der betreffenden Erträge bzw. Aufwendungen innerhalb des Ergebnisses der gewöhnlichen Geschäftstätigkeit oder im außergewöhnlichen Ergebnis erfolgt.

Zu bereinigen sind nur die in unmittelbarem Zusammenhang mit dem Bereinigungstatbestand stehenden Aufwendungen und Erträge. Sie können unabhängig von der Höhe der Beträge im Einzelfall berücksichtigt werden. Das bedeutet im Hinblick auf das Kriterium der Wesentlichkeit, daß dies auch so lange unterbleiben kann, bis der Saldo der Bereinigungen 10 % des um steuerliche Auswirkungen angepaßten Konzernergebnisses erreicht ist. Bei Überschreiten der Wertgrenzen ist allerdings eine Bereinigung mit dem vollen Betrag zwingend.

**Abb. 97: Katalog der zu bereinigenden und nicht zu bereinigenden Tatbestände**

| Die zu bereinigenden Tatbestände: |
|---|
| 1. Sofern der Konzernabschluß des Unternehmens wesentliche Beteiligungen, über die ein beherrschender Einfluß bzw. Kontrolle ausgeübt wird, nicht erhält, ist das Ergebnis nach DVFA/SG um die entsprechenden Ergebnisauswirkungen zu bereinigen. |
| 2. Änderungen der Ansatz- und Bewertungsmethoden sind dann zu bereinigen, wenn die Umbewertung von Bilanzpositionen zu Ergebnisauswirkungen führt. Beispiele: Erträge aus Zuschreibungen beim Anlagevermögen aufgrund der Änderung von planmäßigen Abschreibungsverfahren oder Aufwand aus der Neubewertung von Pensionsrückstellungen, z.B. nach internationalen Verfahren. |

## Die zu bereinigenden Tatbestände:

3. Aufwendungen für die erstmalige Börseneinführung und weitere Eigenkapitalerhöhungen, die nach internationaler Praxis häufig ergebnisneutral gegen die entsprechenden Mittelzuflüsse addiert werden. Diese Aufwendungen umfassen Bankprovisionen, Kosten für Finanzmarktkommunikation sowie Beratung und Prüfung.

4. Gewinne aus Sale- und Leaseback-Transaktionen

5. Aufwendungen/Erträge im Zusammenhang mit dem Verkauf oder der Stillegung von Geschäftsbereichen und Produktlinien. Hierzu gehört aber nicht die Stillegung einzelner Werke oder die Substitution einzelner Produkte, wenn die Geschäftstätigkeit mit den jeweiligen Produktgruppen fortgeführt wird.

6. Erträge/Aufwendungen aus dem teilweisen oder vollständigen Verkauf bzw. der Entkonsolidierung von Beteiligungen. (spezielle Empfehlungen bestehen für Beteiligungsgesellschaften, Banken und Versicherungen).

7. Gewinne/Verluste beim Abgang bedeutender Grundstücke und Gebäude, sofern der Abgang nicht in unmittelbarem Zusammenhang mit Punkt 15 steht und soweit der Verkauf nicht Gegenstand der gewöhnlichen Geschäftstätigkeit ist (spezielle Empfehlungen bestehen für Immobilienbestandsgesellschaften).

8. Aufwendungen aus außergewöhnlichen Schadensfällen (höhere Gewalt) sowie entsprechende Erträge aus Versicherungsleistungen, soweit die Regelung von Schadensfällen nicht Gegenstand der gewöhnlichen Geschäftstätigkeit ist, wie z.B. bei Sachversicherungsunternehmen.

9. Erträge aus Sanierungsmaßnahmen, wie z.B. Gesellschafterzuschüsse, Forderungsverzichte usw.

10. Erträge aus Beteiligungen, die aus der Ausschüttung von Rücklagen stammen, sowie damit in Zusammenhang stehende steuerliche Entlastungseffekte.

11. Ingangsetzungs- und Erweiterungsaufwendungen, die als Bilanzierungshilfe aktiviert wurden.

12. Ergebnisauswirkungen von Bilanzansätzen und Bewertungen, die erheblich von den bei börsennotierten Gesellschaften üblichen Bilanzierungsgewohnheiten abweichen.[192]

13. Ergebnisauswirkungen die sich aus Abweichungen von der funktionalen Währungsumrechnungsmethode bei der Einbeziehung ausländischer Unternehmen in den Konzernabschluß ergeben.

---

192 Vgl. dazu ausführlich DB 1998, Abschnitt V, S. 2539-2541

| Die nicht zu bereinigenden Tatbestände |
|---|
| 14. Gewinne/Verluste aus Verschmelzungen innerhalb des Konzerns, da sie sich auf das Konzernergebnis nicht auswirken oder als außerplanmäßige Abschreibung eines Geschäftswerts anzusehen sind. |
| 15. Aufwendungen im Zusammenhang mit der Änderung der Aufbau- und Ablauforganisation, Rationalisierung und Restrukturierung innerhalb bestehender Organisationsstrukturen sowie die Stillegung von Produktionseinrichtungen und Werken. Dies betrifft insbesondere Kosten der Personalfreisetzung (z.B. Sozialpläne) sowie außerplanmäßige Abschreibungen. |
| 16. Anlaufkosten für neue Werke und Produkte |
| 17. Aufwendungen für Vorleistungen, wie z.B. Forschungs- und Entwicklungsaufwendungen sowie Werbekampagnen |
| 18. Erschließungskosten neuer Märkte |
| 19. Aufwendungen für andere Finanzierungsmaßnahmen als unter 3. aufgeführt |
| 20. Fehlgeschlagene Produkteinführungen |
| 21. Akquisitionskosten für den Erwerb neuer Beteiligungen |
| 22. Kapazitätserweiterungen, -verlagerungen oder -herabsetzungen |
| 23. Zusatzgewinne aufgrund einmalig günstiger Nachfrage- und Wettbewerbskonstellationen |
| 24. Verluste und Gewinne aus Termingeschäften |
| 25. Abschreibungen auf Vorräte aufgrund niedriger Tageswerte zum Bilanzstichtag |
| 26. Positive Auswirkungen aus Restrukturierungsmaßnahmen in früheren Jahren |
| 27. Aufwendungen aus Haftungsverpflichtungen, Bußen, Strafen und anderen rechtlichen Sanktionen |

*7.4.3.2.3.4 Arbeitsschema nach DVFA/SG*

Das Ergebnis nach DVFA/SG wird in folgenden Arbeitsschritten ermittelt:

## Abb. 98: Arbeitsschema nach DVFA/SG

| Position | Arbeitsschritte |
|---|---|
| 1. | Konzernergebnis: Überschuß bzw. Fehlbetrag wie ausgewiesen |
| 2. | Anpassungen des Konzernergebnisses aufgrund von Änderungen des Konsolidierungskreises |
| 3. | Latente Steueranpassungen |
| 4. | Bereinigung von Sondereinflüssen in den Aktiva |
| 5. | Bereinigung von Sondereinflüssen in den Passiva |
| 6. | Bereinigung von Sondereinflüssen, die nicht eindeutig zuordenbar sind |
| 7. | Bereinigung von Fremdwährungseinflüssen |
| 8. | **DVFA/SG-Ergebnis für das Gesamtunternehmen** |
| 9. | Um anteilige Sondereinflüsse bereinigte Ergebnisanteile Dritter |
| 10. | **DVFA/SG-Ergebnis für Aktionäre der Muttergesellschaft** |
| 11. | Anzahl der zu berücksichtigenden Aktien |
| 12. | **Ergebnis nach DVFA/SG je Aktie** |
| 13. | Adjustiertes Ergebnis nach DVFA/SG je Aktie |
| 14. | Voll verwässertes Ergebnis nach DVFA/SG je Aktie |

*Zu Position 1:*
Basis der Ergebnisermittlung ist grundsätzlich das Gesamtunternehmen, dessen Ertragssituation abgebildet werden soll. Demzufolge ist vom Konzernabschluß auszugehen, der in der Regel die ergebnismäßigen Auswirkungen aller wesentlichen Tochter- und Gemeinschaftsunternehmen sowie assoziierten Unternehmen nach Erwerb und Anpassung an die konzerneinheitlichen Bilanzierungsgrundsätze enthält.

*Zu Position 2:*
Bei Konzernabschlüssen nach IAS oder US-GAAP ist dies generell zu unterstellen, während sich bei Konzernabschlüssen nach deutschem HGB aufgrund der Wahlfreiheiten unterschiedliche Abgrenzungen des Konsolidierungskreises ergeben können. Sofern dies der Fall ist, sind anteilige bereinigte Ergebnisse zu berücksichtigen. Sind im Jahresergebnis des Konzerns Gewinn- und Verlustanteile anderer Gesellschafter enthalten, so sind diese bei der Ermittlung des DVFA/SG-Ergebnisses zu eliminieren.

## Zu Position 3:

Die verstärkte Orientierung an international üblichen Bilanzierungsstandards wird durch eine stärkere Berücksichtigung latenter Steuern sowie durch den generellen Ansatz von Abschreibungen auf erworbene Geschäfts- und Firmenwerte deutlich. Allerdings kann das Ergebnis nach DVFA/SG vor Geschäftswertabschreibungen als Zusatzinformation ebenfalls bekannt gemacht werden.

So wird in Übereinstimmung mit der internationalen Praxis das Ergebnis nach DVFA/SG als Größe nach Steuern ermittelt. Bei den Steuern sind sowohl tatsächliche als auch latente Ertragsteuern zu berücksichtigen. Wird der Jahres- bzw. der Konzernabschluß an IAS oder US-GAAP ermittelt, sind latente Steuern in vollem Umfang berücksichtigt, so daß keine Anpassung notwendig wird. Der Jahres- bzw. Konzernabschluß nach den Regeln des HGB berücksichtigt aktive latente Steuern nicht im vollen Umfang. Zwar ist der vollständige Ansatz aktiver latenter Steuern für die Ergebnisermittlung nach DVFA/SG erwünscht, aber aus Gründen der Praktikabilität nicht zwingend. Allerdings ist die Berücksichtigung latenter Steuern bei folgenden zwei Sachverhalten erforderlich:

- Latente Steuerauswirkungen, die sich aus dem bilanziellen Ansatz von Rückstellungen und deren abweichender steuerlicher Berücksichtigung ergeben, wie z.B. im Fall der steuerlichen Nichtberücksichtigung von Rückstellungen für drohende Verluste aus schwebenden Geschäften oder abweichend von steuerlichen Vorschriften ermittelte Pensionsrückstellungen.

- Außerdem sind latente Steuererträge auf Verluste des Jahres zu berücksichtigen, sofern mit einem zukünftigen Verlustausgleich oder einem Ausgleich mit Steuerzahlungen auf frühere Gewinne (Verlustrücktrag) mit großer Wahrscheinlichkeit gerechnet werden kann. Andererseits sind Gewinne nach Verlustjahren mit den vollen laufenden Steuern zu belasten. Ob die angenommene Steuerentlastung sich in späteren Jahren als zu hoch oder zu niedrig erweist, ist jährlich zu überprüfen und gegebenenfalls ergebnismindernd bzw. ergebniserhöhend zu korrigieren.

Andere latente Steuerauswirkungen sind bei der Ermittlung des Ergebnisses nach DVFA/SG in dem Umfang beizubehalten, in dem die Aufstellung des Jahres-/Konzernabschlusses erfolgt ist.

## Zu Position 4 bis 6

In den Arbeitsschritten 4 bis 6 erfolgt die Bereinigung der Sondereinflüsse, die in Abschnitt 7.4.3.2.3.3 abschließend definiert wurden. Dabei wird eine getrennte Bearbeitung der Aktiv- und Passivposten empfohlen. Die nicht eindeutig zuordenbaren Sondereinflüsse werden in einem weiteren Schritt bereinigt. Auf die detaillierte Analyse der Auswirkungen der Bereinigungsgrundsätze auf die einzelnen Bilanzpositionen soll hier jedoch nicht weiter eingegangen werden.[193]

## Zu Position 7:

Fremdwährungseinflüsse können in vielfältiger Weise als Folge schwankender Wechselkurse im Jahresabschluß enthalten sein. Ihre Entstehung im handelsrechtlichen Jahresabschluß resultiert einerseits aus internationalen geschäftlichen Transaktionen über die Währungsgrenze hinweg und andererseits aus erforderlichen Währungsumrechnungen, die im Rahmen der Konsolidierung einbezogener ausländischer Unternehmen in die Konzernwährung vorzunehmen sind. Handelt es sich um Währungsgewinne oder -verluste aus dem laufenden Geschäft, sind dies Bestandteile des ordentlichen Ergebnisses und grundsätzlich nicht im Jahres-/Konzernabschluß zu bereinigen. Dementsprechend gehören auch die Aufwendungen und Erträge aus Kurssicherungsmaßnahmen für diese Geschäfte zum ordentlichen Ergebnis.

Die Währungsumrechnung für die Einbeziehung ausländischer Unternehmen in den Konzernabschluß ist im deutschen Handelsrecht nicht geregelt. International herrscht die Methode der funktionalen Währungsumrechnung vor. Ihre Anwendung führt zu keinen Bereinigungen bei der Ermittlung des Ergebnisses nach DVFA/SG. Bei der Anwendung anderer Umrechnungsmethoden müssen die erfolgswirksamen Unterschiede bereinigt werden.

## Zu Position 8:

Nach Bereinigung der vorgenannten Faktoren erhält man das DVFA/SG-Ergebnis für das Gesamtunternehmen.

## Zu Position 9:

Für die Ermittlung des Ergebnisses je Aktie ist entsprechend der international einheitlichen Handhabung das Ergebnis um die anderen Gesellschaftern zustehenden Gewinne zu vermindern bzw. um die auf andere Gesellschafter entfallenden Verluste zu erhöhen. Für das Ergebnis nach DVFA/SG bedeutet

---

[193] Vgl. dazu ausführlich DB 1998, Abschnitt V, S. 2539-2541 bzw. die 3. Auflage des „Ergebnisses je Aktie nach DVFA/SG", die in Kürze im Schäffer-Poeschel Verlag erscheinen wird.

dies, daß die Ausgangsgröße „Konzernjahresüberschuß/-fehlbetrag" nach eventuellen Anpassungen latenter Steuern und der zu bereinigenden Sondereinflüsse auch um Gewinn- bzw. Verlustanteile anderer Gesellschafter zu bereinigen ist. Dabei ist zu beachten, daß die Gewinn- und Verlustanteile anderer Gesellschafter durch zurechenbare Anteile von Steueranpassungen und bereinigten Sondereinflüssen vom Ausweis im Konzernabschluß abweichen können.

*Zu Position 10:*
Resultat dieser Bereinigung ist das DVFA/SG-Ergebnis für Aktionäre der Muttergesellschaft.

*Zu Position 11 und 12:*
Der gewichtete Durchschnitt der während des Geschäftsjahres ausstehenden Aktien dient als Ermittlungsgrundlage für das Ergebnis je Aktie nach DVFA/SG. Das DVFA/SG-Ergebnis für Aktionäre der Muttergesellschaft wird durch die Anzahl der zu berücksichtigenden Aktien dividiert und man erhält das DVFA/SG-Ergebnis je Aktie.

*Zu Position 13:*
Sofern nach dem Bilanzstichtag Kapitalveränderungen stattgefunden haben, ist das Ergebnis je Aktie zu adjustieren. Im Fall von Kapitalerhöhungen, die eine Kursveränderung aus technischen Gründen zur Folge haben, muß eine sog. *retrograde Adjustierung* vorgenommen werden, um die Vergleichbarkeit der Kurse und Aktien im Zeitablauf gewährleisten zu können. Ein solcher Sachverhalt ist dann gegeben, wenn den Aktionären einer Gesellschaft der Bezug von Wertpapieren zu günstigerem Kurs angeboten wird, als diese zur Zeit am Markt gehandelt werden. Das verwertbare Bezugsrecht der Altaktionäre wird vom Kurs der Altaktie abgeschlagen. Auch die Ausgabe von Berichtigungsaktien, Splits sowie Kapitalherabsetzungen führen zu technischen Kursveränderungen, die eine Adjustierung erforderlich machen.

*Zu Position 14:*
Unter der Einbeziehung der bedingt ausstehenden Aktien aufgrund von Wandel- oder Optionsanleihen ergibt sich dementsprechend ein anderes Ergebnis je Aktie, das als *„voll verwässertes"* Ergebnis nach DVFA/SG bezeichnet wird. Die zukünftigen Gewinnansprüche der bisherigen Aktionäre sind insofern betroffen, als die Wandel- oder Optionsanleihen neben das bereits begebene Aktienkapital treten und somit ebenfalls Anspruch auf Gewinne haben können.

Als Zusatzinformation kann das Ergebnis nach DVFA/SG vor Geschäftswertabschreibungen genannt werden, das folgendermaßen ermittelt wird:

    DVFA/SG-Ergebnis für Aktionäre der Muttergesellschaft
+ Abschreibungen auf erworbene Geschäfts- und Firmenwerte ohne Anteile Dritter
− darauf berücksichtigte Ertragsteuerentlastungen
= Ergebnis nach DVFA/SG vor Geschäftswertabschreibungen

Die Angabe dieser Zusatzinformation kann auch je Aktie erfolgen.

Obwohl die Grundsätze für die Ermittlung des Ergebnisses nach DVFA/SG als branchenunabhängig gelten, gibt es branchenspezifische Besonderheiten, für die bei der Ermittlung des Ergebnisses nach DVFA/SG angemessene Regelungen zu treffen sind. Dies gilt insbesondere für Banken, Versicherungsunternehmen, Unternehmensbeteiligungsgesellschaften und Immobilienbestandsgesellschaften.

Die erstmalige Anwendung der neuen Regelungen für die Ermittlung des Ergebnisses nach DVFA/SG je Aktie ist für die Geschäftsjahre anzuwenden, die nach dem 31.12.1998 enden. Allerdings wird empfohlen die Regelungen schon auf die Geschäftsjahre anzuwenden, die am 31.12.1998 enden.

### 7.4.3.2.4 IdW-Verfahren: Ertragswertmethode nach HFA

Der Hauptfachausschuß (HFA) des Instituts der Wirtschaftsprüfer (IdW) hat ebenfalls einen Beitrag zur Unternehmensbewertung geleistet und einheitliche Grundsätze der eigenverantwortlichen und fachgerechten Berufsausübung festgelegt.[194] Das daraus entstandene Verfahren wird im folgenden dargestellt:

Erwerbswirtschaftliche Unternehmen verfolgen ausschließlich finanzielle Ziele − so die Prämisse. Daraus folgt, daß der Wert des Unternehmens durch dessen Eigenschaft, Einnahmeüberschüsse zu erwirtschaften, bestimmt wird. Die Bewertungsüberlegungen lassen sich theoretisch aus der Investitionsrechnung ableiten. Nach dem IdW-Verfahren ist der Barwert der zukünftigen Überschüsse der Einnahmen über die Ausgaben der theoretisch richtige Wert des Unternehmens. Oder anders ausgedrückt: Der Unternehmenswert ergibt sich aus der Summe der Barwerte der zukünftigen Erfolge.

---

194 Vgl. Institut der Wirtschaftsprüfer: HFA 2/1983, S. 469

Bei der Ermittlung des Ertragswertes nach dem IdW-Verfahren werden die Jahresabschlüsse der zurückliegenden fünf Jahre herangezogen, um daraus die bereinigten Vergangenheitsergebnisse abzuleiten. Im Anschluß werden diese Vergangenheitsergebnisse entsprechend der inzwischen eingetretenen Veränderungen der Ergebnisfaktoren modifiziert. Die Modifizierung der Vergangenheitsergebnisse erfolgt auf Grundlage der tatsächlichen Verhältnisse in der Referenzperiode, wobei sowohl interne als auch externe Ergebniseinflüsse besonderer Art eliminiert werden.

- Als *intern* gelten all diejenigen Einflüsse, die Gewinnverwendungscharakter haben. Dies sind insbesondere Zuweisungen zu den Rücklagen, die das Ergebnis belasten, zu eliminieren, aber auch Erträge aus der Auflösung von stillen Reserven, wenn sie nicht unmittelbar Ergebnis der wirtschaftlichen Tätigkeit sind. Sofern die Erfolgsverursachung und die Erfolgsentstehung handels- oder steuerrechtlich bedingt in unterschiedliche Wirtschaftsjahre fallen, sind die Erträge und Aufwendungen dem Wirtschaftsjahr zuzuordnen, in dem sie wirtschaftlich verursacht wurden.

- Zu bereinigende *externe* Einflüsse beschränken sich im wesentlichen auf Sonderposten, die sich aufgrund außer- oder ungewöhnlicher Geschäftstätigkeit ergeben.

Die vorhandene Ertragskraft des Unternehmens, die aus den bereinigten Vergangenheitsergebnissen hervorgeht, dient als Orientierungshilfe bei der weiteren Berechnung des Ertragswertes. Die abgegrenzten Periodenergebnisse der Aufwands- und Ertragsrechnung werden mit Hilfe der modifizierten Vergangenheitsergebnisse in die Zukunft geschätzt. Dabei müssen für die unterschiedlichen Zukunftsszenarien die zukünftig zu erwartenden Ergebnisse variiert werden. Der Erfolgsstrom des Planungszeitraumes ist mittels eines geeigneten Zinssatzes zu kapitalisieren, um die Vergleichbarkeit der zeitlich unterschiedlich anfallenden Erfolge zu gewährleisten.

Für den hier zugrunde gelegten Anlaß der Unternehmensbewertung, dem Going Public, ist der Emissionspreis aus dem Planungsjahr maßgebend, der dem Emissionszeitpunkt am nächsten liegt. Die Ergebnisse der weiteren Planungsjahre sollen die Beständigkeit des Emissionspreises dokumentieren.

## 7.4.3.2.5 Discounted-Cash-Flow-Analyse (DCFA)

### 7.4.3.2.5.1 Grundlagen der DCFA

Das traditionelle Ertragswertverfahren des IdW wird zunehmend durch das aus den USA stammende analytische, investitionstheoretische Verfahren der *Discounted-Cash-Flow-Analyse* (DCFA) verdrängt.[195] Grundlage dieses Bewertungsmodells bildet – wie auch bei anderen finanzwirtschaftlichen Bewertungsmodellen – die Kapitalwertmethode als dynamisches Verfahren der Investitionsrechnung. Die Bewertung eines Unternehmens erfolgt bei dieser Methode durch Abzinsung der künftigen finanzwirtschaftlichen Überschüsse. Da die Bewertung mit Hilfe des *Cash-Flow* durchgeführt wird, bezeichnet man sie als Discounted-Cash-Flow-Methode. Allerdings hat sich in der Literatur noch keine einheitliche Definition des Cash-Flow herausgebildet. Dementsprechend existieren je nach Begriffsauslegung des Cash-Flow unterschiedliche Berechnungsmodelle.[196]

Bei der DCFA-Methode ergibt sich der Cash-Flow durch Aus- und Einzahlungen zwischen Unternehmen und Dritten, jedoch ohne die Eigentümer. Die Finanzierungswirkung der Abschreibungen und der Veränderung langfristiger Rückstellungen sind damit ebenso Bestandteil der Bewertung wie der Finanzbedarf für Ersatz- und Erweiterungsinvestitionen im Anlage- und Umlaufvermögen. Der für den Unternehmenswert maßgebliche Nutzen für den Eigner äußert sich im zukünftig zu erwartenden Überschuß aus dem Zahlungsstrom zwischen dem Unternehmen und Dritten, soweit er darüber verfügen kann. Die DCFA-Methode liefert daher einen zutreffenderen Unternehmenswert als das herkömmliche Ertragswertverfahren.

### 7.4.3.2.5.2 Berechnung des Unternehmenswertes nach DCFA

Im einzelnen sind folgende Schritte zur Ermittlung des Unternehmenswertes nach der DCFA-Methode vorzunehmen:

---

195 Vgl. Peemöller/Bömelburg/Denkmann 1994, S. 742
196 Vgl. zu den unterschiedlichen Cash-Flow-Definitionen: Wöhe 1993, S. 851 ff. und 1094 f.

## Abb. 99: Discounted-Cash-Flow-Analyse

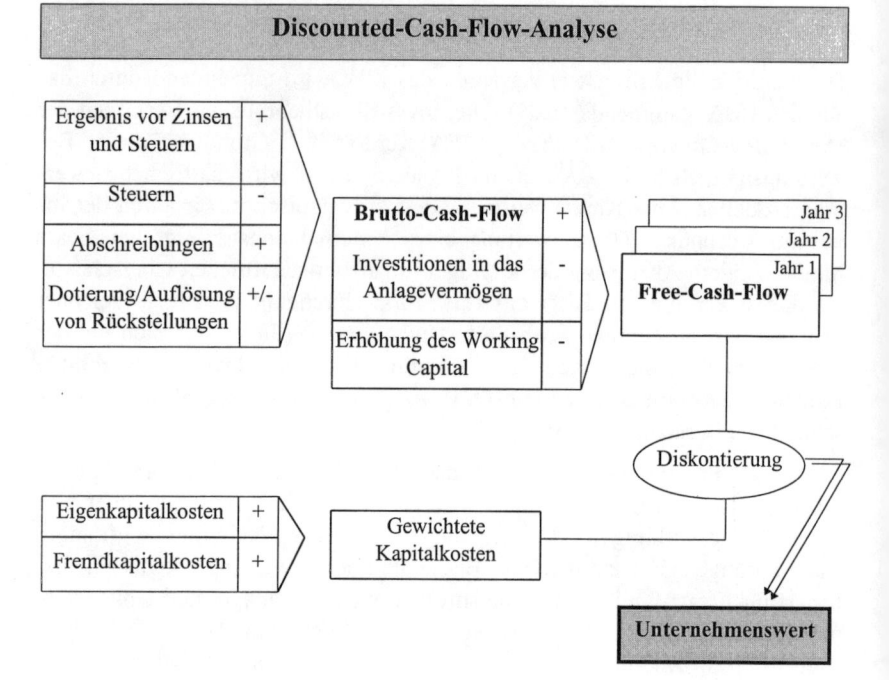

```
Discounted-Cash-Flow-Analyse
```

| Ergebnis vor Zinsen und Steuern | + |
| --- | --- |
| Steuern | - |
| Abschreibungen | + |
| Dotierung/Auflösung von Rückstellungen | +/- |

| Brutto-Cash-Flow | + |
| --- | --- |
| Investitionen in das Anlagevermögen | - |
| Erhöhung des Working Capital | - |

Jahr 3
Jahr 2
Jahr 1
**Free-Cash-Flow**

Diskontierung

| Eigenkapitalkosten | + |
| --- | --- |
| Fremdkapitalkosten | + |

Gewichtete Kapitalkosten

**Unternehmenswert**

- In einem ersten Schritt ist unabhängig von der Zusammensetzung und dem Verhältnis von Eigen- und Fremdkapital der Unternehmenswert zu bestimmen. Dabei bildet das Ergebnis vor Steuern und Zinsen den Ausgangspunkt. Von diesem Wert sind die Ertragsteuern abzuziehen und die Abschreibungen hinzuzurechnen. Sind die Veränderungen der langfristigen Rückstellungen ebenfalls berücksichtigt worden, erhält man den sog. *Brutto-Cash-Flow*.

- Subtrahiert man vom Brutto-Cash-Flow die Investitionen in das Anlagevermögen und das *Working Capital*, dann erhält man den sog. *Free-* oder auch *Netto-Cash-Flow*. Als *Working Capital* wird das Umlaufvermögen abzüglich des kurzfristigen Kapitals bezeichnet. Der Free-Cash-Flow stellt eine wesentliche Größe nach Steuern zur Berechnung des Unternehmenswerts dar. Es handelt sich dabei um den Finanzmittelüberschuß, der zur Zahlung von Fremdkapitalzinsen und Di-

videnden sowie zur Tilgung von Finanzverbindlichkeiten zur Verfügung steht.
- Der Unternehmenswert ergibt sich nun aus der Summe aller Free-Cash-Flow der Zukunft, abgezinst mit dem Gesamtkapitalkostensatz nach Steuern.[197]

Der wesentliche Unterschied zwischen dem DCFA- und IdW-Verfahren besteht darin, daß bei der DCFA-Methode entziehbare Netto-Kassenüberschüsse anstelle von Gewinnen vor Einkommen- und Körperschaftsteuer, wie beim Ertragswertverfahren, herangezogen werden.[198]

### 7.4.4 Mögliche Bewertungsansätze für Fußball-Kapitalgesellschaften beim Going Public

#### 7.4.4.1 Die Besonderheit der Bewertungsaufgabe bei der Emissionspreisfindung

Die Bewertung einzelner Fußball-Kapitalgesellschaften erscheint erheblich schwieriger als die Bewertung von Unternehmen, die sich schon seit vielen Jahren mit der Absicht der Gewinnerzielung in einem stabilen Wettbewerbsfeld bewegen. Nur wenige Bundesligisten – so wird vermutet – können eine Reihe von Vergangenheitsergebnissen aufweisen, die eine fundierte Grundlage für die Schätzung zukünftiger Gewinne darstellen. Dies könnte darauf zurückzuführen sein, daß Bundesligavereine in der Struktur des gemeinnützigen Idealvereins bisher nicht in erster Linie die Erzielung von erwirtschafteten Renditen angestrebt haben. Die Folge davon ist, daß die bei der Bewertung von Unternehmen im Rahmen eines Going Public häufig verwendete Kurs-Gewinn-Verhältnis-Methode[199] bei den Fußball-Bundesligisten mangels vorhandener Vergangenheitsgewinne nur bedingt einsetzbar ist.

---

[197] Vgl. zu diesem Absatz die Abbildung 99 in Anlehnung an Meyersiek 1991, S. 235
[198] Vgl. Börsig 1993, S.84 ff.; Ballwieser 1995, S. 119 ff.
[199] Siehe dazu Abschn. 7.4.3.2.1

Emissionsgrundlagen für ein Going Public in Deutschland

### 7.4.4.2 Das einfache Umsatzmultiplikatorverfahren

Gegenwärtig wird für die Bewertung der Bundesliga ein in anderen Fällen übliches vereinfachtes Verfahren, das Umsatzmultiplikatorverfahren[200], empfohlen. Dabei wird die Marktkapitalisierung von börsennotierten Vergleichsunternehmen ins Verhältnis zu deren Umsatz gesetzt. Dieser Multiplikator wird entweder auf den Umsatz einzelner Bundesligisten oder der ganzen Liga angewendet. Die Umsatzmultiplikatoren schwanken je nach Renditestärke der Fußball-Kapitalgesellschaft. Für die Liga als Ganzes könnte es sinnvoll sein, einen durchschnittlichen Umsatzmultiplikator aus einem Vergleichsmarkt wie dem englischen Fußballmarkt heranzuziehen.

Abb. 100: Daten ausgewählter englischer Fußball-Aktiengesellschaften

| Mio. £ | Ende des Geschäftsjahres | Marktkapitalisierung | Umsatz 96/97 | Marktkapitalisierung | Ergebnis vor Nettotransfers 96/97 | Ergebnis nach Nettotransfers 96/97 |
|---|---|---|---|---|---|---|
| Manchester United | 31.07.97 | 333,8 | 87,9 | 3,8 | 27,3 | 27,6 |
| Newcastle United | 31.07.97 | 129,6 | 41,1 | 3,2 | 8,3 | 8,3 |
| FC Chelsea | 30.06.97 | 128,4 | 23,7 | 5,4 | 5,2 | 1,5 |
| Tottenham Hotspur | 31.07.97 | 73,5 | 27,9 | 2,6 | 9,1 | 16,9 |
| Aston Villa | 31.05.97 | 63,6 | 22,1 | 2,9 | 5,4 | -3,9 |
| Leeds United | 30.06.97 * | 59,1 | 22,8 | 2,6 | 5,6 | -6,2 |
| Southampton | 31.05.97 | 19,4 | 6,3 | 3,1 | 0,5 | -0,9 |
| Leicester City | 31.07.97 | 17,0 | 17,3 | 1,0 | 1,1 | -3,6 |

\* Pro forma für 12 Monate
Quelle: Financial Times, Stand 08. Mai 1998

---

[200] Vgl. DG Bank 1998, S. 29 f.

Das Umsatzwachstum der deutschen Bundesligavereine lag in den vergangenen Jahren durchschnittlich über 20%. Unterstellt man auch für die Saison 1997/98 gegenüber dem Vorjahr ein Umsatzwachstum von 20 %, so führt dies zu einem Umsatz in Höhe von DM 1,15 Mrd. Die Anwendung eines Umsatzmultiplikators zwischen 3,0 und 3,5, der von den wichtigsten englischen börsennotierten Fußballaktien abgeleitet werden kann, ergibt eine Bandbreite des Gesamtwertes der Bundesliga zwischen DM 3,4 Mrd. und DM 4,0 Mrd.

Einzelne Vereine können höhere Umsatzmultiplikatoren rechtfertigen, sofern ihre Umsätze zu besseren Renditen führen als der Durchschnitt der Liga. So erzielte beispielsweise Ajax Amsterdam bei seinem Börsengang Anfang Mai 1998 einen Emissionspreis, der dem fünffachen des Umsatzes entsprach. Unter der Annahme, daß die Bundesligavereine jeweils 50 % ihrer Anteile an der Börse plazieren, könnte eine „durchschnittliche" deutsche Fußball-AG Emissionserlöse von über DM 100 Mio. erwarten.

Anhaltspunkte für eine mögliche Kursentwicklung, die den Börsenwert widerspiegelt, können aus den Erfahrungen gewonnen werden.

### 7.4.4.3 Das Postulat einer seriösen Emissionspreisfindung auch bei Fußball-Kapitalgesellschaften

Plant eine Fußball-Kapitalgesellschaft in Deutschland einen Börsengang und hat die vorangegangene Prüfung der Börsenfähigkeit[201] ein positives Ergebnis erbracht, dann ist zu fordern, daß bei der danach vorzunehmenden Emissionspreisfindung dieselben Kriterien anzulegen sind, wie bei anderen Börsenkandidaten jedweder Branche auch. Ein Verweis auf fehlende Vergangenheitsdaten, da der Börsenkandidat in der Vergangenheit als (gemeinnütziger) Verein und nicht als privatwirtschaftlich orientierte Kapitalgesellschaft geführt worden ist, muß als untauglich qualifiziert werden. Eine seriöse Emissionspreisfindung erfordert allein aus Gründen des Anlegerschutzes die Einhaltung all derjenigen Anforderungen, die für ein Going Public in dem jeweiligen Börsensegment gestellt werden. Daß dies auch bei Fußball-Kapitalgesellschaften, die im Wege der Ausgliederung aus einem gemeinnützigen Bundesligaverein entstanden sind, möglich ist, sollen nachfolgende Ausführungen belegen.

---

201 Siehe dazu die Abschnitte 7.4.1, 7.4.2 und 4.8

### 7.4.4.3.1 Die Prüfung der wirtschaftlichen Leistungsfähigkeit durch den DFB im Rahmen des alljährlichen Lizenzierungsverfahren

Voraussetzung für die Teilnahme eines sportlich qualifizierten Vereins an der 1. oder 2. Fußball-Bundesliga ist unter anderem der Nachweis der wirtschaftlichen Leistungsfähigkeit nach den vom DFB erlassenen Richtlinien.[202] Dieser Nachweis der wirtschaftlichen Leistungsfähigkeit ist durch den am Spielbetrieb der Bundesligen jeweils teilnehmenden Verein jährlich im Rahmen seiner Bewerbung zur Teilnahme an der 1. oder 2. Fußball-Bundesliga vor Beginn einer Saison zu erbringen, so daß der Lizenzierungsausschuß des DFB die eingereichten Unterlagen prüfen und die beantragte Lizenz erteilen oder verweigern kann.

Die Prüfung der wirtschaftlichen Leistungsfähigkeit im einzelnen ergibt sich aus § 8 (wirtschaftliche Leistungsfähigkeit) i.V.m. § 14a (Überprüfung der wirtschaftlichen Leistungsfähigkeit) des Lizenzspielerstatuts des DFB. Danach muß der Lizenzbewerber dem DFB zum Nachweis seiner wirtschaftlichen Leistungsfähigkeit folgende prüffähige Unterlagen einreichen:

- Die durch einen unabhängigen Wirtschaftsprüfer oder eine Wirtschaftsprüfungsgesellschaft geprüften und testierten Jahresabschlüsse jeweils zum 30. Juni und zum 31. Dezember eines Jahres,
- eine Planrechnung unter Aufwands- und Ertragsgesichtspunkten vom 01. Januar bis zum Saisonende (30. Juni) des jeweiligen Jahres sowie
- einen Finanzplan für das Spieljahr über Ausgaben und Einnahmen

Diese Anforderungen gelten nach § 8 Ziffer 9 des Lizenzspielerstatuts auch für Tochtergesellschaften von Muttervereinen, also ebenfalls für die vorliegend erörterten Fußball-Kapitalgesellschaften. Auch diese müssen ihre wirtschaftliche Leistungsfähigkeit nachweisen und darüber hinaus über ein gezeichnetes Mindestkapital (§ 272 Abs. 1 HGB) von DM 5 Mio. verfügen.

Erwägt nun z.B. ein Mutterverein der 1. Fußball-Bundesliga, der seit mehr als zehn Jahren an der 1. Bundesliga teilgenommen hat und mithin seine wirtschaftliche Leistungsfähigkeit über diesen Zeitraum jährlich nachzuweisen hatte, an die Börse zu gehen, dann verfügt dieser Mutterverein über ein hinreichend abgesichertes, durch Wirtschaftsprüfer testiertes Zahlenwerk, das Erkenntnisse über alle wesentlichen Daten für eine Emissionspreisermittlung (ex post und ex ante) hinreichend und vergleichbar mit Börsenkandidaten aus

---

[202] Siehe dazu das Rundschreiben Nr. 1 des DFB an alle Lizenzvereine zum Lizenzierungsverfahren 1999/2000 und den Anhang 2 zum Lizenzspielerstatut des DFB

anderen Wirtschaftszweigen bietet. Im Gegenteil: Die jährlich durch Wirtschaftsprüfer zu prüfenden und dem DFB zur weitergehenden Prüfung vorzulegenden Jahresabschlüsse, Zwischenabschlüsse, Finanzpläne, Aufwands- und Ertrags-Planrechnungen von Bundesligavereinen respektive Fußball-Kapitalgesellschaften gehen weit über die für „normale" börsenfähige Kapitalgesellschaften nach HGB bestehenden Anforderungen hinaus. Das bei Fußball-Kapitalgesellschaften insoweit vorhandene Zahlen- und Datengerüst ist demzufolge prädestiniert, bei der Emissionspreisfindung herangezogen zu werden. Das heißt allerdings nicht, daß das heranziehbare Zahlen- und Datenmaterial zu den Aufwendungen, Erträgen, Investitionen, Plan-Ausgaben und Plan-Einnahmen bei einer ordnungsgemäßen Emissionspreisfeststellung auch diejenigen für die einzelne Fußball-Kapitalgesellschaft wünschenswerten Emissionspreise bzw. -kurse gewährleistet. Dieser Emissionspreis ist in jedem Einzelfall eines vorzubereitenden Börsenganges zu ermitteln.

Dennoch werden Fußball-Aktien wohl niemals nach einem rein „*mathematischen Raster*"[203] beurteilt werden.[204] Emotionen werden stets eine große Rolle spielen und sind in einer notwendigen Bewertung nur schwierig zu quantifizieren. Extreme Über- oder Unterbewertungen können die Folge sein. Käme auch in Deutschland das Thema „Übernahmen" noch hinzu, würden selbst die modernsten Bewertungsmethoden schnell außer Kraft gesetzt werden.

### 7.4.4.3.2 *Die anlaßbezogene Bewertung einer aus dem Mutterverein auszugliedernden Fußball-Kapitalgesellschaft im Umwandlungszeitpunkt*

Wenn gesetzliche Voraussetzunge für die Errichtung einer Fußball-Kapitalgesellschaft im Wege der ausgliedernden Umwandlung die Bewertung der auszugliedernden Profiabteilung eines Muttervereins nach den Grundsätzen der Unternehmensbewertung ist und wenn diese Anforderung im Umwandlungszeitpunkt seitens des Muttervereins bzw. der Fußball-Kapitalgesellschaft erfüllt werden kann, dann ist davon auszugehen, daß diese Voraussetzungen auch bei der Bewertung der Fußball-Kapitalgesellschaft anläßlich eines Bör-

---

203 Vgl. WGZ-Studie 1999, S. 58
204 So läßt Borussia Dortmund verlauten, daß – „*wenn die Borussia gegen Teplice die Qualifikation zur Hauptrunde der Champions League schafft, dann wagt sich der Club aufs Aktienparkett*" – offenbar der sportliche Ausgang nur eines Spieles entscheidendes Kriterium für den Zeitpunkt eines Going Public sein soll; vgl. Maag vom 23.08.1999

senganges erfüllt werden können. Die Unternehmensbewertung im Zuge eines Going Public unterscheidet sich nämlich in keiner Weise von der (Unternehmens-)Bewertung im Rahmen einer Umwandlung nach dem neuen Umwandlungsgesetz.[205]

### 7.4.5 Emissionsvarianten zur Festlegung des Emissionspreises

Im Anschluß an eine Unternehmensbewertung und -analyse stellt sich die Frage nach den Emissionsvarianten. Das aus den USA stammende *Bookbuilding*-Verfahren hat das früher in Deutschland übliche Festpreisverfahren weitgehend verdrängt. Von den 67 Unternehmen, die im Jahr 1999 erstmals an einer deutschen Börse notiert wurden, wählten lediglich zwei Unternehmen das Festpreisverfahren.[206]

#### 7.4.5.1 Festpreisverfahren

Bis Ende 1994 wurden alle Aktienemissionsgeschäfte an den deutschen Börsen im Wege des Festpreisverfahrens abgewickelt.[207] Kennzeichnend für das Festpreisverfahren ist ein fester Emissionspreis, der vom Emittenten und den Konsortialbanken auf Grundlage von zum Teil abweichenden Unternehmensbewertungen und -analysen ausgehandelt wird.[208] Der Emittent überträgt einem Kreditinstitut alle im Rahmen der Aktienemission anfallenden Aufgaben. Die Emissionsbank verpflichtet sich ihrerseits zur Abnahme aller zur Plazierung anstehenden Aktien zu einem festgelegten Preis.[209] *Bieg* spricht bei der Übernahme aller Aufgaben von der Verkaufsfunktion, bei der Verpflichtung zur Abnahme aller Aktien von der Garantiefunktion.

Handelt es sich um eine Aktienemission mit großem Emissionsvolumen, steigt dementsprechend das Plazierungsrisiko der übernehmenden Bank. Um dieses Risiko zu minimieren, können sich die Kreditinstitute zum Zweck der Emission zu einem Bankenkonsortium zusammenschließen, bei dem sich die einzelnen Konsorten verpflichten, eine bestimmte Quote der Gesamtemission zu übernehmen. Für die Plazierung der jeweiligen Quote hat jede Bank selber Sorge zu tragen. Der Preis, zu dem die Aktien den potentiellen Anlegern verkauft werden sollen, wird erst kurz vor Beginn der Verkaufsfrist von der

---

205 Siehe dazu die Abschnitte 6.3.3.2.3.1.2 sowie 7.4.4 (insbesondere 7.4.4.3 und 7.4.4.3.1)
206 Vgl. Deutsche Börse AG, 1999, S. 18f.
207 Vgl. Weiler 1996, S. 157
208 Siehe dazu Abschn. 7.4.3
209 Vgl. Bieg 1997, S. 156.

konsortialführenden Bank, dem sog. *Lead Manager*, und dem emittierenden Unternehmen gemeinsam festgelegt.

Die Garantiefunktion der Banken, die jungen Aktien in einer festgelegten Stückzahl, zu einem festgelegtem Preis zu übernehmen, sichert dem Unternehmen einen im Vorfeld garantierten Mittelzufluß, d.h. beim Festpreisverfahren steht der Emissionserlös bereits vor der Emission fest. Allerdings bleibt zu bedenken, daß bei Anwendung des Festpreisverfahrens die Investornachfrage erst mit Beginn des Verkaufs der Aktien durch die Banken ermittelt werden kann und somit bei Festlegung des Preises nicht gesichert ist, ob die jungen Aktien überhaupt plaziert werden können. Die Verkaufsfunktion ist eng mit der Garantiefunktion verbunden, denn die im Rahmen der Garantiefunktion von der Bank übernommenen Aktien müssen in eigenem Interesse auch auf dem Markt verkauft werden. Die Aktien, die nicht oder nur schlecht plaziert werden können, belasten in der Regel den Sekundärmarkt, da sie zumeist nur einige Wochen nach Notierung auf den Markt zurückfließen.[210] Hinzu kommt, daß aufgrund einer Preisfestlegung vor der Plazierung aktuelle Ereignisse, die nachhaltig Nachfrage und Preis der Altaktien beeinflussen können, keine Berücksichtigung finden.[211]

### 7.4.5.2 Bookbuilding-Verfahren
#### 7.4.5.2.1 *Grundlagen des Bookbuilding-Verfahrens*

In den letzten Jahren hat sich in Europa neben dem Festpreisverfahren das in den USA übliche Bookbuilding-Verfahren mehr und mehr zur Plazierung von Aktien durchgesetzt. In Deutschland wurde das Bookbuilding-Verfahren erstmals von der Dresdner Bank 1994 bei der Plazierung ihrer eigenen Aktien mit einem Emissionsvolumen von DM 1,1 Mrd. und bei der Aktienemission der Lufthansa AG mit einem Volumen von DM 1,7 Mrd. mit großem Erfolg angewandt. Im Jahr darauf folgten im Wege des Bookbuilding-Verfahrens die ebenso erfolgreichen Emissionen der Merck KGaA mit einem Emissionsvolumen von DM 2,4 Mrd. und der Adidas AG mit einem Emissionsvolumen von DM 2,1 Mrd. auf dem internationalen Markt.[212] Die Größe dieser Emissionen ging weit über die Aufnahmekapazität des deutschen Marktes hinaus. Somit war es erforderlich, die Plazierung auf internationaler Ebene durchzuführen, um die Aktien vollständig auf dem Markt unterbringen zu können.

---

210 Vgl. Voigt (1995), S. 339; Weiler (1996), S. 158; Grundmann (1995), S. 916
211 Vgl. Bieg (1997), S 158
212 Vgl. Weiler (1996), S. 158

Damit der Börsengang auf internationalem Parkett zu einem Erfolg wird, ist eine Anpassung der Rahmenbedingungen und Modalitäten notwendig, die für international tätige, zumeist angelsächsische Investorgruppen üblich ist. Dazu gehört bei einem IPO[213] die Anwendung des Bookbuilding-Verfahrens.

Im Gegensatz zum Festpreisverfahren sind beim Bookbuilding-Verfahren[214] die Verkaufs- und Garantiefunktion nicht so eng miteinander verbunden, d.h. das mit dem Verkauf beauftragte Kreditinstitut verpflichtet sich primär zur Übernahme der Plazierungsleistung und erst sekundär zur Übernahme der Aktien zu einem festgelegten (Mindest-)Preis. Bei der Provisionsverteilung spiegelt sich diese Funktionsteilung wider. Die jeweiligen Konsortialbanken erhalten zwar ihre volle Garantieprovision für die übernommenen Quoten, die Verkaufsprovision ist jedoch von der Anzahl der am Markt untergebrachten Aktien abhängig. Damit sollen die Kreditinstitute nicht in erster Linie den Zufluß an liquiden Mitteln für das Unternehmen sicherstellen, sondern vielmehr die Aktien am Markt plazieren. Hinzu kommt, daß die Kreditinstitute die Funktion eines gezielten Marketings übernehmen, das vor der Plazierung für eine entsprechende Aufnahmebereitschaft der Aktien am Markt sorgt.

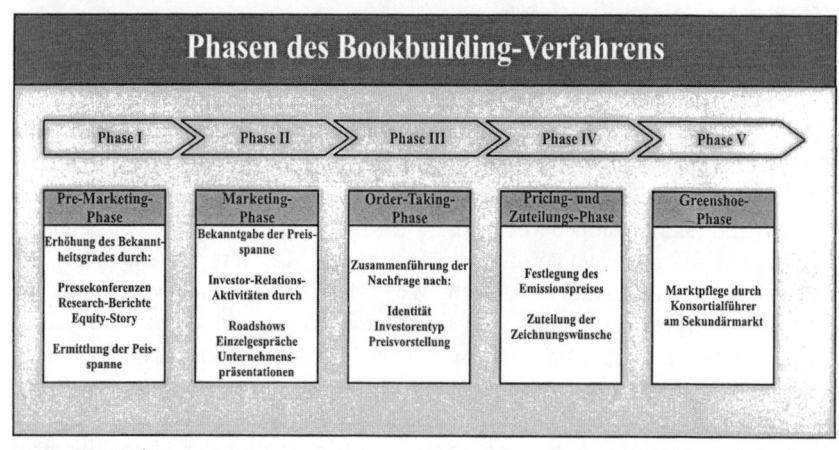

**Abb. 101: Phasen des Bookbuilding-Verfahren**

### Phasen des Bookbuilding-Verfahrens

| Phase I | Phase II | Phase III | Phase IV | Phase V |
|---|---|---|---|---|
| Pre-Marketing-Phase | Marketing-Phase | Order-Taking-Phase | Pricing- und Zuteilungs-Phase | Greenshoe-Phase |
| Erhöhung des Bekanntheitsgrades durch: Pressekonferenzen Research-Berichte Equity-Story Ermittlung der Peisspanne | Bekanntgabe der Preisspanne Investor-Relations-Aktivitäten durch Roadshows Einzelgespräche Unternehmenspräsentationen | Zusammenführung der Nachfrage nach: Identität Investorentyp Preisvorstellung | Festlegung des Emissionspreises Zuteilung der Zeichnungswünsche | Marktpflege durch Konsortialführer am Sekundärmarkt |

---

213 Die international übliche Bezeichnung der Vorbereitung eines Going Public ist IPO für *Initial Public Offering*.
214 Vgl. auch Stangner /Moser 1999, S. 761

Unternehmen, die eine Plazierung nach dem Bookbuilding-Verfahren planen, werden den Lead Manager insbesondere danach auswählen, welches Kreditinstitut die umfassendste und erfolgversprechendste Beratungs- und Plazierungskonzeption vorlegt und eine qualifizierte Marketing- und Durchführungsunterstützung gewährleisten kann. Eine wichtige Rolle nehmen dabei die fünf Phasen des Bookbuilding ein, in denen der Emittent entsprechende Unterstützung von den Banken erhalten soll. Die Phasen sind nicht völlig getrennt voneinander zu sehen[215], vielmehr überlappen sie sich mehr oder weniger.

### 7.4.5.2.2 Pre-Marketing-Phase

In dieser Phase soll eine Bandbreite für einen Emissionspreis festgelegt werden, der am Ende den potentiellen Anlegern bekanntgegeben wird. Zudem sollen die Investoren durch das präsentierte Chancen-Risiko-Profil des Unternehmens auf dieses Unternehmen aufmerksam gemacht werden. Daneben können Investoren mit qualifizierten eigenen Preisvorstellungen einen möglichen Börsenpreis aufgrund börsenanalytischer Unternehmensbewertungen mit dem Lead Manager erörtern. Zu diesem Zweck sind bereits vor Beginn der *Pre-Marketing-Phase* von den Konsortialbanken *Research-Berichte* und vom Unternehmen eine entsprechende *equity story* zu erstellen, in der neben der derzeitigen Wettbewerbssituation, den Zielen und der Zukunftsstrategie auch die Ertragserwartungen des Unternehmens dargestellt werden. Denkbar ist in dieser Phase auch schon die Durchführung sog. *Road-Shows*, d.h. Unternehmenspräsentationen. Als Ergebnis der Pre-Marketing-Phase sollte ein Rahmen für den Börsenpreis gefunden werden, der nicht mehr als 10-15 % vom Emissionspreis abweichen sollte.[216]

Von den 65 Börseneinführungen des Jahres 1998 in Deutschland, deren Emissionspreis mit Hilfe des Bookbuilding-Verfahrens ermittelt wurde, wich nur bei den in der nachfolgenden Abbildung 102 aufgeführten sieben Unternehmen der Emissionspreis von der Obergrenze der Bookbuilding-Spanne ab. Bei allen anderen 58 Emissionen entsprach die Obergrenze der Bookbuilding-Spanne dem späteren Emissionskurs.

---

215 Die Phasen werden in der Literatur häufig unterschiedlich eingeteilt. Vgl. Trobitz/Wilhelm 1996, S. 173, der lediglich vier Phasen, die Pre-Marketing-Phase, Bietungsphase, Zeichnungsphase und Zuteilungsphase, unterscheidet
216 Vgl. Bieg 1997, S. 157

**Abb. 102: Preisspanne beim Bookbuilding-Verfahren 1998**

| Unternehmen | Preisspanne (in DM) tief | hoch | Emissionspreis in DM | Abweichung in %[217] |
|---|---|---|---|---|
| A.S. Creation Tapeten | 55,00 | 67,00 | 64,00 | -4,5 |
| Curtis 1000 AG | 17,00 | 21,00 | 18,00 | -14,3 |
| iXOS Software AG | 165,00 | 195,00 | 170,00 | -12,8 |
| HAWESKO Holding | 79,00 | 92,00 | 87,00 | -5,4 |
| Bau-Verein zu Hamburg | 27,00 | 31,00 | 29,00 | -6,5 |
| Norddeutsche Affinerie | 22,00 | 26,00 | 25,00 | -3,8 |
| Kässbohrer Gel.fahrz. AG | 32,00 | 38,00 | 32,00 | -15,8 |

Quelle: Deutsche Börse AG 1999, S. 18 f.

### 7.4.5.2.3 Marketingphase

Zu Beginn der Marketingphase wird der in der Pre-Marketing-Phase ermittelte Preisrahmen des Emissionspreises bei einer Pressekonferenz öffentlich bekanntgegeben. Auf dieser Grundlage werden potentielle Investoren im Rahmen von Road-Shows oder auch in individuellen Einzelgesprächen, sog. *One-on-One-Meetings*, direkt angesprochen.[218] Dabei handelt es sich zumeist um Gespräche mit institutionellen Anlegern, während private Anleger von den Anlageberatern der Banken über die Emission und deren Modalitäten informiert werden. Durch Road-Shows und One-on-One-Meetings wird das emittierende Unternehmen selbst in das Marketingverfahren mit eingebunden. Der Vorstand des Emittenten gibt den Anlegern somit Gelegenheit, sich im Rahmen eines direkten Gedankenaustausches vom Potential und der Entwicklung des Unternehmens zu überzeugen und sich selbst ein Urteil zu bilden. Das Unternehmen hat seinerseits die Möglichkeit, durch gezielte Einflußnahme auf den Meinungsbildungsprozeß der Investoren einen höheren Emissionspreis zu erzielen.[219] Ergebnis dieser Phase sind feste Vorstellungen der Investoren über den Emissionspreis sowie das nachgefragte Emissionsvolumen.

---

217 Diese Größe errechnet sich als relative Abweichung des Emissionspreises von der Obergrenze der Preisspanne.
218 Vgl. Bieg 1997, S. 157
219 Vgl. Grundmann 1995, S. 917

## *7.4.5.2.4 Order-Taking-Phase*

Schon während der Marketingphase beginnt bereits das *Order-Taking*. Die einzelnen Konsortialbanken erfassen die Zeichnungen der Aktien und geben sie umgehend an das konsortialführende Kreditinstitut weiter. Alle Zeichnungen der Investoren, die wie beim Festpreisverfahren bindend sind, werden zentral in einem Orderbuch, von dem der Begriff *Bookbuilding* abgeleitet wurde, gesammelt. Das Orderbuch wird heutzutage selbstverständlich EDV-gestützt geführt. Der Lead Manager beim Bookbuilding wird aufgrund der Buchführungsfunktion auch *Bookrunner* genannt. Durch die Aufgabe des Bookrunners erhöht sich die Transparenz der Nachfrage, wodurch unbeabsichtigte Doppelzeichnungen vermieden werden können.

Die bei den Konsortialbanken eingegangenen Zeichnungen werden mit Hilfe eines Orderformulars erfaßt und umgehend an den Bookrunner gesandt. Ab einer bestimmten Größenordnung hat dieses Orderformular bestimmte Angaben über den institutionellen Anleger zu enthalten.[220]

---

**Abb. 103: Pflichtangaben im Orderformular**

- Name und Nationalität des Investors, wozu dessen ausdrückliches Einverständnis erforderlich ist.
- Das innerhalb des Preisrahmens liegende Preislimit.
- Die geplante Zeichnungsgröße des Investors zur Bestimmung des nachgefragten Emissionsvolumens.
- Die Branche des Investors, um eine gewünschte Streuung zu erzielen.
- Die Qualität des Investors, d.h. die zeitliche Dauer, für die die Anteile gehalten werden sollen, wobei die Einstufung der Investoren nach ihrer Qualität gewährleisten soll, daß die Zuteilungen im Interesse des Emittenten erfolgen.

---

Private Anleger werden lediglich pauschal erfaßt, wodurch ein Orderformular für diesen Teil der Investoren hinfällig ist. Auf diese Art und Weise erhält der Bookrunner einen Überblick über erzielbare Preise, Verteilung und Größe der Aktienpakete und darüber, in welchen Ländern und Regionen die Aktien plazierbar sind.[221]

---

220 Vgl. Bieg 1997, S. 158
221 Vgl. Voigt 1995, S. 341

### 7.4.5.2.5 Pricing- und Zuteilungsphase

Die in der Order-Taking-Phase gesammelten Daten werden zunächst entsprechend bestimmter Merkmale, meist mit Hilfe von *Scoring-Modellen*[222], vom Lead Manager analysiert und bewertet. Gemeinsam wird im Anschluß daran mit dem emittierenden Unternehmen die gewünschte Zusammensetzung der Investorengruppe nach Qualität und Quantität bestimmt und dementsprechend der Emissionspreis festgelegt. Schließlich werden die Aktien über die Konsortialbanken im Wege der sog. *directed allocation* den Investoren zugeteilt. Die verbleibenden Aktien können von den jeweiligen Konsortialbanken im Rahmen der *free retention* frei verteilt werden. Diese Vorgehensweise kann eine breitere Streuung der Aktien zum Nachteil vielbietender institutioneller Anleger zur Folge haben.[223] Um eine Plazierung aller Aktien realisieren zu können, ist daher die Vorteilhaftigkeit dieses Verteilungsmodus im Vorfeld abzuwägen.

### 7.4.5.2.6 Greenshoe-Phase

In der Literatur wird die *Greenshoe-Phase* teilweise zu den wesentlichen Bestandteilen des Bookbuilding gezählt.[224] Andere Autoren sprechen hingegen von der Marktpflege am Sekundärmarkt, die im Anschluß an die Pricing- und Zuteilungsphase stattfindet, aber nicht explizit als Greenshoe-Phase bezeichnet wird.[225] Unter Greenshoe wird die Option des Konsortiums verstanden, weitere Aktien zu Orginalkonditionen erwerben zu können. Sofern die Nachfrage es zuläßt, erfolgt beim Bookbuilding-Verfahren eine über dem Emissionsvolumen liegende Zuteilung der Aktien, das sog. *overalotment*. Dieser Betrag, der nicht durch das Emissionsvolumen gedeckt ist, soll durch den Rückfluß eines Teils der jungen Aktien erfolgen, denn in der Regel erfolgt von einem Teil der Investoren sofort wieder der Verkauf der Aktien.

Hätten die Konsortialbanken keine Greenshoe-Option, wären sie gezwungen, den noch fehlenden Teil der Aktien an der Börse zu erwerben. Dabei ist zu differenzieren zwischen einem hohen und einem geringen Rückfluß der Aktien. Im Falle eines hohen Aktienrückflusses sinken zwangsläufig die Börsenpreise. In diesem Fall führt die Greenshoe-Option zur Stabilisierung des Börsenkurses. Fließen jedoch weniger Aktien zurück als für die Befriedigung der

---

222 Vgl. Lizon/Schatzschneider 1996, S. 226
223 Vgl. Bieg 1997, S. 158; Lizon/Schatzschneider 1996, S. 226
224 Vgl. Bieg 1997, S. 158
225 Vgl. Lizon/Schatzschneider 1996, S. 226

Aktionäre benötigt werden, müssen die Aktien von den Altaktionären zur Verfügung gestellt werden. In diesem Fall verhindert die Greenshoe-Option ein Steigen des Börsenkurses, denn die Option sichert den Investoren die Orginalkonditionen zu. Somit führt die Greenshoe-Option in jedem Fall zu einer Stabilisierung des Börsenkurses und wird zu einem wichtigen Bestandteil einer stabilen Börsennotiz.

Auch bei einem Going Public einer Fußball-Kapitalgesellschaft sollte eine Greenshoe-Option zur Verbesserung der Flexibilität der Marktregulierung genutzt werden.

### 7.4.5.3 Festpreisverfahren contra Bookbuilding-Verfahren – eine abschließende Stellungnahme

Das Festpreisverfahren hat für das emittierende Unternehmen den Vorteil, daß diesem bereits vor der Emission bei der Festlegung des Emissionspreises die exakte Höhe des Mittelzuflusses bekannt ist. Die Höhe des Kapitalzuflusses beim Bookbuilding-Verfahren ist dagegen bis zur endgültigen Zeichnung unsicher. Zwar kann das Unternehmen auch bei ungünstigen Marktverhältnissen mit einem Mittelzufluß in Höhe der Preisgarantie rechnen, jedoch wird diese Preisgarantie beim Bookbuilding-Verfahren erheblich niedriger ausfallen als beim Festpreisverfahren.

Bei Emissionen nach dem Festpreisverfahren ist die aktive Beteiligung der Emittenten bereits mit der Präsentation und der Pressekonferenz beendet. Bei Emittenten, die bei der Preisfindung zum Börsengang nach dem Bookbuilding-Verfahren vorgehen, fängt der größte Teil der aktiven Arbeit des Unternehmens erst an. In dem hier einsetzenden umfangreichen Marketingprozeß hat der Vorstand in Road-Shows und One-on-One-Meetings das Unternehmen entsprechend zu präsentieren und somit die Position für den Preisbildungsprozeß der bevorstehenden Aktienemission zu stärken. Dadurch entsteht für den Emittenten der nicht unerhebliche Vorteil, Einfluß auf den Emissionspreis nehmen zu können. Durch gezielte Informationsvermittlung an die Investoren kann ein höherer Preis bei der Emission erzielt werden. Dabei können die von den Unternehmen zu erstellende equity story und die von den Emissionsbanken zur erstellenden Research-Reports einen großen Einfluß auf die Beurteilung des Unternehmens seitens der Investoren haben. Den institutionellen Investoren kommt diese Variante insofern entgegen, als sie die Möglichkeit haben, sich direkt aus erster Hand über das Unternehmen und seine Zukunftschancen informieren und sich im Rahmen von Einzelgesprächen ein eigenständiges Urteil bilden zu können. Insbesondere ausländischen Investoren, denen daran gelegen ist, das Management vor einer Anlageentscheidung zu prüfen, wird dieses Verfahren entgegenkommen. Zudem setzt sich in der Regel der Lead Manager bereits in der Pre-Marketing-Phase mit den großen institutionellen Investoren zusammen, um aufgrund einer fundamentalen und börsenanalytischen Unternehmensbewertung die ersten Preisvorstellungen zu erörtern. Insofern haben die institutionellen Investoren zum Teil direkten Einfluß auf den Emissionspreis. Aber auch private Investoren haben – im Gegensatz zum Festpreisverfahren – die Möglichkeit, Zeichnungswünsche aufzugeben. Somit haben sie ebenfalls Einfluß auf den endgültigen Plazierungspreis.

Zahlreiche, sich durch das Bookbuilding ergebenden Kontakte im Rahmen der Marketingaktivitäten bilden eine gute Basis für die im Anschluß an das IPO auf das Unternehmen zukommenden Investor Relations-Maßnahmen. Bei Einsatz des Bookbuilding-Verfahrens ist jedoch zu bedenken, daß die umfangreichen Marketingarbeiten, zahlreichen Gespräche und die daraus resultierenden Auswertungs- und Analysearbeiten extrem aufwendig, zeitintensiv und - nicht zu vergessen - kostenintensiv sind. Um eine rentable Emission mit dem Bookbuilding-Verfahren durchzuführen, ist ein Emissionsvolumen von mindestens DM 100 Mio. notwendig.[226] Die Offenlegung der Namen der institutionellen Anleger kann Probleme bereiten, da diese oftmals im Hintergrund bleiben wollen und nicht bereit sind, ihre Daten zur Festlegung des Emissionspreises offenzulegen.

Private Investoren werden beim Bookbuilding zwar berücksichtigt, jedoch lediglich pauschal. Sie genießen den Vorteil der Anonymität. Allerdings werden sie bezüglich ihrer Zeichnungswünsche nachrangig gegenüber den institutionellen Anlegern behandelt.[227] Das Bookbuilding-Verfahren ist zudem nur dann möglich, wenn im Vorfeld ein Bezugsrechtsausschluß beschlossen wurde. Somit ist die Anwendung dieses Verfahrens auf die Abgabe von im Altbesitz befindlichen Aktien oder auf Emissionen, bei denen von der Möglichkeit des § 186 Abs. 3 Satz 4 AktG Gebrauch gemacht wurde, beschränkt.[228]

---

226 Vgl. Handelsblatt vom 15.03.1995
227 Vgl. Landgraf vom 10.08.1995
228 Vgl. Hein 1996, S. 2 sowie die Abschnitte 6.4.2.3 und 6.4.2.4

Welche Emissionsvariante letztlich von einem Börsenneuling gewählt wird, hängt von zahlreichen Faktoren ab und bedarf einer strategischen Abwägung des emittierenden Unternehmens.[229]

Bei einem relativ geringen Emissionsvolumen werden die beim Bookbuilding-Verfahren entstehenden Kosten in der Regel zu hoch sein, so daß eine rentable Durchführung kaum gewährleistet werden könnte. In diesem Fall bietet sich als Alternative das Festpreisverfahren an, welches zudem einen schnellen und in seiner Höhe fixierten Mittelzufluß garantiert. Andererseits sind bei der Entscheidung für das eine oder andere Verfahren die Ziele des Emittenten ausschlaggebend. Sollen die Aktien möglichst breit gestreut, d.h. überwiegend von privaten Anlegern gezeichnet werden, bietet sich das Festpreisverfahren an. Besteht Interesse, die Aktien im Block zu veräußern, erscheint das Bookbuilding durch den direkten Kontakt mit den Investoren und eine auf die institutionellen Anleger zugeschnittene Marketingkonzeption als vorteilhaftere Variante. Darüber hinaus können die aus dem Bookbuilding-Verfahren entstehenden Kontakte im Hinblick auf ein zukünftiges Standing des Unternehmens positiv genutzt werden. Dabei sollte nicht außer acht gelassen werden, daß das Emissionsrisiko für das emittierende Unternehmen beim Bookbuilding erheblich höher ist als beim Festpreisverfahren, da das Plazierungsrisiko beim Festpreisverfahren allein bei den Emissionsbanken liegt, während ein großer Teil des Plazierungsrisikos im Rahmen des Bookbuilding-Verfahrens beim Emittenten verbleibt. Bei Emissionen auf dem internationalen Kapitalmarkt sollten, zwecks höherer Akzeptanz bei den Investoren, international gebräuchliche Standards und somit das Bookbuilding als Emissionsvariante herangezogen werden.

Die Wahl zwischen den beiden Emissionsvarianten hat folglich individuell unter Berücksichtigung der strategischen Ziele des Unternehmens, der jeweiligen Emissionsbedingungen und der daraus resultierenden Folgen für die Entwicklung des Unternehmens zu erfolgen. Eine Kombination aus Bookbuilding und Festpreisverfahren ist durchaus möglich und sollte unter Umständen in Betracht gezogen werden.

---

229 Eine schematische Gegenüberstellung von Festpreisverfahren und Bookbuilding zeigt die Abbildung 104, Quelle: Wieselhuber & Partner

## Abb. 104: Vergleich Festpreisverfahren und Bookbuilding

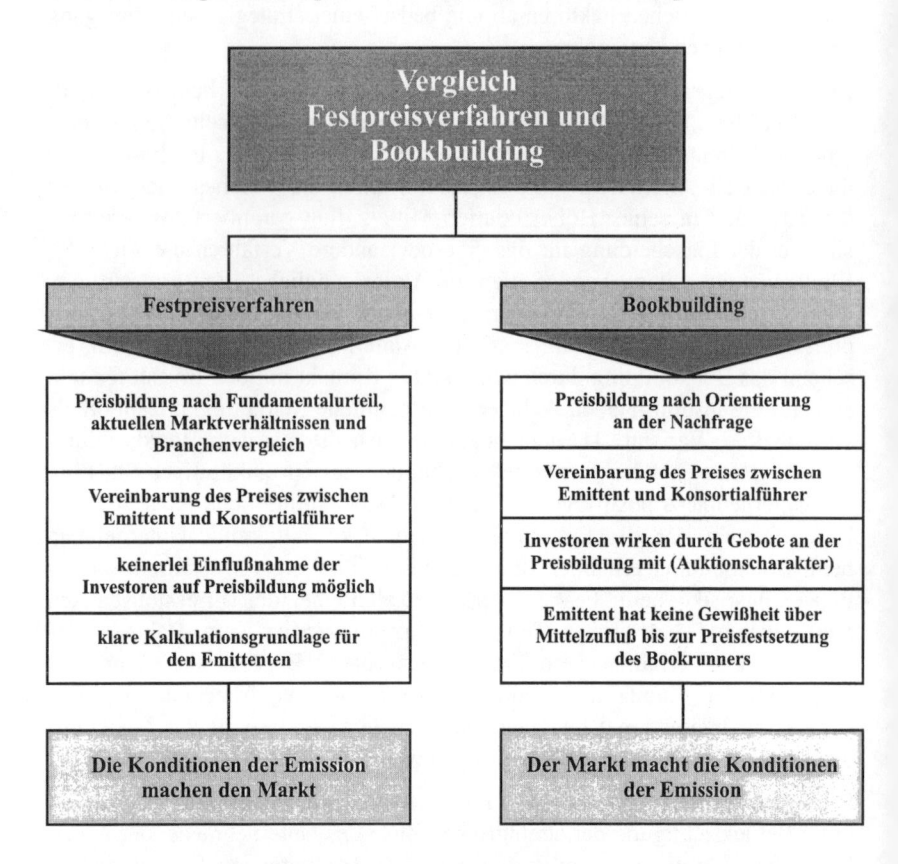

**Vergleich Festpreisverfahren und Bookbuilding**

**Festpreisverfahren**
- Preisbildung nach Fundamentalurteil, aktuellen Marktverhältnissen und Branchenvergleich
- Vereinbarung des Preises zwischen Emittent und Konsortialführer
- keinerlei Einflußnahme der Investoren auf Preisbildung möglich
- klare Kalkulationsgrundlage für den Emittenten

**Die Konditionen der Emission machen den Markt**

**Bookbuilding**
- Preisbildung nach Orientierung an der Nachfrage
- Vereinbarung des Preises zwischen Emittent und Konsortialführer
- Investoren wirken durch Gebote an der Preisbildung mit (Auktionscharakter)
- Emittent hat keine Gewißheit über Mittelzufluß bis zur Preisfestsetzung des Bookrunners

**Der Markt macht die Konditionen der Emission**

Bei einer gegebenenfalls primär auf Privatanleger (Vereinsmitglieder, Fans Zuschauer, Sponsoren oder regionale Privatanleger) ausgerichteten Plazierungskonzeption einer Fußball-Kapitalgesellschaft könnte statt des heute tendenziell üblichen Bookbuilding-Verfahrens auch das eher klassische Festpreisverfahren zur Anwendung gelangen.

### 7.4.6 Das Underpricing und seine Ursachen

Die Börsengänge der vergangenen Jahre unterlagen zumeist dem Phänomen des *Underpricing*, wodurch sich die Frage nach den Ursachen bzw. Gründen dieser Unterbewertung aufdrängt. Der Begriff Underpricing wird in der Praxis unterschiedlich definiert. Allgemein wird darunter ein unter dem „wahren" Wert der Aktie liegender Emissionspreis verstanden. Nach dem hier zugrunde gelegten Verständnis handelt es sich beim Underpricing um eine bewußte Unterbewertung, d.h. der Zeichnungspreis wird gezielt niedriger als der aus der Unternehmensanalyse und -bewertung resultierende Wert gewählt.[230] Der empirische Nachweis des Underpricing gestaltet sich schwierig, denn die Emittenten vermeiden aus strategischen Gründen, die von den internen Analysten ermittelten Unternehmenswerte zu veröffentlichen. Tatsache bleibt jedoch, daß die Aktien bei Erstemissionen regelmäßig unterbewertet sind.[231]

Die Argumente für und gegen das Underpricing lassen sich vor dem Hintergrund individueller Interessenstandpunkte der verschiedenen, an der Emission beteiligten Gruppen erklären. Die Emissionsbanken befürworten ein bewußt vorgenommenes Underpricing mit dem Ziel, Erstzeichner nicht enttäuschen und Anreize für eine Daueranlage schaffen zu wollen. Sollten diese Argumente bei den Investoren auf Zustimmung stoßen, wird sich das Emissionsrisiko der Banken erheblich reduzieren. Allenfalls die emittierenden Unternehmen, deren Interesse einem möglichst hohen Emissionspreis gilt, halten der Argumentation der Banken entgegen. Ihrer Ansicht nach wird ein bestehendes Emissionsrisiko bereits durch Vergütung einer Provision abgegolten, womit ein Underpricing unnötig wird.[232] Ein gezieltes Underpricing bringt für den Emittenten hohe Opportunitätskosten mit sich. Eine Untersuchung für die Jahre 1984/85 ergab eine durchschnittliche Unterbewertung von 20 %.[233] Die Opportunitätskosten betragen somit ein Fünftel des Emissionsvolumens und sind damit größter Bestandteil der Emissionskosten.

Das Argument, die Investoren nicht enttäuschen zu wollen, entbehrt insofern der Grundlage, da die Geldanlage am Kapitalmarkt stets ein gewisses Risiko mit sich bringt, das die Anleger bewußt eingehen, wenn sie sich für diese Form der Geldanlage entscheiden. Ebenso unbegründet ist die Argumentation, auf diese Art und Weise einen Anreiz zur Daueranlage zu schaffen.

---

230 Vgl. Uhlir 1989, S. 3
231 Vgl. Sprink 1996, S. 202
232 Vgl. zu diesem Absatz: Uhlir 1989, S. 3
233 Vgl. Sprink 1996, S. 202

Anleger sind bei hohen Zeichnungsgewinnen im Gegenteil eher dazu geneigt, das Wertpapier schnell wieder zu verkaufen, um diese Gewinne zu realisieren. Die Frage nach Ursachen und Notwendigkeit des Underpricing bleibt somit offen.

Andere Erklärungsansätze unternehmen den Versuch, das Phänomen des Underpricing mit Mitteln der klassischen Kapitalmarkttheorie zu hinterfragen oder mit der asymmetrischen Informationsverteilung zu belegen.[234] Die vorherrschenden Erklärungsmuster für die Unterbewertung von Aktien als permanenter Bestandteil bei Erstemissionen gehen von einer unterschiedlichen Informationsverteilung zwischen Emittenten, Emissionsbanken und Anlegern aus. Ausgangspunkt der Überlegungen sind die Unsicherheiten über den zukünftigen Marktpreis der Erstemission. Die Unsicherheit ist auf Seiten der Investoren umso größer, je größer das Potential der Informationsasymmetrie ist. Durch das Bookbuilding-Verfahren und die damit verbundene enorme Öffentlichkeitsarbeit kann die Informationsasymmetrie der Anleger jedoch verringert werden, so daß das durchschnittliche Underpricing nicht in dem Maße ausfällt, wie bei Anwendung des Festpreisverfahrens.

### 7.5 Einflußfaktoren auf den Kursverlauf von Fußball-Aktien

Die Erfahrungen mit den börsennotierten englischen Fußball-Clubs[235] haben eine Vielzahl von Beispielen hervorgebracht, bei denen sich das Geschehen auf dem Rasen unmittelbar in einer Veränderung des Aktienkurses niedergeschlagen hat. Besonders auffallend sind die Reaktionen auf negative Nachrichten, wie z.B. der Abstieg aus der ersten Liga, die Verletzung eines wichtigen Spielers oder das Verpassen der Qualifikation für die europäischen Wettbewerbe. Andererseits sind insbesondere unerwartete sportliche Erfolge Anlaß eines rational meist nicht nachvollziehbaren börsenmäßigen Höhenfluges. Ebenso können – aus Sicht des Clubs – erfolgreiche Transferaktivitäten sowohl bei Spielerein- als auch -verkäufen Einfluß auf den Kurs der Fußball-Aktien nehmen und signifikante Kurssprünge hervorrufen.[236]

---

234 Eine ausführlichere Aufstellung verschiedener Erklärungsansätze findet sich bei Uhlir 1989, S. 4 ff.
235 Vgl. Sturgess/Stephenson 1997, S. 7-10
236 Nachgewiesen durch Sturgess/Stephenson 1997, S. 7 f., anhand eines spektakulären Transfers von Aston Villa und der insoweit überzeugend nachgewiesenen Korrelation zur Kursentwicklung bei der Aston-Villa-Aktie.

Der Einfluß nicht kalkulierbarer Ereignisse auf die wirtschaftliche Entwicklung der Gesellschaft ist bei Fußball-Clubs signifikant höher als bei „normalen" Unternehmen und macht Fußball-Aktien somit tendenziell zu einem recht risikobehafteten Investment. Zwar sind die Kurse von Fußball-Aktien – wie alle anderen Aktien auch – von mikro- und makroökonomischen Faktoren sowie von politischen Ereignissen abhängig. Hier sind zu nennen: der jeweilige Kapitalmarktzins und seine (erwartete) Veränderung, die Wechselkurse zwischen den relevanten Währungen, das ökonomische Wachstum, die Inflationsrate und die Interpretation politisch wichtiger Ereignisse. Selbstverständlich sind die Aktien des Fußball-Sektors nicht immun gegenüber diesen allgemeinen kursbeeinflussenden Marktfaktoren. Dennoch werden Fußball-Aktien wegen der vorerwähnten spezifischen Ereignisse in dem sportlichen Bereich – der im übrigen täglich in den Medien einen vergleichsweise (im Verhältnis zu den Meldungen der „normalen" börsennotierten Unternehmen) exponierten Stellenwert hat – tendenziell ausgesprochen volatil in seinen Kursveränderungen sein.

Für (zukünftige) deutsche Fußball-Kapitalgesellschaften bestehen jedoch Möglichkeiten, den Einfluß des sportlichen Bereichs auf den Gesamterfolg des Unternehmens und dem auf die Kursentwicklung der Fußball-Aktien zu relativieren, was die Chance auf eine verringerte Volatilität in Aussicht stellt.

Die erweiterte Nutzung der Stadien als multifunktionale Freizeitzentren und die Steigerung der Merchandising-Aktivitäten[237] sowie letztlich der zu erwartende kontinuierliche Zufluß der zur Zeit noch stetig wachsenden TV-Einnahmen können in Zukunft umsatzstarke und weniger volatile zusätzliche Standbeine werden.

Jedoch ist darauf hinzuweisen, daß – soweit ersichtlich – die deutschen Bundesliga-Clubs nur ausnahmsweise vereinseigenes Grundvermögen in ihren

---

237 Allerdings ist das Merchandising kein einfaches Geschäft. Gut zwei Drittel der Bundesliga-Vereine kommen gerade über die Runden oder machen sogar Verluste. So scheiterte auch der Großhändler Herlitz mit seinem Merchandising-Konzept. Herlitz hatte auf der Basis von Lizenzverträgen mit der Mehrzahl der Bundesligisten gegen 15 % Provision für die Clubs deren Embleme auf Papier-, Büro- und Schreibwaren gedruckt und vor allem auch auf viele andere Produkte, die das Unternehmen nicht verkaufen konnte. Ende Juli 1999 verkaufte Herlitz seine Merchandising-Sparte an den Wettbewerber Brameier, hinter dem Michael Kölmel, Chef der Kinowelt Medien AG, steht, der sich bereits in mehreren Fußball-Clubs aus den Regionalligen engagiert hat. Siehe dazu: Thies vom 07.08.1999; Borussia Dortmund versucht zur Zeit mit Hilfe einer Kooperation mit dem Warner Bros.-Konzern unter dem Motto 'Fußball und Fun' den Fan-Artikel-Verkauf wieder neu zu beleben. Siehe dazu: Müller vom 07.08.1999 und Abschn. 4.3

Bilanzen ausweisen. Allein der 1. FC Kaiserslautern und neuerdings der Hamburger SV sind vollumfänglich Eigentümer ihrer Stadien. Borussia Dortmund gehört nur anteilig das Westfalen-Stadion und Bayern München allein das vereinseigene Trainingsgelände; Schalke 04 beabsichtigt erst, ein clubeigenes Stadion zu errichten.[238]

Des weiteren empfiehlt es sich, mit Sponsoren und TV-Gesellschaften möglichst langfristige Verträge abzuschließen, um zu verhindern, daß (vorübergehende) sportliche Krisen unmittelbar zu starken Umsatzeinbußen führen. Die Geschäftsführung der Fußball-Kapitalgesellschaft muß das Ziel verfolgen, das Unternehmen als Markenartikel in dem Bereich „Freizeit, Sport und Unterhaltung" zu positionieren. Dies würde zu stabileren Einnahmen aus der TV-Verwertung, aus Sponsoring-Maßnahmen und aus dem Merchandising führen, die insgesamt sehr hohe Renditen aufweisen.

Schon aus Gründen der Börsenpsychologie wird sich die Kursentwicklung einer Fußball-Aktie jedoch niemals völlig von den sportlichen Erfolgen der Mannschaft abkoppeln können.

Als Käuferkreise für Fußball-Aktien sind zunächst die Mitglieder des Muttervereins und insbesondere die Fans einer börsennotierten Fußball-Kapitalgesellschaft zu sehen – und daneben selbstverständlich die regelmäßigen Zuschauer (Stadionbesucher, Dauerkartenbesitzer), mögliche Privatanleger aus der jeweiligen Region, die institutionellen Anleger (einschließlich Sport- und Freizeitfonds) und das breite Börsenpublikum. Den Anhängern geht es bei ihrer Kaufbereitschaft in erster Linie nicht nur um wirtschaftliche Interessen; sie kaufen Fußball-Aktien, weil sie *„an einer Fußballmannschaft beteiligt sein wollen"*.[239] Allein aus diesem Reservoir ist zumindest in der Phase der Aktienemission mit einer stabilen Nachfrage nach Fußball-Aktien zu rechnen. Andere Anleger suchen sich gezielt bestimmte Fußball-Aktien aus, weil die Gesellschaften – neben ihren sportlichen Erfolgen – auch andere materielle Assets (z.B. wertvolle Grundstücke, Stadien, Hotel- und Einkaufzentren etc.) halten. Soweit Fondsmanager an Fußball-Aktien interessiert sind, erfolgt dies meist im Wege einer begrenzten Depotbeimischung.

Allerdings werden bis heute Fußball-Aktien *„nur begrenzt ... als seriöses Investment"*[240] anerkannt, was nicht nur grundsätzlich eine Erstemission

---

238 Siehe dazu die Abschnitte 4.2 und 4.8
239 Vgl. Dörflinger 1998, S. 918
240 Vgl. WGZ-Studie 1999, S. 58; die WGZ macht hierfür die *„Boom and Bust"*-Entwicklung vieler europäischer Fußball-Aktien verantwortlich.

erschweren kann, sondern im späteren Verlauf die Kursentwicklung limitieren könnte. Insgesamt wird mit einem großen Streubesitzanteil bei den Aktionären einer Fußball-Kapitalgesellschaft mit Börsennotierung zu rechnen sein. Ebenso kann bei einem Großteil der privaten Investoren (Vereinsmitglieder, Fans, regionale Anleger) davon ausgegangen werden, daß sie ihre Aktienbestände eher langfristig halten werden. Weniger wahrscheinlich dürfte das Interesse dieser Anlegerkreise darin bestehen, kurzfristige Kursgewinne als Ergebnis spekulativer Überlegungen realisieren zu wollen. Das schließt jedoch nicht aus – da Fußball-Aktien „von Natur aus" sehr volatil sein werden –, daß auch kurzfristig orientierte und risikobereite Anleger an diesem Investment nicht ebenfalls Gefallen finden werden.

Von zentralem Einfluß wird künftig – unabhängig von den vorstehend genannten Einflußfaktoren – in einem entscheidenden Maße die Entwicklung der TV-Einnahmen für Fußball-Kapitalgesellschaften sein; denn die erwarteten Steigerungsraten werden entsprechende Kursphantasie bei Fußball-Aktien zur Folge haben.[241]

Kurzfristig nicht ganz so bedeutsam für die Kursentwicklung von deutschen Fußball-Aktien wird das Thema „Übernahmephantasie" sein.[242] Solange der DFB die satzungsmäßig postulierte Beherrschung des Muttervereins bezogen auf seine Fußball-Tochtergesellschaft als Voraussetzung einer Lizenzierung zur Teilnahme an den Fußball-Bundesligen[243] aufrechterhält, wird in Deutschland (noch) keine überschäumende Kursphantasie aus Übernahmespekulationen aufkommen. Dennoch – und dies zeigt das Beispiel Leeds Sporting[244] – ist auch bei deutschen Fußball-Kapitalgesellschaften – im Falle einer Fußball-Aktiengesellschaft im Bereich bis zu 49 % des Aktienkapital sowie bei einer Fußball KGaA im Bereich bis zu 100 % des Aktienkommanditkapitals – viel Spielraum für den Aufbau von Aktienpaketen; insbesondere sollte sich dann Phantasie einstellen, wenn davon auszugehen ist, daß sich die derzeit harte Haltung des DFB bezüglich der lizenznotwendigen Beherrschung der Fußball-Kapitalgesellschaft durch den Mutterverein[245] in Zukunft aufweichen könnte. Auch sind strategische Investments – z.B. von Medienunternehmen

---

241 Siehe dazu insbesondere Abschn. 4.1
242 Vgl. dazu die Beispiele in England (Manchester United und Leeds Sporting); siehe dazu die Abschnitte 2.3.2.1 und 2.3.2.6
243 Siehe dazu die Abschnitte 5.1.2.2 und 5.1.3.1
244 Siehe Abschn. 2.3.2.6
245 Wie bereits im Falle von Bayer 04 Leverkusen /Bayer 04 Fußball GmbH erfolgt und im Falle VfL Wolfsburg/ Volkswagen zu erwarten ist.

und Sponsoren – denkbar und können auch ohne eine Mehrheit sinnvoll sein.[246]

Würde es in Deutschland kurzfristig zur börsenmäßigen Etablierung von Fußball-Kapitalgesellschaften kommen, spräche wenig dagegen – da die Einflußfaktoren auf den Kursverlauf von Fußball-Aktien in Großbritannien und Deutschland so unterschiedlich nicht sind –, daß die in Abschnitt 2.3 aufgezeigten Entwicklungen, Kennziffern und Kursverläufe bei den britischen Fußball-Kapitalgesellschaften tendenziell auch für Börseneinführungen in Deutschland erwartet werden dürften. Dies gilt insbesondere für den Fall, daß sich der Vorsprung der Fußball-Gesellschaften in Großbritannien (oder auch in anderen europäischen Ländern) bei den Einnahmen aus der TV-Vermarktung durch entsprechende Anpassungen in Deutschland verringern ließe. Dies ist jedoch frühestens ab Mitte 2000 zu erwarten.

---

246 So auch die WGZ-Studie 1999, S. 59

# 8 Finanzmarketing für börsennotierte Fußball-Kapitalgesellschaften

## 8.1 Kommunikationskonzepte

Der Ausspruch des Bankiers *Fürstenberg*[1] (1850-1933), *„der Aktionär sei dumm und frech"*, findet heute noch in Deutschland Anerkennung: *„Dumm, weil er sein Geld in Aktien anlege und frech, weil er dafür auch noch Dividenden haben wolle."* Bezeichnend ist auch *Schmalenbachs* Charakterisierung der Aktiengesellschaft als *„Pumpwerk für Kapital"*.[2] So liegt der Schluß nahe, Aktionäre seien nicht Eigentümer des Unternehmens, sondern eher lästige Anhängsel, die der Selbstverwirklichung des Managements im Wege stünden. Verstärkt wird diese mißtrauische Einstellung durch die Publizitätsscheu deutscher Unternehmen. Die zurückhaltende Einstellung vor allem mittlerer Unternehmen bezüglich des Börsengangs resultiert meist aus den Befürchtungen, die Aktionäre würden primär kurzfristige, auf eine Maximierung ihrer Erträge gerichtete Ziele verfolgen und sich damit gegen eine Unternehmenspolitik stellen, die auf Kapitalerhaltung statt auf hohe Ausschüttungen bedacht ist.[3] Fußball-Vereine dürfen erst seit dem 24. Oktober 1998 die Rechtsform einer Kapitalgesellschaft annehmen. Allerdings haben die Vereine in der Vergangenheit ihre wirtschaftlichen Zahlen selten veröffentlicht, und wenn nur die Umsatzzahlen und das Gesamtergebnis. Dabei spielt(e) der Status der Gemeinnützigkeit der Fußball-Clubs eine entscheidende Rolle, denn gemeinnützige Vereine dürfen nicht mit Gewinnerzielungsabsicht handeln, sondern müssen die satzungsmäßigen, gemeinnützigen Zwecke verfolgen.

Inzwischen ist jedoch ein Umdenken zu erkennen. Anfang der 90er Jahre betrieben lediglich 5% der deutschen börsennotierten Aktiengesellschaften Investor Relations. Dies war europaweit der niedrigste Wert.[4] Die stetig sinkenden Eigenkapitalquoten deutscher Unternehmen und der durch zahlreiche Neuemissionen der letzten Jahre härter werdende Wettbewerb um die Anleger machen eine professionelle Aktionärspflege unabdingbar. Die Vorschriften des Wertpapierhandelsgesetzes (WpHG) bringen zudem eine verstärkte Öffnung der Aktiengesellschaft gegenüber dem Publikum mit sich. Insgesamt sind die Bemühungen noch zaghaft. In den USA gehört Investor Relations da-

---

1  Vgl. Verboom 1992, S. 341
2  Vgl. Schmalenbach 1950, S. 111 ff.
3  Vgl. Schürmann/Körfgen 1997, S. 72
4  Vgl. Schreib 1993, S. 166

gegen seit Jahrzehnten zur täglichen Übung aller Gesellschaften, deren Anteile an einer Börse gehandelt werden.[5]

Investor Relations und Aktionärspflege sollen von den Unternehmen aber nicht als rein passive Maßnahmen aufgrund geänderter Umweltbedingungen angesehen werden. Vielmehr soll verdeutlicht werden, daß es sich bei diesen Maßnahmen – als Aktienmarketing verstanden – um Instrumente der strategischen Unternehmensführung handelt. Der Begriff Marketing wird längst nicht mehr nur auf die Absatzmärkte beschränkt. Marketing wird heute als *„Konzeption der Unternehmensführung"* definiert, *„bei der zur Erreichung der Unternehmensziele alle betrieblichen Aktivitäten konsequent auf die Überwindung der gegenwärtigen und zukünftigen Marktwiderstände ausgerichtet werden"*.[6] Teil dieser Gesamtkonzeption ist das Finanzmarketing als *„an den Bedürfnissen der Kapitalgeber orientierter, zielgerichteter Einsatz finanzpolitischer Maßnahmen zur Überwindung der zwischen Kapitalnachfrage und Kapitalangebot bestehenden Marktwiderstände"*.[7]

Ursachen für Marktwiderstände:[8]
- die Informationen der Marktteilnehmer sind unvollständig oder veraltet;
- die Informationen sind nicht auf die Zielgruppen und deren Erwartungen zugeschnitten;
- die Informationen der Marktteilnehmer sind asymmetrisch verteilt;
- es treten Gerüchte und Mißverständnisse auf.

Der Begriff Finanzmarketing umfaßt sowohl das Auftreten auf den Fremd- als auch auf den Eigenkapitalmärkten. Unterschieden wird daher zwischen Fremdkapital-Marketing und Aktienmarketing.[9]

Die emittierende Aktiengesellschaft tritt am Markt für Risikokapital als Anbieter auf. Sie muß aus den vielen verschiedenen Anlage- und Finanzierungsformen eine Auswahl treffen. Bietet das kapitalsuchende Unternehmen z.B. das „Produkt Aktie" an, muß es die Bedürfnisse und Erwartungen der Nachfrager, d.h. der aktuellen und potentiellen Aktionäre, kennen, ihnen die Eigenschaften des Produkts Aktie vermitteln und die Nachfrage danach

---

5 Vgl. Becker 1994, S. 296
6 Vgl. Link 1991, S. 7
7 Vgl. Süchting 1986, S. 654
8 Vgl. Paul 1993, S. 139
9 Vgl. Link 1991, S. 7 f.

stimulieren.[10] Der Ansatz des Absatzmarketing kann daher auf den Finanzbereich übertragen werden. Die „vier P's" des Marketing-Mix nach *Meffert* – *Product, Price, Place* und *Public Relations* – finden im Aktienmarketing abgewandelt ihre Anwendung.[11] Durch den systematischen Einsatz der marketingpolitischen Instrumente ist das Unternehmen bestrebt, sich das zum Erreichen der Unternehmensziele langfristig notwendige Eigenkapital zu beschaffen. Eine Beschränkung auf den Finanzmittelbedarf, der aus anderen Unternehmenssparten abgeleitet wird, sollte nicht erfolgen, da es durch die Beeinflussung des Finanzmarktes möglich ist, neue, bessere Umweltbedingungen zu erzeugen, die geringere Finanzmittel erfordern oder den bestehenden Finanzierungsrahmen erweitern.[12]

**Abb. 105: Aktienmarketing**

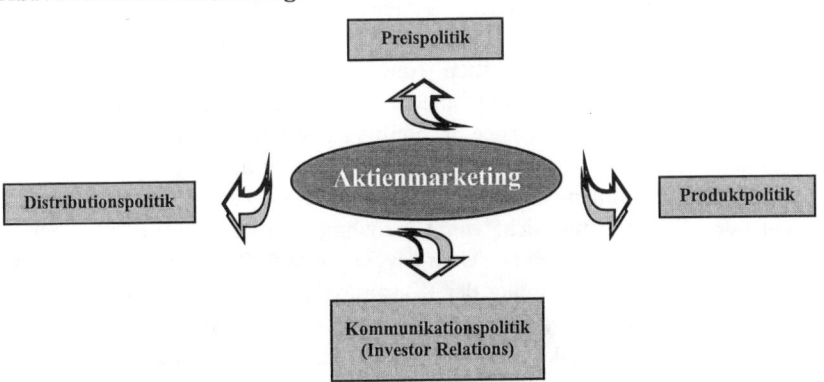

Wie bereits erwähnt umfaßt das Aktienmarketing, entsprechend dem Güter- und Dienstleistungsmarketing, die Bereiche Produkt-, Preis-, Distributions- sowie Kommunikationspolitik. Für die Kommunikationspolitik ist in der Praxis der Ausdruck der Investor Relations (IR) gebräuchlich, während in der Literatur auch der Begriff der *Stockholder Relations* Anwendung findet.[13] Wegen der umfassenden Möglichkeiten der Einflußnahme auf die Entscheidungen der Aktionäre im Bereich der Investor Relations bildet dieser Teilbereich des Aktienmarketing einen wesentlichen Schwerpunkt.

---

10 Vgl. Verboom 1992, S. 337
11 Vgl. Meffert 1998, S. 14 und 881 ff.
12 Vgl. Becker 1994, S. 298 ff.
13 Vgl. Becker 1994, S. 300

### 8.1.1 Komponenten des Aktienmarketing

#### 8.1.1.1 Produktpolitik

Die Möglichkeiten, das Produkt Aktie zu gestalten, sind aufgrund der Standardisierung durch die Vorschriften des Aktiengesetzes starken Restriktionen unterworfen.[14] Daher müssen die Entscheidungen über die Art der Aktiengattungen bereits bei Gründung der Aktiengesellschaft getroffen werden. Sollen die Mitgliedschaftsrechte zu einem späteren Zeitpunkt geändert werden, ist dies nur über den Weg einer Satzungsänderung möglich.[15] Grundsätzlich stehen den Aktionären Verwaltungs- und Vermögensrechte zu. Gestaltungsmöglichkeiten ergeben sich lediglich in den Bereichen des Stimmrechts und des Dividendenanspruchs.

Zur Gestaltung des Stimmrechts besteht die Möglichkeit, stimmrechtslose Vorzugsaktien auszugeben.[16] Inhaber dieser Aktien erhalten eine höhere Dividende als Stammaktionäre, haben jedoch kein Stimmrecht in der Hauptversammlung. Ein bis zu 20 % unter dem Kurs der Stammaktie liegender Vorzugsaktienkurs kann sich aber nachteilig auswirken, da das Emissionsagio und damit die Stärkung des Eigenkapitals geringer ausfallen. Zurückgeführt wird dieses Phänomen vor allem darauf, daß die Vorzugsaktionäre wegen des fehlenden Stimmrechts nicht von Übernahmeangeboten profitieren können. Andere Erklärungsansätze beziehen psychologische Faktoren ein, so z.B. die Möglichkeit der Befriedigung der Konsumwünsche einiger weniger Stammaktionäre auf Kosten der Gesellschaft, sog. *perk consumption*.[17] Eine weitere Möglichkeit der Produktgestaltung besteht in der Einschränkung der Übertragbarkeit durch Ausgabe von Namensaktien bzw. vinkulierten Namensaktien.[18] Eine dadurch verminderte Marktgängigkeit führt in der Regel ebenfalls zu niedrigeren Kursen und damit zu einem geringeren Zufluß an Finanzmitteln.[19]

Weitere Gestaltungsmöglichkeiten lassen die gesetzlichen Vorschriften für den Nennbetrag der Aktien zu. Der Nennbetrag der Aktie wird als Packungsgröße oder *link* bezeichnet und muß seit 01. Januar 1999 mindestens 1 Euro betragen. Im Rahmen der Vorbereitung auf die Europäische Währungsunion

---

14 Vgl. Becker 1994, S. 305; Link 1993, S. 120
15 Vgl. Link 1991, S. 182; vgl. dazu die Abschnitte 6.1.4 und 6.1.5
16 Siehe dazu Abschn. 6.1.4.3.2
17 Vgl. Hartmann-Wendels/von Hinten 1989, S. 268; Pöllinger 1996, S. 204 f.
18 Siehe dazu die Abschnitte 6.1.4.2.2 und 6.1.4.2.3
19 Vgl. Link 1991, S. 193 f.

wurden im April 1998 in der Bundesrepublik Deutschland erstmals nennwertlose Stückaktien zugelassen. Ein niedriger Nennbetrag ermöglicht eine breite Streuung der Aktie, während ein hoher Nennbetrag ausschließlich finanzkräftige, meist institutionelle Anleger anspricht.[20] In den USA sind Aktien mit Kursen über $ 100 die Ausnahme, während sich in Deutschland zahlreiche Aktienkurse, besonders von Versicherungsgesellschaften, bei DM 500 oder sogar in Tausendhöhe bewegen. Mit Hilfe des Aktiensplitting, bei dem eine Aktie z.b. im Verhältnis 1:2 geteilt wird und der Aktionär ohne Gegenleistung für seine Aktie zwei erhält, ist es möglich, „schwere Aktien" billiger zu machen. Der Effekt ist eine größere Stückelung und damit einhergehend ein niedrigerer Aktienkurs. So haben viele Gesellschaften bei der Herabsetzung des Mindestnennbetrages von DM 50 auf DM 5 ihre Aktien im Verhältnis 1 : 10 gesplittet, um sie für Kleinanleger attraktiver zu machen.[21]

Für Fußball-Kapitalgesellschaften sind Stückaktien oder Aktien mit einem niedrigen Nennwert zu empfehlen. Um eine breite Aktienstreuung als Schutz vor zu großem Fremdeinfluß von z.B. Medienunternehmen zu erreichen, müssen die Fans als Anleger gewonnen werden. Je niedriger der Aktienkurs bedingt durch den Nennwert ist, desto eher werden die Fans versuchen, sich auch finanziell an ihrem Verein zu beteiligen. Der Versuch des Hamburger Sportvereins, sich über die Ausgabe von HSV-Aktien zu sanieren, schlug aus mehreren Gründen fehl. Die Aktien der 1991 gegründeten HSV-Sport-AG boten keine Gewinnaussichten und Zukunftsperspektiven. Daher fand sich auch kein Kreditinstitut, das die Emission begleiten wollte. Bei dem Selbstverkauf der nichtbörsennotierten Aktien konnte kein breites Publikum erreicht werden, und beim Verkauf der Aktien an die Fans scheiterte der Verein vor allem an dem hohen Ausgabepreis von 1.060 DM.[22]

*8.1.1.2 Preispolitik*

Im Rahmen der Preispolitik kann auf die Bestimmung des Emissionspreises beim Going Public Einfluß genommen werden.[23] Weiterer Bestandteil der Preispolitik ist die Festlegung des Bezugskurses bei einer Kapitalerhöhung. Niedrige Bezugskurse werden von den Aktionären oft als Geschenk oder Zusatzdividende angesehen, da sie das Bezugsrecht mit höherem Gewinn ver-

---

20 Vgl. Becker 1994, S. 310, Fn. 45
21 Vgl. Gajo 1992, S. R458
22 Vgl. Segna 1997, S. 1902
23 Siehe dazu ausführlich Abschn. 7.4 nebst dazugehöriger Unterabschnitte

äußern können. Der Verwässerungseffekt ihrer Beteiligung wird dabei oft übersehen.[24] Der Aussicht auf Dividende kommt bei der Preisbildung eine besondere Bedeutung zu. Tendenziell sind Anleger, die einem hohen Steuersatz unterliegen, eher an einer Gewinnthesaurierung interessiert, während Kleinanleger Ausschüttungen in konstanter Höhe präferieren. Die Majorität der internationalen Anleger orientiert sich weniger an der Ausschüttung, sondern eher am möglichen Kursgewinn.[25]

Der Dividendenpolitik kommt insofern eine Signalwirkung[26] zu, als die Anleger daraus Rückschlüsse über die zukünftige Entwicklung des Unternehmens ziehen. Viele Gesellschaften sind daher bestrebt, jedes Jahr einen gleich hohen Geldbetrag pro Aktie auszuschütten. Durch diese Verstetigung wird der Gefahr entgegengewirkt, daß Erhöhungen der Dividende in guten Jahren als normal empfunden werden, Senkungen der Dividende in schlechteren Jahren hingegen zu unangemessen negativen Reaktionen führen könnten. Soll in besonders guten Jahren die Ausschüttungsquote erhöht werden, wird häufig zusätzlich zur konstanten Dividende ein Bonus ausgezahlt.[27]

### 8.1.1.3 Distributionspolitik

Im Rahmen der Distributionspolitik ist über die Wahl der Absatzwege und -organe zu entscheiden. Bezüglich der Absatzwege stehen als Alternativen der direkte und indirekte Vertrieb zur Wahl. Für den Direktvertrieb der Aktien durch Selbstemission entscheiden sich nur sehr wenige Unternehmen. Die Vorteile des Direktvertriebs liegen im direkten Kontakt zu den Aktionären, der uneingeschränkten Kontrolle des Absatzes und darin, daß keine Kosten für externe Absatzmittler anfallen. Ihnen stehen die immensen Kosten des Aufbaues einer Absatzorganisation für ein Produkt gegenüber, das nur in größeren Zeitabständen hergestellt wird, da die Gesellschaft nicht stetig neue Aktien emittiert.[28] Allerdings bietet der Vertrieb nicht börsennotierter Aktien via Internet mittlerweile eine gute Alternative, die Vorteile des Direktvertriebs bei niedrigen Kosten zu nutzen.

Bei börsennotierten Aktien wird der indirekte Vertriebsweg der Emission über Banken, die sich zu einem Konsortium zusammengeschlossen haben,

---

24 Vgl. Link 1993, S. 123
25 Vgl. Paul 1993, S. 141
26 Vgl. Link 1991, S. 261 ff.
27 Vgl. Süchting 1986, S. 658
28 Vgl. Link 1991, S. 272 f.

gewählt. Das liegt vor allem daran, daß das emittierende Unternehmen einen Emissionsbegleiter oder einen Betreuer (Designated Sponsor) für die Börsenzulassung benötigt. Der Emittent kann auf diese Weise vom Spezialwissen und dem, meist eine große Anzahl von Filialen umfassenden, Vertriebsnetz der Kreditinstitute profitieren. Die Banken nehmen dem Emittenten häufig das Plazierungsrisiko ab, da sie sich verpflichten, sämtliche Anteile zu übernehmen und am Markt zu plazieren. Die nichtplazierten Anteile wandern in das Aktien-Portfolio der Banken, die versuchen, die Aktien zu einem späteren Zeitpunkt gewinnbringend zu verkaufen. Die Übernahme des Plazierungsrisikos lassen sich die Banken über die Emissionspreisfestlegung vergüten.[29] Der § 71 Abs. 2 BörsG gewährt neben den Kreditinstituten auch anderen geeigneten Unternehmen die Möglichkeit, Emittenten bei der Zulassung zum Geregelten Markt zu begleiten, doch kommt dieser Vorschrift kaum praktische Bedeutung zu.[30] Allerdings drängen mittlerweile immer mehr Finanzdienstleistungsunternehmen auf den Markt, die eine Emissionsbegleitung aus einer Hand anbieten. Beginnend mit der strategischen Beratung über die Prüfung der Börsenreife bis hin zur Vorbereitung und Durchführung des eigentlichen Börsengangs wird der Emittent von diesen Unternehmen begleitet. Und auch bei den gesetzlichen Folgepflichten und der Aktionärspflege bekommt der Emittent – natürlich immer gegen Entgelt – Hilfestellungen von diesen Finanzdienstleistern. Häufig arbeiten diese Unternehmen mit einer Bank zusammen oder haben ein eigenes Emissionshaus in ihrem Unternehmensverbund, das für die Plazierung der Aktien auf dem Kapitalmarkt sorgt.

Das ausgewählte Bankenkonsortium muß über ausreichend Plazierungskraft verfügen. Die Plazierungskraft der beteiligten Banken hängt maßgeblich von ihrem Kundenstamm ab. Vor allem die Depotkunden wie auch die Verbindungen zu institutionellen Anlegern und anderen Kreditinstituten sind dabei von Bedeutung.[31] Die Zusammensetzung des Konsortiums hat Auswirkungen auf die Aktionärsstruktur. Wird eine breite Streuung der Aktien unter den Kleinanlegern angestrebt, ist eine Beteiligung der Sparkassenorganisation und der DG Bank, als Zentralinstitut der Volks- und Raiffeisenbanken, an der Führung des Konsortiums sinnvoll. Sollen hingegen verstärkt ausländische Anleger angesprochen werden, empfiehlt sich die Wahl eines international zusammengesetzten Konsortiums.[32]

---

29  Siehe auch Abschn. 7.4.5.1
30  Siehe auch Abschn. 7.2.3.2
31  Vgl. Link 1991, S. 276 f.; Süchting 1986, S. 658
32  Vgl. Becker 1994, S. 305

Finanzmarketing für börsennotierte Fußball-Kapitalgesellschaften

### 8.1.1.4 Kommunikationspolitik (Investor Relations)

Die Kommunikationspolitik der Aktiengesellschaft ist an einen breiten Personenkreis gerichtet. Dazu gehören nicht nur aktuelle und potentielle Anleger, sondern auch Finanzanalysten und Wirtschaftsjournalisten. Diese werden allgemein als Multiplikatoren und Meinungsmacher bezeichnet. Aufgabe der Investor Relations ist es, diese Personen bzw. den Kapitalmarkt mit Informationen über das Unternehmen zu versorgen, um auf diese Weise seine wirtschaftliche Leistungsfähigkeit auf den Kurs der Aktie zu übertragen.

Durch Investor Relations-Aktivitäten kann die Gesellschaft den Kurs beeinflussen. Entscheidend ist, daß – anders als z.b. bei der Ertragslage – in diesen Aktivitäten der einzige Einflußfaktor liegt, der ausschließlich von der Unternehmensleitung bestimmt und gestaltet werden kann.[33] Die Möglichkeiten der Investor Relations-Instrumente lassen sich im Zusammenhang mit ihren Zielen verdeutlichen.

Die englischen Clubs sind in Sachen Kommunikationspolitik bedeutend weiter als deutschen Bundesliga-Vereine. Neben den gesetzlich vorgeschriebenen Veröffentlichungen, die die Rechtsform der Kapitalgesellschaft und die Börsennotierung mit sich bringen, werden die Finanzdaten auch über die Internetseiten der Clubs – mehr oder weniger – ausführlich einem breiten Publikum zugänglich gemacht.

### 8.1.1.4.1 Ziele der Investor Relations

Primäres Ziel der Investor Relations ist es, das Unternehmen bekannt zu machen und Vertrauen aufzubauen bzw. vorhandenes Vertrauen weiter zu festigen. Haben die Anleger Vertrauen in die Aktie, wird sie stärker nachgefragt und ihr Kurs steigt. So kam eine Mitte der 70er Jahre bei 460 US-Unternehmen durchgeführte Untersuchung zu dem Ergebnis, daß der Aktienwert zu 40 % von kommunikativen Faktoren geprägt ist.[34] Ein hohes Kursniveau hat für die Aktiengesellschaft mehrere Vorteile. Bei Kapitalerhöhungen wird die Realisation höherer Ausgabekurse möglich, wodurch die Kosten der Eigenkapitalbeschaffung sinken. Dies erklärt sich damit, daß ein größeres Agio, d.h. die Differenz zwischen Nennbetrag und Ausgabekurs, zu einem erhöhten Zufluß an liquiden Mitteln führt.

---

33 Vgl. Verboom 1992, S. 335 f.
34 Vgl. Strenger 1996, S. 467

*Paul*[35] hat die positiven Effekte aus Investor Relations-Tätigkeiten mittels eines einfachen Zahlenbeispiels veranschaulicht. Dabei wird die Bildung einer Rücklage aus dem Jahresüberschuß mit der Bildung einer Rücklage aus einem Emissionsagio, unter der Voraussetzung, daß es durch Investor Relations-Maßnahmen gelungen ist, den Kurs der Aktie um 10 % zu erhöhen, verglichen. Das zusätzliche Agio, das in Höhe von DM 80 Mio. aufgrund der Kurssteigerung durch Investor Relations-Aktivitäten erzielt werden konnte, ist gemäß § 272 Abs. 2 Nr. 1 HGB in die Kapitalrücklagen einzustellen. Sollen jedoch die Gewinnrücklagen gem. § 272 Abs. 3 HGB um denselben Betrag erhöht werden, muß zunächst, bei Annahme eines Thesaurierungssteuersatzes von 58 %, ein Ergebnis vor Steuern in Höhe von DM 190 Mio. erwirtschaftet werden. Bei einer angenommenen Umsatzrendite von 10 % entspräche dies immerhin einem zusätzlichen Umsatzvolumen von DM 1,9 Mrd. Ein weiterer Vorteil einer Kapitalerhöhung durch Aktienemission liegt darin, daß die relative Steuer- und Dividendenzahllast, die auf dem Eigenkapital lastet, geringer wird.[36] Siehe zu diesem Beispiel die Abbildung 106 auf der folgenden Seite.

Nicht nur die Verringerung der Kosten des zukünftigen, sondern auch die Senkung der Kosten des gegenwärtigen Eigenkapitals erscheint zumindest möglich.[37] Diese These beruht auf dem *Capital Asset Pricing Model* (CAPM),[38] das im folgenden kurz vorgestellt wird.

Das CAPM ist ein Modell zur Erklärung der Preisbildung auf Kapitalmärkten. Dabei wird angenommen, daß die Investoren ihr Kapital auf eine risikolose und eine risikobehaftete Anlage aufteilen. Risikolose Anlagen sind z.B. Staatsanleihen, während Aktien risikobehaftete Anlagen darstellen. Die Risikoeinstellung des Investors kommt darin zum Ausdruck, wie stark diese beiden Komponenten jeweils gewichtet werden.

---

35 Vgl. Paul 1993, S. 154 ff.
36 Vgl. Becker 1994, S. 300; Paul/Zieschang 1994, S. 1486
37 Vgl. Paul/Zieschang 1994, S. 1485
38 Eine ausführlichere Darstellung des CAPM findet sich bei Perridon/Steiner 1995, S. 237 ff.

**Abb. 106: Alternative Rücklagenbildung**

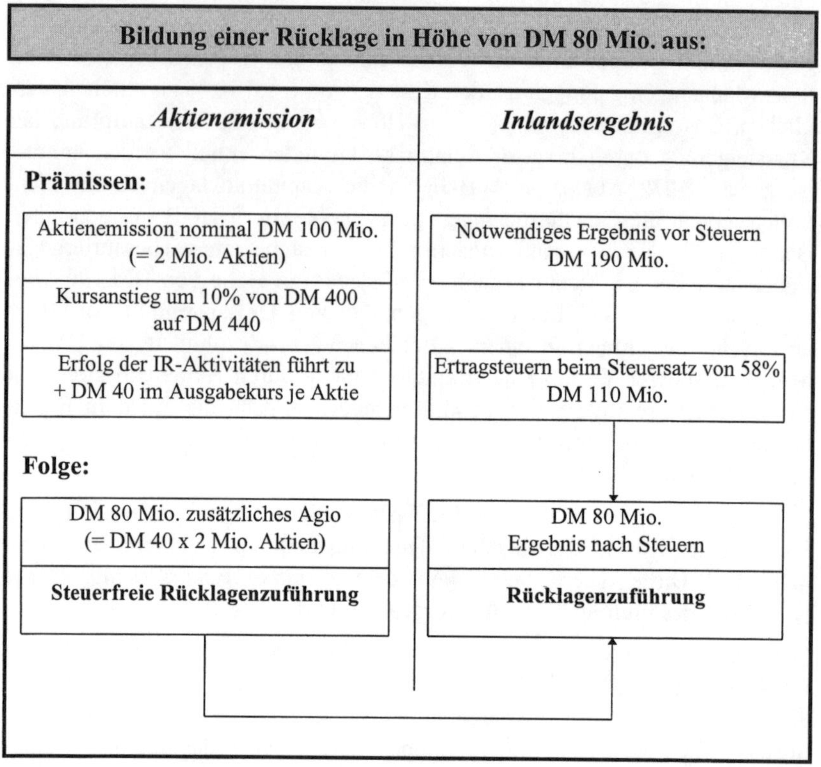

| Bildung einer Rücklage in Höhe von DM 80 Mio. aus: ||
|---|---|
| *Aktienemission* | *Inlandsergebnis* |
| **Prämissen:** | |
| Aktienemission nominal DM 100 Mio. (= 2 Mio. Aktien) | Notwendiges Ergebnis vor Steuern DM 190 Mio. |
| Kursanstieg um 10% von DM 400 auf DM 440 | |
| Erfolg der IR-Aktivitäten führt zu + DM 40 im Ausgabekurs je Aktie | Ertragsteuern beim Steuersatz von 58% DM 110 Mio. |
| **Folge:** | |
| DM 80 Mio. zusätzliches Agio (= DM 40 x 2 Mio. Aktien) | DM 80 Mio. Ergebnis nach Steuern |
| **Steuerfreie Rücklagenzuführung** | **Rücklagenzuführung** |

Die Renditeerwartung für das gesamte angelegte Kapital ergibt sich als Summe aus dem risikofreien, sicheren Zins und einem Risikozuschlag. Der Risikozuschlag berechnet sich aus der Gewichtung der Differenz zwischen risikolosem Zins und erwarteter Aktienrendite mit dem sog. *Beta-Faktor*. Dieser Faktor mißt die relative Entwicklung des Kurses einer Aktie im Verhältnis zur Entwicklung des Gesamtmarktes. Bei einem Wert des Beta-Faktors von eins verläuft die Kursentwicklung der Aktie und des Gesamtmarktes parallel. Ist der Wert größer als eins, liegt eine sog. aggressive Aktie vor, deren Kurs stärker schwankt als die Kursentwicklung des Gesamtmarktes. Für einen Beta-Faktor kleiner als eins ergibt sich umgekehrt eine geringere Schwankung der betrachteten Aktie, die auch als defensives Papier bezeichnet wird. Die Bedeutung der Beta-Faktoren verdeutlicht deren regelmäßige Berechnung und

Veröffentlichung in der Wirtschaftspresse für die 30 DAX-Werte der Frankfurter Wertpapierbörse.[39]

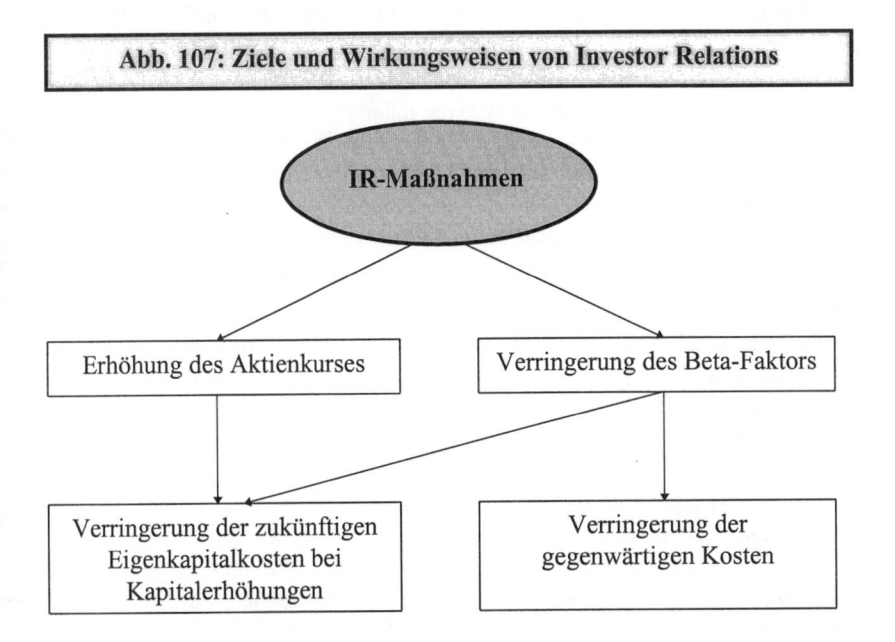

**Abb. 107: Ziele und Wirkungsweisen von Investor Relations**

```
                    ┌──────────────┐
                    │ IR-Maßnahmen │
                    └──────────────┘
                    ↙              ↘
   ┌─────────────────────────┐   ┌──────────────────────────┐
   │ Erhöhung des Aktienkurses│   │ Verringerung des Beta-Faktors │
   └─────────────────────────┘   └──────────────────────────┘
                    ↓                       ↓
   ┌─────────────────────────┐   ┌──────────────────────────┐
   │ Verringerung der zukünftigen │ │ Verringerung der         │
   │ Eigenkapitalkosten bei       │ │ gegenwärtigen Kosten     │
   │ Kapitalerhöhungen            │ │                          │
   └─────────────────────────┘   └──────────────────────────┘
```

Ansatzpunkt für Aktivitäten im Investor Relations-Bereich ist die Volatilität der Aktie, d.h. das Schwankungsmaß der Aktienkurse, dessen Kennzahl der Beta-Faktor ist. Gelingt es dem Unternehmen durch vertrauensbildende Maßnahmen, eine Aktionärstreue aufzubauen, werden die Aktionäre bei Kursschwankungen nicht sofort verkaufen, sondern ihre Aktien halten. So könnten Kursverluste abgefedert werden, und die Aktie wird im Verhältnis zur Entwicklung auf dem Gesamtmarkt kursstabiler. Ein in dieser Weise verringerter Beta-Faktor würde eine niedrigere Renditeerwartung der Anleger nach sich ziehen und somit die Eigenkapitalkosten senken.[40]

Kann Eigenkapital zu günstigeren Konditionen aufgenommen werden, hat dies Rückwirkungen auf die Kapitalstruktur, da dadurch eine Erhöhung der Eigenkapitalquote ermöglicht wird. Gegenwärtig liegen die Eigenkapitalquo-

---

39  Vgl. die Beispiele bei Perridon/Steiner 1995, S. 260 f.
40  Ein Berechnungsbeispiel findet sich bei Paul/Zieschang 1994, S. 1487

ten deutscher Unternehmen im Durchschnitt bei ca. 20 %. Im internationalen Vergleich ist dies ein sehr niedriger Wert. Ein weiterer Vorteil eines auf hohem Niveau stabilen Aktienkurses ist die Verringerung der Gefahr einer feindlichen Übernahme, die vor allem Familiengesellschaften Sorge bereitet. Aus niedrigen Kursen werden Rückschlüsse auf die Qualität des Managements, der Produkte sowie die regionale und internationale Reputation des Unternehmens gezogen.[41] Eine Aktie, die unterbewertet ist, weil die Börse ihr inhärentes Potential nicht erkennt, läßt dieses Unternehmen leicht zum Schnäppchen für Aufkäufer werden. Die Loyalität der Aktionäre kann eine Übernahme verhindern, wie der 1955 gescheiterte Versuch der Daimler Benz AG zeigt, den Konkurrenten BMW zu übernehmen.[42]

Kapitalgeber unterscheiden sich aufgrund ihrer Risikoeinstellung. Bei der Abwägung der Chancen und Risiken einer Kapitalanlage verhalten sie sich entweder tendenziell risikofreudig oder risikoscheu. Diese Aussage muß für institutionelle Anleger eingeschränkt werden, da es ihnen eher möglich ist, das sog. systematische Risiko eines Unternehmens durch Diversifikation des Portfolios weitgehend auszuschalten. Wenn im Rahmen der Finanzkommunikation diejenigen Anleger erreicht werden können, deren Risikopräferenz zum Chancen-Risikoprofil des Unternehmens paßt, ist eine größere Aktionärstreue wahrscheinlich.[43] Ziel ist eine Verringerung der Unsicherheit, unter der die Anlageentscheidung zwangsläufig getroffen wird, um den Anleger vor Überraschungen zu schützen.[44] Investor Relations können dazu beitragen, Marktunvollkommenheiten zu beseitigen, die eine Folge asymmetrischer Informationsverteilung zwischen Management und Anlegern sind, um somit die Informationseffizienz des Kapitalmarktes zu verbessern.[45]

Der Anleger wird dem Unternehmen sein Geld nur zur Verfügung stellen, wenn er auf dessen Management und Seriosität vertraut. Ziel des Unternehmens muß zwangsläufig die Verbreitung eines positiven Unternehmensimages zur Gewinnung des Anlegervertrauens sein. Dies ist besonders dann wichtig, wenn die Aktionärsbasis verbreitert oder internationalisiert werden soll, etwa durch Einführung der Aktie an einer ausländischen Börse. Das Vertrauen der Börse in die Gesellschaft kann nur durch eine kontinuierliche Kommunikation mit den Zielgruppen aufgebaut werden. Dieser Grundsatz der

---

41  Vgl. Diehl 1993, S. 175
42  Vgl. Ruppel 1984, S. 6 f.
43  Vgl. Süchting 1986, S. 654
44  Vgl. Paul 1993, S. 149
45  Vgl. Steiner 1993, S. 189

Stetigkeit erfordert in regelmäßigem Jahresrhythmus stattfindende Informationsveranstaltungen und Präsentationen.[46] So können mittel- bis langfristig orientierte Investoren gewonnen werden, die nicht primär an der Realisierung kurzfristiger Zeichnungsgewinne interessiert sind. Kurzfristiger Aktionismus in Form von Hochglanzbroschüren und Anzeigenschaltungen zu Beginn der Börseneinführung reicht zur Gewinnung dieser Anleger nicht aus. Ein solches Vorgehen kann, gerade bei einer finanziellen Unternehmenskrise, Mißtrauen beim Anleger hervorrufen.[47] Investor Relations sind keine Schönwetter-Veranstaltungen, auch schlechte Nachrichten muß das Unternehmen verkaufen können. Nur so fühlt sich der Anleger ausreichend und korrekt über die wirtschaftliche Lage des Unternehmens informiert.[48]

Durch permanent betriebene Investor Relations steigt der Bekanntheitsgrad des Unternehmens. Dabei können über den finanzwirtschaftlichen Bereich hinausgehende positive Auswirkungen auftreten. Über eine generelle Verbesserung des Images in der Öffentlichkeit hinaus können sich Vorteile für den Absatz der im normalen Leistungsprozeß erbrachten Güter und Dienstleistungen ergeben.[49] Eine börsennotierte Aktiengesellschaft wird von den Kunden anders wahrgenommen als ein Unternehmen anderer Rechtsform. Insofern sind Investor Relations (IR) Teil der Public Relations (PR).[50]

Neben den Chancen der Investor Relations müssen deren Grenzen ebenfalls bedacht werden. Defizite in anderen Bereichen, wie z.B. eine mangelhafte Ertragslage, ein unangemessen hoher Verschuldungsgrad oder ein unqualifiziertes Management, können durch Maßnahmen im Investor Relations-Bereich - so gut diese auch sein mögen - nicht ausgeglichen werden.[51] Kursentwicklungen hängen nicht nur von der Informationspolitik der Gesellschaft ab. Den Beitrag zu quantifizieren, den die IR-Maßnahmen dazu leisten, ist praktisch unmöglich.[52] Die Zielsetzungen der Kommunikationspolitik im Rahmen des Aktienmarketings können nur langfristig erreicht werden. Investor Relations können daher als Teil der strategischen Unternehmensplanung verstanden werden.

---

46  Vgl. Paul 1991, S. 940
47  Vgl. Krystek/Müller 1993, S. 1786
48  Vgl. Bruns 1993, S. 185
49  Vgl. Krystek/Müller 1993, S. 1788
50  Vgl. Absatzwirtschaft Nr. 2/1987, S. 28
51  Vgl. Becker 1994, S. 295 u. 308; Lingenfelder/Walz 1988, S. 468
52  Vgl. Süchting 1986, S. 654

### 8.1.1.4.2 Zielgruppen der Investor Relations

Aktuelle und potentielle Anteilseigner sind die größte Zielgruppe der Kommunikationspolitik der börsennotierten Gesellschaft. Hierbei ist zu unterscheiden zwischen privaten und institutionellen Anlegern. Als eine weitere, wichtige Zielgruppe sind die Personen zu nennen, die zwar selbst keine Aktien des Unternehmens besitzen, aber als Meinungsmacher und Multiplikatoren Einfluß auf die Anlageentscheidungen der Investoren nehmen.

Die Zielgruppe der Privatanleger läßt sich am schwersten erreichen. Da diese meist als Inhaberaktionäre auftreten, bleiben sie für das Unternehmen anonym. Um diesen Personenkreis trotzdem anzusprechen, bieten sich dem Unternehmen prinzipiell zwei Möglichkeiten. Einerseits kann auf Adreßlisten von Personen zurückgegriffen werden, die in der Vergangenheit Geschäftsberichte oder ähnliches Informationsmaterial angefordert haben. Ihnen könnten regelmäßig Jahres-, Halbjahres- oder Quartalsberichte zugesandt werden. Andererseits können Anzeigen geschaltet werden, die die Möglichkeit bieten, weitergehendes Informationsmaterial beim Unternehmen anzufordern. Ob es sinnvoll ist, sich so intensiv um die Privatanleger, unter denen sich viele Kleinaktionäre befinden, zu bemühen, bleibt fraglich, da Investor Relations in diesem Bereich am kosten- und arbeitsintensivsten sind[53], der Erfolg sich hingegen schwer messen läßt. Oftmals beabsichtigen Privatanleger jedoch, ihr Kapital langfristig anzulegen. In diesen Fällen würde das Ziel einer Verstetigung der Aktionärsstruktur durch die erwähnten Maßnahmen unterstützt werden. Zudem wird erwartet, daß sich das Kapital der Privatanleger in den nächsten Jahren erheblich vermehren wird, da die in der Zeit des Wirtschaftswunders aufgebauten Vermögen an die nächste, risikofreudigere Generation vererbt werden.[54]

In die Gruppe der institutionellen Investoren fallen vor allem Investment- und Pensionsfonds sowie Versicherungen. Als Kapitalsammelstellen stehen ihnen ständig Finanzmittel zur Anlage zur Verfügung. Um das Risiko zu minimieren, diversifizieren sie ihre Anlagen auf Renten- und Aktienmärkte, wobei Aktienanlagen in Deutschland nach wie vor deutlich unterrepräsentiert sind.[55] Zahlenmäßig handelt es sich zwar um die kleinste Anlegergruppe, allerdings mit dem größten Anlagekapital pro Entscheidungsträger, so daß institutionelle Anleger bei den Investor Relations oft bevorzugt behandelt werden.

---

53 Vgl. Krystek/Müller 1993, S. 1787 f.
54 Vgl. Paul 1991, S. 934; Diehl 1993, S. 176; Bruns 1993, S. 191
55 Vgl. Paul 1993, S. 142

Einige Zahlen aus dem Versicherungssektor verdeutlichen die Bedeutung der institutionellen Anleger. Das bilanzielle Anlagekapital der Versicherungswirtschaft belief sich im Jahre 1993 auf DM 921 Mrd. Nach den Vorschriften des Versicherungsaufsichtsgesetzes dürfen bis zu 30% des gebundenen Vermögens in Aktien und Beteiligungen angelegt werden. Unterstellt man weitgehende Identität der gesamten Kapitalanlagen und gebundenen Vermögen, ergibt sich ein Betrag von mehr als DM 275 Mrd. Die Gesamtkapitalisierung des deutschen Aktienmarktes als Vergleichsgröße, lag im selben Jahr bei ca. DM 800 Mrd.[56]

Die zunehmende Bedeutung der institutionellen Anleger wird von den Unternehmen nicht durchweg gutgeheißen. So besteht die Befürchtung, daß sich die Aktionärsstruktur verändert und die Gesellschaft Anteilseigner verliert, die sich ihr persönlich verbunden fühlen. Zusätzlich wird die Gefahr von Kurseinbrüchen für den Fall gesehen, daß ein institutioneller Anleger seine Beteiligung abstößt. Statt die Anteile zu verkaufen, ist heute eher eine Entwicklung zu einer verstärkten Einflußnahme der institutionellen Anleger auf die unternehmerischen Entscheidungen der Aktiengesellschaft zu beobachten, ein Phänomen, das als *corporate governance* bezeichnet wird. Positive Aspekte liegen in der Chance einer langfristigen Beteiligung z.B. durch erhöhtes Ansehen des Unternehmens und die dadurch zu erwartenden Kurssteigerungen, wenn es gelingt, einen institutionellen Anleger als Investor zu gewinnen.[57]

Eine wichtige Rolle auf dem deutschen Aktienmarkt spielen zunehmend die ausländischen Anleger. Bereits im Jahre 1990 entfielen ca. 19% des Aktienbesitzes in Deutschland auf diese Gruppe, die hauptsächlich aus Briten, US-Amerikanern und Japanern besteht.[58] Bei den ausländischen Investoren sind ebenfalls die institutionellen Anleger von besonderer Bedeutung, die anders als deutsche Institutionen in sehr hohem Maße in Aktien investieren. Ihr Anteil am Aktiensparen liegt in den USA und Großbritannien bei ca. 60-70%.[59] Die größte Nachfrage nach Investor Relations geht daher von ausländischen institutionellen Investoren aus.[60] Erschwert wird die Kommunikation mit ausländischen Anlegern jedoch durch unterschiedliche Systeme der Rechnungslegung. Innerhalb der Europäischen Union hat zwar weitgehend eine

---

56 Vgl. Löffler 1996, S. 296
57 Vgl. Günther/Otterbein 1996, S. 400 f.
58 Vgl. Krystek/Müller 1993, S. 1787 f.
59 Vgl. Paul 1993, S. 142
60 Vgl. Mindermann 1995, S. 251

Angleichung der Vorschriften zum Einzel- und Konzernabschluß stattgefunden, trotzdem bestehen große Unterschiede zu den USA und Japan, die die Vergleichbarkeit der Abschlüsse beeinträchtigen.

Eine bedeutende Zielgruppe der Investor Relations sind die Meinungsmacher und Multiplikatoren. Hierzu zählen Anlageberater, Wirtschaftsjournalisten und Finanzanalysten.

Anlageberatern kommt eine wichtige Multiplikatorfunktion zu, da sie direkt mit Kaufinteressenten kommunizieren. Darüber hinaus ist es für das emittierende Unternehmen möglich, über die Berater an detailliertere Informationen über die Anleger und deren Bedürfnisse zu gelangen.

Aufgabe der Finanzanalysten ist es, Unternehmen zu analysieren und zu beurteilen. Sie können in zwei Gruppen, die sog. *Sell-side-* und *Buy-side-*Analysten, unterteilt werden.[61] Sell-side-Analysten arbeiten als unabhängige Experten und spezialisieren sich auf bestimmte Unternehmen oder Branchen und veräußern ihre Analysen an Anleger. Buy-side-Analysten sind hingegen bei institutionellen Anlegern angestellt und greifen für die von ihnen ausgesprochenen Anlageempfehlungen auf die Arbeit der Sell-side-Analysten zurück. Die Urteile der Analysten gipfeln oft in den schlagwortartigen Empfehlungen wie „kaufen, verkaufen oder halten". Aufgrund der Glaubwürdigkeit, die sie in der Öffentlichkeit genießen, kommt ihnen für die Kursentwicklung einer Aktie große Verantwortung zu. Daher ist es nicht verwunderlich, daß Analysten nach dem Ergebnis einer Umfrage die wichtigste Zielgruppe der Investor Relations sind.[62] In Deutschland haben sich Analysten zu einer berufsständischen Vereinigung, der Deutschen Vereinigung für Finanzanalyse und Anlageberatung GmbH (DVFA) zusammengeschlossen. Diese zählte Ende 1998 1.054 persönliche Mitglieder, die nahezu 100% der Anleger repräsentieren, die ihr Kapital in deutschen Wertpapieren anlegen.

Die Wirtschaftsjournalisten sind als letzte in dieser wichtigen Zielgruppe der Investor Relations zu nennen, da sie als Meinungsmacher über weit verbreitete Medien die Wahrnehmung des Unternehmens in der Öffentlichkeit wesentlich prägen. Die Versorgung der Journalisten mit Informationen ist oftmals nicht dem Bereich Investor Relations, sondern dem PR-Bereich zugeteilt.[63]

---

61 Vgl. Günther/Otterbein 1996, S. 402; Paul 1991, S. 933
62 Vgl. Diehl 1993, S. 177 und 181
63 Vgl. Günther/Otterbein 1996, S. 402

### 8.1.1.4.3 Instrumente der Kommunikation

Generell können alle Kommunikationsinstrumente danach unterschieden werden, ob die Kommunikation persönlich oder unpersönlich erfolgt.

#### 8.1.1.4.3.1 Unpersönliche Kommunikation

Im Mittelpunkt der unpersönlichen Kommunikation steht der Geschäftsbericht. Er ist der in gedruckter Form erscheinende Jahresbericht, in dem die Gesellschaft ihren handels- und gesellschaftsrechtlichen Offenlegungspflichten nachkommt. Er besteht aus dem Jahresabschluß mit Bilanz, der Gewinn- und Verlustrechnung (GuV) und dem Anhang sowie einem Lagebericht. Eine gesetzlich vorgeschriebene Aufstellungs- und Publikationspflicht besteht für den Geschäftsbericht nicht.[64] Daher besteht die Möglichkeit, den Jahresabschluß im Geschäftsbericht nur verkürzt oder in einer von der testierten Fassung abweichenden Version darzustellen, wobei die Vorschriften des § 328 Abs. 2 Satz 1-4 HGB zu beachten sind. Demzufolge ist in der Überschrift darauf hinzuweisen, daß es sich um eine Veröffentlichung handelt, die nicht den vollständigen Jahresabschluß enthält. Ein Bestätigungsvermerk darf nicht beigefügt werden, allerdings muß das Unternehmen darüber informieren, ob der Abschlußprüfer den Abschluß bestätigt hat, ob er die Bestätigung eingeschränkt oder sie versagt hat. Ferner ist darauf hinzuweisen, bei welchem Handelsregister und in welcher Nummer des Bundesanzeigers die Offenlegung erfolgt ist, oder daß die Offenlegung noch nicht erfolgt ist.

Seiner Rolle als Kommunikationsmedium wird der Geschäftsbericht vor allem dann gerecht, wenn er über die gesetzlich vorgeschriebenen Pflichtangaben hinausgehende, freiwillige Informationen enthält. Investor Relations können bereits mit einer zielgerichteten Gestaltung des Jahresabschlusses beginnen. Das deutsche Bilanzrecht orientiert sich vor allem am Gläubigerschutz. Die überragende Stellung des Vorsichtsprinzips in den deutschen Bilanzierungsvorschriften führt in großem Umfang zu freiwillig oder zwangsweise gelegten stillen Reserven. Damit verlieren die Zahlen des Jahresabschlusses jedoch an Aussagekräft. Die Ausübung von Wahlrechten sowie die Ausnutzung von Gestaltungsspielräumen, über die teilweise nicht informiert werden muß, verstärkt dieses Defizit weiter. In der Handelsbilanz sollte daher auf die Anwendung steuerlicher Vorschriften im Rahmen der umgekehrten

---

64 Vgl. Küting/Hütten 1996, S. 2672

Maßgeblichkeit verzichtet werden, weil diese ebenfalls zu einer Verzerrung der Darstellung der wirtschaftlichen Lage führen.[65]

Aufgabe des Lageberichtes[66] ist es, die Angaben des Jahresabschlusses zu verdichten und zu ergänzen. Im Unterschied zur Bilanz und GuV wird im Lagebericht auch auf die zukünftige Entwicklung der Kapitalgesellschaft eingegangen.[67] Da es für den Lagebericht keine gesetzlichen Vorschriften zu Form und Gliederung gibt, besteht für die Gesellschaft Gestaltungsfreiheit, wobei die Grundlagen ordnungsgemäßer Buchführung (GoB), der Richtigkeit, der Vollständigkeit und der Klarheit zu beachten sind. Gleiches gilt für den Inhalt, da der Gesetzestext auch hier wenig konkret ist. Im Prinzip unterliegt das Unternehmen bei der Auswahl der freiwillig vermittelten Informationen keinen rechtlichen Einschränkungen. Zu beachten ist jedoch § 400 Abs. 1 Nr. 1 AktG, wonach mit Freiheits- oder Geldstrafe bestraft wird, wer als Mitglied des Vorstands oder des Aufsichtsrats die Verhältnisse der Gesellschaft einschließlich ihrer Beziehungen zu verbundenen Unternehmen in Darstellungen oder Übersichten über den Vermögensstand unrichtig wiedergibt oder verschleiert. Für die Unrichtigkeit sind die gegebenen objektiven Faktoren maßgeblich, wobei der Inhalt der Erklärung vom Empfängerhorizont, der sich aus der Sicht eines bilanzkundigen Lesers ergibt, auszulegen ist.[68] Ein aussagekräftiger Geschäftsbericht könnte folgende Bereiche enthalten:[69]

| Abb. 108: Unternehmensprofil: |
|---|
| • Unternehmensziele und -strategien |
| • Aufschlüsselung der Aktionärsstruktur |
| • Geschichte und Entwicklung der Unternehmensaktie |
| • Dividendenpolitik |
| • Sozialbilanz (Angaben zur Qualifikation der Mitarbeiter, Fortbildungsmaßnahmen, aber auch über die vom Unternehmen durchgeführten oder unterstützten Projekte, z.B. im Umweltschutz) |

---

65 Vgl. Goebel/Ley 1993, S. 1682. Zur Problematik der darzustellenden Lage vgl. insbesondere: Moxter 1997, S. 724 f.
66 § 289 HGB für den Einzelabschluß, § 315 HGB für den Konzernabschluß
67 Vgl. Baetge 1993, Sp. 1328
68 Vgl. Otto 1997, § 400, Rn. 13 f.
69 Vgl. Diehl 1993, S. 178 f.; Pohle 1993, Sp. 709 f.

Aber auch die *maßgeblichen Einflußfaktoren für den Unternehmenswert* sollten im Geschäftsbericht erläutert werden; dazu zählen:

| Abb. 109: Maßgebliche Einflußfaktoren für den Unternehmenswert |
|---|
| • Wettbewerbssituation |
| • Investitionsstrategien |
| • Diversifikationspolitik |
| • Konzentration auf Kernbereiche |
| • Ausführlichere Erläuterung der Forschungsschwerpunkte als sie im HGB vorgeschrieben sind, um das Innovationspotential des Unternehmens deutlich werden zu lassen |
| • Überblick über die Entwicklung der wichtigsten Kennziffern in den letzten 5-10 Jahren |
| • Entwicklung des Unternehmens nach dem Abschlußstichtag |
| • Potentielle Risiken bis zur nächsten Berichterstattung |
| • Einfluß von Währungs-, Rohstoff- und sonstigen Marktrisiken |
| • Darstellung von langfristigen Liefer- und Abnahmeverpflichtungen |

Sinnvoll ist das Anfügen einer Kapitalflußrechnung, die als Bewegungsrechnung für das abgelaufene Geschäftsjahr, Herkunft und Verwendung verschiedener liquider und liquidierbarer Mittel deutlich machen soll, und so dem Leser einen Überblick über die wichtigsten Investitions- und Finanzierungsvorgänge gibt.[70] Sie unterscheidet sich von der Bilanz dadurch, daß sie nicht zeitpunkt-, sondern zeitraumbezogen ist. Im Gegensatz zur GuV umfaßt die Kapitalflußrechnung auch Vorgänge, die nicht erfolgswirksam sind.[71] Gesetzliche Vorschriften zu Art und Umfang der Kapitalflußrechnung gibt es nicht. Das IdW hat jedoch in einer Stellungnahme seines Hauptfachausschusses 1/1995 ein Musterexemplar für eine Kapitalflußrechnung entworfen.[72]

Die für nationale und internationale Analysten wichtige Kennziffer des Ergebnisses nach DVFA/SG[73] bzw. das abgeleitete Ergebnis nach DVFA/SG je

---

70 Vgl. Coenenberg 1994, S. 535
71 Vgl. Perridon/Steiner 1995, S. 544 ff.
72 Abgedruckt in WPg 1995, S. 210-213
73 Zur Ermittlung vgl. Abschn. 7.4.3.2.3

Aktie, wird von einer steigenden Zahl von Unternehmen veröffentlicht. Um Fehlinterpretationen des DVFA/SG-Ergebnisses zu vermeiden, ist eine Offenlegung der Ermittlung durch das Unternehmen wünschenswert. Dieser Forderung kommen bislang nur wenige Gesellschaften nach.[74]

Ist ein Unternehmen stark diversifiziert, sind die im Einzel- oder Konzernabschluß aggregierten Daten nicht mehr aussagekräftig. Ein Branchen- oder Betriebsvergleich würde nicht zu sinnvollen Ergebnissen führen.[75] Daraus ergibt sich die Notwendigkeit, den Abschluß zu segmentieren. Für große Kapitalgesellschaften[76] besteht gem. § 285 Nr. 4 HGB die Pflicht, die erzielten Umsatzerlöse nach Tätigkeitsbereichen und geographisch bestimmten Märkten aufzugliedern, soweit diese sich - unter Berücksichtigung der Verkaufsorganisation - erheblich unterscheiden. Um den Anlegern die wirtschaftliche Lage und Entwicklung der einzelnen Bereiche transparent zu machen, sollte die im Geschäftsbericht vorgenommene Segmentberichterstattung über diesen, sich rudimentär nur auf Umsatzerlöse beziehenden Mindestinhalt hinausgehen.[77]

Die Adressaten des Geschäftsberichts verfügen über ein heterogenes Hintergrundwissen. Dadurch entsteht die Notwendigkeit, komplexe Sachverhalte möglichst einfach und unmißverständlich darzustellen. Die Suche nach einem akzeptablen Kompromiß zwischen Fach- und Laiensprache gleicht einer Gratwanderung. Einerseits soll ein Aufblähen des Umfangs vermieden und andererseits Verständlichkeit und Lesbarkeit des Geschäftsberichts gewährleistet werden, die durch ein Übermaß an Erklärungen und Informationen eingeschränkt sein könnten. Die optische und grafische Gestaltung des Geschäftsberichts sollte ebenfalls nicht vernachlässigt werden. Während die Darstellung der Finanzergebnisse eher auf nüchtern handelnde Analysten und institutionelle Anleger abzielt, lassen sich durch deren optische Aufarbeitung vermehrt Privatanleger erreichen, die in stärkerem Maße auf eine emotionale Ansprache reagieren. Illustrationen, z.B. Fotos, Diagramme oder Tabellen, werden schneller wahrgenommen und verarbeitet und bleiben somit auch dem flüchtigen Leser des Geschäftsberichts im Gedächtnis haften.[78] Die BHF-

---

74 Vgl. Diehl 1993, S. 179 f.
75 Vgl. Husmann 1997, S. 350
76 Kleine und mittelgroße Kapitalgesellschaften müssen beachten, daß in der Hauptversammlung jeder Aktionär gem. § 131 Abs. 1 Satz 3 AktG verlangen kann, daß der Abschluß in der Form vorgelegt wird, die er hätte, wenn die größenmäßige Erleichterung gem. § 288 HGB nicht bestehen würde.
77 Vgl. Goebel/Ley 1993, S. 1683
78 Vgl. Küting/Hütten 1996, S. 2678

Bank hat beispielsweise in einem Geschäftsbericht ihre „*Sonstigen Vermögensgegenstände*", wie z.B. Gemälde, Münzen, u.a. vorgestellt.[79] Die häufig geübte Praxis, im Geschäftsbericht ein aktuelles Thema zu diskutieren, zielt wiederum auf die emotionale Bindung der Aktionäre. Auf diese Weise kann einerseits Kompetenz in der Sache und andererseits Offenheit für gesellschaftlich relevante Fragestellungen demonstriert werden.[80]

Der Geschäftsbericht erscheint nur einmal im Jahr und berichtet über das abgelaufene Geschäftsjahr. Für Gesellschaften, deren Aktien zum Amtlichen Börsenhandel zugelassen sind, besteht gem. § 44b BörsG i.V.m. §§ 53-62 BörsZulVO zusätzlich die Pflicht, halbjährlich einen Zwischenbericht zu erstellen, der dem Anlegerpublikum eine Beurteilung der Entwicklung der Geschäftstätigkeit der ersten sechs Monate des Geschäftsjahres ermöglichen soll. Er muß Zahlenangaben und Erläuterungen enthalten. Gemäß § 54 BörsZulVO müssen über den Betrag der Umsatzerlöse, über das Ergebnis vor oder nach Steuern, über den Ausschüttungsbetrag und über das Ergebnis nach Steuern, wenn Zwischendividenden ausgeschüttet werden[81], sowie über die jeweils entsprechende Vergleichszahl aus dem Vorjahr Zahlenangaben gemacht werden. Im Rahmen der Erläuterungen sind gemäß § 55 BörsZulVO die Umsatzerlöse aufzugliedern und Ausführungen zu machen über die Auftragslage, die Entwicklung der Kosten und Preise, die Zahl der Arbeitnehmer, die Investitionen, Vorgänge von besonderer Bedeutung, die sich auf das Ergebnis der Geschäftstätigkeit auswirken können, sowie über besondere Umstände, die die Entwicklung der Geschäftstätigkeit beeinflussen, und schließlich über die Aussichten für das laufende Geschäftsjahr.

Gleiches gilt für die Ausgestaltung und Verständlichkeit des Zwischenberichts als Kommunikationsinstrument. Die dortigen Ausführungen lassen sich auf einen eventuell zu erstellenden Quartalsbericht, wie er in angelsächsischen Ländern üblich ist, sowie den Emissionsprospekt übertragen. Letzterer kann durch ein *Fact Book* ergänzt werden, das als kleines Nachschlagewerk für Anleger und Analysten fungiert. In diesem sind Geschichte, Aufbau, Tätigkeitsbereiche, Ziele und Strategien, die längerfristige Entwicklung von Finanz-, Management- und Personaldaten, aktienbezogene Informationen,

---

79 Vgl. Süchting 1986, S. 658
80 Vgl. Pohle 1993, Sp. 710
81 Dies betrifft deutsche Emittenten nicht, da eine unterjährige Dividendenausschüttung in § 59 AktG nicht vorgesehen ist. Im Unterschied dazu können Zwischen- und Quartalsberichte in den USA und Großbritannien sehr wohl Ausschüttungsbemessungsfunktion haben. Vgl. Treiber 1991, S. 602

Kontaktadressen etc. zu finden.[82] Die darin enthaltenen Informationen sollten in anschaulicher Weise grafisch aufbereitet sein. Das für den Börsengang erstmalig erstellte Fact Book wird regelmäßig fortgeschrieben und dient als Handout für Presse- und Analystenveranstaltungen.[83]

Sämtliche Unternehmenspublikationen sollten auch in anderen Sprachen, vor allem Englisch, erscheinen, um auch ausländische Interessenten anzusprechen. In der Praxis ist dies bereits weitverbreitet.[84] Für die Notierung im Neuen Markt oder in SMAX sind Quartalsberichte erforderlich, die zusätzlich in englischer Sprache erscheinen müssen. Ab dem Jahr 2001 ist die Veröffentlichung der Quartalsberichte nur noch in englischer Sprache vorgeschrieben.[85]

Ebenso wie der Geschäftsbericht und die Zwischenberichte kann der Emissionsprospekt als Instrument der unpersönlichen Kommunikation angesehen werden. Die potentiellen Anleger kommen erstmals mit dem Unternehmen in Kontakt, wenn dieses beschließt, an die Börse zu gehen. Der im Rahmen der Börsenzulassung notwendige Emissions- bzw. Verkaufsprospekt oder der Unternehmensbericht sind die ersten ausführlichen Veröffentlichungen über das Unternehmen, die ein Anleger von dem Unternehmen erhält. Daher müssen die vorgenannten Ausführungen zum Geschäftsbericht besonders beim Emissionsprospekt als „Kommunikationsinstrument der ersten Stunde" beachtet werden.

Die Bilanzpressekonferenz ist die klassische Gelegenheit, das Unternehmen öffentlich zu präsentieren. Zwar zählen Pressekonferenzen im allgemeinen zu den persönlichen Kommunikationsinstrumenten, doch wird über die Berichterstattung durch die Wirtschaftsjournalisten und Multiplikatoren in den verschiedenen Medien im Rahmen der unpersönlichen Kommunikation ein breites Publikum erreicht. Außer der Bilanzpressekonferenz sind jedoch noch andere Anlässe denkbar, die das Interesse der Medien wecken, zur Berichterstattung führen und so zur Erhöhung des Bekanntheitsgrades und der Wertschätzung des Unternehmens in der Öffentlichkeit beitragen können.

---

82 Vgl. Link 1991, S. 325
83 Vgl. Haubrok 1996, S. 60
84 Vgl. Günther/Otterbein 1996, S. 407
85 Zu den Zulassungsvoraussetzungen für den Neuen Markt und SMAX siehe die Abschnitte 7.2.3.4.2 und 7.2.3.5.2

**Abb. 110: Öffentlichkeitswirksame Veranstaltungen**[86]:

- Vorstellung neuer Produkte und Verfahren sowie von Forschungs- und Entwicklungsergebnissen[87]
- Firmenzusammenschlüsse, Übernahmen und Beteiligungen
- große Investitionsvorhaben
- Jubiläen, Einweihungen
- Messebeteiligungen
- Sonderformen, wie Presseseminare (mit Weiterbildungscharakter) und Informationsreisen

Weitere Instrumente der unpersönlichen Kommunikation sind Pressemitteilungen oder das Verfassen eines eigenen Artikels, Anzeigen in der Finanz- und Wirtschaftspresse, z.B. um auf die Zahlen der Bilanz oder des Zwischenberichts aufmerksam zu machen, Anzeigen (*Tombstones*) die nach einer erfolgreich am Markt untergebrachten Anleihe oder Aktienemission. Aber auch bloße Imageanzeigen, das Bereithalten von Unternehmensbroschüren sowie das Erstellen von Aktionärsbriefen bzw. Aktionärszeitschriften dienen der unpersönlichen Kommunikation mit den aktuellen bzw. potentiellen Investoren. Da das Unternehmen seine Aktionäre meist nicht kennt, bereitet der zielgerichtete Einsatz dieser Kommunikationsmittel Probleme. Die geschalteten Anzeigen sollten daher als Response-Anzeigen gestaltet sein[88], die die Möglichkeit bieten, durch einen Coupon oder über ein gebührenfreies Telefon weitere Informationen anzufordern.

Als gelungenes Beispiel für den Einsatz unpersönlicher Kommunikationsinstrumente ist die Aktienemission der Deutschen Telekom AG am 18.11.1996 zu nennen. Die Telekom war aufgrund der Größe ihrer Emission stark daran interessiert, ihre Aktien breit zu streuen, und hat speziell Kleinanleger stark umworben. So wurde bereits im Frühjahr 1996 mit der Gründung des *Aktien Informations-Forums* (AIF) ein Instrument zur Kommunikation mit den potentiellen privaten Kleinanlegern geschaffen. Jedem Interessenten wurden bis

---

86 Vgl. Bräuninger/Burkhardt 1996, S. 259
87 Börsennotierte Gesellschaften müssen dabei prüfen, ob die Grundtatsache kursrelevant ist und sie daher gemäß § 15 WpHG vorab oder zumindest zeitgleich zu veröffentlichen ist. Diese Ad hoc-Publizität schließt eine Pressekonferenz, auf der Details, Beweg- und Hintergründe geschildert werden, keinesfalls aus.
88 Vgl. Krystek/Müller 1993, S. 1787

zum Emissionszeitpunkt kostenlos alle relevanten Informationen über die aktuelle Geschäftslage, die Ziele, die Umstrukturierungsmaßnahmen, die Zukunftspläne und die wirtschaftlichen Aussichten zugesandt. Des weiteren klärte die Telekom in den zugesandten Broschüren über die Grundbegriffe der Bilanz, des Aktiensparens und des Börsenganges auf sowie über den Stand der Emissionsvorbereitungen und über die Zeichnungsbedingungen der Telekom-Aktie. Parallel dazu wurde die Werbung in Funk und Fernsehen mit dem T-Logo begonnen, um noch mehr Kleinanleger für die Aktienemission und die Mitgliedschaft im AIF zu interessieren. Ein halbes Jahr vor der Emission war dieses Ereignis bereits in „aller Munde". Die kostenlose Mitgliedschaft im AIF eröffnete dem Kleinanleger die Möglichkeit der Teilnahme an einem Bonus-Programm. Bei einem Aktienkauf zwischen 100 und 300 Stück bekamen die AIF-Mitglieder einen Preisnachlaß von 0,50 DM pro Aktie. Daneben wurde eine Treueprämie in Aussicht gestellt, wenn die ersterworbenen Aktien nicht vor dem 30.09.1999 weiterverkauft werden (jeweils 1 Aktie pro 10 in Depot befindlicher Aktien). Ein weiterer Vorteil für die Privatanleger war die bevorrechtigte Zuteilung, da die potentiellen Aktionäre der Telekom durch das AIF bekannt waren. Allerdings endete die Zeichnungsfrist der T-Aktien im Rahmen des Bonus-Programmes bereits eine Woche vor der offiziellen Frist. Die unpersönlichen Kommunikationsmaßnahmen wurden auch nach dem Börsengang aufrecht erhalten. Die Telekom hat die Anleger des AIF, die jetzt zu Aktionären geworden sind, im umbenannten *Forum T-Aktie* (FTA) organisiert. Im Rahmen von Investor Relations-Aktivitäten werden die Kleinaktionäre mit dem Newletter „direkt" versorgt, der sie über Unternehmensentwicklung auf dem laufenden halten und gleichzeitig das Interesse an der T-Aktie bewahren soll. Dabei spielt weniger die Vergrößerung des Bekanntheitsgrades eine Rolle, als die Entwicklung des Unternehmens vom einstigen starren Monopolisten hin zu einem erfolgreichen modernen Dienstleistungsunternehmen. Die Umwandlung vom Staatsunternehmen zur Aktiengesellschaft und die erfolgreiche Börsenemission sollen so auf den operativen Bereich des Unternehmen übertragen werden. Die Grenzen der Investor Relations werden hier ebenfalls deutlich, denn „bürokratische Rückfälle" und die teilweise Unflexibilität im Servicebereich erschweren die Imageverbesserung auf breiter Ebene.

Fußball-Kapitalgesellschaften können ihre Vereins- oder Stadienzeitungen als ein Instrument der unpersönlichen Kommunikation einsetzen, um im ständigen Kontakt mit der Anlegergruppe „Fans" zu bleiben. Um eine entsprechende Rubrik ergänzt, bietet sich hier ein Forum die Fans als Aktionäre zu gewinnen und permanent über wichtige wirtschaftliche Belange des Vereins zu informieren. Ebenso können wirtschaftliche Grundbegriffe, die Rechte und Pflichten eines Aktionärs und andere wichtige gesellschaftsrechtliche Aspekte in kleinen Serien erklärt werden. Daneben können auch zukunftsbeeinflussende Entwicklungen im DFB und in anderen, den Fußball tangierenden Bereichen in sachlicher Weise erörtert werden. Auch die offizielle Homepage des Fußball-Clubs im Internet kann zu Zwecken der unpersönlichen Kommunikation genutzt werden, wenn neben den Neuigkeiten von Verein und Mannschaft auch über die wirtschaftliche Situation der Fußball-Kapitalgesellschaft berichtet wird. So kann beispielsweise der Jahresabschluß oder auch der Geschäftsbericht veröffentlicht und über die einzelnen Investitionen berichtet werden.

### 8.1.1.4.3.2 Persönliche Kommunikation

Der unmittelbare Dialog mit der sog. *Financial Community* hat den Vorteil, daß die Gefahr von Streuverlusten, wie bei der unpersönlichen Kommunikation, gering ist und auf das *Feedback* sofort reagiert werden kann. Problematisch sind hingegen die hohen Kosten und der enorme Zeitaufwand, den die persönliche Kommunikation verursacht.[89]

Die Aktiengesellschaft ist verpflichtet, jährlich in den ersten acht Monaten des Geschäftsjahres eine ordentliche Hauptversammlung abzuhalten (§ 175 Abs. 1 AktG). In der Praxis ist eine Ballung der Hauptversammlungen in der Jahresmitte festzustellen. Wenn regelmäßig auch nur ein geringer Prozentsatz der Aktionäre persönlich erscheint, hat das Unternehmen hier dennoch Gelegenheit, sich darzustellen und zu profilieren. Die Voraussetzungen für eine erfolgreiche Hauptversammlung werden durch eine zielgerichtete Vorbereitung gelegt. Zeit- und Ortsplanung sowie die Einladung müssen so gestaltet werden, daß ein möglichst großes Interesse bei Anlegern und Multiplikatoren geweckt wird.[90] Der Termin sollte so gewählt werden, daß die Zahl der Überschneidungen mit den Hauptversammlungen anderer Gesellschaften minimiert wird, damit dem Unternehmen die ungeteilte Aufmerksamkeit der Öffentlichkeit zukommt.

Der Ort der Hauptversammlung ist nicht vorgegeben und stellt somit ein Gestaltungsfeld der Vorbereitungsphase dar. Gewöhnlich wird der Sitz der Gesellschaft gewählt, doch spricht nichts dagegen, die Veranstaltung in Frank-

---

89 Vgl. Günther/Otterbein 1996, S. 407
90 Vgl. hierzu ausführlich Link 1994, S. 366

furt am Main, als entwickeltem Finanzplatz, oder einem anderen Ort stattfinden zu lassen, an dem sich Interessenten räumlich ballen. Die Einladungen sollten frühzeitig verschickt werden und durch ihre kreative Gestaltung die Neugier der Angesprochenen wecken. Keineswegs ist es erforderlich, sämtliche Anträge im vollständigen Wortlaut abzudrucken. Dies geschieht im Bundesanzeiger und würde die Einladung nur unnötig aufblähen, aber nicht zum Erscheinen auf der Hauptversammlung animieren.

Die Durchführung der Hauptversammlung sollte von Kompetenz und Souveränität des Vorstandes geprägt sein. Auf Selbstdarstellungen in epischer Breite und Diskussionen zu Marginalien, die scheinbar endlos dauern, sollte verzichtet werden. Fragen, die Detailgebiete betreffen, werden am besten vom zuständigen Vorstandsmitglied selbst und nicht vom Vorstandsvorsitzenden beantwortet. Grundsätzlich müssen alle Aktionäre gleich behandelt werden (§ 53a AktG). Das gilt auch für kritisch eingestellte Aktionäre, die vielleicht mit wiederholten Fragen auf echtes oder vermutetes Fehlverhalten des Managements aufmerksam machen oder machen wollen oder im Extremfall die Hauptversammlung nur als Podium für das Vorbringen ihrer gesellschaftspolitischen Anliegen benutzen. In der Praxis hat es sich bewährt, den Vertretern der Aktionärsvereinigungen (DSW, SdK) zuerst das Wort zu erteilen, denn durch deren umfassende, durch das Allgemeininteresse geprägten Fragestellungen werden viele Fragen anderer Aktionäre überflüssig.[91]

Der Vorstandssprecher sollte in seiner Rede die Schwerpunkte nicht auf vergangenheitsbezogene Daten legen, die aus dem Geschäftsbericht ohnehin bereits bekannt sind. Wichtiger sind die Zukunftsaussichten. Dabei sollte deutlich werden, wie das Management auf das Ziel der Mehrung des Aktionärsvermögens hinwirkt. Um die Hauptversammlung zu einem Erfolg werden zu lassen, müssen die im Umfeld angebotenen Dienstleistungen den Erwartungen der Teilnehmer gerecht werden. Dies beinhaltet Selbstverständlichkeiten, wie in ausreichender Zahl zur Verfügung stehende Parkplätze und eine gute Beköstigung der Teilnehmer. Für ausländische Teilnehmer sollten die Rede des Vorstandssprechers und weitere Unternehmenspublikationen in mehreren Sprachen bereitliegen oder von Dolmetschern übersetzt werden. Am Rand der Hauptversammlung kann das Unternehmen, z.B. durch Modelle, Schaukästen, Verteilen von Produktproben über seine Produkte und Tätigkeitsschwerpunkte informieren.

---

91  Vgl. Schaaf 1996, Rn. 456

Die Nachbereitung der Hauptversammlung erfolgt mittels Aktionärsbriefen, Anzeigen, Quartalsberichten oder Presseinformationen durch Instrumente der unpersönlichen Kommunikation. Hier können nicht nur der Text der Rede des Vorstandssprechers, sondern auch die wichtigsten Punkte der sich anschließenden Diskussion veröffentlicht werden. Ziel ist es, bei den Aktionären, die teilgenommen haben, den gewonnenen Eindruck zu bestätigen und zu verstärken und die Ferngebliebenen in möglichst individueller Form zu informieren.

Die Hauptversammlung einer Fußball-Kapitalgesellschaft unterscheidet sich zwangsläufig von der eines Industrie- oder Dienstleistungsunternehmens. Ein Grund dafür ist das zu erwartende Publikum. Sind viele Fans Aktionäre geworden, werden mit Sicherheit einige von ihnen die Beteiligung als Eigentümer an ihrem Verein unter den Aspekt der Loyalität sehen. Diese Aktionärsgruppe könnte unter Umständen weniger stark an einer Ausschüttung der Gewinne interessiert sein, als es Kleinaktionäre „normaler" Unternehmen sind. Aber auch institutionelle Anleger und Großaktionäre werden auf einer „Fußball-Hauptversammlung" vertreten sein, so daß die teilnehmenden Aktionäre über einen heterogenen Wissenstand verfügen, sehr unterschiedliche Interessen vertreten und somit extrem verschiedene Forderungen an den Vorstand stellen werden. Damit wird deutlich, daß eine Fußball-Kapitalgesellschaft immer am sportlichen Erfolg der Mannschaft gemessen wird, trotz aller Bemühungen der Diversifikation, die auf wirtschaftlicher Seite vorgenommen werden, um die Abhängigkeit vom aktuellen Tabellenstand so gering wie möglich zu halten. Der Vorstand wird auf der Hauptversammlung neben der wirtschaftlichen Situation und den Zukunftsaussichten auch die Einkaufspolitik des Verein und andere vereinspolitische Entscheidungen erläutern und rechtfertigen müssen.

Ein wegen ihrer Multiplikatorwirkung wichtiges Instrument persönlicher Kommunikation sind Analystentreffen.[92] Dem Unternehmen ist es möglich, durch eine einzige Veranstaltung mit allen relevanten Investorenzielgruppen zu kommunizieren. Insbesondere für Aktiengesellschaften ohne eigene Investor Relations-Abteilung ist dies eine zeit- und kostensparende Alternative. Obwohl noch relativ wenige börsennotierte Unternehmen DVFA-Unternehmensbesuche anbieten, ist eine steigende Tendenz deutlich zu erkennen. Für den Analysten besteht die Möglichkeit, den Vorstand und das Unternehmen persönlich kennenzulernen. Dieser vor allem psychologische Gesichtspunkt

---

92 Die hier zu den DVFA-Unternehmensbesuchen gemachten Aussagen gehen zurück auf Diehl 1993, S. 173 ff.

kann bei der Entscheidung für oder gegen die Anlage das Zünglein an der Waage sein und darf daher nicht unterschätzt werden. Daher sollte der Vorstand vollständig anwesend sein, da nur er die Kompetenz besitzt, Grundsatzentscheidungen, Strategien und Projekte in einer Gesamtperspektive darzustellen. Bei einer solchen Veranstaltung werden den Analysten die aktuell veröffentlichten Unternehmenszahlen des Geschäfts- und Zwischenberichts präsentiert. Aus insiderrechtlichen Gründen ist es geboten, die Veranstaltung erst nach der Bilanzpressekonferenz, aber möglichst noch am gleichen Tag stattfinden zu lassen. Sinn dieser Veranstaltung ist nicht, die vergangenen Leistungen des Unternehmens in aller Ausführlichkeit darzustellen, denn es ist davon auszugehen, daß die Teilnehmer darüber bereits gut informiert sind. Der Schwerpunkt sollte nicht auf die Rechtfertigung vergangener Maßnahmen gelegt werden, sondern auf die Herausforderungen, die sich dem Unternehmen jetzt und in Zukunft stellen. Dabei ist auf einen Zeithorizont von etwa fünf Jahren sowie auf die gewählten Lösungsansätze abzustellen.[93] Stellt sich die Gesellschaft hingegen zum ersten Mal den Analysten der DVFA, kann eine Darstellung der in der Vergangenheit erzielten Leistungen durchaus sinnvoll sein.

Die Unternehmensbesuche sollten in regelmäßigem jährlichen Turnus stattfinden. Doch auch zwischen diesen Terminen muß das Unternehmen den Analysten für telefonische Einzelgespräche zur Verfügung stehen. Zweckmäßig ist daher die Aufnahme der Adressen der Finanzanalysten in den Presseverteiler. Mit ausgewählten Investoren und (Buy-Side-)Analysten, die für das Unternehmen von besonderer Bedeutung sind, besteht die Möglichkeit, *Roundtable-* oder Einzelgespräche zu führen.[94] Selbstverständlich dürfen hier keine kursrelevanten Informationen, sondern lediglich Hintergrundinformationen und Erläuterungen zu bereits bekannten Sachverhalten vermittelt werden.

Statt die Interessenten innerhalb der Werksmauern zu empfangen, kann die Gesellschaft auch den umgekehrten Schritt wählen und sich selbst im Rahmen einer Road-Show auf den wichtigen Finanzplätzen vorstellen.[95] Die Konsortialbanken können dabei als Sponsoren zum Erfolg der Veranstaltung beitragen.[96]

---

93  Vgl. Strenger 1996, S. 468
94  Vgl. Günther/Otterbein 1996, S. 409; Link 1991, S. 337
95  Vgl. Link 1991, S. 335 f.
96  Vgl. Paul 1991, S. 939

Fußball-Kapitalgesellschaften haben vielfältige Möglichkeiten, das Umfeld der Analystentreffen interessant zu gestalten, doch steht eine eindeutige Darstellung der Finanzlage im Vordergrund. Die Analysten werden nämlich die gleichen Anforderungen an die Fußball-Kapitalgesellschaft stellen wie an normale Aktiengesellschaften auch. Beim ersten Treffen dieser Art werden sowohl die bereits erfolgten Umstrukturierungsmaßnahmen und der Aufbau der betrieblichen Hierarchie als auch die Konzepte für die zukünftige Entwicklung der Fußball-Kapitalgesellschaft genauesten unter die Lupe genommen. Es gilt, vor allem die nüchternen institutionellen Anleger zu überzeugen, die Fußball-Kapitalgesellschaften skeptisch gegenüberstehen und eher in etablierte Unternehmen investieren, die geringen Schwankungen ausgesetzt sind, als risikoreichere Sport-Aktien zu kaufen. Des weiteren müssen neben den unberechenbaren Höhen und Tiefen des unsteten Bundesliga-Alltag noch weitere Probleme berücksichtigt werden. Große Schwierigkeiten bereitet die konkrete Bewertung des Aktivpostens „Spieler" in der Bilanz. Über alle Investitionen, die zur Diversifikation der durch den Sport bedingten Risiken erschlossen werden oder werden sollen, müssen die Analysten umfassend informiert werden. Hier ist es wichtig, daß das langfristige Entwicklungspotential korrekt erkannt wird und die Pläne zu dessen wirtschaftlicher Nutzung konzeptionell eindeutig und realisierbar sind. Kurzfristiger Aktionismus, der die wirtschaftliche Lage günstiger erscheinen läßt, kommt meist schnell ans Licht und schadet dem Ruf des Managements langfristig, und damit letztlich auch dem Image der Mannschaft. Analystenveranstaltungen sind nur dann für eine Fußball-Kapitalgesellschaft erfolgreich, wenn ihr eine klare Darstellung der betriebswirtschaftlichen Situation gelingt und sie so den Analysten gegenüber ihre Kompetenz beweisen kann. Mit Veröffentlichungen über die gesetzlichen Vorschriften hinaus, z.B. durch Quartalsberichte, kann allen Anlegern Transparenz in wirtschaftlichen Belangen sowie die Informations- und Kommunikationsbereitschaft der Fußball-Kapitalgesellschaft signalisiert werden.

### *8.1.1.4.4 Zielgruppenorientierter Einsatz der Kommunikationsinstrumente*

Die nachfolgenden Abbildungen 111 und 112 sollen einen Überblick über einen zielgruppenadäquaten Einsatz der verschiedenen Kommunikationsinstrumente geben.

# Finanzmarketing für börsennotierte Fußball-Kapitalgesellschaften

## Abb. 111: Unpersönliche Kommunikationsmaßnahmen

| Zielgruppe →<br>Instrumente ↓ | Privat-anleger | Institutionelle Anleger | Analysten | Anlageberater *(privat)* | Anlageberater *(institutionell)* | Wirtschafts-presse | Mitarbeiter Kunden Lieferanten | Sonstige Interessenten |
|---|---|---|---|---|---|---|---|---|
| Geschäftsbericht | + | ++ | ++ | + | ++ | ++ | + | + |
| Kurzbericht | ++ | + | + | ++ | + | + | ++ | ++ |
| Zwischenbericht Aktionärsbericht | ++ | ++ | ++ | ++ | ++ | ++ | ++ | + |
| Emissionspropekt Unternehmensbericht | + | ++ | ++ | + | ++ | ++ | - | + |
| Fact Book | - | ++ | ++ | - | ++ | ++ | - | - |
| Aktienbroschüre | ++ | - | - | ++ | - | - | ++ | - |
| Aktionärszeitschrift | ++ | + | - | + | - | - | - | - |
| Unternehmensbroschüre | ++ | + | + | ++ | + | + | - | ++ |
| Presseinformation | - | - | - | - | - | ++ | - | - |
| Finanzanzeige | ++ | + | + | ++ | + | + | ++ | + |
| Imageanzeige | + | + | + | + | + | + | + | ++ |
| Radio, TV | + | - | - | - | - | - | - | + |

Legende: ++ gut geeignet
+ bedingt geeignet
- nicht geeignet

## Abb. 112: Persönliche Kommunikationsmaßnahmen

| Zielgruppe → / Instrumente ↓ | Privat-anleger | Institu-tionelle Anleger | Analysten | Anlageberater (privat) | Anlageberater (institutionell) | Wirtschafts-presse | Mitarbeiter Kunden Lieferanten | Sonstige Interes-senten |
|---|---|---|---|---|---|---|---|---|
| **Persönliche Maßnahmen** | | | | | | | | |
| Hauptversammlung | ++ | ++ | + | + | + | ++ | + | + |
| Investorpräsentation | + | ++ | - | - | ++ | - | - | - |
| Analystentreffen | - | - | ++ | - | - | - | - | - |
| Pressekonferenz | - | - | - | - | - | ++ | - | - |
| Roundtablegespräche Einzelgespräche | - | ++ | ++ | - | ++ | ++ | - | - |
| IR-Forum, Aktionärsmesse | ++ | - | - | + | - | + | - | - |
| Betriebsbesichtigung | ++ | + | + | - | + | + | ++ | ++ |
| **Unterstützende Maßnahmen** | | | | | | | | |
| Videofilm | ++ | + | + | + | + | + | + | ++ |
| Gewinnspiel / Probe | ++ | - | - | - | - | - | - | - |

Legende: ++ gut geeignet
+ bedingt geeignet
- nicht geeignet

Der Einsatz unpersönlicher Maßnahmen ist vor allem dann sinnvoll, wenn eine weitflächige und wenig kostenintensive Verbreitung von Basisinformationen unter den Adressaten, vor allem Anleger und deren Berater, angestrebt wird. Maßnahmen der individuell zugeschnittenen persönlichen Kommunikation sollten wegen des damit verbundenen hohen Zeit- und Kostenaufwands nur bei Multiplikatoren wie Analysten und Journalisten oder institutionellen Anlegern, die wegen ihrer Kapitalkraft interessant sind, eingesetzt werden.[97]

### 8.1.1.4.5 Einsatz der Instrumente im Zeitablauf

Die Kommunikation mit der Financial Community ist kein einmaliger Vorgang, sondern ein kontinuierlicher Prozeß. Sie muß schon längere Zeit vor dem Going Public beginnen, um ein positives Image der Gesellschaft aufzubauen. Einfacher haben es Unternehmen, die Konsumgüter herstellen, weil sie aus diesem Grund meist einer größeren Öffentlichkeit bekannt sind.

Fußball-Vereine dagegen müssen in der Öffentlichkeit eher ihre wirtschaftliche Kompetenz als sich selbst darstellen. So war der 1. FC Schalke 04 vor Jahren noch als hoffnungslos überschuldeter Chaosverein berühmt-berüchtigt. Seit der Manager Rudi Assauer dem Verein eine professionelle Geschäftsführung verordnete, verbesserte sich seine wirtschaftliche Lage kontinuierlich. Der Club schreibt heute wieder schwarze Zahlen und wird als kompetent in Finanzierungsangelegenheiten angesehen, was zu einer starken Imageverbesserung geführt hat.

Die Dauer der Marketingphase vor Börseneinführung kann nicht exakt bestimmt werden. Im günstigsten Fall reichen zwei bis drei Monate aus, wohingegen sich manche Einführungen über mehrere Jahre hingezogen haben.[98]

Die Anzeigenkampagnen bestehen in den meisten Fällen aus zwei Stufen.[99] In der ersten Stufe versucht die Gesellschaft, sich als Markenartikel auf dem Aktienmarkt in das Bewußtsein des Publikums zu bringen. Auf das angestrebte Going Public wird bereits hingewiesen, jedoch ohne konkrete Zeitangabe, um den eigenen Dispositionsspielraum nicht unnötig einzuengen. Die zweite Stufe wird unmittelbar vor dem Going Public durchgeführt. In dieser Phase werden die Zeichnungsfristen, meist die Konditionen und die Mitglieder des

---

97  Zu diesem Absatz und den Abbildungen 111 und 112 vgl. Link 1991, S. 341 ff.
98  Vgl. Link 1993, S. 119
99  Vgl. Bräuninger/Burkhardt 1996, S. 262

Bankenkonsortiums ausdrücklich angegeben. Einen Überblick über die in einzelnen Phasen des Going Public zu leistenden Kommunikationsarbeiten vermittelt die folgende Abbildung 113.[100]

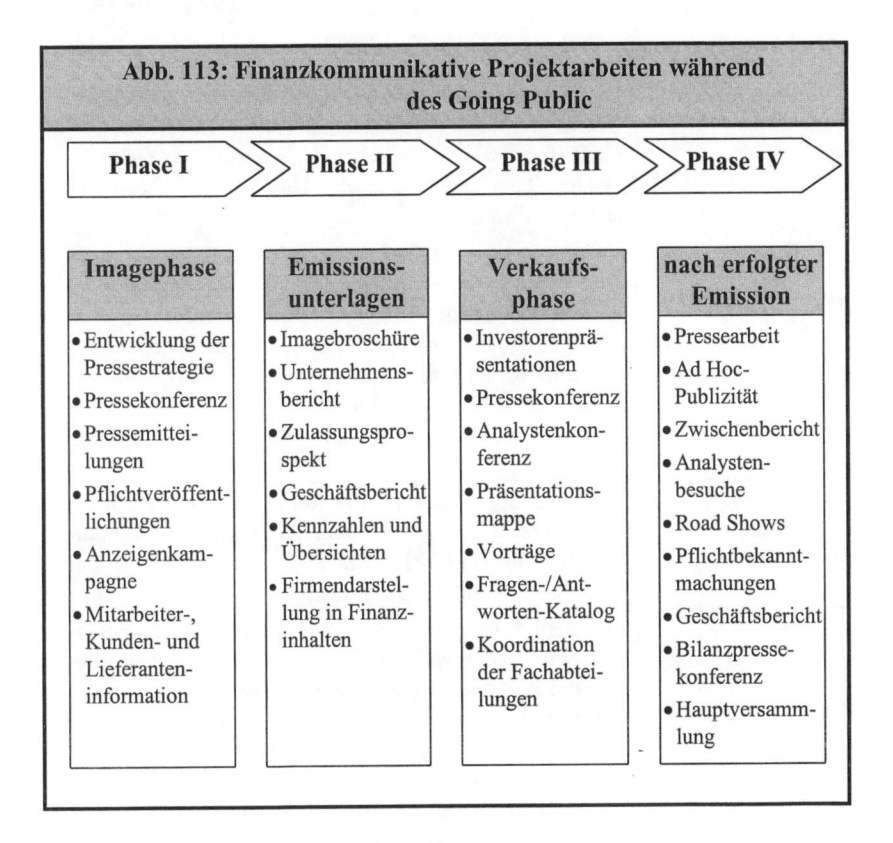

**Abb. 113: Finanzkommunikative Projektarbeiten während des Going Public**

| Phase I | Phase II | Phase III | Phase IV |
|---|---|---|---|
| **Imagephase** | **Emissionsunterlagen** | **Verkaufsphase** | **nach erfolgter Emission** |
| • Entwicklung der Pressestrategie<br>• Pressekonferenz<br>• Pressemitteilungen<br>• Pflichtveröffentlichungen<br>• Anzeigenkampagne<br>• Mitarbeiter-, Kunden- und Lieferanteninformation | • Imagebroschüre<br>• Unternehmensbericht<br>• Zulassungsprospekt<br>• Geschäftsbericht<br>• Kennzahlen und Übersichten<br>• Firmendarstellung in Finanzinhalten | • Investorenpräsentationen<br>• Pressekonferenz<br>• Analystenkonferenz<br>• Präsentationsmappe<br>• Vorträge<br>• Fragen-/Antworten-Katalog<br>• Koordination der Fachabteilungen | • Pressearbeit<br>• Ad Hoc-Publizität<br>• Zwischenbericht<br>• Analystenbesuche<br>• Road Shows<br>• Pflichtbekanntmachungen<br>• Geschäftsbericht<br>• Bilanzpressekonferenz<br>• Hauptversammlung |

Selbstverständlich muß das Börsenunternehmen – nachdem der Börsengang erfolgreich realisiert wurde – auch danach sein Image, den Auftritt und die Anerkennung in der Öffentlichkeit positiv gestalten. Auf dem Parkett angelangt wird jedoch häufig die Öffentlichkeitsarbeit sträflich vernachlässigt. Als Folge stellen sich dann ein: Der Kontakt zu den börsenbegleitenden Partnern, den Medien, den Anlegern und den Analysten reist ab; das mit viel Mühe und

---

100 In Anlehnung an Blättchen 1996, S. 23

Geld aufpolierte Image verblaßt. *Bläse*[101] faßt die in dieser Phase häufig zu beobachtenden Fehler – wobei er gleichzeitig die Möglichkeit des Vermeidens beschreibt – wie folgt zusammen:

**Abb. 114: Fehler und ihre Vermeidbarkeit nach erfolgtem Going Public**

| | |
|---|---|
| 1. Die Chancen nutzen! | Die Information der Anleger wird häufig nur als (lästige) Pflicht und nicht als Chance verstanden. Dabei sind Geschäftsberichte und Zwischenberichte optimale Gelegenheiten, Pläne und Erfolge des Unternehmens herauszustellen und zu erläutern. |
| 2. Kontakte pflegen! | Investor Relations sollten nicht nach dem Börsengang des Unternehmens eingestellt werden. Ganz im Gegenteil: Es ist sehr wichtig, den Kontakt zu den Aktionären zu pflegen, da diese immer wieder überzeugt werden wollen, daß ihre Entscheidung, die Aktien zu kaufen, richtig war. Hier bietet insbesondere die Aktualität des Fußballs alle Möglichkeiten, Sport und Geschäft medienwirksam zu verknüpfen. |
| 3. Qualität statt Quantität! | Dieser Satz gilt auch für die Kommunikation mit Investoren. Wer wiederholt „unwichtige Botschaften" verkündet, der wird bald nicht mehr ernst genommen. Dies gilt besonders im Fußball-Business. |
| 4. Perspektiven aufzeigen! | Oft werden bei Veröffentlichungen nur Momentaufnahmen wiedergegeben. Die Börse lebt aber – und das beweist aktuell überzeugend der Neue Markt – von der Zukunft. Insoweit von Interesse sind vor allem die Investitionen in die Zukunft – bei einer Fußball-Kapitalgesellschaft z.B. in neue Spieler, in ein Stadion, in die Nachwuchsförderung etc. Ebenso entsteht „Phantasie" bei der Entwicklung neuer Produkte, der Erschließung neuer Märkte sowie bei erfolgversprechenden Kooperationen (Marketing-Partner, TV-Vermarktung, u.a.m.) |
| 5. Aufdringliche Werbung vermeiden! | Häufig wird Investor Relations mit der Werbung für Produkte verwechselt. Selbstverständlich wird ein Unternehmen durch (die Werbung für) seine Produkte bekannt(er). Doch dieser Nebeneffekt sollte nicht zum Inhalt oder Ziel einer Kommunikationsstrategie gemacht werden. |

---

101 Vgl. Bläse, 1999, S. 66

| | |
|---|---|
| 6. Zielgruppen definieren! | Die Anleger sollten nicht nach dem sog. Gießkannenprinzip informiert werden. Investor Relations richtet sich an private und institutionelle Investoren, Analysten, Wertpapierberater und Fondsmanager. Jede (verschiedene) Zielgruppe erfordert eine eigene Ansprache. Die geeignete Zielgruppe zu definieren, ist die Kunst der Kommunikation. Übertragen auf die börsenfähige Fußball-Kapitalgesellschaft können erste Zielgruppendifferenzierungen vergleichsweise einfach vorgenommen werden: Fan-Aktionäre einerseits – institutioneller Anleger andererseits; Medienvertreter aus der Sportberichterstattung hier – Wirtschaftsredaktionen dort. |
| 7. Mitarbeiter einbeziehen! | Oft werden die unternehmenseigenen Mitarbeiter über die Vorhaben, Projekte und geplanten Aktivitäten nicht oder nicht ausreichend informiert. Nur wer von den unternehmerischen Perspektiven seines Arbeitgebers überzeugt ist, wird selbst Aktien kaufen und außerdem als Werbeträger erfolgreich nach außen wirken. Also: Wenn die Spieler einer börsennotierten Fußball-Kapitalgesellschaft nicht selbst Aktien ihrer Gesellschaft kaufen, werden sie sportlich wohl kaum sehr erfolgreich sein. |
| 8. Keine überzogenen Erwartungen wecken! | Erfolgreiche Finanzkommunikation wird niemals aggressiv oder marktschreierisch angelegt sein. Dies gilt im Fußball auch für die Formulierung der sportlichen Ziele. Wenn ein Unternehmen etwas mitzuteilen hat, muß das glaubwürdig und nachvollziehbar vermittelt werden. Enttäuschte Hoffnungen bestraft die Börse – ebenso wie der Zuschauer im Stadion und am Bildschirm zu Hause. |
| 9. Verständlich schreiben! | Eine bildhafte Sprache – nicht eine einseitige Dominanz der Analystensprache – trägt dazu bei, durch Anleger und durch die anderen Partner besser verstanden zu werden. |
| 10. Anfragen kompetent beantworten! | Investor Relations müssen täglich gelebt werden. Wer sich an ein Unternehmen mit Fragen zur Aktie des Unternehmens wendet, wird häufig enttäuscht. Niemand fühlt sich zuständig. Werden Anfragen jedoch kompetent und zügig beantwortet, kommen Bedenken, Zweifel und Kritik an dem Unternehmen und an der Aktie häufig gar nicht erst auf. |

### 8.1.1.4.6 Eingliederung der Investor Relations in das Unternehmen

Abschließend stellt sich die Frage, wie die Investor Relations-Arbeit in das Unternehmen eingebunden werden soll. Nur 5-10 % der börsennotierten Aktiengesellschaften verfügen über eine eigene Investor Relations-Abteilung.[102] Die meisten Unternehmen ordnen die Finanzkommunikation dem Finanzbereich oder Public Relations-Bereich zu.[103] Dabei muß geklärt werden, ob der Finanzbereich, der zweifelsohne die größere Fachkompetenz besitzt, in der Lage ist, kommunikative Aufgaben zu bewältigen oder ob es sinnvoller ist, daß sich die in der Öffentlichkeitsarbeit erfahrene PR-Abteilung fachlichen Beistand aus der Finanzabteilung holt, aber weiterhin die Gesamtkommunikation steuern sollte, damit das Unternehmen gegenüber der Öffentlichkeit mit einer Stimme spricht.[104]

Die Inhalte der Public Relations und der Investor Relations ähneln sich. In der Öffentlichkeit sollen Verständnis und Vertrauen gewonnen oder ausgebaut und ein positives Bild des Unternehmens projiziert werden. Public Relations umfassen dabei alle Bereiche der internen und externen Öffentlichkeitsarbeit, während sich Investor Relations nur an potentielle und aktuelle Investoren richten. Für die Einordnung in den Finanzbereich spricht, daß im Rahmen der Investor Relations zum großen Teil Finanzdaten kommuniziert werden, deren sinnvolle Weitergabe eine hohe fachliche Kompetenz verlangt, die von Analysten und Fondsmanagern erwartet wird.[105] In der Praxis wird das Risiko einer mangelnden finanzwirtschaftlichen Fachkenntnis der Kommunikationsspezialisten offenbar höher eingestuft als das Risiko mangelnder kommunikativer Befähigung der Finanzexperten.[106]

Die Investor Relations-Abteilung kann als Stab- oder Linienstelle in das Unternehmen integriert werden. Denkbar ist auch eine Kombination beider Formen, indem den Mitarbeitern des Investor Relations-Stabes eine beschränkte Weisungsbefugnis erteilt wird. Um vollständige Auskünfte erteilen zu können, müssen diese Mitarbeiter Zugang zu allen erforderlichen Informationen haben. Diese stammen nicht nur aus dem Finanz- und Rechnungswesen, sondern auch aus dem operativen Geschäft.[107]

---

102 Vgl. Günther/Otterbein 1996, S. 390
103 Vgl. Krystek/Müller 1993, S. 1786 f.
104 Vgl. Link 1994, S. 366
105 Vgl. Krystek/Müller 1993, S. 1786 f.; Diehl 1993, S. 183
106 Vgl. Link 1991, S. 355
107 Vgl. Paul 1991, S. 943

Gerade für kleinere und mittlere Aktiengesellschaften, für die die Einrichtung einer eigenen Investor Relations-Abteilung zu kostenintensiv wäre, bietet sich die Zusammenarbeit mit externen Agenturen an.[108] Möglich ist bei bevorstehender Börseneinführung auch die Unterstützung der konsortialführenden Bank bzw. anderer Hausbanken bei der Vorbereitung und Durchführung einzelner IR-Maßnahmen.[109] Alle organisatorischen Maßnahmen bleiben hingegen wirkungslos, wenn das Unternehmen das gesteigerte Interesse der Öffentlichkeit nicht akzeptiert. Insofern können die in den beiden nachfolgenden Übersichten (Abbildungen 115 und 116)[110] dargelegten Grundsätze helfen, die schwersten Fehltritte auf dem noch ungewohnten Terrain zu vermeiden.

| Abb. 115: Die schwersten Medienfehler der Manager |
|---|
| • Mangelnde Bereitschaft zum Aufbau vertrauensvoller Wechselbeziehungen zu den Medien und Journalisten |
| • Arroganz und Selbstüberschätzung gegenüber den Medien |
| • Informationsdefizite und mangelnde Bereitschaft, sich in die Denk- und Handlungsweise von Redaktionen hineinzuversetzen |
| • Unterschätzung der Informationsbeschaffungsmöglichkeiten von Journalisten |
| • Unterschätzung der Informationsbereitschaft geschaßter Manager und unzufriedener Mitarbeiter |
| • Fehlendes Vertrauen und Geringschätzung gegenüber der eigenen Presseabteilung |
| • Verzicht auf prophylaktische Strategien für mögliche Krisenfälle |
| • Mangelnder Mut zur Wahrheit und Flucht in Verharmlosungen, wenn den Medien bereits negative Fakten vorliegen |
| • Falsche Schuldzuweisungen bis hin zur Medienschelte |
| • Neigung, durch Drohungen wie Anzeigenstorno oder Einflußnahme auf Verlag und Verlagsmanager Druck auszuüben |

Fußball-Vereine sind zwar im Umgang mit Medien erfahren, doch führen häufig unbedachte Äußerungen oder gezielte Provokationen zu Unstimmig-

---

108 Vgl. Lingenfelder/Walz 1988, S. 468
109 Vgl. Link 1991, S. 359 f.
110 Zu den Abbildungen 115 und 116 vgl. Bräuninger/Burkhardt 1996, S. 260 f.

keiten innerhalb des Vereins, die sich letztendlich immer negativ auf den sportlichen Erfolg der Mannschaft auswirken. Für Fußball-Kapitalgesellschaften ist es wichtig, daß die Befugnisse, sich über wirtschaftliche Lage des Vereins zu äußern, genau festgelegt und eingehalten werden. Dies gilt sowohl für die Mitglieder des Managements als auch für die Spieler. Training in Medienverhalten könnte dazu beitragen, daß die auftretenden Konflikte nicht in aller Öffentlichkeit ausgetragen, sondern intern gelöst werden und der Verein zumindest nach außen geschlossen auftritt.

| Abb. 116: Zehn Gebote für den Umgang mit Journalisten |
|---|
| 1. Vertrauen gibt es nicht auf Kommando - informieren Sie deshalb stets glaubwürdig. Vermeiden Sie vor allem unrichtige und manipulierte Äußerungen. |
| 2. Bedienen Sie Journalisten immer mit klaren und verständlichen Fakten - nicht mit Fachkauderwelsch. |
| 3. Zeigen Sie niemals Gleichgültigkeit, Überheblichkeit oder Unbeherrschtheit. |
| 4. Berücksichtigen Sie die speziellen Interessen der unterschiedlichen Medien. |
| 5. Überschütten Sie Journalisten nicht sinnlos mit Informationen, füttern Sie sie nicht mit „Schnee von gestern". |
| 6. Suchen Sie nach interessanten Themen in Ihrem Unternehmen und gehen Sie von sich aus auf die Presse zu, aber verwechseln Sie Journalisten nicht mit Werbeleuten. |
| 7. Versuchen Sie niemals einem Journalisten vorzuschreiben, was und wie er zu schreiben hat, oder ihn gar durch Drohungen oder Bestechung gefügig zu machen. |
| 8. Pflegen Sie Ihre Pressekontakte auch ohne konkreten Anlaß - erst recht, wenn ein Journalist mehrfach positiv über Sie und Ihr Unternehmen geschrieben hat. |
| 9. Nehmen Sie umgekehrt einem Journalisten eine negative Story nie persönlich übel. |
| 10. Wählen Sie Ihre Pressepartner sorgfältig aus, wenn Sie teilweise vertrauliche Hintergrundgespräche führen wollen (Achtung Insiderproblematik!) - aber vermeiden Sie es, bei offiziellen Presseveranstaltungen bestimmte Journalisten bewußt und plakativ zu bevorzugen. |

## 8.2 Insiderrecht und Ad hoc-Publizität: Das Wertpapierhandelsgesetz

Seit dem 1. August 1994 gilt das Wertpapierhandelsgesetz (WpHG). Es war Teil eines Artikelgesetzes, des Zweiten Finanzmarktförderungsgesetzes, mit dem die Regeln auf den deutschen Finanzmärkten an internationale Entwicklungen angepaßt und die Wettbewerbsfähigkeit des Finanzplatzes Deutschland weiter gefördert werden sollen. Dabei spielt die Stärkung des Vertrauens insbesondere der ausländischen Anleger eine wichtige Rolle.[111] Mit dem Gesetz wurden zwei EG-Richtlinien, die Insider-[112] und die Transparenz-Richtlinie[113], in nationales Recht transformiert. Im Vergleich zu den vorher geltenden Normen wurden die Publizitätsanforderungen erweitert und die Strafbestimmungen verschärft.

Für börsennotierte Unternehmen gilt seitdem die Pflicht zur Ad hoc-Berichterstattung[114], das Verbot von Insidergeschäften und die Mitteilungspflicht bei bestimmten Veränderungen der Stimmrechtsanteile. Zur Überwachung der Einhaltung dieser Vorschriften wurde mit dem Bundesaufsichtsamt für den Wertpapierhandel (BAWe) in Frankfurt am Main eine neue Aufsichtsbehörde geschaffen. Die Anforderungen an die Öffentlichkeitsarbeit der Unternehmen sind durch das WpHG erheblich gestiegen.

### 8.2.1 Begriff des Insider-Papiers

Was unter einem *Insider-Papier* zu verstehen ist, bestimmt § 12 WpHG. Dazu gehören Wertpapiere, die an einer inländischen Börse zum Handel am Amtlichen und Geregelten Markt und zum Terminhandel zugelassen oder in den Freiverkehr einbezogen sind. In beiden Fällen reicht es aus, daß der Antrag auf Zulassung bzw. der Antrag auf Einbeziehung gestellt ist. Man spricht hierbei vom Handel per Erscheinen. Nicht erfaßt werden somit Papiere, die im (außerbörslichen) Telefonverkehr oder auf dem grauen Kapitalmarkt gehandelt werden.[115]

---

111 Vgl. die Regierungsbegründung zum Entwurf des Zweiten Finanzmarktförderungsgesetzes, BT-Drucksache 12/6679, S. 3
112 Richtlinie 89/592/EWG vom 13.11.1989, Abl. EG Nr. L 334/30 vom 18.11.1989
113 Richtlinie 88/627/EWG vom 12.12.1988, Abl. EG Nr. L 348 vom 17.12.1988
114 Zwar bestand schon vorher eine Pflicht zur Ad hoc-Publizität nach § 44a BörsG, doch blieb diese Vorschrift in der Praxis weitgehend unbeachtet. Während der Geltungszeit von § 44a BörsG (1987-1994) gab es nur ca. sechs auf diese Norm gestützte Mitteilungen. Heute werden hingegen börsentäglich ca. fünf Mitteilungen im Rahmen der Ad hoc-Publizität veröffentlicht. Vgl. Süßmann 1996, S. 271
115 Vgl. Assmann 1994, S. 245

Den Begriff *Wertpapier* definiert das WpHG in § 2. Darunter werden Aktien, Schuldverschreibungen, Genuß- und Optionsscheine subsumiert. Ferner zählen zu den Insiderpapieren gemäß § 12 Abs. 2 WpHG auch Wertpapierderivate, wie z.b. Terminkontrakte auf einen Aktienindex. Damit soll die Möglichkeit einer Umgehung des Insiderverbotes durch ein Ausweichen auf Derivate ausgeschlossen werden. Diese sind wegen ihrer Hebelwirkung besonders zur Umgehung geeignet. Allerdings gelten nur die Derivate als Insiderpapiere, die Wertpapiere zum Gegenstand haben oder sich auf einen Index beziehen, in den Wertpapiere einbezogen sind. Als einziger Finanzkontrakt, der sich an einem Zinssatz orientiert, zählt der an der Eurex gehandelte BUND-Future zu den Insiderpapieren. Die Definition der Derivate ist in § 12 Abs. 2 WpHG damit weniger umfassend als diejenige in § 2 Abs. 2 WpHG, die auch solche Derivate einschließt, die sich an Devisenpreisen und Referenzzinssätzen orientieren. Die beiden Begriffsbestimmungen müssen daher unabhängig voneinander betrachtet werden[116].

### 8.2.2 Begriff des Insiders

In der Literatur wird unterschieden zwischen Primär- und Sekundärinsidern. Im Gesetzestext werden diese Begriffe nicht explizit genannt, sie wurden lediglich in einem frühen, nicht veröffentlichten Entwurf des WpHG verwendet.[117] Trotzdem unterscheidet das Gesetz in den §§ 13 Abs. 1 und 14 Abs. 2 WpHG zwei Gruppen von Insidern. Von Bedeutung ist diese Unterscheidung für den jeweiligen Umfang des Insiderverbotes gemäß § 14 WpHG.

*Primärinsider* ist, wer eines der Merkmale in § 13 Abs. 1 Nr. 1-3 WpHG erfüllt und Kenntnis von einer Insidertatsache hat. Der Personenkreis der Primärinsider wird statusbezogen oder tätigkeitsbezogen definiert.[118] Im einzelnen gehören zu den Primärinsidern zunächst die Mitglieder der Geschäftsführungs- und Aufsichtsorgane, d.h. Vorstand und Aufsichtsrat bei einer Aktiengesellschaft und die Geschäftsführer bei einer GmbH, sowie die persönlich haftenden Gesellschafter. Diese Regelung erstreckt sich nicht nur auf den Emittenten selbst, sondern auch auf mit ihm im Sinne von § 15 AktG ver-

---

116 Vgl. Caspari 1994, S. 535; Assmann 1995, § 12, Rn. 7
117 Vgl. Assmann 1994, S. 238
118 Vgl. Kümpel 1995, Rn. 14.158. Die Statusbezogenheit ist in § 13 Abs. 1 Nr. 1 und 2, die Tätigkeitsbezogenheit in Nr. 3 geregelt.

bundene Unternehmen.[119] Zwischen der organschaftlichen Stellung und der Kenntnisnahme muß auch ein Kausalitätsverhältnis dieser beiden Tatbestandsmerkmale zur Qualifikation als Primärinsider bestehen.[120] Des weiteren gehören zu den Primärinsidern die Anteilseigner des Emittenten oder mit ihm verbundener Unternehmen. Eine bestimmte Beteiligungsquote ist dabei nicht erforderlich. Maßgeblich ist, daß die Beteiligung ursächlich für die Kenntnis der Insidertatsache war.[121] Eine nur mittelbare Beteiligung ist hingegen unschädlich.[122]

In eine weitere Gruppe der Primärinsider fallen all jene Personen, die aufgrund ihres Berufes, ihrer Tätigkeit oder ihrer Aufgabe bestimmungsgemäß von der Insidertatsache Kenntnis erhalten haben. Nötig ist dementsprechend zunächst ein Ursachenzusammenhang zwischen Beruf, Tätigkeit oder Aufgabe und der Kenntnisnahme. Damit scheiden die Fällen aus, in denen jemand eine Insidertatsache rein privat erfährt.[123] Für diese Gruppe der Primärinsider kommt nämlich noch hinzu, daß die Kenntnisnahme nicht rein zufällig erfolgen darf, sondern bestimmungsgemäß geschehen muß.[124] Konkret fallen in diese Gruppe abermals die Organmitglieder, aber auch Mitglieder von Beiräten und anderen Gremien, die lediglich eine Beratungsfunktion ausüben.[125] Auch Angestellte des Emittenten können Primärinsider sein, wenn sie im Rahmen der ihnen übertragenden Aufgaben mit der Insiderinformation in Kontakt kommen. Dies muß nicht typischerweise der Fall sein, vielmehr reicht es aus, wenn es im Einzelfall bestimmungsgemäß geschieht. Nicht zu den Primärinsidern gehören Angestellte, die nur zufällig, z.B. aufgrund ihrer Tätigkeit in der Registratur oder als Reinigungskraft, Insiderinformationen erhalten. Diese Personen gehören jedoch der Gruppe der Sekundärinsider an.[126]

Auch unternehmensexterne Personen können Primärinsider gem. § 13 Abs. 1 Nr. 3 WpHG sein. Zu dieser Gruppe gehören beispielsweise Wirtschaftsprüfer, Steuerberater, Anwälte, Notare, Unternehmensberater, Kreditinstitute sowie jeweils deren Mitarbeiter. Ein vertragliches oder andersartig zu qualifi-

---

119 Damit geht das deutsche Recht über die zugrundeliegende EG-Insiderrichtlinie hinaus: Vgl. Assmann 1994, S. 238
120 Vgl. Weber 1995, S. 159
121 Vgl. Caspari 1994, S. 537
122 Vgl. Assmann 1995, § 13, Rn. 16
123 Vgl. Eichele 1997, S. 502
124 Vgl. Weber 1995, S. 161
125 Vgl. Assmann 1995, § 13, Rn. 18 und 21; Kümpel 1995, Rn. 14.162
126 Vgl. Regierungsbegründung zum Gesetzesentwurf, BT-Drucksache 12/6679, S. 46

zierendes Verhältnis zwischen dem Insider und dem Unternehmen ist nicht erforderlich.[127] Daher können auch Wirtschaftsjournalisten oder Finanzanalysten Primärinsider sein. Selbst wenn sie nicht zwangsläufig oder typischerweise mit Insiderinformationen Kontakt haben, bringt doch der Beruf des Analysten die Möglichkeit, bei Unternehmensgesprächen solche Informationen zu erfahren, zweifelsohne mit sich, etwa weil das Management glaubt, sich auf diese Weise besonders positiv darstellen zu können.[128] Die Klassifizierung als Primärinsider entfällt für diese Personengruppe auch dann nicht, wenn ihre Mitglieder eine Erklärung abgeben, daß sie nicht daran interessiert sind, Insiderinformationen zu erhalten, oder wenn diese, wie z.B. die DVFA-Analysten, Standesrichtlinien zu beachten haben, die bestimmte Pflichten im Umgang mit erlangten Informationen vorschreiben. Das Wertpapierhandelsgesetz setzt bei den Umständen des Informationstransfers an, nicht bei eventuell vorhandenen Verhaltensbindungen des Informationsempfängers.[129] Ergebnisse eigenständiger Recherchen und Analysen, die ausschließlich auf bereits öffentlich bekannten Daten und Fakten basieren, sind dagegen unproblematisch (§ 13 Abs. 2 WpHG).

*Sekundärinsider* ist, wer Kenntnis von einer Insidertatsache hat, aber kein Primärinsider im Sinne des § 13 Abs. 1 WpHG ist.[130] Unerheblich ist die Art der Kenntnisnahme sowie ein etwaiger unmittelbarer Kontakt zwischen Primär- und Sekundärinsider oder ein Informationstransfer zwischen einem Primär- und Sekundärinsider.[131] Voraussetzung ist hingegen das Wissen, daß es sich bei der Information um eine Insidertatsache handelt.[132] Beispielhaft werden in der Literatur Reinigungskräfte, Werkspione, mithörende Taxifahrer, Stewardessen oder Ärzte genannt.[133]

### 8.2.3 Begriff der Insidertatsache

Die *Insidertatsache* ist ebenfalls in § 13 Abs. 1 WpHG definiert.

---

127 Vgl. Assmann 1995, § 13, Rn. 19; Kümpel 1995, Rn. 14.164 und Rn. 14.165
128 Vgl. Eichele 1997, S. 501 ff.
129 Vgl. Assmann 1997, S. 53
130 Vgl. § 14 Abs. 2 WpHG, der den Begriff des Sekundärinsiders selbst nicht beinhaltet, sondern von Dritten spricht.
131 Vgl. Kümpel 1995, Rn. 14.169
132 Vgl. Caspari 1994, S. 546
133 Vgl. Assmann 1994, S. 240 f.

> **Abb. 117: Tatbestandsmerkmale der Insidertatsache**
> gemäß § 13 Abs. 1 WpHG
> - nicht öffentlich bekannte Tatsache
> - mit Bezug zu einem oder mehreren Emittenten von Insiderpapiere oder zu Insiderpapieren selbst
> - Eignung, bei öffentlichem Bekanntwerden den Kurs der Insiderpapiere erheblich zu beeinflussen

Als *Tatsachen* sind in diesem Zusammenhang überprüfbare Informationen über Umweltzustände zu verstehen.[134] Gerüchte, Meinungen, Vermutungen, Ansichten, (subjektive) Werturteile, Empfehlungen oder Rechtsansichten sind hingegen keine Tatsachen.[135] Zu beachten ist jedoch, daß Informationen über diese Nichttatsachen zugleich Informationen über bestimmte Umweltzustände darstellen und aufgrund dessen als Insiderinformationen in Frage kommen können.[136] Absichten, Pläne und Vorhaben sind, auch wenn sie bereits beschlossen sind, bezüglich ihrer tatsächlichen Realisierung unsicher und stellen damit keine Insidertatsache dar. Allerdings kann derjenige, der erfährt, daß der Vorstand einer Aktiengesellschaft sich geeinigt hat, ein Übernahmeangebot abzugeben, diese Information an der Börse für Insidergeschäfte nutzen, obwohl unsicher ist, wie das Kartellamt die Übernahme beurteilen würde. Daher genügt eine aufgrund der Faktenlage hinreichend hohe Eintrittswahrscheinlichkeit für das Vorliegen einer Insidertatsache.[137] Eine Insidertatsache braucht nicht beweisbar zu sein, um sie von einer bloßen Meinungsäußerung abzugrenzen. Kriterium der Differenzierung ist der objektiv bestimmbare Grad der Zuverlässigkeit.[138] Beurteilt der Vorstand eines Unternehmens die Auftragslage pessimistisch, wird hierbei von einer Insidertatsache auszugehen sein. Dies gilt auch dann, wenn die Aussage nicht durch Zahlen untermauert wird und objektiv schwer oder gar nicht zu belegen ist. Anderes würde gelten, wenn ein Unbeteiligter diese Aussagen macht.

In dem Augenblick, in dem eine Tatsache öffentlich bekannt wird, ist diese keine Insidertatsache mehr. Zur Feststellung, wann die Öffentlichkeit als her-

---

134 Vgl. Assmann 1995, § 13, Rn. 32. Die EG-Insiderrichtlinie verwendet in Art. 1 Abs. 1 statt des Begriffs *Tatsache* die Umschreibung *präzise Information*.
135 Vgl. Kümpel 1995, Rn. 14.179; Assmann 1997, S. 50
136 Vgl. Assmann 1995, § 13, Rn. 33 ff.
137 Vgl. Assmann 1997, S. 51; Assmann 1995, § 13 Rn. 35 f.
138 Vgl. Weber 1995, S. 163

gestellt angesehen werden kann, bestehen verschiedene Möglichkeiten.[139] Laut Gesetz gilt eine Information dann als öffentlich bekannt, wenn eine unbestimmte Zahl von Personen von ihr Kenntnis nehmen kann.[140] Der Gesetzgeber hat sich damit für das Konzept der Bereichsöffentlichkeit entschieden, dem auch die herrschende Literaturmeinung gefolgt ist. Danach sind die Adressaten der Veröffentlichung nicht das breite Anlegerpublikum, sondern die Marktteilnehmer. Um eine Bereichsöffentlichkeit herzustellen genügt eine Veröffentlichung der Meldung über ein elektronisches Informationssystem, das bei den Marktakteuren (Banken, Versicherungen, Börsenmakler) weit verbreitet ist. Hierzu gehören insbesondere der Börsenticker und Nachrichtenagenturen wie *dpa, vwd* oder *Reuters*.[141] Mittlerweile erfolgen mehr als 95 % der Veröffentlichungen über diese elektronischen Informationssysteme, während die verbleibenden knapp 5 % in den überregionalen Börsenpflichtblättern öffentlich bekannt gemacht werden. Bekanntmachungen im Rahmen der Hauptversammlung, einer Pressekonferenz oder eines Analystengesprächs sind hingegen nicht ausreichend, denn den Anwesenden wäre sonst unmittelbar nach Bekanntgabe der Informationen eine straffreie Erteilung von Börsenaufträgen bzw. Weitergabe von Tips möglich.[142]

Der § 13 Abs. 1 WpHG verlangt weiterhin die Emittenten- oder Wertpapierbezogenheit der Insidertatsache. Beispiel für Wertpapierbezogenheit wäre die geplante Umwandlung von vinkulierten, börsennotierten Namensaktien in Inhaberaktien, vorausgesetzt, es besteht erhebliches Kursbeeinflussungspotential.[143] Anders als bei der Ad hoc-Publizität brauchen die Tatsachen weder im Tätigkeitsbereich des Emittenten eingetreten zu sein, noch einen Bezug zum unternehmerischen oder betrieblichen Bereich vorzuweisen.[144] Informationen, die ausschließlich marktbezogen sind, kommen ebenfalls als Insidertatsache in Frage. Beispiel hierfür ist das Vorliegen eines großen Ordervolumens aus dem Kommissionsgeschäft, das wahrscheinlich eine erhebliche Kurssteigerung zur Folge hat. Nutzt die Bank ihr Wissen und deckt sie sich vor Ausführung des Auftrages mit den Wertpapieren ein, liegt ein unzulässiges Ausnutzen der Insidertatsache vor. Hierbei handelt es sich um ein sog. *front running*.[145] Für die Bank resultiert daraus in jedem Fall ein Eigenhan-

---

139 Vgl. die Darstellung der Diskussion bei Assmann 1995, § 13, Rn. 40 ff.
140 Vgl. BT-Drucksache 12/6679, S. 46
141 Vgl. Kümpel 1995, Rn. 14.117
142 Vgl. Hopt 1991, S. 30
143 Vgl. Kümpel 1995, Rn. 14.104
144 So die Regierungsbegründung, vgl. BT-Drucksache 12/6679, S. 47
145 Vgl. Kümpel 1995, Rn. 14.107

delsgewinn. Stellt das BAWe einen solchen Verdacht gegen den Insiderhandel fest, wird Anzeige bei der zuständigen Staatsanwaltschaft gegen die Bank bzw. deren Händler gestellt. Besonders beim Handel mit Derivaten an der Eurex hat sich der Verdacht des front running mehrfach ergeben. Unsicher ist die Interpretation des § 13 Abs. 1 WpHG in Fällen, in denen Informationen den gesamten Markt betreffen, wie z.B. statistische Daten über die gesamtwirtschaftliche Entwicklung oder Informationen über politische Veränderungen. Da diese Daten den Emittenten und die Insiderpapiere regelmäßig nur mittelbar berühren und somit nicht geeignet sind, zu einer erheblichen Kursbeeinflussung zu führen, finden diese Schwierigkeiten keine weitere Beachtung.[146]

Letztes Tatbestandsmerkmal der Insidertatsache gem. § 13 Abs. 1 WpHG ist deren Eignung zur wesentlichen Kursbeeinflussung. Zur Konkretisierung einer derart allgemein gehaltenen Formulierung bedarf es geeigneter Kriterien. In der Regierungsbegründung heißt es dazu, daß der *„Einzelfall unter Zugrundelegung der Lebenserfahrung"*[147] entscheidend sein soll. Bevor mit der Einzelfallprüfung begonnen werden kann, müssen zunächst präzise Maßstäbe für eine Eignung zur erheblichen Kursbeeinflussung definiert werden. Die Eignung einer Tatsache zur erheblichen Kursbeeinflussung muß nach objektiven Gesichtspunkten beurteilt werden. Dabei ist nicht auf die subjektiven Vorstellungen des Insiders oder eines durchschnittlichen Anlegers abzustellen. Da die Chancengleichheit der Anleger schon durch die bloße Gefahr verletzt wird, daß Insider ihren Informationsvorsprung mißbräuchlich nutzen könnten, kommt es nicht darauf an, ob sich der Kurs später tatsächlich in der erwarteten Weise ändert. Die Feststellung des Kursbeeinflussungspotentials erfordert eine Ex-ante-Betrachtung, bei der auf den Zeitpunkt der Vornahme der als Insidergeschäft in Frage kommenden Transaktion abzustellen ist.[148]

Des weiteren muß konkretisiert werden, was unter „erheblich" zu verstehen ist. Unbestritten ist, daß als Maßstab die Höhe des zu erwartenden Kursausschlags dienen sollte. Grundsätzlich kann die Erheblichkeit des Kursausschlags entweder einzelfallbezogen oder unter Zuhilfenahme fixer Grenzen entschieden werden. Nach herrschender Meinung ist jedoch die zweite Variante vorzuziehen.[149] Es wird vorgeschlagen, auf die Bedingungen für Geschäfte an der Frankfurter Wertpapierbörse zurückzugreifen, die nur geringe

---

146 Vgl. Assmann 1995, § 13, Rn. 55
147 BT-Drucksache 12/6679, S. 48
148 Vgl. Kümpel 1995, Rn. 14.124 u. 14.127; Caspari 1994, S. 540; Assmann 1995, § 13, Rn. 64 f.
149 Vgl. die Diskussion bei Assmann 1995, § 13, Rn. 68 ff.

Unterschiede zu den entsprechenden Regelungen an den anderen inländischen Wertpapierbörsen aufweisen.[150] Der Kursmakler muß gemäß § 8 Abs. 1 der Bedingungen für Geschäfte an der Frankfurter Wertpapierbörse die erwarteten Preisveränderungen durch eine Plus- oder Minusankündigung anzeigen, wenn er aufgrund der vorliegenden Aufträge feststellt, daß der Preis wahrscheinlich von dem zuletzt notierten Preis abweichen wird. Hierbei dient eine erwartete Kursänderung von 5 % als Maßstab. Kursschwankungen, die oberhalb dieses Schwellenwerts liegen, werden von den Börsenteilnehmern nicht mehr als üblich angesehen und bilden somit eine Orientierungshilfe zur Konkretisierung des unbestimmten Rechtsbegriffs der erheblichen Kursbeeinflussung.[151] Das BAWe hat dagegen einen anderen Maßstab festgelegt. Die zu erwartenden Kursausschläge werden nicht zum Kurs, sondern zur Volatilität, d.h. der üblichen Schwankungsbreite des Wertpapiers, in Bezug gesetzt. Erheblich kursrelevant ist das Kursänderungspotential, wenn es die übliche Volatilität übersteigt. Generell, auch für marktbezogene Insidertatsachen, ist von einer erheblichen Kursrelevanz immer dann auszugehen, wenn sich aus Sicht des Insiders, unter Berücksichtigung des systematischen Marktrisikos, Verkauf oder Erwerb des betroffenen Wertpapiers lohnen[152].

### 8.2.4 Der Verbotstatbestand

Der § 14 Abs. 1 Nr. 1-3 WpHG normiert drei Verbotstatbestände, von denen der erste für Primär- und Sekundärinsider gilt, die anderen beiden nur für Primärinsider. Dies ergibt sich aus § 14 Abs. 2 WpHG.

**Abb. 118: Der Verbotstatbestand**

| § 14 Abs. 1 WpHG | Untersagt ist, |
|---|---|
| Nr. 1 | • unter Ausnutzung seines Insiderwissens Insiderpapiere zu erwerben oder zu veräußern. |
| Nr. 2 | • einem anderen die Insidertatsache unbefugt mitzuteilen oder zugänglich zu machen. |
| Nr. 3 | • einem anderen aufgrund seines Insiderwissens Erwerb oder Veräußerung von Insiderpapieren zu empfehlen. |

---

150 Vgl. schon die Regierungsbegründung, BT-Drucksache 12/6679. Dies ist auch die herrschende Meinung in der Literatur. Vgl. Assmann 1995, § 13, Rn. 70 ff.
151 Vgl. Caspari 1994, S. 541
152 Vgl. Süßmann 1997, S. 64

Neben dem objektiven Tatbestand des Erwerbens oder Veräußerns, ist der subjektiver Tatbestand des Vorsatzes der Abwicklung des Geschäfts unter Ausnutzung der Kenntnis des Täters von der Insidertatsache, Voraussetzung für das Verbot nach § 14 Abs. 1 Nr. 1 WpHG.[153] Probleme für die praktische Durchsetzung des Verbotes ergeben sich beim Nachweis der Kenntnis des Täters um die Eignung der Tatsache, eine erhebliche Beeinflussung des Kurses zu bewirken. Vom Ausnutzen einer Tatsache wird gesprochen, wenn der Täter handelt, um dadurch sich oder anderen einen wirtschaftlichen Sondervorteil zu verschaffen.[154] Dabei muß ein Kausalzusammenhang zwischen Ausnutzen und Insiderwissen bestehen. Die Initiative des Insiders zum Abschluß des Geschäfts muß auf den Kenntnissen beruhen, die er als Insider erlangt hat. Demnach liegt bei einer anderen Motivation bzw. wenn das Geschäft, wie bei den Geschäften von Market Makern und Maklern, auch ohne Kenntnis der Insidertatsache getätigt worden wäre, keine strafbare Insiderhandlung vor. Auch wenn beide Parteien die Insidertatsache kennen, ist der Tatbestand des Ausnutzens nicht erfüllt.[155]

Die Verbotstatbestände der Nummern 2 und 3 betreffen Handlungen im Vorfeld eines Wertpapiergeschäfts. Das Weitergabeverbot (Nr. 2) verfolgt den Zweck, die Zahl potentieller Insider so klein wie möglich zu halten.[156] Dem Primärinsider ist es nicht nur verboten, sein Insiderwissen anderen mitzuteilen; unbedeutend ist dabei eine etwaige Kenntlichmachung als Insiderwissen. Er darf weiterhin die Insidertatsache auch keiner anderen Person vorsätzlich zugänglich machen, z.B. durch die Weitergabe eines Paßwortes, das den Zugang zu elektronisch gespeicherten Insiderinformationen eröffnet. Der Dritte muß von der Information tatsächlich Kenntnis genommen haben, wobei ein Bewußtsein der Qualität als Insidertatsache unerheblich ist.[157]

Ein weiteres Tatbestandsmerkmal besteht darin, daß der Insider, der die Information weitergibt, dazu nicht befugt sein darf.[158] Um die befugte von der unbefugten Weitergabe trennen zu können, sei auf Art. 3a der EG-Insiderrichtlinie[159] verwiesen, die dem § 14 Abs. 1 WpHG zugrunde liegt. In dieser Richtlinie wird für Insider ein Weitergabeverbot an Dritte postuliert, *„soweit*

---

153 Vgl. Assmann 1995, § 14, Rn. 16 ff. In der Literatur ist umstritten, ob ein bedingter Vorsatz (dolus eventualis) ausreicht. Vgl. die Diskussionsdarstellung bei Assmann 1995, § 14, Rn. 18
154 Vgl. Assmann 1995, § 14, Rn. 20 und 24 f.
155 Vgl. Kümpel 1995, Rn. 14.173 f; Assmann 1995, § 14, Rn. 27, 28 und 36
156 Vgl. Assmann 1994, S. 520
157 Vgl. Assmann 1995, § 14, Rn. 44 und Rn. 67
158 Vgl. Götz 1995, S. 1949
159 Richtlinie 89/592/EWG vom 13.11.1989

*dies nicht in einem normalen Rahmen in Ausübung ihrer Arbeit oder ihres Berufs oder in Erfüllung ihrer Aufgaben geschieht"*. Für den unternehmensinternen Informationsfluß folgt daraus, daß für die Weitergabe von Insidertatsachen nur dort Raum ist, wo dies, z.b. bei zustimmungspflichtigen Geschäften durch den Aufsichtsrat, entweder gesetzlich vorgeschrieben ist oder wo dies, wie z.b. bei Auskunftserteilung des Kreditnehmers an den Kreditgeber, normale Unternehmensabläufe verlangen.[160] Normal ist in diesem Zusammenhang nicht gleichbedeutend mit üblich. Einerseits müssen Verhaltensweisen, die vor Inkrafttreten des Wertpapierhandelsgesetzes üblich waren, im Lichte der neuen Vorschriften überprüft werden, und andererseits muß auch nach dem 1. August 1994 das als normal gelten können, was zwar aufgaben-, tätigkeits- oder berufsbedingt angebracht ist, aber nicht als üblich gilt. Erforderlich ist eine Interessenabwägung zwischen den Zielen des Wertpapierhandelsgesetzes und denen des einzelnen Betroffenen, der in Ausübung seines Berufes, seiner Tätigkeit oder seiner Aufgabe Insiderwissen weitergibt.[161]

Offen bleibt, ob es betriebliche Organisationspflichten zur Vermeidung von Insiderverstößen und Interessenkonflikten gibt.[162] Nach dem von der Deutschen Börse AG veröffentlichten Leitfaden sind organisatorische Vorkehrungen zu treffen, die dafür sorgen, daß Insiderwissen nur den Mitarbeitern zugänglich wird, die es für die Erledigung ihrer Aufgaben benötigen.[163]

Ein viel diskutiertes Problem ist das Verhältnis des Verbotstatbestandes der Weitergabe zum Auskunftsrecht des Aktionärs in der Hauptversammlung.[164] Eine Auskunft, die gleichzeitig Insidertatsache ist, kann für die Urteilsfindung des Aktionärs, z.B. bei der Entlastung des Vorstands, ein wesentliches Kriterium sein.[165] Die Bekanntgabe der Tatsache gegenüber den Teilnehmern der Hauptversammlung stellt jedoch noch keine Bereichsöffentlichkeit her. Einerseits wird das Finanzmarktförderungsgesetz als Einschränkung des Auskunftsrechts der Aktionäre gesehen[166], andererseits widerspricht dies der Auffassung, das Finanzmarktförderungsgesetz diene dem Schutz der Aktionäre.

---

160 Vgl. Kümpel 1995, Rn. 14.196; Assmann 1995, § 14, Rn. 49
161 Vgl. Assmann 1997, S. 55
162 Vgl. Assmann 1995, § 14, Rn. 54
163 Vgl. Deutsche Börse AG 1994, S. 2041
164 Vgl. Assmann 1995, § 14, Rn. 50 ff.; Benner-Heinacher 1995, S. 765; Götz 1995, S. 1949; Hopt 1995, S. 157; Joussen 1994, S. 2485; Kümpel 1994, S. 2138
165 Vgl. Götz 1995, S. 1951. Der hier beschriebene Konflikt wird aber in der Praxis nur selten auftreten, da er voraussetzt, daß die Insidertatsache nicht Ad hoc-publizitätspflichtig ist bzw. dieser Pflicht nicht nachgekommen wurde.
166 Vgl. Joussen 1994, S. 2488 f; Benner-Heinacher 1995, S. 766

Der Vorstand sollte sich vor der Hauptversammlung unbedingt vergewissern, daß alle zu veröffentlichenden Insidertatsachen auch tatsächlich veröffentlicht worden sind. Um nicht gemäß § 14 Abs. 1 Nr. 2 WpHG straffällig zu werden, kann der Vorstand sich auf sein Auskunftsverweigerungsrecht berufen. In diesem Fall sind jedoch etwaige Schadensersatzansprüche aus der Ad hoc-Publizität gemäß § 15 WpHG zu bedenken. Selbst für Gespräche mit Journalisten und Analysten ist mindestens gleichzeitig die Bereichsöffentlichkeit herzustellen.[167]

Das Verbot der Weitergabe von Insiderinformationen führt besonders bei Aktionärspools und Familiengesellschaften zu einschneidenden Veränderungen. So war es durchaus üblich, die Mitglieder des Pools oder der Familie vorab mit Insiderinformationen zu versorgen, um bereits hinter den Kulissen eine Einigung erzielen zu können. Diese Art der Willensbildung ist nun nicht mehr möglich.[168]

Damit sich Insider zur verbotenen Ausnutzung ihres Wissens nicht Dritter bedienen oder mit diesen kollusiv zusammenarbeiten, normiert § 14 Abs. 1 Nr. 3 WpHG ein Verbot, anderen den Erwerb oder die Veräußerung von Insiderpapieren zu empfehlen. Zur Konkretisierung des Begriffs der Empfehlung wird auf das kartellrechtliche Empfehlungsverbot gem. § 38 Abs. 1 Nr. 10 Gesetz gegen Wettbewerbsbeschränkung (GWB) zurückgegriffen.[169] Danach ist eine Empfehlung eine einseitige, rechtlich unverbindliche Erklärung, durch die jemand in der Absicht, den Willen des Adressaten zu beeinflussen, ein Verhalten als vorteilhaft bezeichnet und die Verwirklichung dieses Verhaltens anrät.[170] Ein Verstoß gegen die drei Verbotstatbestände wird gemäß § 38 Abs. 1 WpHG mit einer Geld- oder Freiheitsstrafe bis zu fünf Jahren geahndet. Zusätzlich kommen ein Berufsverbot (§ 70 StGB) oder die Anordnung des Verfalls von Vermögensvorteilen (§ 73 StGB) in Betracht. Bis zum 31. Dezember 1997 hat das BAWe insgesamt ca. 3.810 Vorprüfungen vorgenommen, die letztlich nur zu neuen rechtsgültigen Strafbefehlen geführt haben. Die folgende Abbildung 119 verdeutlicht die Vielzahl der Kontrolle und Untersuchungen durch das BAWe.[171]

---

167 Vgl. Leitfaden der Deutschen Börse AG 1994, S. 2041; Joussen 1994, S. 1951
168 Vgl. Assmann 1997, S. 57; Hopt 1995, S. 146
169 Vgl. Kümpel 1995, Rn. 14.210; Assmann 1995, § 14, Rn. 70
170 Vgl. Tiedemann 1992, § 38 Rn. 124
171 Vgl. Bundesaufsichtsamt für Wertpapierhandel (BAWe): *Jahresbericht 1997*, S. 17 ff., 52 ff.

| Abb. 119: Insideruntersuchungen des Bundesaufsichtsamtes für Wertpapierhandel (BAWe) | | | |
|---|---|---|---|
| | 1995 | 1996 | 1997 | Summe |
| Vorprüfungen | 1.070 | 1.140 | 1.600* | 3.810* |
| Untersuchung eingeleitet | 24 | 59 | 55 | 138 |
| Untersuchung eingestellt | 16 | 27 | 40 | 83 |
| An Staatsanwalt weitergeleitet | 7 | 17 | 22 | 46 |
| Rechtsgültige Strafbefehle | 2 | 4 | 3 | 9 |

*Stand 30.11.1997 (Quelle: Pressemitteilung BAWe vom 31.11.97)

Die große Zahl der Vorprüfungen ergibt sich vor allem aus der routinemäßigen Kontrolle der Ad Hoc-Mitteilungen und der auffälligen Umsatz- und Kursbewegungen. Für die relativ geringe Zahl von Strafbefehlen sind mehrere Gründe maßgebend.[172] Die Ermittlungen des BAWe sind dermaßen zeitaufwendig, daß verdächtigen Personen die Möglichkeit bleibt, Beweismaterial zu vernichten. Das BAWe ist zwar über alle täglich in Deutschland abgeschlossenen Wertpapiergeschäfte informiert, jedoch nicht über die Geschäftsteilnehmer. Die Namen der Beteiligten müssen bei den Banken angefordert werden, die aber wiederum in solchen Fällen oft Warnungen an ihre Kunden aussprechen. Das Insiderrecht kann durch Einschaltung von Auslandskonten umgangen werden, da Staaten, die nicht der EU angehören, der deutschen Aufsichtsbehörde häufig keine Auskünfte erteilen.[173] Hinzu kommt, daß die staatsanwaltschaftlichen Ermittlungsverfahren wegen Geringfügigkeit (§ 153 Strafprozeßordnung) oder gegen Zahlung eines Bußgeldes – oftmals in Höhe des erzielten Gewinnes – von den zuständigen Staatsanwaltschaften eingestellt werden.

---

172 Vgl. Reimer 1997, S. 82 ff.
173 Generell gilt gemäß § 38 Abs. 2 WpHG, daß dem deutschen Verbot entsprechende ausländische Verbote gleichstehen. Vgl. Cramer 1995, § 38, Rn. 3 ff.; Hopt 1995, S. 142

### 8.2.5 Ad hoc-Publizität als präventives Instrument

Für Insidergeschäfte bleibt um so weniger Raum, je eher die Insiderinformationen an die Öffentlichkeit gelangen, denn mit der Publizierung verliert eine Tatsache ihren Charakter als Insiderwissen. Durch verstärkte Transparenz wird zudem die Funktionsfähigkeit des Kapitalmarktes erhöht, da die Transaktionskosten der Anleger gesenkt werden, ihre Chancengleichheit gesichert wird und unzutreffende Börsenpreise, die auf fehlerhafter oder unvollständiger Information des Marktes beruhen, verhindert werden.[174] Daher schreibt § 15 Abs. 1 WpHG vor, daß ein Emittent von Wertpapieren, die zum Handel an einer inländischen Börse zugelassen sind, unverzüglich eine neue Tatsache veröffentlichen muß, die in seinem Tätigkeitsbereich eingetreten und nicht öffentlich bekannt ist. Die Tatsache muß aber wegen ihrer Auswirkungen auf die Vermögens- und Finanzlage oder auf den allgemeinen Geschäftsverlauf des Emittenten geeignet sein, den Börsenkurs der Wertpapiere erheblich zu beeinflussen.

#### 8.2.5.1 Nach § 15 WpHG zu veröffentlichende Tatsachen

Von der Ad hoc-Publizität sind nur Wertpapiere betroffen, die zum Amtlichen Handel oder zum Geregelten Markt zugelassen sind. Hierin liegt ein Unterschied zu den Insidervorschriften, von denen auch in den Freiverkehr einbezogene Wertpapiere betroffen sind. Der Freiverkehr ist von der Ad hoc-Publizität ausgeklammert, da er nicht der Definition des Art. 1 EG-Insiderrichtlinie entspricht, in der auf staatlich reglementierte Märkte abgestellt wird. Andernfalls wäre ein Austrocknen des Freiverkehrs zu befürchten, da die Einbeziehung in den Freiverkehr häufig nicht der Zustimmung des Emittenten bedarf und oft nur im Interesse erleichterter Handelsmöglichkeiten geschieht.[175] Die Wertpapiere, die in den neueren Börsensegmenten Neuer Markt und SMAX notiert sind, bedürfen entweder der Zulassung zum Amtlichen Handel oder zum Geregelten Markt. Aus diesem Grund fallen sie unter die Ad hoc-Publizität.

---

174 Vgl. Kümpel 1995, Rn. 14.237 ff., sowie Beschlußempfehlung und Bericht des Finanzausschusses des Deutschen Bundestages, BT-Drucksache 12/7918, S. 198
175 Vgl. Kümpel 1995a, Rn. 14.453

Der Begriff der Insidertatsache ist umfassender als der Begriff der Ad hoc-publizitätspflichtigen Tatsache[176], denn die publizitätspflichtige Tatsache muß im Tätigkeitsbereich des Emittenten eingetreten sein. Folglich werden Marktdaten wegen ihres fehlenden Bezugs zur unternehmerischen Sphäre von der Ad hoc-Publizitätspflicht im Gegensatz zur Regelung des § 13 WpHG für Insidertatsachen nicht erfaßt.[177] Die beiden Tatsachenbegriffe weisen jedoch gemeinsame Kernmerkmale auf.

Selten beruht eine Tatsache auf einem einmaligen, plötzlichen Geschehen, wie etwa einem Katastrophenschaden. Meistens liegt dieser ein mehrstufiger innerbetrieblicher Entscheidungs- und Auswahlprozeß zugrunde, aus dem sich erst nach und nach eine publizitätspflichtige Tatsache herauskristallisiert. Fraglich bleibt demnach, wann eine Tatsache einen Realisierungsgrad erreicht hat, der eine erhebliche Beeinflussung des Börsenkurses nach sich zieht. Beispiel hierfür ist der Beschluß über die Ausnutzung des genehmigten Kapitals. Die Pflicht zur Veröffentlichung greift nach herrschender Meinung erst, wenn der Aufsichtsrat seine erforderliche Zustimmung zur Ausgabe der Aktien gegeben hat.[178] Die unternehmensinterne Planungs- und Vorbereitungsphase findet erst mit dem Zustimmungsbeschluß rechtlich ihren Abschluß. Eine Bekanntgabe schon vor diesem Zeitpunkt könnte den Aufsichtsrat präjudizieren und möglicherweise die Öffentlichkeit irreführen. Allerdings wird in der Praxis eine beabsichtigte Kapitalerhöhung vom Kapitalmarkt schon dann als vollzogen angesehen, wenn der Vorstand diese beschließt. Daher ist hier regelmäßig von einer Insidertatsache auszugehen.[179] Ähnliches kann gelten, wenn bereits das Handeln des Vorstandes ein so starkes Faktum schafft, daß eine Publizitätspflicht anzunehmen ist.[180] Dies könnte bei einem sog. *friendly takeover* der Fall sein, bei dem die Vorstände der betroffenen Gesellschaften ihre Vereinbarungen unter dem Vorbehalt der Zustimmung der Aufsichtsräte abschließen. Wird in einem solchen Ausnahmefall eine Veröffentlichung noch vor Beschlußfassung der Aufsichtsräte erforderlich, so ist in dieser das Fehlen der Zustimmung der Aufsichtsräte kenntlich zu machen.

---

176 Vgl. Kümpel 1997, S. 66 f.; Kümpel 1995, § 15, Rn. 33; Hopt 1995, S. 149; Pananis 1997, S. 460 ff.
177 Als weiteren Unterschied sieht § 15 Abs. 1 WpHG eine Sonderregelung für Schuldverschreibungen vor. Vgl. Kümpel 1995a, § 15, Rn. 35-39; Kümpel 1997, S. 67
178 Vgl. Kümpel 1995a, § 15, Rn. 45 ff und 50; Hopt 1995, S. 152; Kiem/Kotthoff 1995, S. 2003; Pananis 1997, S. 463 und Leitfaden der Deutschen Börse AG 1994, S. 2043
179 Vgl. Kümpel 1997, S. 68; Assmann 1995, § 13, Rn. 36
180 Vgl. Leitfaden der Deutschen Börse AG 1994, S. 2043 f.

Planungen, Konzepte, Strategien und vorbereitende Maßnahmen fallen auch dann nicht unter die zu veröffentlichenden Tatsachen, wenn sie beschlossen sind.[181] Die Verpflichtung zur Ad hoc-Publizität soll nicht dazu führen, daß Unternehmen gezwungen werden, selbst erarbeitete Wettbewerbsvorsprünge der Konkurrenz preiszugeben oder alle unternehmensinternen Entwicklungen auf die Möglichkeit der Befreiung von der Veröffentlichungspflicht gemäß § 15 Abs. 2 WpHG prüfen zu müssen, um Wettbewerbsnachteilen zu entgehen.[182]

Für die Auslegung ist die in der Vorschrift geforderte Auswirkung der Tatsache auf die Vermögens-, Finanz- und Ertragslage oder den allgemeinen Geschäftsverlauf entscheidend. Die vom Gesetzgeber verwendeten Termini verweisen auf die in § 264 Abs. 2 Satz 1 HGB kodifizierte Generalklausel für den Jahresabschluß von Kapitalgesellschaften bzw. auf die Vorschriften zum Lagebericht gemäß § 289 HGB.[183] Die Veröffentlichungspflicht umfaßt zumindest all die Vorgänge, die nach den Grundsätzen ordnungsmäßiger Buchführung im handelsrechtlichen Jahresabschluß einen Buchungsvorgang verursachen, soweit es sich um Tatsachen mit insiderrechtlich relevantem Kursbeeinflussungspotential handelt. Eine bereits erfolgte Buchung der Tatsachen wird dabei nicht vorausgesetzt.[184] Allerdings vermag das Abstellen auf den Buchungsvorgang nicht in jedem Fall alle Sachverhalte zu erfassen, die für die Beurteilung eines bestimmten Wertpapiers von Bedeutung sein können. Bestes Beispiel ist das Aktivierungsverbot für selbst entwickelte Patente oder Großaufträge, deren Ertrag noch nicht realisiert ist.

Des weiteren ist fraglich, ob die Pflicht zur Ad hoc-Publizität an eine Einzeltatsache, also einen bestimmten abgrenzbaren Sachverhalt anknüpft, oder ob diese Pflicht auch durch Summierung von Verlusten oder Erträgen aus verschiedenen Geschäftsbereichen begründet werden kann. Dieser Überlegung liegt zugrunde, daß Ertragseinbrüche oder -sprünge mit erheblichem Kursbeeinflussungspotential in der Regel nicht auf einem einzigen Vorgang beruhen. Ausschlaggebend sind meist eine Vielzahl von Quellen, die jede für sich genommen noch keine Kursrelevanz besitzen. Die Gesetzesmaterialien sehen auch hier eine Anknüpfung an ordnungsmäßige Buchungsvorgänge vor.[185]

---

181 Vgl. Kümpel 1995a, § 15, Rn. 52
182 Vgl. Regierungsbegründung zum Zweiten Finanzmarktförderungsgesetz, BT-Drucksache 12/6679, S. 48
183 Vgl. Wölk 1997, S. 78; Kümpel 1995a, § 15, Rn. 58
184 Vgl. Kümpel 1995a, § 15, Rn. 61
185 Vgl. Beschlußempfehlung und Bericht des Finanzausschusses des Deutschen Bundestages, BT-Drucksache 12/7918, S. 96

Allerdings findet der Ertragseinbruch oder Ertragssprung als solcher keinen Eingang in die Handelsbücher, sondern lediglich die einzelnen Geschäftsvorfälle, so daß bei einer allmählichen Verschlechterung der Ertragslage keine Ad hoc-publizitätspflichtige Tatsache vorläge.[186]

Das BAWe hat in der *„Bekanntmachung zum Verhältnis von Regelpublizität und Ad hoc-Publizität"*[187] klargestellt, daß auch das Ergebnis einer Summierung von Einzelereignissen eine Tatsache darstellt, die zur erheblichen Kursbeeinflussung geeignet sein kann. Dieses betrifft einerseits ein erheblich von den den Anlegern bekannten Daten abweichendes Gesamtergebnis, aber auch Sachverhalte, die durch das Ergebnis der Summierung erst als solche realisiert werden.[188] Beispiele hierfür sind die insolvenzrechtliche Zahlungsunfähigkeit oder der Verlust der Hälfte des Grundkapitals. In der oben genannten Bekanntmachung führt das BAWe weiter aus, daß potentiell kursrelevante neue Tatsachen unverzüglich nach ihrem Eintritt und nicht erst zum Zeitpunkt der nächsten Regelpublizität zu veröffentlichen sind. Für den Fall potentieller kursrelevanter Tatsachen im Jahresabschluß bedeutet dies, daß die Tatsache spätestens mit der Aufstellung des Jahresabschlusses durch den Vorstand, d.h. noch vor Feststellung durch den Aufsichtsrat, eingetreten ist. Dazu ist anzumerken, daß die damit unterstellte hohe Wahrscheinlichkeit der Zustimmung des Aufsichtsrates im Einzelfall nicht gegeben sein kann, was zur Folge hätte, daß noch keine publizitätspflichtige Tatsache eingetreten wäre.[189] Der Aufsichtsrat könnte angesichts einer sich rapide verschlechternden allgemeinen Wirtschaftslage darauf bestehen, daß der Risikovorsorge, etwa durch Rückstellungs- oder Rücklagenerhöhung oder einer Neubewertung der Vorräte, stärker Rechnung getragen wird.

Die Ad hoc-publizitätspflichtigen Tatsachen müssen zur erheblichen Kursbeeinflussung geeignet sein. Ebenso wie bereits bei den Ausführungen zum Begriff der Insidertatsache erläutert, ist von einer erheblichen Kursrelevanz auszugehen, wenn eine das übliche Maß der Schwankungen deutlich übersteigende Kursänderung zu erwarten ist.[190]

Beim Lagebericht wird zwischen Pflicht- und freiwilligen Angaben unterschieden, wobei letztere nicht der Ad hoc-Publizität unterliegen. Zu den

---

186 Vgl. Kümpel 1997, S. 69; Hopt 1995, S. 153
187 BAnz Nr. 133 vom 19.07.1996, auch abgedruckt in Kümpel/Ott 1997, Kapitalmarktrecht, Kz. 615/3
188 Vgl. Kümpel 1997, S. 69
189 Vgl. Kümpel 1997, S. 70
190 Vgl. Leitfaden der Deutschen Börse AG 1994, S. 2045; Wölk 1997, S. 79

Pflichtangaben gehören gemäß § 289 Abs. 2 Nr. 1 HGB auch Vorgänge von *„besonderer Bedeutung"*.

| Abb. 120: Beispiele für in die Emittentensphäre eingetretene Sachverhalte besonderer Bedeutung[191] |
|---|
| • Abweichungen von den vom Jahresabschluß scheinbar vorgezeichneten Entwicklungen aufgrund von Umsatzrückgängen, unvorhersehbaren Kostensteigerungen oder schwerwiegenden Verlusten |
| • Erwerb oder Veräußerung von Beteiligungen, Grundstücken oder wichtigen Vermögenswerten |
| • Kapitalerhöhungs- oder Kapitalherabsetzungsmaßnahmen |
| • Gründung oder Auflösung von Niederlassungen |
| • Begründung von Konzern- oder Abhängigkeitsverhältnissen |
| • Beitritt zu Interessengemeinschaften oder Kartellen |
| • Abschluß außerordentlicher Verträge |
| • Ausgang wichtiger Prozesse |
| • Besondere Ereignisse im personellen Bereich, z.B. Kurzarbeit oder Streiks |
| • Technische Probleme, mit denen Qualitätseinbußen der Produkte verbunden sind |
| • Kündigung von Liefer-, Abnahme- oder Kreditverträgen durch die Geschäftspartner |
| • Zusammenbrüche großer Kunden |
| • Rückgängigmachung bilanzpolitischer Maßnahmen, die der Verbesserung des Bilanzbildes dienen |

Einen Katalog typischer Fallbeispiele hat die Deutsche Börse AG in ihrem Leitfaden abgedruckt.[192] Diese Beispiele können als Empfehlung an die Emittenten verstanden werden. Bei Vorliegen der nachfolgend aufgeführten Sachverhalte ist zu prüfen, ob unter Berücksichtigung der gegebenen Verhältnisse eine zu veröffentlichende Tatsache vorliegt. Die Beispiele sind nicht dahingehend zu verstehen, daß bei ihrem Vorliegen automatisch die Eignung zur er-

---

191 Vgl. Lück 1995, § 289, Rn. 51
192 WM 1994, S. 2048. Kritisch zum Beispielskatalog Hopt 1995, S. 149 ff.

heblichen Kursbeeinflussung besteht. Vielmehr sind bei diesen Tatbeständen stets die Umstände des Einzelfalles entscheidend. Eine erhebliche Kursrelevanz ist nicht gegeben, wenn eines der genannten Beispiele in der konkreten Situation ohne besondere Bedeutung für das Gesamtunternehmen ist, wie z.B. die Verschmelzung einer unbedeutenden Konzerntochter. Ferner ist zu beachten, daß die kursrelevante Beurteilung des einzelnen Unternehmens von Faktoren wie Größe und Struktur des Unternehmens, Branche, Wettbewerbssituation etc. erheblich beeinflußt wird.

*Beispielkatalog der Deutschen Börse AG*

**Abb. 121: Veränderungen der Vermögens-, Finanz- und Ertragslage**

- Veräußerung satzungsmäßiger Kernbereiche
- Verschmelzungsverträge
- Eingliederungen, Ausgliederungen, Umwandlungen, Spaltungen sowie andere wesentliche Strukturmaßnahmen
- Beherrschungs- und/oder Gewinnabführungsverträge
- Erwerb oder Veräußerung wesentlicher Beteiligungen
- Übernahme- und Abfindungs- oder Kaufangebote
- Kapitalmaßnahmen (incl. Kapitalberichtigung)
- Änderung des Dividendensatzes
- Bevorstehende Zahlungseinstellung/Überschuldung oder Verlustanzeige nach § 92 AktG
- Erhebliche außerordentliche Aufwendungen (z.B. nach Großschäden oder Aufdecken krimineller Machenschaften) oder erhebliche außerordentliche Erträge

**Abb. 122: Veränderungen im allgemeinen Geschäftsverlauf**

- Rückzug oder Aufnahme von neuen Kerngeschäftsfeldern
- Abschluß, Änderung oder Kündigung besonders bedeutender Vertragsverhältnisse (einschließlich Kooperationsabkommen)
- Bedeutende Erfindungen, Erteilung bedeutender Patente und Gewährung wichtiger (aktiver/passiver) Lizenzen
- Maßgebliche Produkthaftungs- oder Umweltschadensfälle
- Rechtsstreitigkeiten und Kartellverfahren von besonderer Bedeutung
- Veränderungen in Schlüsselpositionen des Unternehmens

Das BAWe kann gem. § 15 Abs. 1 Satz 2 WpHG den Emittenten auf Antrag von der Pflicht zur unverzüglichen Veröffentlichung befreien, wenn die Veröffentlichung der Tatsache geeignet ist, den berechtigten Interessen des Emittenten zu schaden. Abzuwägen ist, ob die Nachteile, die dem Unternehmen durch die Ad hoc-Publizität drohen, schwerwiegender sind als das Informationsinteresse der schutzbedürftigen Marktteilnehmer. Das Geheimhaltungsinteresse des Emittenten wird überwiegen, wenn realistisch erscheinende Sanierungspläne für eine drohende Zahlungsunfähigkeit durch eine vorzeitige Veröffentlichung gefährdet werden, weil mit Kreditkündigungen der Banken und Vollstreckungsmaßnahmen der übrigen Gläubiger zu rechnen ist. Eine ausreichende Wahrscheinlichkeit, daß nach Ablauf des Befreiungszeitraumes die Krise beseitigt oder zumindest wesentlich entschärft ist, muß gegeben sein. Eine Befreiung ist demnach nicht in jeder Krisensituation möglich.[193] Im Jahr 1997 wurden vier Anträge (1996: 18) auf Befreiung von der Veröffentlichungspflicht gestellt. Zwei Anträgen wurde stattgegeben, die beiden anderen wurden noch vor der Entscheidung des BAWe vom jeweiligen Emittenten zurückgezogen. Bei den zwei im Jahr 1997 befreiten Unternehmen handelte es sich um Sanierungsfälle.[194]

Die Regelung zur Befreiung von der Ad hoc-Publizitätspflicht kann diese nur aufschieben, aber nicht endgültig aufheben. Ergeben sich aufgrund auffälliger Kursbewegungen konkrete Verdachtsmomente für verbotene Insidergeschäfte, kann davon ausgegangen werden, daß die Voraussetzungen der Befreiung von der Veröffentlichungspflicht weggefallen sind.[195] Die Interessen der Anleger wiegen in diesem Fall schwerer als die des Emittenten. Ein Verstoß gegen die Ad hoc-Publizitätspflichten stellt gemäß § 39 WpHG eine Ordnungswidrigkeit dar und wird mit einer Geldbuße von bis zu DM 3 Mio. geahndet. Allerdings ist der § 15 WpHG kein Schutzgesetz im Sinne des § 823 Abs. 2 BGB ist. Andere Schadenersatzansprüche bleiben davon unberührt.

### 8.2.5.2 Verfahren der Veröffentlichung

Das Unternehmen muß die publizitätspflichtige Tatsache „unverzüglich" nach ihrem Eintritt, aber noch vor ihrer Veröffentlichung dem BAWe und den Geschäftsführungen der inländischen Börsen, an denen die Wertpapiere bzw. die

---

193 Vgl. Kümpel 1995a, § 15, Rn. 80 f.; Wölk 1997, S. 79
194 Vgl. BAWe „*Jahresbericht 1997*", S. 26
195 Vgl. Kümpel 1995a, § 15, Rn. 76 und Rn. 88

betreffenden Derivate zum Handel zugelassen sind, mitteilen.[196] Beim BAWe sind zu diesem Zweck drei Faxleitungen eingerichtet. Die Mitteilung muß als Meldung im Sinne des § 15 Abs. 2 Satz 1 Nr. 3 WpHG gekennzeichnet sein. Die Börsen dürfen die ihnen mitgeteilten Tatsachen nur für ihre Prüfung verwenden, ob die Feststellung des Börsenpreises auszusetzen oder einzustellen ist (§ 15 Abs. 2 Satz 2 WpHG). Auf Veranlassung der Geschäftsführung der Börse ist eine (vorübergehende) Aussetzung der Notierung möglich, wenn ein ordnungsmäßiger Börsenhandel zeitweilig gefährdet oder wenn dies zum Schutz des Publikums geboten erscheint. Beide Maßnahmen sind in § 43 BörsG geregelt, und treffen ebenso auch für den Geregelten Markt zu.

Beispiel für die Gefährdung der Ordnungsmäßigkeit des Börsenhandels sind erhebliche Kursbewegungen, die sich als Folge der Publizierung einer Ad hoc-Tatsache ergeben können.[197] Vor dem Bekanntwerden der Tatsachen vollzieht sich die Preisbildung auf dem Markt aufgrund unvollständiger Information nicht auf einem adäquaten Kursniveau. Erkennt die Geschäftsführung der Börse, daß die vereinbarten Preise nicht dem Marktwert entsprechen, kann die Ordnungsmäßigkeit des Börsenhandels als nicht mehr gewährleistet angesehen werden. Durch die Aussetzung der Notierung werden die Anleger vor einer Ausführung ihrer auf unzutreffenden Informationen beruhenden Kauf- oder Verkaufsorder geschützt. Soll eine Kursaussetzung vermieden werden, ist es empfehlenswert, den publizitätspflichtigen Sachverhalt erst nach Ende des Börsenhandels durch eine Tickermeldung bekanntzugeben. Dabei muß sichergestellt sein, daß die überregionale Wirtschaftspresse am Morgen des folgenden Börsentages darüber berichten kann.[198]

Nach Vorabinformation der Börsen und des BAWe besteht der nächste Schritt darin, die Bereichsöffentlichkeit herzustellen. Dies kann entweder durch Veröffentlichung der Ad hoc-Meldung in mindestens einem überregionalen Bör-

---

196 Vgl. Bekanntmachung zur Veröffentlichung und Mitteilung kursbeeinflussender Tatsachen nach § 15 des WpHG vom 7. Dezember 1994, abgedruckt in Kümpel/Ott 1997 Kz. 615/1. Bei Übertragungsschwierigkeiten wird gebeten, die Telefonnummern 069/95952-158 oder -159 anzuwählen, die täglich, außer an Wochenenden und Feiertagen, von 8.00 Uhr bis 17.00 Uhr besetzt sind. Anträge auf Befreiung von der Publizitätspflicht sind gesondert zu stellen. Um eine unverzügliche Bearbeitung sicherzustellen, sollte der Antrag unter den genannten Telefonnummern angekündigt werden.
197 Vgl. Kümpel 1995a, § 15, Rn. 120
198 Vgl. Schwark 1994, § 44a, Rn. 8 sowie Kümpel 1997, S. 72

senpflichtblatt[199] oder über ein elektronisch betriebenes Informationsverbreitungssystem, das unter den professionellen Börsenteilnehmern weit verbreitet ist, geschehen. Entscheidet sich der Emittent für die zweite Möglichkeit, kann er sich an die *Deutsche Gesellschaft für Ad hoc-Publizität m.b.H. (DGAP)* wenden. Diese ist im Sommer 1996 aus dem Zusammenschluß der konkurrierenden Servicegesellschaften *Info 15, Reuters direct* und *vwd* entstanden. Die DGAP übernimmt nach Beauftragung durch den Emittenten alle Mitteilungs- und Veröffentlichungspflichten. Dazu zählen auch die letzten beiden Schritte der Ad hoc-Publizität, die Übersendung der Veröffentlichungsbestätigung an die Börsen und das BAWe und die Hinweisbekanntmachung im Bundesanzeiger. Seit November 1996 werden die mit Hilfe der DGAP elektronisch veröffentlichten Ad hoc-Meldungen von der News Aktuell GmbH auch im Internet verbreitet. Dies ist insbesondere für private Kleinanleger von Bedeutung, die keinen Zugang zu den Informationssystemen der professionellen Marktteilnehmer haben.[200]

**Abb. 123: Veröffentlichung von Ad hoc-Meldungen über elektronische Informationsverbreitungssysteme**

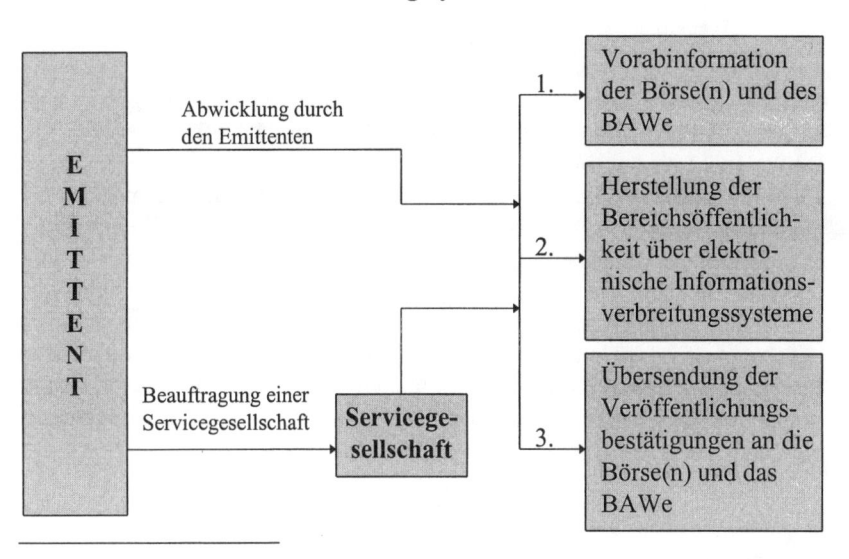

---

[199] Dazu gehören: Börsenzeitung, Frankfurter Allgemeine Zeitung, Frankfurter Rundschau, Handelsblatt, Süddeutsche Zeitung, Die Welt. Für die Börse in München gilt eine Ausnahme; die Frankfurter Rundschau ist hier nicht als überregionales, sondern nur als sonstiges Börsenpflichtblatt zugelassen.
[200] Vgl. Wölk 1997, S. 75 f. und zur Abbildung 123: BAWe *"Jahresbericht 1997"*, S. 27

## Abb. 124: Veröffentlichung von Ad hoc-Meldungen in einem überregionalen Börsenpflichtblatt

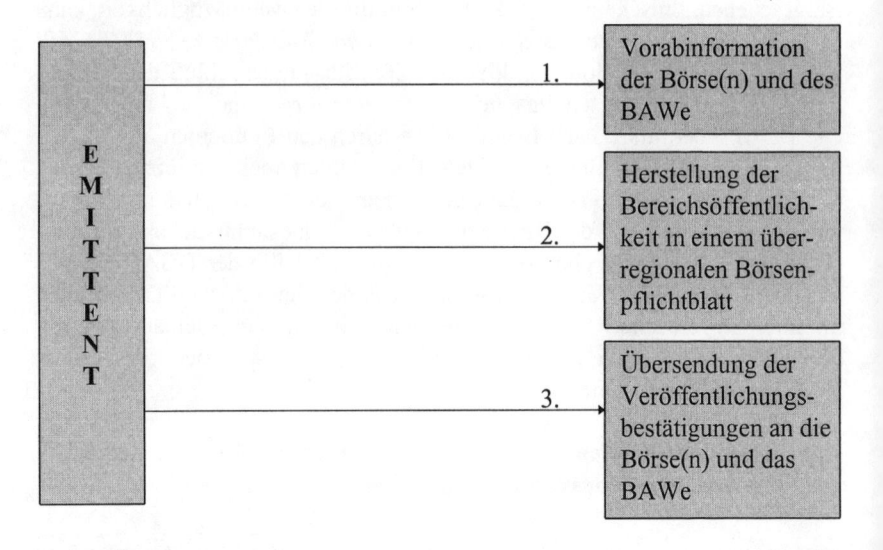

| EMITTENT | | |
|---|---|---|
| | 1. | Vorabinformation der Börse(n) und des BAWe |
| | 2. | Herstellung der Bereichsöffentlichkeit in einem überregionalen Börsenpflichtblatt |
| | 3. | Übersendung der Veröffentlichungsbestätigungen an die Börse(n) und das BAWe |

In der Praxis ist eine steigende Tendenz börsennotierter Unternehmen zu beobachten, Ad hoc-Mitteilungen herauszugeben. Im Jahr 1997 erhielt das BAWe 1.272 Ad hoc-Mitteilungen inländischer Emittenten, im Gegensatz zu 1.024 im Vorjahr. Die Schwerpunkte der Veröffentlichungen machen die Vorabinformationen zu Jahres- und Zwischenabschlüssen aus. Hierunter fallen insbesondere Angaben über Ergebnis- und Umsatzabweichungen in Jahres- und Halbjahresberichten. Ferner werden Abweichungen gegenüber der relevanten Vergleichsperiode, gegenüber den in der Vergangenheit getroffenen Prognosen des Unternehmens oder gegenüber den im Markt bestehenden Erwartungen diesem Berichtsschwerpunkt zugerechnet. Die zweite Hauptgruppe bilden Entscheidungen wie Strukturveränderungen, Beteiligungserwerbungen oder -veräußerungen und Fusionen.

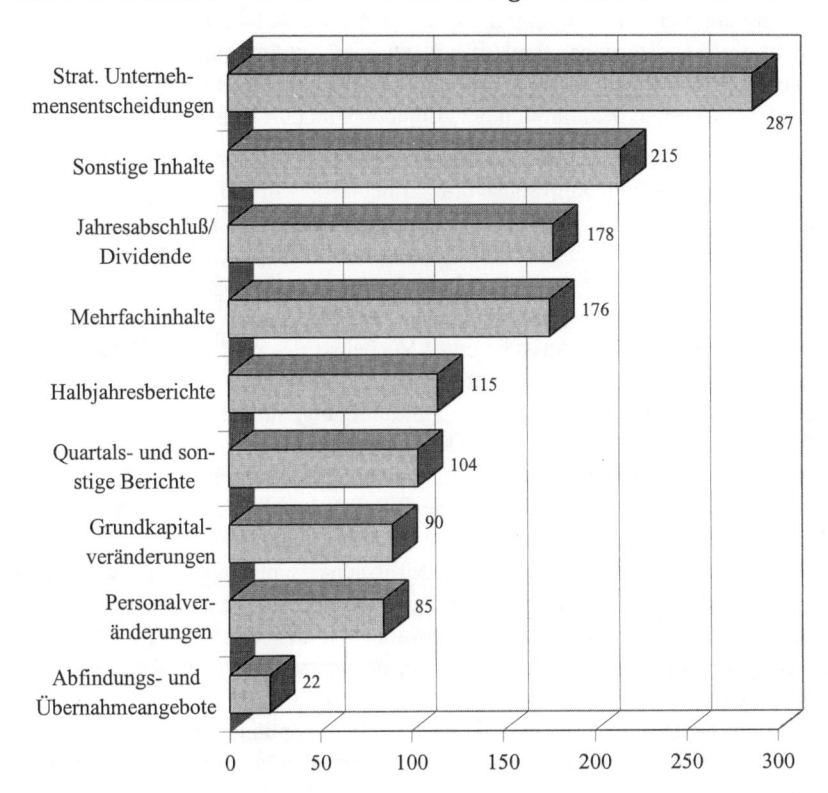

## Abb. 125: Inhalte der Ad hoc-Veröffentlichungen deutscher Emittenten

| Kategorie | Anzahl |
|---|---|
| Strat. Unternehmensentscheidungen | 287 |
| Sonstige Inhalte | 215 |
| Jahresabschluß/Dividende | 178 |
| Mehrfachinhalte | 176 |
| Halbjahresberichte | 115 |
| Quartals- und sonstige Berichte | 104 |
| Grundkapitalveränderungen | 90 |
| Personalveränderungen | 85 |
| Abfindungs- und Übernahmeangebote | 22 |

Quelle: BAWe „Jahresbericht 1997", S. 26

Oft bestehen bei den Unternehmen allerdings Zweifel darüber, welche Aussagen ihrer Vorstände der Ad hoc-Publizitätspflicht unterliegen und welche nicht. Vor allem Aussagen mit reinem Ankündigungscharakter gelten nicht als Tatsachen, die nach dem WpHG veröffentlicht werden müssen. So warf die Ankündigung des Finanzvorstandes der BASF AG, man werde im Rahmen eines von der Hauptversammlung beschlossenen Aktienrückkaufprogramms „*voraussichtlich bis zu einem Kurswert von DM 110 gehen*", die Frage auf, ob es sich dabei um eine veröffentlichungspflichtige Tatsache gehandelt hat. Denn die Ankündigung hatte zu einer weit über der durchschnittlichen Kurssteigerung des Tages liegenden Kurserhöhung von 7 % geführt.

Obwohl also das Kriterium der Kursrelevanz gegeben war, erfüllte diese Ankündigung nicht die Voraussetzungen zur Ad hoc-Publizität. Es handelte sich nicht um eine Tatsache, sondern nur um eine Ankündigung, die zudem sehr vage formuliert war. Außerdem war die Absicht, eigene Aktien zurückzukaufen, öffentlich bekannt und der Angebotskurs durchaus üblich.

Umstritten bleibt aber, wie die Äußerungen des Vorstandes zu einem noch nicht fertiggestellten Jahresabschluß zu beurteilen sind. Deutlich wurde dies, als im vergangenen Jahr die Äußerungen eines Vorstandsmitgliedes der Daimler-Benz AG einen Streit über deren Publizitätspflicht hervorriefen. Auf einer Abendveranstaltung im Rahmen einer Automobilmesse äußerte ein Vorstandsmitglied, daß der *„Konzerngewinn für 1996 bei etwa DM 2 Mrd. liegen würde"*. Obwohl diese Aussage unter Vorbehalt des noch nicht festgestellten Jahresabschlusses stand, stieg der Börsenkurs der Aktien stark an. Die Frage, ob es sich dabei nicht nur um eine Ankündigung, sondern eventuell um eine Tatsachenfeststellung, die der Öffentlichkeit bis dahin unbekannt war, gehandelt hat, wurde vom BAWe untersucht. Das BAWe kam zu dem Schluß, daß auch bei dieser Äußerung keine Pflicht zur Ad hoc-Publizität gegeben war, da der Jahresabschluß noch nicht fertiggestellt war und aus diesem Grund die veröffentlichungspflichtige Tatsache nicht eingetreten war. Allerdings wurde der Verdacht der unbefugten Weitergabe von Insiderinformationen laut. Die untersuchende Staatsanwaltschaft stellte ihre Ermittlungen ein, weil *„nur eine geringe Schuld vorliegt, da letztendlich kein Schaden eingetreten ist"*. Allerdings wurde das Vorstandsmitglied zur Zahlung einer Geldbuße in Höhe von 80.000 DM an eine gemeinnützige Organisation verpflichtet.[201] Kritiker dieser Entscheidung waren der Meinung, daß der Jahresabschluß bereits dann aufgestellt ist, wenn der Vorstand alle Kontrollen der vorbereiteten Buchführungszahlen durchgeführt, die Ansatz- und Bewertungsentscheidungen getroffen und er somit einen bestimmten Jahresabschlußinhalt als für sich verbindlich anerkannt hat. Die darin enthaltenen Ad hoc-Tatsachen, etwa ein stark gestiegener Jahresüberschuß oder ein dramatischer Umsatzrückgang, sind deshalb unverzüglich zu veröffentlichen.

---

201 Vgl. FAZ vom 18.08.1998

### 8.2.6 Pflicht zur Veröffentlichung von Änderungen der Stimmrechtsanteile

Die kapitalmarktrechtlichen Offenlegungspflichten sollen den Wertpapierhandel für Anleger und Unternehmen transparenter machen, da frühzeitig über die Bildung und den Abbau von Aktienpaketen informiert und damit das Vertrauen in die Märkte sowie ihre Funktionsfähigkeit gesteigert wird.[202]

Die Normen der §§ 21-30 WpHG betreffen nur Unternehmen, deren Anteile zum Handel am amtlichen Markt einer Börse in einem EU-Staat oder einem Vertragsstaat des Europäischen Wirtschaftsraumes (ETFA) zugelassen sind. In § 21 WpHG werden fünf Schwellenwerte für die Stimmrechtsanteile an diesen Gesellschaften in Höhe von 5, 10, 25, 50 und 75 Prozent festgelegt. Werden diese Werte von einem der Anteilseigner erreicht, über- oder unterschritten, muß er dies unverzüglich, aber spätestens innerhalb von sieben Tagen dem BAWe und der entsprechenden Aktiengesellschaft mitteilen. Adressat dieser Norm ist grundsätzlich jedermann[203], d.h. für juristische und natürliche Personen, Personengesellschaften, aber auch Erbengemeinschaften. Die Unternehmenseigenschaft des Aktionärs ist nicht erforderlich.

Auf Grundlage der umfangreichen Zurechnungsvorschriften (§ 22 Abs. 1 Nr. 1-7 WpHG) werden dem Anteilseigner auch die Stimmrechte zugeordnet, die Dritten gehören, auf deren Ausübung er aber von Rechts wegen oder faktisch Einfluß hat oder haben kann. Auf diese Weise soll verhindert werden, daß in der Öffentlichkeit ein unzutreffendes Bild entsteht und gleichzeitig Umgehungsversuchen ein Riegel vorgeschoben werden.[204] Anders als die aktienrechtliche Meldepflicht[205] legt § 21 WpHG die Stimmrechte und nicht die Kapitalanteile zugrunde. Die Größen werden sich meist entsprechen. Unterschiede können bei der Ausgabe von stimmrechtslosen Vorzugsaktien, Mehrstimmrechten oder beim Bestehen von Ausübungsverboten, wie z.B. dem Höchststimmrecht, auftreten.[206] Außerdem unterscheiden sich die Folgen bei Unterlassung der Mitteilung. Nach § 28 WpHG ruhen die Stimmrechte, solange die Mitteilung nicht im vollen Umfang erfolgt ist. Nach dem Aktien-

---

202 Vgl. Schneider 1997, S. 81
203 Vgl. Schneider 1995, § 21, Rn. 5 ff., der hierunter auch eheliche Gütergemeinschaften hinzuzählt. Generell die Meldefähigkeit von Familien ablehnend Nottmeier/Schäfer 1997, S. 90
204 Vgl. Schneider 1995, § 22, Rn. 1 f. Es bestehen aber weiterhin Lücken im Gesetz. Vgl. Schneider 1997, S. 82 f.
205 Vgl. § 20 AktG
206 Vgl. Schneider 1995, § 21, Rn. 17

recht ruhen dagegen auch die übrigen Aktienrechte, insbesondere das Dividenden- und das Bezugsrecht.[207]

Die Mitteilung muß in schriftlicher Form sowohl gegenüber dem BAWe als auch gegenüber der börsennotierten Gesellschaft erfolgen.[208] Beispielhaft könnte eine solche Mitteilung wie folgt aussehen[209]:

---

*Name und Anschrift des Meldepflichtigen*
*Datum*


*Betr.: Mitteilung gem. § 21 Abs. 1 WpHG*


*Hiermit teilen wir Ihnen mit, daß wir am ... die Schwelle von ... Prozent der Stimmrechte an der ... AG überschritten/erreicht/unterschritten haben. Die Höhe unseres Stimmrechtsanteils beträgt nunmehr ... Prozent. Dies entspricht ... Stimmen. Dieser Anteil enthält ... Stimmrechte (... Prozent), die uns gemäß § 22 Abs. 1 Nr. ... WpHG, ... Stimmrechte (... Prozent), die uns gemäß § 22 Abs. 1 Nr. ... WpHG zugerechnet werden.*


*Unterschrift*

---

Die börsennotierte Gesellschaft, die eine solche Benachrichtigung erhält, ist ihrerseits gem. § 25 WpHG verpflichtet, diese innerhalb von neun Tagen nach Zugang in einem überregionalen Börsenpflichtblatt zu veröffentlichen.

---

207 Vgl. §§ 20 Abs. 7 bzw. 21 Abs. 4 AktG sowie Kümpel 1995, Rn. 14.143
208 Vgl. Schneider, 1995, § 21, Rn. 83. Das BAWe bittet um Mitteilung per Telefax unter der Nummer 069/95 95 22 00. Vgl. Bekanntmachung vom 29. Dezember 1994, BAnz 1995, S. 76; auch abgedruckt in Assmann 1995, S. 613 f.
209 Vgl. Schneider 1995, § 21, Rn. 82

## 8.3 Fußball-Kapitalgesellschaften und das Wertpapierhandelsgesetz

Bei börsennotierten Fußball-Kapitalgesellschaften wird sich die Frage stellen, ob und in welcher Weise sportliche Begebenheiten, die die Finanz- und Vermögenslage scheinbar nur mittelbar betreffen, unter die Ad hoc-Publizitätspflicht und das Insiderrecht fallen. Wie bereits in England zu beobachten ist, führen besonders Verletzungen von wichtigen Spielern zu starken Kursrückgängen. So erfuhr Newcastle United, wie sehr der Bänderriß seines teuersten Spielers, Alan Shearer, die Börse bewegte. Innerhalb von Stunden, nachdem klar war, daß Shearer für ein halbes Jahr ausfallen würde, fiel der Wert der Fußball-AG um DM 25 Mio., das entsprach einem Achtel des Gesamtvolumens.[210]

Unter dem Gesichtspunkt der Ad hoc- Publizität müßte hier geklärt werden, in welchen Medien solche sportlichen Tatsachen zu veröffentlichen sind. Muß die Bekanntgabe in Börsenpflichtblättern und über den Börsenticker erfolgen oder muß das Sportmagazin „kicker" zur Pflichtlektüre aller Anleger in Fußball-Aktien werden?

Der Fußball lebt aber auch von Gerüchten und Spekulationen; daher wird es noch schwieriger sein, besonders im sportlichen Bereich zwischen Ankündigungen oder Spekulationen und publikationspflichtigen Tatsachen, die dem Insider einen echten Informationssprung verschaffen, zu unterscheiden. Die Klassifizierung von Insidern innerhalb der Fußball AG dürfte keine Probleme bereiten. Doch können auch Bekannte und Freunde von Spielern oder Angestellten zufällig Vereinsinterna erfahren, die Insidertatsachen sind und den Aktienkurs beeinflussen können, und damit zu Sekundärinsidern werden. Wie weit davon die Privatsphäre besonders der Spieler betroffen wäre, bleibt abzuwarten.

Da sich wirtschafliche, aber auch sportliche Ereignisse unmittelbar auf den Aktienkurs niederschlagen, und Fußball-Aktien risikobehafteter im Vergleich zu Aktien anderer Unternehmen sind, weisen sie auch eine wesentlich höhere Volatilität auf. Der Maßstab der erheblichen Kursbeeinflussung müßte daher für Fußball-Aktien auf einem höheren Niveau festgelegt werden.

Da Fußball-Kapitalgesellschaften nicht nur von der Qualität ihres Managements abhängig sind, sondern auch von den Emotionen und kurzfristigen Erfolgen, die mit dem „Kerngeschäft Fußball" untrennbar verbunden sind, lassen sich die Regelungen des Wertpapierhandelsgesetzes nicht ohne weiteres

---

210 Vgl. Reng 1998

auf diese Kapitalgesellschaften übertragen. Wie die hier angerissenen Problembereiche letztlich gelöst werden, wird erst die Praxis zeigen können.

## 9 Fazit

Die Diskussion, ob der Idealverein nun die richtige Organisationsform für den kommerziell betriebenen Sport ist oder nicht, dauert in Deutschland schon lange an. Doch erst die Erfolge der Fußball-Kapitalgesellschaften in anderen europäischen Ländern – hier insbesondere im Fußball-Mutterland England – und die enormen Summen, die im Fußball-Business heutzutage bewegt werden, haben den Handlungsbedarf für den DFB überdeutlich gemacht. Die im Oktober 1998 auf dem Bundestag des DFB in Wiesbaden beschlossenen Statutenänderungen schaffen die Voraussetzungen für eine Reform der wirtschaftlichen Strukturen im Verein durch die Ausgliederung der Lizenzspielerabteilung auf eine Fußball-Kapitalgesellschaft. Die professionelle Organisation der Fußball-Kapitalgesellschaften – wie in Wirtschaftsunternehmen auch – ermöglicht, die Gewinnerzielung zu einem der Unternehmensziele zu erklären, was zuvor im gemeinnützigen Idealverein nicht zulässig und wohl zum Teil auch nicht erwünscht war. Aufgeschreckt durch die enorm hohen Finanzmittel, die den Fußball-Clubs in anderen Ländern für ihre Arbeit zur Verfügung stehen, müssen auch die deutschen Vereine reagieren, um auf europäischer Ebene langfristig konkurrenzfähig zu bleiben. Hinzu kommt, daß die ehrenamtlichen Vorstandsmitglieder größtenteils mit der Führung wirtschaftlicher Unternehmen überfordert sind und/oder eine wirksame Kontrolle ihrer Arbeit im Verein fehlt oder diese unzureichend ist. Eine effiziente Kontrolle der professionellen Geschäftsführung kann durch die Rechtsformen börsenfähiger Kapitalgesellschaften besser gewährleistet werden.

Neben den Einnahmen sind aber auch die Ausgaben der Fußball-Vereine in den letzten Jahren stark gestiegen. Einerseits sind dafür Investitionen in die Zukunft – wie etwa einen Stadionaus- oder -neubau – verantwortlich, andererseits sind die Spielergehälter und die Transfersummen seit dem „Bosman-Urteil" des Europäischen Gerichtshofs geradezu explodiert. Der Konkurrenzkampf um Spitzenfußballer läßt die Vereine fast jede Summe bezahlen – der teuerste Transfer in der Geschichte des Fußballs ist bislang der Wechsel von Christian Vieri für umgerechnet DM 91 Mio. von Lazio Rom zu Inter Mailand. Der Kapitalbedarf der Clubs ist daher so groß wie noch nie zuvor.

Man kann über diese fortschreitende Kommerzialisierung des Sports – speziell des Fußballs – und die dort gezahlten Millionengehälter und Transfersummen denken, wie man will; ein Verein, der in einer der Fußball-Ligen und in den europäischen Wettbewerben erfolgreich bestehen will, kann sich dieser

# Fazit

Situation nicht verschließen, sondern muß versuchen, die optimalen Rahmenbedingungen für sein „individuelles" Umfeld zu finden und zu realisieren.

Die Entscheidung eines Fußball-Vereins, sich eine neue Struktur zu geben, ist zugleich der erste Schritt in Richtung der Erschließung einer neuen Finanzierungsquelle – dem Kapitalmarkt.

Die Kapitalbeschaffung über die Börse setzt aber die Umwandlung in eine börsenfähige Rechtsform voraus. Damit scheidet bei der Rechtsformwahl die GmbH aus. Für kleinere Vereine, die mittelfristig keinen Börsengang anstreben, und für Vereine mit starker Konzernanbindung (Bayer 04 Leverkusen, VfL Wolfsburg) kann die GmbH zwar durchaus die „richtige" Rechtsform sein, doch jeder Fußball-Club, der die Möglichkeiten des Kapitalmarktes früher oder später nutzen will, wird sich für eine der börsenfähigen Rechtsformen entscheiden – für die Aktiengesellschaft oder die Kommanditgesellschaft auf Aktien (letztere in reiner Form oder als KGaA mit beschränkter Haftung). Schon hier wird das Problem der Rechtsformwahl für Fußball-Vereine deutlich, die im Gegensatz zu „normalen" Wirtschaftsunternehmen dabei noch die Vorgaben des DFB bezüglich des postulierten beherrschenden Einflusses des Muttervereins auf seine Fußball-Kapitalgesellschaft als Tochtergesellschaft zu beachten haben. Denn das letzte Wort, so der DFB, soll immer der Sport – repräsentiert durch den Mutterverein – haben und nicht die kommerziellen Interessen. Es bleibt abzuwarten, wie lange der DFB diese Lizenzierungsbedingung aufrecht erhalten und auch durchsetzen kann.

Die Gratwanderung zwischen den Ansprüchen des Sports einerseits und denen des Marktes (auch des Kapitalmarktes) andererseits, wird einen Verein bzw. die Geschäftsführung seiner Fußball-Kapitalgesellschaft immer wieder in Ziel- oder Interessenkonflikte bringen. Die solide wirtschaftliche Situation eines Vereins ist zwar Voraussetzung für den sportlichen Erfolg, doch bleibt der Erfolg auf dem Rasen aus, sind auch die wirtschaftlichen Ertragskomponenten gefährdet. Diese Wechselwirkungen machen die Ertragsprognosen einer Fußball-Kapitalgesellschaft noch weniger berechenbar als dies bei „normalen" Wirtschaftsunternehmen der Fall ist.

Trotz dieser Schwierigkeiten bieten die Fußball-Kapitalgesellschaften viele Vorteile. Die Wahl, welche der börsenfähigen Rechtsformen für den betrachteten Fußball-Verein bei der Ausgliederung seiner Lizenzspielermannschaft nun die zu präferierende ist, hängt mit dem Vereinsumfeld zusammen. Dennoch werden sich voraussichtlich nur wenige große Clubs zeitnah für die Rechtsform der Aktiengesellschaft entscheiden, denn die Vorgaben des DFB bezüglich der Einflußwahrung bedürfen bei dieser Rechtsform von vorn herein eines großen vereinseigenen Kapitalstocks (Stichwort: Mitgehen bei Kapitalerhöhungen, um 50 % plus 1 Stimmrecht zu halten). Für das Gros der Vereine bietet die Rechtsform der Kommanditgesellschaft auf Aktien die besten Gestaltungsmöglichkeiten. In der Form einer GmbH & Co. KGaA oder einer AG & Co. KGaA wird die Haftung des Muttervereins als persönlich haftende Gesellschafterin durch die Zwischenschaltung einer Beteiligungsgesellschaft (als GmbH oder AG), die eine 100%ige Vereinstochter ist, zielkonform vermieden.

Hat die Fußball-Kapitalgesellschaft erst Erfahrungen mit den Publizitätspflichten und anderen Folgepflichten einer börsenfähigen Rechtsform gesammelt, kann der Gang an die Börse in Angriff genommen werden. Ist die Börsenreife erreicht, muß die Entscheidung über das Börsensegment, in dem die Aktien emittiert werden sollen, und über das Emissionsverfahren getroffen werden. Dabei ist zu beachten, daß die Fußball-Aktien in ihrer Bewertung durch die Anleger auch von Faktoren abhängig sind, die jenseits der Einflußmöglichkeiten der Geschäftsführung der Fußball-Kapitalgesellschaft liegen. Beobachtet man den Verlauf von englischen Fußball-Aktien, kann man sehr gut erkennen, daß die Verletzung eines wichtigen Spielers, die Niederlagen in wichtigen Spielen, die Neuverpflichtung eines Spielers oder ein unerwarteter Sieg den Kurs oft stärker beeinflussen als die Veröffentlichung des Jahresergebnisses.

Fußball-Aktien sind somit volatiler als Aktien „normaler" Unternehmen und dadurch auch risikoreicher. Bei der Plazierung und der Kommunikation mit den (potentiellen) Anlegern müssen diese Besonderheiten immer berücksichtigt werden. Insgesamt wird auch die Öffentlichkeitsarbeit einer Fußball-Kapitalgesellschaft, die mit ihren Aktien an der Börse vertreten ist, eine Umstellung erfahren müssen; denn nicht nur Sportreporter interessieren sich für das Geschehen sowohl innerhalb als auch im unmittelbaren Umfeld der Fußball-Gesellschaft, sondern auch Analysten und Wirtschaftsredakteure.

Die Umwälzungen, die auf den Mutterverein mit ausgegliederter und börsennotierter Fußball-Kapitalgesellschaft zukommen, sind erheblich. Sie bedürfen im Vorfeld einer sorgfältigen Analyse sowohl des Umfeldes, in das der Mutterverein und der Tochtergesellschaft eingebettet sind, als auch der zukünftigen Möglichkeiten, die sehr genau – und keinesfalls zu euphorisch – abgeschätzt werden müssen, um die Gefahr eines Mißerfolges so gering wie möglich zu halten. Es ist daher generell nicht möglich, eine pauschale Empfehlung für oder gegen den Börsengang einer Fußball-Kapitalgesellschaft auszusprechen. Die Entscheidung muß jede Fußball-Kapitalgesellschaft, d.h.

# Fazit

ihre Organe sowie ihre Muttergesellschaft bzw. deren Organe, unter Abwägung der Chancen, aber auch der Risiken individuell treffen. Neben den hier besprochenen Kriterien der Rechtsform, des Börsensegmentes, des Emissionsverfahrens und der Investor Relations-Maßnahmen müssen zusätzlich die geographische Lage, die Größe und die Tradition bzw. der „Markenname" des Vereins bei der Entscheidung berücksichtigt werden.

Fußball in Deutschland ist seit Jahrzehnten die Sportart Nr. 1 und ökonomisch ein Wachstumsmarkt, dessen Wachstums- und Ertragsprognosen in der Zukunft allein aus den Perspektiven der künftigen TV-Vermarktung ökonomisch sehr interessant erscheinen. Trotz dieser insgesamt voraussichtlich positiven Vorgaben werden nicht alle Fußball-Kapitalgesellschaften die Voraussetzungen für ein erfolgreiches Going Public erfüllen (können); d.h. es sind derzeit bei weitem nicht alle Bundesliga-Vereine auch nach Vornahme der gesellschaftsrechtlichen Umwandlungen börsenfähig, wobei es vielfach sowohl an der Ertragskraft als auch an der Professionalität des Managements mangelt. Macht man sich allerdings die Börseneinführungspraxis der letzten zwei Jahre am Neuen Markt einerseits und die jüngsten Entwicklungen bei den erkennbaren Strukturänderungen im deutschen Profi-Fußball sowie den festzustellenden erheblichen Wettbewerbsdruck im nationalen und mehr noch im internationalen Umfeld des Fußball-Business andererseits bewußt, wird zumindest mittelfristig mit einer nicht unerheblichen Zahl erfolgversprechender Börseneinführungen von Fußball-Kapitalgesellschaften auch in Deutschland zu rechnen sein.

# 10 Anhang

**10.1 Muster-Verträge und Ausgliederungsbericht
für eine aus einem eingetragenen Verein auszugliedernde Lizenzspielerabteilung auf eine Kommanditgesellschaft auf Aktien**

10.1.1 Muster-Satzung einer Fußball KGaA

10.1.2 Muster-Vertrag einer Ausgliederung der Lizenzspielerabteilung aus einem eingetragenen (Fußball-)Verein

10.1.3 Beispiel für einen gemeinsamen Ausgliederungsbericht

**10.2 Börsennotierte Fußball-Kapitalgesellschaften in Europa**

## 10.1.1 Muster-Satzung einer Fußball KGaA

*I. Allgemeine Bestimmungen*

**§ 1 Firma, Sitz, Geschäftsjahr und Dauer der Gesellschaft**

(1) Die Gesellschaft führt die Firma:

*FC Borussia Musterhausen GmbH & Co. KGaA*

(2) Die Gesellschaft hat ihren Sitz in *Musterhausen*.

(3) Geschäftsjahr ist das Kalenderjahr.

(4) Die Dauer der Gesellschaft ist nicht auf eine bestimmte Zeit beschränkt.

**§ 2 Gegenstand des Unternehmens**

(1) Gegenstand des Unternehmens ist die Beteiligung am bezahlten und unbezahlten Fußballsport innerhalb und außerhalb der Lizenzligen des DFB.

(2) Gegenstand des Unternehmens ist ferner die umfassende Entwicklung und Durchführung von Marketing- und Rechteverwertungskonzepten sowie die Erstellung und Umsetzung von Merchandisingkonzepten für den *FC Borussia Musterhausen e.V.* Die Durchführung dieser Konzepte umfaßt auch den Handel mit Sport- und Bekleidungsartikeln sowie den Verkauf von Merchandisingprodukten. Hierzu gehört auch der Abschluß von Verträgen mit Sponsoren, Lizenznehmern und Ausrüstern sowie die Öffentlichkeitsarbeit.

Weiterer Unternehmensgegenstand ist der Erwerb von Grundstücken und Immobilien, deren Management sowie die Beteiligung an anderen Unternehmen jedweder Rechtsform im In- und Ausland und jede sonstige Tätigkeit, die dem Gegenstand des Unternehmens förderlich ist.

(3) Die Gesellschaft kann im In- und Ausland Zweigniederlassungen errichten sowie Unternehmen im In- und Ausland gründen oder erwerben.

(4) Die Gesellschaft beteiligt sich/beteiligt sich nicht an anderen lizenzierten Fußballvereinen oder deren Tochtergesellschaften (im Inland).

## § 3 Bekanntmachungen

Die Bekanntmachungen der Gesellschaft erfolgen im Bundesanzeiger.

## *II. Persönlich haftende Gesellschafter, Grundkapital und Aktien*

### § 4 Persönlich haftende Gesellschafter

Die Gesellschaft hat eine persönlich haftende Gesellschafterin, die

*FC Borussia-Beteiligungs GmbH* ohne Vermögenseinlage.

### § 5 Höhe und Einteilung des Grundkapitals

(1) Das Grundkapital der Gesellschaft beträgt DM 50.000.000,-- (in Worten: Fünfzig Millionen Deutsche Mark). Es ist eingeteilt in 10.000.000 auf den Inhaber lautende Stückaktien.

(2) Form und Inhalt der Aktienurkunden, die Gewinnanteil- und Erneuerungsscheine bestimmen die persönlich haftenden Gesellschafter. Über mehrere Aktien eines Kommanditaktionärs kann eine Urkunde ausgestellt werden.

## *III. Die persönlich haftenden Gesellschafter*

### § 6 Aufnahme neuer persönlich haftender Gesellschafter

Weitere persönlich haftende Gesellschafter können durch Beschluß des Aufsichtsrates auf Vorschlag sämtlicher persönlich haftender Gesellschafter in die Gesellschaft aufgenommen werden.

### § 7 Vertretung

(1) Zur Vertretung der Gesellschaft sind jeweils zwei persönlich haftende Gesellschafter oder ein persönlich haftender Gesellschafter in Gemeinschaft mit einem Prokuristen befugt.

(2) Ist nur ein persönlich haftender Gesellschafter vorhanden, so ist dieser allein zur Vertretung der Gesellschaft berechtigt.

(3) Die persönlich haftenden Gesellschafter sind von den Beschränkungen des § 181 BGB befreit.

(4) Die persönlich haftenden Gesellschafter und die Mitglieder ihres Aufsichtsrates oder ihres Vertretungsorgans dürfen keine weiteren Organ-

funktionen in lizenzierten Fußball-Vereinen und/oder in Organen anderer Tochtergesellschaften von lizenzierten Fußball-Vereinen übernehmen.

## § 8 Geschäftsführung

(1) Die Geschäftsführung wird von den persönlich haftenden Gesellschaftern wahrgenommen. Handlungen, die über den gewöhnlichen Geschäftsbetrieb hinausgehen, bedürfen der schriftlichen Zustimmung des Aufsichtsrates:
- der Erwerb, die Veräußerung und Belastung von Grundstücken und grundstücksgleichen Rechten;
- die Veräußerung des Unternehmens in Teilen oder als Ganzes;
- der Erwerb und die Veräußerung von Beteiligungen;
- die Aufnahme und die Gewährung von Krediten oder Bürgschaften in jedweder Höhe;
- die Durchführung von Investitionen bzw. die Vornahme von Ausgaben in einer Größenordnung ab DM 100.000,--;
- der Abschluß von schuldrechtlichen Verträgen mit besonderer Bedeutung für die Gesellschaft (z.B. Sponsoringverträge, Vermarktungsverträge, Miet- und Pachtverträge o.ä.), insbesondere soweit längerfristige Verträge mit bedeutsamer Auswirkung auf die Vermögens-, Finanz- und Ertragslage abgeschlossen werden sollen;
- der Abschluß von Dauerschuldverhältnissen oder sonstigen (Ergänzungs-)Vereinbarungen, durch die wiederkehrende Verpflichtungen von voraussichtlich monatlich mehr als DM 5.000,-- für die Gesellschaft begründet werden;
- die Errichtung und Aufhebung von Zweigniederlassungen;
- die Erteilung und der Widerruf von Prokuren;
- die Änderung des Unternehmensgegenstandes.

(2) Ein Widerspruchsrecht nach § 164 HGB steht den Kommanditaktionären nicht zu.

(3) Die persönlich haftenden Gesellschafter regeln die Wahrnehmung ihrer Aufgaben durch eine Geschäftsordnung, die sie sich einstimmig nach Zustimmung des Aufsichtsrates geben. Kommt ein einstimmiger Beschluß über die Geschäftsordnung nicht zustande, kann der Aufsichtsrat eine Geschäftsordnung für die persönlich haftenden Gesellschafter erlassen.

(4) Der Aufsichtsrat kann vorschreiben, daß bestimmte Arten von Geschäften nur mit seiner Zustimmung vorgenommen werden können.

## § 9 Verhältnis zwischen dem(n) persönlich haftenden Gesellschafter(n) und der Gesellschaft

(1) Das zwischen den persönlich haftenden Gesellschaftern und der Gesellschaft bestehende Rechtsverhältnis wird durch Vertrag geregelt. Der Vertrag ist zwischen jedem persönlich haftenden Gesellschafter und der Gesellschaft, vertreten durch den Aufsichtsrat, zu schließen. Jeder persönlich haftende Gesellschafter ermächtigt insoweit den Aufsichtsrat zum Abschluß entsprechender Verträge mit Wirkung für und gegen die jeweils anderen persönlich haftenden Gesellschafter.

(2) Über die Aufzählung in § 8 Abs. (1) hinaus können auf der Grundlage der satzungsmäßigen Ermächtigung des Aufsichtsrates nach § 8 Abs. (4) weitere zustimmungsbedürftige Geschäfte in dem Vertrag zwischen jedem persönlich haftenden Gesellschafter und der Gesellschaft aufgenommen werden.

(3) Der Vertrag zwischen einem persönlich haftenden Gesellschafter und der Gesellschaft kann für die Geschäftsführungstätigkeit eine feste und eine ergebnisabhängige Vergütung vorsehen. Die Höhe der ergebnisabhängigen Vergütung wird jeweils nach Feststellung des Jahresabschlusses der Gesellschaft durch den Aufsichtsrat der Gesellschaft nach seinem Ermessen festgesetzt. Daneben hat ein persönlich haftender Gesellschafter Anspruch auf Ersatz von Auslagen und Aufwendungen, die im Interesse der Gesellschaft gemacht werden.

(4) Jeder persönlich haftende Gesellschafter hat Anspruch auf eine jährliche Haftungsvergütung in Höhe von DM 10.000,--.

## § 10 Ausscheiden von persönlich haftenden Gesellschaftern

(1) Vorbehaltlich der Regelung in Abs. (2) und (3) scheidet ein persönlich haftender Gesellschafter nach Maßgabe des gemäß § 9 Abs. (1) geschlossenen Vertrages oder aufgrund einer besonderen Vereinbarung mit der Gesellschaft, vertreten durch den Aufsichtsrat, aus der Gesellschaft aus.

(2) Eine Vereinbarung über das Ausscheiden eines persönlich haftenden Gesellschafters muß schriftlich erfolgen. Sie muß den Zeitpunkt des Ausscheidens bestimmen und bedarf der Zustimmung der übrigen persönlich haftenden Gesellschafter.

(3) Der Aufsichtsrat kann einen persönlich haftenden Gesellschafter aus der Gesellschaft ausschließen, wenn in dessen Person ein wichtiger Grund

vorliegt. Der Beschluß über den Ausschluß ist dem persönlich haftenden Gesellschafter in schriftlicher Form auszuhändigen. Der Ausschluß ist wirksam, bis ein rechtskräftiges Urteil die Unwirksamkeit festgestellt hat.

(4) Ein persönlich haftender Gesellschafter scheidet, ohne daß es einer Kündigung oder eines Ausscheidens bedarf, aus der Gesellschaft aus:
– im Falle der Eröffnung des Konkurs- oder gerichtlichen Vergleichsverfahrens über sein Vermögen oder der Ablehnung der Eröffnung eines Konkursverfahrens mangels Masse oder
– im Falle der Kündigung der Gesellschaft durch einen Gläubiger eines persönlich haftenden Gesellschafters oder
– mit dem Tod eines persönlich haftenden Gesellschafters.

(5) In den Fällen der Abs. (1) bis (3) wird die Gesellschaft von den übrigen persönlich haftenden Gesellschaftern mit den Kommanditaktionären fortgesetzt.

## *IV. Der Aufsichtsrat*

### § 11 Aufsichtsrat, Unvereinbarkeit und Amtsdauer

(1) Der Aufsichtsrat besteht aus drei Mitgliedern.

(2) Ein Aufsichtsratsmitglied darf keine weiteren Funktionen in Organen von anderen lizenzierten Fußball-Vereinen und/oder anderen Tochtergesellschaften von lizenzierten Fußballvereinen übernehmen.

(3) Die Amtszeit der Aufsichtsratsmitglieder dauert bis zur Beendigung der Hauptversammlung, die über die Entlastung für das vierte Geschäftsjahr nach Beginn der Amtszeit beschließt. Das Geschäftsjahr, in dem die Amtszeit beginnt, wird nicht mitgerechnet. Die Wahl des Nachfolgers eines vor der Amtszeit ausscheidenden Mitglieds erfolgt für den Rest der Amtszeit des ausscheidenden Mitglieds. Eine Wiederwahl ist möglich.

(4) Gleichzeitig mit den Aufsichtsratsmitgliedern der Aktionäre können für ein oder mehrere bestimmte Aufsichtsratsmitglieder Ersatzmitglieder gewählt werden. Sie werden nach einer bei der Wahl festzulegenden Reihenfolge Mitglieder des Aufsichtsrates, wenn Aufsichtsratsmitglieder, als deren Ersatzmitglieder sie gewählt wurden, vor Ablauf der Amtszeit aus dem Aufsichtsrat ausscheiden. Wird ein Aufsichtsratsmitglied anstelle eines ausscheidenden Mitglieds gewählt, so besteht sein Amt für den Rest der Amtsdauer des ausscheidenden Mitglieds. Tritt ein Ersatzmitglied an die Stelle des Ausgeschiedenen, so erlischt sein Amt, falls in der nächsten

oder übernächsten Hauptversammlung nach Eintritt des Ersatzfalles eine Neuwahl für den Ausgeschiedenen stattfindet, mit Beendigung dieser Hauptversammlung, andernfalls mit Ablauf der restlichen Amtszeit des Ausgeschiedenen. Soll die Nachwahl für ein vorzeitig ausgeschiedenes Aufsichtsratsmitglied das Ausscheiden eines hierfür nachgerückten Ersatzmitglieds aus dem Aufsichtsrat bewirken, bedarf der Beschluß einer Mehrheit von ¾ der abgegebenen Stimmen.

(5) Die Mitglieder des Aufsichtsrates können ihr Amt durch eine an den Vorsitzenden des Aufsichtsrates oder an die persönlich haftenden Gesellschafter zu richtende schriftliche Erklärung unter Einhaltung einer Frist von vier Wochen niederlegen. Das Recht zur Amtsniederlegung aus wichtigem Grund bleibt hiervon unberührt.

### § 12 Geschäftsordnung

Der Aufsichtsrat gibt sich selbst im Rahmen von Gesetz und Satzung eine Geschäftsordnung.

### § 13 Vorsitz und Stellvertretung

Der Aufsichtsrat wählt aus seiner Mitte einen Vorsitzenden und einen Stellvertreter in einer ersten Sitzung, die im Anschluß an die Hauptversammlung, in der die Wahl stattfand, abzuhalten ist und zu der es einer besonderen Einladung nicht bedarf. Scheidet der Vorsitzende oder sein Stellvertreter vorzeitig aus dem Amt aus, so hat der Aufsichtsrat unverzüglich eine Neuwahl vorzunehmen.

### § 14 Einberufung

(1) Der Aufsichtsrat soll einmal im Kalendervierteljahr, er muß einmal im Kalenderhalbjahr einberufen werden.

(2) Die Sitzungen des Aufsichtsrates werden durch den Vorsitzenden mit einer Frist von vierzehn Tagen einberufen. Bei der Berechnung der Frist werden der Tag der Absendung der Einladung und der Tag der Sitzung nicht mitgerechnet. In dringenden Fällen kann der Vorsitzende die Frist abkürzen und mündlich, fernmündlich, fernschriftlich oder telegrafisch einberufen.

## § 15 Beschlußfassung

(1) Beschlüsse des Aufsichtsrates werden in der Regel in Sitzungen gefaßt. Außerhalb von Sitzungen sind schriftliche, telegrafische, fernmündliche oder fernschriftliche Beschlußfassungen zulässig, wenn kein Mitglied diesem Verfahren widerspricht. Fernmündlich gefaßte Beschlüsse bedürfen zu ihrer Wirksamkeit der Niederschrift durch den Vorsitzenden und der Zusendung an alle Mitglieder.

(2) Die Beschlüsse bedürfen der einfachen Mehrheit der abgegebenen Stimmen, soweit nicht gesetzlich oder in dieser Sitzung etwas anderes bestimmt ist.

(3) Ein abwesendes Aufsichtsratsmitglied kann seine schriftliche Stimmabgabe durch ein anderes Aufsichtsratsmitglied überreichen lassen.

(4) Der Vorsitzende bestimmt den Sitzungsablauf und die Art der Abstimmung. Er kann die Sitzung unterbrechen. Ferner kann er die Abstimmung über einzelne Verhandlungsgegenstände vertagen. Die Abstimmung über den gleichen Verhandlungsgegenstand in der nächsten Sitzung kann der Vorsitzende nicht erneut vertagen.

(5) Der Vorsitzende des Aufsichtsrates ist ermächtigt, im Namen des Aufsichtsrates die zur Durchführung der Beschlüsse des Aufsichtsrates erforderlichen Willenserklärungen abzugeben. Ihm obliegt die Führung des Schriftwechsels in den Angelegenheiten des Aufsichtsrates. Die Niederschriften über die Sitzungen des Aufsichtsrates unterzeichnet der Vorsitzende des Aufsichtsrates.

## § 16 Satzungsänderungen

Der Aufsichtsrat ist befugt, Änderungen der Satzung, die nur deren Fassung betreffen, zu beschließen.

## § 17 Vergütung

(1) Die Mitglieder des Aufsichtsrates erhalten für jedes volle Geschäftsjahr ihrer Zugehörigkeit zum Aufsichtsrat eine feste Vergütung in Höhe von DM 50.000,--. Dem Aufsichtsrat obliegt die Verteilung des Gesamtbetrages auf seine Mitglieder. Aufsichtsratsmitglieder, die dem Aufsichtsrat nicht während eines vollen Geschäftsjahres angehören, erhalten die Vergütung entsprechend der Dauer ihrer Aufsichtsratszugehörigkeit.

(2) Die Mitglieder des Aufsichtsrates erhalten ferner den Ersatz aller Auslagen sowie Ersatz der etwa für ihre Vergütungen und Auslagen zu entrichtende Umsatzsteuer.

## V. Die Hauptversammlung

### § 18 Ort und Einberufung

(1) Die Hauptversammlung wird durch die persönlich haftenden Gesellschafter oder in den gesetzlich vorgesehenen Fällen durch den Aufsichtsrat einberufen. Sie findet am Sitz der Gesellschaft statt.

(2) Die Einberufung muß mindestens einen Monat vor Ablauf der in § 20 bestimmten Hinterlegungsfrist unter Mitteilung der Tagesordnung bekanntgemacht werden; dabei sind der Tag der Bekanntmachung und der Tag des Ablaufs der Hinterlegungsfrist nicht mitzurechnen.

### § 19 Ordentliche Hauptversammlung

Die Hauptversammlung, die über die Entlastung von persönlich haftenden Gesellschaftern und Aufsichtsrat, die Gewinnverwendung und über die Feststellung des Jahresabschlusses beschließt (ordentliche Hauptversammlung), findet innerhalb der ersten acht Monate eines jeden Geschäftsjahres statt.

### § 20 Teilnahme an der Hauptversammlung

(1) Zur Teilnahme an der Hauptversammlung und zur Ausübung des Stimmrechts sind nur diejenigen Kommanditaktionäre berechtigt, die ihre auf den Inhaber lautenden Kommanditaktien bei der Gesellschaft, bei einer Wertpapiersammelbank, bei einem deutschen Notar oder bei einer anderen in der Einberufung bezeichneten Stelle hinterlegen und bis zur Beendigung der Hauptversammlung dort belassen und sich, soweit Abs. (3) eine Anmeldung verlangt, anmelden.

Die Hinterlegung kann auch in der Weise erfolgen, daß die Aktien mit Zustimmung einer Hinterlegungsstelle für die Kommanditaktionäre bei einen anderen Kreditinstitut bis zur Beendigung der Hauptversammlung gesperrt werden.

(2) Die Hinterlegung hat spätestens am zehnten Tage vor dem Tage der Hauptversammlung zu erfolgen. Fällt dieser Tag auf einen Sonnabend,

Sonntag oder einen am Ort der Hinterlegung staatlich anerkannten allgemeinen Feiertag, so kann die Hinterlegung noch am folgenden Werktag vorgenommen werden.

(3) Erfolgt die Hinterlegung nicht bei der Gesellschaft, so hat die Anmeldung der Kommanditaktionäre zur Hauptversammlung in der Weise zu erfolgen, daß die Hinterlegungsbescheinigung oder ein Doppel spätestens am dritten Tag vor dem Tag der Hauptversammlung bei der Gesellschaft eingereicht wird. Fällt dieser Tag auf einen Sonnabend, Sonntag oder einen am Ort der Hinterlegung staatlich anerkannten allgemeinen Feiertag, so kann die Anmeldung noch am folgenden Werktag vorgenommen werden.

(4) Sind Aktienurkunden nicht ausgegeben, so ist die Teilnahme an der Hauptversammlung davon abhängig, daß sich die Kommanditaktionäre spätestens am dritten Tag vor dem Tag der Hauptversammlung bei der Gesellschaft anmelden. Die Einzelheiten werden in der Einberufung zur Hauptversammlung bestimmt.

## § 21 Vorsitz

(1) Den Vorsitz in der Hauptversammlung führt der Vorsitzende des Aufsichtsrates, im Falle seiner Verhinderung sein Stellvertreter oder ein vom Aufsichtsrat zu bestimmendes Mitglied des Aufsichtsrates. Ansonsten wird der Vorsitzende durch die Hauptversammlung gewählt.

(2) Der Vorsitzende leitet die Verhandlungen und bestimmt die Reihenfolge der Verhandlungsgegenstände sowie die Art und Form der Abstimmung.

## § 22 Stimmrecht

(1) Jede Stückaktie gewährt eine Stimme. Das Stimmrecht entsteht mit der Leistung der gesetzlichen Mindesteinlage.

(2) Das Stimmrecht kann durch Bevollmächtigte ausgeübt werden. Für die Vollmacht ist die schriftliche Form erforderlich und ausreichend.

## § 23 Beschlußfassung

(1) Für die Beschlüsse der Hauptversammlung genügt, soweit nicht das Gesetz oder die Satzung zwingend etwas anderes vorschreibt, als Stimmenmehrheit die einfache Mehrheit der abgegebenen Stimmen und als

Kapitalmehrheit die einfache Mehrheit des bei der Beschlußfassung vertretenen Grundkapitals.

(2) Im Falle der Stimmengleichheit gilt, ausgenommen bei Wahlen, ein Antrag als abgelehnt. Sofern bei Wahlen im ersten Wahlgang die einfache Stimmenmehrheit nicht erreicht wird, findet eine Stichwahl zwischen den Personen statt, die die beiden höchsten Stimmzahlen erhalten haben.

(3) Bedürfen Beschlüsse der Zustimmung der persönlich haftenden Gesellschafter, ist die Zustimmung oder Ablehnung dem Aufsichtsrat oder der Hauptversammlung gegenüber zu erklären. Die Zustimmung bedarf der Mehrheit der persönlich haftenden Gesellschafter. Die Zustimmungserklärung kann sowohl vor als auch nach der Beschlußfassung der Hauptversammlung erteilt werden.

## *VI. Jahresabschluß und Ergebnisverteilung*
### § 24 Jahresabschluß und Lagebericht

(1) Die persönlich haftenden Gesellschafter stellen in den ersten drei Monaten des Geschäftsjahres für das vergangene Geschäftsjahr den Jahresabschluß (Jahresbilanz, Gewinn- und Verlustrechnung nebst Anhang) sowie den Lagebericht auf und legen sie dem Abschlußprüfer vor. Nach Eingang des Prüfungsberichts des Abschlußprüfers haben die persönlich haftenden Gesellschafter den Jahresabschluß, den Lagebericht der Geschäftsführung und den Prüfungsbericht des Abschlußprüfers dem Aufsichtsrat mit einem Vorschlag über die Verwendung des Bilanzgewinns vorzulegen.

(2) Der Aufsichtsrat hat die Vorlagen zu prüfen und über das Ergebnis seiner Prüfung schriftlich zu berichten. Er hat seinen Bericht innerhalb eines Monats nach Zugang der Vorlagen den persönlich haftenden Gesellschaftern zuzuleiten.

(3) Nach Eingang des Berichts des Aufsichtsrates haben die persönlich haftenden Gesellschafter die ordentliche Hauptversammlung einzuberufen. Der Jahresabschluß, der Lagebericht, der Bericht des Aufsichtsrates und der Vorschlag der persönlich haftenden Gesellschafter für die Verwendung des Bilanzgewinns sind von der Einberufung an in den Geschäftsräumen der Gesellschaft zur Einsicht der Aktionäre auszulegen.

(4) Der Jahresabschluß wird durch Beschluß der Hauptversammlung mit Zustimmung der persönlich haftenden Gesellschafter festgestellt. Für die Zustimmung ist ein Beschluß mit einfacher Mehrheit ausreichend.

## § 25 Gewinn- und Verlustrechnung zwischen den persönlich haftenden Gesellschaftern und den Kommanditaktionären

(1) Die Gewinne der Gesellschaft stehen allein den Kommanditaktionären zu.

(2) An einem Verlust der Gesellschaft sind die persönlich haftenden Gesellschafter nicht beteiligt.

### VII. Die Mitgliedschaft im DFB

## § 26 Mitgliedschaft im DFB

Die Gesellschaft wird als Tochtergesellschaft des *FC Borussia Musterhausen e.V.* dem DFB angehören. Die Gesellschaft unterwirft sich daher der Satzung, dem Lizenzstatut und den Ordnungen des DFB in der jeweiligen Fassung sowie den Entscheidungen der DFB-Organe.

### VIII. Beendigung der Gesellschaft

## § 27 Auflösung

(1) Im Falle der Auflösung der Gesellschaft erfolgt die Abwicklung durch die persönlich haftenden Gesellschafter.

(2) Das nach Berichtigung der Verbindlichkeiten verbleibende Vermögen der Gesellschaft wird unter den Kommanditaktionären verteilt.

### IX. Gründungskosten

## § 28 Gründungskosten

Die Gründungskosten sind bis zu einem Betrag von DM 200.000,-- von der Gesellschaft (*FC Borussia Musterhausen GmbH & Co. KGaA*) zu tragen.

### X. Salvatorische Klausel

## § 29 Salvatorische Klausel

Ist eine Bestimmung dieses Gesellschaftsvertrages unwirksam oder sollten sich in dem Vertrag Lücken herausstellen, so wird die Gültigkeit der übrigen Bestimmungen dadurch nicht berührt. Die Gesellschafter sind verpflichtet, anstelle der unwirksamen Bestimmungen bzw. zur

Ausfüllung der Lücken eine Regelung zu finden, die – soweit rechtlich möglich – dem am nächsten kommt, was die Gesellschafter nach Sinn dieses Vertrages gewollt haben oder, hätten sie die Lücke bedacht, gewollt haben würden.

Anhang

## 10.1.2 Muster-Vertrag einer Ausgliederung der Lizenzspielerabteilung aus einem eingetragenen (Fußball-)Verein e.V.

**Ausgliederungs- und Übernahmevertrag
zwischen dem *FC Borussia Musterhausen e.V.*
und der *FC Borussia Musterhausen GmbH & Co. KGaA***

### § 1 Beteiligte Gesellschaften

(1) Übertragende Gesellschaft ist der
*FC Borussia Musterhausen e.V.* (nachfolgend auch „übertragender Verein" genannt) mit Sitz in Musterhausen, eingetragen im Vereinsregister Musterhausen unter VR 12345.

(2) Übernehmende Gesellschaft ist die
*FC Borussia Musterhausen GmbH & Co. KGaA* (nachfolgend auch „übernehmende Gesellschaft" genannt), eingetragen im Handelsregister des Amtsgerichts Musterhausen unter der HRB-Nr. 67890.
Das Grundkapital beträgt 50.000.000 DM (in Worten: Fünfzig Millionen Deutsche Mark).

Persönlich haftende Gesellschafterin wird die *FC Borussia-Beteiligungs GmbH*, Musterhausen.

### § 2 Ausgliederung – Vermögensübertragung gegen Gewährung von Gesellschaftsrechten

Der *FC Borussia Musterhausen e.V.* überträgt seine nachfolgend in § 5 dieser Vereinbarung bezeichneten Vermögensgegenstände als Gesamtheit mit allen Rechten und Pflichten unter Fortbestand der übertragenden Gesellschaft auf die *FC Borussia Musterhausen GmbH & Co. KGaA* nach § 123 Abs. 3 Nr. 1 UmwG gegen Gewährung von in § 10 dieses Ausgliederungs- und Übernahmevertrages bezeichneten Gesellschaftsrechten (Ausgliederung zur Aufnahme). Die übertragenden Vermögensanteile bilden einen Teilbetrieb im steuerlichen Sinne.

## § 3 Schlußbilanz – Ausgliederungsbilanz

Der Ausgliederung wird die mit dem uneingeschränkten Bestätigungsvermerk der NEUTRUM Wirtschaftsprüfungsgesellschaft mit Sitz in Musterstadt versehene Bilanz des *FC Borussia Musterhausen e.V.* zum 31. Dezember 1999 (Schlußbilanz) zugrunde gelegt. Sie ist beiden Parteien bekannt und diesem Vertrag als Anlage beigefügt.

## § 4 Ausgliederungsstichtag

(1) Die Übertragung des Vermögens des *FC Borussia Musterhausen e.V.* erfolgt im Verhältnis zwischen den Parteien mit Wirkung zum 31. Dezember 1999, 24.00 Uhr. Die Handlungen des *FC Borussia Musterhausen e.V.* nach diesem Datum gelten hinsichtlich der übertragenen Vermögensgegenstände als für Rechnung der *FC Borussia Musterhausen GmbH & Co. KGaA* vorgenommen.

(2) Die in der Schlußbilanz aufgeführten Vermögensgegenstände – soweit sie übertragen werden – werden zu Buchwerten übertragen. Soweit der Wert der auf die *FC Borussia Musterhausen GmbH & Co. KGaA* übertragenen Vermögenswerte den rechnerischen Nennwert der gewährten Anteile (anteiliger Betrag des Grundkapitals) übersteigt, wird er in die Kapitalrücklage eingestellt. Die *FC Borussia Musterhausen GmbH & Co. KGaA* ist nicht verpflichtet, einen den rechnerischen Nennwert der Aktien übersteigenden Wert der erbrachten Einlagen zu vergüten.

(3) Soweit nach dem Ausgliederungsstichtag Gegenstände durch den *FC Borussia Musterhausen e.V.* im regelmäßigen Geschäftsverkehr veräußert worden sind, treten die Surrogate (z.B. der Erlös) an deren Stelle.

## § 5 Vermögensübertragung auf die *FC Borussia Musterhausen GmbH & Co. KGaA*

Der *FC Borussia Musterhausen e.V.* gliedert seine Lizenzspielerabteilung auf die *FC Borussia Musterhausen GmbH & Co. KGaA* aus. Hierzu gehören im einzelnen:

(1) **Grundstücke und Gebäude**
Die zu übertragenden Grundstücke und Gebäude sind im einzelnen mit Grundbuch- und Flurstückbezeichnung in der Anlage aufzuführen.

(2) **Gegenstände des Finanzanlagevermögens**
Die Beteiligung des *FC Borussia Musterhausen e.V.* an der *Die Fußball Bundesliga (DBL) Marketing GmbH*, Frankfurt (Geschäftsanteil im Nominalwert von DM 25.000,--) wird auf die *FC Borussia Musterhausen GmbH & Co. KGaA* ausgegliedert. Die Beteiligung des *FC Borussia Musterhausen e.V.* an der *FC Borussia-Beteiligungs GmbH* wird nicht ausgegliedert; sie verbleibt mithin im Vermögen des übertragenden Vereins.

(3) **Gegenstände des Sachanlagevermögens und Umlaufvermögens**
Alle Gegenstände des Sachanlage- und Umlaufvermögens werden auf die *FC Borussia Musterhausen GmbH & Co. KGaA* übertragen.

(4) **Verträge und Rechtspositionen**
Alle Verträge (mit Ausnahme der in § 6 geregelten Arbeitsverträge), insbesondere Verträge mit Sponsoren, Marketing- und Merchandisingverträge, Pacht-, Miet-, Leasing- und Lieferverträge, Betriebsführungsverträge, Konzessionsverträge, die Rechte am Vereinsemblem, den Vereinsfarben, dem Schriftzug des Vereins sowie alle weiteren schutzfähigen Rechte, Angebote und sonstige Rechtsstellungen werden auf die *FC Borussia Musterhausen GmbH & Co. KGaA* übertragen. Davon sind ausgenommen die in der Anlage im einzelnen aufgeführten Verträge, die bei dem *FC Borussia Musterhausen e.V.* verbleiben.

(5) **Forderungen**
Die *FC Borussia Musterhausen GmbH & Co. KGaA* übernimmt sämtliche gegenwärtigen und zukünftigen, bekannten oder unbekannten Forderungen, unabhängig davon, ob diese Forderungen bilanzierungsfähig sind oder nicht.

(6) **Verbindlichkeiten**
Die *FC Borussia Musterhausen GmbH & Co. KGaA* übernimmt sämtliche gegenwärtigen und zukünftigen, bekannten oder unbekannten Verbindlichkeiten, unabhängig davon, ob diese Verbindlichkeiten bilanzierungsfähig sind oder nicht.

(7) Soweit einzelne Gegenstände für die bei dem Verein verbleibenden Bereiche benötigt werden, sind sich die beiden Parteien einig, die Nutzung dieser Gegenstände in dem vom DFB zur Erteilung der Lizenz vorgeschriebenen Vertrag zu regeln, durch den sich die *FC Borussia Musterhausen GmbH & Co. KGaA* verpflichten muß, einen Mitteltransfer zugunsten der Amateurbereiche aufrecht zu erhalten.

(8) Das übertragene Vermögen hat einen **Gesamtwert von DM 37.501.000,--** (in Worten: Siebenunddreißig Millionen Fünfhunderteintausend Deutsche Mark).

## § 6 Arbeitsverhältnisse und Anstellungsverträge, Lizenzspieler

Die Arbeitsverhältnisse der in der Anlage zu diesem Vertrag aufgeführten Arbeitnehmer gehen nach § 613 a Abs. 1 Satz 1 BGB mit allen Rechten und Pflichten auf die *FC Borussia Musterhausen GmbH & Co. KGaA* über. Hierzu gehören insbesondere die Lizenzspieler, Trainer und Betreuer des Vereins. Die nicht separat aufgeführten Arbeitsverhältnisse verbleiben beim *FC Borussia Musterhausen e.V.*

## § 7 Nicht zugeordnete Gegenstände und Verbindlichkeiten

(1) Ist ein Vermögensgegenstand in diesem Vertrag nicht zugewiesen/zugeordnet worden und läßt sich die Zuordnung auch nicht durch Auslegung ermitteln, so wird der Gegenstand entsprechend § 131 Abs. 3 UmwG auf die *FC Borussia Musterhausen GmbH & Co. KGaA* übertragen.

(2) Ist eine Verbindlichkeit in diesem Vertrag keinem der beteiligten Rechtsträger zugeordnet worden und läßt sich die Zuordnung auch nicht durch Auslegung dieses Vertrags ermitteln, so geht die Verbindlichkeit auf die *FC Borussia Musterhausen GmbH & Co. KGaA* über.

## § 8 Ausgleichspflicht unter Gesamtschuldnern

Wird die übernehmende Gesellschaft als Gesamtschuldner für Verbindlichkeiten, die ihr nach diesem Vertrag nicht zugeordnet worden sind, in Anspruch genommen (§ 133 Abs. 1 und Abs. 2 Satz 1 UmwG), so ist die übertragende Gesellschaft verpflichtet, diese von der geltend gemachten Verbindlichkeit unverzüglich freizustellen. Der in Anspruch genommenen Gesellschaft steht Ersatz der ihr entstandenen Aufwendungen zu.

## § 9 Folgen der Ausgliederung für die Arbeitnehmer und ihre Vertretungen

(1) Beim *FC Borussia Musterhausen e.V.* und der *FC Borussia Musterhausen GmbH & Co. KGaA* bestehen keine Betriebsräte.

(2) Bei beiden Gesellschaften bestehen keine kollektivrechtlichen Vereinbarungen (Tarifverträge, Betriebsvereinbarungen). Die Parteien werden im Zusammenhang mit der Ausgliederung der Arbeitsverhältnisse der Arbeitnehmer des Vereins, soweit in diesem Vertrag nicht ausdrücklich etwas anderes vorgesehen ist, keine Maßnahmen irgendwelcher Art treffen, die sich auf die Arbeitnehmer des Vereins auswirken, außer daß die ausgegliederten Arbeitsverhältnisse künftig an der *FC Borussia Musterhausen GmbH & Co. KGaA* bestehen.

(3) Die Folgen der Ausgliederung für die Arbeitnehmer und ihre Vertretungen sowie die insoweit vorgesehenen Maßnahmen werden wie folgt beschrieben:

Die in der Anlage genau bezeichneten Arbeitsverhältnisse gehen ohne Veränderung auf die *FC Borussia Musterhausen GmbH & Co. KGaA* über. Diese tritt in die Rechte und Pflichten des Arbeitsverhältnisses ein. Die Arbeitsverhältnisse bestehen also fort. Aus Anlaß des Ausgliederung ist kein Personalabbau geplant. Gemäß § 323 UmwG verschlechtert sich die kündigungsrechtliche Stellung der Arbeitnehmer für den Zeitraum von bis zu zwei Jahren nach Wirksamwerden der Ausgliederung (= Eintragung der Ausgliederung im Vereinsregister des *FC Borussia Musterhausen e.V.*) nicht. Beide Vertragsparteien unterschreiten nach der Ausgliederung nicht die für die Anwendung des Kündigungsschutzgesetzes erforderliche Mindestarbeitnehmerzahl nach § 23 Abs. 1 Kündigungsschutzgesetz in der Fassung vom 19. Dezember 1998 (mehr als fünf Arbeitnehmer). Die *FC Borussia Musterhausen GmbH & Co. KGaA* unterfällt auch nicht dem Mitbestimmungsgesetz oder dem Betriebsverfassungsgesetz von 1952, so daß der Aufsichtsrat nur von den Anteilseignern gewählt wird.

### § 10 Gegenleistung für die Vermögensübertragung – Gewährung von Anteilsrechten

(1) Das Grundkapital der *FC Borussia Musterhausen GmbH & Co. KGaA* beträgt zur Durchführung der Ausgliederung insgesamt DM 50 Mio.

(2) Die Einlagen werden wie folgt erbracht:

Der *FC Borussia Musterhausen e.V.* übernimmt 7.500.000 Stückaktien. Die Einlage wird durch die Übertragung der in § 5 dieses Vertrages aufgeführten Aktiva und Passiva erbracht. Als Gegenleistung werden Aktien im entsprechenden rechnerischen Gegenwert von DM 37,5 Mio. gewährt. Der Differenzbetrag zu dem Wert des übertragenen Vermögens von

DM 1.000,-- wird in die Kapitalrücklage der *FC Borussia Musterhausen GmbH & Co. KGaA* eingestellt; siehe dazu auch § 5 Abs. 8 dieses Vertrages.

(3) Die Aktien sind die Gegenleistung für das nach den §§ 2 und 5 dieses Vertrages übertragene Vermögen.

(4) Die übrigen 2.500.000 Stückaktien im rechnerischen Gegenwert von DM 12,5 Mio. wurden von anderen Kommanditaktionären übernommen. Die Einlagen sind sämtlich vollständig eingezahlt worden.

## § 11 Gewinnbezugsberechtigung

Der übertragende Verein ist ab dem 01. Januar 2000 am Gewinn der übernehmenden Gesellschaft beteiligt.

## § 12 Abfindungsangebot

Ein Abfindungsangebot ist bei einer Ausgliederung nicht erforderlich (§ 125 Satz 1 UmwG).

## § 13 Besondere Rechte und Vorteile

Einzelnen Gesellschaftern der übernehmenden Gesellschaft oder Mitgliedern der Vertretungs- und Aufsichtsorgane der an der Ausgliederung beteiligten Gesellschaften werden keine besonderen Vorteile gewährt.

## § 14 Sicherheitsleistungen

(1) Den Gläubigern der an der Ausgliederung beteiligten Gesellschaften ist, wenn sie binnen sechs Monaten nach der Bekanntmachung der Eintragung der Spaltung in das Handelsregister des Sitzes der Gesellschaft, deren Gläubiger sie sind, ihre Ansprüche nach Grund und Höhe schriftlich anmelden, Sicherheit zu leisten, soweit sie nicht Befriedigung verlangen können und glaubhaft machen, daß durch die Spaltung die Erfüllung ihrer Forderungen gefährdet wird.

(2) Zur Sicherheitsleistung ist nur die an der Ausgliederung beteiligte Gesellschaft verpflichtet, gegen die sich der Anspruch richtet.

## § 15 Grundbucherklärungen

Der *FC Borussia Musterhausen e.V.* bewilligt und beantragt, nach Wirksamwerden der Ausgliederung die von der Ausgliederung betroffenen Grundbücher entsprechend den Vorschriften dieses Vertrages zu berichtigen; die *FC Borussia Musterhausen GmbH & Co. KGaA* erteilt ihre Zustimmung.

## § 16 Kosten, Steuern

Die Notargebühren für diese Vertragsniederschrift sowie die aufgrund der Durchführung der Vermögensübertragung entstehenden Kosten und Steuern trägt die übernehmende Gesellschaft.

## § 17 Zustimmung der Anteilseigner

Dieser Vertrag wird nur wirksam, wenn die Anteilseigner beider beteiligten Rechtsträger ihm durch Ausgliederungsbeschluß zugestimmt haben. Sollten die Zustimmungserklärungen nicht bis zum 31. Dezember 2000 vorliegen, gilt dieser Vertrag als nicht zustande gekommen.

## § 18 Verzögerung der Abwicklung

Sollte die Ausgliederung nicht bis zum 31. Dezember 2000 wirksam geworden sein, wird der Ausgliederung, abweichend von § 2 dieses Vertrages, die Bilanz des *FC Borussia Musterhausen e.V.* zum 31. Dezember 2000 als Schlußbilanz zugrunde gelegt, gilt abweichend von § 2 dieses Vertrages der 31. Dezember 2000, 24.00 Uhr, als Ausgliederungsstichtag und beginnt die Beteiligung am Gewinn, abweichend von § 11 dieses Vertrages, am 01. Januar 2001.

## § 19 Salvatorische Klausel, Vertragsänderungen, Gerichtsstand

(1) Sollte eine Bestimmung dieses Vertrages unwirksam oder undurchführbar sein, so wird die Gültigkeit des Vertrages im übrigen dadurch nicht berührt. Die Parteien verpflichten sich, die unwirksame oder undurchführbare Bestimmung durch eine wirksame und durchführbare Bestimmung zu ersetzen, die dem wirtschaftlichen Ergebnis der unwirksamen oder undurchführbaren Bestimmung weitestgehend nahekommt.

(2) Änderung oder Ergänzungen dieses Vertrages bedürfen der notariellen Beurkundung.

(3) Der Gerichtsstand ist *Musterhausen*.

Der beurkundende Notar muß die erschienenen Vertreter der beiden Rechtsträger darauf hinweisen, daß
- der Ausgliederungs- und Übernahmevertrag nur wirksam wird, wenn die Anteilseigner aller beteiligten Rechtsträger ihm durch Beschluß zustimmen,
- die Ausgliederung zur Eintragung in das Handelsregister aller beteiligten Rechtsträger anzumelden ist,
- die Ausgliederung erst mit Eintragung im Handelsregister des übernehmenden Rechtsträgers wirksam wird,
- bei Wirksamwerden der Ausgliederung das Vermögen des übertragenden Rechtsträgers auf den übernehmenden Rechtsträger als Gesamtheit kraft Gesetzes übergeht und der übertragende Rechtsträger entsprechend der im Ausgliederungs- und Übernahmevertrag vorgesehenen Aufteilung Anteilsinhaber des übernehmenden Rechtsträgers wird.

Die im Vertragstext erwähnten Anlagen müssen dem Vertrag beigefügt werden.

Zur Beschlußfassung der beiden beteiligten Rechtsträger über die Ausgliederung bedarf es eines Ausgliederungsberichts der jeweiligen Vorstände. Dabei können die Vorstände der beteiligten Rechtsträger einen gemeinsamen Ausgliederungsbericht verfassen und bei der Beschlußfassung über die Ausgliederung den jeweiligen Anteilseignern oder Mitgliedern vorlegen.

Es folgt ein beispielbezogenes Musterexemplar eines gemeinsamen Ausgliederungsberichts der Vorstände.

### 10.1.3 Beispiel für einen gemeinsamen Ausgliederungsbericht

**Gemeinsamer Ausgliederungsbericht der Vorstände des *FC Borussia Musterhausen e.V.* mit Sitz in Musterhausen und der *FC Borussia Musterhausen GmbH & Co. KGaA*, Musterhausen**

**Gliederung:**

Präambel

I. Zielsetzung der Ausgliederung

II. Der *FC Borussia Musterhausen e.V.*

III. Die *FC Borussia Musterhausen GmbH & Co. KGaA*

IV. Die Erläuterung des Ausgliederungs- und Übernahmevertrages

V. Die Bewertung des auszugliedernden Vermögens und die Gewährung von Anteilen

VI. Die Auswirkungen der Ausgliederung auf die beiden Rechtsträger

VII. Die Auswirkungen der Ausgliederung auf die Arbeitnehmer

VIII. Die bilanziellen Auswirkungen der Ausgliederung

IX. Die steuerlichen Auswirkungen der Ausgliederung

**Präambel**

Der *FC Borussia Musterhausen e.V.* (nachfolgend auch „Verein" genannt) und die *FC Borussia Musterhausen GmbH & Co. KGaA* (nachfolgend auch kurz „Fußball KGaA" genannt) haben am 31. Januar 2000 in notariell beurkundeter Form einen Ausgliederungs- und Übernahmevertrag über die Ausgliederung der Lizenzspielerabteilung, der 1. Herren-Amateur- und der 1. A-Jugendmannschaft nebst zugehörigem Personal sowie des Grundstücks in Musterhausen aus dem Verein auf die *FC Borussia Musterhausen GmbH & Co. KGaA* unterzeichnet. Der Ausgliederungs- und Übernahmevertrag wird der Mitgliederversammlung des Vereins am 15. März 2000 und der Hauptversammlung der *FC Borussia Musterhausen GmbH & Co. KGaA* am 15. März 2000 zur Zustimmung vorgelegt werden.

Zur rechtlichen und wirtschaftlichen Begründung der Ausgliederung erstatten die Vorstände des Vereins und der *FC Borussia Musterhausen GmbH & Co.*

*KGaA* den folgenden gemeinsamen **Ausgliederungsbericht** nach § 127 Umwandlungsgesetz (UmwG).

## I. Zielsetzung der Ausgliederung

Mit der Ausgliederung des Lizenzspielerbereichs aus dem Verein auf die *Fußball KGaA* sollen insbesondere die nachfolgenden Ziele erreicht werden:

Auf dem 36. DFB-Bundestag am 23./24. Oktober 1998 wurden die Voraussetzungen für die Zulassung einer „Fußball-Kapitalgesellschaft" geschaffen und beschlossen, neben eingetragenen Vereinen als außerordentliche Mitglieder des DFB und Teilnehmer der Lizenzligen auch Kapitalgesellschaften zuzulassen. Den Lizenzvereinen wird damit die Ausgliederung ihres lizenzierten Spielbetriebs auf eine Kapitalgesellschaft ermöglicht.

Ziel der Umwandlung ist zum einen die Eröffnung von Finanzierungsmöglichkeiten am Kapitalmarkt (Publikumsgesellschaften). Vor allem vor dem Hintergrund der stetig steigenden Spielergehälter, der Aufrechterhaltung der internationalen Wettbewerbsfähigkeit sowie der Notwendigkeit, die Stadien zu zeitgemäßen Veranstaltungsorten auszubauen, ist die Erschließung des Kapitalmarktes für die deutschen Fußball-Clubs unumgänglich, um international wettbewerbsfähig zu bleiben und auch in Zukunft Erfolge in den europäischen Vereinswettbewerben feiern zu können. Zum anderen hat der Lizenzspielerbereich mittlerweile ein derartiges wirtschaftliches Potential erreicht, daß dieser Bereich wirtschaftlich organisierte Strukturen braucht. Die Zahl der Stadionbesucher, die von Fernsehanstalten, TV-Rechteverwertern, Vermarktern und Sponsoren gezahlten Geldsummen und der Gesamtumsatz der Vereine haben in der abgelaufenen Spielzeit Rekordsummen erreicht. Die Rechtsform des Vereins mit ehrenamtlichen Vorstandsmitgliedern kann die damit verbundenen Anforderungen nicht mehr erfüllen. Erforderlich sind professionell agierende Unternehmen, die den weiter ansteigenden Anforderungen gewachsen sind. Daneben soll aber die organisatorische Verbindung von Leistungssport (Lizenzmannschaften) und Breitensport gewährleistet bleiben.

In Entsprechung der nun gebotenen Möglichkeiten soll der lizenzierte Spielbereich, die 1. Herren-Amateur- und die 1. A-Jugendmannschaft nebst dazugehörigem Personal sowie das Grundstück in Musterhausen des *FC Borussia Musterhausen e.V.* auf die *Fußball KGaA* ausgegliedert werden.

Diese Maßnahme bietet für den *FC Borussia Musterhausen e.V.* eine Vielzahl von Vorteilen:

Zunächst eröffnet es neue, bisher nicht realisierbare Finanzierungsmöglichkeiten. Die *Fußball KGaA* kann durch Kapitalerhöhungen Kapital am Kapitalmarkt aufnehmen. Die Kommanditgesellschaft auf Aktien umfaßt zwei Gesellschaftergruppen: den persönlichen haftenden Gesellschafter und die Kommanditaktionäre. Persönlich haftende Gesellschafterin der entstehenden *FC Borussia Musterhausen GmbH & Co. KGaA* wird die *FC Borussia-Beteiligungs GmbH, Musterhausen*. Ihr obliegt damit die Geschäftsführung der KGaA. Die *FC Borussia-Beteiligungs GmbH* ist eine 100%ige Tochter des Vereins, denn dieser hält das gesamte Stammkapital der GmbH.

Die gewählte Form der KGaA bietet den Vorteil, daß der Verein nicht jede Kapitalerhöhung mitzeichnen muß, um die bei einer Aktiengesellschaft vom DFB vorgeschriebene Mindestbeteiligung von 50% plus eine Stimme zu behalten. Dies würde bei umfangreichen Kapitalerhöhungen die finanziellen Möglichkeiten des Vereins überfordern.

Der Einfluß des Vereins wird bei der KGaA dadurch gewährleistet, daß der Verein das gesamte Stammkapital der persönlich haftenden Gesellschafterin, der *FC Borussia-Beteiligungs GmbH*, hält. Diese nimmt als alleinige persönlich haftende Gesellschafterin die Geschäftsführung der entstehenden KGaA wahr und hat damit entscheidenden Einfluß auf diese Gesellschaft. So kann z.B. der Jahresabschluß der *Fußball KGaA* nur mit Zustimmung der *FC Borussia-Beteiligungs GmbH* festgestellt und auch Satzungsänderungen können nur mit ihrer Zustimmung beschlossen werden. Das Stimmverhalten der *FC Borussia-Beteiligungs GmbH* wird wiederum durch den Verein bestimmt, da er alleiniger Gesellschafter der GmbH ist. Zudem bestellt der Verein im Rahmen der Gesellschafterversammlung der *FC Borussia-Beteiligungs GmbH* deren Geschäftsführung. Die Geschäftsführer der *FC Borussia-Beteiligungs GmbH* sind im vorliegenden Fall gleichzeitig auch Vorstandsmitglieder des Vereins.

Weiter ist zu berücksichtigen, daß ein Verein im klassischen Sinne keine Gewinnerzielungsabsicht verfolgt, sondern ein „Null-Ergebnis" anstrebt. Nach der Ausgliederung der Lizenzspielerabteilung in eine Kapitalgesellschaft und einen eventuellen Gang an die Börse muß der Lizenzspielerbereich nach renditeorientierten, unternehmerischen Maßstäben geführt werden. In der Folge ist zu erwarten, daß zukünftig steigende höhere Gewinne ausgewiesen werden können.

Der deutsche Fußballmarkt ist in den vergangenen Jahren stark gewachsen, und es wird allgemein eine Fortsetzung dieses Trends erwartet. Ein großes Wachstumspotential wird insbesondere bei den Erlösen aus der Vermarktung der Fernsehübertragungsrechte und aus Sponsorengeldern erwartet. Auch die Vermarktung des Vereinsnamens als Markenartikel hat große Zukunftschancen. Zur Nutzung dieser Potentiale sind jedoch erhebliche Investitionen nötig, etwa für die Modernisierung bzw. den Ausbau oder den Neubau des Stadions oder den Aufbau einer effektiven Marketing- und Merchandisingstruktur. Weiter steigende Spielergehälter werden auch in Zukunft dafür sorgen, daß für die Verpflichtung von Spitzenspielern hohe Investitionssummen (Transferzahlungen) sowie entsprechende Gehälter zu erbringen sind.

Durch die Ausgliederung wird dem Lizenzspielerbereich die Möglichkeit gegeben, in diesem Markt zu bestehen und wettbewerbsfähig zu sein. Der eingetragene Verein ist längst nicht mehr die zeitgemäße und damit angemessene Gesellschaftsform für den Wachstumsmarkt „Fußball". Profifußball ist bereits seit Jahren ein Geschäft, in das Millionensummen fließen und das sich nicht mehr von „Freizeit-Managern" bewältigen läßt.

## II. Der *FC Borussia Musterhausen e.V.*

Der *FC Borussia Musterhausen e.V.* wurde am 01. Januar 1900 gegründet. Der Verein hat seinen Sitz in Musterhausen und bezweckt die Pflege der Leibesübungen, besonders des Fußball-, Basketball-, Handball- und des Tennisspiels. Der Verein verfolgt ausschließlich gemeinnützige Zwecke im Sinne der Abgabenordnung von 1977. Neben einem geregelten Übungsbetrieb beteiligt sich der Verein an Wettkämpfen und Wettspielen. Die Pflege des Jugendsports ist ein besonderes Anliegen des Vereins.

Die Mitgliederzahl des Vereins konnte in den letzten Jahren auf rund 10.000 Mitglieder gesteigert werden. Die Mitglieder verteilen sich auf vier verschiedene Abteilungen.

Die Satzung des Vereins wurde auf der Mitgliederversammlung vom 15. März 1997 letztmalig geändert und gemäß den Anforderungen des DFB um einen Aufsichtsrat erweitert. Der Aufsichtsrat besteht aus drei Mitgliedern (namentliche Erwähnung der Aufsichtsratsmitglieder). Die Amtsperiode der Aufsichtsratsmitglieder beträgt drei Jahre.

Der Vorstand besteht aus mindestens drei und höchstens fünf Vorstandsmitgliedern (namentliche Erwähnung der Vorstandsmitglieder). Die Bestellung der Vorstandsmitglieder erfolgte 1997 für drei Jahre.

Als weitere Organe sind der Ältestenrat und der Sportbeirat zu nennen.

Der Verein beschäftigt – neben dem Vorstand – zum 31. Dezember 1999 40 Mitarbeiter, davon 28 Lizenzfußballspieler. Darüber hinaus sind noch Verbands-/Regionalliga-Spieler sowie sonstige Mitarbeiter und Aushilfskräfte bzw. geringfügig Beschäftigte angestellt.

Der *FC Borussia Musterhausen e.V.* nutzt für die Fußballspiele das Sportstadion in Musterhausen mit einem Fassungsvermögen von rund 40.000 Zuschauern, das von der Gemeinde Musterhausen entgeltlich zur Nutzung überlassen wird. Der Verein domiziliert in einem eigenen Verwaltungsgebäude. Die Geschäftsstelle des Vereins, die unter anderem den Spielbetrieb organisiert, befindet sich im Sportstadion.

Der Verein befindet sich zur Winterpause der Saison 1999/2000 auf Platz 7 der Tabelle der 1. Bundesliga.

### III. Die *FC Borussia Musterhausen GmbH & Co. KGaA*

Die *FC Borussia Musterhausen GmbH & Co. KGaA* wurde am 01. Januar 1999 durch notarielle Urkunde errichtet. (Die Gründer der Gesellschaft werden genannt.) Die Eintragung der Gesellschaft in das Handelsregister des Amtsgerichts Musterhausen erfolgte unter der HRB-Nr. 67890 am 31. Januar 1999. Das Grundkapital der Gesellschaft beträgt fünfzig Millionen DM. Der Sitz der Gesellschaft ist Musterhausen.

Gegenstand der *FC Borussia Musterhausen GmbH & Co. KGaA* ist die umfassende Entwicklung und Durchführung von Marketing- und Rechteverwertungskonzepten für den *FC Borussia Musterhausen e.V.* Die Durchführung dieser Konzepte umfaßt auch den Handel mit Sport- und Bekleidungsartikeln sowie den Verkauf von Merchandisingprodukten. Hierzu gehört auch der Abschluß von Verträgen mit Sponsoren, Lizenznehmern und Ausrüstern sowie die Öffentlichkeitsarbeit. Weiterer Unternehmensgegenstand ist der Erwerb von Grundstücken und Immobilien, deren Management sowie die Beteiligung an anderen Unternehmen jedweder Rechtsform im In- und Ausland und jede Tätigkeit, die dem Gegenstand des Unternehmens förderlich ist.

Der Verein als Gesellschafter der *FC Borussia-Beteiligungs GmbH* plant, diese Gesellschaft in eine Aktiengesellschaft umzuwandeln, so daß als persönlich haftende Gesellschafterin der *FC Borussia Musterhausen GmbH & Co. KGaA* zukünftig eine Aktiengesellschaft fungieren soll. Durch diesen Rechtsformwechsel bei der *FC Borussia-Beteiligungs GmbH* wird die *FC Borussia Musterhausen AG & Co. KGaA* entstehen.

Beispiel für einen gemeinsamen Ausgliederungsbericht

## IV. Die Erläuterung des Ausgliederungs- und Übernahmevertrages

Die Ausgliederung der Lizenzspielerabteilung aus dem Verein soll durch die Übertragung dieser Abteilung, der 1. Herren-Amateurmannschaft sowie der 1. A-Jugendmannschaft nebst dem Grundstück in Musterhausen auf die *FC Borussia Musterhausen GmbH & Co. KGaA* durchgeführt werden. Der Ausgliederungs- und Übernahmevertrag ist im vollständigen Wortlaut nebst Schlußbilanz des Vereins zum 31. Dezember 1999 diesem Bericht beigefügt.

Die *Fußball KGaA* übernimmt in Ausführung ihres Unternehmenskonzepts und zur Sicherung des Spielbetriebes des Vereins die gesamte Vermarktung und Rechteverwertung des Vereins. Der *Fußball KGaA* stehen aufgrund des Ausgliederungs- und Übernahmevertrages sämtliche Einnahmen zu, die aus der Vermarktung und Rechteverwertung des Vereins entstehen, z.B. aus der Verwertung von Fernsehrechten, aus dem Verkauf von Fanartikeln, Einnahmen aus Eintrittsgeldern, Vergütungen aus Sponsorenverträgen etc. Im Gegenzug hat die *Fußball KGaA* durch Zahlungen an den Verein die wirtschaftliche Grundlage für dessen Geschäftsbetrieb zu gewährleisten, damit der sportliche Erfolg für den Verein und damit einhergehend auch der wirtschaftliche Erfolg für die *Fußball KGaA* eintreten kann.

Nachdem der DFB die Möglichkeit geschaffen hat, die Lizenzspielerabteilung vom Verein auf eine Kapitalgesellschaft zu übertragen und im Gegenzug dem Verein in entsprechender Höhe Anteile an der Kapitalgesellschaft zu gewähren, haben auch die Vorstände des *FC Borussia Musterhausen e.V.* und der *Fußball KGaA* beschlossen, die Lizenzspielerabteilung, die 1. Herren-Amateurmannschaft sowie die 1. A-Jugendmannschaft nebst dem Grundstück in Musterhausen auszugliedern. Damit verbleiben in dem Verein – neben seiner Aktienbeteiligung an der *Fußball KGaA* und der Beteiligung an der *FC Borussia-Beteiligungs GmbH* – aus der Fußballabteilung die Damenmannschaft und die sonstigen Jugendmannschaften sowie, im übrigen unverändert, die anderen Sportabteilungen des *Fußball-Vereins Musterhausen e.V.* Der DFB hat hierbei zur Auflage gemacht, daß diese Bereiche auch künftig durch die Lizenzspielerabteilung subventioniert werden, so daß sich die *Fußball KGaA* durch einen separat abzuschließenden Vertrag verpflichten wird, den bisher vereinsintern durchgeführten Mitteltransfer zugunsten Amateur-, Frauen- und Jugendbereich aufrechtzuerhalten. Lizenzierte Tochtergesellschaften (wie die *Fußball KGaA*) müssen wie bisher zehn Amateur- und Jugendmannschaften selbst oder im Mutterverein unterhalten.

Neben der Lizenzspielermannschaft wird auch die 1. Herren-Amateur- und die 1. A.-Jugendmannschaft ausgegliedert. Grund hierfür ist, daß für die Li-

## Anhang

zenzspielermannschaft aus diesen Mannschaften unter Umständen Spieler eingesetzt werden, so daß eine organisatorische Trennung nicht sinnvoll erscheint. Zudem entstehen für diese Mannschaften als Folge besonderer Talentförderung erhebliche Kosten, die durch die Ausgliederung in der Kapitalgesellschaft entstehen und nicht den Verein belasten sollen.

Im folgenden werden noch einige Punkte des Ausgliederungs- und Übernahmevertrages erläutert:

Zu § 2: *Ausgliederung – Vermögensübertragung gegen Gewährung von Gesellschaftsrechten*
Der *FC Borussia Musterhausen e.V.* überträgt die im Vertrag nebst Anlagen bezeichneten Vermögensteile als Gesamtheit mit allen Rechten und Pflichten unter Fortbestand des Vereins auf die *FC Borussia Musterhausen GmbH & Co. KGaA* nach §123 Abs. 3 Nr. 1 UmwG gegen Gewährung der im Ausgliederungs- und Übernahmevertrag bezeichneten Gesellschaftsrechte. Das sind 7.500.000 Stückaktien in einem rechnerischen Gegenwert von DM 37,5 Mio. Der Differenzbetrag zum Wert des übertragenen Vermögens in Höhe von DM 1.000,-- wird in die Kapitalrücklage der *FC Borussia Musterhausen GmbH & Co. KGaA* eingestellt.

Zu § 3: *Schlußbilanz – Ausgliederungsbilanz*
Der Ausgliederung wird die mit dem uneingeschränkten Bestätigungsvermerk der NEUTRUM Wirtschaftsprüfungsgesellschaft, Musterstadt, versehene Bilanz des *FC Borussia Musterhausen e.V.* zum 31. Dezember 1999 zugrunde gelegt. Für die Vermögensbewertung des Vereins wurde eine Unternehmensbewertung durch die NEUTRUM Wirtschaftsprüfungsgesellschaft, Musterstadt, auf Basis des Jahresabschlusses zum 31. Dezember 1999 als Grundlage herangezogen. Wesentliche Änderungen des Vermögens sind bis zum Abschluß des Vertrages nicht erfolgt. Die Übertragung des Vermögens erfolgt zu Buchwerten.

Zu § 5: *Vermögensübertragung auf die FC Borussia Musterhausen GmbH & Co. KGaA*
Der Verein überträgt die genannten Abteilungen und das im Vertrag näher bezeichnete Grundstück nebst Gebäude in Musterhausen. Dieser Bereich gehört innerhalb des Vereins nicht zum gemeinnützigen Bereich, sondern umfaßt den sog. „wirtschaftlichen Geschäftsbetrieb" des Vereins. Dieser wirtschaftliche Geschäftsbetrieb soll als Einheit ausgegliedert werden.

## Beispiel für einen gemeinsamen Ausgliederungsbericht

Die Beteiligung an der *Die Fußball Bundesliga (DBL) Marketing GmbH* gehört zur Lizenzspielerabteilung und wird folglich ebenso ausgegliedert. Demgegenüber wird die Beteiligung an der *FC Borussia-Beteiligungs GmbH* **nicht** ausgegliedert, weil der Verein über diese Beteiligung auf die künftige *FC Borussia Musterhausen GmbH & Co. KGaA* Einfluß nehmen soll, da die *FC Borussia-Beteiligungs GmbH* persönlich haftende Gesellschafterin der *FC Borussia Musterhausen GmbH & Co. KGaA* wird.

Gegenstände des Sachanlage- und des Umlaufvermögens, Verträge und andere Rechtspositionen sowie Forderungen und Verbindlichkeiten des übertragenden Vereins werden im wesentlichen ausgegliedert, da der wirtschaftliche Geschäftsbetrieb zur Lizenzabteilung gehört und bei der Kapitalgesellschaft angesiedelt werden soll. Die ausgenommenen Verträge betreffen einzelne Vorgänge, die ausschließlich den Amateurbereich betreffen.

Für die Einbringung der Lizenzspielerabteilung erhält der übertragende Verein Gesellschaftsanteile an der *Fußball KGaA*. Er erhält die Mehrheit der Anteile. Durch diese Mehrheitsbeteiligung und durch die Tatsache, daß der Verein auch an der *FC Borussia-Beteiligungs GmbH* eine 100 %ige Beteiligung innehat, kann er entscheidenden Einfluß auf die laufende Geschäftsführung der Kapitalgesellschaft ausüben. Mit dieser Beteiligung überschreitet der Verein daher auch künftig die Grenze zum steuerpflichtigen wirtschaftlichen Geschäftsbetrieb. Der übertragende Verein besitzt demnach auch nach der Ausgliederung der Lizenzspielerabteilung einen wirtschaftlichen Geschäftsbetrieb.

Soweit die einzelnen Gegenstände für die beim Verein verbleibenden Bereiche benötigt werden, sind sich die Parteien einig, dies vertraglich zu regeln. Insoweit ist auch eine entsprechende Vereinbarung vom DFB vorgeschrieben, in der sich die *Fußball KGaA* verpflichten muß, einen Mitteltransfer zugunsten der Amateurbereiche aufrechtzuerhalten. Da durch die Ausgliederung auch Gegenstände erfaßt sind, die vom Amateurbereich und dem Lizenzbereich gemeinsam oder ausschließlich vom Amateurbereich genutzt werden, eine Trennung der Eigentümerpositionen aber nicht sinnvoll erscheint, wurde die Sacheinheit nicht auseinandergeschlagen, sondern der *Fußball KGaA* übertragen. Eine Nutzung durch den Amateurbereich ist dadurch sichergestellt, daß die *Fußball KGaA* diese Gegenstände dem Verein zur Nutzung überläßt. Voraussetzung für die Lizenzerteilung durch den DFB ist eine Verpflichtung der *Fußball KGaA* – wie bisher – die Amateur- und Jugendabteilungen des Vereins in einem bestimmten Umfang zu unterhalten. Die Parteien werden hierüber einen separaten Vertrag schließen, der neben den erforderlichen Geldzahlungen auch die Nutzungsrechte regelt.

Zu § 6 und § 9: ***Arbeitsverhältnisse und Anstellungsverträge, Folgen der Ausgliederung für die Arbeitnehmer und ihre Vertretungen***
Die Arbeitsverhältnisse der in der Lizenzspielerabteilung Beschäftigten und der in der Anlage zu dem Vertrag aufgeführten Arbeitnehmer gehen nach § 613a Abs. 1 Satz 1 BGB mit allen Rechten und Pflichten auf die *FC Borussia Musterhausen GmbH & Co. KGaA* über. Diese Rechtsfolge ergibt sich aus dem Gesetz. Die nicht aufgeführten Arbeitnehmer verbleiben beim Verein. Die Erläuterungen dazu finden sich unter Punkt VII.

Zu § 10: *Gegenleistung für die Vermögensübertragung – Gewährung von Anteilsrechten*
Die *FC Borussia Musterhausen GmbH & Co. KGaA* muß dem Verein als Gegenleistung für die Übertragung der Lizenzspielerabteilung in entsprechendem Wert Aktien gewähren. Der *FC Borussia Musterhausen e.V.* übernimmt 7.500.000 Stückaktien. Da es sich um Stückaktien handelt, verbrieft eine Aktie einen Anteil am Grundkapital, der rechnerisch einem Nennwert von DM 5,-- entspricht (DM 50 Mio. ÷ 10.000.000 Aktien = DM 5,-- pro Aktie). Damit wird gleichzeitig auch eine Bedingung für die Lizenzerteilung an die Kapitalgesellschaft durch den DFB erfüllt, die besagt, daß das Grundkapital einer solchen Gesellschaft nach Eintragung der Ausgliederung mehr als DM 5 Mio. betragen muß. Die Einlage wird durch die Übertragung der in § 5 des Vertrages aufgeführten Aktiva und Passiva erbracht. Der sich ergebende geringe Differenzbetrag von DM 1.000,-- wird in die Kapitalrücklage der *Fußball KGaA* eingestellt. Die 7.500.000 Stückaktien sind somit die Gegenleistung für das nach dem Vertrag zu übertragende Vermögen.

Zu § 11: *Gewinnbezugsberechtigung*
Die *FC Borussia Musterhausen e.V.* ist ab dem 1. Januar 2000 am Gewinn dieser Gesellschaft beteiligt, da die Ausgliederung nach der Eintragung auf den Ausgliederungsstichtag (31. Dezember 1999, 24.00 Uhr) zurückwirkt.

## V. Die Bewertung des auszugliedernden Vermögens und die Gewährung von Anteilen·

### 1. Vorbemerkung

Die Gewährung der Anteile an der übernehmenden Gesellschaft (*FC Borussia Musterhausen GmbH & Co. KGaA*) beruht auf einer von der NEUTRUM Wirtschaftsprüfungsgesellschaft, Musterstadt, durchgeführten Bewertung des auszugliedernden Vermögens (Lizenzspielerabteilung, 1. Herren-Amateur- und 1. A-Jugendmannschaft nebst zugehörigem Personal, dem Grundstück und Gebäude in Musterhausen sowie sonstige Vermögensgegenstände); danach ergab sich ein Vermögen von DM 37.501.000,--.

Bei der *Fußball KGaA* wurde als Gegenwert der rechnerische Nennbetrag der Aktien angesetzt. Dieser Wert ergibt sich in Anlehnung an eine Unternehmensbewertung zum 31. Dezember 1999, die einen Wert von rund DM 5,-- pro Aktie errechnet. Der geringe Mehrwert (DM 1.000,--) kann vernachlässigt werden, zumal auch der Vermögenswert des übertragenden Vereins zur Bemessung der auszugebenden Aktien auf DM 37.500.000,-- abgerundet wurde. Der Differenzbetrag wird in die Kapitalrücklage bei der *Fußball KGaA* eingestellt. Aus aktienrechtlichen Gründen (Verbot der Ausgabe von Aktien unter dem Mindestausgabebetrag) muß die Sacheinlage (also das ausgegliederte Vereinsvermögen) auch mindestens den anteiligen Betrag des Grundkapitals der auszugebenden Aktien erreichen. Die *Fußball KGaA* darf die Aktien nicht unter dem rechnerischen Nennwert ausgeben.

Die NEUTRUM Wirtschaftsprüfungsgesellschaft, Musterstadt, wird die aktienrechtlich als Sacheinlage zu wertende Einlage auch daraufhin überprüfen, ob der Wert der Sacheinlage dem rechnerischen Nennwert der zu gewährenden Aktien erreicht. Dieser nach den §§ 142, 69 UmwG und § 183 Abs. 3 AktG erforderliche Prüfbericht ist bei dem Handelsregister Musterhausen einzureichen und zu hinterlegen. Ein Abfindungsangebot ist bei einer Ausgliederung nicht erforderlich (§ 125 Satz 1 UmwG).

Die Bewertung des auszugliedernden Vermögens durch das Bewertungsgutachten vom 15. Januar 2000 der NEUTRUM Wirtschaftsprüfungsgesellschaft, Musterstadt, führt – wie bereits erwähnt – zu einem Wert von DM 37.501.000,--. Der Wert des auszugliedernden Vermögens ergibt sich aus der Summe des Ertragswertes der Lizenzspielerabteilung, dem Marketing-TV-Vermarktungs- und Merchandisinggeschäft sowie dem Verkehrswert des Grundstücks.

## 2. Ableitung der Ertragsüberschüsse aus der Vergangenheit und des Kapitalisierungszinsfußes

Der Wert eines Unternehmens bestimmt sich ganz allgemein nach dem Nutzen, den das Unternehmen aufgrund der am Bewertungsstichtag vorhandenen Substanz, seiner Innovationskraft, seiner Produktgestaltung und Stellung am Markt, seiner inneren Organisation sowie Managements in Zukunft erbringen kann. Die Unternehmens-Ertragskraft ist die Größe, die diesen Nutzen wiedergibt.

Auch für die Bewertung des operativen Geschäfts eines Fußball-Vereins ist die Ertragswertmethode anzuwenden. Seine Ertragskraft spiegelt sich in den zukünftigen nachhaltigen Einnahme-Überschüssen wider. Der Ertragswert entspricht also dem Barwert der zukünftigen Ergebnisse. Dabei ist zu beachten, daß jeder Ertragswertermittlung ein Prognoseproblem zugrunde liegt; denn die zukunftsbezogenen Bewertungen basieren auf unsicheren Erwartungen. Je weiter eine Planung in die Zukunft hineinreicht, desto weniger konkret sind die zu planenden Ertrags- und Aufwandsbestandteile. Maßgeblich für den Zukunftserfolg als einem jährlich gleichbleibenden Durchschnittsertrag ist deshalb zunächst die Ertragssituation am Bewertungsstichtag. Nur soweit die bereinigten Vergangenheitsergebnisse repräsentativ für die Zukunft sind, können sie zur Ableitung der Zukunftsergebnisse herangezogen werden. Für die Barwertermittlung ist ein Kapitalisierungszinssatz zu wählen, mit dem die Zukunftsergebnisse abgezinst werden. Auf diese Weise werden die Unternehmenserfolge mit den Überschüssen einer entsprechenden alternativen Investition verglichen. Die Bemessung des Kapitalisierungszinssatzes bestimmt sich nach einer individuellen Renditeerwartung, die typisiert einer langfristigen Anlage am Kapitalmarkt entspricht. Als Orientierungsgröße für den Kapitalmarktzins werden in der Regel die Renditen öffentlicher Kapitalmarktanleihen, Zinssätze von Bundesschatzbriefen o.ä. herangezogen. Dabei ist das Unternehmerwagnis, das mit der Kapitalanlage in einer unternehmerischen Beteiligung untrennbar verbunden ist, zum Zwecke der Vergleichbarkeit mit dem risikoärmeren erwarteten Kapitalmarktzins durch einen Zuschlag zum Kapitalmarktzins zu berücksichtigen. Das Unternehmerwagnis besteht – im Vergleich zur alternativen Geldanlage am Kapitalmarkt – vor allem in unvorhergesehenen Ergebnisschwankungen, Haftungsrisiken und verschlechterten Wiederverkaufsbedingungen. Weitere Mobilitäts- und Fungibilitätszuschläge sind als Faktoren der Anteilsbewertung in einem gesonderten Bewertungsschritt zu berücksichtigen, können aber auch als Risikozuschläge bzw. -abschläge bei Kalkulationszins berücksichtigt werden.

Zuschläge wegen mangelnder Fungibilität oder Immobilität werden auch davon abhängig sein, inwieweit ein Unternehmensanteil mit oder ohne Zustimmung der übrigen Gesellschafter veräußert werden kann, im Gegensatz zur jederzeit veräußerbaren Alternativanlage, gleiche Renditeerwartungen vorausgesetzt.

Der Wert des Grundstücks nebst Gebäude in Musterhausen wird dagegen nach seinem Verkehrswert bestimmt.

## 3. Berücksichtigung von Ertragsteuern

Bei der Ermittlung des Ertragswertes sind jedoch nur die Zuflüsse zu berücksichtigen, die dem Investor tatsächlich zur freien Verfügung stehen. Dies sind grundsätzlich die Zuflüsse nach Ertragsteuerbelastung; d.h. die Einnahme-Überschüsse sind um die Ertragsteuerbelastung zu vermindern. Sofern die Unternehmensbewertung der Ermittlung des objektiven Unternehmenswertes dient, ist sachgerecht von einem typisierten Ertragsteuersatz von 35% auszugehen. Dadurch wird vermieden, daß der Unternehmenswert durch die individuellen Einkommensverhältnisse der Unternehmenseigner beeinflußt wird.

Durch das körperschaftsteuerrechtliche Anrechnungsverfahren, aufgrund dessen die Körperschaftsteuer als eine Vorauszahlung auf die Einkommensteuer – bei anrechnungsberechtigten Anteilseignern – anzusehen ist, ist die anrechenbare Körperschaftsteuer als Einkommensbestandteil des Anteilseigners anzusehen, mithin also nicht gewinnmindernd zu berücksichtigen.

Die Körperschaftsteuer ist aber nur insoweit aus den Aufwendungen zu eliminieren, wie sie beim Anteilseigner anrechenbar ist. Für alle nicht abzugsfähigen Betriebsausgaben stellt sie eine zu berücksichtigende Belastung dar. Da die Körperschaftsteuer (bei Vereinen 42% des zu versteuernden Einkommens) auf nicht abzugsfähige Betriebsausgaben ebenfalls nicht abzugsfähig ist, belastet sie die Ertragsrechnung mit einem definitiven Körperschaftsteuersatz von rund 72 % der nicht abzugsfähigen Aufwendungen. Auf nicht abzugsfähige Betriebsausgaben entfallende Körperschaftsteuer stellt wie andere betriebsbedingte Steuern, z.B. die Gewerbeertragsteuer oder die Umsatzsteuer auf den Eigenverbrauch, eine systembedingte Belastung dar und ist gewinnmindernd zu berücksichtigen.

## 4. Geldentwertung

Der Idee, die Geldentwertungsrate bei der Bemessung des Kapitalisierungszinsfußes zu berücksichtigen, liegt die Überlegung zugrunde, daß bei einer Bewertung auf der Preisbasis des Bewertungsstichtages die einer Kapitalisierung zugrunde zulegenden Ergebnisse mit einem inflationsbereinigten Kapitalisierungszins kapitalisiert werden müßten. Denn die durch den Kapitalisierungszins umschriebene Alternativrendite muß grundsätzlich mit einem Unternehmensergebnis gleicher Inflationserwartungen verglichen werden. Soweit beim Kapitalisierungszins ein Abschlag wegen der in ihm enthaltenen zukünftigen Geldentwertungsrate vorgenommen wird, wird unterstellt, daß Unternehmensgewinne unabhängig von der Geldentwertungsrate wachsen, d.h. die Kapitalanlage im Unternehmen weitestgehend der Geldentwertung entzogen ist. Dies ist immer dann gerechtfertigt, wenn Preissteigerungen auf dem Beschaffungs- und Arbeitsmarkt auf die Absatzpreise überwälzt werden können.

## 5. Nicht betriebsnotwendiges Vermögen

In den Unternehmensertragswert gehen Vermögens- und Schuldposten nur soweit ein, wie sie dem Unternehmensprozeß dienen und Beiträge zu den laufenden Einnahmenüberschüssen liefern. Da das nicht betriebsnotwendige Vermögen den Ertragswert nicht beeinflußt, aber dennoch werthaltig sein kann, muß es gesondert bewertet werden. Zum nicht betriebsnotwendigen Vermögen gehören alle Vermögensteile, die frei veräußert werden können, ohne daß davon die eigentliche Unternehmensaufgabe berührt oder der Ertragswert in seinen eigentlichen Grundlagen Veränderungen erfahren würde.

## 6. Wertermittlung

(An dieser Stelle hat eine genaue Aufstellung der Wertermittlung nach den oben beschriebenen Methoden sowie eine Ertragsprognose zu erfolgen.)

## 7. Zusammenfassung und Schlußbemerkung

Aufgrund der vorliegenden Unternehmensbewertung auf der Grundlage einer Ertragswertberechnung rechnet der *FC Borussia Musterhausen e.V.* in Zukunft mit einer erheblichen Geschäftsausweitung. Mangels diesbezüglich objektiver Daten steht die Bewertung unter dem Vorbehalt, daß die prognostizierten sportlichen Rahmenbedingungen und Erfolge des *FC Borussia Musterhausen e.V.* eintreten und nachhaltig aufrecht erhalten werden können.

Bei dem Grundstück in Musterhausen handelt es sich um nicht betriebsnotwendiges Vermögen, das den Ertragswert nicht beeinflußt und daher gesondert zu bewerten ist.

Auf der Basis dieser Ergebnisse ergibt sich für den *FC Borussia Musterhausen e.V.* ein Wert von

**DM 37.501.000,--,**

der sich aus dem Ertragswert von DM 32,5 Mio. aus dem operativen Fußballgeschäft (einschließlich aller Vermarktungsaktivitäten) und mit DM 5,0 Mio. aus dem Verkehrswert für das Grundstück nebst Gebäude zusammensetzt.

## VI. Die Auswirkungen der Ausgliederung auf die beiden Rechtsträger

Auswirkungen für die Vereinsmitglieder ergeben sich nicht, da in ihre Mitgliedschaftsrechte nicht eingegriffen wird. Für die ausgegliederten Vermögensanteile erhält der Verein in entsprechender Höhe Aktien der *FC Borussia Musterhausen GmbH & Co. KGaA*.

Der Verein hält nach Eintragung der Ausgliederung 75% am Aktienkapital der *FC Borussia Musterhausen GmbH & Co. KGaA* und damit eine qualifizierte Mehrheit. Zugleich hält er – unabhängig von dieser Ausgliederung – alle Anteile der persönlich haftenden Gesellschafterin, der *FC Borussia-Beteiligungs GmbH*. Die übrigen 25% des Aktienkapitals der *FC Borussia Musterhausen GmbH & Co. KGaA* halten folgende Investoren:

(Nennung der Investoren und ihres Anteils am Aktienkapital)

Die *Fußball KGaA* wird – in Ergänzung zu dem Ausgliederungs- und Übernahmevertrag – im Rahmen der Übertragung der Lizenz vom Verein auf die *Fußball KGaA* einen Vertrag mit dem Verein abschließen, in dem sich die *Fußball KGaA* verpflichtet, einen angemessenen Beitrag zugunsten des Amateur-, Frauen- und Jugendbereiches des Muttervereins zu leisten und mindestens zehn Amateur- und Juniorenmannschaften – bei ihr selbst oder im Mutterverein – zu unterhalten.

## VII. Die Auswirkungen der Ausgliederung auf die Arbeitnehmer

Bei dem *FC Borussia Musterhausen e.V.* und der *FC Borussia Musterhausen GmbH & Co. KGaA* bestehen keine Betriebsräte und auch keine kollektivrechtlichen Vereinbarungen (Tarifverträge, Betriebsvereinbarungen). Die Parteien werden im Zusammenhang mit der Ausgliederung der Arbeitsverhältnisse der Arbeitnehmer des Vereins keine Maßnahmen irgendwelcher Art treffen, die sich auf die Arbeitnehmer des Vereins auswirken, außer daß die ausgegliederten Arbeitnehmer künftig die *FC Borussia Musterhausen GmbH & Co. KGaA* als Arbeitgeber haben. Abweichendes ist im Vertrag nicht geregelt.

Die Folgen der Ausgliederung für die Arbeitnehmer und ihre Vertretungen sowie die insoweit vorgesehenen Maßnahmen werden wie folgt beschrieben:

Die in der Anlage des Ausgliederungsvertrages bezeichneten Arbeitsverhältnisse gehen ohne Veränderung auf die *FC Borussia Musterhausen GmbH & Co. KGaA* über. Diese tritt in die Rechte und Pflichten des Vereins gegenüber seinen Arbeitnehmern ein, so daß die Arbeitsverhältnisse ohne inhaltliche Änderungen fortbestehen. Die in der Anlage genannten Arbeitsverhältnisse werden dem Lizenzspielerbereich, der 1. Herren-Amateurmannschaft und der 1. A-Jugendmannschaft zugeordnet. Dies sind neben den Fußballspielern z.B. auch Trainer, Masseure und sonstige Arbeitnehmer, die überwiegend für diese Bereiche tätig sind. Aus Anlaß der Ausgliederung ist kein Personalabbau geplant. Gemäß § 323 UmwG verschlechtert sich die kündigungsrechtliche Stellung der Arbeitnehmer für den Zeitraum von bis zu zwei Jahren nach Wirksamwerden der Ausgliederung nicht. Wirksam wird die Ausgliederung mit Eintragung im Vereinsregister des *FC Borussia Musterhausen e.V.*, nachdem sie im Handelsregister der *FC Borussia Musterhausen GmbH & Co. KGaA* eingetragen wurde.

Beide Vertragsparteien unterfallen nach der Ausgliederung wie bisher dem § 23 Abs. 1 Kündigungsschutzgesetz (mehr als fünf Arbeitnehmer). Die *FC Borussia Musterhausen GmbH & Co. KGaA* unterfällt nach der Ausgliederung nicht dem Mitbestimmungsgesetz oder dem Betriebsverfassungsgesetz von 1952, so daß der Aufsichtsrat nur von den Anteilseignern gewählt wird.

Bei entsprechenden sportlichen Erfolgen der Lizenzmannschaft ist mit einem erhöhten Personalbedarf zu rechnen, so daß auch langfristig keine Entlassungen aus Anlaß der Ausgliederung vorgesehen sind. Die Ausgliederung verfolgt allein das Ziel, die vom DFB geschaffenen Möglichkeiten der Professionalisierung der Lizenzspielerabteilung zu nutzen.

## VIII. Die bilanziellen Auswirkungen der Ausgliederung

Die Ausgliederung der Lizenzspielerabteilung des Vereins auf die *FC Borussia Musterhausen GmbH & Co. KGaA* wird rückwirkend zum 31. Dezember 1999 erfolgen. Dementsprechend haben beide Gesellschaften jeweils zum 31. Dezember 1999 eigenständige, geprüfte und testierte Abschlüsse aufgestellt. Im Rahmen der Ausgliederung werden die Werte des Schlußbilanz des Vereins für die Bilanz der *FC Borussia Musterhausen GmbH & Co. KGaA* übernommen, so daß die Buchwerte fortgeführt werden können (§ 24 UmwG).

Die Schlußbilanz des *FC Borussia Musterhausen e.V.* zum 31. Dezember 1999 ist in dem diesem Ausgliederungsbericht als Anlage beigefügten Ausgliederungs- und Übernahmevertrag enthalten.

Die Ausgliederung der Lizenzspielerabteilung aus dem Verein auf die *FC Borussia Musterhausen GmbH & Co. KGaA* hat folgende bilanzielle Auswirkungen:

- Die Vermögensgegenstände und Schulden des *FC Borussia Musterhausen e.V.* gehen zu Buchwerten auf die aufnehmende Gesellschaft (*FC Borussia Musterhausen GmbH & Co. KGaA*) über;

- Das gezeichnete Kapital der *FC Borussia Musterhausen GmbH & Co. KGaA* setzt sich aus den dem übertragenden Verein im Gegenzug zu gewährenden Aktien und den den übrigen Investoren gegen Einlage zu gewährenden Aktien zusammen. Der Differenzbetrag zum übertragenden Vereinsvermögen von DM 1.000,-- wird in die Kapitalrücklage der *FC Borussia Musterhausen GmbH & Co. KGaA* eingestellt.

## IX. Die steuerlichen Auswirkungen der Ausgliederung

*1. Verkehrssteuern*

a) Grunderwerbsteuer

Gemäß Vertrag überträgt der *FC Borussia Musterhausen e.V.* das in Musterhausen gelegene Grundstück nebst Gebäude auf die *FC Borussia Musterhausen GmbH & Co. KGaA*. Durch die Übertragung des Grundstücks entsteht aufgrund von § 1 Abs. 1 Nr. 3 Grunderwerbsteuergesetz (GrEStG) Grunderwerbsteuer. Die Bemessungsgrundlage für die Grunderwerbsteuer richtet sich gemäß § 8 Abs. 2 Nr. 2 GrEStG nach dem Wert gemäß § 138 Abs. 3 Bewertungsgesetz. Der anzuwendende Steuersatz beträgt gemäß § 11 Abs. 1 GrEStG 3,5%. Es fallen daher DM 105.000,-- Grunderwerbsteuer an. Die

Grunderwerbsteuer hat die übernehmende *FC Borussia Musterhausen GmbH & Co. KGaA* zu tragen.

b) Umsatzsteuer

Gemäß § 1 Abs. 1a Umsatzsteuergesetz (UStG) unterliegen Geschäftsveräußerungen an einen anderen Unternehmer für dessen Unternehmen nicht der Umsatzsteuer, wenn ein in der Gliederung eines Unternehmens gesondert geführter Betrieb im Ganzen entgeltlich oder unentgeltlich übereignet oder in eine Gesellschaft eingebracht wird. Da sowohl die auszugliedernde Lizenzspielerabteilung als auch die beim Verein verbleibenden Amateurabteilungen die Kriterien eines Teilbetriebes erfüllen, liegt eine Geschäftsveräußerung im Ganzen vor. Daraus folgt, daß ein nicht steuerbarer Umsatz vorliegt. Umsatzsteuer fällt daher nicht an.

*2. Ertragsteuern*

Bei einer Ausgliederung nach § 123 Abs. 3 UmwG ist eine Fortführung von Buchwerten nach § 20 Umwandlungsteuergesetz (UmwStG) möglich, wenn es sich bei dem auszugliedernden Vermögensteil um einen Teilbetrieb handelt. Daher ist eine Übertragung zu Buchwerten, d.h. eine steuerneutrale Übertragung, möglich. Es braucht keine Aufdeckung der stillen Reserven zu erfolgen. Ein eventuell bei der Veräußerung entstehender Gewinn bzw. Verlust ist bei der übertragenden Gesellschaft (*FC Borussia Musterhausen e.V.*) steuerlich zu berücksichtigen.

Da der ausgliedernde Verein weder kraft Rechtsform nach handelsrechtlichen Vorschriften zur Buchführung verpflichtet ist, noch der Verein in bezug auf den wirtschaftlichen Geschäftsbetrieb (Lizenzspielerabteilung) eine konstitutive Eintragung in das Handelsregister herbeigeführt hat, unterliegt ein gegebenenfalls entstehender Einbringungsgewinn als Veräußerungsgewinn nicht der Gewerbesteuer.

Bezüglich der laufenden Besteuerung der Gesellschaft, auf die das Vermögen übertragen wurde (*FC Borussia Musterhausen GmbH & Co. KGaA*) sind keine Besonderheiten zu beachten.

Der Ausgliederungsbericht muß mit Ort und Datum versehen von allen Vorstandsmitgliedern der beiden beteiligten Gesellschaften unterzeichnet werden.

## 10.2 Börsennotierte Fußball-Kapitalgesellschaften in Europa

**Abb. 126: Erstnotiz und Stammbörse der Fußballunternehmen in Europa**

| Fußball-Kapitalgesellschaft | Land | Liga | Stammbörse | Erstemission |
|---|---|---|---|---|
| Aston Villa plc | England | Premier League | London Stock Exchange (LSE) | Mai 1997 |
| Birmingham City plc | England | Division One | LSE – Alternative Investment Market (AIM) | Mrz 1997 |
| Burnden Leisure plc (Bolton Wanderers) | England | Division One | LSE | Apr 1997 |
| Celtic plc | Schottland | Scottish Premier League | LSE – AIM | Sep 1995 |
| Charlton Athletic plc | England | Premier League | LSE – AIM | Mrz 1997 |
| Chelsea Village plc | England | Premier League | LSE | Mrz 1996 |
| Heart of Midlothian plc | Schottland | Scottish Premier League | LSE | Mai 1997 |
| Leeds Sporting plc (Leeds United F.C.) | England | Premier League | LSE | Aug 1996 |
| Leicester City plc | England | Premier League | LSE – AIM | Okt 1997 |
| Loftus Road plc (Queens Park Rangers) | England | Division One | LSE – AIM | Okt 1996 |
| Manchester United plc | England | Premier League | LSE | Jun 1991 |
| Millwall Holdings plc (FC Millwall) | England | Division Two | LSE | Okt 1989 |
| Newcastle United plc | England | Premier League | LSE | Apr 1997 |
| Nottingham Forest plc | England | Premier League | LSE – AIM | Okt 1997 |
| Preston North End plc | England | Division Two | LSE – AIM | Sep 1995 |

## Anhang

| Fußball-Kapital-gesellschaft | Land | Liga | Stammbörse | Erst-emission |
|---|---|---|---|---|
| Sheffield United plc | England | Division One | LSE | Jan 1997 |
| Southampton Leisure Holdings plc | England | Premier League | LSE | Jan 1997 |
| Sunderland | England | Division One | LSE | Dez 1996 |
| Tottenham Hotspur plc | England | Premier League | LSE | Okt 1983 |
| West Bromwich Albion plc | England | Division One | LSE – AIM | Jan 1997 |
| Arsenal Football Club (Arsenal London) | England | Premier League | Außerbörslich (OFEX) | Feb 1991 |
| Manchester City plc | England | Division Two | Außerbörslich (OFEX) | Sep 1998 |
| Rangers Football Club (Glasgow Rangers FC) | Schottland | Scottish Premier League | Außerbörslich (OFEX) | Jun 1997 |
| FC Kobenhavn A/S | Dänemark | Faxe Kondi Ligaen | Copenhagen Stock Exchange | Nov 1997 |
| Aalborg Boldspilklub A/S | Dänemark | Faxe Kondi Ligaen | Copenhagen Stock Exchange | Sep 1998 |
| AGF Kontraktsfodbold A/S (Aarhus) | Dänemark | Faxe Kondi Ligaen | Copenhagen Stock Exchange | Sep 1987 |
| Akademisk Boldklub's Fodbold A/S | Dänemark | Faxe Kondi Ligaen | Copenhagen Stock Exchange | Dez 1998 |
| Bröndbyernes I.F. Fodbold (Kobenhavn) | Dänemark | Faxe Kondi Ligaen | Copenhagen Stock Exchange | Jan 1987 |
| SIF Fodbold Support A/S (Silkeborg I.F.) | Dänemark | Faxe Kondi Ligaen | Copenhagen Stock Exchange | Apr 1989 |
| Societa Sportiva Lazio SPA (Lazio Rom) | Italien | Serie A | Milan Stock Exchange | Mai 1998 |
| Grashopper Fussball AG (Grashopper Zürich) | Schweiz | Nationalliga | Swiss Stock Exchange | Dez 1997 |
| AFC Ajax N.V (Ajax Amsterdam) | Niederlande | Ehrendivision | Amsterdam Stock Exchange | Mai 1998 |

Quelle: WGZ-Studie 1999, S. 5 sowie Deloitte & Touche 1999, S. 78 f.

## Abb. 127: Kurs-Gewinn-Verhältnisse der europäischen Fußball-Kapitalgesellschaften

| Fußball-Kapitalgesellschaft | KGV 1999 | KGV 2000 |
|---|---|---|
| Aston Villa plc | 14,01 | 14,70 |
| Birmingham City plc | n.m. | n.m. |
| Burnden Leisure plc (Bolton Wanderers) | n.m. | n.m. |
| Celtic plc | 13,80 | n.m. |
| Charlton Athletic plc | n.m. | n.m. |
| Chelsea Village plc | 55,77 | n.m. |
| Heart of Midlothian plc | 16,48 | n.m. |
| Leeds Sporting plc | 16,13 | 9,78 |
| Leicester City plc | 10,71 | 12,50 |
| Loftus Road plc (Queens Park Rangers) | n.m. | n.m. |
| Manchester United plc | 30,79 | 28,01 |
| Millwall Holdings plc | n.m. | n.m. |
| Newcastle United plc | 43,25 | 40,00 |
| Nottingham Forest plc | 14,47 | 3,31 |
| Preston North End plc | 92,62 | 56,67 |
| Sheffield United plc | n.m. | n.m. |
| Southampton Leisure Holdings plc | n.m. | n.m. |
| Sunderland | 23,22 | 27,51 |
| Tottenham Hotspur plc | 14,45 | 16,67 |
| West Bromwich Albion plc | n.m. | n.m. |
| Arsenal Football Club | n.m. | n.m. |
| Manchester City plc | n.m. | n.m. |
| Rangers Football Club (Glasgow Rangers FC) | n.m. | n.m. |
| **Mittelwert (UK)** | **28,81** | **23,24** |
| FC Kobenhavn A/S | 24,52 | 20,40 |
| Aalborg Boldspilklub A/S | 6,87 | n.m. |
| AGF Kontraktsfodbold A/S (Aarhus) | 6,99 | n.m. |
| Akademisk Boldklub's Fodbold A/S | n.m. | n.m. |
| Bröndbyernes I.F. Fodbold (Kobenhavn) | 20,96 | n.m. |
| SIF Fodbold Support A/S (Silkeborg I.F.) | n.m. | n.m. |
| **Mittelwert (Dänemark)** | **14,84** | **20,40** |

| Fußball-Kapitalgesellschaft | KGV 1999 | KGV 2000 |
|---|---|---|
| Societa Sportiva Lazio SPA (Lazio Rom) | 60,82 | n.m. |
| Grashopper Fussball AG (Grashopper Zürich) | n.m. | n.m. |
| AFC Ajax N.V (Ajax Amsterdam) | 61,74 | 20,79 |
| *Mittelwert (gesamt)* | *29,31* | *22,76* |

Quelle: WGZ-Studie 1999, S. 56

# Literaturverzeichnis

Absatzwirtschaft Nr. 2/1987: *Going Public*, S. 28-34.

Adler, Hans/Düring, Walther/Schmaltz, Kurt: *Rechnungslegung und Prüfung der Unternehmen. Kommentar zum HGB, AktG, GmbHG, PublG nach den Vorschriften des Bilanzrichtlinien-Gesetzes*, 5. Aufl., völlig neu bearbeitet von Karl-Heinz Forster, Loseblattsammlung, Stuttgart 1992.

Albach, Horst/Lutter, Marcus: *Deregulierung des Aktienrechts: Das Drei-Stufen-Modell*, Gütersloh 1988.

Alberstat, Philip/Johnstone, Chris: *Competition law and sports: the way forward. BSkyB, the Premier League and the Restrictive Practices Court*, in: Soccer Analyst 08/1997, S. 2-6.

Alznauer, Arnold: *Die potentielle Umwandlung bzw. Ausgliederung von Abteilungen eingetragener Vereine in Kapitalgesellschaften*, Diplomarbeit FH Rheinland-Pfalz, 1995.

Arbeitskreis Externe Unternehmensrechnung der Schmalenbachgesellschaft-Deutsche Gesellschaft für Betriebswirtschaft: *Ergebnis nach DVFA/SG*, 1991.

Assmann, Heinz-Dieter: *Prospekthaftung als Haftung für die Verletzung kapitalmarktbezogener Informationsverkehrspflichten nach deutschem und US-amerikanischem Recht*, Köln, Berlin, Bonn, München 1985.

Assmann, Heinz-Dieter: *Neues Recht für den Wertpapiervertrieb, die Förderung der Vermögensbildung durch Wertpapieranlage und die Geschäftstätigkeit von Hypothekenbanken*, in: NJW 1991, S. 528-534.

Assmann, Heinz-Dieter: *Das künftige deutsche Insiderrecht. Teil II*, in: AG 1994, S. 237-258.

Assmann, Heinz-Dieter: *Rechtsanwendungsprobleme des Insiderrechts*, in: AG 1997, S. 50-58.

Assmann, Heinz-Dieter/Schütze, Rolf A. (Hrsg.): *Handbuch des Kapitalanlagerechts*, 2. Aufl., München 1997.

Baetge, Jörg: *Lagebericht*, in: Chmielewicz, Klaus; Schweitzer, Marcell (Hrsg.): Handwörterbuch des Rechnungswesens, 3. Aufl., Stuttgart 1993, S. 1327-1334.

Baetge, Jörg: *Bilanzen,* 3. Aufl., Düsseldorf 1994.

Ballwieser, Wolfgang: *Aktuelle Aspekte der Unternehmensbewertung*, in: WPg 1995, S. 119-129.

Banks, Simon: *The European Superleague,* in: Soccer Investor 06/1998,S.3-5.

Barz, Carl Hanz: *Kommentierung zu § 278 AktG,* in: Hopt, Klaus J./ Wiedemann, Herbert (Hrsg.): Großkommentar AktG, 4. Aufl., Berlin 1997.

Baumbach/Hopt: *HGB,* 29. Aufl. 1995.

Becker, Fred G.: *Finanzmarketing von Unternehmungen,* in: DBW 1994, S. 295-313.

Beck'scher Bilanzkommentar: *Handels- und Steuerrecht – §§ 238 bis 339 HGB,* 4. Aufl., München 1999.

Beier, Martin: *Wenn der FC Bayern an die Börse kommt, müßte sich die Bayer-Aktie vervierfachen,* in: Das Wertpapier 22/1997, S. 44.

Beier, Martin/Khoshbakht, Meike: *Aktien und Fußball. Wann der Boom beginnt,* in: Das Wertpapier 17/1999, S. 10-12.

Bender, Jürgen: *Grundsatzfragen der Ergebnisbereinigung nach DVFA/SG. Möglichkeiten und Grenzen der Ermittlung einer aktienanalytischen Erfolgsgröße,* Stuttgart 1996.

Benner-Heinacher, Jella Susanne: *Kollidiert die Auskunftspflicht des Vorstands mit dem Insidergesetz?,* in: DB 1995, S. 765-766.

Berens, Wolfgang/Branner, Hans U. (Hrsg.): *Due Diligence bei Unternehmensakquisitionen,* Stuttgart 1998.

Berens, Wolfgang/Strauch, Joachim: *Herkunft und Inhalt des Begriffs Due Diligence,* in: Berens, Wolfgang/Branner, Hans U. (Hrsg.): Due Diligence bei Unternehmensakquisitionen, Stuttgart 1998.

Bergheim, Anna Ulrike/Traub, Walter: *Der Gang an die Börse - ein Mittel zur Unternehmenssicherung,* in: DStR 1993, S. 1260-1266.

Bermel, Arno/Hannappel, Hans-Albrecht: *§ 5 UmwG,* in: Goutier, Klaus/ Knopf, Rüdiger/Tulloch, Antony (Hrsg.): Kommentar zum Umwandlungsrecht, Heidelberg 1996, S. 89-118.

Bieg, Hartmut: *Die Eigenkapitalbeschaffung emissionsfähiger Unternehmungen*, in: StB 1997, S. 106-111, S. 153-159 und S. 182-189.

Binz, Mark K./Sorg, Martin H.: *Die KGaA mit beschränkter Haftung - quo vadis?*, in: DB 1997, S. 313-319.

Bläse, Dirk: *Reden ist Gold. Die zehn Todsünden der Kommunikation mit Investoren*, in: Welt am Sonntag vom 25.04.1999.

Blättchen, Wolfgang: *Warum Sie überhaupt an die Börse gehen sollen - die Sicht des externen Beraters*, in: Volk, Gerrit (Hrsg.): Going Public - der Gang an die Börse, Stuttgart 1996, S. 3-26.

Blaurock, Uwe: *Handbuch der Stillen Gesellschaft. Gesellschaftsrecht, Steuerrecht*, 5. Aufl., völlig neubearb., Köln 1998.

Blick durch die Wirtschaft vom 22.05.1997: *Börsenzulassung für den Mittelstand bleibt frei.*

Blick durch die Wirtschaft vom 30.05 1997: *Der Bundesgerichtshof läßt die GmbH & Co.KGaA als Rechtsform zu.*

Börsenzeitung vom 21.01.1998: *Bundesliga rüstet sich für die Fußball AG.*

Börsenzeitung vom 29.10.1998: *Fußballaktien – seriös oder nicht? Genossenschaftsbanken denken über Börsenzukunft nach.*

Börsig, Clemens: *Unternehmenswert und Unternehmensbewertung*, in: ZfbF 1993, S. 79-91.

Bösert, Bernd: *Das Gesetz für kleine Aktiengesellschaften und zur Deregulierung des Aktienrechts*, in: DStR 1994, S. 1423-1429.

Booth, G. Geoffrey/Broussard, John P./Loistl, Otto: *German Stock Returns and the Information Content of DVFA Earings"*, in: Beiträge zur Wertpapieranalyse, Heft 30, 2. Auflage, Dreieich 1995.

Bräuninger, Friedrich/Burkhardt, Rainer: *Pressearbeit beim Going Public*, in: Dr. Wieselhuber & Partner (Hrsg.): Börseneinführung mit Erfolg, Wiesbaden 1996, S. 251-267.

Brakmann, Heinrich: *Aktienemissionen und Kurseffekte. Deutsche Bezugsrechtsemissionen für die Jahre 1978 bis 1988*, Wiesbaden 1993.

Branner, Hans U./Fritzsche, Michael: *Due Diligence aus rechtlicher Sicht*, in: Berens, Wolfgang/Branner, Hans U. (Hrsg.): Due Diligence bei Unternehmensakquisitionen, Stuttgart 1998, S. 245-265.

Bradford, Neil: *Pay-per-view football: Time to choose,* in: Soccer Analyst 07/1997, S. 4-8.

Branner, Hans U./Scholz, Siegfried: *Due Diligence aus finanzwirtschaftlicher Sicht,* in: Berens, Wolfgang/Branner, Hans U. (Hrsg.): Due Diligence bei Unternehmensakquisitionen, Stuttgart 1998, S. 229-239.

Brebeck, Frank/Bredy, Jörg: *Due Diligence aus bilanzieller und steuerlicher Sicht,* in: Berens, Wolfgang/Branner, Hans U. (Hrsg.): Due Diligence bei Unternehmensakquisitionen, Stuttgart 1998, S. 197-224.

Brönner, Herbert: *Die Besteuerung der Gesellschaften,* 17. Aufl., Stuttgart 1999.

Brondics, Klaus/ Mark, Jürgen: *Die Verletzung von Informationspflichten im amtlichen Markt nach der Reform des Börsengesetzes,* in: AG 1989, S. 339-347.

Brors; Peter: *Fußball-Aktien sind eine Investition in den Sport und nicht ins Big-Business,* in: Handelsblatt vom 20.11.1997.

Bruns, Hans-Georg: *Meinungen zum Thema: Investor Relations,* in: BFuP 1993, S. 185-186, 191.

BT-Drucksache 12/6679: Begründung der Bundesregierung zum Gesetzentwurf des Zweiten Finanzmarktförderungsgesetzes.

BT-Drucksache 12/6699: Gesetzesbegründung zur Reform des Umwandlungsgesetzes.

Bundesaufsichtsamt für Wertpapierhandel (BAWe): *Jahresbericht 1997,* Frankfurt am Main 1998

Busse von Colbe, Walter/Becker, Winfried/Berndt, Helmut/Geiger, Klaus M./ Haase, Heidrun/Schmidt, Günter/Seeberg, Thomas (Hrsg.): *Ergebnis nach DVFA/SG. Gemeinsame Empfehlung,* 2. erw. Aufl., Stuttgart 1996.

Carl, Dieter/Machunsky, Jürgen: *Der Wertpapier-Verkaufsprospekt,* Göttingen 1992.

Caspari, Karl-Burkhard: *Die geplante Insiderregelung in der Praxis,* in: ZGR 1994, S. 530-546.

Claussen, Carsten Peter: *Der Gang an die Börse - der Weg in die Zukunft,* in: Dr. Wieselhuber & Partner (Hrsg.): Börseneinführung mit Erfolg, Wiesbaden 1996, S. 1-6.

Claussen, Carsten Peter: *Bank- und Börsenrecht*, München 1996.

Coenenberg, Adolf Gerhard: *Jahresabschluß und Jahresabschlußanalyse*, 14. Aufl., Landsberg am Lech 1994.

Cramer, Peter: *Kommentierung zu § 264a StGB*, in: Schönke, Adolf/Schröder, Horst: Strafgesetzbuch, Kommentar, 25. Aufl., München 1997.

Cramer, Peter: *Kommentierung zu § 38 WpHG*, in: Assmann, Heinz-Dieter; Schneider, Uwe H. (Hrsg.): Wertpapierhandelsgesetz, Kommentar, Köln 1995.

Das Wertpapier 17/1999: *Aktien und Fußball. Wann der Boom beginnt*, S. 10-12.

DB – Der Betrieb Heft 51/52 vom 18. Dezember 1998: *Fortentwicklung des Ergebnisses nach DVFA/SG*, S. 2537-2542.

Decker, Christan E.: *Formwechsel – Allgemeine Vorschriften*, in: Lutter, Marcus (Hrsg.): Verschmelzung, Spaltung, Formwechsel nach neuem Umwandlungsrecht und Umwandlungssteuerrecht, Köln 1995.

Dehmer, Hans: *Umwandlungsgesetz, Umwandlungssteuergesetz*, 2. Aufl., München 1996.

Delle Donne, Vincenzo: *Die Serie A fürchtet einen „Verkaufsskandal"*, in FAZ vom 30.08.1999.

Deloitte & Touche: *Annual Review of Football Finance*, Manchester 1997.

Deloitte & Touche: *Annual Review of Football Finance*, Manchester 1998.

Deloitte & Touche: *Annual Review of Football Finance*, Manchester 1999.

Deutsche Ausgleichsbank: *Geschäftsbericht der Deutschen Ausgleichsbank 1993*.

Deutsche Börse AG: *Insiderhandelsverbote und Ad hoc-Publizität nach dem Wertpapierhandelsgesetz. Erläuterungen und Empfehlungen zur Behandlung kursbeeinflussender Tatsachen gemäß §§ 12 ff. WpHG*, in: WM 1994, S. 2038-2048.

Deutsche Börse AG: *Geschäftsbericht 1997 – Gruppe Deutsche Börse*, Frankfurt am Main, April 1998.

Deutsche Börse AG: *Factbook 1998*, Frankfurt am Main, April 1999.

Deutsche Börse AG: *Broschüre SMAX Small Caps - High Standards*, Frankfurt am Main 1999(a).

Deutscher Fußball-Bund (DFB): *Satzung und Ordnungen*, Frankfurt am Main, Stand 01. August 1999.

DG-Bank: *Die Bundesliga geht an die Börse. Eine Studie zum deutschen Fußballmarkt und zum Going Public von Fußballvereinen*, Frankfurt am Main, 22. Mai 1998

Diederich, Claus-Jürgen: *Die Abwicklung von Wertpapiergeschäften durch Makler - Kursfeststellung, Preisbildung und Usancen*, in: IdW (Hrsg.): Börse und Börsenmaklerprüfung, Düsseldorf 1990, S. 34-48.

Diehl, Ulrike: *Investor Relations*, in: BFuP 1993, S. 173-183.

Die Welt vom 10.03.1999: *Die 30 größten Titel am Neuen Markt*.

Die Welt vom 11.03.1999: *Börse denkt an Teilung des Neuen Marktes*.

Digel, Helmut/Burk, Verena: *Zur Entwicklung des Fernsehsports in Deutschland*, in: SpW 1999, Nr. 1, S. 22-41.

Doberenz, Michael: *Betriebswirtschaftliche Grundlagen zur Rechtsformgestaltung professioneller Fußballklubs in der Bundesrepublik Deutschland*, Frankfurt am Main, 1980.

Dörflinger, Thomas: *Going Public Bundesliga – Betrachtungen zu Fußballaktien*, in: Kreditwesen 1998, S. 38-42.

Dötsch, Ewald: *Umwandlungssteuerrecht*, 4. Aufl., Stuttgart 1998.

Dötsch, Ewald/Cattelaens, Heiner/Gottstein, Siegfried/Stegmüller, Hubert/ Zenthöfer, Wolfgang: *Körperschaftsteuer*, 11. Aufl., Stuttgart 1995

Drukarcyk, Jochen: *Finanzierung*, 7. Aufl., Stuttgart 1996.

Eckardt, Ulrich: *Kommentierung zu § 47 AktG*, in: Geßler, Ernst; Hefermehl, Wolfgang: Aktiengesetz, Kommentar, München 1994.

Eichele, Hans: *Finanzanalysten und Wirtschaftsjournalisten als Primärinsider*, in: WM 1997, S. 501-509.

Engelmeyer, Cäcilie: *Die Spaltung von Aktiengesellschaften nach dem neuen Umwandlungsrecht*, Köln 1995.

Englisch, Andreas: *Vom Glücksgefühl, ein Fußball-Aktionär zu sein*, in: Berliner Morgenpost vom 18.05.1999.

Esch, Christian: *Kinderspiel für die Technik. 'Ich sehe was, was du nicht siehst'*, in: FAZ vom 02.12.1998.

FAZ vom 14.04.1998: *Winkler + Dünnebier emittiert als erstes Unternehmen Stückaktien.*

FAZ vom 07.05.1998: *Mit dem Euro hält die Stückaktie Einzug in Deutschland.*

FAZ vom 05.08.1998: *Der Fußball auf dem Weg zu einer Dauerwerbesendung.*

FAZ vom 11.08.1998: *Manchester United künftig mit eigenem Fernsehsender.*

FAZ vom 18.08.1998: *Eine bloße Ankündigung ist keine Ad-hoc-Tatsache*

FAZ vom 08.09.1998: *Murdoch greift nach dem Fußballklub Manchester United.*

FAZ vom 10.09.1998: *Führung von Manchester United begrüßt Murdochs erhöhtes Angebot.*

FAZ vom 30.09.1998: *Manchester United: Teure Spielerkäufe drücken den Gewinn.*

FAZ vom 21.10.1998: *Börsengang deutscher Fußballvereine nicht vor dem Jahr 2000. Wirtschaftsprüfer von Wollert-Elmendorf empfehlen den Klubs die Rechtsform der GmbH & Co.KGaA.*

FAZ vom 23.10.1998: *Zahlen lügen nicht.*

FAZ vom 24.11.1998: *Einzelvermarktung kostet Vereine viel Geld.*

FAZ vom 26.11.1998: *Schon 1999 spielt die Bayer 04 Fußball GmbH. Der Stammverein bleibt die Nachwuchsschule.*

FAZ vom 02.12.1998: *Umbau des Olympiastadions: Sènat wählt billigste Lösung.*

FAZ vom 15.01.1999: *Ajax Amsterdam kauft Fußballklubs in Kapstadt.*

FAZ vom 20.01.1999: *Präsident räumt auf, Anwohner protestieren.*

FAZ vom 04.02.1999: *Großes Interesse der Unternehmen für SMAX.*

FAZ vom 15.02.1999: *Kurze Meldungen.*

FAZ vom 25.02.1999: *Ohne die Bayern sähe die Bilanz noch düsterer aus.*

FAZ vom 12.04.1999: *Ein Sieg für Manchester und alle Fußballfreunde.*

FAZ vom 12.04.1999(a): *Rote Karte für Murdochs Griff nach Manchester United.*

FAZ vom 27.04.1999: *Das Kursfeuerwerk für den SMAX ist ausgeblieben.*

FAZ vom 29.04.1999: *Der Neue Markt wird international.*

FAZ vom 30.04.1999: *Immer auf die Kleinen.*

FAZ vom 24.08.1999: *Zwei Vereine, ein Besitzer: CAS gibt der UEFA recht.*

FAZ vom 30.08.1999: *Gullit legt sein Amt in Newcastle nieder.*

Financial Times vom 08.01.1997: *When football plays the market.*

FINANZEN 02/1998: *Vom Rasen auf's Parkett. Fußball-Clubs planen den Gang an die Börse.*

Frankfurter Rundschau vom 24.06.1999: *Hertha in neuer Dimension. Berliner Bundesligist vor Umwandlung in Kapitalgesellschaft.*

Franzke, Rainer: *Die Zeit der freien Markenauswahl ist für die Bundesliga vorbei*, in: FAZ vom 12.12.1998.

Franzke, Rainer: *Der Millionen-Ball*, in: Kicker Nr. 6 vom 18.01.1999.

Franzke, Rainer: *DFB kämpft um seine Fernsehrechte*, in: Kicker Nr. 6 vom 18.01.1999(a).

Franzke, Rainer: *Beckenbauer wirft Mayer-Vorfelder 'undemokratisches' Vorgehen vor*, in: FAZ vom 25.01.1999.

Franzke, Rainer: *Gehälter: Gewaltige Explosion! Transfers: Über 2000 Millionen Miese!*, in: Kicker Nr. 17 vom 25.02.1999.

Franzke, Rainer: *Kampf um Macht und Märkte droht den deutschen Fußball zu spalten*, in: FAZ vom 20.05.1999

Freitag; Michael: *Bundesliga-Vereine als Markenartikler*, in: Handelsblatt vom 24./25.07.1998.

Freitag, Michael: *Bayern AG gegen Borussia Dortmund KGaA*, in: Handelsblatt vom 23./24.10.1998.

Freitag, Michael: *Nur für eingefleischte Fußballfans. Börsengänge deutscher Profïclubs dürften bei Anlegern auf wenig Begeisterung treffen*, in: Handelsblatt vom 26.10.1998.

Freitag, Michael: *Batman, Bugs Bunny und der FC Basel*, in: Handelsblatt vom 07.12.1998.

Freitag, Michael: *Bald genug Clubs für eine eigene Liga. Michael Kölmels ungebremste Einkaufstour durch die deutsche Fußball-Szene*, in: Handelsblatt vom 19.07.1999.

Freitag, Michael: *Fußball-Aktien in der Defensive. Aus der Bundesliga will lediglich Borussia Dortmund in diesem Jahr an die Börse*, in: Handelsblatt vom 10.08.1999.

Friedrich, Jürgen/Hessling, Heinz/Kupka, Engelbert/Peters, Peter/ Rummenigge, Karl-Heinz/Straub Wilfried: *Abschlußbericht TV-Kommission Lizenzfußball*, Frankfurt am Main 1999.

Fritsch, Ulrich: *Das Buch der Börseneinführung*, 2. Aufl., Köln 1987.

Fritzweiler, Jochen/Pfister, Bernhard/Summerer, Thomas: *Praxishandbuch Sportrecht*, München 1998.

Fröndhoff, B./Warrings, H.: *Ajax Amsterdam will zum Global Player werden*, in: Handelsblatt vom 08.06.1998.

Früh, Hans-Joachim: *Rechnungslegung im Börsengang*, in: Volk, Gerrit (Hrsg.): Going Public - der Gang an die Börse, Stuttgart 1996, S. 27-48.

Fuhrmann, Claas: *Idealverein oder Kapitalgesellschaft im bezahlten Fußball?*, in: SpuRt 1-2/95, S. 12-17.

Gabler Wirtschaftslexikon, 14. Aufl., Wiesbaden 1997.

Gajo, Marianne: *Die Marktsegmente an den deutschen Wertpapierbörsen*, in: AG-Report 1993, R453-R460.

Galli, Albert: *Das Rechnungswesen im Berufsfußball, Eine Analyse des Verbandsrechts des Deutschen Fußball-Bundes unter Berücksichtigung der Regelungen in England, Italien und Spanien*, Düsseldorf 1998.

Ganske, Joachim: *Reform des Umwandlungsrechts*, in: WM 1993, S. 1117-1129.

Ganske, Joachim: *Umwandlungsrecht*, 2. Aufl., Düsseldorf 1995.

Geck, Reinhard: *Die Spaltung von Unternehmen nach dem neuen Umwandlungsrecht*, in: DStR 1995, S. 416-424.

Gehrlein, Markus: *Die Prospektverantwortlichkeit von Beirats- oder Aufsichtsratsmitgliedern als maßgeblichen Hintermännern*, in: BB 1995, S. 1965-1968.

Gemeinsame Arbeitsgruppe der DVFS und Schmalenbach-Gesellschaft: *Fortentwicklung des Ergebnisses nach DVFA/SG*, in: DB Heft 51/52 vom 18. Dezember 1998, S. 2537-2542.

Gericke, Horst: *Handbuch für die Börsenzulassung von Wertpapieren*, Frankfurt a. M. 1992.

Gerke, Wolfgang/Rapp, Heinz-Werner: *Eigenkapitalbeschaffung durch Erstemission von Aktien*, in: Gebhardt, Günther/Gerke, Wolfgang/Steiner, Manfred (Hrsg.): Handbuch des Finanzmanagements, München 1993, S. 287-312.

Geßler, Ernst; Hefermehl, Wolfgang (Hrsg): Aktiengesetz, Kommentar, München 1994.

Geßler, Jörg H.: *Aktiengesetz. Kommentar*, Loseblattsammlung Stand Dezember 1998, Neuwied 1998.

Glendinning, Glen: *A new force in UK Soccer,* in: Soccer Investor 07/1998, S. 5-7.

Goebel, Andrea/Ley, Thomas: *Die Auswirkungen der Investor Relations auf die Gestaltung des handelsrechtlichen Jahresabschlusses*, in: DStR 1993, S. 1679-1684.

Götz, Jürgen: *Die unbefugte Weitergabe von Insidertatsachen. Anmerkungen zu § 14 Abs. 1 Nr. 2 WpHG*, in: DB 1995, S. 1949-1953.

Gonzalez, Antonio: *Hat Real 387 Millionen Schulden?* in: Kicker Nr. 10 vom 01.02.1999.

Goutier, Klaus/Knopf, Rüdiger/Tulloch, Antony (Hrsg.): *Kommentar zum Umwandlungsrecht*, Heidelberg 1996.

Graf, Helmut-Andreas: *Die Kapitalgesellschaft & Co. KG auf Aktien*, Dissertation, Augsburg 1991.

Groll, Michael/Klewenhagen, Marco: *Die Schlacht am Fußball-Buffet,* in: Sponsor's 6/99, S. 14-22.

Grossmann, Jürgen: *Das richtige Profil für den Neuen Markt*, in: Handelsblatt vom 10.12.1997, S. 27.

Grotherr, Siegfried: *Der neue Straftatbestand des Kapitalanlagebetrugs (§ 264a StGB) als Problem des Prospektinhalts und der Prospektgestaltung*, in: DB 1986, S. 2584-2591.

Grundmann, Stefan/Selbherr, Benedikt: *Börsenprospekthaftung in der Reform*, in: WM 1996, S. 985-993.

Grundmann, Wolfgang: *Bookbuilding - ein neues Emissionsverfahren setzt sich durch*, in: ZfgK 1995, S. 916 f.

Grunewald, Barbara/ Winter, Martin: *Die Verschmelzung von Kapitalgesellschaften*, in: Lutter, Marcus (Hrsg.): Verschmelzung, Spaltung, Formwechsel nach neuem Umwandlungsrecht und Umwandlungssteuerrecht, Köln 1995.

Günther, Thomas/Otterbein, Simone: *Die Gestaltung der Investor Relations am Beispiel führender deutscher Aktiengesellschaften*, in: ZfB 1996, S. 389-416.

Habersack, Mathias: *Gesellschaftsrechtliche Fragen der Umwandlung von Sportvereinen in Kapitalgesellschaften*, in: Scherrer, Urs (Hrsg.): Sportkapitalgesellschaften, Stuttgart 1998, S. 45-64

Hafner, Ralf: *Unternehmensbewertungen als Instrumente zur Durchsetzung von Verhandlungspositionen*, in: BFuP 1/1993, S. 79 ff.

Handelsblatt vom 15.03.1995: *Neues Emissionsverfahren bricht die Bahn.*

Handelsblatt vom 03.04.1997: *Debüt von Newcastle.*

Handelsblatt vom 21.05.1997: *BGH erlaubt umstrittene Mischform.*

Handelsblatt vom 27.03.1998: *Aufstiegsmodell für mutige Anleger. Versicherer macht Tennis Borussia zum Meister.*

Handelsblatt vom 28./29.08.1998: *Angst vor der Finanzmacht der Investoren.*

Handelsblatt vom 26.10.1998: *Der Weg an die Börse ist frei.*

Handelsblatt vom 04.11.1998: *Massive Investitionen sollen sportliche Erfolge garantieren. Grasshopper Fußball AG / Rote Zahlen im ersten Börsenjahr.*

Handelsblatt vom 08./09.01.1999: *Milliardär will Österreichs Fußballclubs.*

Handelsblatt vom 27.01.1999: *Mutter Bayer wird es schon richten. Mitglieder für Umwandlung des Fußball-Clubs.*

Handelsblatt Special vom 08.03.1999: *Neuer Markt – Eine Erfolgsstory.*

Literaturverzeichnis

Handelsblatt vom 12.04.1999: *Regierung zeigt Murdoch die rote Karte.*

Handelsblatt vom 07.05.1999: *Vom Fußballboom der letzten Jahre zu wenig profitiert. Der Traditionsclub Real Madrid durchlebt sportlich wie wirtschaftlich schwierige Zeiten.*

Handelsblatt vom 25.05.1999: *TV-Groteske.*

Handelsblatt vom 25.06.1999: *Des Pokalsiegers neue Einnahmequellen. Werder in Radio und Fernsehen.*

Handelsblatt vom 19.07.1999: *Risikofaktor Nummer 1 ist der DFB. Fußballvermarktung bei Kinowelt.*

Handelsblatt vom 29.07.1999: *Paketverkauf englischer Fußballrechte bestätigt – Glatter Sieg für die Zentralvermarkter.*

Handelsblatt-Serie Going Public (1) - (17): *Praktische Tips für den Gang an die Börse*, von Hermann Kutze:

(1) *Praktische Tips für den Gang an die Börse. Viele kleine Unternehmen wollen jetzt auf den Aktienmarkt*, vom 10.03.1999.
(2) *Going Public erfordert Projektmanagement*, vom 17.03.1999.
(3) *Unternehmer des Neuen Markts gehören zur deutschen Elite*, vom 24.03.1999.
(4) *„Familienfragen" frühzeitig klären*, vom 25.03.1999.
(5) *Mit der Umwandlung in eine AG ist es nicht getan*, vom 06.04.1999.
(6) *„Erst schenken, dann umwandeln"*, vom 08.04.1999.
(7) *Verträge unter die Lupe nehmen*, vom 15.04.1999.
(8) *Was beim Poolvertrag zu beachten ist*, vom 26.04.1999.
(9) *Fahrplan für den Weg zum Kapitalmarkt*, vom 30.04.1999.
(10) *Unternehmen auf dem Prüfstand*, vom 07.05.1999.
(11) *Fehler bei der Vorbereitung*, vom 14.05.1999.
(12) *Der Kapitalmarkt rückt ins Zentrum*, vom 21./22.05.1999.
(13) *Ausgabepreis legt die Einnahmen fest*, vom 04./05.06.1999.
(14) *Experten setzen auf „SMAX"*, vom 08.06.1999.
(15) *Guter Rat muß nicht teuer sein*, vom 24.06.1999.
(16) *Viele Kosten sind Verhandlungssache*, vom 08.07.1999.
(17) *Stock Options für Mitarbeiter müssen „gelebt" werden*, vom 28.07.1999.
(18) *Bei Stock Options kommt es auch auf die Steuern an*, vom 04.08.1999.
(19) *Auf die Story kommt es an*, vom 20./21.08.1999.

Haase, Karsten: *Die Vorteile der GmbH oder der GmbH & Co. KGaA in gesellschaftsrechtlicher Sicht,* in: GmbHR 1997, S. 917-923.

Hansen, Herbert: *Mehr als 3600 Aktiengesellschaften in Deutschland,* in: AG-Report 1995, S. R272-R274.

Hansen, Herbert: *Der deutsche Aktienmarkt,* in: AG-Sonderheft Oktober 1996

Hansen, Herbert: *Der Neue Markt - Handel und Betreuer,* in: AG-Report 1997, S. R164-R167.

Hartel, Ulrich: *Die Unternehmer-AG: Rechtsformoptimierung für mittelständische Unternehmen,* München 1996.

Hartmann-Wendels, Thomas/von Hinten, Peter: *Marktwert von Vorzugsaktien,* in: ZfbF 1989, S. 263-293.

Haubrich, Walter: *Selbst der Regierungschef wünscht sich mehr Einheimische im Spiel,* in: FAZ vom 25.01.1999.

Haubrich, Walter: *Für ein Live-Spiel müssen in Spanien 15 Mark gezahlt werden,* in: FAZ vom 02.02.1999.

Haubrok, Axel: *Gezielte Kommunikation als Voraussetzung für den Gang an die Börse,* in: Volk, Gerrit (Hrsg.): Going Public - der Gang an die Börse, Stuttgart 1996, S. 49-63.

Harverson, Patrick: *Boom in the city as well as in the stadiums,* in: FIFA-Magazine 4/1997, S. 1-6.

Harverson, Patrick: *European Clubs tackle the market,* in: Financial Times vom 05.08.1998.

Heckelmann, D.: *Der Idealverein als Unternehmer? – Ein Beitrag zur Abgrenzung des Wirtschaftlichen vom Idealverein, dargestellt am Beispiel der Fußballbundesliga,* in: Archiv für civilistische Praxis, Bd. 179 (1979), S. 1-56.

Heermann, Peter W.: *Die Ausgliederung von Vereinen auf Kapitalgesellschaften,* in: ZIP 1998, S. 1249-1260.

Heidemann, Otto: *Möglichkeiten und Verfahrensweisen bei der Rechtsformumwandlung in eine Aktiengesellschaft,* in: BB 1996, S. 558-565.

Hein, Thomas: *Rechtliche Fragen des Bookbuildings nach deutschem Recht,* in: WM 1996, S. 1-7.

Heinrichs, Helmut: *Kommentierung zu § 277 BGB,* in: Palandt: Bürgerliches Gesetzbuch, 57. Aufl., München 1997.

Helbling, Carl: *Unternehmensbewertung und Steuern,* 9. Aufl., Düsseldorf 1998.

Henn, Günter: *Handbuch des Aktienrechts,* 5. völlig neu bearb. Aufl., Heidelberg 1995.

Hennerkes, Brun-Hagen/Lorz, Rainer: *Roma locuta, causa finita. Die GmbH und Co. KG als KGaA ist zulässig,* in BB 1997, S. 1388-1394.

Herdt, Hans Konradin: *Das Buch der Aktie,* 2. Aufl., Düsseldorf 1985.

Hertle, Alexander/Schenk, Norman: *Computerbörse,* in: Gerke, Wolfgang/ Steiner, Manfred (Hrsg.): Handwörterbuch des Bank- und Finanzwesens, 2. Aufl., Stuttgart 1995, Sp. 410-420.

Hess, P.: *Auch nach dem Gewitter keine klare Sicht: Ein Vorkaufsrecht steht der Diskussion im Weg,* in: FAZ vom 22.05.1999

Heymann, Ekkehardt von: *Bankenhaftung bei Immobilienanlagen,* 4. Aufl., Frankfurt a.M. 1990.

Hillenbrand, Barry: *Playing the FTSE. Investors get bullish as English Football Clubs offer shares on the market, but will the trouble burst ?,* in: Time vom 17.03.1997.

Hinz, Michael: *Steuerliche Aspekte bei Umwandlungen,* in: SteuerStud 1995, S. 306-313 und S. 355-364.

Hörtnagel, R./Stratz, Chr.-R.: *Überblick über die Neuregelung des Umwandlungsrechts,* in: NWB 1995, S. 3371-3404.

Hoffmann, Klaus-Jürgen: *Going Public 1998: Neue Rekorde und Normalisierung,* in: AG 1999, S. R124-R128.

Hofmann, J: *Risikobörse mit hohen Gewinnchancen,* in: Handelsblatt vom 03.03.1999.

Hofmann, Rolf: *Kapitalgesellschaften auf dem Prüfstand. Unternehmensbeurteilung auf der Grundlage publizierter Quellen,* Berlin 1992.

Hommelhoff, Peter/Priester, Hans-Joachim/Teichmann, Arndt: *Spaltung,* in: Lutter, Marcus (Hrsg.): Verschmelzung, Spaltung, Formwechsel nach neuem Umwandlungsrecht und Umwandlungssteuerrecht, Köln 1995.

Hopt, Klaus J.: *Europäisches und deutsches Insiderrecht,* in: ZGR 1991, S. 17-73.

Hopt, Klaus J.: *Die Verantwortlichkeit der Banken bei Emissionen,* München 1991(a).

Hopt, Klaus J.: *Aktiengesellschaft im Berufsfußball*, BB 1991(b), S. 778- 785

Hopt, Klaus J.: *Wirtschaftliche und rechtliche Aspekte zu Problemen des Berufsfußballs*, in: BB 1998, S.778 ff.

Hopt, Klaus J.: *Grundsatz- und Praxisprobleme nach dem Wertpapierhandelsgesetz - insbesondere Insidergeschäfte und Ad hoc-Publizität*, in: ZHR 1995, S. 135-163.

Hopt, Klaus J.: *Familien- und Aktienpools unter dem Wertpapierhandelsgesetz*, in: ZfG 1997, S. 1-31.

Horeni, Michael: *Kapitale Möglichkeiten – aber die Börse kann warten*, in: FAZ vom 26.10.1998.

Hüffer, Jens: *Das Wertpapier-Verkaufsprospektgesetz - Prospektpflicht und Anlegerschutz*, Köln, Berlin, Bonn, München 1996.

Hüffer, Uwe: *Aktiengesetz*, 3. Aufl., München 1997.

Hüffer, Uwe: *Aktiengesetz*, 4. Aufl., München 1999.

Husmann, Rainer: *Segmentierung des Konzernabschlusses zur bilanzanalytischen Untersuchung der wirtschaftlichen Lage des Konzerns*, in: WPg 1997, S. 349-359.

Impelmann, Norbert: *Die Verschmelzung und der Formwechsel nach dem neuen Umwandlungsrecht*, in: DStR 1995, S. 769-774.

Impulse 8/1998: *Welche Vereine sind für die Börse fit? Der 1. Bundesliga-Börsen-Test.*

Institut der Wirtschaftsprüfer [IdW] (Hrsg.): *Stellungnahme des Hauptfachausschusses (HFA 2/1983) Grundsätze zur Durchführung von Unternehmensbewertungen*, in: WPg 1983, S. 468-480

Institut der Wirtschaftsprüfer [IdW]: *Erhebungsbogen zur Unternehmensbewertung*, Düsseldorf 1987.

Jacobs, Jürgen/Klimasch, Reinhard/Napp, Alexandra/Scheffler, Sven: *Der deutsche Börsenmeister,* in: Impulse 8/1998, S. 14-19.

Jahns, Thomas: *1:0 für die Aktie*, in: Capital 5/1998, S. 370-379.

James, Tim/Strurgess, Brian: *What price European football ? Ajax and Lazio listed*, in: Soccer Analyst 11/1997, S. 2.

Joussen, Peter: *Auskunftspflicht des Vorstandes nach § 131 AktG und Insiderrecht*, in: DB 1994, S. 2485-2489.

Karollus, Martin: *Ausgliederung,* in: Lutter, Marcus (Hrsg.): Verschmelzung, Spaltung, Formwechsel nach neuem Umwandlungsrecht und Umwandlungssteuerrecht, Köln 1995.

Kaserer, Christoph/Kempf, Volker: *Das Underpricing-Phänomen am deutschen Kapitalmarkt und seine Ursachen*, in: ZBB 1995, S. 45-68.

Kebekus, Frank: *Alternativen zur Rechtsform des Idealvereins im bundesdeutschen Lizenzfußball,* Dissertation iur., Berlin 1991, unter GIII.

Kenkmann, Heinz: *Welche Rolle spielen die Banken beim Eintritt in den Neuen Markt?*, in: ZfgK 1997, S. 214.

Kersting, Mark Oliver: *Der Neue Markt der Deutschen Börse AG*, in: AG 1997, S. 222-228.

Kicker vom 17.08.1998: *Milliardenspiel Bundesliga.*

Kiem, Roger/Kotthoff, Jost: *Ad hoc-Publizität bei mehrstufigen Entscheidungsprozessen*, in: DB 1995, S. 1999-2004.

Kilchenstein, Thomas: *Der schlafende Riese erwacht. Wie die Eintracht mit der Umwandlung in eine Kapitalgesellschaft einen eigenständigen 'Frankfurter Weg' gehen will*, in: Frankfurter Rundschau vom 17.07.1999.

Klein, Günter: *Mit Endspiel-Mentalität die letzte Chance nutzen*, in: FAZ vom 21.10.1998.

Klein, Klaus-Günter/Jonas, Martin: *Due Diligence und Unternehmensbewertung,* in: Berens, Wolfgang/Branner, Hans U. (Hrsg.): Due Diligence bei Unternehmensakquisitionen, Stuttgart 1998, S. 157-169.

Knauth, K.W.: *Die Rechtsformverfehlung bei eingetragenen Vereinen mit wirtschaftlichem Geschäftsbetrieb, dargestellt am Beispiel der Bundesliga-Fußballvereine,* Dissertation, Köln 1976.

Knop, Carsten: *Manchester United ist der umsatzstärkste Fußballklub der Welt,* in: FAZ vom 04.02.1999.

Knopf, Stefan: *Fußballinternate. Die Siegertypen kommen aus der eigenen Schule,* in HAZ vom 07.07.1999, S. 28.

Koch, Ulrich/Jensen, Wolfgang/Steinhoff, Stephan: *Going Public - Recht und Praxis der Börseneinführung von Unternehmen*, Köln 1991.

Koch, Wolfgang/Wegmann, Jürgen: *Praktiker-Handbuch Due Diligence. Chancen-/Risiken-Analyse mittelständischer Unternehmen,* Stuttgart 1998.

Kort, Katharina/Freitag, Michael: *Patriarchen schicken ihre Clubs trotz roter Zahlen an die Börse,* in: Handelsblatt vom 13./14.11.1998.

Korth, H.-Michael: *Unternehmensbewertung im Spannungsfeld zwischen betriebswirtschaftlicher Unternehmenswertermittlung, Marktpreisabgeltung und Rechtsprechung,* in: BB, Beilage 19 zu Heft 33/1992, S. 1-4.

Keidel, Stefan: *Das weltweite Interesse wächst,* in: Handelsblatt Special vom 08.03.1999

Krieger, Gerd: *Formwechsel rechtsfähiger Vereine,* in: Lutter, Marcus (Hrsg.), Verschmelzung, Spaltung, Formwechsel nach neuem Umwandlungsrecht und Umwandlungssteuerrecht, Köln 1995, S. 2088- 2091.

Krystek, Ulrich/Müller, Michael: *Investor Relations. Eine neue Disziplin nicht nur für das Finanzmanagement,* in: DB 1993, S. 1785-1789.

Küffer, Klaus: *Der Gang eines mittelständischen Unternehmens an die Börse,* Göttingen 1992.

Kümpel, Siegfried: *Zum Begriff der Insidertatsache,* in: WM 1994, S. 2137-2143.

Kümpel, Siegfried: *Bank- und Kapitalmarktrecht.* Köln 1995.

Kümpel, Siegfried: *Kommentierung zu § 15 WpHG,* in: Assmann, Heinz-Dieter/ Schneider, Uwe H. (Hrsg.): Wertpapierhandelsgesetz, Kommentar, Köln 1995a.

Kümpel, Siegfried: *Aktuelle Fragen der Ad hoc-Publizität,* in: AG 1997, S. 66-73.

Kümpel, Siegfried/Ott, Claus (Hrsg.): *Kapitalmarktrecht.* Ergänzbares Handbuch für die Praxis, Loseblatt, Berlin, Stand März 1999.

Küting, Karlheinz/Hütten, Christoph: *Der Geschäftsbericht als Publizitätsinstrument,* in: BB 1996, S. 2671-2679.

Küting, Karlheinz/ Weber, Claus-Peter (Hrsg.): *Handbuch der Rechnungslegung. Kommentar zur Bilanzierung und Prüfung,* Stuttgart 1995.

Kupfer, Thomas: *Soccer 2000 in Germany English Lessons for Germans Small Clubs on DFB Agenda,* in: Sport's Investor vom 31.01.1997, S. 3-5.

Kußmaul, Heinz: *Familienunternehmen und ihr Zugang zum organisierten Kapitalmarkt,* in: WISU 1990, S. 355-358.

Kutze, Hermann: *Praktische Tips für den Gang an die Börse*, in: Handelsblatt; siehe unter Handelsblatt-Serie Going Public (1) - (17) aus 1999.

Ladwig, Peter/Motte, Frank: *Die Kommanditgesellschaft auf Aktien - Eine Alternative für börsenwillige mittelständische Unternehmen?*, in: DStR 1996, S. 800-807 und S. 842-847.

Landgraf: *Der neue Weg*, in: Handelsblatt vom 10.08.1995.

Lingenfelder, Michael/Walz, Hartmut: *Investor Relations als Element des Finanzmarketings*, in: WiSt 1988, S. 467-469.

Link, Rainer: *Aktienmarketing in deutschen Publikumsgesellschaften*, Wiesbaden 1991.

Link, Rainer: *Investor Relations im Rahmen des Aktienmarketings von Publikumsgesellschaften*, in: BFuP 1993, S. 105-132.

Link, Rainer: *Die Hauptversammlung im Rahmen des Aktienmarketings und der Investor Relations*, in: AG 1994, S. 364-369.

Linnhoff, Bernd: *Die neue Skepsis der Vereine vor dem Börsengang,* in: Die Welt vom 12.10.1998.

Linnhoff, Bernd: *Statt Aufstand nur ein Sturm im Wasserglas. Harmonie und einstimmige Beschlüsse beim DFB-Bundestag,* in: Die Welt vom 26.10.1998

Linnhoff, Bernd: *Probleme bei Finanzierung der neuen Champions League*, in: Die Welt vom 22.01.1999.

Linnhoff, Bernd: *Rechtevermarkter – Mit der Bundesliga ein Global Player*, in: Die Welt vom 25.06.1999.

Lizon Rainer/Schatzschneider, Michael: *DVFA/SG-Ergebnis - Basis der Emissionspreisfindung*, in: Dr. Wieselhuber & Partner (Hrsg.): Börseneinführung mit Erfolg, Wiesbaden 1996, S. 209-220.

Löffler, Eugen: *Anlagekriterien institutioneller Anleger bei Neuemissionen*, in: Dr. Wieselhuber & Partner (Hrsg.): Börseneinführung mit Erfolg, Wiesbaden 1996, S. 293-304.

Lück, Wolfgang: *Kommentierung zu § 289 HGB*, in: Küting, Karlheinz/ Weber, Claus Peter (Hrsg.): Handbuch der Rechnungslegung, Stuttgart 1995.

Lupp, Hans-Jürgen: *Newcomer 1990*, Düsseldorf 1991.

Lupp, Hans-Jürgen: *Newcomer 1991*, Düsseldorf 1992.

Lupp, Hans-Jürgen: *Newcomer 1992*, Düsseldorf 1993.

Lupp, Hans-Jürgen: *Newcomer 1993/94*, Düsseldorf 1994.

Lupp, Hans-Jürgen: *Newcomer 1994/95*, Düsseldorf 1995.

Lupp, Hans-Jürgen: *Newcomer 1995/96*, Düsseldorf 1996.

Lupp, Hans-Jürgen: *Newcomer 1996/97*, Düsseldorf 1997.

Lutter, Marcus (Hrsg.): *Verschmelzung, Spaltung, Formwechsel nach neuem Umwandlungsrecht und Umwandlungssteuerrecht*, Köln 1995.

Lutz, Harald: Zum Konsens und Dissens in der Unternehmensbewertung, in: BFuP 1981, S. 146-155.

Maag, Theo: *Dortmund sammelt Kräfte für das Börsenspiel am Mittwoch*, in: Handelsblatt vom 23.08.1999.

Madeja, Falk: *Das Erfolgsdenken blockiert die Bewährung der Ajax-Jugend*, in: FAZ vom 24.08.1998.

Madeja, Falk: *Die Ajax-Aktien stehen so schlecht wie noch nie*, in: FAZ vom 21.12.1998.

Märkle, Rudi Wilhelm: *Der Verein im Zivil- und Steuerrecht*, 9. Aufl., Stuttgart 1995.

Malatos, Andreas: *Berufsfußball im europäischen Rechtsvergleich*, 1988.

Marsch-Barner, Reinhard: *Die Erleichterung des Bezugsrechtsausschlusses nach § 186 Abs. 3 Satz 4 AktG*, in: AG 1994, S. 532-540.

Martens, Klaus-Peter: *Der Beirat in der Kommanditgesellschaft auf Aktien*, in: AG 1982, S.113-122.

Marwedel, Jörg: *DFB-Beschluß: Dramatische Auswirkungen*, in: Welt am Sonntag vom 25.04.1999.

Mayer, Horst/Kretschmar, Thomas/Oeser, Lutz: *Die Umwandlung von Sportvereinen in Kapitalgesellschaften*, in: Dresdner Beiträge zu Revision und Steuerlehre, Band 9, Dresden 1997.

Meffert, Heribert: *Marketing. Grundlagen marktorientierter Unternehmensführung*, 8. Aufl., Wiesbaden 1998.

Mertens, H.-J.: *Kommentierung zu § 278 AktG*, in: Zöllner, W. (Hrsg.): Kölner Kommentar AktG, 2. Aufl., Köln

Meyding, Bernhard: *Zweifelsfragen bei der Anwendung des Wertpapier-Verkaufsprospektgesetzes*, in: DB 1993, S. 419-422.

Meyersiek, Dietmar: *Unternehmenswert und Branchendynamik*, in: BFuP 1991, S. 233-240.

Michels, Oliver: *Die Liga steht vor gewaltigen Umwälzungen*, in: Sponsors 1998, S. 10-14.

Mindermann, Hans-Hermann: *Beratungsaufgabe Investor Relations*, in: Die Bank 1995, S. 250-252.

Moxter, Adolf: *Die Vorschriften zur Rechnungslegung und Abschlußprüfung im Referentenentwurf eines Gesetzes zur Kontrolle und Transparenz im Unternehmensbereich*, in: BB 1997, S. 722-730.

Mühlfeit, Peter: *Die Aktien für Tottenham und Gross stehen schlecht*, in: FAZ vom 31.08.1998.

Mühlfeit, Peter: *In England sind die Fluttore schon geöffnet*, in: FAZ vom 26.09.1998.

Müller, Klaus: *Prospektpflicht für öffentliche Wertpapierangebote ab 1991*, in: WM 1991, S. 213-216.

Müller, Oliver: *Speedy Gonzales und Bugs Bunny verstärken Borussia Dortmund*, in: Die Welt vom 07.08.1999.

Müller-Boruttau, D.: *Entwicklung und heutige Funktion der allgemeinen Prospekthaftung*, in: JA 1992, S. 225-234.

Nasse, Norbert K.H.: *Die freie Arbeitsplatzwahl des Fußballprofis – Anmerkungen zu den Urteilen LAG Hamm und ArbG Dortmund hinsichtlich der Problematik § 11 Abs. 4 des DFB-Musterarbeitsvertrages und § 24 Nr. 2 Lizenzspielerstatut des DFB,* in: SpuRt 1999, S. 140-143.

Neumann, A.: *Probleme für Börsenpläne der Bundesligaclubs*, in: Die Welt vom 04.08.1998.

Neumann, Volker: *Fußball-Aktien oder Fan-Vergnügen*, in: Das Wertpapier 22/1997, S. 4 f.

Neye, Hans-Werner: *Überblick über die Gesetzesänderungen*, in: Lutter, Marcus (Hrsg.): Verschmelzung, Spaltung, Formwechsel nach neuem Umwandlungsrecht und Umwandlungssteuerrecht, Köln 1995, S. 1-18.

Niquet, Bernd: *Das Ende des Kapitalmangels – Ein Leitfaden für die Börseneinführung junger und innovativer Unternehmen*, Kulmbach 1997.

Nitschmann, Johannes: *Auf der Schlachtbank. Die wohlhabenden Renommier-Clubs wollen den Deutschen Fußball-Bund zerlegen, um das Filetstück Bundesliga künftig vermarkten zu können*, in: Die Woche vom 23.10.1998.

Nottmeier, Horst/Schäfer, Holger: *Praktische Fragen im Zusammenhang mit den §§ 21, 22 WpHG*, in: AG 1997, S. 87-96.

Ockert, Tim: *Die Fans wollen nicht alle Träume der Vereine erfüllen*, in: FAZ vom 03.02.1999.

Oettingen, Manfred von: *Die Planung des Gangs an die Börse*, Köln 1990.

Ossadnik, Wolfgang/Maus, Stefan: *Die Verschmelzung im neuen Umwandlungsrecht aus betriebswirtschaftlicher Sicht*, in: DB 1995, S. 105-109.

Ostermeier, Helga: *Hohe Transparenz steht im Vordergrund*, in: Handelsblatt vom 10.12.1997, S. 31.

Orth, Manfred: *Steuerrechtliche Fragen bei Errichtung und Führung von Sportkapitalgesellschaften,* in: Scherrer, Urs (Hrsg.): Sportkapitalgesellschaften, Stuttgart 1998, S. 65-90.

Ott, Klaus: *Leichte Beute für die Medienkonzerne. Mangels professionellem Managements liefern sich immer mehr Bundesligisten den Investoren aus*, in: Süddeutsche Zeitung vom 19.05.1999.

Otto, Harro: *Kommentierung zu §§ 399-410 AktG*, in: Hopt, Klaus J./ Wiedemann, Herbert (Hrsg.): Großkommentar AktG, Berlin 1997.

o.V. Gesetzentwurf mit Begründung - Artikel 1 - Änderung des Aktiengesetzes, in: ZIP 1994, S. 249-254.

Pananis, Panos: *Zur Abgrenzung von Insidertatsache und ad hoc-publizitätspflichtigem Sachverhalt bei mehrstufigen Entscheidungsprozessen*, in: WM 1997, S. 460-464.

Paul, Walter: *Investor Relations-Management - demonstriert am Beispiel der BASF*, in: ZfbF 1991, S. 923-945.

Paul, Walter: *Umfang und Bedeutung der Investor Relations*, in: BFuP 1993, S. 133-162.

Paul, Walter/Zieschang, Matthias: *Wirkungsweise der Investor Relations*, in: DB 1994, S. 1485-1487.

Peemöller, Volker H./Bömelburg, Peter/Denkmann, Andreas: *Unternehmensbewertung in Deutschland*, in: WPg 1994, S.741-749.

Peters, Hans-Heinrich: *Fußball und Kapitalmarkt. Fußballclubs als AG an der Börse*, in: Niedersächsische Wirtschaft 1998, S. 21-23.

Perridon, Louis/Steiner, Manfred: *Finanzwirtschaft der Unternehmung*, 8. Aufl., München 1995.

Pfeifer, M.: *Die 'Oktober-Revolution' der UEFA*, in: Kicker Nr. 83 vom 08.10.1998.

Pleyer, Klemens/Hegel, Thomas: *Zur Grundlage der Prospekthaftung bei der Publikums-KG in der Literatur*, in: ZIP 1986, S. 681-691.

Pohle, Klaus: *Geschäftsbericht*, in: Chmielewicz, Klaus; Schweitzer, Marcell (Hrsg.): Handwörterbuch des Rechnungswesens, 3. Aufl. Stuttgart 1993, S. 707-711.

Pöllinger, Bernhard M.: *Auswahl von Aktiengattung, Marktsegment und Börsenplatz*, in: Dr. Wieselhuber & Partner (Hrsg.): Börseneinführung mit Erfolg, Wiesbaden 1996, S. 201-208.

Pötzsch, Thorsten: *Der Diskussionsentwurf des Dritten Finanzmarktförderungsgesetzes*, in: AG 1997, S. 193-206.

Priester, Hans-Joachim: *Kapitalgrundlage beim Formwechsel*, in: DB 1995, S. 911-917.

Pudell, Heinz/Ernst, Britta: *Betriebsaufspaltung bei Sportvereinen durch Werbung*, in: SpuRt 1999, S. 143-145.

Raupach, Arndt: *Structure follows Strategy – Grundfragen der Organisation des Zivil- und Steuerrechts im Sport – dargestellt am Thema 'Profi-Gesellschaften'. Teil 1*, in: SpuRt 6/1995, S. 241-249, und *Teil 2* in: SpuRt 1/1996, S. 2-5.

Raupach, Arndt: *Betriebsaufspaltung im Sport,* in: Raupach, Arndt (Hrsg): Steuerfragen im Sport, Stuttgart 1998, S. 29-68.

Raupach, Arndt (Hrsg.): *Steuerfragen im Sport,* Stuttgart 1998.

Reimer, Hauke: *Konto in der Karibik*, in: Wirtschaftswoche vom 10.07.1997, S. 82-84.

Reiß, Wolfram/Bolk, Wolfgang: *Überblick zum Umwandlungsbereinigungsgesetz*, in: SteuerStud 1995, S. 247-257.

Reng, Ronald: *Ein paar Gewinner, viele Verlierer*, in: Handelsblatt vom 03.04.1998.

Rettberg, Udo/Keitel, St.: *Abschied von der Vereinsidylle*, in: Handelsblatt vom 12.11.1997.

Rettberg, Udo: *Fußball begeistert auch Börsianer*, in: Handelsblatt vom 28.04.1997.

Reuber, Hans-Georg: *Besteuerung der Vereine*, Loseblattsammlung Stand April 1999, Stuttgart 1999.

Rödder, Thomas: *DStR-Fachliteratur-Auswertung: Umwandlungssteuergesetz*, in: DStR 1995, S. 322-325 und S. 837-839.

Röder, Gerhard/Lindemann, Stefan: *Schicksal von Vorstand und Geschäftsführer bei Unternehmensumwandlungen und Unternehmensveräußerungen*, in: DB 93, S. 1341-1350.

Rohlmann, P.: *Deutsche Fußballvereine vernachlässigen ihr Marketing* in: Blick durch die Wirtschaft vom 02.06.1998.

Rosen, Rüdiger von: *Börsen und Börsenhandel*, in: Gerke, Wolfgang/ Steiner, Manfred (Hrsg.): Handwörterbuch des Bank- und Finanzwesens, 2. Aufl., Stuttgart 1995, Sp. 333-345.

Rosen, Rüdiger von: *Private Investoren zeigen ein großes Interesse am Neuen Markt*, in: Handelsblatt vom 10.12.1997, S. 26.

Rosen, Rüdiger von: *Going Public: Defizite und Perspektiven*, in: ZfgK 1995, S. 374-385.

Roser, Thomas: *Mit Patenschaften macht Ajax Amsterdam aus der Not eine Tugend*, in: Frankfurter Rundschau vom 30.07.1999.

Ruppel, T.: *Wie BMW seine Selbständigkeit behielt*, in: Börsenzeitung 1984, S. 6-7.

Sagasser, Bernd/Bula, Thomas: *Umwandlungen. Verschmelzung – Spaltung– Formwechsel – Vermögensübertragung*, München 1995.

Schaaf, Andreas: *Die Praxis der Hauptversammlung*, Köln 1996.

Schäfer, Bernd: *Sportkapitalgesellschaften, – Bericht über die Erfahrungen mit der rechtlichen Struktur der deutschen Eishockey Liga (DEL)*, in: Scherrer, Urs (Hrsg.): Sportkapitalgesellschaften, Stuttgart 1998, S. 17-44.

Schäfer, Frank A.: *Emission und Vertrieb von Wertpapieren nach dem Wertpapier-Verkaufsprospektgesetz*, in: ZIP 1991, S. 1557-1565.

Schaumburg, Harald: *Steuerliche Besonderheiten bei der Umwandlung von Kapitalgesellschaften und Personengesellschaften*, in: Lutter (Hrsg.), Verschmelzung, Spaltung, Formwechsel, Köln 1995, S. 329-380.

Schaumburg Harald/Rödder, Thomas: *UmwG . UmwStG, Strukturierte Textausgabe des Umwandlungsgesetzes und Umwandlungsteuergesetzes mit Materialien und ergänzenden Hinweisen*, Köln 1995.

Schenk, Kersten von: *Gesellschaftsrechtliche Implikationen der Börseneinführung*, in: Volk, Gerrit (Hrsg.): Going Public, Stuttgart 1996, S. 87-104.

Scherrer, Urs: *Kapitalgesellschaften im Schweizer Sport,* in: Scherrer, Urs (Hrsg.): Sportkapitalgesellschaften, Stuttgart 1998, S. 9-16.

Scherrer, Urs (Hrsg.): *Sportkapitalgesellschaften*, Stuttgart 1998.

Schleder, Herbert: *Steuerrecht der Vereine,* 3. Aufl., Herne/Berlin 1995.

Schlindwein, Hermann/Harrer, Herbert: *Die Börseneinführung eines Fußballvereins*, in: Börsenzeitung vom 25.04.1998, S. B6 f.

Schmid, Gerhard: *Die Bank als Partner beim Börsengang von Newcomern*, in: ZfgK 1997, S. 215.

Schmidt, Karsten: *Gesellschaftsrecht,* 3. Aufl., 1997.

Schmitz, Armin: *Lust und Frust mit Fußball-Aktien,* in: Das Wertpapier 17/1999, S. 14 ff. und S. 52 ff.

Schneider, Uwe H.: *Kommentierung zu § 21 WpHG*, in: Assmann, Heinz-Dieter/Schneider, Uwe H. (Hrsg.): Wertpapierhandelsgesetz, Kommentar, Köln 1995.

Schneider, Uwe H.: *Anwendungsprobleme bei den kapitalmarktrechtlichen Vorschriften zur Offenlegung von wesentlichen Beteiligungen an börsennotierten Aktiengesellschaften (§§ 21 ff. WpHG)*, in: AG 1997, S. 81-87.

Schönau, Birgit: *Reibach mit dem Rechtepoker. In Italien ist fast nicht mehr zu entwirren, wer mit Fußballübertragungen im Fernsehen wieviel verdient – die Klubs kassieren immer*, in: Süddeutsche Zeitung vom 08.06.1999.

Schönke, Adolf/Schröder, Horst: *Strafgesetzbuch, Kommentar*, 25. Aufl., München 1997.

Schreib, Hans Peter: *Investor Relations aus Sicht der Anleger*, in: BFuP 1993, S. 163-172.

Schümer, Dirk: *Schule der reinen Marktwirtschaft. Zur Globalisierung des Fußballs*, in: FAZ vom 13.06.1998.

Schürmann, Walter/Körfgen, Kurt: *Familienunternehmen auf dem Weg zur Börse*, 3., völlig neubearb. Aufl., München 1997.

Schumacher, Harald: *Bundesliga mit Rekordumsatz. Anpfiff zum Geldverdienen*, in: Wirtschaftswoche vom 11.08.1999.

Schumm, Th.: *Börsen-Kick mit Pfiff*, in: Börse Online 12/1997, S.27.

Schwark, Eberhard: *Zur Haftung der Emissionsbank bei Aktienemissionen - börsen-, bilanz- und gesellschaftsrechtliche Aspekte*, in: ZGR 1983, S. 162-188.

Schwark, Eberhard: *Börsengesetz. Kommentar zum Börsengesetz und zu den börsenrechtlichen Nebenbestimmungen*, 2. Aufl., München 1994.

Schwark, Eberhard: *Prospekthaftung und Kapitalerhaltung in der AG*, in: Schmidt, Karsten/Schwark, Eberhard (Hrsg.): Unternehmen, Recht und Wirtschaftsordnung, Festschrift für Peter Raisch, Köln, Berlin, Bonn, München 1995, S. 269-290.

Schwarz, Hans-Detlef: *Das neue Umwandlungsrecht*, in: DStR 1994, S. 1694-1702.

Schwedhelm, Rolf: *Die Unternehmensumwandlung: Verschmelzung, Spaltung, Formwechsel, Einbringung*, 3. aktual. und erw. Aufl., Köln 1999.

Segna, Ulrich: *Bundesligavereine und Börse*, in: ZIP 1997, S. 1901-1912.

Seibert, Ulrich/Köster, Beate-Katrin/Kiem, Roger: *Die kleine AG*, 3., wesentlich erw. Aufl.; Köln 1996.

Semler, Johannes (Hrsg.): *Arbeitshandbuch für Aufsichtsratsmitglieder*, München, 1999.

Semler, Johannes: *§ 278 AktG Rn. 113*, in: Geßler, Ernst; Hefermehl, Wolfgang: Aktiengesetz, Kommentar, München 1994.

Siebold, Michael/Wichert, Joachim: *Die KGaA als Rechtsform für Profiabteilungen der Vereine der Fußball-Bundesligen*, in: SpuRt 1998, S. 138-142.

Siebold, Michael/Wichert, Joachim: *Widerspruchsrecht der Fußballspieler gemäß § 613a BGB bei der Ausgliederung der Profi-Abteilungen auf Kapitalgesellschaften,* in: SpuRt 1999, S. 93-96.

Soccer Investor 5/1997: *The Nomura Football Indices,* S.10.

Spiegel 43/1998: *Revolution in der Bundesliga.*

Spiegel 19/1999: *Freistoß für Murdoch.*

Spiegel vom 12.07.1999: *TV-Rechte. Zwei Milliarden Mark für die Bundesliga?*

Sponsor's 05/1999: *VW's 51%-Forderung dürfte Ärger mit dem DFB bringen.*

Sponsor's 05/1999(a): *Pay-TV Sender in Italien mit Fußball auf Sendung.*

Sponsor's 06/1999: *Fußball beliebteste TV-Sportart*

Sports Investor vom 31.01.1997: *Europe's Rush to Market,* S. 1-6.

Sprink, Joachim: *Underpricing bei deutschen Erstemissionen,* in: Sparkasse 1996, S. 202-205.

Stäbler, Maic: *Vorbild Fußball. Profivereine und ihre Unternehmenskultur,* in: Blick durch die Wirtschaft vom 07.11.1997.

Stangenberg-Haverkamp, Frank: *Motive für den Börsengang,* in: Dr. Wieselhuber & Partner (Hrsg.): Börseneinführung mit Erfolg, Wiesbaden 1996, S. 69-76.

Stangner, Karl-Heinz/Moser, Ulrich: G*oing Public: Praktische Umsetzung des Börsengangs,* in: DB 1999, S. 759-761.

Steinbeck, Anja Verena/Menke, Thomas: *Die Aktiengesellschaft im Profifußball – Zur Ausgliederung wirtschaftlicher Geschäftsbetriebe aus nichtwirtschaftlichen Vereinen,* in: SpuRt 1998, S. 226-230.

Steinbeck, Anja Verena/Menke, Thomas: *Bundesliga an die Börse,* in: NJW 1998(a), S. 2169-2171.

Steiner, Manfred: *Meinungen zum Thema: Investor Relations,* in: BFuP 1993, S. 189-190.

Strenger, Christian: *Investor Relations: Gestiegener Informationsanspruch,* in: Die Bank 1996, S. 467-469.

Strieder, Thomas/Habel, Michael: *Zulässigkeit einer GmbH & Co. KGaA,* in: BB 1997, S. 1375-1377.

Sturgess, Brian/Stephenson, John: *What drives football share prices?*, in: Soccer Analyst 06/1997, S. 7-10.

Süchting, Joachim: *Finanzmarketing auf den Aktienmärkten*, in: ZfgK 1986, S. 654-659.

Süchting, Joachim: *Finanzmanagement - Theorie und Politik der Unternehmensfinanzierung*, 6. Aufl., Wiesbaden 1995.

Süddeutsche Zeitung vom 21.10.1998: *Börsenkandidaten mit Trainingsrückstand. Wirtschaftsprüfer halten Fußballclubs noch nicht für reif, um auf dem Kapitalmarkt mitzuspielen.*

Süßmann, Rainer: *Informations- und Verhaltenspflichten nach der Börseneinführung*, in: Dr. Wieselhuber & Partner (Hrsg.): Börseneinführung mit Erfolg, Wiesbaden 1996, S. 269-280.

Süßmann, Rainer: *Insiderhandel - Erfahrungen aus der Sicht des Bundesamtes für den Wertpapierhandel*, in: AG 1997, S. 63-65.

Struck, Uwe: *Geschäftspläne für erfolgreiche Expansions- und Gründungsfinanzierung*, 2. Aufl., Stuttgart 1998.

Theisen, Manuel René: *Die Kommanditgesellschaft auf Aktien (KGaA) auf dem Prüfstand*, in: DBW 1989, S. 137-179.

Thiel, Jochen: *Die Spaltung (Teilverschmelzung) im Umwandlungsgesetz und im Umwandlungssteuergesetz - neue Möglichkeiten zur erfolgsneutralen Umstrukturierung*, in: DStR 1995, S. 237-242 und S. 276-280.

Thiel, Jochen/Eversberg, Horst: *Die neue Vereinsbesteuerung*, 3. Aufl., Köln 1996.

Thies, Stefan: *Das Märchen vom Merchandising*, in: Die Welt vom 07.08.1999.

Thießen, Friedrich: *Was leisten die Market Maker der DTB?*, in: Die Bank 1990, S. 442-448.

Thomas, Heinz/Putzo, Hanz: *Zivilprozeßordnung ZPO, Kommentar*, 21. Aufl., 1998.

Thümmel, Roderich C.: *Persönliche Haftung von Managern und Aufsichtsräten. Haftungsrisiken bei Managementfehlern, Risikobegrenzung und Versicherbarkeit*, Stuttgart 1996

Tiedemann, Klaus: *Kommentierung zu § 38 GWB*, in: Immenga, Ulrich/Mestmäcker, Ernst-Joachim (Hrsg.): Gesetz gegen Wettbewerbsbeschränkungen, Kommentar, München 1992.

Trobitz, Hans H./Wilhelm, Stefan: *Going Public aus Sicht der emissionsbegleitenden Bank*, in: BFuP 1996, S. 164-182.

UFA Sports: *UFA Fußballstudie 98, Marketinginformationen für Vereine, Medien und Werbung*, Hamburg 1998.

Uhlir, Helmut: *Der Gang an die Börse und das Underpricing-Phänomen*, in: ZBB 1989, S. 2-16.

Usher, Tom: *It's not the Winning but the Taking Over*, in: Soccer Analyst 12/1999, S. 2-4.

Verboom, Eeuwout: *Investor Relations Aktivitäten deutscher Aktiengesellschaften*, in: Hansmann, Karl-Werner/Scheer, August-Wilhelm (Hrsg.): Praxis und Theorie der Unternehmung. Produktion - Information - Planung, Wiesbaden 1992, S. 333-342.

Voigt, Hans-Werner: *Bookbuilding - der andere Weg zum Emissionskurs*, in: Die Bank 1995, S. 339-343.

Volk, Gerrit (Hrsg.): *Going Public*, Stuttgart 1996.

Wagner, Gerhard: *Bundesliga Going Public: Traumpaß oder Eigentor?*, in: NZG 11/1999, S. 469- 478.

Walters, Jake: *Football key to TV development*, in: Soccer Analyst 11/1997, S. 5-6.

Weber, Helmut Kurt: *Betriebswirtschaftliches Rechnungswesen, Bd. 1. Bilanz und Erfolgsrechnung*, 4., neubearb. Aufl., München 1995.

Weber, Ulf Andreas: *Das neue deutsche Insiderrecht*, in: BB 1995, S. 157-166.

Wegmann, Jürgen: *Die Bestimmung des Emissionspreises als Unternehmensbewertungsproblem*, in: BFuP 1996, S. 149-163.

Wegmann, Jürgen/Koch, Wolfgang: *Die Emissionspreisfindung im Zusammenhang mit der Börseneinführung von mittelständischen Unternehmen am Neuen Markt*, in: DStR 1999, S. 514-520.

Weiler, Lutz: *Bookbuilding - Die neue Plazierungsform beim Gang an die Börse*, in: Volk, Gerrit (Hrsg.): Going Public, Stuttgart 1996, S. 155-165.

Wertenbruch, Johannes: *Solides Anlagevermögen in der Bundesliga nicht zu erkennen*, in: FAZ vom 31.07.1999.

Wertenbruch, Johannes: *Über kurz oder lang wird TM3 den Fußball verschlüsseln*, in: FAZ vom 12.05.1999

Westdeutsche Genossenschafts-Zentralbank (WGZ): *FC Euro AG. Erfahrungen aus Börsengängen europäischer Fußballunternehmen und Chancen für den deutschen Bundesligafußball*, Düsseldorf 1999 (kurz: WGZ-Studie 1999).

Widmann/Mayer: *Umwandlungsrecht, Kommentar.* (Loseblattsammlung).

Wiedemann, Herbert: *Kommentierung vor § 275 BGB*, in: Soergel: Bürgerliches Gesetzbuch, Kommentar, Stuttgart, Berlin, Köln, Stand Juli 1990.

Wieselhuber & Partner (Hrsg.): *Börseneinführung mit Erfolg*, Wiesbaden 1996.

Winterfeldt, Jörg: *Wie im Märchen*, in: Der Spiegel 48/1998, S. 150.

Wirtschaftsprüfer-Handbuch 1992 und 1996, 10. und 11. Aufl., Düsseldorf 1992 und 1996.

Wiskow, Heinz: *Juve: 570 Millionen Mark in sechs Jahren*, in: Kicker Nr. 11 vom 04.02.1999.

Wittich, Georg: *Erfahrungen mit der Ad hoc-Publizität in Deutschland*, in: AG 1997, S. 1-5.

Wittke, Wilfried: *Dortmunder Geldoffensive gegen den FC Bayern*, in: FAZ vom 22.04.1999.

Wochinger, Peter: *Die steuerliche Behandlung des Sponsorings beim Sponsor und beim Empfänger unter Berücksichtigung des Sponsoring-Erlasses*, in: Raupach, Arndt (Hrsg.): Steuerfragen im Sport, Stuttgart 1998, S. 9-28.

Wochinger, Peter/Dötsch, Ewald: *Das neue Umwandlungssteuergesetz und seine Folgeänderungen bzw. Auswirkungen bei der Einkommen-, Körperschaft- und Gewerbesteuer*, in: DB 1994, Beilage Nr. 14.

Wöhe, Günter: *Einführung in die Allgemeine Betriebswirtschaftslehre*, 18. Aufl., München 1993.

Wöhe, Günter/Bilstein, Jürgen: *Grundzüge der Unternehmensfinanzierung*, 8. Aufl., München 1998.

Wölk, Armin: *Ad hoc-Publizität - Erfahrungen aus der Sicht des Bundesaufsichtsamtes für den Wertpapierhandel*, in: AG 1997, S. 73-80.

Zacharias, Erwin: *Börseneinführung mittelständischer Unternehmen – Rechtliche Grundlagen und strategische Konzepte bei der Vorbereitung des Going Public,* Bielefeld 1998.

Zacharias, Erwin/Hebig, Michael/Rinnewitz, Jürgen: *Die atypisch stille Gesellschaft – Recht, Steuer, Betriebswirtschaft,* Bielefeld 1996.

Zils, Oliver: *Frank heißt der Fußball-Franz in Österreich*, in: Horizont vom 15.07.1999.

Zorn, Roland: *Die Champions League als Seh-Hilfe für TM3 - Eine Sportredaktion wird noch gesucht*, in: FAZ vom 05.05.1999.

Zorn, Roland: *Mayer-Vorfelder will den Geist in der Flasche lassen*, in: FAZ vom 01.06.1999.

Zorn, Roland: *Anfänger Borussia Dortmund steht vorbörslich hoch im Kurs*, in FAZ vom 10.08.1999.

# Sachregister

**A**

Abfindungsregelung 296, 308, 314 ff.
Ad hoc- Publizität 353 ff., 511 ff., 523 ff.
Agio 215, 226, 231, 320
Aktien
- Begriff der 225 ff.
- Flexibilität von 226
- Fungibilität von 226
- Übertragung von 226 f.

Aktiengesellschaft
- Sachgründung einer 215, 297, 329 f.
- Bargründung einer 215, 329
- Nachgründung einer 215
- Mitgliedsschaftsrechte der 216, 228, 318
- Organe der 217 ff.
- Publizitätspflichten der 234 f., 242 ff.
- Satzung der 234

Aktiengesellschaft, Kleine 237 ff.
- Erleichterungen für die 237 ff.

Aktienmarketing 476 ff.
Aktienpool 257 f.
Amtlicher Handel 371 f., 393 ff.
Aufsichtsrat 204, 221 f., 272
- Aufgaben des 221
- Mitbestimmungspflicht 221

**B**

Beirat 224 f., 274 f.
Belegschaftsaktien 247, 345
Bezugsrecht 344 f.
Bezugsrechtsausschluß 345 ff.
- Erleichterter 241, 346

**B**

Bookbuilding-Verfahren 457 ff.
Bookrunner 461
Börse 359 f., 393 f.
Börsenfähigkeit 422 ff.
Börsensegmente 370 f., 390, 392 f.
Brutto-Cash-Flow 450

**C**

Capital Asset Pricing Modell (CAPM) 481 ff.

**D**

Directed allocation 462
Discounted-Cash-Flow-Analysis (DCFA) 449 ff.
Distributionspolitik 478 f.
Due Diligence 423 ff.
DVFA/SG-Ergebnis 436 ff.

**E**

Eigenkapitalausstattung 109 ff.
Einpersonen-Gründung 239
Einzelrechtsnachfolge 297, 306 f., 329 f.
Emissionskonzept 359 ff.
Emissionspreisfindung 416 ff.
- Unternehmensbewertung zur 429 f.
Emissionsprospekt 392 ff.
Equity story 459, 463

**F**

Festpreisverfahren 456 ff.
Finanzmarketing 476 ff.
Formwechsel 301 ff., 325 f.
Free-Cash-Flow 450

## Sachregister

**F**
Freiverkehr 375 f., 397
Fremdeinfluß 247 f
Fungibilität 261

**G**
Geregelter Markt 373 ff., 395 ff.
Gesamtrechtsnachfolge 297 f.
Greenshoe-Phase 462 f.

**H**
Hauptversammlung 217 ff., 223 ff., 239 f., 273, 317
- Rechte der 224
Holdingstruktur 257

**I**
IdW-Verfahren 447 ff.
Inhaberaktien 226
Insider-Papier 511 ff.
Insiderrecht 511 ff.
Insidertatsache 514 ff.
Investor Relations 480f., 486f., 508 f.

**K**
Kapitalerhöhung 340 ff.
- Begriff der 340 f.
- Ordentliche 343 ff.
- Genehmigte 349 f.
- Bedingte 351 f.
Kapitalmarkt 355 f., 365, 377, 400 ff.
KGaA 209, 237, 266 ff.
Kommunikation
- Persönliche 489 ff.
- Unpersönliche 497 ff.
Kommunikationskonzepte 473 ff.

Kurs-Gewinn-Verhältnis (KGV) 433 ff., 583 f.

**L**
Lead-Manager 457 f., 461 f.

**M**
Marketing-Phase 460 f.
Mehrstimmrechtsaktien 230, 311
Merchandising 104 f.
Mitarbeiteraktien 247, 345
Mitbestimmungsgesetz 323, 560, 578

**N**
Namensaktien 226 f.
Nennwertaktien 231
Nennwertlose Aktien 231
Netto-Cash-Flow 450
Neuer Markt 370, 377 ff., 397 ff.

**O**
Öffentliches Angebot 400 f.
One-on-One Meeting 460 f.
Order-Taking-Phase 461 f.
Orderbuch 367, 461
Orderformular 461
Organstruktur 217, 245
Overalotment 462

**P**
Pre-Marketing-Phase 459 f., 464
Preispolitik 477 f.
Pricing-Phase 462 f.
Privatplazierung 403 f.
Produktpolitik 476 f.
Prospekthaftung 404 ff.
Prospektmängel 404 ff.
Publizitätspflichten 242 ff.

# Sachregister

## Q
Quotenaktien 231

## R
Research Bericht 459, 463
Road-Show 459 f., 463

## S
Satzungsgestaltung 260
Schutzgemeinschaftsverträge 257
SMAX 385 ff., 399 f.
Sponsoring 166 ff.
Spaltung 294, 299 f., 330
- Abspaltung 299 f.
- Aufspaltung 299
- Ausgliederung 204, 300, 329, 334 ff., 339 ff.
Stammaktien 228
Strohmanngründung 239
Stückaktien 231
Stuttgarter Verfahren 252

## U
Überfremdung 227
Überpari-Emission 231
Umwandlung 293 ff., 303 ff.
- Phasen der 301 f.
- Formen der 305
Umwandlungsbeschluß 317
Umwandlungsrecht 293 ff.
Underpricing 428, 466 f.
Unternehmensbericht 243, 256, 374 f., 395 ff.
Unterpari-Emission 229

## V
Venture-Capital-Gesellschaften 356
Verkaufs-Prospekt 400 f.
Vermögensübertragung 300

## V
Verbotstatbestand 518
Verschmelzung 298, 307, 321, 324
Verschmelzungsbericht 316 f.
Verschmelzungsprüfung 316 f.
Verschmelzungsvertrag 310
Vinkulierte Namensaktien 227 f.
Vorstand 218 f.
- Abberufung des 219, 247
- Leitungsfunktion des 220 f.
- Haftung des 220
Vorzugsaktien 229 f.

## W
Wertpapierbörse 359 ff.
Wertpapier-Verkaufsprospektgesetz 400 f.

## Z
Zuteilungsphase 462 f.